北京外国语大学中文学科建设六十年纪念文集

学术的年轮

主编　罗小东　吴丽君　高育花

策划、审订　魏崇新

商務印書館

2011年·北京

图书在版编目(CIP)数据

学术的年轮/罗小东，吴丽君，高育花主编. —北京：商务印书馆，2011
ISBN 978-7-100-08516-8

Ⅰ.①学… Ⅱ.①罗… ②吴… ③高… Ⅲ.①社会科学—文集 Ⅳ.①C53

中国版本图书馆CIP数据核字(2011)第170440号

学术的年轮

主编　罗小东　吴丽君　高育花

策划、审订　魏崇新

商　务　印　书　馆　出　版
（北京王府井大街36号　邮政编码　100710）
商　务　印　书　馆　发　行
三河市尚艺印装有限公司印刷
ISBN　978-7-100-08516-8

2011年9月第1版　　开本 710×1000　1/16
2011年9月北京第1次印刷　　印张 42 1/4

定价：88.00元

序

春秋代序，春华秋实。自20世纪50年代初迄今，北京外国语大学的中文学科建设历经了60个春秋，已届甲子之年。

60年来，北外的中文学科伴着新中国的建设而成长，随着北外学科建设的发展而壮大。北外的中文教学最初仅从事单纯的留学生教学与外语专业学生中文素质教育，今天已发展成为集中外学生教学为一体、形成了从本科到博士的完整人才培养体系。北外的中文学科建设适应国家建设的需要而与时俱进，办学层次不断提高，办学规模不断扩大，逐步形成了自己鲜明的办学特色，探索出了外语院校中文学科建设的新途径，为中国的教育事业作出了自己特有的贡献。20世纪50年代初，我们在中国大学中率先开展留学生教学，揭开了中国留学生教育的新一页；80年代初，我们是国内第一批招收对外汉语本科生的高校之一，开启了对外汉语教学专业人才培养的新时代；90年代初，我们培养了首批日本留学生本科学历生；21世纪初，我们在外国语言文学一级学科之下设立了比较文学与跨文化研究博士点，在外语院校培养了一批比较文学与跨文化研究专业人才。我们也是国内高校中首批具有汉语国际教育专业硕士学位授权点单位之一……这些成绩的取得，留下了北外中文学科建设者奋进的足迹。

学科建设的发展，使中文学院的教学与学术研究逐渐形成了自己的优势与特色。在对外汉语教学、中国古代文学、比较文学、海外汉学、中外文化交流史研究方面取得了一批优秀成果，形成了对外汉语教学与比较文学两个学科生长点，比较文学与跨文化研究已建设成为北京市重点学科。为了加强学科建设与学术研究，中文学院先后聘请了国学大师任继愈先生、汤一介先生为名誉院长，提升了学院的办学层次，扩大了学院的影响。

今日的北外中文学院，形成了多层次、多元化、国际化的办学格局。中外学生同院学习，中外文化自然交流，搭建了一个多元文化交融的国际化平台，在国内中文学科的建设中独树一帜。北外中文学院秉承“见贤思齐，和而不同”的院训，自觉承担“将中国介绍给世界”的历史使命，坚守“倡导文化自觉，弘扬华夏文明，汇通中西新知，提升人文精神”的办学理念，不断把中文学科的建设推向前进。

欣逢北京外国语大学校庆70周年，回顾中文学科60年的发展历史，感奋良多。往事如烟，记忆犹新，雪泥鸿爪，印迹犹存，展望未来，憧憬无限。梳理学术成果，整理历史资料，裒辑成册，名之为《学术的年轮》、《坚实的步履》，继往开来，以志纪念。是为序。

魏崇新

北京外国语大学中国语言文学学院院长

目录Contents

语言本体研究

语言教学研究

文学文化研究

语言本体研究

释《殷墟花园庄东地甲骨》中的、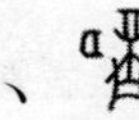及相关诸字

方稚松

方稚松，1978年生，男，汉语言文字专业，古文字方向，2007年获文学博士学位，同年进入北京外国语大学中文学院工作，讲师，主要从事古文字、汉字学方面的研究。

2003年出版的《殷墟花园庄东地甲骨》[1]一书收录有这样几条甲骨文材料：

1. 壬辰卜：子。《花东》290
2. 己卜：子又梦庚又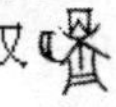，亡（无）至艰。

   己卜：又（有）至艰。《花东》403
3. 癸卯卜：翌于仄（昃）。用。《花东》475
4. 壬辰卜：向[2]癸巳[3]梦丁子用，亡（无）至艰。《花东》493

---

[1] 中国社会科学院考古研究所编：《殷墟花园庄东地甲骨》，云南人民出版社2003年版（下简称《花东》）。本文所引其他著录书简称：合＝《甲骨文合集》，集成＝《殷周金文集成》，英＝《英国所藏甲骨集》，屯＝《小屯南地甲骨》。类纂为《殷墟甲骨刻辞类纂》简称。

[2] 裘锡圭：《释殷虚卜辞中的""、""等字》，《第二届国际中国古文字研讨会论文集》，香港中文大学中文系编集，1993年。

[3] 姚萱先生在《殷墟花园庄东地甲骨卜辞的初步研究》（线装书局2006年版）一书认为此辞中"癸巳"的"巳"字很可能是一形两用的，既用作"巳"字同时又用作"子"字，辞当释读为"向癸巳子梦丁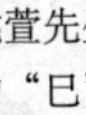……"此说可从。

《花东》一书整理者对上面卜辞中的、、、几字摹而未释，其中第 3 条中的漏摹了“（即口字)”。这几字左边都从“口”，右边所从字形也相近，可视为一字。其中字形右边部分由第 4 辞看还可单独成字，这一单独成字的字形也见于旧有甲骨卜辞，即合 17539 中的。不过，在旧有卜辞中用作人名，与《花东》用法有别。

《花东》（下面仅以此形代表上述《花东》诸字右边所从字形）的字形结构可作如下分析：字形下方从“”，其中第 3 辞中“”下加“”，表双手捧举之状。这里的“”，笔者初将它释为“凡”，后据陈剑先生告知，可能应释为“同”。甲骨文中“（庸)”、“（桐）”字下所从的“”即释为“同”[1]，此外，甲骨卜辞中常见的“肩有疾”之“”，学界现多理解为“兴”字之省，所从也应为“同”字[2]。“同”上所从由 1、2 两辞看应由两部分组成：上作或，中间作；第 4 辞从拓片看，字形上方似为“”字头，经仔细观察照片字形应作，结构同 1、2；第 3 辞中该字的这一部位有断痕，结构不清，大体与其他几字相似，不过字形下部是从的，这点与合 17539 中的字形一样。

对于的这一字形结构，我们认为它与金文中类字构形一致（此字异体较多，可参见中华书局 1985 年版《金文编》171 页“鬲”字条下)，应释为一字。甲骨文中所从的，明显与金文中上面所从的一样，应为同一物件。而下面的疑应由甲骨文中“同”和“”讹变而来。这一变化与“南”字的演变极为相似，如（合 7884）—（大盂鼎集成 2837）—（散氏盘集成 10176)。

金文中在字义上读为“瓒”，清人徐同柏《从古堂款识学》卷十六“毛

[1] 裘锡圭：《甲骨文中的几种乐器名称——释“庸”“豐”“鞀”》，《古文字论集》，中华书局 1992 年版，第 196—209 页。

[2] 裘锡圭：《说“凡有疾”》，《故宫博物院院刊》2001（1)；蔡哲茂：《殷卜辞“肩凡有疾”解》，《第十六届中国文字学国际学术研讨会论文集》，2005 年。

公鼎考释”已指出，这一释读确凿无疑。字形上，旧多与鬲字相混，郭沫若《金文丛考·毛公鼎之年代》一文提出乃甗字象形，为鬲上再著一层以象甗之形。[1]瓒、甗音近相假。此说得到学界较多认同，未见异议。不过，最近《考古与文物》2005年第1期上刊载的臧振先生《玉瓒考辨》一文对这一传统说法提出了疑义[2]。臧先生认为金文中“瓒”并非是甗之象形，而是以待灌的玉件或圭璋植于鬲中象之。结合新出的甲骨文材料，我们认为臧先生对字形的分析是有一定道理的。

既然金文中的在字形上可上溯至甲骨文中的，那么可知它们绝非甗之象形，甲骨文甗作、，与之迥然有别。至于、诸字上面所从的，我们认为可能确为一玉器之物。传20世纪20年代出土于殷墟的一件商代柄形玉器小臣器上有一字作[3]，学者也多释为“瓒”[4]，其上所从与甲骨文中的、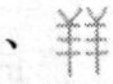相似，明显与玉器有关。不过，从甲骨文字形看，“瓒”字的字形是象将玉件置于“同”中，并非置于鬲中。“瓒”字的这一字形特征与我们传统上理解的瓒是以圭璋为柄、以金属为勺、用来酌郁鬯的一种勺状器物这一特点并不相符。是否如上引臧振先生一文所说传统理解的“瓒”之形制有误，还是字形与字义之间另有其他的关系？这一问题我们现在思考的还不够成熟，暂且存疑。

《花东》中的就是金文中的，应释为瓒。从“口”的《花东》诸字，也见于金文，作形（此字异体也较多，参《金文编》172—173页）。金文中此字学界多认为就是《说文》中的𩰫。在𩰫攸比鼎（集成2818）、𩰫比盨（集成4466）、𩰫攸盨（集成4344）、𩰫比簋（集成4278）、散盘（集成

[1] 郭沫若：《金文丛考》，《郭沫若全集·考古编》第5卷，科学出版社2002年版，第535—628页。

[2] 臧振：《玉瓒考辨》，《考古与文物》2005（1）。

[3] 器形最早著录于商承祚《殷契佚存》前的唐兰序，但不完整。完整器形著录于胡厚宣辑，胡振宇、王宏整理：《甲骨续存补编》卷七第35页之附一，天津古籍出版社1996年版。

[4] 王慎行、王汝珍：《乙卯尊铭文通释译论》，《古文字研究》（13），中华书局，第209—225页；又见王慎行：《古文字与殷周文明》，陕西人民教育出版社1992年版，第96—112页。李学勤的《沣西发现的乙卯尊及其意义》及连劭名的《汝丁尊铭文补释》都有论述，两文俱见《文物》1986年7期。

10176）中用作人名。而麦盉（集成 9451）、麦鼎（集成 2706）、麦方尊（集成 6015）中的，郭沫若早年曾怀疑可假为祼字，但很快又放弃此说[1]。白川静《金文通释》提出该字应读为祼[2]，这一释读我们认为是正确的。贾连敏先生在《古文字中的“祼”和“瓚”及相关问题》一文对此字有专门论述，可参见[3]。《花东》卜辞中的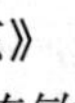诸字也应释为祼，字形结构应分析为从口从瓚，从口或应如贾连敏先生所说表祼飨时以口饮酒之义。

谈到这里，我们还有必要对甲金文中常见的、现多被学界释为“祼”的、类字（此字异体也很多，可参上引贾连敏先生文所列字形）进行一番探讨。这类字形释为“祼”，上引贾连敏先生一文梳理的较为清楚全面，读者可参见。从“示”的祼在甲金文中多用为祼祭之义，从“卩”的祼甲骨文中未见，应是为表示祼飨宾客之义而造的专字，不过，在用法上也可作祼祭，如鲜盘（集成 10166）、毛公鼎（集成 2841）。《周礼·春官·司尊彝》“春祠夏禴，祼用鸡彝、鸟彝，皆有舟”，郑玄注：“祼，谓以圭瓚酌郁鬯，始献尸也。”《尚书·洛诰》“王宾，杀禋，咸格，王入太室祼。”孔颖达疏：“‘祼’者，灌也。王以圭瓚酌郁鬯之酒以献尸，尸受祭而灌于地，因奠不饮谓之‘祼’”。可见，典籍记载的祼有以圭瓚（或璋瓚）酌郁鬯献尸、献宾之义。、字形上表示的正像双手捧一器物献于神示或人之前，意义与古人描述的祼礼正相吻合，故将这类字形释为祼应该是可以相信的。但这类祼字与上面提到的、之类祼字是何种关系？是异体关系、用字习惯不同还是各自有不同的造字来源表示不同的含义？这一问题目前我们还没有比较明确的认识，有待进一步研究。

---

[1] 《郭沫若全集·考古编》（科学出版社 2002 年版）第 8 册《两周金文辞大系图录考释下》之 42 页“麦尊”考释有“则殆假为祼也”之语，上面眉批却作“ 声在歌部，燕在元部，歌元二部可阴阳对转”。单行本《两周金文辞大系图录考释下》（上海书店出版社 1999 年版）同句话作“则殆假为燕也”，眉批相同。我们怀疑郭老可能早期认为假为祼，但很快即放弃，以燕为是。后各家所引也都以燕为准。

[2] 李孝定、周法高、张日昇编著：《金文诂林附录》，香港中文大学出版社 1977 年版，第 1509—1522 页。

[3] 贾连敏：《古文字中的“祼”和“瓚”及相关问题》，《华夏考古》1998（3）。

至于□、□诸字所从的□、□，上引贾连敏先生文认为就是传统理解的祼礼中所用瓒这一勺状物的象形，文中还结合考古实物，指出其中一些过去被定名为勺或斗的器物实应为瓒。贾先生的这一说法在学界有较大的影响力，后又有不少学者撰文支持贾说，如万红丽先生《“瓒”的定名、形制及相关问题》、孙庆伟先生《周代祼礼的新证据——介绍震旦艺术博物馆新藏的两件战国玉瓒》都从不同方面对贾先生这一说法进行了补充论证[1]。这里，我们认为学者们将□、□与出土的一些勺状器物联系起来应该是正确的，□、□在字形上确象勺状器物。不过，它究竟是不是该释为瓒我们还不能确定。因为，目前在古文字字形上，能确凿无疑释为“瓒”的是上述□、□类字形，在字形上与□、□差别较大，若□、□就是瓒之象形本字，为何古文字中的瓒字却作□、□，这一现象该如何解释？若考虑到真正用为“瓒”的字形，及上文提到殷墟出土的自名“瓒”的柄形玉器，会不会存在“瓒”并非是勺状物，而是另有其物的可能性呢？这些问题似都还有进一步研究的必要。

上面我们释出了《花东》甲骨中的瓒、祼。受此启发，我们认为旧有甲骨卜辞中有几个字可能也是与祼、瓒有关的，一并讨论如下：

5. 庚子卜：多母□罘□。吉。
弜罘□。英 2274[无名类[2]]
6. 其□渑，玉[3] 其焚。

---

[1] 万红丽：《“瓒”的定名、形制及相关问题》，《东南文化》2004（2）；孙庆伟：《周代祼礼的新证据——介绍震旦艺术博物馆新藏的两件战国玉瓒》，《中原文物》2005（1）。

[2] 本文所用卜辞类别名称参黄天树师：《殷墟王卜辞的分类与断代》，台湾文津出版社（繁体字版）1991 年版；又科学出版社（简体字版）2007 年版。

[3] 此处旧多误释为“王”，陈剑先生指出应为玉字，参陈剑：《说殷墟甲骨文中的“玉戚”》，《“中央”研究院历史语言研究所集刊》（78.2），2007 年。

其沉玉。屯 2232[无名类]

7. 伊三十朋。屯 2196[历无名类]

8. 叀（惠）萑（旧）用五十。屯 2621[无名类]

9. 其兄辛，叀（惠）又（右）车用，又（有）正。合 27628[无名类]

10. 弜。合 29693（合 31181 重）[无名类]

第 5 辞中的《殷墟甲骨刻辞摹释总集》分作两字，不确。字形右边从“酉”，左边部分拓片不够清楚，疑与第 6 辞中所从的为一字。《类纂》摹作，陈剑先生认为这是误将形上端在拓本上略有断裂的部分跟上面左右两笔相连，字形的中间部分摹写的亦不甚可靠。对于此字，宋镇豪先生在《甲骨文中反映的农业礼俗》一文认为就是璋，字从辛，象双手持礼璋形[1]。相似字形又见于殷墟刘家庄南出土的朱书“玉璋”，作[2]。字中间所从的“”，王辉先生释为章[3]，李学勤先生认为字形结构近于鲜盘“（祼）”字所从的“[4]”。我们认为这些字的构形与前面提到的、等字是有关联的。对此，我们可将相关字形（包括字形偏旁）作如下排列[5]：

I. （《花东》290）、（《花东》403）、（《花东》493）、（合

[1] 宋镇豪：《甲骨文中反映的农业礼俗》，纪念殷墟甲骨文发现一百周年国际学术研讨会论文集，社会科学文献出版社 2003 年版；又见《甲骨文中所见商代的墨刑》，《考古学集刊》（15），文物出版社 2004 年版。

[2] 孟宪武、李贵昌：《殷墟出土的玉璋朱书文字》，《华夏考古》1997（2）。

[3] 王辉：《殷墟玉璋朱书文字蠡测》，《文博》1996（5）。

[4] 李学勤：《说祼玉 · 重写学术史》，河北教育出版社 2002 年版，第 53—60 页；另外，1999 年，殷墟刘家庄北 M1046 出土的“石璋”上有墨书文字作“”[发掘报告见《考古学集刊》（15），文物出版社 2004 年版]，李学勤先生认为可释为“㪤”，读为祼，见《祼玉与商末亲族制度》，《史学月刊》2004（9），又收入《李学勤文集》，上海辞书出版社 2005 年版，第 167—171 页。

[5] 以下字形排比采纳了陈剑先生的意见。

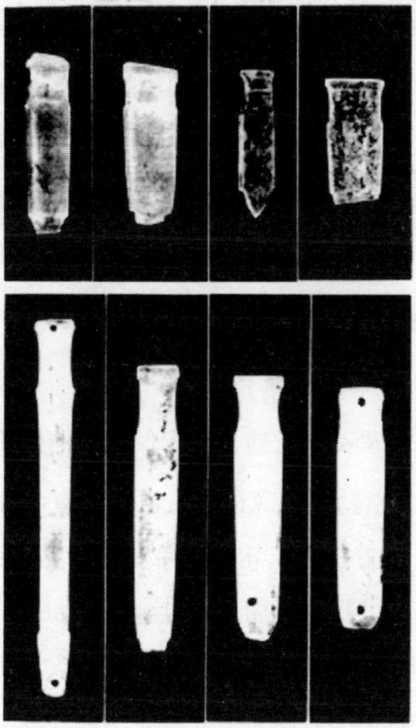

盘龙城

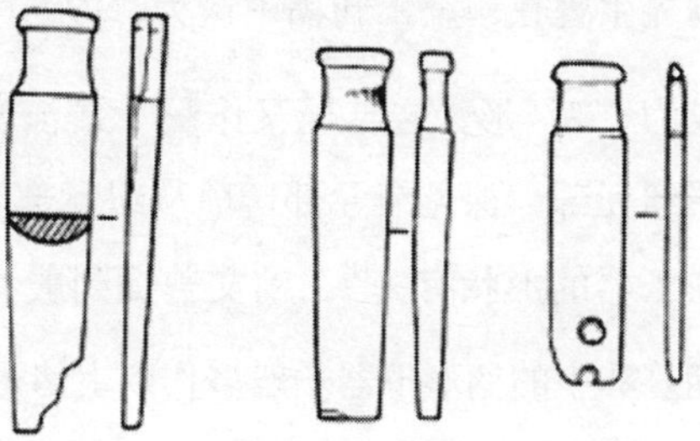

三门峡虢国墓

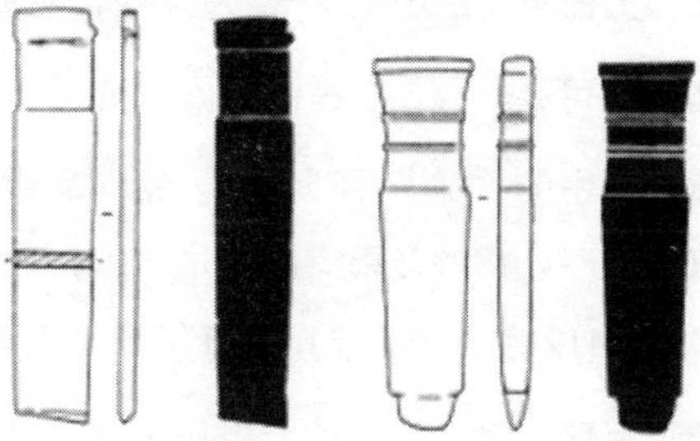

殷墟妇好墓

17539)、（毛公鼎）、（宜侯夨簋）

II. （殷墟玉璋朱书）、（屯 2232）、（小臣器）、（荣簋）、（荣仲方鼎[1]）

上面两类字形的上端分别拆分出来当即：

III. 、、、、、

IV. 、、、、

IV 类跟 III 类比起来，似为在 III 的上端又多出了笔画。据陈剑先生告知董

[1] 李学勤《试论新发现的方鼎和荣仲方鼎》，《文物》2005（9）。此例蒙陈剑先生告知，陈先生认为字的字形上端似当看作荣簋中的“”形省略而只存“”形。

珊先生曾在一篇未刊稿中认为，IV 当是在 III 的上方又添加了“𢆉”形（荣簋成为“干”形，这与又作上端演变一致），“𢆉”是为此字加注的声符（𢆉溪纽元部，祼见纽元部，瓒从纽元部）。我们认为这里所谓的“𢆉”形也可能与玉器的形状有关[1]，前文曾提到殷墟出土有自名“瓒”的柄形玉器，这种早期墓葬中的柄形玉器一般多作以上诸形。

很明显，这种器物的上端很容易演化为“𢆉”形。或许，这里的“𢆉”具有象形声化的作用。

上面第 5 辞中的，左从酉，右所从象双手持一玉器，字形似取以酒灌玉之状，可释作祼。6 辞中的也应释为祼，李学勤先生《说祼玉》一文就将玉璋朱书中的“”释为祼[2]。第 7 辞中，左从酉，右边为两手捧盘[3]，盘中放有玉器，构形与第 5 辞中字一致，应释为祼。“祼……朋”又见金文，如荣簋（集成 4121）“隹（唯）正月甲申，荣各（格），王休易（赐）厥臣父荣瓒、王祼贝百朋，对扬天子休，用作宝尊彝。”第 8 辞中的应与第 7 辞右边所从部分相关，此处可能表示的就是瓒义，卜辞意为用旧瓒五十。这可与怀 1461（合补 10641）“丙申卜：叀（惠）兹戈用于河○叀（惠）雚（旧）戈［用于］河”相比较，此处戈也应为玉戈。李学勤先生《说祼玉》一文就指出合 29783“其（祼），戈一、珥九，又☐”中的“戈”及玉璋朱书中的“”都是玉戈，与瓒一样，皆为祼玉的一种[4]。9、10 两例乃陈剑先生所补，陈先生认为第 5 例中的，细看其左半中部靠上似为近似圆圈之形，9 中的字与、应为一字，其“八”形又下移到“𢆉”形中竖左右。10 中的（《类纂》360 页 0989 号字头摹作）字上半左右笔画可能也是“八”形而非“北”形，下也从，与

[1]　“𢆉”字本即为一种器物的象形，参詹鄞鑫：《释辛及与辛有关的几个字》，《中国语文》1983（5），第 369—374 页。

[2]　李学勤：《说祼玉·重写学术史》，河北教育出版社 2002 年版，第 53—60 页。

[3]　裘锡圭先生在《释殷虚卜辞中的“”、“”等字》一文中指出“”很可能是“盘”的象形初文，见香港中文大学中文系编集《第二届国际中国古文字研讨会论文集》，1993 年。

[4]　李学勤：《说祼玉·重写学术史》，河北教育出版社 2002 年版，第 53—60 页。

可视为一字，释作“祼”。

最后，我们还可将金文中的“”字与甲骨文诸字系联起来。此字见于害簋（集成4258—4260），相关铭辞作“用乃祖考事，官司夷仆、小射、底”。很明显，这一字的字形与我们上面讨论的第5、7两例中的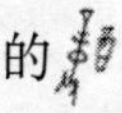、两字构形一致，字形左边从“食”，而在古文字中从“酉”与从“食（或皀）”可相通[1]，右边的“”，“八”下字形为两手捧玉，这与上面讨论的甲骨文中诸字构形相同，只不过将甲骨文中一些象形的玉件改为了“玉”字。害簋中此字可隶为“饙”，读为“纂”或“缵”，训为继。[2] 饙、祼一声之转。

综上，我们讨论了甲骨文中用为祼、瓒的诸多字形。根据新出的甲骨材料，明确论证了金文中用为“瓒”的在字形上并非如旧说为瓒之象形，其字形可上溯至甲骨文中的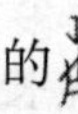，构形上另有含义。此外，我们受《花东》中祼字的构形特点启发，又系联了旧有甲骨刻辞中一些与祼、瓒相关的字。这些认识是否正确，尚祈专家批评指正。至于瓒的形制究竟如何以及我们新释这些祼字的构形意义该作何解释，限于学识，这些问题目前我们理解的还不够成熟，有待来日作进一步的探讨。

附记：本文初稿曾得到黄天树师及陈剑先生的大力指导，后适逢裘锡圭先生来我校讲学，又有幸得到裘先生的点拨，在此一并对各位先生表示感谢。但因作者愚钝，文中疏漏一定还有很多，恳请诸位谅解。

本文原载于《中原文物》2007年第1期

[1] 陈剑：《殷墟卜辞的分期分类对甲骨文字考释的重要性》，《甲骨金文考释论集》，线装书局2007年版，第317—453页；王慎行：《古文字与殷周文明之“古文字义近偏旁通用例”》，陕西人民教育出版社1998年版。

[2] 孙诒让：《古籀拾遗 古籀余论》，中华书局1989年版，第12—13页；陈汉平：《屠龙绝绪“说饙、纂”》，黑龙江教育出版社1989年版，第190—191页。

说“兀”

杨天戈

杨天戈，1937年生，男，汉族，四川人，中共党员，教授。专长汉语史。1959年毕业于西南师范学院中文系，同年进入北京外国语学院任教。曾任中文系主任、中文学院院长等职。主要著作有《汉语成语溯源》、《外国人学中国语》等。于1993年享受政府特殊津贴。

“兀”字是早期白话作品中大量使用的一个成分。以《水浒全传》为例，其中“兀”字的用法有以下几种：

我猜不是晁保正却是兀谁？（18回）
俺说甚么？兀的不是歹人来了？（16回）
这厮兀自赖哩。(33回)
兀那厮是甚么鸟汉！(36回)
外面雪兀是未止。(93回)

对这几处“兀”字的含义及性质，历来有不尽相同的解释和看法[1]。本文试图对“兀”字的性质、用法作历史的系统的探讨。这样不仅可以弄通这一字的含义，从而有助于正确理解大量的早期白话文学作品，同时还可以使我们加深对近代汉语某些词语、语法现象的认识。

据目前所见，“兀”字的使用范围除《水浒传》之外，主要出现在宋人话本及金、元戏曲中。此外，明人的戏曲、小说、拟话本中也有出现，但已不很普遍；明以后的作品中就趋于消亡了。

“兀”字盛行于宋元时期，但对“兀”的渊源考察却不能仅局限于宋元时期的语言材料，而应当追溯到更早的年代。在宋元之前很长一个时期，人们口语中就存在一个名词前缀（或称“词头”），这个前缀就是“阿”字。“阿”字的产生，大约是在东汉末年，而盛行于魏晋南北朝。

例如：

……非复吴下阿蒙。（《三国志·吕蒙传》注引《江表传》）

阿巢故似镇西。（《世说新语·轻诋》）

以上是前缀“阿”用于人名之前的例子。

府吏长跪告，伏惟启阿母……阿兄得闻之，怅然心中烦。（《乐府诗集·焦仲卿妻》）

阿爷无大儿，木兰无长兄……阿姊闻妹来，当户理红妆。（《木兰辞》）

以上是前缀“阿”用于称谓之前的例子。

上述两项是前缀“阿”最常见的用法，此外还有其他一些用法。

---

[1] 各家对“兀”的解释存在一些差异，如张相《诗词曲语词汇释》卷六“兀的”的解释为“这”；朱居易《元曲俗语方言例释》释“兀的不”为“怎的不”，“兀的”也就是“怎的”了。张相释“兀自”为“还、尚、犹”；胡世莹《古代汉语白话小说选·碾玉观音》注（65）认为“兀自”除有“还”的意思外，还有“却是、只管”的意思，等等。

上闻之喜，下诏称美，送金钗，以十二枚与其爱妾杜氏，手敕曰："饷周公阿杜。"（《南史·周盘龙传》）

阿杜指周盘龙妾杜氏，此前缀"阿"用于姓氏之前。

帝……大悦，谓曰："阿六，汝生活大可。"（《南史·临川靖惠王宏传》）

临川靖惠王萧宏为梁武帝第六子。此"阿"字用于昆仲行次之前。

士开昔来实合万死，谋废至尊，剃家家头使作阿尼。（《北史·齐宗室诸王下·琅琊王俨传》）

"阿尼"即尼姑，"阿"字用于某种职业称谓之前。

以上都是"阿"字作为名词前缀的用例。其中头两项用法一直沿袭到现在，保存于某些方言之中。但是有一点值得注意：从魏晋时候起，前缀"阿"不仅用于名词之前，还可以用于代词（代名词）之前，这却是现代汉语中所没有的现象。例如：

向者之论，阿谁为失？（《三国志·庞统传》）

一旦缓急语阿谁？（《晋书·苻坚载记》）

"阿谁"就是谁。代词"谁"像名词一样，带有前缀。又如：

衍口未尝言钱，妇令婢以钱绕床下，衍晨起，呼婢曰："举却阿堵物。"（《晋书·王衍传》）

顾长康画人，或数年不点目精。人问其故，顾曰："四体研蚩，本无关于妙处，传神写照，正在阿堵中。"（《世说新语·巧艺》）

唐以前古音，“堵”曾读如“者”。《广韵》上声姥韵：“堵，当古切……又音者。”而“者”就是“这”。毛晃《韵略》：“凡称此个为者个，俗多改用这字。”所以“阿堵”就是“阿这”，即“这个”。

何世天子无要人，但阿侬货主恶耳。(《南史·恩幸·茹法珍传》)

“侬”是当时吴人自称，相当于“我”。“阿侬”仅出现于古代吴方言中。

至唐、五代时期，前缀“阿”的上述两种用法仍然保留在口语中。仅据唐代变文及《景德传灯录》(《传灯录》为释家语录，北宋初年释道原辑，所收多唐五代材料）看来，“阿”字用例就十分丰富。

一、“阿”字用于名词之前：

阿婆报客，但道新妇卧病在床。(王重民等编《敦煌变文集》，第138页，以下简称《变文》138)

释迦是牛头狱卒，祖师是马面阿婆。(《传灯录》卷十一)

遮（这）阿翁向后亦有五百众。(《传灯录》卷九)

自离左右多时，因喜阿娘万福。(《变文》701)

好个阿师莫客作。(《传灯录》卷六)

不用将心怨阿郎。(《变文》112)

按：唐宋时呼主人为“郎”，“阿郎”就是主人。

新妇骑驴阿家牵。(《传灯录》卷七)

按：“阿家”应读如“阿姑”。东汉曹大家亦读如曹大姑。此处“姑”乃翁姑之“姑”，即“婆婆”。

二、“阿”字用于代词之前：

番中行兵将是阿谁？（《变文》93）

师唱谁家曲，宗风嗣阿谁？（《传灯录》卷十三）

亦入城来人总喜，问太子如今在阿那边？（《变文》340）

阿那个是如来？（《传灯录》卷六）

茶为（谓）酒曰：“阿你不见道：男儿十四五，莫与酒家亲。君不见生生鸟，为酒丧其身。阿你即道：茶吃发病，酒吃养贤，即见道有酒黄酒病，不见道有茶疯茶癫？”（《变文》268）

师曰：“阿儞（你）眼里着得沙么？”（《传灯录》卷十一）

至宋元时期，情形发生了值得注意的变化。一方面，加于名词的“阿”仍然存在，用法大致与前相同。如：

唯有赵州多口阿师，下得个注脚。（宋·大慧普觉禅师《普说》）

如今阿哥去日曾说与我，教保护你三人，安心不妨。（《大宋宣和遗事》）

阿母啼向天窗中。（《董西厢》）

你不是歹人，正是贼的阿公哩。（《元曲选·争报恩》）

阿爷有甚话说，对你孩儿说呵，怕作甚么？（《元曲选·货郎担》）

纵今男郑德福与郑昭举妻阿李通奸是实。（《元典章校补·刑部三》）

另一方面，原来加于代词前的前缀“阿”这一时期却普遍写作“兀”。魏晋时期的“阿堵”此时演变成了“兀的（兀底）”。吕叔湘先生《论底·地之辨兼及底字的由来》一文已论证了“底”是由古汉语“者”字变来（见《汉语语法论文集》51页）。而前面已提到“者”可通“堵”，故可断“兀底”的“底”，就是当初的“堵”字。“阿你”的用法此时消失了，却又出了一个“兀自”。于是宋元之际加前缀的代词就有了四个，即“兀谁”、“兀那”、“兀的”、“兀自”。

何以证明“兀”字即“阿”字呢？从宋元时期的大量材料中可以发现还保

存着“阿·兀”混用的过度现象。即在同一种（或同一性质）的材料中，“兀谁”又可作“阿谁”、“兀的”又可作“阿的”。这种情况表明，“兀”字不过是“阿”字的替用字。这样的材料可以举出如下四种：

一、宋代话本《宋四公大闹禁魂张》（见《古今小说》卷三十六）

小娘子，背后来的是兀谁？

你是浙右人，不知东京事，行院少有人认得你的，你去投奔阿谁？

宋四公多时苏醒过来，思量道：那丞局是阿谁？

宋四公道：“热牢，你是兀谁？”

王秀问宋四公道：“这个客长是兀谁？”

同一话本中的五个例句，三例作“兀谁”，两例作“阿谁”，可见“兀”字就是“阿”字的替用字。

二、臧晋叔编《元曲选》（据北京图书馆明万历刻本）

此书100种曲剧中，代词前缀使用达1050余次，普遍写作“兀”，但也有三例作“阿”：

现如今夜静更阑是阿谁？（《连环计》）

睁开你那驴眼，可便觑着阿谁？（《丽春堂》）

拨转顶门关棙子，阿谁不是大罗仙？（《张生煮海》）

三、元刊《古今杂剧（三十种）》

全书代词前缀作“阿”的共有六例，所占比例更大。如：

早是没人，阿的是甚言语呢？（《拜月亭》）

婆婆，咱这口衣饭子（只）阿的是也！（同上）

这句话意思是：我们的衣饭只能靠这个了——指到寺庙讨斋饭吃。

撇下的手帕是阿谁的？（《调风月》）

四、两种宋人笔记

朱翌《猗觉寮杂记》：“王衍见钱曰阿堵物。阿堵如言阿底。”马永卿《懒真子》：“古今之语，大都相同，但其字各别耳。古所谓阿堵者，乃今所谓兀底也。”两条解释中，一作“阿底”，一作“兀底”，二者是一回事。

以上几种材料足以证明宋元时的“兀”字就是“阿”字，是用于代词之前的一个词缀，和名词前的前缀“阿”是同样的性质。

既然“兀”字就是“阿”字，那么出于什么原因要把“阿”字写成“兀”字，另外“兀”字既是代词前缀，可是《水浒全传》中还有“兀是”的用法，“是”字并非代词，这又作何解释？

宋元时期“阿”字写成“兀”字的原因，可能成立的解释有两种：一是把“阿”、“兀”看做同音字，用“兀”代替“阿”，是一种同音替代现象。但查《中原音韵》，“阿”属歌戈韵部，平声；“兀”属鱼模韵部，上声。两字韵调不同。所以这一种分析应该否定。另外一种解释是这个词缀在宋元之际实际上存在两种读音。如“阿的”又可作“窝的”：“窝的不唬杀我也！怎生嫂嫂今日说出这般言语。”（《古今杂剧·张千替杀妻》）这个例子证明“阿”又读如“窝”。“窝、阿”两字在《中原音韵》中同属歌戈韵部，都是平声。两字同属影母，声母是喉塞声 [ʔ]，此时则已转成零声母。而“兀自”又可作“骨自”或“古自”（张相《诗词曲语词汇释》第 740—741 页所举例证颇详，可参看）。“骨、古、兀”在《中原音韵》中同属鱼模韵部，而且都是上声（骨、兀原为入声，此时归入上声），其韵母音值大略是 [u]，“兀”字原在隋唐中古音系中属疑母，声母是 [ŋ]。疑母字到近古时期也基本上变作零声母了。但此处兀与骨、古同音，表明此一时期某些疑母字尚有声母残留的现象。“兀自、骨自、古自”这几种写法，证明这一前缀又有另一种读法，其实际音值大约是 [ku] 或 [u]，或者由 [ku]

逐步变化为[u]。从“兀”字出现的频率大大超过“阿”字这一情况看，这后一种读法才是当时的普遍读法。

语音的轻读与弱化，常常意味着词义甚至词性的某种变化。宋元时期代词前缀的变读，使这些代词的用法也发生了某些改变，使其部分地失去了指代作用。

以“兀的”为例，在有些场合它的指代作用已不十分明显了。如：

兀的那一座高楼，必是一家好人家。(《元曲选·合汗衫》)

兀的这两脚上不蹦成了趼也！(《元曲选·伍员吹箫》)

这两句话里，前面用了“兀的”，后面又重复使用一个代词（这、那），指代作用主要落在后面的代词上，“兀的”只起辅助指点的作用，表示“眼前、面前”一类的意思。

还有一些场合，“兀的”只起加强语气的作用：

这等兀的不痛杀我也！(《元曲选·合同文字记》)

这厮兀的不醉了也！(《元曲选·罗李郎》)

这里“兀的”只相当于“岂”、“难道”这一类语气词或副词。

“兀的”有时甚至只作为元曲唱词里的衬字出现：

我想那耕牛无宿料，仓鼠可兀的有余粮。(《元曲选·冻苏秦》)

唱词只是“耕牛无宿料，仓鼠有余粮”，“可兀的”三字纯系衬字，没有意义。

正因为这一类词的指代作用逐渐消失，因之本身的实用价值也逐渐削弱，以至于最后趋于消灭。这就是“兀”字到了明代逐渐趋于消亡的原因。

前文提到，《水浒全传》中还有“兀是”一种用法。系词“是”既非名词，也非代词，却用了前缀“兀”，这一事实似与本文立论是相矛盾的。但若作细致考察，“兀是”这一用法在宋元时期只是相当特殊的现象。“兀”字本是代词的前缀，它在少数用例中脱离了代词而另作他用，应被看做偶然现象，是一种不规范的用例。我们调查了22种宋人话本[1]和元刊《古今杂剧》(30种)，其中并没有“兀是”的用法。臧晋叔《元曲选》“兀是”的用法仅有一例：“俺父亲尚兀是他亲兄弟，却教俺乱棒胡敲怎下的。”(《合同文字记》)到《水浒全传》中这种用法多了起来，但在年代不同的版本中情况也是不同的。《水浒》较早版本是百回本，百廿回本后出，其中征王庆、田虎的故事（第91—110回）为后人所加。我们对这两种本子作了对比，发现百回本中只有“兀自”的用法，没有“兀是”的用法。百廿回本中“兀是”的用法出现了28例，正好全部出现在第91—110回中。这个事实表明：“兀”字作为代词前缀，其正规用法理应同代词相结合，如果出现极少量脱离代词的用法，那只是偶然的情况。到了明代这种用法渐渐多了起来，则是由于明人对“兀”字的性质已不十分了然，因而继承、发展了某些不规范的用法。

“兀是”的出现还有一个原因，就是宋元时期几个代词当中，“兀自”一词已经含有“尚、犹”这样的意思。如：

> 后面两个婆子兀自慢慢赶来。(话本《西山一窟鬼》)
> 你在那钱眼里坐的，兀自不足哩。(《元曲选·老生儿》)

这两个地方的“兀自”都有“还在、仍然”这样的意思。正因为如此，稍后的人们就更容易对词缀“兀”的性质发生误解，因而把“兀”当成“尚”、“犹”的同义词来用。这种情况在明人的作品中比较常见，如：

> 做不得脱颖囊锥，尚兀是曳尾泥涂。(康海《中山狼》杂剧)

---

[1] 22种话本是：《冯玉梅团圆》、《简帖和尚》、《菩萨蛮》、《拗相公》、《合同文字记》、《错斩崔宁》、《碾玉观音》、《山亭儿》、《西山一窟鬼》、《志诚张主管》、《种瓜张老》、《定州三怪》、《梅岭失妻记》、《西湖三塔记》、《杨温拦路虎传》、《郑意娘传》、《宋四公大闹禁魂张》、《闹樊楼多情周胜仙》、《快嘴李翠莲记》、《沈鸟儿画眉记》、《大宋宣和遗事》、《新编五代史平话》。

今日里受的是酸风苦雨，倒在颓垣败堵，尚兀待掀波剜肉费踌躇。（同上）

以上两例都把“尚”同“兀”结合成一个同义复词来用了。

最后剩下一个问题是为什么几个代词中唯有“兀自”可以当“还”、“尚”讲呢？我们认为，这是由于代词“自”本身的一个特殊用法引起的。“自”字有时用于一个单音节副词之后，其作用是把单音节字凑成双音节结构。而它本身没有任何意义，只像这个副词的词尾。如：

（卿）宜可早行，三年必自相召，卿勿推拒，朕不食言。（《旧唐书·卢祖尚传》）

皮延宗本来不知，何承天亦自未悟。（《旧唐书·傅仁君传》）

人君聚敛，犹自不可。（《旧唐书·李钰传》）

弟子尚自如斯，师主想应不煞。（《变文》604）

“必自、亦自、犹自、尚自”的意思就是“必、亦、犹、尚”，“自”字没有独立的含义。

“自”字的这种用法也延续到宋元时期。但因宋元时期习惯于代词之前加“兀”，所以原来的“犹自、尚自”的说法就变成了“尚兀自”或“犹兀自”。

如：

尚兀自打寒战。（《元曲选·渔樵记》）

犹兀自醉醺醺。（《元曲选·勘头巾》）

这里的“兀自”也不过是没有指代意义的一个助词。[1] 但这时出现的“尚

[1] 有一位日本学者内田道夫已注意到“自”字的这种用法。他在《校注刘志远诸宫调》一书（日本东北大学中国文学研究室编辑出版）中，给“尚自”一词作了解释。他认为《刘志远诸宫调》中的“尚自”，和元曲中的“尚兀自”，其中的“自”字都是助词。原注为：“尚自：自は助詞。元曲では尚兀自、尚犹自などという。”

兀自、犹兀自”这样的三音结构可能不如原来的双音结构方便和习惯，因而使用起来常常又把三个字减成两个字。这样，前面的主要成分副词反而被省略了。余下的两个字“兀自”，实际上表达的是原来“尚兀自”、“犹兀自”的意思。这就是“兀自”一词“尚、犹”含义的由来。“兀自”既作“尚、犹”讲，后来的人更把“兀”字误解作“尚”字，于是“兀是”“尚兀”这一类的用法也就出现了。

此文原载于《中国语文》1980年第5期，日本著名汉学家、已故东京外国语大学教授金丸邦三先生于1983年编选了一部早期白话研究专辑，书名《元明戏曲语释拾遗》，将《说“兀”》全文收录其中

中古汉语副词语义指向分析

高育花

高育花，1971年生，女，教授。1999年6月南京大学博士毕业，获文学博士学位。主攻汉语历史语法，已出版学术专著2部，发表相关学术论文30余篇。

研究副词在句法结构中的语义指向，可以从中探索到一些有关语义结构的特点和规律。从句法结构关系看，副词一般位于主语之后，谓语中心语（多为动词或形容词）之前，表示动作、行为、发展变化、性质、状态的范围、时间、程度、语气、情状方式等；语义上，它一般修饰或限制其后的中心语。但在很多句子中，副词的语义指向却要复杂得多。作为状语，副词除了与统一层面上的谓语中心语有语义关系外，还可能与句中其他层面上的成分之间有一定的语义联系。由于不同时期同类副词的组合关系可能不同，所以即使同一副词，在不同时期的语义指向也可能会有所不同。下面我们重点分析中古汉语中各类副词在语义指向上的特点。

一、范围副词

中古汉语中，范围副词特别发达，它的语义指向也最为复杂，不仅可以指向同一层面的谓语部分，而且更多的是指向上位层面的主语以及下位层面的宾语，偶尔还可指向兼语和状语。下面我们分别加以分析。

(一) 表总括的范围副词

中古汉语范围副词中，表总括的副词占多数。这些副词语义的“指”和“项”并不一致。有的是前指单项副词（在句法结构中只跟前边的成分有语义联系）[1]，如“差$_{1}$、适$_{1}$、大都、大较、大略、大率”等；有的是后指单项副词（在句法结构中只跟后边的成分有语义联系），如“凡$_{1}$、了”等；有的是双指多项副词（在句法结构中既可以跟前边的成分有语义联系，也可以和后边的语义成分有联系，有时还可以与前后两边都有联系），这种副词在一定的语义条件下往往产生歧义，不过在具体语境中这些副词的语义指向仍是确定的，如“备、遍、并、都$_{1}$、顿$_{1}$、皆、尽、具、略$_{1}$、颇$_{1}$、全$_{1}$、悉、咸、总”等。下面仅举几例分别说明。例如：

(1) 余数见断谷人三年二年者多，皆身轻色好，堪风寒暑湿，大都无肥者耳。(《抱朴子内篇·杂应》)

(2) 其增损源起，事不可详，大略汉世张衡《西京赋》是其始也。(《南齐书·乐志》)

以上副词“大都”“大略”语义均指向前边的主语部分。

(3) 凡举事无为亲厚者所痛，而为见仇者所快。(《后汉书·朱浮传》)

(4) 阿凡和利遣婢市卖，了无所二。(《中本起经·度奈女品》)

以上副词“凡”语义指向它后边的动词性主语，“了”语义指向它所修饰的

[1] 邵敬敏：《副词在句法结构中的语义指向初探》，《汉语论丛》，华东师范大学出版社 1990 年版。

谓语部分。

(5) 今国贼非但匈奴，未可求安也，须天下都定，各反桑梓，归种本土，乃其宜耳。(《三国志·蜀书·赵云传》裴注引《云别传》)

(6) 又从今年八月至十月，都不复见一条？(《周氏冥通记》卷一)

(7) 道人自观体内恶露，都为不净。(《六度集经·菩萨得禅经》)

(8) 子猷问左右："何以都不闻消息？此已丧矣。"(《世说新语·伤逝》)

(9) 平至之日，都委诸事，群臣上下皆怪臣待平之厚也。(《三国志·蜀书·廖立传》)

以上副词"都"的语义分别指向前边的主语、状语、兼语和后边的谓语、宾语。

(10) 尝览书史，数千年来，略在眼中矣。(《南齐书·刘善明传》)

(11) 虽践蛇，蛇不敢动，亦略不逢见蛇也。(《抱朴子内篇·登涉》)

以上副词"略"的语义分别指向前边的主语和后边的谓语。

这种副词往往会产生歧义，如例(8)中的副词"都"字，如果没有具体的语境，"都"的语义还可以是指向主语，即整个句意可以理解为"为什么所有的人都没有听到这个消息？"又如："儒不能都晓古今，欲各别说其经；经事义类，乃以不知为贵也？事不晓，不以为短。"(《论衡·谢短》)句中的副词"都"字，如果没有具体的语境，"都"的语义既可以指向主语"儒"，也可以指向宾语"古今"，还可以同时双指，既指向主语，又指向宾语。但从上下文义来看，副词"都"的语义指向应是宾语"古今"。要解决双指多项副词的歧义问题，就必须把这些副词放到具体的语境中去分析探讨，必须把静态的研究和动态的研究结合起来。

（二）表限定的范围副词

中古汉语中表限定的范围副词的语义指向比较简单，均是后指单项副词，这些副词的语义有时指向谓语，有时指向宾语。例如：

（12）邺中朝士，有单服杏仁、枸杞、黄精、术、车前得益者甚多，不能一一说尔。（《颜氏家训·养生》）

（13）阙前有二碑，碑字沦碎，不可复识，羊虎倾低，殆存而已。（《水经注·颍水》）

（14）王公亦遽命驾，飞辔出门，犹患牛迟，乃以左手攀车阑，右手捉麈尾，以柄助御者打牛，狼狈奔驰，劣得先至。（《世说新语·轻诋》刘注引《妒记》）

以上指向谓语。

（15）淡则更以盐和糁，咸则空下糁，不复以盐按之。（《齐民要术》卷八）

（16）其国本无人民，正有鬼神，及龙居之。（《法显传》）

（17）孤志在立事，不得不曲意于公路，求索故兵，再往才得千余人耳。（《三国志·吴书·太史慈传》裴注引《江表传》）

以上指向宾语。

（三）表统计的范围副词

中古汉语中表统计的副词很少，主要有“都$_2$、凡$_2$”，语义指向也很单一，均指向后边的数量结构。例如：

(18) 时人寿八万四千岁，都有九种病，寒、热、饥、渴、大小便利、爱欲、食多、年老体羸。(《六度集经·阿离念弥经》)

(19) 五年一朝，凡三朝。(《汉书·代孝王传》)

(四)表齐同的范围副词

这类副词均是多联副词（即在语义上必须同时联系两个或两个以上对象的副词），联系的对象有时在同一句中，有时在不同句中。例如：

(20) 益州刺史毛璩万里齐契，扫其荆楚。(《宋书·武帝纪》)

(21) 内外可通共详思，务令节俭。(《宋书·文帝纪》)

例（20）中副词“齐”语义上同时联系着两个对象，即“益州刺史毛璩”和“武帝”（出现在前边句中）；例（21）中副词“通共”语义上也联系着两个对象“内”和“外”。

(五)表类同的范围副词

中古汉语中表类同的范围副词只有“也、亦”两个，它们的语义一般指向谓语中心词的关联项。这一点，沈开木先生在分析副词“也”时已经指出：“‘也’字表示‘异中有同’。‘也’字在表示‘异中有同’时是指向（取用语义）两事的。”[1] 例如：

(22) 贞女信无矫，傍邻也见疑。(沈约《贞女行》)

(23) 臣今来亦欲为吴，非但为蜀也。(《三国志·蜀书·邓芝传》)

---

[1] 沈开木：《表示“异中有同”的“也”字独用的探索》，《中国语文》1983 年第 1 期。

二、时间副词

中古汉语中时间副词最多，使用频率也很高，但语义指向单一，均指向它所修饰的谓语部分。例如：

(24) 往又经在寻阳长公主第，兄弟共集，忽中坐忿怒。(《宋书·庐江王祎传》)

(25) 佗脉之曰："府君胃中有虫数升，欲成内疽，食腥物所为也。"(《三国志·魏书·华佗传》)

(26) 所逋尚多，收上事绝，臣登具启闻，即蒙蠲原。(《南齐书·王敬则传》)

(27) 元康之末，而贾后专制，谤杀太子，寻亦诛废。(《搜神记》卷七)

(28) 曹公，豺虎也，然托名汉相，挟天子以征四方，动以朝廷为辞。(《三国志·吴志·周瑜传》)

以上诸例中时间副词"经""欲""登""寻""动"的语义均指向同一层面中的谓语部分。

由于时间副词的语义特征就是表示动作行为或情况发生的时间，所以决定了它的指向只能是它所修饰的谓语部分。

三、程度副词

由于所表程度的不同，中古汉语中程度副词的语义指向也不尽一致。根据其在语义上所联系对象的不同，中古程度副词可以分为两类：

（一）后指单项程度副词

后指单项程度副词，也就是王力先生所说的“绝对程度副词”[1]。这类副词只是对某种属性或状态的一种强调，并不涉及第二者，其语义也只能是后指，而且只是单项。中古汉语中这类副词主要有：“独$_2$、笃、过、好$_1$、极、精、苦$_1$、酷、良$_1$、颇$_3$、奇、全$_2$、伤、甚、殊、熟、太、雅、正$_3$、至、壮”等。例如：

（29）河西牛羊肥，酪过精好，但写酪置革上，都不解散也。（《世说新语·言语》刘注引《西河旧事》）

（30）犹如伯叔兄弟，酷类先人，可得终身肠断，与之绝耶？（《颜氏家训·风操》）

（31）幼璵少好佛法，剪落长斋，持行精苦。（《南齐书·何幼璵传》）

（32）翩翩三青鸟，毛色奇可怜。（陶潜《读山海经》）

（33）妇，赵女也，雅善鼓瑟。（《汉书·杨恽传》）

以上诸例中的程度副词“过”、“酷”、“精”、“奇”、“雅”的语义均指向同一层面中的谓语部分。

（二）多联程度副词

多联程度副词，也就是王力先生所说的“相对程度副词”。这类副词是对两个或两个以上对象进行比较的结果，因而除“被比较项”之外，客观上还存在着另一个或几个“比较项”。在形式上，这个（些）“比较项”可能显现，也可能潜存。这类副词在语义上同时跟“比较项”和“被比较项”发生联系。不过这种联系是共时的，而且不产生歧义。中古汉语中这类副词主要有：“差$_2$、绝、偏$_2$、

[1] 王力：《中国现代语法》，《王力文集》第二卷，山东教育出版社1985年版，第189页。

尤、最、特尤、最差、更$_1$、加、益、愈、转$_1$、更愈、特加、益加、益更、愈加、愈益、差$_3$、粗、略$_2$、颇$_4$、稍$_1$、少、微、粗略、多少、稍稍”等。例如：

(34) 后长七尺二寸，姿颜姝丽，绝异于众。(《后汉书·和熹邓皇后纪》)

此例中副词“绝”在语义上同时联系着比较项“众”和被比较项“后”。

(35) 沛国刘显，博览经籍，偏精班《汉》。(《颜氏家训·书证》)

此例中副词“偏”在语义上同时联系着比较项“经籍”和被比较项“班《汉》”。

(36) 孔子，道德之祖，诸子之中最卓者也。(《论衡·本性》)

此例中副词“最”在语义上同时联系着比较项“诸子”和被比较项“孔子”。

(37) 沙门虽云俗外，反更束与教，非情性自得之谓也。(《世说新语·轻诋》)

此例中副词“更”在语义上同时联系着比较项“俗”和被比较项“沙门”。

(38) 何平叔美姿仪，面至白。魏明帝疑其傅粉，正夏月，与其汤饼。既啖，大汗出，以朱衣自拭，色转皎然。(《世说新语·容止》)

此例中副词“转”在语义上同时联系着比较项“至白”和被比较项“皎然”。

(39) 且汉总帝皇之号，号曰皇帝。有别称帝，无别称皇，则皇是其差轻者也。(《三国志·魏书·王肃传》)

此例中副词“差”在语义上同时联系着比较项“皇帝”和被比较项“皇”。

(40)《程材》《量知》，言儒生、文吏之材不能相过，以儒生修大道，文吏晓薄书，道胜于事，故谓儒生颇愈文吏也。(《论衡·谢短》)

此例中副词“颇”在语义上同时联系着比较项“文吏”和被比较项“儒生”。以上是比较项显现的用例。

(41) 姑云：“丧败之余，乞粗存活，便足慰余年，何敢希汝比。”却后少日，公报姑云：“已觅得婚处，门地粗可，婿身名宦，尽不减峤。”(《世说新语·假谲》)

此例中第一个副词“粗”的比较项和被比较项不在同一句中，比较项是“汝”，被比较项是“姑之女”。第二个副词“粗”的比较项是潜存的，被比较项是显现的，即“门地”。

(42) 初，陈群非嘉不治行检，数廷诉嘉，嘉意自若。太祖愈益重之，然以群能持正，亦悦焉。(《三国志·魏书·郭嘉传》)

(43) 然而论情性，竟无定是，唯世硕、公孙尼子之徒，颇得其正。(《论衡·本性》)

(44) 时伪梁王谅镇在彭城，亦多少信向。(《高僧传·梁释法悦》)

以上三例中副词“愈益”“颇”“多少”的比较项都是潜存的。

四、语气副词

中古汉语语气副词构成比较复杂，根据其在语义上所联系对象的不同，中古语气副词可以分为两类。

（一）后指单项副词

这类副词主要包括：表肯定、强调语气的，表不定、推测语气的，表疑问、反诘语气的，表祈使语气的，表否定语气的等。这类副词的语义均指向它们所修饰的谓语部分。例如：

（45）铜山西崩，灵钟东应，便是《易》邪？（《世说新语·文学》）

（46）从此东行近五十由延，至多摩梨帝国，即是海口。（《法显传》）

（47）今此小吏，自力何敢不承受我？将是父意，故使尔耳。（《贤愚经·大施抒海品》）

（48）自数年以来，灾怪屡见，比无雨润，而沉阴郁泱。宫省之内，容有阴谋。（《后汉书·李固传》）

（49）诸葛孔明者，卧龙也，将军岂愿见之乎？（《三国志·蜀书·诸葛亮传》）

（50）含悲含怨判不死，封情忍思到明年。（阴铿《雪里梅花》）

（51）因与同学共泣曰："法今既灭，颇复兴不？如脱更兴，请和上起坐。和上德匪常人，必当照之矣。"（《高僧传·宋释玄高》）

（52）较略一年，脱得省者，息船优役，实为不少。（《南齐书·王子良传》）

（二）多联副词

多联副词主要包括：表转折语气的副词和表谦敬语气的副词。只有比较才会显出不同，也才会有转折语气的产生，所以转折语气副词在语义上也同时联系着"比较项"和"被比较项"，而且这两项大部分情况下都是显现的；表谦敬的语气副词主要是表示自谦或自己对他人的尊敬，因此在语义上联系着"自己"和"他人"两项，不过大多数情况下，"他人"这一项是潜存的。例如：

(53) 昔有学步于邯郸者，曾未得其仿佛，又复失其故步，遂匍匐而归耳！（《汉书·叙传》）

(54) 谁言不相忆，见罢倒成羞。(沈后《答后主》)

(55) 今日张平子，翻为人所怜。(庾信《归田》)

(56) 弼大怒曰："太守忝荷重任，当选士报国。尔何人？而伪诈无状！"(《后汉书·史弼传》)

(57) 先帝不以臣卑鄙，猥自枉屈，三顾臣于草庐之中。(《三国志·蜀书·诸葛亮传》)

以上例（53）（54）中的副词"曾"、"倒"所联系的对象都是显现的，例（55）（56）（57）中的副词"翻"、"忝"、"猥"所联系的对象中只有一项显现，其他都是潜存的。

五、情状方式副词

中古汉语的情状方式副词数量较多，根据其在语义上所联系对象的不同，中古情状方式副词可分为三类。

（一）后指单项副词

这类副词占中古情状方式副词的大多数，主要包括：表猝然的，表徐缓的，表持续的，表暂且、偶然的，表几近的，表自然、直接的，表特意、竭力的，表任意、肆意的，表容易的，表徒然、显然的等。这些副词的语义均指向它所修饰的谓语部分。例如：

(58) 大儿年未弱冠，忽被笃疾。(《世说新语·尤悔》)

(59) 奄闻旗鼓来至白帝，或恐议臣以吴王侵取此州，危害关羽，怨深祸

大，不宜答和，此用心于小，未留意于大者也。（《三国志·吴书·诸葛瑾传》）

（60）尝昼独坐，忽有一青衣童子，年可十三四，持一青囊授含。含开视，乃蛇胆也。童子逡巡出户，化成青鸟飞去。（《搜神记》卷十一）

（61）百余日中，寂然无闻，民害稍止。（《古小说钩沉·冥祥记》）

（62）王肩舆径造竹下，讽啸良久，主已失望，犹冀还当通。（《世说新语·简傲》）

（63）宋元嘉南郊，至时权作小陈帐以为退息。（《南齐书·礼志》）

（64）吾年垂四十，在兵中十岁，厌浮语虚词。（《后汉书·隗嚣传》）

（65）乃复改易毯裘，妄自尊大。（《南齐书·曹虎传》）

（66）如彼愚臣，唐毁他目也。（《百喻经·破五通仙眼喻》）

（二）前指单项副词

这类副词虽然在句法结构中充当谓语动词的修饰语，但在语义上却是说明主语的，其语义均指向上位层面的主语。这类副词主要包括表相关、相继的副词和表躬亲的副词，其中表相关、相继的副词要求主语必须是复数或集体名词。例如：

（67）欲使宫、羽相变，低昂互节。（《宋书·谢灵运传》）

（68）魏晋已来，所著诸子，理事重复，递相模学，犹屋下架屋，床上施床耳。（《颜氏家训·序致》）

（69）执锡从徒，威仪端肃，王共贵胜，迭相供请。（《高僧传·齐求那毗地》）

（70）二王俱还本山，更相辞谢。（《六度集经》）

（71）帝族王侯、外戚公主，擅山海之富，居山林之饶，争修园斋，互相夸竞。（《洛阳伽蓝记》卷四）

（72）仲容借客驴，著重服，自追之，累骑而返。（《世说新语·任诞》）

（73）策亲自迎瑜，授建威中郎将，即与兵二千人，骑五十匹。（《三国

志·吴书·周瑜传》)

（三）多联副词

多联副词，中古汉语中主要指表适值的情状方式副词。由于这类副词语义上表示动作行为（或事情）与另一动作行为（或事情）发生的时间恰好相合，或在情理上有必然联系，所以这些副词语义上同时联系着两个对象。一般情况下，两个对象都是显现的。例如：

(74) 今病困兵羸，众寡不敌，汝速去矣，俱死无益于国，适所以快敌耳。(《三国志·吴书·孙峻传》裴注引《吴书》)

(75) 华歆、王朗俱乘船避难，有一人欲依附，歆辄难之。朗曰："幸尚宽，何为不可？"(《世说新语·德行》)

(76) 丞相尝夏月至石头看庾公，庾公正料事。(《世说新语·政事》)

六、指代性副词

这类副词的语义指向很简单，均是指向它所修饰的动词或介词。例如：

(77) 我为卿诛徐湛之矣，方相委任。(《宋书·鲁爽传》)

(78) 彼有，自当见还；彼无，吾何言哉？(《南齐书·崔慰祖传》)

本文原载于《古汉语研究》2001年第2期

玄奘译经的语言学考察[1]
——以《阿毗达磨俱舍论》为例

王继红

王继红，1977年生，女，文学博士，副教授。主攻佛教汉语研究，曾承担教育部人文社科研究项目“中古汉译佛经复句研究”（05JC740036）、国家社科基金项目“基于梵汉对勘的《阿毗达磨俱舍论》语法研究”（06CYY010）国家级项目两项，发表学术论文若干篇。

一、引言

玄奘位列中国四大译经师之首，[2]是佛经“新译”的创始人。玄奘大师既不赞成鸠摩罗什“不严于务利原文，而在取意”的意译文风，也反对佶屈聱牙的直译文体。他的翻译不但要求文和义切合原作，并且要求文从字顺，目的是既不有损原意，又便于读者了解，最终形成了一种独创的“精严凝重”的翻译文体。对玄奘译经的考察是佛经翻译史、翻译理论史的重要研究内容。

汉译佛经语言是佛经翻译的产物，源头语言是梵语等古印度语言，以及其他一些中亚古代语言，目的语言是汉语，涉及原典语言与汉语之间的转换。因

---

[1] 本文的写作得到朱庆之、段晴教授的悉心指导，谨此致以诚挚的谢意。

[2] 其余三大译师为鸠摩罗什、真谛和义净。

此，汉译佛经中存在着汉语与原典语言的混合。这种性质要求在译经研究中运用梵汉对勘方法。季羡林（1951）认为："因为中文同梵文文法构造非常不同，所以最初翻译的时候，当然感到很大的困难。由于实际的需要，许多译经大师都谈到翻译的标准和理论。这些理论有的非常深刻周密，一直到今天还不能不让我们叹服。但假如真想了解这些，最好的办法就是把译文同原文对一下。……我们应该尽可能地把现存的原本拿来同译文对校。最少我们也应该把中国翻译史上几个大师像鸠摩罗什、真谛、玄奘、义净的译文用这个方法来仔细研究。"

玄奘译经的语言学考察，指运用梵汉对勘方法，将玄奘译经与原典逐词逐句对勘，并且对玄奘译经与原典的语言进行对比分析，考察玄奘译经与原典语言之间的对应关系，发现玄奘译经中由于受到原典语言影响所产生的异于中土文献的语言现象，分析玄奘运用哪些语言策略来跨越梵汉两种语言之间巨大的类型差异，总结玄奘译经的方法与理论。本文将《阿毗达磨俱舍论》（下文简称《俱舍论》）原典与玄奘译本进行对勘，[1] 分析玄奘译经中对梵语语态范畴的仿译现象，描写玄奘译经中复句与梵语原典的对应关系，考察玄奘译经中以解经为目的的增译现象。

二、梵语原典中语态范畴的翻译方法

（一）梵语与汉语语态范畴的类型差异

梵语的语态范畴包括主动态、中间态、被动态和致使态等四种。梵语动词的语态是由动词的人称语尾构成的。[2] 例如，梵语动词√ bhū（是，成为）的现

[1] 选取《俱舍论》作为考察对象的原因在于：(1)《俱舍论》由印度世亲用规范的古典梵文写成，写作时间可证，版本翔实可考，可以保证梵汉对勘研究成果的可靠性。(2)《俱舍论》在佛教史上地位重要，为大乘佛教和小乘佛教所共依。在汉地影响深远，流传南北两地，很有可能成为语言接触的渠道。(3)《俱舍论》属于论说文体，重视逻辑推理，语法谨严，翻译难度较大，是研究玄奘如何翻译古典梵语语法、章法现象比较理想的语料。

[2] 梵语动词的人称语尾可以同时表示人称、数、语态等语法意义。

在时语干是 bhava，如果加上语尾 ti，就成为主动语态第三人称形式 bhavati；如果加上语尾 te，就成为中间语态第三人称形式 bhavate；如果加上被动语态标记 ya，其后再加上语尾 te，便成了被动语态第三人称形式 bhavayate；如果加上致使语态标记 aya，这个动词便具有了致使意义。汉语的动词没有曲折变化，只能使用分析性手段来翻译梵语中带有语态词尾的动词。

（二）主动语态标记“能”

1.“能”是先秦便已出现的情态动词，春秋战国时期已经被普遍使用。情态动词“能”与动词的语态并不存在一一对应的关系。因此，如果不进行梵汉对勘，玄奘译本中的“能”很容易被认为只具有情态动词的用法。但是经过梵汉对勘，我们发现，玄奘译本中的“能 V”常常对译原典中的主动语态动词，表示句子主语具有完成某一动作行为的可能性。这是因为梵语动词的语态有语尾的差异，而汉语里却没有类似的曲折变化，玄奘为了力求完整地翻译原典中动词的词汇意义与语法意义，用“V”对译原典中动词的词汇意义，用“能”仿译原典中动词的主动语态语尾。此时，“能”成为了一种主动语态标记。例如：

（1）是故佛说，若能造作有漏有为，名行取蕴。

atas eva uktaṃ bhagavatā “saṃskṛtam abhisaṃskaroti/tasmāt saṃskārā upādāna-skandhaḥ iti ucyate” iti/14-7、8[1]

（现代汉语翻译：因此，佛陀说：“因果能够作用于有为法，所以叫做行取蕴。”）

玄奘译本中“造作”对译的是原典中动词 abhi-saṃ- √ kṛ（发挥作用）的词汇意义。动词 abhi-saṃ- √ kṛ 的语干带有主动语态第三人称单数语尾，其中主

[1] “14—7、8”表示此句为《俱舍论》原典第 14 颂第 7、8 句。下文体例同此。

动语态的语法意义是用“能”字表现的。

2. 在梵语中，具格名词可以充当被动语态动词的逻辑主语，指出动作行为的发出者。在这种情况下，梵语被动语态动词转而表现主动语态的语法意义。梵语原典中被动语态动词的词汇意义由汉译本中的动词承担，而原典中由具格赋予被动语态动词的主动意义由主动语态标记“能”体现。如果没有“能”，汉译本中的及物动词也可以蕴涵主动意义，但有了“能”作为标记，可以突显梵语中具格与被动态的语法关系。例如：

(2) 谁能变坏？谓手触故即便变坏，乃至广说。

kena rūpyate / pāṇi-sparśena api spṛṣṭo rūpyate iti vistaraḥ/13-8、9

(现代汉语翻译：什么能够产生障碍呢？手触等可以产生障碍。经中是这样解释。)

玄奘译本中的“变坏”对译原典中的动词√ rūp（产生障碍）的词汇意义。动词√ rūp 的语干带有被动语态第三人称单数语尾。kena 是疑问代词 kim（谁）的阳性单数具格格尾，充当被动语态动词 rūpyate 的逻辑主语，即“变坏”的行为者。kena 在玄奘译本中被译为“谁”。由于有逻辑主语在句中同现，所以被动语态动词 rūpyate 具有了主动意义，这种语法意义在汉译本中是由主动语态标记“能”来表现的。

3. 梵语的词缀用法丰富，可以表达各种词汇意义和语法意义。通过词缀可以生成不同的词语。在《俱舍论·分别界品》的汉译本中，带有主动语态后缀的词语都被译为“能 V”，意在用“能”提示读者这个词语所具有的主动意义。例如：

(3) 有说，能荷重担义是蕴义，由此世间说肩名蕴，物所聚故。

kārya-bhāra-udvahana-arthaḥ skandha-artha iti apare/19-52

(现代汉语翻译：其他的论师说：“蕴是能够负重的意思。”)

玄奘译本中的“荷”对译原典中词语 udvahana（承担）的词汇意义。udvahana 带有表示主动意义的后缀是由主动语态标记“能”来表现的。

（三）被动语态标记“所”

朱庆之（1995）认为，在汉译佛典中大量存在而在中土文献中少见的“所V”式被动句，并非上古汉语中“为……所V”式被动句的缩略形式，而是一种汉外混合成分。也就是说，“‘所V’就是原文被动态谓语动词‘完整’的汉译，其中‘所’这个字就是原文被动记号的汉译”。通过对《俱舍论》的梵汉对勘，我们发现，“所V”是对被动语态的翻译。其中，“V”对译动词的词汇意义，“所”是对被动语态语尾的仿译。也就是说，“所”在汉译本中充当被动语态标记。此外，“可”也可以充当被动语态标记。[1]

1. 在梵语中，具有被动语态变化的既有定式动词，又有不定式动词，如过去被动分词、未来被动分词等。它们的被动语态意义在汉译本中通过被动语态标记“所”表现。“所V”可以对译被动语态动词，例如：

（4）此有为法亦名世路，已行正行当行性故，或为无常所吞食故。

ta eva saskṛtā gata-gaccht-gamiṣyad-bhāvāt adhvānaḥ adyante anityataya iti vā /7-2

（现代汉语翻译：因为有为法具有在过去、现在和将来通行的性质，或者因为有为法是无常的，所以叫做无常。）

玄奘译本中的“吞食”对译原典中动词√ad（吃）的词汇意义。“所”对译的是动词√ad 语干所带的被动语态第三人称单数语尾，充当被动语态标记。

2. “所V”可以对译过去被动分词。这是“所V”在《俱舍论》译本中的主要用法，数量很多。例如：

---

[1] 在《俱舍论》汉译本中，“所”“可”也可以充当完成体标记，参见王继红（2004）。

(5) 论曰，余契经中诸蕴处界，随应摄在前所说中。如此论中所说蕴等应审观彼一一自相。

ye api anye skandha-āyatana-dhātavaḥ sūtra-antareṣu uktās te api eṣu eva yathā ukteṣu skandha-ādiṣu pratipādyāḥ svaṃ svaṃ lakṣaṇam eṣāṃ yathā vihitam asmin śāstre saṃpradhārya /27-2

(现代汉语翻译：在其他的经中，其他的蕴、处和界已经被说过了，在此论中按照它们以往被讲时的顺序，对它们的特征逐一考察。)

在梵语原典中，uktesu 是动词√vac（说）的过去被动分词形式，vihitam 是动词 vi-√dhā（论述）的过去被动分词形式，它们都被译为“所说”。其中，“说”对译动词√vac（说）和 vi-√dhā（论述）的词汇意义，“所”对译过去被动分词的被动语态意义。

3.“所 V”也可以对译将来被动分词。例如：

(6) 择谓简择即慧差别，各别简择四圣谛故。择力所得灭名为择灭。

duḥkha-ādīnām ārya-satyānāṃ praty saṃkhyānaṃ pratisaṃkhyā prajñā-viśeṣas tena prāpyo nirodhaḥ pratisaṃkhyā-nirodhaḥ /5-4

(现代汉语翻译：择是分别对苦等圣谛的简择，择是特殊的智慧，通过这种智慧所得到的灭是择灭。)

在梵语原典中，prāpyo 是动词 pra-√āp（得到）的将来必要分词形式，它被译为“所得”。“得”对译动词 pra-√āp（得到）的词汇意义，“所”对译将来被动分词的被动语态意义。

（四）被动语态标记“可”

在玄奘的汉译本中，“可 V”可以对译被动语态动词。“V”对译动词的词汇意义，“可”对译动词的被动语态语尾，充当被动语态标记。例如：

(7) 彼界衣服别不可称，聚则可称。

yadi api tatra vastrāṇi ekaśaḥ na tulyante saṃcitāni punas tulyante / 10-16

(现代汉语翻译：在那里，作为个体的衣服不能被称量，但是聚集在一起的衣服就可以被称量了。)

玄奘译本中的“称”对译的是原典中动词√tul（称，量）的词汇意义。动词√tul的语干带有被动语态第三人称复数语尾，表示衣服被称量是可能实现的。这种语法意义在汉译本中通过被动语态标记“可”实现的。又如：

(8) 非离明暗窍隙可取。故说空界明暗为体，应知此体不离昼夜。

na hi chidram āloka-tamobhyām anyat gṛhyate / tasmāt kila ākāśa-dhātuḥ āloka-tamaḥ sva-bhāvaḥ rātriṃ diva-svabhāvo veditavyaḥ / 27-21、22

(现代汉语翻译：没有明和暗的话，窍隙就不能被看见。因此应当了解，据说空界的自性是明和暗，是夜和昼。)

玄奘译本中的“取”对译梵文原典中动词√grah（抓，握，逮）的词汇意义。动词√grah的语干带有被动语态第三人称单数语尾。这个被动语尾被译为被动语态标记“可”。

三、玄奘译本中复句与原典的对应关系

(一) 梵语属于印欧语系，是典型的曲折型语言，用曲折变化而不是用词序来表示语法关系，词缀是词的有机组成部分。汉语属于汉藏语系，是典型的孤立型语言，用语序和虚词表示语法关系。此外，梵语与汉语的小句衔接与语篇连贯方式也存在着巨大类型差异。佛经翻译处理的不是一个孤立的词句，而是由相互关联和制约的词语和句子有机组合在一起的语篇。因此，为了保证译文的语篇连贯，玄奘将原典中的五类梵语语法现象译为汉语中的复句。

1. 梵语的词法发达，复合词的外延大于汉语复合词。一个完整的句子也可以被压缩在一个复合词内。梵语复合词的长度在理论上可以是无限的。“各类复合词可以组合在一起构成一个很长的复合词，有时可以长到一个词就是一个故事，一个词可以占满整整一页纸。”[1] 当一个含有格位关系的复合词被译为汉语时，深谙波你尼语法的译师会将这个复合词拆分开来，还原为独立的句子。在这种情况下，原本含有复合词的梵语句子必须被译为汉语的复句。

2. 梵语有分词、独立式等不定式动词。有时，一个梵语句子中可以有多个不定式动词。例如：smātvā bhutvā pītvā vrajati（他洗过了澡，吃过了饭，喝过了水，然后上路了。）在梵语句子中，只有“vrajati（上路）”是独立动词，而“smātvā(洗完澡)”、“bhutvā(吃完饭)”和“pītvā(喝完水)”都是动词的独立式，表示动作已经完成或结束。[2] 汉语没有不定式动词，独立的动词是判断小句（分句）成立与否的重要标准。在翻译佛经时，因为梵语中的不定式动词只能译为汉语中的独立动词，所以形成了许多复句。

3. 梵语的词缀十分丰富，“梵语是一门富有词缀的语言，词缀分为前置词缀、直接后缀、派生后缀等，这些词缀最初皆有一定的意义。按照它们代表的意义以及组合方式可以生出不同的名词……”例如，“在位于第二格的vyākaraṇaṃ/（语法）一词之后可以加aṇ构成一个具有同样意义的词，变为vaiyākaraṇaḥ，‘一个学习语法，或通晓语法的人’”。[3] 通过加词缀的方法，也可以把一个动词变为一个名词。在译经时，为了准确表意，译师们常常将这种动词性的名词译为独立动词形式。这样的话，对应的汉语句子中就会出现不止一个动词，此时只能将其译为复句。

4. 梵语的名词格尾和动词语尾都具有语法意义。在一句话里，事物之间的关系可以通过格尾与语尾之间的逻辑关系得到体现，因此，即使梵语的句子很长，也丝毫不影响理解。例如：

---

[1] 参见段晴（2001）。
[2] 参见段晴（2002）。
[3] 同上。

tvaṃ	ca	api	ratnaṃ	nārīṇāṃ	nareṣu	ca	nalaḥ	varaḥ
你			宝石	女人	男人		那罗	最优秀者
体格			体格	属格	依格	ind	体格	体格

你（是）女中之宝，而那罗（是）男人中的佼佼者。

由于格尾已经很好地显示了句中词语之间的逻辑关系，所以，asti（是、有）和 bhavati（是、成为）等判断动词都可以省略。[1] 在翻译佛经时，如果一个梵语长句中的格尾与语尾的逻辑关系过于复杂时，译师常常将其拆分为几个互相联系的小句。这是一种常见的佛经翻译技巧。

5. 梵语中有许多表示逻辑关系的不变词，如 hi、ca、tu、api 等。为了体现它们所负载的逻辑关系，译师们常常将它们译为汉语中的关联词语。

（二）通过对《俱舍论》的梵汉对勘，我们发现，上述五种手法在原典中经常综合运用。当把它们逐一译为汉语时，在这些语法现象的共同作用下，便造成了玄奘译本中复句大量存在的情况。例如：

（9）阙余缘故，后识不生。

anya-kāraṇa-vaikalyāt tu na uttara-vijñāna-saṃbhūtiḥ // 17-10

（现代汉语翻译：因为不具备其他的因缘，所以后面的识不会产生。）

原典中的句子被译为汉语因果关系复句的原因在于：

（1）原典中的 anya-kāraṇa-vaikalya（其他的—因缘—缺少）是依主释复合词[2]，玄奘将其译为表示原因的分句“阙余缘”。原典中的 uttara-vijñāna-saṃbhūti（后—识—产生）是依主释复合词，玄奘译为表示结果的分句“后识……生”。

（2）依主释复合词 anya-kāraṇa-vaikalya（其他的—因缘—缺少）带有表示原因的从格格尾 -at，这个格尾在玄奘译本中被译为句末的因果复句关联

[1] 参见段晴（2002）。

[2] 梵语复合词的结构类型包括相违释、依主释、多财释和不变状复合词等。参见段晴（2001）。

词语“故”。

（3）依主释复合词 anya-kāraṇa-vaikalya（其他的—因缘—缺少）中的 vaikalya（缺少），在玄奘译本中被译为动词“阙”。依主释复合词 uttara-vijñāna-saṃbhūti（后—识—产生）中的 saṃbhūti（产生）被玄奘译为动词“生”。原典中表示否定的不变词 na，在玄奘译本中被译作否定副词“不”，对动词“生”进行否定。因此，当这句梵语被译为汉语时，汉译本中便存在两个独立的动词，分别充当两个分句的动词谓语。

又如：

（10）若说世俗阿毗达磨，即能得此诸慧及论。

sāṃketikas tu tad-prāptaye yas api ca yas ca śāstram / 1-28

（现代汉语翻译：如果说世间通俗意义的阿毗达磨的话，它指能得到慧与论。）

原典中的这句话在汉译本中被译为假设关系复句的原因在于：

（1）原典中的不变词 tu 表示假设关系，在玄奘译本中被译为关联词语“若说”。sāṃketikas tu 被译为表示假设前提的分句。

（2）在依主释复合词 tad-prāpta（它—得到）中，前半部分的代词 tad（它）指代 abhidharma（阿毗达磨）；后半部分的过去被动分词 prāpta（得到）被玄奘译为“能得”，充当谓语，支配“慧”与“论”。tad-prāptaye yas api ca yas ca śāstram 被译为表示结果的分句。

四、玄奘译本中以解经为目的的增译现象

（一）《俱舍论》属于论藏，是典型的经论体，是解说和论证佛经义理的一种体裁。《俱舍论》“谈玄微穷于奥极，述事象略而周遍。显成圣旨，备摧异说，

立不可窥，破无能拟，义兼数论而深广愈之”[1]。正是因其篇幅巨大，论证繁复，所以令人倍觉艰深。玄奘为了使经文更加易于了解，在翻译佛经时添加了一些语言标志，提示读者注意。

（二）本颂与释论的区别标记“颂曰……”、“论曰……”

《俱舍论》由本颂与散文形式的释论两部分组成。在《俱舍论》的梵文原典中，本颂与释论是交替进行的，世亲先是列出本颂中的一偈，然后采取名相分析与理论阐述的方法，以散文的形式对本颂中的句子或词语作出解释。玄奘为了避免本颂与释论部分的混淆，所以用文字标记进行区别，以期引起读者注意。“颂曰”表示其后是本颂部分的内容，“论曰”说明其后是对本颂的注释与解说。“颂曰”与“论曰”是汉译本中所独有的，在原典中并没有对应的成分。例如：

（11）颂曰：摄彼胜义依彼故，此立对法俱舍名。论曰：由彼对法论中胜义入此摄故，此得藏名。

tasya arthatas asmin samanupraveśāt sa ca āśrayas asya iti abhidharma-kośam // 2-1

sa hi śāstra-saṃjñakaḥ abhidharmaḥ etasmin arthataḥ yathā-pradhānam antarbhūtaḥ iti etad śāstraṃ tasya kośa-sthānīyaṃ bhavati / 2-2

（现代汉语翻译：这个有经论术语的阿毗达磨，它的主要意义为论所涵盖，因此，这部论取得了藏的地位。）

“tasya arthatas asmin samanupraveśāt sa ca āśrayas asya iti abhidharma-kośam（摄彼胜义依彼故，此立对法俱舍名）”是原典中本颂部分的内容，在汉译中用“颂曰”标注。“sa hi…bhavati（由彼对法论中胜义入此摄故，此得藏名）”是对本颂中“tasya arthatas…abhidharma-kośam”的解说，在汉译本中用“论曰”标注。又如：

（12）颂曰，净慧随行名对法，及能得此诸慧论。论曰，慧谓择法。

[1] 参见慧恺：《〈阿毗达磨俱舍释论〉序》，《大正新修大藏经》卷 29，第 161 页。

prajñā a-malā sā anucarā abhidharmaḥ tatra prajñā dharma-pravicayaḥ / 1-23

（现代汉语翻译：对法是干净的慧，带着它的眷属。慧指择法。）

“prajñā a-malā sā anucarā abhidharmaḥ（净慧随行名对法，及能得此诸慧论）”是本颂的内容，在汉译本中用“颂曰”标明。“tatra prajñā dharma-pravicayaḥ”是对本颂“prajñā a-malā sā anucarā abhidharmaḥ”的解说，在汉译本中用“论曰”标注，以此方便信众阅读。

（三）词、句注释标记“……言”、“……者”、“言……者”

在玄奘汉译本的释论部分，对本颂中的词、句进行解释时，常见的对被解释成分的标记形式有“……言”、“……者”和“言……者”等。这些词在原典中大多没有对应的成分。

1.“……言”

在玄奘译本中，“……言”表示对本颂中某个词语或句子所作的注释，位于“言”字之前的是被注释的对象。“……言”的意思是“……这个词”或“……这句话”。例如：

（13）如理师言显利他德，能方便说如理正教，从生死泥拔众生出，不由威力与愿神通。

anena para-hita-pratipatty-upāyam asya āviṣkaroti / yathā-bhūta-śāsanāt śāstā bhavan asau saṃsāra-paṅkāt jagad ujjahāra na tu ṛddhi-varapradāna-prabhāveṇa iti / 1-17、18

（现代汉语翻译：“如理师”这个词显示，如理师能完成利他，并且有利他方法。如理师通过如实施教，可以从生死泥中拔出众生，而不是通过威力、苦行和神通等。）

此句对《俱舍论》第一颂“敬礼如是如理师”一句中“如理师”一词作出进一步的注释，说明向如理师敬礼的理由。“如理师言”意为“‘如理师’这个词”。

有时，在对释论部分的某个词语或句子进一步阐述时，可以用“言”字作为引语标记，例如：

(14) 无表依止大种转时，如影依树光依珠宝。眼等五识依眼等时则不如是，唯能为作助生缘故。此影依树光依宝言，且非符顺毗婆沙义。

avijñaptir hi chāyā iva vṛkṣaṃ prabhā iva maṇiṃ bhūtāny āśritya varttate / na tu evaṃ cakṣurādīny āśritya varttante cakṣur-vijñānādīni kevalaṃ tu utpatti-nimitta-mātraṃ tāni teṣāṃ bhavanti iti / idaṃ tāvad avaibhāṣikīyam vṛkṣam āśritya chāyā varttate maṇiṃ ca āśritya prabhā iti / 13-28、29、30

（现代汉语翻译：无表依附于大种而产生，就同影依附树而生，光依附宝而生一样。但眼等五识的所依却不如此，眼识的所依只是眼识产生的助生缘。这种影依附树而生，光依附宝而生的看法与毗婆沙派的观点并不一致。）

在“影依树光依宝言”一句中，“影依树光依宝”是对本段第一句“影依树光依珠宝”的引用，意为“‘影依树光依宝’这句话”。

2. “……者”

在玄奘译本的释论部分，“……者”表示对本颂中某个词语或句子所作的注释。位于“者”字之前的是被注释的对象。“……者”的意思是“……这个词”或“……这句话”。例如：

(15) 颂曰：乱心无心等，随流净不净。大种所造性，由此说无表。论曰，乱心者，谓此余心。无心者，谓入无想及灭尽定。

seyam ucyate vikṣipta-acittakasya api yaḥ anubandhaḥ śubha-aśubhaḥ / mahābhūtāny upādāya sa hi a-vijñaptir ucyate // vikṣipta-cittakasya iti tad-anya-cittasya api / a-cittakasya api iti asaṃjñi-nirodha-samāpatti-samāpannasya api / 11-1、2、3、4

（现代汉语翻译：那个以四大为因的乱心和无心，以及善与不善的相续，它就是无教。“乱心”指与此相异之心。“无心”指进入无想定和灭定的状态。）

原典本颂中的复合词“vikṣipta-acittaka”（乱心无心）是复合词 vikṣipta-cittaka（乱心）和 a-cittaka（无心）的缩略形式。在玄奘的译本中，“乱心者，谓此余心”是对 vikṣipta-cittaka 的解释，“乱心者”意为“乱心（这个词）”；“无心者，谓入无想及灭尽定”是对 a-cittaka 的解释，“无心者”意为“无心（这个词）”。

3. “言……者”

在玄奘的译本中，“言……者”表示对本颂中的词语作注释，意为“所说的……这个词”。例如：

（16）颂曰：色者唯五根，五境及无表。论曰，言五根者，所谓眼耳鼻舌身根。言五境者，即是眼等五根境界。

rūpaṃ pañca-indriyāṇi arthāḥ pañca-avijñaptir eva ca / pañca-indriyāṇi cakṣuḥ-śrotra-ghrāṇa-jihvā-kāya-indriyāṇi / pañca-arthās teṣām eva cakṣur-ādīnām indriyāṇāṃ yathā-svaṃ ye pañca-viṣayāḥ rūpa-śabda-gandha-rasa-spraṣṭavya-ākhyāḥ / 8-8、9、10

（现代汉语翻译：上文已经讲过色等五蕴。其中色蕴指五根、五境，以及五种无表。五根指眼根、耳根、鼻根、舌根和身根。五境指眼根的境、耳根的境、鼻根的境、舌根的境和身根的境，即色、声、香、味和触。无表指无表色。）

释论中的“言五根者”意为“（本颂）所说的五根这个词”，对本颂“色者唯五根，五境及无表”中“五根”进行解释。“言五境者”意为“（本颂）所说的五境这个词”，对本颂“色者唯五根，五境及无表”中“五境”进行解释。又如：

颂曰：色二。论曰：言色二者，一显二形。

tatra tāvat rupaṃ dvidhā varṇaḥ saṃsthānaṃ ca/9-11

（现代汉语翻译：本颂说：色有两种。论曰：所说的“色有两种”，一指显色，二指形色。）

释论中的“言色二者”意在提醒读者注意，将要对本颂中的“色二”进行解说了。

五、结论

（一）汉译佛经是汉语历史文献语言的非自然的独特变体，是经由佛经翻译所导致的梵语与汉语相互接触的产物。汉译佛经的性质要求梵汉对勘方法的使用。国外佛学界，特别是日本学者，如南条文雄、荻原云来、平川彰、辛岛静志等，一直都在使用梵汉对勘方法进行佛教文献学的研究。但是由于他们的成果属于佛教文献学领域，未能提供详细的词汇、语法、篇章信息，难以直接用作佛经翻译研究的材料。“如果打算更深入更具体地吸收古代的翻译经验，那么对勘梵汉经典的工作，无论如何非做不可。如果不做这项工作，始终好像站在大门外讲大门里的话，说了半天，也难免是捉风捕影。这个工作当然是艰巨的，而且收不到速效，但是为了中国翻译事业的百年大计着想，却也不该躲避这个麻烦。”[1]

（二）通过对《俱舍论》的梵汉对勘，我们考察了玄奘跨越梵语与汉语的类型差异翻译佛经的几项语言策略。

（1）在翻译梵语中的语法范畴时，使用了仿译的方法，保留梵语内部形式不变，采用汉语的材料，不但译出了词汇意义，而且译出了语法意义。在玄奘的译经中，“能 V”对译原典中的主动语态动词，“所 V”“可 V”对译被动语态动词。“能”、“所”和“可”充当语态标记，对译梵语动词语态语尾的语法

[1]　参见张建木（1951）。

意义。

(2) 梵语与汉语的小句衔接与语篇连贯方式存在巨大类型差异。玄奘为了准确表现原典谨严的逻辑结构，在译经中调整了原典语言的线性顺序，使译经与原典语言单位的层级呈现出不对等性。原典中的一些语法现象经常被玄奘译为汉语中的复句。

(3)《俱舍论》是典型的经论体，采用名相分析与理论阐述方法对本颂中的句子或词语作注释。玄奘为了引起读者注意，用“颂曰”、“论曰”、“……言”、“……者”和“言……者”等作为标记。这些标记是汉译本中所独有的，在原典中并没有对应词，都是玄奘为了解经的需要而增译的内容。

本文原载于《外语教学与研究》2006年第1期

《唐话便用》中“三字话”的语法结构

田秀芳

田秀芳，女，54岁，1983年北京外国语学院毕业，毕业后留校任教。现为北京外国语大学中文学院讲师，研究方向为对外汉语教学和汉日语言对比。发表的论文有《汉日动作结果表达的对比研究》、《谈谈对日本留学生的“把”字句教学》、《中日留学生词汇学习对比调查分析——以初级阶段中日教科书为例》、《语法翻译与语言对比相结合在初级汉语教学中的作用》等。

引言

《唐话便用》（下称《便用》）系日本江户时代（1603—1867）著名汉学家冈岛冠山（1675—1728）所编写的唐话教本之一。此外还有《唐话纂要》、《唐译便览》和《唐音雅俗语类》等。《便用》的初版刊行时间为享保十一年（1726），再版时间为享保二十年，相隔九年。

本文所用版本是当代日本中国语教育史研究专家、日本早稻田大学名誉教授六角恒广先生编辑整理、日本不二出版社于1998年出版的该系列教材《中国语教本类集成补集：江户时代唐话篇》的影印本。

《便用》共六卷六册，题签与序文及卷之三的书名均为《唐语便用》，其他则为《唐话便用》。各卷构成如下：

卷之一　二字并四字等话　二字话计1011个，四字话计337个。

卷之二　三字并五字等话　三字话计674个，五字话计337个。

卷之三　六字与七字话相连。六字与七字话语义相关。六字话与七字话各为337句。

卷之四　以会话场景为题，取二人会话之形式。场景标题有：初相见说话、平日相会说话、诸般谢人说话、望人看顾说话、诸般借贷说话。

卷之五　接前卷，仍为对话。

卷之六　由《与僧人相会说话》《长短杂话》《器用》构成。

我们在对《便用》作电子版的录入整理时发现，“三字话”有这样几个特点：

1. 多为短语：基本上都是由三个字组成的短语。

2. 可以成句：从结构到语义大多数可以成为句子或小句，即有句子的功能。

3. 结构类型丰富：覆盖了短语的大部分结构类型。

同构形式多：由动词“有”“没（有）”组成的三字短语、由否定副词“不”组成的三字短语、由“动词 + 了 + 宾语”组成的一类动宾短语、带“得”和“不”的述补短语等，数量达到257个。

一、主谓短语（68个）

主谓短语的两个直接成分是主语和谓语，谓语是陈述的部分，主语是被陈述的对象。

（一）谓语

主谓短语的谓语分动词谓语和形容词谓语两类。

1. 形容词和形容词性谓语

家计好　用度大　利息少　使费多　天色晚　路程远　天色晴　闻名久　心子懒

心子窄　酒量深　武艺高　心子阔　知心稀　租价重　自己富　诗友难　日夜忙　性最急　心不安　心不足　意不满　气不旺　称不准

做谓语的形容词有这样几个特点：

(1) 都是单音节形容词；

(2) 常见的形容词多，且比较集中。在61个形谓短语中，共出现26个形容词，但主要集中在“多”(14个)、“好”(13个)、“大”(6个)、“少”(5个)这4个形容词上，占60%以上，其余的都是1个；

(3) 有3对反义词：多、少；阔、窄；深、浅；

(4) 对同一客体事物的描写用了不同的几个形容词，如：

心子懒　心子窄　心子阔　心子毒

2. 动词和动词性谓语

动词和动词性短语作谓语的数量很少，只有7个，其中3个是否定的。

说话通　大家来　你先走　我就来　话不通　时不到　酒不醒

(二) 主语

主谓短语的主语一般由名词和名词性词语充当。名词包括指事名词、指物名词。这里的主谓短语中的主语有以下两个特点：

1. 形容词作谓语的主谓短语的主语，大多是指事名词，如“光景好”“武艺高”“祸事多”等。尽管“大”“好”“多”这样的可以描写物体性状的形容词（作谓语）在这类主谓短语中占了一半的数量，但是，没有出现指物名词作主语。

2. 主语的词语的结构类型比较丰富，有偏正短语：良友少；述宾短语：欠债多；并列短语：家小多。

3. 有 4 个人称代词作主语：我、你、自己、大家。

（三）小结

综合以上所述，在这些主谓短语中，作主语和作谓语的词语之间构成的语义关系主要有以下两种：

1. 主语是客体，是谓语的描写对象，谓语是非动词性词语。这类情况都出现在上述形容词做谓语的主谓短语中。

2. 主语是施事，是谓语动作的发出者。这类情况除“自己富”以外，都出现在上述动词做谓语的主谓短语中。

二、述宾短语（88 个）

述语和宾语是构成述宾短语的两个直接成分，核心成分是述语。

（一）述语的词类

根据充当述语的谓词的类别，述宾短语可分为两大类：（1）动宾短语，（2）形宾短语。但是，在三字话中没有出现形宾短语，所以下面就看一下动宾短语的情况。

1. 动词

（1）行为动词：脱虎口　打旗号　行善事　等甚么

（2）存在动词：有公事　没本钱　没有事　无恶念

（3）使役动词：难为人　周全人

（4）比较动词：不如死　不如默　不如他

（5）敬词：请息怒　请闲话

"不如默"的"默"是"沉默不语"的"默"，意思是"不说话"。

"请闲话"的意思是"请你来聊天"。

2. 动词短语

（1）动宾短语：有意你　无意他

（2）动补短语：激怒人　回些酒　弄出事　做惯事　装作哑

（3）动词 + 了、着、过 + 宾语：折了本　忍着气　做过活

（二）宾语的词类

述宾短语中的宾语可分为体词性宾语和谓词性宾语两类。

1. 体词性宾语

（1）名词：务农业　当东西　有靠头　有善心

（2）人称代词：赞叹他　称赞你　辱骂他

（3）名词性短语

①定中短语：改前非　出大名　听尊命　有些事　有何事　有喜事

②并列短语：分雌雄　决胜负

2. 谓词性宾语

（1）形容词：守清贫　做方便

（2）动宾短语：学读书　学写字

（三）小结

综上，有以下几点值得总结：

（1）在充当述语的谓词性词语中没有形容词做谓语的短语。

（2）在述语的词类中，存在动词"有"及其否定"没（有）"做谓语的述宾短语比较多。

（3）在动词和宾语中插入助动词“了、着、过”，使动词和宾语分离，并且不是个别情况，尤其插入“了”的情况较多（参看附录2）。

（4）形容词作宾语的短语只有两个。另外，“做方便”不符合现代汉语的语义搭配原则，而日文注释又过于直译，所以这个短语的语义不详。在现代汉语中“方便”有形容词和动词两个词性，做动词时可以带宾语。这里的“方便”是做宾语的，所以可以认为是形容词。

三、偏正短语（211个）

（一）定中短语（18个）

定语和它的中心语是构成定中短语的两个直接成分。做中心语的词语中最常见的是名词性词语，还有人称代词等。充当定语的有名词、人称代词、形容词、数量词等实词，还有指量短语和一些主谓短语和动词及动词性短语。根据定语和中心语的词义，定语与中心语之间构成不同的语义关系。从定语修饰中心语所表示的意义来看，定语表示领有者、性状、质料、用途、数量、时间、处所和施事、受事等。

1. 中心语的词类

（1）名词

好造化　大气量　旧相与　新相知　当真话　新奇话　大干系　老实话
大才能　大才干　紧急事　私下事　笨东西　呆物事　大心信　慈悲心

（2）动词

大恭喜　大发财

在这部分词语中，我们发现“大心信”中的“心信”在汉语中没有这个说法。根据日文注释，“大心信”中的“心信”是“信心”的意思，而且“心信”和“信心”在日文的读音中是没有区别的，出现这种情况有两种可能，一是误写，即把字序写颠倒了，二是可能是汉日语同型词中的同素逆序词。后者有待考察证实。

“大干系”的日文释义是“很危险”。在《水浒》中我们找到了5个有“干系”的句子，其中4个用了“担……干系”的格式：

1. 晁盖道：“亏杀这个兄弟，担着血海似干系来报与我们！”

2. 当初若不是贤弟担那血海般干系，救得我等七人性命上山，如何有今日之众？

3. 蔡福是个公人，早猜了八分；欲待不依，诚恐打破城池，都不见了好处，又陷了老小一家性命；只得担着血海的干系，便取些旧衣裳，教他两个换了，也扮做公人，换了巾帻；带柴进，乐和径奔牢中去了。

4. 大伯道：“他把许多金银与我家，不与他担些干系，买我们做甚么？”

5. 宋江道：“贤弟此去，须担干系！”

“担”是动词，后边的宾语应该是名词，现代汉语中的“干系”一词也是名词，这样“大干系”就是定中结构的短语。

2. 定语的词类

①形容词：大、好、笨、呆、新、旧、慈悲、老实、新奇、紧急等

②名词：铁面皮

3. 小结

A. 中心语和定语的词类特点

①中心语：第一，只有两个动词，其余都是名词；第二，这些名词都是指事名词，没有指物名词。

②定语：第一，只有一个名词，其余都是形容词；第二，单音节形容词多于双音节形容词。

B. 定语和中心语的语义关系

如上所述，中心语和定语的词类都比较单一，且定语中的大部分形容词是表示性质的，因此，定语与中心语之间的语义关系也就十分简单了，除了“铁面皮”的“铁”表示中心语的质料以外，其余的定语都是表示中心语的性状的。

（二）状中短语（199个）

构成状中短语的两个直接成分是状语和它的中心语。

1. 中心语的词类

A. 动词和动词性短语

（1）动词

常隄防　难了结　没处拿　特地来　早刻去　乘夜走　趁月行　早起来　略晓得

都明白　都忘记　只顾笑　只管哭　好多嘴　大喜欢　由他恼　同你走　吃你骗

被他骗　吃他骂　竟没有

（2）动词性短语

①动宾短语：难赚钱　还有余　善为文　死守城　多施计　不知耻

②动补短语：再减些　还有些

B. 形容词：

老大苦　果然好　整日忙　大得意　最有趣　大艰难　不高兴

C. 体词性词语：

但凭你

2. 状语的词类

状语的词类很丰富，覆盖了能做状语的大部分词类。

A. 副词

还不来　尚未看　断不肯　绝不允　极有趣　从不闻　最好吃
不高兴　没有剩

B. 形容词和形容词性短语

（1）形容词：

仔细看　好神算　早起来　善为文　多施计　大伶俐

（2）形容词性短语：

老大苦

C. 介词短语：

与我好　乘兴玩　乘闲走　乘醉睡　趁月行　由他恼
同你走　吃你骗　被他骗　吃他骂

D. 动词和动词性短语

（1）动词：

死守城

（2）动补短语：

装作聋 装作哑 装作瞎 停回来

（3）动宾短语：

没处玩 没处拿 没处走 受苦多

（“停回”的意思是“过一会儿”，“停回来”就是“过一会儿来”。）

E. 名词性短语：

（1）方位词：

这里来 里头坐 中间坐 楼下去 外边坐 各处寻

（2）时间词：

整日忙 夜间来 晚头去 来日去 下日来

F. 疑问词：

安敢做 焉能说 怎么处 怎敢辞 岂不肯 几时去
何等好 何消去 何处去 何曾看 甚相干 怎生处

（三）小结

1. 作为偏正结构的短语，状中短语的数量大大超过定中短语。

2. 充当中心语的词类有三种：动词和动词性短语、形容词、人称代词。

3. 中心语动词性短语的结构类型比较丰富，有动宾、动补、主谓结构的短语；在动词的小类中包括趋向动词（来、去、走）、情感动词（笑、哭、恼）和感知动词（知道、晓得、明白）。

4. 充当状语的词类非常丰富，有副词、形容词和形容词性短语、介词和介词短语、动词和动词性短语、体词（方位词、时间词）以及部分疑问代词。

5. 副词的小类中包括范围副词、程度副词和否定副词。

6. 在否定副词中，有的口语性很强，如“不”；有的比较接近书面语，如“未、无、尚未、不曾、未尝、未必”等。但其中数量最多的是“不”。

7. 疑问词中书面语占多数，如安、焉、岂，还有何等、何曾、何消、何处。

四、述补短语（105 个）

述补短语由述语和补语两个直接成分构成。

根据充当述语的谓词的类别，述补短语可分为动补短语和形补短语两类。

（一）形补短语（10 个）

三字话中的形补短语共 10 个，作为中心语的形容词都是单音节词。

热得紧　忙得紧　好得紧　苦得紧　冷得紧

痒起来　疼起来　热起来　冷起来　贵起来

（二）动补短语（11 个）

动补短语中，由动补短语做述语的 6 个和动宾短语做述语的 5 个。

动补短语做述语：

聚拢来　打拢来　讨拢来　坐拢来　坐开来　吞落去

动宾短语做述语：

过船来　搭船来　打水来　打酒来

（三）补语的类别

三字话中动补结构的补语有结果补语、趋向补语、程度补语、可能补语和情状补语等五个类别。

1. 结果补语

算明白　审明白　相见过　吩咐过　应验过

2. 趋向补语

来/去/走：过船来　搭船来　坐开来　摊开来　打水来　打酒来　赶将来

聚拢来　扫拢来　讨拢来　走将来　走将去　赶上去　吞落去

落荒走　坐拢来

起来：堆起来　喊起来　数起来　哭起来　笑起来　贵起来　热起来

冷起来　疼起来　贱起来　痒起来

回来：叫回来　赎回来

出来：喷出来

3. 程度补语（6）

忙得紧　好得紧　苦得紧　冷得紧　热得紧　骂得很

4. 可能补语（59）

想得出　看得过　用得着　买得着　看得明

想不出　看不过　用不着　做不着　睡不着　看不上　赶不上　等不企

5. 情状补语（5）

做得好　写得妙　赚得少　折得多　说得是

（四）小结

1. 从述语的词类看，动补短语多，形补短语少。

2. 从短语的构成形式看，组合式（带“得”）多于黏合式（不带“得”）（参看附录 4、5）。

3. 在组合式结构中，否定式多于肯定式（参看附录 4、5）。

4. 从补语的类型看，可能补语最多，其次是趋向补语，这两类占全部述补短语的 80% 以上。

5. 补语类型比较丰富。现代汉语的补语类型一般分为 7 类：结果补语（动结式）、趋向补语（动趋式）、程度补语（动程式）、可能补语（可能式）、情状补语（动得式）、数量补语（动量式）、时地补语（动介式）（范晓，2000）。三字话中出现了其中的 5 类。没有出现数量补语和时地补语，这跟三字话中没有出现数量词、动量词和介词短语少有直接关系。

6. 在三字话的述补短语中只出现了一个有歧义的短语，即“做得好”。它的否定式可以是“做不好”，也可以是“做得不好”，前者表可能，后者表情态。“做得好”如果表可能义的话，它在句子中只能用在问句或答句中，而表情态时可不受此限制，可以独立成句。作为句外短语，我们把它放在了情态补语一项。

五、能愿短语（18 个）

能愿短语指的是能愿动词和它后面的动词或形容词构成的短语。

关于能愿结构的性质，马庆株《汉语动词和动词性结构》中说：“能愿动词后加动词或其他谓词性成分所构成的结构简称为能愿结构。”还说：“能愿结构的性质众说纷纭：有状心说、述宾说和合成谓语说。”马本人支持能愿结构是述宾结构的看法。

确实，在《现代汉语》（黄伯荣、廖序东，1991）中把能愿动词作为特殊动词来处理，认为能愿动词在句子里常做状语，还可以做谓语或谓语中心。但是，在《语法讲义》（朱德熙，1982）和《短语》（范晓，1991）中都没有找到关于能愿动词的论述。因此，我们把这种带能愿动词的结构单独列为能愿短语，不作归类处理。

1. 会

会做家　会当家　会做事　会写字　会吃酒　会画画　会骑马　会射弓　会干事

2. 能

（1）能 + 动宾短语：能读书

（2）能 + 形容词：能耐久

3. 要

（1）要 + 动词：要告辞　要兑账　要雪耻　要辩白　要报恩　要打话

（2）要 + 动补短语：要搬去

“要”作为助动词，可以表示意志、须要、应该、需要、将要等意义。本文5.3 中的几个“要”应该是想要或将要的意思。如何判断，马庆株有一段论述：

> “要”后面如果是自主动词，整个结构就既可能是述宾结构，又可能是偏正结构。“要”后面如果是非自主的变化，则整个结构一定是状心结构，

“要”一定是副词；“要”后面如果是非自主的属性动词，则整个结构一定是表示能愿的述宾结构，“要”是能愿动词。副词“要”对于后面的动词没有一定是自主动词这样的限制，如“要丢，要塌”。当后面是自主动词的时候，“要+动词”就会产生歧义。（《汉语动词和动词性结构》，第81—82页，马庆株，1992）

一个短语，如果进入了句子，就有了语境，有了语境的帮助就不难理解。歧义的产生，一是语言本身的构造问题，一是缺少语境。但是如果有了语境，语言本身的原因就不重要了。作为静止的句外短语，恰恰缺少的就是语境。这里的几个“要”字短语，动词都是会产生歧义的自主性动词。但是我们在原文的日文注释中找到了答案。原文的日文注释都用了“たい”这个表示愿望的助动词来释义，所以我们判断这里的“要+动词”中的“要”都是表示愿望的能愿动词。

4. 不（休）要+动词

不要慌　休多言　休要恼　休要愁　休要辞

这里的“要”是表示“须要”和“应该”的能愿动词，“不要”或“休要”是它的否定形式，劝阻某人不要做某事。

5. 小结

汉语的能愿动词数量有限，《现代汉语》（黄伯荣、廖序东，1991）把它们做了归纳：

（1）表可能：能、能够、会、可能、可以、可

（2）表必要：要、应、应该、应当、该当

（3）表意愿：肯、敢、要、愿

虽然三字话中只出现了“会”、“能”、“要”这三个能愿动词构成的能愿短语，但是它们分别代表了上述三种表意功能。

另外，还有两个能愿动词“肯”和“敢”出现在状中短语中。如：断不肯、

不肯降、岂不肯、安敢做、怎敢辞。

六、其他各类

还有一些小类，数量极少，列举如下：

(1) 兼语短语：定他做　托他买　借我用　央人去　雇人做　依你说

(2) 顺递短语：进内坐　推不闻　搭船去　过船来　附船去

“船”是交通工具，“搭”、“过”、“附”都是动词，意思是“乘”、“坐”。

(3) 介词短语：为你们

(4) 重叠短语：想想看　查查看　比比看

只有谓词性重叠短语，没有体词性重叠短语。

(5)“的”字短语：一样的　各别的

(6) 比况短语：贫如水

除了上述类型的短语外，三字话中还有一些我们认为并非短语的三字话，特点是三字话的第三个音节是助动词“了”，具有句子的特点。从结构上看，有动补结构、主谓结构、状中结构、“介词结构＋了”和动词、“形容词＋了”。

(7) 动补＋了：见过了　做倦了　赶上了　走错了　气死了　妙极了

(8) 动词＋了：明白了　妥帖了　打点了

(9) 形容词＋了：好看了　可爱了

(10) 主谓＋了：夜深了　霜浓了　路烂了　风起了　雪积了

(11) 介短＋了：被馋了

(12) 状中＋了：曾学了　都完了

还有5个正反式短语：去不去　看不看　要不要　来不来

常见的量词短语没有出现。有些短语形式没有出现，可能跟三字话的字数限制有关，但是量词（物量、动量）短语在三字话中出现是完全可能的。

七、结语

如前所述，《唐话便用》中三字话共674个，绝大部分是三个字的短语，只有少量的句子和词。在对短语进行归类整理的过程中，我们感到《便用》在编写上具有一定的科学性、实用性和系统性。它的科学性体现在它潜在的结构主义语法体系上。三字话中的相当一部分短语可以成为句子或小句，还有“见过了”等末尾是“了”的三字话，具有很强的交际功能，这体现了它的实用性。三字话中的短语，结构类型比较齐全，我们归纳整理出来的就有11个类型，从这一点上可以说它是有系统性的。

本文原载于《日本汉语教育史研究——江户时代唐话五种》，
外语教学与研究出版社2009年版

中国类义词典的分类方法和用途

陈庆煌

陈庆煌，1937 年生，男，汉族，广东兴宁人，教授。专长汉语教学和辞书编纂。1960 年毕业于中山大学中文系，同年进入北京外国语学院工作，一直在汉语教研室、中文系、中文学院任教。主要著作有《简明汉语义类辞典》（合编）、《华夏文化辞典》（主编）、《世界文化精粹辞典》（主编）、《汉英词典》（修订版，副主编）等。

类义词典是对词语按意义的相同、相近及相关进行分类排列的辞书。要编好一部类义词典，建立一套完善的语义分类体系，要解决的问题很多，其中采用何种分类方法是至关重要的。

中国的类义词典起源很早。大约在公元前 2 世纪中国就出现了第一部辞书：《尔雅》。作者不止一人，是经过长时间由学者陆续增益而成的一部解释词义的书。它按词的内容归类，共分 19 类，前 3 类是汇集古书上的同义词用一个通用词加以解释，后 16 类分别解释各种事物的名称，如亲属、宫室、器物、天地、山川、草木、虫鱼、鸟兽、牲畜等等，具有百科全书的雏形，可说是中国最早的一部类义词典。《尔雅》对后代影响很大，仿照它的体例编著的著作，历代绵延不绝，这些著作都用“雅”来命名，称为“雅书”。所有这些著作，都可以称之为类义词典。

《尔雅》开创了中国的词义分类学，它按照事物的性质分门别类，这种分类法我们称它为题材分类法。中国历代编撰的"类书"—— 一种类似百科全书的、专门辑录古诗文典故等知识资料的大型工具书，大都沿用这种分类法，只是门类大大地增加了。

除题材分类法外，中国还流行一种语法分类法，即以词类为纲来分类的方法，如名词类、动词类、形容词类等等，许多常用词表均采用这种分类法。

西方自英国 Roget 的 *Thesaurus*（《英语词汇集》，一译《英语词库》）问世以来，各主要国家、主要语种都仿其体例，相继出版了自己的类义词典，它们采用的是逻辑分类法。

笔者从 1976 年开始与人合作编撰类义词典，历时 10 年，期间曾认真研究过上述三种分类方法，发现它们各有短长，照搬其中任何一种方法来编撰自己的类义词典，既无必要，也不可能，因为都达不到理想的效果。题材分类法是古老的分类法，也是中国传统的分类法，为中国人所喜闻乐见。它把事物分门别类，好处是同一题材的词语集中在一起，对于了解事物的属性以及作文时选词炼字有一定的帮助，但在事物复杂纷繁、词义细微交叉的今天，其局限性也是显而易见的。采用语法分类法，编出来的只能是词的语法分类词典，而不是类义词典。逻辑分类法是比较先进的分类方法，分类体系比较严密，但它不合中国人的思维习惯，它的词义分类体系不易为中国的一般读者所理解和接受。原因在于中国的古代哲学家和现代的语言学家，不像古希腊哲学家和西方现代语言学家那样经常讨论语言和逻辑的关系。

因此，同时采用逻辑分类法和题材分类法，对我们而言，也许是唯一可供选择的行之有效的方法。我们编撰的《简明汉语义类词典》（1987 年出版，1991 年再版）在这方面作了有益的尝试。在分类方面，既借鉴了逻辑分类法，又十分注意从汉语的实际出发，继承我国自《尔雅》以来的雅书及类书的优良传统，力求做到外国类义词典的先进分类方法和我国传统习惯的统一。

我们在分析、比较了中外多部类义词典后，经过长时间的探索和实践，终于制定出了汉语词义分类纲目。纲目分大纲、要目、细目（即大类、中类、小类）三项，因篇幅关系，这里只将大纲图示如下：

汉语词义分类大纲

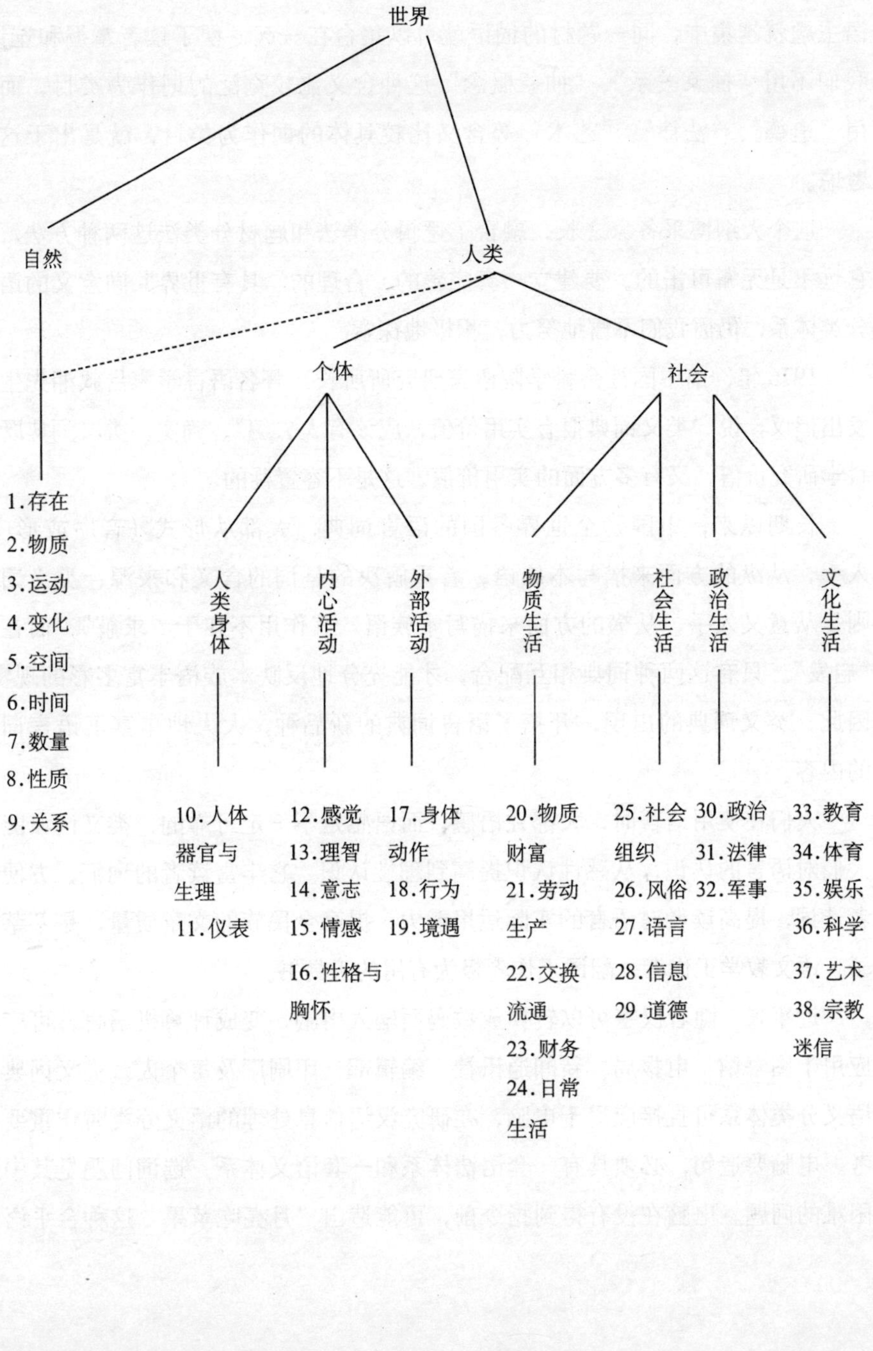
世界
自然
人类
个体
社会
1.存在
2.物质
3.运动
4.变化
5.空间
6.时间
7.数量
8.性质
9.关系
人类身体
内心活动
外部活动
物质生活
社会生活
政治生活
文化生活
10.人体器官与生理
11.仪表
12.感觉
13.理智
14.意志
15.情感
16.性格与胸怀
17.身体动作
18.行为
19.境遇
20.物质财富
21.劳动生产
22.交换流通
23.财务
24.日常生活
25.社会组织
26.风俗
27.语言
28.信息
29.道德
30.政治
31.法律
32.军事
33.教育
34.体育
35.娱乐
36.科学
37.艺术
38.宗教迷信

Roget 的 *Thesaurus* 分词语为抽象关系、空间、物质、智能、意愿、情感6大类，本大纲分38大类，整整多出32大类。我们认为，分类不是分得越多越细就越好，而是分得越单纯越具体就越好。类别分得越单纯越具体，词语主题就越集中，同一题材的词语就可以集合在一起，便于读者掌握和选词。我们不用“抽象关系”、“抽象概念”这种含义比较宽泛的词作为类目，而使用“道德”、“法律”、“艺术”等含义比较具体的词作为类目，就是出于这种考虑。

这个大纲博采各家之长，融合了逻辑分类法和题材分类法这两种方法，但它远不是无懈可击的。要建立一套完善的、合理的、具有世界共同意义的语义分类体系，仍需我们不懈地努力，积极地探索。

1976年，前中国社会科学院语言研究所所长、著名语言学家吕叔湘先生曾发出倡议，说“类义词典很有实用价值，应该有人去编”。确实，类义词典既有科学研究价值，又有多方面的实用价值，这是不容置疑的。

长期以来，中国乃至世界各国的语言词典，大都从形式（音序或形序）入手，从纵的方面来描写本族语，着重解决的是词的含义和来源；类义词典则是从意义入手，从横的方面来描写本族语，其作用不在于“求解”，而在于“启发”。只有这两种词典相互配合，才能充分地反映本族语丰富多彩的现实。因此，类义词典的出现，开拓了语言词典的新品种，大大地丰富了语言词典的内容。

人们在使用语言时，大都凭语感，而语感是不一定可靠的，类义词典能使人们对语言的认识，从感性认识提高到理性认识。它丰富读者的词汇，方便读者选词，提高读者对语言的实际运用能力，提高全民族的文章质量，是莘莘学子、语文教学工作者、翻译工作者极为有用的工具书。

近年来，随着汉字可以转换成数码而输入电脑，变成计算机语言，可广泛应用于图书馆、电报局、新闻通讯社、编辑部、印刷厂及每个人。类义词典的语义分类体系可直接应用于电脑，在研究汉语信息处理的语义分类时作重要参考。电脑要造句，必须具有一套语法体系和一套语义体系。选词问题是其中最困难的问题。电脑在没有得到指令前，可能造出“月亮吃苹果”这种合乎语法但不合逻辑的句子来。如何解决这个问题，正是类义词典的任务，语言文字工作者将面临新的科学的挑战。

本文是作者于1997年8月29日在“日本国立国语研究所第五届国际研讨会”上所作的讲演稿，后收入《日本国立国际研究所第五届国际研讨会论文集》

汉语称谓词泛论

张龙虎

张龙虎，男，北京外国语大学中文学院教授，退休。

我们在日常的交际场合以及书面语的表达中，彼此间的称谓往往是少不了的。世界上许多民族语言虽然都有谦称、尊称和爱称，但汉语在这方面的表达方法似乎尤为宏富而独特。汉语的称谓早已形成一个完整的系统，不仅种类繁多，别具一格，而且造语丰富多彩，极富变化。特别在古代，所用的称谓词常常能反映出人与人之间的不同身份、各种社会关系，而且相互间由于上下、亲疏关系的不同，体现了称呼者敬卑、谦骄的态度。

汉语称谓词用得最多的当然是在自称和对称方面，其数量相当惊人，而感情色彩又极为丰富，可以说其他民族的语言文学是无法同它媲美的。这是因为中华民族从来就十分注重文明礼貌，有着谦和待人的美德，而在称谓上对己强调谦词，对人突出敬词，又是这个文明古国千年来的良好传统。

自称词中有一类通用的自称词，即第一人称代词，包括一部分反身代词，用得最为广泛。所谓通用自称词，是说它们不管在什么场合环境下，各种不同地位身份的人都可使用。如现代汉语的我、咱、自、己、自己、自家、自身、自我、亲、亲自、亲身、本、本人、个人等等；古汉语中的吾、余、予、台(yí)、卬（áng)、身、躬等。但更多的自称词是属专称方面的，即只能用于某一方面的人，不能混用，与「通用词」对称。如帝王常用的「朕」及「朕躬」，帝王幼年即位而用的冲人、冲子、冲昧，以及对先王自称为的「予小子」等；诸侯王常用的孤、孤家、寡、寡人以及「不榖（gǔ）」等。女性称已用的妾、小女、小女子；老年妇人自称老妇、老妪、老妾、老婢、老身、老媳妇；寡妇自称未亡人（简称“未亡”）；古时国君夫人自称寡小君，太后或皇后自称哀家等等；僧、道人自称贫僧、贫道、小僧、小道、老僧、老道、贫衲、小衲、老衲等；佛家与道家的门生自称弟子、徒儿等。对尊长方面用的自称词就更多了，如男子对父母自称男、儿子、孩儿、小子，对其祖父母自称孙、孙儿，对其舅妈称甥、外甥，对其舅祖辈称外甥孙、弥孙，对其伯叔或父辈朋友自称侄、小侄。对其姑父姑母称内侄，对其姨父母称姨甥，对妻父母称婿、小婿；对老师自称学生、生，对师辈或其他上司自称晚辈、晚生，后辈学子对辈行在前的自称晚辈、侍生，科举考试及第者对主考官自称门生、门下；对上司方面，古人对君王自称臣、下臣、陪臣、老臣、小臣、微臣，地位卑小的官吏自称末官、小官、小吏，下级军官对上自称职、卑职、卑吏、卑末，低于上将或次将的将领自称末将；没有地位的人对上自称小民、小人、小的，使人对主人或权贵者自称小人、小子、小的、奴才、老奴、男女、奴婢等等。

上述的自称词大多含有一定的自谦成分，表现了自称者的谦恭态度。在汉语里，还有一批广泛用于男性的自称谦词，如谦言自己愚昧、浅薄时常自称愚、愚蒙、下愚、愚下、鄙、鄙人（敝人）、鄙夫、下鄙、敝、卑人等；表示自己地位卑微时自称仆、窃、走、下走、牛马走；读书人或文人谦指自己是新学后进之辈时，便自称小生；谦言自己没有才能或才能平庸时，称己为不才、不佞、不肖；一些有身份地位的人谦称自己小可；官吏称小官、下官；又古时坐席辈长在上座，于是自己称“在下”；此外，还有谦称自己区区、山人、贱子、哀骀等的。朋友之间，包括年长者在内，自我谦称时常用弟、小弟、愚弟、愚兄、兄弟等，或有“不才”的意思。老年人表示自己衰老而无用时称老朽，表示年迈又笨拙时称老拙，说自己年老又卑微时称鄙老，还有老夫、老汉等多种称词。

古今汉语自称方面的称词，诚然还不止这些。诸如直系亲长居丧期中，后辈人为了表示悼念，寄托哀思，尚有一些专词自称，如古时父或母丧后都自称哀子，唐宋以后父丧后自称孤子，母丧后称哀子，父母双亡后称孤哀子；父母死后，居亲丧时也有自称不孝、不肖、不肖子等的。

那么，汉语的对称词情况又如何呢？可以说，比起自称领域更加丰富多彩，其表达方式妙不可言，令人拍案叫绝，但这里只能择要介绍。

在对称方面，今天用的对称代词是你、你们，而古汉语中用得最普遍的则是尔、而、若、汝、乃几个词。“你”的敬称代词大家都知道是“您”，而古汉语则用“子”作为对称敬词。但更多的对称敬词是通过其他多种方式来表达的。有用对方职务来称代的，如对封建帝王尊称君、人君、人主、天子、君王、大王、皇上、皇爷以及官家、在家等；对宰相敬称君侯、丞相、相公、中堂等；对将帅敬称主帅、主将等；对山寨头领称头头、大王、太仆等。这种用职务称呼对方的方式一直沿用至今，如根据对方的不同职务敬称为主任、经理、部长、厂长、校长、园长、秘书、会计师、工程师等。也有用颂扬性的词语来称呼对方的，对方的地位越显贵所得的称颂词就越多，如尊称帝王的有圣、圣人、圣上、明上、圣哲、天颜等，或用祝颂词万岁、万岁爷来尊称帝王，用千岁来敬称太子、王公等；对地方长官敬称明尹、明廷、明侯、明府、明府君、大人、老爷、父母官等；对寻常之辈常敬称尊驾、大驾、台驾、贤、贤家，也有用玉容、玉颜、尊颜、威颜等颂扬性词语来敬称对方。还有避开人的姓氏名号或者职务身份，用婉称词语来敬称对方的，如对君主尊称驾、陛下、足下（多用于战国时期），对皇太子、诸侯王及皇太后、皇后敬称殿下，对将帅称麾下，对有一定地位的人及朋友称阁下（今多用于外交场合），对长官称门下，对有身份地位的人称事、左右（后多用于书信），对前辈尊长敬称座前、教授，对媒人称保山等等。再有用尊崇的名词来敬称对方，即借用历史上曾用过的一些官职名称或用一些看来似乎是官员的名称来称呼对方，以表示称谓者尊敬推崇的感情。其实被称者多已不再是有什么官衔的人，因为所用称词也没有原来的意义，如称人公、君、君子等，对有一定社会地位的青年男子称相公、官人、郎，对地主豪绅称员外，对贵公子称舍人、宣赞，对听众或读者称看官，对手艺人称待诏，对船家称艄公，对船工称驾长，对初次相识的朋友称客官、客长、老官等等。

在中国传统的称谓里，后辈对前辈尊长或对长老之人的称呼，素以敬词相称。如学生或弟子对传授给自己文化、技艺的人尊称师、老师、师长、师傅、先生。唐代时，进士对主考官又敬称座师、座主。对老年人所用的尊称极多，像今天对有才德声望的老人，常在“老”前冠以姓氏相敬称，如王老、李老、张老，这种称谓与称人老王、老李自然不同，无论在感情色彩还是年龄上均有一定的差异。在古代，对男性长老称翁长、长上、老爹、大爹、阿爹等；对父辈人还常用老伯、大伯、大爷一类词相敬称。同样，长对幼的称呼，也讲究一定的礼仪，而且多用爱称和美称，其中“贤”字用得比较突出，如对后辈子弟称贤弟、贤侄、贤婿、贤契、贤友，还有称郎君、大郎、小郎、小哥等一类词的。

旧时交往，平辈人之间的称谓彼此都很重要。男性朋友相互往来特别喜欢称兄道弟，无论口语还是书面语都用得十分广泛。对同辈朋友中的年长者多敬称、美称兄、尊兄、贵兄、仁兄、贤兄、老兄、长兄、吾兄、大兄等，对有恩于己的称恩兄，对与己同师而求学在先的称师兄，对有世交的同辈甚至晚辈称世兄，此外还有年兄、年台、兄台、哥、哥哥、大哥、阿哥、老哥等。与兄相对，对同辈中的年轻者昵称、美称弟、仁弟、贤弟、师弟、阿弟、老弟、小弟、兄弟等等。

对僧、道人用的敬称词也相当多，如对佛家称菩萨、上人、长老、方丈、尊老、老宿、堂头、参头、尊者、法师、大师、山主、都寺、知客、香火乃至和尚等；对道家尊称真人、上仙、大仙、仙师、仙客、尊师、高座、老仙长、老神仙、济公、道士、道人等等。

汉语中的对称敬词非常丰富，除上面提到的敬称外，还有夫妻间相互用的敬称词，如妻称夫为君、君子、夫君、夫婿、夫子、官人、相公、郎、玉郎、郎君、郎伯、良、良人、男儿、丈夫、大哥等，上了岁数的妇人对丈夫昵称老头、老头子，旧时称老官、老官儿、阿老等；夫对妻称夫人、贤妻、娘子，宋元时期民间还常用大嫂、大姐以及妈妈表示夫对妻的敬爱之称，老夫对老妻昵称阿妈、婆婆，口语里称老婆、老婆子、老太婆以及直称妻等。帝王称皇后为梓童，称爱妃为美人、妃子等。专用于女性的对称词也相当多，如对一般妇女可称新娘、姑娘，对年长的称大娘、婶娘，对少女称小姐、妞儿，对有身份地位的称太太、夫人，对老年妇人称奶奶、婆婆、阿婆、大妈，对婢女称养娘、丫头，对有一定职业的妇人称渔娘、奶娘、老板娘等等。此外，奴仆对主人称老板、掌柜、主子、主人、老东家、少东家等；对奴仆称管家、掌家；对官府里的衙役、公差称上下、牌头、端公；对太监敬称太辅、公公等等。

在称谓词中，除了第一人称的自称词、第二人称的对称词外，自然还有第三人称的代称词。一般交际场合下，听说双方所涉及的对第三者的各种称呼都可理解为他称代词，或者是起着作替代他称代词作用的。这类例子在古今汉语中俯拾即是，无须列举。不过，专用于第三人称称谓词语的，要比第一人称与第二人称的少得多，而像常用的诸如人、人家、别人、他人等称谓词所表达出来的感情色彩远不及自称词和对称词丰富。这是由于他称代词历史起源晚，不及第一、二两类人称代词众多的缘故；同时，在交际过程中它不如直接接触的两方那样关系直接，使用的频率少，这也许又是一个原因吧。但是，尽管如此，汉语的他称代词比起其他民族语言来说，仍然十分丰富，如他、她、它、伊、彼、夫、之、诸、焉、旃、其、厥、渠等均是古今汉语常有的他称代词，使用起来各具特色。

汉语称代词在表达方式上不仅有专称、谦称、敬称和爱称，还有美称、傲称、俗称和合称。此外，对自己亲属和他人亲属的称谓用词，以及同一词的多种不同称谓、特殊称谓词和复数的表达形式，还有极富特色的方言称谓等方面，都有很丰富的内容，使用时也有一定的规则。值得注意的是，在现代汉语中，代词一般是代替名词、动词、形容词、数量值和副词的词，但在许多古籍里，我们却发现一些名词（如“身”、“臣”）、动词（如“走”、“窃”）、形容词（如“愚”、“老”）等反倒用作代词，这表明了古今汉语代词用法的不同特点。而像“予小子”“牛马走”、“未亡人”等一类词，今天看来似乎是一个短语，但在古代典籍里，它们却是被当作一个人称代词来使用，这也是现代汉语所没有的现象，需要作进一步的分析、研究。此外，汉语的称谓词，在音节上不仅有单音节的（“我”、“尔”），还有双音节的（如“鄙人”、“仁兄”），甚至还有三音节

(如“牛马走”、“老人家”)、四音节的(陶渊明在《五柳先生传》中自称“五柳先生”、韩愈在《进学解》中自称“国子先生”)。这种现象，不仅表达了汉语称谓词丰富而细腻的感情色彩，而且也展现了古老汉语所特有的风貌和姿采，值得重视。

本文原载于《中国语文通讯》1995年3月第33期

属性词小议

缪小放

缪小放，1948年生，男。1993年由首师大调入北外，1996年11月至2001年9月任北外国际交流学院副院长，2000年晋升为教授。现已退休。长期从事中国本科生和硕士生的语言理论教学工作以及外国留学生的汉语教学工作。研究方向为现代汉语语法、词汇及对外汉语教学。出版著作、教材20余部，发表学术论文30余篇。

什么是属性词

如果从比较严格的学术观点出发，我们可以这样给属性词下定义：属性词是只能在名词或助词“的”前边出现的粘着词，表示人、事物的属性或特征，具有区别或分类的作用。例如：“小型、慢性、现行、亲生、上好、首要”等都是属性词。这个定义包含四点意思：1. 属性词是粘着词，不能单说；2. 属性词只能在名词或助词“的”前边出现；3. 除了在名词或助词“的”前边出现外，属性词不在其他任何别的环境里出现，包括不能做主语、宾语、谓语、状语、补语等等。4. 属性词表示人、事物的属性或特征，具有区别或分类的作用。

如果用比较通俗的话来给属性词下定义，我们可以这样说：属性词表示人、事物的属性或特征，具有区别或分类的作用。它们具有以下特点：

1. 能直接修饰名词作定语；多数能带“的”形成“的字短语”。例如：

小型水库　慢性肠炎　现行体制　亲生儿女　上好材料　首要任务

小型的　　慢性的　　现行的　　亲生的　　上好的　　首要的

2. 不能做谓语、主语、宾语，组成“的字短语”后可以做主语、宾语。

× 这座水库小型　× 这种肠炎慢性　× 这种体制现行

× 这些儿女亲生　× 这种材料上好　× 这个任务首要

（以上是不能做谓语的例子）

× 小型建一座　× 慢性更难治疗　× 现行是什么体制

× 亲生见不到　× 上好多来点儿　× 首要是什么任务

（以上是不能做主语的例子）

× 这座水库是小型　× 这种肠炎是慢性　× 这种体制是现行

× 这些儿女是亲生　× 这种材料是上好　× 这个任务是首要

（以上是不能做宾语的例子）

小型的建一座　慢性的更难治疗　现行的是什么体制

亲生的见不到　上好的多来点儿　首要的是什么任务

（以上是组成“的”字短语后可以做主语的例子）

水库建了几座小型的　这种肠炎是慢性的　这种体制是现行的

这些儿女都是亲生的　这种材料是上好的　这个任务是首要的

（以上是组成“的”字短语后可以做宾语的例子）

3. 一般不能用“不”否定，大多可用“非”否定；大多不能用“很”修饰。例如：

非小型　　非慢性　　非现行　　非亲生　　非上好　　非首要

× 不小型　× 不慢性　× 不现行　× 不亲生　× 不上好　× 不首要

× 很小型　× 很慢性　× 很现行　× 很亲生　× 很上好　× 很首要

本文限于篇幅，只讨论属性词参与造句的功能，至于以语素的身份参与构词，不在本文讨论的范围之内。

关于属性词的几个不同名称

对于属性词，汉语语法学界有好几种不同的叫法。

（一）属性词

属性词这一名称，是吕叔湘、饶长溶（1981）首先提出来的，“怎样处理小型，慢性，现行，亲生，上好，首要这些词的归类问题？一个办法是，另立一个词类。这样的词不仅是大量存在，而且是不断产生，其增殖率仅次于名词，让它们单独成为一类也还是值得的。它们表示的是事物的属性，可以管它们叫做属性词。另一个办法是，不另立一个词类。如果要把它们暂时安顿在一个现成的词类里，那么把它们放在形容词里比较合适，一般也都是这样处理的。但是，为了跟一般形容词有所区别，可以称为非谓形容词”。属性词这一名称最早可以溯源到1965年，他们在《试论非谓形容词》一文的附记中指出：“本文1965年写成，题目是《试论属性词》，编入《中国语文》，1966年第3期，碰上‘文化大革命’，撤了下来。后来根据底稿稍加修改发表，换了篇名。”可见最初吕叔湘先生曾打算将这类词定名为属性词，让它们单独成为一类的。但后来他放弃了单立一类的办法，最终采用了“非谓形容词”的名称。

坚持使用属性词这一名称的是缪小放，他在1988、2005年的两篇论文中，对属性词的语法功能以及与其他词类的区别，都作了扼要的说明。但从整个学界来看，在2005年6月之前，几乎看不到有多少人使用属性词这一名称。

2005年6月，《现代汉语词典》（第5版）的面世，使情况发生了巨变。第5版说明中指出：“这次修订的重点有两个方面：一是调整收词，增加新词新义，删减一些陈旧的而且较少使用的词语或词义；二是在区分词与非词的基础上给词标注词类。”“在词典中标注词类，是多年来读者的迫切希望，也是信息时代对汉语辞书提出的新要求。”《现代汉语词典》（第5版）把词分为12大类：名词、动词、形容词、数词、量词、代词、副词、介词、连词、助词、叹词、拟声词。其中名词、动词、形容词各有两个附类，名词的附类是时间词、方位词，动词的附类是助动词、趋向动词，形容词的附类是属性词、状态词。附类目前只标注典型的、常用的。由于《现代汉语词典》的权威性和巨大影响，属性词的名称很快为人们所熟悉。又由于《现代汉语词典》（第 5 版）是第一次全面、系统地给词标注词类，难免会有失当之处，也引来了一些批评文章。但不管怎么说，属性词的名称得到了大普及。

（二）非谓形容词

非谓形容词这一名称，也是吕叔湘先生（1979）首先提出来的。他在《汉语语法分析问题》一书中专列了第 44 小节来介绍非谓形容词。后来，吕叔湘、饶长溶（1981）在《试论非谓形容词》一文中列举了大量的非谓形容词，从语法特点、构词方式以及与名词、一般形容词、动词的纠葛等方面，对其进行了相当全面、系统的研究。胡裕树（1981）、王还（1995）等有重要影响的语言学家也都使用非谓形容词的名称，非谓形容词成了学界使用最普遍的一个名称。

（三）区别词

区别词是朱德熙（1982）《语法讲义》里首次提出的。他认为区别词是一个独立于形容词之外的词类。黄伯荣、廖序东《现代汉语》对区别词的定义是“表示事物的属性，有分类的作用”。具有以下语法特征：（1）能直接修饰名词作定语；多数能带“的”形成“的字短语”。（2）不能做谓语、主语、宾语，组成“的字短语”后可以做主语、宾语。（3）不能前加“不”，否定时前加“非”。并特别提出要注意区别词与形容词不同，不把区别词称为“非谓形容词”。由于朱德熙先生对学术界的影响和黄伯荣、廖序东《现代汉语》在教学语法领域中的影响，区别词这一名称日渐深入人心，在学界使用得也相当普遍。

（四）其他名称

邢福义（1998）认为形容词分为性状形容词和定质形容词两类，他所说的定质形容词，就是我们所称的属性词。

以往汉语语法学界比较通行的叫法是非谓形容词或区别词，最近两年，称属性词的也逐渐多了起来。由于语法学界对属性词有不同的称呼，尽管我们坚持称属性词，但为了引证和讨论的方便，下文出现的属性词、区别词、非谓形容词指的都是这同一类词。

属性词的词类地位以及定名定性问题

所谓属性词的词类地位问题，指的是它究竟是独立的一个词类呢，还是属于形容词的一个小类。学界对此大体有两种不同的意见，正如前文所引吕叔湘、饶长溶（1981）的论文所论述的，一种主张是，另立一个词类；另一种主张是，不另立一个词类，把它们暂时安顿在形容词里。前文介绍了学界对属性词的不同叫法。对这类词的命名，并不单纯是个名称问题。本来，称非谓形容词或定质形容词，意味着将其看做是形容词中的一类；称区别词或属性词，则意味着将其看做是独立的一类。但实际情况比我们预想的还要复杂，称属性词也不一定意味着将其看做是独立的词类。例如，《现代汉语词典》（第5版）给属性词下的定义是：形容词的附类，只表示人、事物的属性或特征，具有区别或分类的作用。属性词一般只能做定语，如“男学生、大型歌剧、野生动物、首要任务”中的“男、大型、野生、首要”；少数还能够做状语，如“自动控制、定期检查”中的“自动、定期”。

我们认为，将属性词单列为一类比将其看做是形容词的一个小类或附类要好。因为这类词与一般形容词的语法分布差别很大。一般认为，这类词永远是粘着的，从来不单独作为一句话来说，而形容词则是自由的。从语法功能来看，这类词有以下一些性质：

1. 可以直接修饰名词（小型水库 / 现行政策 / 上好衣料）。

2. 绝大多数可以出现在结构助词“的”前面（小型的水库 / 水库是小型的 / 亲生的女儿 / 女儿是亲生的）。

3. 不能充当谓语（× 这个水库小型 /× 这种病慢性），也不能带宾语（× 现行了政策 /× 亲生了一对儿女）。

4. 不能充当一般性的主语或宾语（× 小型不好 /× 要一个小型）。

5. 不能受“很”一类程度副词的修饰（× 很小型 /× 十分慢性 /× 非常现行）。

6. 不能用“不”来否定，有的可以用“非”否定（× 不小型 / 非小型 /× 不现行 / 非现行）。

7. 不能充当补语（× 搞得小型 /× 干得上好）。

8. 不受数量词修饰（× 一座小型 /× 一块上好）。

9. 不能用肯定否定相叠的方式提问（× 小型不小型 /× 首要不首要）。

这类词的 9 点性质，只有前两点与形容词的性质是一样的，而后 7 点则几乎都与形容词是对立的，所以将其“暂时安顿”在形容词里的做法并不是好办法。

从另一方面说，实词一般可分为体词和谓词两大类，形容词属于谓词，而属性词则属于体词，所以，硬将这两类语法功能相去较远的词凑合在一起的做法其实是不妥的。王惠（2000）指出：“‘非谓形容词’这种提法本身就是矛盾的，因为汉语的形容词属于谓词，可以独立充当句子谓语。不能作谓语，又根据什么说它是形容词呢？”谢达生（2007）则呼吁把“非谓形容词”归入“区别词”。

所以，我们主张将属性词列为一个独立的词类。

那么，将这类词单列为一类，究竟是叫区别词好还是叫属性词好呢？我们认为称属性词更好一些。主要有两点理由：一是正如吕叔湘、饶长溶（1981）所指出的这类词“表示的是事物的属性”，也正如李宇明（1996）所指出的其“基本语义功能是表示事物的属性”，因此将其称为属性词名正言顺，名实相符。二是在汉语语法学史上，有三位很有影响的语法大家都曾使用过区别词这一术语，而其内涵是大不相同的：

1. 黎锦熙《新著国语文法》中的区别词，是形容词和副词的统称。

2. 赵元任《汉语口语语法》中的区别词，则包括指示区别词（“这”、“那”

等）、分疏区别词（“各”、“每”、“另”等）、数目区别词（“一”、“三”、“几”等）、度量区别词（“满”、“全”、“整”、“半”等）。

3. 朱德熙《语法讲义》中的区别词，相当于非谓形容词或属性词。

这样看来，为避免混淆，还是称属性词为好。

定名以外，属性词的定性也很重要。上文所列举的属性词的9点语法性质，大致是语法界的共识。但在属性词能否做状语的问题上，却有两种截然相反的意见。吕叔湘、饶长溶、邢福义、李宇明等认为少数属性词可以做状语，朱德熙、王还、黄伯荣、廖序东等则认为属性词不能做状语。按照前一种意见，属性词包括两类，一类可以做状语，一类不能做状语。按照后一种意见，像“共同、自动”等，则兼属属性词和副词两类，做定语时是属性词，做状语时是副词。我们赞成后一种意见，认为属性词不能做状语，这样处理比较干脆，属性词内部的一致性更强，更具有“对外排他性”的语法特点。而且，从词类划分的标准来看也更整齐，操作也更简便，属性词的主要语法功能就是做定语，而副词的语法功能就是做状语。

属性词归类中常见的一些问题

尽管以往对属性词的研究取得了一定的成绩，但对属性词的定位，特别是一些具体词的归类，还存在很多问题。缪小放（1988）提出：“从实用的目的出发，只选用三条标准，就足以把属性词与名词、动词、形容词、副词区分开。请看下表：

词类 / 功能	属性词	名词	动词	形容词	副词
修饰名词	+	+	+	+	−
做谓语	−	±*	+	+	−
做主语或宾语	−	+	+	+	−

说明：*“±”表示名词做谓语受到很大限制。

凭着能修饰名词，可以把属性词与副词区分开；凭着不能做谓语，可以把属性词与动词、形容词区分开；凭着不能做主语或宾语，可以把属性词与名词区分开。”并对吕叔湘、饶长溶（1981）列举的476个非谓形容词进行了梳理，对其中一些词的归类提出不同看法，指出起码有9种情况：

1. 纯粹的属性词，包括“小型、慢性、亲生、现行、上好、首要”等，有360个。它们只能出现在名词或助词“的”前边。

2. 属性词兼副词，包括“正式、共同、自动、快速”等，有67个。它们可以充当定语和状语，做定语时是属性词，做状语时是副词。

3. 形容词误归为属性词的，包括“积极、消极、高级、低级、有效、适时、青、紫”等8个。它们都可以受程度副词的修饰，能够做谓语。

4. 比较特殊的属性词，包括“有益、稀有、机密、耐火、抗病、直观、绝对、封建、直接、不规则、不平等”等11个，它们也都可以受程度副词的修饰，能够做谓语。它们可能处于向形容词的转化过程之中，它们与“积极”等并没有一个严格的界限。

5. 副词误归为属性词的，有“首先”一词，它只出现在状语的位置上，不做定语。

6. 名词误归为属性词的，有“创造性、白色、黑色、红色、黄色、灰色、粉色”7个，它们可以充当一般性的主语、宾语。

7. 分属名词和形容词的，有“意外”一词，充当一般性主语、宾语时是名词，受“很”修饰时是形容词。

8. 分属于名词和属性词的，有“国际、专业、高度、高价、学龄、临床、名牌、活期、函授”等9个，做主语、宾语时是名词，做定语时是属性词。其中“高度、高价”二词，还兼属副词，可以做状语。

9. 指代词误归为属性词的，有“其余、其他、一切”等3个，它们可以充当主语。

综合以上分析，在吕叔湘、饶长溶（1981）列举的476个非谓形容词中，属于纯粹属性词的有360个，占总数的75.6%；属于属性词兼副词的有67个，占总数的14%；误归入属性词的有28个，占总数的5.9%；属于其他情况的有

21个，占总数的4.4%。可见情况之复杂。

需要说明的是，在一定条件下，如在包含对举格式的句子里，属性词也可以做主语和宾语，如“穿金戴银”、“不分男女”、“急性、慢性都能治”、“彩色比黑白好看”等等。但这并不能动摇“金、银、男、女、急性、慢性、彩色、黑白”的属性词身份。正如名词一般不受副词的修饰，但在包含对举格式的句子里，名词也可以受副词修饰，如“什么山不山水不水的”、“看你不人不鬼的样子”，不能据此而动摇“山、水、人、鬼”的名词身份一样。

后来的著作中出现对属性词定位不准或错误归类的情况还是时有发生。

例如，钱乃荣（1990）将非谓形容词分为三类。他指出：

一类只做定语修饰名词，称唯定形容词。如：

金 银 男 女 正 副 单 双 夹 彩色 袖珍 长方 大型 微型 感性 特号 大号 上等 初级 新式 男式 多项 基本 野生 多年生 流线型

它们的特点是：(1) 做定语，一般能加“的”：“正班长”，“正的班长”；“急性肠炎”，“大型彩色电影”；(2) 不受“不”、“很”修饰，有的却可受“非”修饰：“非正式”，“非双边”；(3) 可用在“是……的”结构中：“这种病是急性的”。

另一类只能做状语修饰谓词，称唯状形容词。如：

公然 自行 奋勇 高声 信手 快速 全力 大肆 大力 强行 稳步

它们的特点是：(1) 做状语，一般能加“地”：“强行通过”，“强行地通过”；“大力开展”，“赶快上车”。(2) 不受“不”、“很”修饰。

第三类既能做定语，又能做状语，称定状形容词。如：

正式 硬性 定期 人为 天生 共同 同步 高速 永久 局部

单方面　创造性　无记名　全方位

它们的特点是：(1) 做定语、状语："正式文件"、"正式开始"、"同步方案"、"同步增长"、"单方面计划"、"单方面出击"。做定语，一般能加"的"；做状语，一般能加"地"。(2) 不受"不"、"很"的修饰。

这种将非谓形容词三分的主张，就很值得商榷。在我们看来，所谓唯定形容词就是属性词，只是名称不同而已，这没有什么疑问。所谓定状形容词则是属性词兼副词，这也只是因为对属性词的定性不同所造成的，正如前文谈过的，根源在于对属性词到底能不能做状语的看法不同。而所谓唯状形容词的提法则是不妥的，这种提法从根本上混淆了属性词与副词的区别。属性词的主要功能就是充当定语，不能充当定语只能充当状语还有什么资格称作属性词？我们认为，所谓唯状形容词，就是副词，同属性词毫无关系。钱乃荣（1990）在谈到副词时，说副词的语法特点之一是只能做状语，不带"地"用在谓词前。前文所列的唯状形容词，也是只能做状语，也可不带"地"用在谓词前，它们与副词有什么区别呢？

另外，钱先生对个别词的归类也存在问题。如"基本"就不是所谓唯定形容词，而应该是定状形容词，也就是我们所说的属性词兼副词，因为既可以说"基本问题"、"基本纲领"，也可以说"基本掌握"、"基本学会"，做定语的是属性词，做状语的是副词。再如"快速"也不是所谓唯状形容词，也应该是属性词兼副词，因为既可以说"快速部队"、"快速通道"，也可以说"快速前进"、"快速完成"，同样做定语的是属性词，作状语的是副词。又如"创造性"也不应是所谓定状形容词，而应该是名词，因为它可以充当一般性的主语、宾语，如"一点儿创造性也没有"、"有极大的创造性"。也许有人会说"创造性"一词经常用做状语，把它归入名词合适吗？其实，在现代汉语中，在一定条件下，名词是可以充当状语的。吕叔湘（1981）指出，除了表示时间的名词和表示时间、处所或引申意义的方位短语外，一般名词做状语，后面要加一个"地"字，如"不要形式主义地看问题 / 应该历史地评价一个人"。"形式主义"和"历史"都是名词，毫无疑问，"创造性"也是名词。

朱德熙（1982）指出：

从意义上看，区别词表示的是一种分类标准，因此区别词往往是成对或成组的。例如：

男：女	西式：中式
金：银	阴性：阳性
雌：雄	民用：军用
正：副	有限：无限
正：负	双边：多边
单：双	国营：私营
棉：夹：单	绝对：相对
彩色：黑白	直接：间接
慢性：急性	首要：次要
长期：短期	大型：中型：小型：微型

朱先生这个意见无疑是正确的。不过要注意的是，意义上的成对或成组的词在语法上并不一定都属于同一类。例如“绝对：相对”是成对的，但“绝对”是形容词（看问题太绝对了/处理问题不能这样绝对），“相对”是属性词。再如“有限：无限”也是成对的，但“有限”是形容词（时间、金钱都有限/了解的情况很有限），“无限”是属性词。而“直接：间接”的身份都值得怀疑，“直接”很像形容词（这样更直接些/这样说过于直接了），“间接”似乎也不像典型的属性词，朱先生就在这本《语法讲义》的107页上说：“有的时候S与S’意义上的关系十分间接”，这里“间接”之前有程度副词“十分”修饰，整个偏正短语充当谓语，这不是一般形容词的用法吗？

我们还翻检了《现代汉语词典》（第5版），以“高”打头的词条中，共有属性词18个，按照该词典的释义，其中仅作为属性词使用的有11个：

高倍 高档 高等 高发 高寒 高精尖 高难 高能 高速 高危

高效

兼属于属性词和形容词的有1个：

高级

兼属于属性词和名词的有6个：

高层　高产　高度　高端　高龄　高频

仅作为属性词使用的11个词没有问题，而其余的7个兼类词都有可以商榷之处。先看“高级”，《现代汉语词典》（第5版）的释义是这样的：

［高级］㊢ ①属性词（阶段、级别等）具有较高程度的：～神经中枢｜～干部｜～人民法院。②（质量、水平等）超过一般的：～商品｜很～的毛料。

我们同意词典对该词义项①和②的解说，义项①和②意义上是有联系的，确实是个多义词，应该分项解说，但我们认为没有必要把义项①列为属性词，就看成是形容词，这样更简明。前面已经谈到，形容词的语法功能远多于属性词，没有必要把处于定语位置上的具有区别分类作用的形容词，说成是属性词。

再看“高层”，《现代汉语词典》（第5版）的释义是这样的：

［高层］①㊔高的层次：他住在～，我住在低层。②㊢属性词。（楼房等）层数多的：～住宅｜～建筑。③㊢属性词。级别高的：～职务｜～领导｜～人士。

这个词也是个多义词，三个义项之间也都有联系，我们的意见也是认为没有必要分列为属性词和名词，因为名词完全可以充当定语，表示属性和分类。例如，“木头桌子”中的木头，有必要单列一个属性词的义项吗？

“高产”更是如此，《现代汉语词典》（第5版）的释义是这样的：

[高产]①㊋属性词。产量高的：～作物。②㊔高的产量：创～｜战高温，夺～。

其他“高度、高端、高龄、高频”不再一一分析。20年前，我们主张过有些词兼属于名词和属性词。但现在我们认为，形容词和名词的语法分布都分别大于属性词，如果从简明实用的目的出发，就没有必要说某词兼属于形容词和属性词，也没有必要说某词兼属于名词和属性词。一般说来，只有“自动”、“共同”这样的兼属于副词和属性词的词。

王惠（2000）指出：

男：男性的人，与“女”相对：～女平等/不分～女/重～轻女男性的：～孩子/厂长是～的。这里“男”的第二个义项实际上是上文所说的区别词（非谓形容词）。汉语的区别词一般只做定语，但在有些场合下，如对举格式中，也可以转指具有该特征的人或物，充当句子的主语，宾语，如：

（肝炎）急性好治，慢性不好治/急性慢性都要治疗/不是急性是慢性

（电视机）彩色贵，黑白便宜/彩色黑白都不错/喜欢彩色，不喜欢黑白

其实在古汉语里，形容词转指做主、宾语的也很常见，如：

将军披坚执锐。（《史记·陈涉世家》）

见贤思齐焉，见不贤而内自省焉。（《论语·里仁》）

由此不难看出，“男”的第一个义项实为第二个义项的转指，应该处理为同一个语言单位，标注一个词性。

我们赞成王惠的看法。

李宇明（1996）运用连续性的观念，在定语的范围内，就空间、程度、时间三个维度考察了非谓形容词与名词、一般形容词、动词等的差异与联系。他研究发现，非谓形容词的空间性、程度性和时间性的值都几近于零，其地位处在名、形、动三大词类的临接点上，此种地位造成了非谓形容词的高增殖率、功能的易游移性以及与名、形、动三个词类构词方式相仿而词性有异等特点。我们认为，从宏观上说，重视连续性的观念，考察词类之间的差异和联系，无疑是很有意义的。但从语言实际出发，不论是以教学为目的，还是以计算机信息处理为目的，离散性的观念也不能忽视，我们有必要也有可能将汉语各类词的界限大致划清，将各个具体的词归入恰当的词类。

本文原载于《大东文化大学外国语学部创设35周年纪念论文集》

俗语古义例释

何建章

何建章，男，87岁。1952年9月自上海调到北外，1986年晋升教授。曾任中文系主任兼中文系党总支书记。教授现代汉语，古代汉语，先秦两汉文学史，文字、音韵、训诂。主要研究《战国策》，已完成《战国策校释》(中华书局约稿)一百余万字，出版有《白话战国策》(岳麓书社)，编著有留学生教材《中国思想简史》。1982年至1984年受聘为日本大东文化大学客座教授。

所谓“俗语”，是指：约定俗成、口头上流行的、通俗完型的语词。这可以包括俚语、方言、土语、熟语。也有人认为谚语、歇后语、惯用语、时语也可以是俗语。“俗语”这个词见于《史记·滑稽列传·西门豹传》“氏人俗语曰”云云，不过，早在先秦《庄子·天地篇》“至言不出，俗言胜之”就有“俗言”一词。

汉语单音词一般通过其形、音、义的关系，可以了解它的词义，东汉许慎的《说文解字》可以解决这个问题。复音词一般通过词素的意义可以了解它的词义。但是俗语就不一定能够通过其词素了解它的词义。如果按词素去了解它的词义，往往闹出望文生义的笑话。譬如下面这些俗语，就不能按它们的词素了解它们的词义：吃醋，吹牛皮，光棍，闺女，乌龟，喷香，(二十）来（岁)。

从文字和语言的关系来说，先有语言，后有文字，文字是记录语言的符号。因为有古今的变化，地域的不同，所以记录语言的文学就产生了通用假借的现象。近人朱宗莱《文字学形义篇》云："许书（指许慎《说文解字》）九千余字中，无借义之字，与不可假借之字，盖无几焉。"又云："古今载籍，书本字者什二三，用借字者什七八。"

清人赵翼在《陔馀丛考》里读到方音时，讲了一个故事："宋人小说，有人邀东坡吃皛（xiāo 又 jiǎo）饭，乃芦服、豆腐、白菜，三者皆白也。坡明日邀其人吃'毳饭'，其人意必兽之有毛者。及至，则竟日不设饭。诘之，坡答云：'酒也毛，菜也毛，饭也毛。'借河朔间土音以'无'为'毛'也。《后汉书·冯衍传》'饥者毛食'，谓无食也。"（卷四十三"毛作无字"条）

《论语·学而》"子曰：'学而时习之，不亦说乎。'"共 11 字，有 8 个字是通假字。

1. "子"，甲骨文作""，婴儿形，借作称"儿女"，后又专指儿子，又对男子的尊称。

2. "曰"，甲骨文作""，徐中舒《甲骨文字典》卷五："振铎宣令为'曰'的本义。"《说文》"曰，词也。"段玉裁注："词者，意内而言外也。有是意而有是言，言谓之曰，亦谓之云。'云'、'曰'双声也。《尔雅·释话》'粤、于、爰、曰'四字可互相训，以双声迭韵相假借也。"

3. "而"，甲骨文作""，金文作""，小篆作"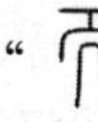"，说文："而，颊毛。"高鸿缙《中国字例三篇》："'而'借为语词。"

4. "之"，甲骨文作""，徐中舒《甲骨文字典》六："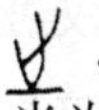，为人足，一为地，象人足于地有所往也。故《尔雅·释话》'之，往也。'当为其初义。"假借为人称代词，如"时习之"。

5. "不"，甲骨文作"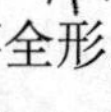"，小篆作"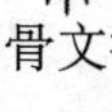"。王国维《观堂集林》卷六："不者，柎也，象花萼全形。"郭沫若《甲骨文字研究》："'不'者房也，象子房犹带馀蕊，与帝之异在非全形。房熟则盛大，故'不'引申为'丕'，其用为'不是'字者乃假借也。"

6.“亦”甲骨文作“  ”，小篆作“  ”。朱歧祥《殷虚甲骨文字通释稿》：“从大，两点示人之两腋也，即‘亦’字。《说文》：‘人之臂亦也。’‘亦’今作‘腋’，唯卜辞‘亦’字属语词，所用已非本义。”

7.“说”，甲骨文无“说”字，魏石往作“不亦敚乎”。（见王辉《古文字通假字典》638 页）商承祚《石刻篆文编》三·六“敚”读“说”。敚读为“说”。《说文通训定声》：“说”字云：“说，假借为‘悦’。”

8.“乎”，甲骨文作“ 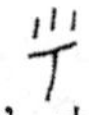 ”，小篆作“  ”。杨树达《积微居小学述林》卷二“释乎”条云：“‘乎’本‘之乎’之初文，因后人先借用为语末之间，乃有后起加‘言’帝之字。”

又譬如：波及、翔实、报仇雪恨、矢口否认、名列前茅、风尘仆仆、衣冠楚楚，这些词语的“波”、“翔”、“雪”、“矢”、“茅”、“仆”、“楚”，如按其本义解释，是解释不通的，它们都是通假字。

明代学者陈第在他的《毛诗古音考》“自序”里提出“时有古今，地有南北，字有更革，音有转移”。现在就根据这个道理，试考察上述“吃醋”等七个俗语的古义及其变化的大概情况。

一、吃醋——嫉妒

（1）《现代汉语词典》：“‘吃醋’，产生忌妒情绪。”

（2）《汉语大词典》：“比喻产生嫉妒。多指男女关系方面。”

（3）《辞源》：“吃醋，嫉妒，多指在男女关系上。”

（4）旧《辞海》：“世以妒妇比狮子者，因苏轼诗有‘忽闻河东狮子吼’句，指陈季常妻而言也；一说妒则心酸，酸则有如吃醋耳。”

（5）（清）翟灏《通俗编·妇女类》：“《在阁知新录》‘世以妒妇比狮子。’《续文献通考》‘狮子日食醋、酪各一瓶’，‘吃醋’之说殆本此。”

（6）（宋）洪迈《容斋三笔·陈季常》：“陈慥字季常，好宾客，其妻柳氏绝凶妒，故东坡有诗云：‘忽闻河东狮子吼，拄杖落地手茫然。’河东是柳姓的郡望，暗指陈妻柳氏；狮子吼，佛家以喻威严，陈慥好谈佛，故东坡借佛家语以戏之。后用以比喻嫉妒怒悍的妻子怒气冲天之状。也嘲笑惧内之人。”

【按】

1.“嫉妒”一词不同字形的用例：

(1)《诗·召南·小星序》：“夫人无妒忌之行。”

(2)《管子·明法》：“嫉妒之人不得用其贼心。”

(3)《荀子·不苟》：“小人不能，则妒嫉怨诽以倾覆人。”

(4)《说文》：“㤷，妎也。‘嫉’，或从‘女’。又能妎，妬也。”

(5)《汉书·刘歆传》：“或怀妒嫉不考情实。”

(6)《楚辞·离骚》：“各兴心而嫉妒。”

(7)《汉书·礼乐志》：“人性有妒忌之别。”

(8)《后汉书·五行志三》：“妒疾圣者。”

(9)《文选》刘歆《移书让太常博士文》：“或怀疾妒。”

(10)《广雅·释诂一》：“嫉，妒也。”

(11)《玉篇·女部》：“娼，妒娼也。”

可见：

(1)“嫉妒”一词为同意复词，可颠倒使用。

(2)“嫉妒”一词无固定字形，只是记音符号。

2.“吃醋”即“嫉妒”的同音通假字。

吃（“物”韵·“溪”纽）醋（“铎”韵·“清”纽）

嫉（“质”韵·“从”纽）妒（“铎”韵·“端”纽）

“物”、“质”旁转，故“吃”、“嫉”古通假。

“醋”、“妒”同属段玉裁《六书音韵表》第五部，例得通假。

故“吃醋”是“嫉妒”的同音通假字。与“食醋”无关。

二、吹牛皮——吹蝤蛑

《现代汉语词典》："吹牛皮，说大话；夸口。"

顾颉刚《史林杂识》"吹牛"条云："甘、青一带大川不少，水急滩险，不可行船。以牛、羊皮轻而固，浮而不沉，制成袋，连接成筏，为济川之利器。牛皮袋大以羊皮袋一端系一铁筒，另一端两手扇动，将气压入牛皮袋中。皋兰人讨厌人夸口时，便曰：'请你到黄河边上去吧！'谓'吹牛皮'也。"

【按】

"吹牛皮"即"吹蝤蛑"（读"吹由必"）。

1.《说文》："蝓（音'由'），虒（音'私'）蝓也。"段《注》："虒蝓，即蜗牛。"

《尔雅·释鱼》："蚹蠃，螔蝓。"郭璞《注》："即，蜗牛。"郝懿行《疏》："'蚹蠃'转为'仆纍'，又称'薄蠃'，即'螺'，又称'薄蠃'。捿霞人谓'蜗牛'为'薄蠃'。"

《仪礼·士冠礼》："蔡葅蠃醢。"郑玄《注》："蠃醢，螔蝓醢，今文'蠃'为'蜗'。"陆德明《经典释文》："蝓，音'由'。"

《中文大辞典》"法螺"条云："①古军队用以示进退者，今释、道斋醮亦多用之。本系海产之软体动物，壳为螺旋状。穿孔吹之，发声甚响而远。②谓大言也。法螺声巨而中空，世因诮徒作大言者曰'吹大法螺'。"

新《辞海》"吹法螺"条云："佛教用语。法螺即螺贝，吹之声能及远。后也用来比喻说大话。"

2. 日本语

"吹法螺"意即"吹牛皮"。

"吹法螺"即"吹蚹蠃"，亦即"吹蝤蛑"（读"吹由必"）。（"由"、"牛"同属段玉裁《六书音韵表》第一部，例得通假；"必"、"皮"音近。）

三、光棍——旷鳏

（1）《现代汉语词典》："光棍儿，没有妻子的成年人；单身汉。"

（2）《汉语大词典》："光棍，单身汉；没有妻子的成年人。"

（3）《辞海》："光棍，单身汉。"

（4）徐世荣《北京土语辞典》："光棍子，也说'光棍儿'，未婚的男子。'光棍'二字当是'鳏'字分音而成词。"

（5）《新方言·释言》："今人亦谓无家室者为光棍。"

【按】

（1）《孟子·梁惠王下》："内无怨女，外无旷夫。"孙奭《疏》："男女嫁娶过时者谓之怨女、旷夫也。"杨《注》："怨女，找不着丈夫的老处女。旷夫，找不着妻子的单身汉。"

《诗·小雅·鸿雁》毛《传》："老而无妻曰'鳏'。"

《汉书·贡禹传》："外多旷夫。"师古《注》："旷，空也。室家空也。"

（唐）李朝威《柳毅传》"常以鳏旷多感，欲求新匹。"

（2）"光棍"与"旷鳏"古韵、纽皆同，"光棍"是"旷鳏"的通假字。

光（阳韵·见纽）棍（文韵·见纽）

旷（阳韵·溪纽）鳏（文韵·见纽）

见、溪同为喉音，可通用。

四、闺女——季女

《现代汉语词典》："闺女，没有结婚的女子。"

【按】

（1）《说文》："闺，特立之户，上园下方，有似圭，从门，圭亦声。"

《尔雅·释宫》："宫中之门谓之闱，其小者谓之闺。"

（2）"闺"，非指未婚女子所专居。

①《楚辞·离骚》：“闺中既已邃远兮，哲王又不寤。”此“闺中”指一般女子所居。

②《汉书·张敞传》：“张敞为妇画眉者。”更不是专指未婚女子所居。

③（唐）王昌龄《闺怨诗》：“闺中少妇不知愁，春日凝妆上翠楼。”

④桂馥《说文义证》：“大夫亦有闺。《史记·晋世家》：‘使鉏麑刺赵盾，盾闺门开。’”

（3）古有称“季女”者。

①《诗·召南·采苹》：“谁其尸之？有齐季女。”（是谁在主祭？是虔诚美貌的少女。）毛《传》：“季，少也。”

②《诗·曹风·候人》：“婉兮娈兮，季女期饥。”（少女娇美又多姿，没有饭吃饿肚皮。）

③《诗·小雅·车》：“思娈季女逝兮。”郑玄《笺》以“少女”释“季女”。

④（明）王世贞《鸣凤记·仙游祈梦》：“当今小人得志，季女期饥。”

（4）“季”、“闺”双声正转

“季”、“闺”声纽同为“见”母，双声正转。（见郭晋稀《声类疏证》第198条）

（5）方言例

龟 ju（方言）/ gui

江 jiang / gang（方言）

家 jia / gu（方言）

讲 jiang / gang（方言）

角 jiao / ge（方言）

觉 jiao / gao（方言）

五、乌龟——恶鬼

（1）《现代汉语词典》：“讥称妻子有外遇的人。”

(2)（清）褚稼轩《坚瓠集》:“不知何时以‘龟子’目倡妓之夫，诗、文遂不敢用，委巷之人取为骂言之具。”

(3)（清）翟灏《通俗编》:“《辍耕录》载《嘲废家子孙诗》‘宅春皆为撑目兔，舍人总作缩头龟’。兔望月而孕，喻妇女无夫而妊也；所云‘缩头龟’者，正与委巷讪詈意合。然而以‘龟子’目倡妓之夫，肇端在元世耳。”

(4)（明）谢在杭《五杂俎·人》:“今人以妻之外淫者，目其夫为‘乌龟’。盖龟不能交，而纵牝者与蛇交也。一云‘污闺’之讹耳。”

【按】

(1) 龟为“神物”

《易·损》“十朋之龟”孔颖达《疏》:“龟者，决疑之物也。”（西周之贝为货币，十贝曰朋，“十朋之币”，即贝一百枚，言价值昂贵。）

《国语·楚语》:“龟足以宪臧否，则宝之。”韦昭《注》:“宪，法也，取善恶之法。”

《史记·龟策列传》:“龟者是天下之宝也，先得此龟者为天子。”

（晋）郭璞《尔雅图赞·龟赞》:“龟，天生神物。”

(2) 龟为“寿物”

（魏）曹植《神龟赋》:“龟寿千岁。”

（唐）徐坚《初学记》卷30引前汉刘向《洪范五行传》云:“龟之言久也千岁而灵。”

(3) 自古以“龟”为人名

（先秦）宋文公之子公子围龟，字子灵。（见《左传·成公五年》）

（后汉）京兆尹陈龟。（见《后汉书·陈龟传》）

（唐）李龟年，唐宗室子。

处士陆龟蒙。（见《新唐书》196）

（宋）吕蒙正之父名吕龟图。

据以上三点，“乌龟”不应为骂人语。

(4) 古有“巫鬼”、“乌鬼”语

《汉书·地理志下》二:“妇人尊贵，好祭祀，用史巫，故其俗好巫鬼。”

《后汉书·西南夷夜郎传》："牂牁地多雨潦，俗好巫鬼禁忌。"

杜甫《戏作诽谐体遣闷》二首之一："家家养乌鬼，顿顿食黄鱼。"

（宋）邵伯温《闻见前录》："夔峡之人，岁正月，十百为曹，设牲酒于田间，已而众操兵大噪，谓之养乌鬼。长老言，地近乌蛮战场，多与人为厉，用以禳之。"

（宋）马永卿《懒真子》四："峡中人家多事鬼，家养一猪，非祭鬼不用，故猪于猪群中特呼'乌鬼'以别之。此言良是。"

（5）疑"乌鬼"即"恶鬼"

《史记·秦始皇本纪》："人主时为微行，以避恶鬼。恶鬼避，真人至。"

《左昭七年传》："今梦黄熊入于寝门，其何厉鬼也。""厉鬼"即"恶鬼"。（《诗·大雅·桑柔》毛《传》："厉，恶也。"）

《史记·司马相如传》："乌有先生者，乌有此事也。"《集解》引徐曰："'乌'，一作'恶'。"《公羊桓六年传》："恶乎淫。"陆德明《经典释文》："恶，音'乌'。"《风俗通义·穷通篇》："夫尹士乌知余哉？"《孟子·公孙丑下》"乌"作"恶"。古书"乌乎"亦作"恶乎"，不胜枚举。

乌（鱼韵·影纽）龟（之韵·见纽）

恶（鱼韵·影纽）鬼（微韵·见纽）

"龟"、"鬼"同为见纽，双声正转，二字通用。（见郭晋稀《声类疏证》第198条）

六、喷香——芬香

《现代汉语词典》："喷香，香气浓厚。"

【按】

1.《说文》："喷，吒也。一曰鼓鼻。"

又："吒，喷也，叱怒也。"

2.《诗·陈风·东门之枌》："贻我握椒。"毛亨《传》："椒，芬香。"

《诗·周颂·载芟》:“有飶其香。”毛亨《传》:“飶，芬香也。”（唐）陆德明《经典释文》:“飶，字又作‘苾’”。高亨《古字通假会典》:“苾与馥通。”钱大昕《十驾斋养新录》卷五“古无轻唇音”条云:“古读‘馥’如‘苾’。”《一切经音义》卷四:“芯，大香也。”

《墨子·节用中》:“不极五味之调，芬香之和。”

3. 钱大昕《十驾斋养新录》卷五“古无轻唇音”条云:“凡轻唇之音，古读皆为重唇。”举出 74 对古读重唇，今读轻唇的字例。

4. 喷：文韵·滂纽；芬：文韵·滂纽。“喷”、“芬”二字韵、纽全同，“芬”读“喷”，“芬（pèn）”香即“喷香”，“喷”是“芬”的通假字。

又如盼、扮、盆、贫、颁……从“分”的字，不读轻唇音，保持着古读重唇音。

七、来——烈

1.《现代汉语词典》:“来，用在十、百、千等数词或数量词后面表示概数：十来天，五十来岁、三百来人……”

2. 吕叔湘先生主编《现代汉语八百词》:“来，助词，表示大概的数目，一般指不到那个数目，有时也指比那个数稍大或稍小。”

（1）20 来个人、10 来天时间、40 来岁、150 来件行李。

（“来”在数词后、量词前，数词限为 10。）

（2）7 斤来重、5 丈来高、2 尺来长、3 里来地。

（“来”用在度量衡量词后，“来”的后面必须有相关的形容词或名词。）

（3）（唐）杜牧《攀川文集·别集·书情》:“谁家洛甫神，十四五来人。”

（唐）攀绰《蛮书·名类》:“马三百来匹。”

（宋）苏轼《与杨元素书》:“先只要二百来斤，余可迤逦还。”

（宋）道原《景德传灯录》卷 12《陈尊宿》:“师云：‘有许少徒众？’云：‘七十来人’。”

（明）初刻《拍案传奇》卷57：“今年已三十来个。”

【按】

1.《说文》：“来，周所受瑞麦，来，麰也，二麦一锋象其芒束之形。天所来也，故为‘行来’之‘来’。《诗》曰：‘诒我来麰。’”

2. 于省吾《甲骨文字释林》：“甲骨文‘往来’之‘来’作‘’或‘’，金文中作‘’，与‘乘’截然不同。以甲骨文证之，‘乘’是《说文》‘秫’的本字，与‘往来’之‘来’有别。（247、248页）”

3.《尔雅·释诂》下：“烈，余也。”

《说文》：“裂，缯余也。”段玉裁《注》：“引伸为风兮散残余之称。或假‘烈’为之。”

《方言》郑一：“烈，余也。”

4. 来：之韵·来纽；烈：月韵·来纽。“来”与“烈”声为同纽，双声正转。（见郭晋稀《声类疏证》第63条）

陈第说：“时有古今，地有南北，字有更革，音有转移。”“俗语”的词义恐怕还是应该在“音转”问题上求答案，才比较合乎实际。

本文是作者1989年访问日本大东文化大学时所作的学术报告，

后载入日本《语学教育研究论丛》，略有增改

现代汉语“把”字句研究综述

郑　杰

郑杰，女，1962年出生，文学博士，讲师，主要从事语言学及应用研究。

“把”字句是现代汉语中常见的一个基本句式，也是其中最具特点的一个语法现象。有关现代汉语“把”字句的研究，上可追溯至1924年，至今历经70余年之久，是现代汉语语法研究中历史最为悠久的研究课题之一。就其研究内容和进展情况来看，大致可分为四个阶段。

一、新中国成立前（1924—1949）

“把”字句问题研究始于黎锦熙的《新著国语文法》(1924)，他从句法结构分析入手，首创“提宾”说，认为“把”的作用在于把原先位于动词之后的宾语，提到动词之前。如：

(1) 我“把”一本“书”送张先生。(黎锦熙，1955：36)

(2) 刘婆“把”他的“女儿”打扮得如花枝招展一般。(黎锦熙，

1992：183）

（3）我要“把”这一班“贪官污吏”杀得干干净净。（黎锦熙，1932）

黎锦熙（1932）认为：“中国语之用‘把’提宾，文学上之影响也，修辞上之需要也，实用上之演变也，非其素质然也。”比如“宾语愈复，愈宜‘把’提而使之前乎动也”、“动词之附加语愈多，愈宜以‘把’提宾而使动之后乎宾也”。之所以如此，是因为“第一，形附多，则宾语繁复而宾势重，故宜以‘把’提之于动前以醒耳目；第二，副附多，则动词繁复而动势亦重，故更不得不以‘把’提其宾于动前以示鹄的”。而这一切都是“修辞之需要，亦合乎语言之自然，遂成为方法之通则矣”。而正是这个修辞上的需要，“使近代国语的句法组织起了大变革！”黎锦熙的“提宾”说，对以后70年代末开始、90年代盛行的“把”字句与其相关句式间互相转换等动态研究，产生了深远的影响。

“提宾”说发表以后，王力又从“把”字句式所表示的语法意义这一崭新角度，在《中国现代语法》（1943）、《中国语法理论》（1944）和《中国语法纲要》（1946）中提出“处置”说，开创了我国“把”字句语义研究的先河，从此拉开了“把”字句语义研究的序幕。此后，“处置”说一直成为近70多年来汉语语法学界“把”字句语义研究与争论的核心问题。直到今天，“把”字句语义研究仍不失为“把”字句研究的焦点而备受关注。

在王力“处置”说提出前后，吕叔湘在《中国文法要略》（1942）和《把字用法的研究》（1948）中，从动词的意义限制、“把”字宾语的性质和谓语动词前后的成分要求三个方面，相当全面而细致地分析讨论了近代汉语“把”字的用法，提出了“行为动词”说、“宾语有定”说和“谓语复杂”说（邵敬敏《把字句研究纵横观》，《语文导报》1987.7），成为“把”字句句法综合研究第一人。吕叔湘（1948）进一步明确地指出：“动词的处置意义，宾语的有定性，这些都是消极条件，只有这第三个条件——动词前后的成分——才具有积极的性质，才是近代汉语里发展这个把字句式的推动力。”吕叔湘对“把”字句的研究，在日后成为“把”字句构成条件研究的起源。

王力的“处置”说与吕叔湘的“三说”，成为语法学家在传统语法框架内对

“把”字句进行静态研究的两大源头。

二、五六十年代（1950—1969）

“把”字句研究到了第二阶段，开始向横向、纵向两个方向发展。

横向发展主要有两个表现。其一主要为对黎锦熙、王力、吕叔湘三位先生的学说提出修正和补充，围绕“处置式”和“处置”义展开讨论，并由此形成正方、反方和为正方辩护三足鼎立的局面。正方即王力（1958）本人，他坚持40年代“处置”说的观点，并进一步提出“继事式”，以补充其“处置式”的学说。反方是胡附、文炼（1955）和梁东汉（1958）。为正方辩护亦即支持正方的，是王还的《“把”字句和“被”字句》（1957）。

其二表现为对“把”字进行多方研究。内容涉及以下几个主要方面：（1）比较“把”字与其他动词或介词的用法，如王力的《把、拿、用》（《语文学习》1954.8）和刘世儒的《“把”和“以”》（《中国语文》1960.4）；（2）探讨“把”字的词性，如汪惠迪的《关于“把”字句“把”的处理》（《语文》1959.5）和杨欣安、李运益的《与汪惠迪先生商榷“把”字的处理问题》（《语文》1959.5）；（3）指出“把”字的用法，纠正其误用，如齐荣的《“把”字句的用法》（《语文学习》1954.4）和李因的《“把”字的误用》（《语文学习》1954.4）；（4）争论“把”字的句法作用，如曹峰的《“我们要把祁连山打通”中的“把祁连山”是状语还是前置的宾语？》（《语文学习》1957.8）和莫林的《一种句子的分析》（《语文学习》1958.3）；（5）对比不同句式动词带宾语情况，如吕叔湘的《被字句、把字句动词带宾词》（《中国语文》1965.4）。

纵向发展表现为“把”字句探源，分析“把”字句的产生和发展原因。如王力（1958）在参考祝敏彻的《论初期处置式》（1957）、向熹的《〈水浒〉中的“把”字句、“将”字句和“被”字句》（1957）以及吕叔湘（1948）的基础上，率先论述了处置式的产生及其发展，戈弋的《把字句（处置式）的起源》（《中国语文》1958.3）也对此问题进行了专门的论述。

三、70年代末至80年代（1978—1989）

第三阶段把字句研究呈现蓬勃发展之势，动态研究与静态研究新格局的出现，较为系统的五个研究领域的形成，使“把”字句研究充满了活力。静态研究是指在传统语法框架内对以往的研究进行检讨，内容涉及“把”字句的语法意义这一古老命题、“把”字句教学和“把”字句的构成条件这两个新课题。语义研究有两个侧重点，

一是“把”的宾语与其后谓语动词之间语义关系的研究，主要有朱德熙的《“在黑板上写字”及相关句式》（《语言教学与研究》1981.1）、詹开第的《“把”字句谓语中动作的方向》（《中国语文》1983.2）、邵敬敏的《把字句研究纵横观》（《语文导报》1987.7）、景士俊的《“把”字句琐议》（《语文学刊》1988.5）。

二是“把”字句式含义的研究。如潘文娱的《对把字句的进一步探讨》（《语言教学与研究》1978年第三集）、宋玉柱的《处置新解——略谈把字句的语法作用》（《天津师范学报》1979.3）和《关于“把”字句的两个问题》（《语文研究》1981.2）、吴葆棠的《一种有表失义倾向的“把”字句》（1987）、许余龙的《“把”字句新析：〈从主题——评论的观点看“把”字句〉一文评介》（《国外语言学》1989.1）。

“把”字句教学研究分对内、对外两个方面。吕文华的《“把”字句的教学》（《语言教学与研究》1977年第一集）、佟慧君的《留学生习作中的病句分析》（《语言教学与研究》1978年第三集）、陈述生的《从“把饺子吃在五道口食堂”谈起》（《河北师院学报》1984.1）、袁大同的《在如何向外国学生解释“把”字句问题上的一点儿尝试》（1986）和黄振英的《“把”字句教学中的两个问题》（《世界汉语教学》1989.1）讨论的是对外汉语“把”字句教学的问题；吕叔湘的《怎样跟中学生讲语法》（1983）探讨了对国内中学生“把”字句的教学问题。

有关“把”字句构成条件的研究又分两种情况，一种情况是孤立地分析“把”字句结构中的某个成分。如月心的《把字句两题》（《赣南师专学报》1981.2）、季永兴的《把字句管窥》（《中国语文通讯》1981.6）、郭德润的《“把”字句的动词》（《江淮论坛》1981.6）、程仪的《浅谈“把”字句状语的位置》

(《河南师大学报》1983.3)、邵海强、黎国昌的《“把”与兼语词组》(《语文月刊》1983.6) 和王还的《“把”字句中“把”的宾语》(《中国语文》1985.1)。另一种情况是将“把”字句结构中的相关成分结合在一起，进行分析考察，如首次提出“把”字结构、动词带宾语（谓语另带宾语）等问题。这类研究的论文主要有邢福义的《略论“把”字结构的句法地位》(《语文函授》1978.5)、金湘泽的《“把”字结构的历史情况》(《宁波师专学报》1979.1)、缪一之的《“对于”提宾句与“把”字提宾句》(《语文学习》1979.5)、裘荣棠的《“把”字句中主要动词能不能带宾语？》(《淮北煤师院学报》1980.4)、宋玉柱的《谓语另带宾语的“把”字句》(《语言文学》1981.6) 和《关于述语为“进行”的“把”字句》(《汉语学习》1988.3)、景士俊的《“把”字句琐谈》(《语文学刊》1988.5)、史金生的《谈“把”字句中的“过”》(《汉语学习》1988.3) 和钱楷的《汉语语法小札》(《青海民族学院学报》1989.3) 等。

动态研究是前两个阶段所不曾出现的新领域，它包含两个方面，一是对“把”字句研究的概况进行评介，仅有两篇论文，雨兹著、郑懿德整理的《“把”字句研究概况》(《语言教学与研究》1978 年第三集) 和邵敬敏的《把字句研究纵横观》(《语文导报》1987.7)，前者主要介绍有关“把”字句的主要论著，探讨应用“把”字句的条件，后者对“把”字句研究的历史和现状进行了全方位的论述，并对各家学说进行了修正和补充。

二是在转换生成语法和格语法的影响下，着力研究“把”字句与其他句式相互转换的关系及限制条件，以及“把”字句内部深层语义联系。如李临定的《动补格句式》(《中国语文》1980.2)、施关淦的《关于“在 +NP+V+N”句式的分化问题》(《中国语文》1980.6)、朱德熙的《“在黑板上写字”及相关句式》(《语言教学与研究》1981.1)、邵敬敏的《关于“在黑板上写字”句式变换和分化的若干问题》(《语言教学与研究》1982.3) 等，他们是在讨论其他相关句式时涉及把字句的。傅雨贤的《“把”字句与“主谓宾”句的转换及其条件》(《语言教学与研究》1981.1)、王湘的《兼语式转换成把字句式之条件初探》(《汉中师院学报》1983.1)、詹开第的《动结式动词与“把”字句的变换关系》(1985)、汤廷池的《处置式变形》(1977)、梅广的《把字句》(“国立”台湾大学文学院

《文史哲学报》1978.27）、邵敬敏的《把字句及其变换句式》（1985）、饶长溶的《“把”字句—否定式》（1984）、胡盛仑的《“把”字句的特指问句式》（1987）和《“把”字句的正反问句式》（《汉语学习》1988.3），以及解厚春、梁修勤的《浅谈“把”字句转换为无把字句的条件》（《松辽学刊·社科版》1989.1）等都专门讨论了把字句的变换式。

四、20 世纪 90 年代

该阶段“把”字句研究比以往任何时期都更加活跃，不仅研究成果数量成倍增加，研究广度与深度明显加强，而且对“把”字句研究本身的研究也有新进展，呈现出三个显著特点。

第一个显著的特点是突出横向研究的联系与比较。表现在以下方面：

（1）句法结构方面注重“把”字句中各成分间的相关关系、谓语动词与时态助词的联系以及语法研究三个平面中语义与语用的联系。如张旺熹的《“把字结构”的语义及其语用分析》（《语言教学与研究》1991.3）、李增吉的《试谈“把”字句中其他状语的位置问题》（《逻辑与语言学习》1992.4）、王惠的《“把”字句中的“了 / 着 / 过”》（《汉语学习》1993.1）、吴继章的《含介词“把”的连动式》（《逻辑与语言学习》1994.3）、邓守信的《汉语状语的结构》（1994）。

（2）句式转换研究方面，不仅有相关句式转换条件的探讨、把字句与其他句式的比较，而且还有“把”字句各种特殊形式的深入研究。前者如易绵竹的《汉语“把”字句和“被”字句新探》（《求是学刊》1992.4）、沈锡伦的《语义、语音对句子结构的影响》（《中文自修》1992.11）、刘继超的《“被”“把”同现句的类型及其句式转换》（《江西师范大学学报》1997.1）、汤廷池的《华语语言分析导论：目标与方法（五）》（《华文世界》1994.71）、杨亦鸣的《汉语皮质下失语患者主动句式与被动句式理解：生成的比较研究》（《中国语文》1997.4）和程琪龙、王宗炎的《兼语一般句式和把字句式的语义特征》（《语文研究》1998.1）等。后者如李裕德的《整体：数量宾语把字句》（《汉语学习》1991.2）、黄锦章的《行为类可能式V—R谓语句的逻辑结构与表层句法现象》(《语文研究》1993.2)、吴春仙的《“把”字句的一种特殊形式》(《语文月刊》1993.7)、中川裕三的《关于“CR句式”中的主语》(1993)、龚千炎的《由“V给”引起的兼语句及其变化》(1994)、张谊生的《“把+N+V”祈使句的成句因素》(《汉语学习》1997.1)、韩玉国的《a、b俱全的SVRO之生成及变换分析》(1998)和孙德全的《现代书面汉语中的“Va为b”的结构》(1998)。

(3) 在教学研究上既有延续第三阶段课堂教学方面的内容，也有新增加的对少数民族学生教学、汉日对比以及引入新的教学理论进行教学的内容。如程相文、周翠琳的《“把”字句课堂教学》(《世界汉语教学》1992.4)、熊文新的《留学生“把”字结构的表现分析》(《世界汉语教学》1996.1)；丁文楼的《“把”字句教学刍议》(《语言与翻译》1992.3)、张勇的《语境理论在汉语教学中的应用》(《新疆大学学报·哲社版》1995.1)、王国兴的《尽快走出“把”字句教学的误区》(《语言与翻译》1998.3)；陈常好的《“在”格连语与“把”字句：学习奥田靖雄有关论文的体会》(《日语学习与研究》1992.4)、张正立的《“把”字句与日语格助词“を”》(《解放军外语学院学报》1993.1)；张宁、刘明臣的《试论运用功能法教“把”字句》(《语言教学与研究》1994.1)和程琪龙的《系统功能语法导论》(1994)等。

第二个显著特点是加强单项研究与综合研究的结合，突出表现是语义研究的层面和角度更为多样。如姚汉铭的《几对介词的宾语范畴》(《中文自修》1992.4)对比“用”与“把”的用法。宋玉柱的《现代汉语语学知识》(1992)涉及把字句语义及构成条件。崔希亮《“把”字句的若干句法语义问题》(《世界汉语教学》1995.3)对“把”字句的句法语义进行了综合研究。夏齐富的《“把”字句》(《学语文》1991.5)从句型角度研究“把”字句，提出16类27种不同用法。曹聪孙的《语言类型学与汉语的SVO和SOV之争》(《天津师大学报》1996.2)从语言类型学角度研究“把”字句。胡建华《汉语中的主位与子主位》(《徐州师范学院学报·哲社版》1996.3)从语篇角度研究“把”字句。沈阳《名词短语的多重移位形式及其把字句的构造过程与语义解释》(《中国语文》1997.6)从语义和形式两方面解释“把”字句。杉村博文《处置与遭遇：再论

S（把)》（1993）从遭遇角度探讨把字句的处置义。郑杰《“把”字句的处置结果与处置行为动词》（《语言研究》2000.6）从处置结果类型与处置行为动词类型两方面论述“把”字句的语义问题。章也《汉语处置式探源》[《内蒙古师大学报·（哲社版)》1992.4]、孙锡信《汉语历史语法要略》（1992）、姚晓丹《试说处置式的产生与发展》[《盐城师专学报·（哲社版)》1993.3]、杜敏《早期处置式的表现形式及其底蕴》[《陕西师大学报·（哲社版)》1996.4] 以及俞光中、植田均《“把”字句》（1999）都是从历史角度，探讨“把”字句的产生、语义的演变和各类“把”字句的形成与发展。金立鑫的《“把”字句的句法、语义、语境特征》（《中国语文》1997.6）和《选择使用“把”字句的流程》（《汉语学习》1998.4）从句法、语义、语境以及个人因素等方面进行综合解释。

第三个显著特点是反省“把”字句研究中存在的问题并探求解决办法。如陆俭明、郭锐的《汉语语法研究所面临的挑战》（《世界汉语教学》1998.4)、郑定欧《现代汉语把字句工作单的设计：原则与实践》（1998）及张济卿《有关“把”字句的若干验证与探索》（《语文研究》2000.1)。

五、目前“把”字句研究中遇到的问题

语言研究包括三个层面：语法、语义、语用。三个层面相互关联，但又互不相同。其中语法与语义可认为是相互并列的层面，而语用则是两者在实际语言运用中的相互结合，它既包含语法、语义的内容，但又不是两者简单的相加。

在“把”字句研究中语法研究一直贯穿始终，在其结构形式以及与其他句式相互转化研究方面，解决了一些问题，取得了一定的成果，但是还有一些问题没有解决，其原因在于，语法结构形式的研究忽略了深层结构的语义依托，因而表现在形式方面的问题终难从根本上解决。

“把”字句式语义研究自 1943 年王力的“处置”说之后，没能延续下来，中间出现了较长的空白时期。由于语义研究存在着一定的难度，没有一定的形式化标志，对于“把”字句式的语义研究可谓仁者见仁，智者见者，至今没能

达成一致认识，许多基本问题都没有圆满解决。如“把”字句式表达什么含义？使用“把”字句的条件和作用是什么？“把”字句转换成其他句式之后，语义上有什么改变？“把”字句式语义研究是“把”字句研究的关键，任何一个语法形式的研究都离不开其语法意义的支撑，而任何一个语法形式的应用都要以其语法意义为基础，因此“把”字句问题的最终解决还需以其句式语义为突破口。目前国外语言学界已将语义研究作为攻克语言问题的重点和基础，国内语言学界也开始注意到语义问题的重要性，并在语法研究上存在从句式结构研究转向语义研究的趋势。随着计算机语言识别与生成研究的不断深入和对外汉语教学的不断发展，语义问题再次成为研究的焦点而备受关注。

由于语义问题的制约，目前在“把”字句语用方面的研究还十分有限。相信随着语义研究的兴起，“把”字句语用研究会更加繁荣。

本文原载于《语言教学与研究》2002年第5期

日本留学生汉语偏误分析：动词重叠

吕滇雯

吕滇雯，女，1971年生，副教授。1995年起任教于北京外国语大学，曾任对外汉语系主任。专业为对外汉语教学理论与应用，研究方向为学习者中介语研究。

在笔者所分析的日本留学生语误材料中，常常出现滥用动词重叠式的情况。如：

例1：有一天他挖一挖地上的时候……

例2：（读小说《白洋淀》）女人们想要找一找他们的丈夫。

例3：女孩对司机说一说："请你把我送到前边。"

例4：吃饭的时候，他谈了谈许多中国的事情。

例5：（这天以后，梦兰每天在我的梦里出现。）梦里我玩玩了。（去海边游泳，在草原上散步，在湖里划船。）

以上5例都是不该使用动词重叠式而使用了动词重叠式的情况，与此相反的该用却没用动词重叠式的情况也有，但比例要小一些。

本文试图从便于留学生理解和掌握的立足点出发，分析使用还是不使用动词重叠式的语境条件，在肯定应当使用的前提下，再分析如何组织成一个正确的语法结构。除此以外，本文还试图分析造成这一类偏误的背景原因。

一、滥用 VV（O）和 V 一 V（O）

例 6：有一天，我和她在公园里散散步。

例 6 不符合地道的汉语表达，可以改为：

例 6a：有一天，我和她在公园里散步。（进行态）

或

例 6b：我和她有时候在公园里散散步。（持续态）

由此可知，动词重叠式 VV（O）不适用于进行态，可用于持续态。这说明动词重叠式不仅有特定的语法意义（短时/尝试）和表达功能（减弱该动词的目的性和明确性/缓和语气），同时还带有较鲜明的时态特征。

（一）从这个结论出发，很容易解释例 1 的错误。由于时态原因产生的错误还有这么一类，如：

例 7：我要讲讲的故事是在美国发生的。

例 8：不认真听讲的人很多，有睡觉的人，有玩一玩的人。

例 9：永远失去让大家听一听自己的演奏的机会。

从以上误例可以看出，动词重叠式一般不能作定语。原因就在于它有很鲜明的时态特征，这一时态色彩和动词作定语的结构不相容。但也有个别例外，动词重叠式在特殊情况下可以作定语。如：

例 10：小王正要写写心得体会的时候，突然有人找他。

这个句子和动词直接作定语的情况有所不同。在这个句子当中，作定语的是一个完整的小句，即：小王正要写写心得体会，例 10 中之所以要使用动词重叠，是出于小句中谓语时态的需要，笔者暂且把这个小句的谓语时态称为“未然态”。[1]

（二）由对留学生语误材料的分析总结，笔者认为，动词重叠式 VV（O）和 V 一 V（O）应当在持续态和未然态的句子中使用，而按照使用频率的高低，其适用的句型又应该作如下排列：

1. 直接祈使句和间接祈使句。（未然态 / 一般用于对话体）

其中直接祈使句包括第一人称、第二人称。[2]

笔者所谓间接祈使句即句子中的“命令”、“叫”、“让”、“告诉”等词后面的小句。如：

例 11：我只想让你们看看我们美丽的村子。

动词重叠式在这一类句子中出现的频率最高。

而另一方面，动词重叠式在对话体中出现频率也是最高的。

2. 陈述人物的行动计划或内心愿望的句子，最常见于第一人称，有时也见于第三人称。（未然态 / 可用于对话体，也可用于叙述性语体。）

例 12：嗯，——我们想把她的坟墓修一修。（曹禺）（对话体）

[1] 在汉语中现在似乎还没有确定“态”范畴的数目与名称，笔者为行文方便，暂且划分出一个“未然态”，它的范畴大致接近于英语中的“过去将来时”+“一般将来时”的总和。

[2] 见刘月华《动词重叠的表达功能及可重叠动词的范围》一文中所引例句。

（1）你……你擦擦。（曹禺）

（2）梁大老汉说：“噢，给我看一看。”（柳青）

例 13：我很想和他谈谈课外的事情。（叙述体）

例 14：然后，他们决定下午骑自行车去附近的农村看看。（叙述体）

动词重叠式在这一类句子中出现的频率也比较高。而从语义上看，祈使句 / 表达内心愿望的句子 / 陈述行动计划的句子之间似乎存在着一种内在的联系或者说内在的一致性，不过它们表达的强度是依次递减的。

3. 用于持续态，表示多次反复的行动。（可用于叙述体，也可用于对话体。）如：

例 15：他退休以后，平常看看书，下下棋，和老朋友聊聊天，倒也不寂寞。

例 16：他只负责收集收集资料。

动词重叠式在这类句子中出现的频率并不算高。

（三）回到学生的语误材料，他们使用 VV（O）和 V 一 V（O）的句子大多数不符合以上几个基本条件。

1. 他们常用于进行态。

例 17：路上很多水牛自由地散散步。

例 3 的错误跟例 17 是同样的原因。

2. 他们常用于其他非未然态、非持续态的句子。

例 18：有一天，我们在听力课上去一个公园玩玩。

3. 他们常用于作定语的动词。

例 19：写写的时候，一定要写清楚。

4. 他们多用于叙述体，而不满足叙述体所需要的条件。

例 20：于是，他挖一挖那里，从地里取出刘大叔埋的坛子。

要让学生记住这么多条条框框几乎是不可能的，但并不意味着我们就一筹莫展。笔者认为在教学当中一定要处理好教授动词重叠式的顺序。从笔者所掌握的语误材料来看，学生频繁使用的其实就是一年级教授这一语法点时特别练习过的那几个常见动词，如：想想 / 逛逛 / 找找 / 玩玩 / 听听 / 试试 / 谈谈 / 看看等。[1] 可见当时那个语法点给他们的印象还是颇深的，只可惜这一语法点的编排在某种程度上给了他们误导。为什么这么说呢？

第一，该语法点不应该首先出现在精读课本上，而应该出现在口语课本上。

第二，首先应使学生较好地掌握动词重叠式用于祈使句。

第三，其次，应使学生学会在对话中将 VV(O) 或 V 一 V(O) 用于未然态。

最后，将这一语法点引入精读课本的语法点。然后再引入 V 了 V（O）的用法。

如果按照这样的顺序来教授动词重叠式，偏误现象应该会少一些。

（四）在满足了语体和时态的基本要求之后，再来看动词重叠式是否选用得恰当，问题就比较明了一些了。

1. 语义功能

例 21：可是我们希望老师的身体，多保重保重。

这一例的错误在于，学生想要表达的意思，意在加强“保重”这个词的语义，而动词重叠式对原动词的语义有减弱的作用，所以在此使用不当。

例 2 的错误原因和例 21 一样。学生解释她的本意说：“女人们很想找到丈夫，所以我选择用动词重叠式。”这说明学生对动词重叠式的语义功能理解得不

[1] 笔者所收集的语误材料的留学生初级阶段使用的都是北大邓懿主编的《汉语初级教程》。

对，他们误认为把动词用上两次，是加强这个动词的词义，所以在教授动词重叠式时，一定要强调，使用这个结构是为了减弱该动词的词义，减弱该动词/行动的目的性和明确性。

2. 语法结构

例 22：要是你认为我说的是谎言，那么你也试一试戒一次烟吧。

这个句子应该改为：

例 22a：要是你认为我说的是谎言，那么你也试着戒一次烟吧。

或

例 22b：要是你认为我说的是谎言，那么你也试一试，戒一次烟吧。

也就是说，动词重叠式的后面不能有别的动词结构，这包括三种情况：
第一，动词重叠式后面带谓词性宾语；
第二，动词重叠式在连动结构的前一部分；
第三，动词重叠式作状语。
这三种情况都不成立。动词重叠式后面要么带名词性宾语，要么不带宾语。

例 23：回国以后，我先在家休息休息几天，然后去我的银行上班。

这个句子应改为：

例 23a：回国以后，我先在家休息几天，然后去我的银行上班。

或

例 23b：回国以后，我先在家休息休息，然后去我的银行上班。

这一例的错误在于，动词重叠式后不能带表示时量或动量的词。因为动词重叠式本身已含有量的概念，再加上时量词或动量词，无异画蛇添足。

例 24：你应该写写一封信。

这个句子应改为：

例 24a：你应该写一封信。

或

例 24b：你应该写写信。

这是因为，动词重叠式对宾语也有一定的要求：宾语要么是一个类概念，要么是特定的个体。换句话说，它排斥的就是不定的个体。所谓不定的个体，在语言形式上表现为未加限定词的数量名结构，如一本词典、两个问题、很多事情。

由以上三个误用例得出的结论是：

在语法结构上，动词重叠式要求：1. 不能带动词结构；2. 不能带时量结构和动量结构；3. 不能带未加限定词的数量名结构。

这三条原则也同样适用于 V 了 V（O）。分别见例 4、例 26 和例 27。

二、滥用 V 了 V（O）和 VV（O）不同

滥用 V 一 V（O）和 VV（O）不同的是：

1.V 了 V（O）不能表示多次反复出现的动作行为，一般用来表示短时。

2. V了V（O）最常见于叙述体。

3. V了V（O）用于完成态。但是这里有一个比较复杂的问题，完成态的动词重叠式是否都必须用V了V(O）来表达呢？这一点将在本节第三项加以讨论。

（一）语义

例25：（跟老师告别的场面）有几个人的学生哭了哭。

在这个句子中，学生所陈述的“哭”这个行为不应该是在很短的时间内就结束的行为，所以动词重叠式使用不当。

例5的错误和这一例相同。学生所说的“玩”这一行动不是在短时间内就结束了的。而且这个句子中不应该使用完成态。例5应改为：梦里我到处玩。

（二）语法

例26：我想了想这样的事走着去了。

应改为：

例26a：我这样想着走着去了。

例27：这个农民想了想半天。

应改为：

例27a：这个农民想了半天。

以上两例的分析见上文。

（三）相关例句

刘月华在《动词重叠式的表达功能及可重叠动词的范围》一文中，把所有例句分为两种情况来讨论，一是已然，一是未然。其对二者的划分依据是动作实现的时间。根据刘先生的这个标准，笔者认为刘文中的“已然”大致相当于笔者所谓的完成态。而在刘文所引的表示已然的例句中，有许多使用 VV（O）而不使用 V 了 V（O）的句子。如：

(1) 见了大少爷只点一点头……（曹禺）

(2) 文清望着文彩，摇摇头，又失望地出神。（曹禺）

(3) 善良的铁人羞怯地笑笑，眨巴眨巴眼睛，红了脸。（柳青）

(4) 周冲（无奈地看看大海）好，我走！（曹禺）

应该如何看待这些动词重叠式呢？其实，如果我们把以上四个例句中的 VV（O）都换成 V 了 V（O），完全不会影响句子的正确性。[1] 而在本文例 6、例 10、例 11、例 13、例 14、例 15、例 16、例 23b 中，这种替换是不可能的。因此笔者认为，完成态中出现的 VV（O）和未然态、持续态中的 VV（O）完全不同，它是 V 了 V（O）的一个替换形式，汉语中完成态标记“了”在特定情况下可以隐藏起来不出现。这涉及汉语中最麻烦的助词“了”的使用条件，本文不作深入探讨。

三、动词重叠式缺失

（一）VV（O）

这一部分所举的学生例句可接受性较强，不完全算错误的句子。

[1] 似乎会影响到句子的细微的语言色彩和流畅程度。

1. 语境

例 28：王老师对小王说："再给我弹你常弹的那首琵琶曲吧。"

例 29：(我们常常听到"成功哲学"这一说法，大家各有各的观点。)如果让我说我的成功哲学，那就是……

在直接祈使句（例 28）和间接祈使句（例 29）中，多数情况下都应该使用动词重叠式，以使语气委婉。这样的表达才够地道。

例 30：我想再去访问那个海滨，再看那儿的落日。

在未然态的句子中，使用"再"的时候，如果没有连动结构或谓词性宾语，需要使用动词重叠式。

例 30 应改为：

例 30a：我想再去访问那个海滨，再看看那儿的落日。

反过来，上述 3 个例句，可以证明本文 1.3 中所说的动词重叠式在祈使句和表达内心愿望与行动计划的句子中出现频率最高。

2. 语义

例 31：(作文题目是《记我的一位中国老师》) 这次的写作考试，我想写关于续老师。

这个句子如改为："这次的写作考试，我想写续老师。"似乎也不算错，但改成："我想写写续老师。"就更加自然，是更加地道的汉语表达方式。

例 32：可是今天再想，觉得很可怕。

这个句子应改为：

例 32a：可是今天再想想，觉得很可怕。

例 33：回头看，在找工作的过程中，我也明白了很多道理。

这个句子应改为：

例 33a：回头看看，在找工作的过程中，我也明白了很多道理。

以上三例说明，在某些情况下必须用动词重叠式来减弱动词的明确性 / 目的性，以表达一种随意的、没有明确目标、只有一个大致范围的行动。这时，如果单用一个动词会使该动词的语义显得非常突兀，不能圆满地完成上述的语义表达。

动词重叠式的这一用法看来有点难以把握，但至少可以先教给学生使用几个惯用语，即：回头看看……/ 今天再想想……/ 我想写写……/ 我想谈谈……

(二) V了V (O)

例 34：他说了两三句话，可是我听不懂。我看了周围，跟他同样的孩子抓住了我朋友的棉袄。

例 35：哎呀，那个坛子里有很多钱。今西数钱了，那个坛子里边有三百两白银。

这两个句子有共同之处：1. 都是叙述体；2. 都是完成态。在这样的句子里需要使用动词重叠式，主要是语法上的要求，说得更极端一些，是由“了”决定的。在此也可以不使用动词重叠式，而用动词加“一下”来代替。

例 34 应改为：

例 34a：我看了看周围，跟他同样的孩子抓住了我朋友的棉袄。

或：

例 34b：我看了一下周围……

这是为什么呢？笔者认为，如果我们比较一下“我看了周围”和“我看了看周围”这两句话，可以找出它们在表达功能上的差异点，“我看了周围”所表达的是“判断”，而“我看了看周围”或“我看了一下周围”所表达的是“描述”。也就是说，“我看了周围”这句话，存在着一个鲜明的背景，就是否认“我没看周围”，而当在这个句子的动词后面增补上一个稍微复杂一点的结构之后，它就成为对这一动作 / 行为 / 事件的描述。[1]

不过，这种差异只限于谓语动词是光杆动词，同时宾语也是一个光杆词的情形，如果谓语动词是一个述补结构或其他复杂的动词结构，就不会发生类似问题了。[2] 回过头来看上面的例句。

(1) 见了大少爷只点一点头……
(2) 文清望着文彩，摇摇头，又失望地出神。
(3) 善良的铁人羞怯地笑笑，眨巴眨巴眼睛，红了脸。
(4) 周冲（无奈地看看大海）好，我走！

---

[1] 刘月华《动词重叠的表达功能及可重叠动词的范围》一文中指出，表示已然动作的动词重叠的表达功能具有描写作用。

[2] 如：例（1）小明轻轻地关上了门。
例（2）有一天，仿佛黑夜里亮起一道闪电，他突然想起了鲁迅先生。

以上四个例句中的重叠式如果去掉，只剩下光杆动词和光杆宾语，在句法上是不成立的，去掉重叠式后单加“了”也同样不成立。这说明动词重叠式V了V（O）的使用主要是出于句法的要求。

根据同样的道理，例35应改为：

例35a：今西数了数（钱）……/今西数了一下……

对留学生来说，应该掌握的是，在描写完成态的短时动作/行为时，如果动词和宾语都是光杆结构，动词就要重叠或加上“一下”。

四、小结

1. 动词重叠式VV（O）最常见于祈使句和间接祈使句，功能是缓和语气；

2. 动词重叠式VV（O）常用于表达某人内心愿望和行动计划的句子，功能是缓和语气，有时有减弱该动词目的性和明确性的作用；

3. 动词重叠式VV（O）可用于持续态，表示多次反复出现的动作/行为；有减弱该动词目的性和明确性的作用；

4. 动词重叠式V了V（O）用于完成态，表示短时；有时重叠式中的“了”可以不出现；

5. 动词重叠式V了V（O）常用于叙述体，功能是描述，这种情况下使用动词重叠式多是出于句法的需要，在描写完成态的短时动作/行为时，如果动词宾语都是光杆结构，动词就要重叠或加上“一下”。

6. 动词重叠式在语法上要求：（1）后面不能带其他动词结构；（2）后面不能带时量词和动量词；（3）后面不能带未加限定词的数量名结构；（4）动词重叠式一般不能作定语。

本文原载于《汉语学习》2000年第5期

汉语定中短语通感隐喻探微

王霜梅

王霜梅，女，1974 年生，2006 年至今任教于北京外国语大学中文学院，讲师，汉语言文字学博士。研究方向为语义学、认知语言学。至今已在国内外公开出版刊物发表专业论文 18 篇，其中核心期刊 10 篇。

引言

通感，英语是 synaesthesia，其前缀 syn- 意为“一起”、“融合”；词干 -aesthesia 意为“感觉”，从字面上来看，synaesthesia 意为“一起或同时感受”。《辞海》对通感的解释是：通感，亦叫“移觉”，修辞手法之一。人们日常生活中视觉、听觉、触觉、嗅觉、味觉等各种感觉往往可以有彼此交错的心理经验，于是，在写、说上当表现属于甲感觉范围的事物印象时，就超越它的范围而描写成领会到的乙感官范围的印象，以造成新奇、精警的表达效果。[1] 通感作为一种修辞手段，已得到学术界普遍公认，在文学作品尤其是诗歌中有广泛的应用。我们认为，通感不单纯是一种修辞方式，而且是人类感知世界的重

[1] 《辞海》，上海辞书出版社 1989 年版，第 2759 页。

要手段和工具，因为它不仅存在于文学作品中，而且存在于日常语言中，例如汉语中的“尖酸”、“深绿”、“冷冰冰的脸”，英语中的sweetsmile(甜蜜的笑容)，coldwords（冷言冷语）等，这些使用频率很高的词语都蕴含着通感。在这些词语中存在由某一感官范畴的认知域向另一感官范畴的认知域的映射，因此我们认为，通感在本质上是一种隐喻。《牛津英语词典》中就将synaesthesia解释为“一种特殊的隐喻”。

目前对于通感隐喻的研究，一方面多限于修辞学领域，另一方面多限于以英语语言为研究对象。传统修辞学对通感的研究侧重于句子层面的研究，对短语中的通感现象研究的很少。通过考察我们发现，汉语短语中有很多是通感隐喻，其中又以定中短语为最多，所以很有必要对汉语定中短语中的通感隐喻进行系统全面的考察和研究，描写其表现形式，揭示其后的认知动因，这是本文的写作目的。

一、对通感隐喻外延的扩大

传统修辞学通常把感官分为五种：即触觉、味觉、嗅觉、听觉和视觉。Ullmann（1957）把温觉又从触觉中分出来，於宁（1989）和赵艳芳（2001）从视觉中分离出空间感知和色觉。我们在研究时采纳传统的五分法。传统的修辞学对通感的研究仅限于不同感官之间的互通，即五大感官之一的某种刺激引起其他感官的反应，但是考察发现，在汉语中有很多这种现象：即用某种感官上的感觉来隐喻生活、思想、感情等或抽象或具体的事物，例如：漂亮文章、和谐人生、温暖的家庭、紧绷的神经等等。这是从某一感官感觉认知域到某种心里感觉认知域的映射，这种心里感觉不直接说出来，而是通过感官感受来加以描述。我们认为，这种情况也属于通感隐喻。

这样一来，我们改变了以往修辞学对通感的界定，扩大了通感隐喻的外延。以往的研究也有人提到过类似的通感隐喻，例如英语热、辣妹子、苦日子等等，但是他们并没有意识到这种通感隐喻的普遍性和特殊性，在这里我们把它单独列为一类加以考察和研究。

二、通感隐喻的生理及心理依据

心理学的研究成果表明，各种感官上的互通是有其生理和心理的依据的。外界刺激作用于人的感觉器官，经由内导神经传至大脑皮层，进入能够引起兴奋的相应区域。大脑皮层的各个“区域”之间并非相互隔绝，边缘地带有许多具有联结、协调、沟通的作用的“叠合区”，“区域”之间凭借这些“叠合区”彼此关联而结成一体。在“兴奋分化”的同时，产生“兴奋泛化”，引起“感觉的挪移”（王彩丽，2004）。人类中枢神经是一个互相协调、有机地进行着各种活动的系统，各种感官不是彼此割裂的，这就是通感隐喻产生的物质基础。现代心理学研究还表明：人类的感觉系统是一个整体，当人们感知某一个客观事物时，不仅会引起相应的感觉，而且大脑中原来储存的来自其他方面的感知信息、经验、记忆等，经过想象和联想，还会补充、丰富和发展这种感觉。这是通感隐喻存在的心理基础。具有生理和心理基础而存在的通感，构成了人类感知世界的一种认知方式。这一认知过程反映在语言的创造和运用中，促成了在通感作用下的词汇的产生和大量存在，产生了通感隐喻这一语言现象，这正符合认知语言学的“语言现象对应概念结构”的观点。

三、汉语定中短语通感隐喻的类型

基于对通感隐喻外延的扩大，我们把通感隐喻分为两大类型：一类是感官感觉和某种心里感觉之间的映射；另一类是五大感官感觉范畴之间的映射。下面分别研究定中短语通感隐喻中这两种类型的表现形式及其特点。

（一）感官感觉和某种心里感觉之间的映射

通过考察我们发现，这类通感隐喻的数量甚至远远超过了传统认为的五官相通的通感，并且这类通感隐喻不是孤立的个别现象，而是成系统的。缑瑞隆（2003）曾经使用过“感觉范畴隐喻系统”这一术语，既体现了通感的隐喻性，又突出了通感在使用中的系统性，不足的是他的研究主要考察动词的隐喻使用情况。我们借用“感觉范畴隐喻系统”这一术语，用“感觉范畴”一词指定中短语中定语的感官所属，例如“热烈的气氛”，根据定语“热烈”属于触觉范畴，我们把这个定中短语归为触觉范畴隐喻系统。下面具体分析各感觉范畴隐喻在汉语定中短语中的表现。我们用“〔 〕”代表感觉范畴的隐喻义，每一种隐喻义举例说明。

1. 触觉范畴隐喻系统

触觉包括人体皮肤的外部感觉和人体内部器官的感觉，在人类感觉系统中触觉是最低级的感官，却是人类接触自然界最具体、最根本的感官，因此经常被用来描述视、听、嗅、味各种感官的感受。汉语中与触觉有关的词有：热、温、暖、冷、凉、轻、重、松、紧、痛等。汉语定中短语的触觉范畴隐喻情形如下：

〔热是亲近〕	温暖的亲情　炽热的爱
〔冷是疏远〕	冷冰冰的人　冷漠的家庭
〔轻是舒服〕	轻快的脚步　轻便的服装
〔重是难受〕	沉重的心情　凝重的心事
〔松是舒适／不严格〕	宽松的环境　松弛的军纪
〔紧是难受／严格〕	紧绷的神经　紧张的气氛
〔痛是难过〕	痛楚的心灵　痛苦的生活
〔轻是舒服〕＋〔松是舒适／不严格〕	轻松的状态　轻松的步履
〔重是难受〕＋〔痛是难过〕	沉痛的记忆　沉痛的打击

汉语触觉范畴的词语往往具有心里感觉方面的隐喻意义，与人的心理、情

绪紧密联系，这具有一定心理和文化经验基础。身体的感觉是人类认知活动的出发点，在正常情况下，人与人之间身体距离的远近与两者的感情亲近程度是成正比的。握手、拥抱、拍肩膀等行为往往能给人以“热”、“温暖”的心理体验，反之，拒绝握手或远离、躲避等行为会给人造成“冷”、“凉”的心里感觉。正因如此，语言中存在“热是亲近”、“冷是疏远”这对触觉隐喻范畴。

另外，“冷”、“热”这对触觉范畴的词语还经常隐喻某种现象受欢迎与否，如：冷门专业、旅游热、足球热、英语热、气功热、超女热等。“热”的含义是“热门的、时髦的”，“冷”的含义与其相反。值得注意的是，语言中却很少有类似“旅游冷”、“气功冷”、“足球冷”等“N＋冷”的表达方式，这种使用的不对称性和人的认知有关，人们往往关注的是受欢迎的事物或现象，而忽视不受欢迎的事物或现象，这种认知的不平衡体现在语言表达形式的不平衡。

2. 味觉、嗅觉范畴隐喻系统

人的口和鼻互通、互感，在语言中也有具体的表现形式，如汉语的“气味”，“香甜”，囊括了嗅觉和味觉；英语的 flavour 同时包含嗅觉和味觉。人类的“味觉和嗅觉常被分成一类，这不仅是因为两种感觉的物质刺激都是化学物质，而且因为它们在产生某统一的知觉中如此经常地密切联系着”（缑瑞隆，2003）。因此我们在研究和讨论时不再把味觉和嗅觉分开，而是合成一种感觉范畴隐喻系统。

汉语常用的表示味道的词有：酸、甜（甘）、苦、辣（辛）、咸；常用的表示气味的词有：香、臭、腥、膻、臊等。汉语定中短语的味（嗅）觉范畴隐喻系统有：

〔感觉有滋味〕 战争／灾难／生活／爱情／友谊／成功／失败／离别的滋味

〔香甜是美好〕 香甜的梦　甜蜜的事业

〔苦臭是不好〕 苦日子　臭名声　苦涩的记忆

〔酸是嫉妒／迂腐〕 醋坛子　酸秀才[1]

---

[1] 也有人把“醋坛子、酸秀才”等看作是定中结构的复合词。

〔辣是热烈〕 辣妹子

在〔感觉有滋味〕这一隐喻范畴中，并不是战争、灾难、爱情、离别等这些事物或行为本身有滋味，而是因为它们经常能给人带来某种特定的感觉感受而似乎带上了某种滋味。其余的〔香甜是美好〕等隐喻意义其实都是〔感觉有滋味〕这一隐喻意义基础之上的延伸。

3. 听觉范畴隐喻系统

汉语定中短语的听觉范畴隐喻系统有：

〔思想感情是音乐〕	心灵的共鸣 思想共鸣
〔安静是好〕	安静的内心 平静的生活
〔喧闹是不好〕	喧嚣的政界 喧闹的内心

4. 视觉范畴隐喻系统

汉语定中短语的视觉范畴隐喻系统有：

〔清楚是理解／记住〕	清晰的知觉 清楚的头脑
〔模糊是不理解／忘记〕	模糊的记忆 朦胧的印象
〔素静是好〕	朴素的想法 朴实的性格
〔华丽是不好〕	花哨的作品 华丽的辞藻
〔鲜艳是好〕	绚烂的前程 瑰丽的生活
〔暗淡是不好〕	晦暗的心情 黑暗的社会
〔漂亮是好〕	美丽人生 漂亮仗
〔丑是不好〕	丑陋的行为 丑恶的现象

另外，视觉范畴隐喻系统中还有一种颜色通感隐喻。颜色作为专有名词，是客观世界的一种特殊的物质形态，既要依附于具体的客观事物，又要依赖于人的主观感受。许艳平、冯广艺（2002）指出色彩词充当定语时的隐喻性质，

在色彩词充当定语的 N1 + （的） + N2 定中短语中，往往是颜色词的描述义成分而不是关涉义成分在隐喻中起着关键作用。许、冯所说的关涉义是词语的理性义。例如，“蓝色的天空”和“蓝色的乐章”中：

“蓝色”的关涉性语义成分：〔颜色〕〔三原色之一〕

“蓝色”的描述性语义成分：〔生机〕〔幻想〕〔浪漫〕

“蓝色的天空”中“蓝色”是对天空颜色的描摹，此处使用的是“蓝色”的理性义，两者的组合是以逻辑事理为基础的；而“蓝色的乐章”中“乐章”本身并无任何色彩，二者的组合是“蓝色”的描述义成分起了作用，其中蕴含着隐喻的机制。汉语中与此类似的颜色词的隐喻还有很多，例如：

“绿色年华丛书”——这是多么生动而又形象且带着鲜丽色彩的书。

迷信是“白色文化”，“黑色消费”，“人生陷阱”。

此外还有“黑色七月”、“绿色食品”、“金色的信念”、“灰色的心情”、“蓝色的梦想”等。需要注意的是，颜色词在使用范围上受到一定的限制，用得不好会给读者理解带来一定障碍。

感觉是人类认知活动出发点，因为人类对世界的经验和体验总是从人身体各个感觉器官获得的感觉开始的，感觉是认知主体获得的关于认知对象的最初级的信息，是主体获得更高层次信息的基础。以上定中短语中所体现这种从某种感官感觉到某种心里感觉的映射，可以帮助我们更加清楚地认识在语言范畴化过程中认知因素的作用。

（二）五大感官感觉范畴之间的映射

第二类就是传统上修辞学认可的通感，即五大感官感觉范畴之间的映射。这种通感隐喻在以往的研究中多有描述，我们用“→”表示不同感觉范畴间的挪移的方向，其中的箭头左边表示定语所代表的感觉范畴，箭头右边表示中心语所代表的感觉范畴。五大感官感觉之间的互通在汉语定中短语中的表现形式和特点如下：

1. 触觉和其他感觉的互通

很多汉语定中短语中都存在着触觉和其他感觉的互通的这种通感隐喻，例如：

〔触觉〕→〔听觉〕刺耳的噪音　尖锐的声音
〔触觉〕→〔视觉〕灼热的目光　锐利的眼睛

2. 味觉、嗅觉与视觉、听觉多重互通

嗅、味觉与视觉、听觉经常彼此相通。例如：

〔味嗅觉〕→〔听觉〕甜美的歌声　辛辣的讽刺
〔味嗅觉〕→〔视觉〕苦涩的笑容　甜蜜的微笑

这些通感隐喻的意义和第一类感觉范畴系统——即感官感觉和某种心里感觉之间的映射的隐喻意义完全一致。通过考察发现，味、嗅觉与视、听觉经常彼此相通的情况在英语的定中短语中也很常见。例如：

sweet face（可爱的脸庞）　acid look（讥刺的神色）
a piercing cry（刺耳的叫声）　a bitter smile（苦涩的笑）

其中前两例翻译成汉语，通常没有了对应的通感隐喻，后两例通感隐喻在英汉中是完全对应的。汉英定中短语的通感隐喻共性之中有异性，体现了通感隐喻的民族共性和特性。

四、汉语定中短语中各感觉范畴的修饰等级

早在20世纪20年代，英国语义学家Ullmann曾对19世纪的不同国家、不同语言的许多诗人作品进行调查统计，发现在语言体系中存在着惊人相似的通感用例，由此得出了通感隐喻是全人类所共有的一种极其普遍的现象这一结论。更有价值的是，他发现被调查的2000个通感例子中存在着一个共同的规律：有80%是呈向上的等级分布，即感觉移动方向呈现由较低级向较高级感官、由较简单向较复杂感官移动的趋势。Ullmann的调查包括6种感官，其中触觉、温觉、味觉、嗅觉属于较低级的感官，而听觉、视觉则属于较高级感官。如前我们把Ullmann所提到的“温觉”合并到触觉当中，嗅觉和味觉合并为一种，分别对汉语定中短语中的通感隐喻进行了考察，得出这样一个由低级到高级的排列顺序，图示如下：

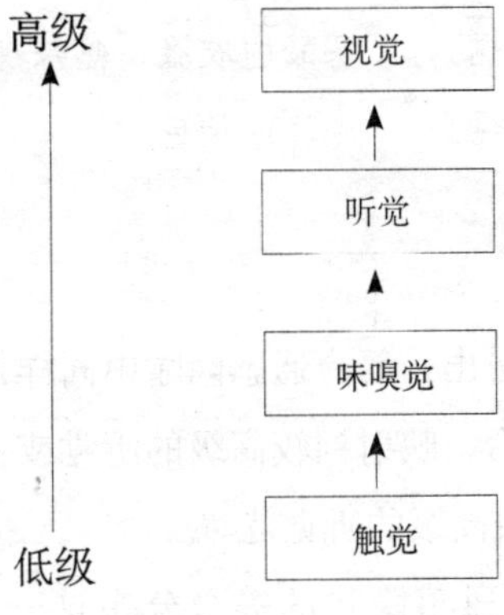

汉语定中短语通感隐喻各感官感觉范畴修饰等级图

由以上的分析可以看出，定中短语通感隐喻中各感觉范畴的修饰等级确实是不一样的，表现为常常是表示低级感觉的词修饰较高级感觉的词，反向的用例却较少。触觉在人类感觉系统中属于最低级的感官，却是最具体、最活跃的感官，因此经常转而描述视、听、味、嗅等诸感觉，例如：敏锐的视觉、微弱

的呼吸声、刺鼻的气味，分别是触觉向视觉、听觉和嗅觉的挪移。但是我们却很少将味嗅觉向触觉挪移，而是将它们向听觉或视觉挪移，例如甜美的歌声、苦涩的笑容，这和 Ullmann 的研究结果是一致的。

前面所分析和研究的定中短语都是用一种感官感觉去描述另一种感官或心里感觉的通感隐喻，考察发现，汉语定中短语中还存在着用两种感官感觉去描述第三种感官或心里感觉的通感隐喻，我们把前者称为单一通感隐喻，后者称为复合通感隐喻。以往的研究多半集中在单一通感隐喻，对复合通感隐喻的研究基本上是空白。复合通感隐喻从形式上来看，就是先由两种感知词语组合，作为定语，修饰由另外一种感知词语或其他词语充当的中心语。复合通感隐喻的存在为“人的感觉器官彼此相通”这一结论提供了更加有力的证据。汉语定中短语中的复合通感隐喻有以下几种情形：

〔触＋味〕→〔感觉〕 痛苦的生活 火辣的日子
〔触＋味〕→〔听〕 冷淡的话语 尖酸的语气
〔触＋味〕→〔视〕 寒酸的衣服 热辣辣的目光
〔触＋听〕→〔视〕 冷静的神色
低级→高级

从以上的例子不难看出，复合通感隐喻中同样是遵循等级分布的规律。较低级的触觉和味觉的联合，映射到较高级的听觉或视觉范畴，或者较低级的触觉和听觉联合，映射到较高级的听觉范畴。

支配汉语定中短语通感隐喻的等级分布这一规律的认知因素，可以用 Lakoff & Johnson 的概念隐喻理论来分析和阐释。Lakoff & Johnson(1980）认为，隐喻是从一个比较熟悉、易于理解的来源域映射到一个不太熟悉、较难理解的目标域。通感既然是一种隐喻，就和其他隐喻一样，包含着隐喻性的认知和思维过程，隐喻的原则同样适用于通感。在定中短语通感隐喻的意义建构与阐释过程中，往往由感官特征较低级的触觉、味觉映射到感官特征较高级的听觉或视觉。这完全符合隐喻的映射规律。“低级的感知可以投射到高级的感知，因而低级感知域中的词语可以修饰高级感知域中的词语。”“这与由基本认知域到复杂、抽象的认知域投射的隐喻认知方式是一致的。”（赵艳芳，2001）

总之，无论是单一通感隐喻还是复合通感隐喻，都遵循等级分布规则，这说明结构形式的简单和复杂并不影响其后支配它的共同规律。每一个通感隐喻都是有据可寻，其中的概念结构仍然要受认知规律的制约。只有探究这种语言背后的动因，才能使我们更好地把握定中短语通感隐喻中的意义建构，并有助于我们对通感隐喻的理解和阐释。

本文原载于《学术交流》2010年第4期

“_儿”“_仔”对粤语小称格局的影响[1]

陈小明

陈小明，男，汉族，1962年出生，广西北海合浦人。教授，硕士生导师。2000年7月获南开大学中文系博士学位，专业为汉语言文字学。主要研究方向为汉语词汇学、语法学、方言学、社会语言学和对外汉语教学。已发表论文20余篇，出版专著3部。

引言

小称是粤语研究中的一个热点，学术界一直没有停止过对它的探索，而且可以说是新见迭出，成果丰硕。学者们无论是对粤语小称类型、分布的描写，还是对粤语小称性质、演变的揭示，都取得了重大的进展。其中，麦耘、邵慧君、陈忠敏、朱晓农等学者的论著尤为值得重视。

粤语各种小称形式之间有无一个共同的历史来源？“_儿”缀与小称变调有无关系？如果说不同的小称形式代表着不同的演变层次，那么，它们之间孰先孰后？此外，粤语的“_儿”缀、“_仔”缀对小称类型的形成有何影响？这些都是粤语小称研究中尚须进一步探讨的问题。本文将在借鉴现有研究成果的

[1] 本文根据匿名审稿人的宝贵意见作了若干修改，在此谨表谢忱！

基础上，对以上问题提出一些个人的看法，希望得到方家的指正。

一、“_儿”缀与小称格局的形成

（一）语言中的某一形式的发展演变，总是有原因和条件的。一种小称形式要演变为另一种小称形式，必然要面临“为什么”和“能不能”的问题。我们认为共时平面并存的“儿缀型”、“鼻音词缀型”/“鼻音韵尾型”、“小称变调型”等形式之间存在着渊源关系，它们在历时演变中体现出某种时间的层次性，而“儿”义的虚化、“儿”鼻音的保留、交际的多需求性以及发音的经济性、区别性原则等因素，影响了粤语小称的形成格局。

1.“儿”义的虚化

“儿”原指“小儿”，“动物之幼小者”，是一个有实在意义的名词。《说文解字》：“儿，孺子也。”“儿”到魏晋南北朝时，有了作指人名词准后缀的用法，如穷儿、男儿、瞎儿、乞儿等，至唐宋时代，更进一步用于指称事物，如鱼儿、船儿、唇儿等，虚化的进程极其迅速。可以推想，“儿”作为词缀称小的用法，也应该很早就在粤语中“扩散”，而进入粤语之后的“_儿”缀，其虚化的进程并未停止：表实在义的名词“儿”（动物之幼小者）经虚化而成为表动物小者的标记，然后再进一步虚化，成为人及一切事物（包括作为事物单位的量词）之小者的标记，最后更进一步虚化为表示动作行为、性质状态的动词、形容词的某种“轻微量”的标记。作为已经虚化为词缀的“_儿”，其总的语法意义就是表示某种具体的或抽象的“量小”。与北方方言相比，粤语的“儿”义的虚化程度真可谓“有过之而无不及”。鉴江流域粤语的“儿”后缀（李健，1996：216—217）就是一个典型的例子，“儿”不仅可以做名词的后缀，还可以做数量词、代词、形容词、动词的后缀：

(1) 名词＋儿：细侬儿（小孩子） 牛儿（小牛） 猫儿（小猫）

(2) 数量词＋儿：一百儿（才一百） 一片儿（一小片） 三兜儿（才

三条）

（3）形容词＋儿：肯儿去（快点儿去） 走远儿（跑远点儿） 低儿处（低一点儿的地方）

（4）动词＋儿：吃儿饭（吃点饭） 睇儿书（看点儿书） 做儿工（干点儿活）

（3）（4）例中的“儿”是否形容词、动词的词缀，似有可商榷之处。粤语钦廉片中的合浦廉州话、浦北小江话有更典型的动词、形容词后缀（以下例子为笔者调查时所得）：

动词＋“_儿”

我去撩撩儿正返来 [ŋɔ^{35}hi^{33}liu^{22}liu^{22}ȵi^{55}tsəŋ^{33}fan^{55}løi^{22}]

（我去玩一玩再回来）

本书我看看儿就畀返你 [kɔ^{33}pun^{35}si^{55}ŋɔ^{35}høn^{33}høn^{33}ȵi^{55}tsɐu^{22}pei^{35}fan^{55}nei^{35}]

（那本书我看一看就还给你）

形容词＋“_儿”

佢嗰片面红红儿 [ki^{35}kɔ^{33}pin^{33}min^{22}huŋ^{22}huŋ^{22}ȵi^{55}]

（他那张脸有点儿红）

只人瘦瘦儿、高高儿 [kɔ^{33}tsɛk^{33}ȵɐn^{22}sɐu^{33}sɐu^{33}ȵi^{55}、kou^{55}kou^{55}ȵi^{55}]

（那个人有点儿瘦、有点儿高）

粤语“儿”义的不断虚化，为“_儿”缀的范围扩张及进一步演变提供了更大的可能性。

2. “儿”鼻音的保留

“儿”的中古音，高本汉拟测为ȵʑie，李荣拟测为ȵie，其声母是一个鼻音。随着语言的发展，“儿”的发音在不同的方言中发生了不同的变化。在粤语中，“儿”一般读为ȵi，声母仍保留着中古的鼻音；在吴语中，还保留着鼻音的读法，但韵母已全部丢失，变成一个声化韵，读n或ŋ；而北方方言中，大多演变为一个卷舌元音。“儿”的读音的音质差异必然会给不同方言的儿化带来差异（徐通锵，1985：38）。而“儿”鼻音的保留，正是粤语形成今天这种小称格局的重要因素（例见3.1.3）。

我们认为儿缀是粤语小称的源头，粤语小称形式的演化进程大致经历了以下几个阶段：

儿缀→鼻音后缀/鼻音韵尾→小称变调

3. 经济性、区别性与多需求性

“汉语方言语音在历史的长河中不断变化，究其原因，主要是人们出于发音上省力和方便的要求，引起发音动作的改变。”（王福堂，1999：1—2）粤语音变型小称，其演化的原因其实并不神秘，就是为了“省力”、“方便”。语言的交际讲求经济性，但经济性的前提是必须保证交际的明晰度和区别性。人们总是不停地在寻找最佳的语言表达手段去传情达意，而既经济又有足够的区别性特征，便是一个衡量的标准。什么样的小称形式符合这样的要求，人们就有可能去选择它们。当然，语言的演变更替，远非如此简单，实际情况要复杂得多。譬如，有时候同一语义有若干种不同的表达方式，这若干种表达方式之间并无优劣之分，只是为了满足不同的交际需要和场合而已。粤语不同形式的小称，尤其是共时平面并存的几种形式，正是体现了语言交际的复杂性和多需求性。

（1）区别性特征的还原

因快读、急读或省力等因素，造成了“_儿”[ȵi^{55}]缀的脱落，从而造成了“小称”区别性特征的丧失，为了补偿这种“丧失”，必须找到一种代偿形式来重构小称的区别性特征。由于语言符号是语音与语义的结合体，一经该语言的社会群体的公认和使用，彼此间便产生了某种依存、制约关系，换言之，某一语言形式所指称的事物或现象是不能随意改变的。因此，与其说是重构区别性特征，倒不如说是还原区别性特征更为准确。当然，这种特征还原，已不可能整体还原，而只能是部分还原，即对某一最具区别意义特征的还原。“_儿”缀有两个最为重要的区别特征：声母特征——鼻音；声调特征——高平（55）。这两个特征，好像“_儿”缀的两个“影子”，只要看到其中的一个影子，我们就可以立即作出判断：这是称小的“_儿”缀。“鼻音词缀”和“鼻音韵尾”正是通过对“_儿”缀声母“鼻音”特征的还原，“小称变调”则是通过对“_儿”缀“高调”声调特征的还原，以借部分代整体的代偿形式完成了与“小称”义的音义对接。

“鼻音词缀”小称与“鼻音韵尾”小称的区别是前者自成音节，后者则丧失独立性、黏附于前一词根音节作韵尾；从来源上说，二者均来源于“-儿”缀，前者为“慢说为二”，后者为“急说为一”，这两种小称具有某种临时性和个人差异性，因而常处于摇摆不定的状态。这种现象跟北京话轻读时产生的现象相似。在现代北京话口语中，轻读常常会引起声母或韵母的变化，如（鲁允中，1995）：

咱们 zánmen → zánm　我们 wǒmen → wǒm

数目 shùmu → shùm　豆腐 dòufu → dòuf

（2）粤语小称的类型

①儿缀型小称。此类小称，覆盖面广，有很强的能产性。同时，主要负载“称小”功能的“_儿”缀，因其自成音节，而强化了表义的明晰度。此外，该形式有时候传达出来的某种微妙的意味，是其他形式无法替代的，如，在广西小江白话中，若女朋友对男朋友说“你真系条番薯儿”（意译：“你真是个小笨蛋”），其中的“番薯儿”（小番薯）既含有对恋人的嗔怪，又含有对恋人的疼惜等等意味，这种种只可意会不可言传的微妙之处，非“_儿”缀不能表达。由此可见，该形式虽然最为古老，但在某些方言点仍有相当强的生命力。

②鼻音后缀型小称。此阶段中的鼻音是自成音节的后缀，如广东化州老派音把表小称的“儿”缀读为 [n] 或 [ŋ]（邵慧君，2005：338）；广西小江白话在

指称“动物之幼小者”时，也常用鼻音后缀“儿”，读为[ŋ]，例如：

狗儿[kɐu^{35}ŋ^{55}]（小狗）
猪儿[tʃy^{45}ŋ^{55}]（小猪）

仔细考察，小江话中的[–ŋ]缀，与前一音节的韵母之间有一种若断若续的联系，前一音节向鼻音后缀滑动时，其韵母仿佛变成了一个长元音，这一点与温州方言“儿”尾慢读时的情况相似（郑张尚芳，1981：40）。

③鼻音韵尾型小称。此阶段的鼻音已失去独立性，合音至前一词根音节，仿佛成了前一音节的韵尾。如：

广东信宜（叶国泉、唐志东，1982：48）

老鼠[lou ʃy]大老鼠老鼠[lou ʃyn ↗]小老鼠

广西容县（周祖瑶，1987：60）

碟[tep ˩]本调　碟[tem ↗]小称
袜[mat ˩]本调　袜[man ↗]小称

④变调型小称。小称变调是一种发展比较成熟和稳定的小称形式，使用范围广，功能丰富多样，除名词以外，还可以出现在部分量词、形容词、副词中。一般认为，广州话小称变调有高平变调（55）和高升变调（35）两种（袁家骅，1989）。例如：

高升变调

人[jɐn^{11}]→个人̣[jɐn^{35}]（“那个人”，带有不尊敬的意味）

门 [mun¹¹] →后门 [mun³⁵]

高平变调

箩 [lɔ¹¹] →竹箩 [lɔ⁵⁵]（小竹箩）
篮 [lam¹¹] →竹篮 [lam⁵⁵]（小竹篮）

（二）在考察中，我们发现：至今还存在着“_儿”缀型小称的方言，往往叠置并存着若干种小称；而现在已无“_儿”缀型小称的方言，其小称类型则较为单一。那么，小称形式的丰富与单一都跟“_儿”缀有关吗？粤语最早的小称形式是什么？下面我们将通过对两个例子的分析，提出一些个人的看法。

1. 一个典型的例子——小江白话

小江镇是广西浦北县政府所在地，属广西钦州市管辖，全县人口 50 多万。该镇位于钦州市东北部，西部与灵山县交界，东部与博白县相接，南与合浦县相邻。全县共有 13 个乡镇，所用方言为粤方言、客家话两种。粤方言以小江白话为准。

（1）小江白话有丰富的“_儿”缀词，各种实词语素之后几乎都可以加上“_儿”缀：

量词 +“_儿”

一嚿儿 [jɐt⁵⁵kɐu²²ɳi⁵⁵]（一小块）
一杯儿 [jɐt⁵⁵pui⁵⁵ɳi⁵⁵]（一小杯）
一碗儿 [jɐt⁵⁵wun³⁵ɳi⁵⁵]（一小碗）
一橛儿 [jɐt⁵⁵kɛt⁵⁵ɳi⁵⁵]（一小截儿）
一蔸儿 [jɐt⁵⁵tɐu⁵⁵ɳi⁵⁵]（一小棵）
一联儿 [jɐt⁵⁵lin²²ɳi⁵⁵]（一小瓣儿）
一张儿 [jɐt⁵⁵tsɛŋ⁵⁵ɳi⁵⁵]（一小张儿）

一支儿 [jɐt⁵⁵tsi⁵⁵ȵi⁵⁵]（一小支）

名词、动词、形容词也可以加“_儿”缀。加上“_儿”缀后，名词有表小义，动词含有短时义，形容词则表示只是“略微”具有某种性质或呈现某种状态。例如：

名词+“_儿”

鸡儿 [kɐi⁵⁵ȵi⁵⁵]（小鸡儿）
鸭儿 [ap⁵⁵ȵi⁵⁵]（小鸭儿）
孲□儿 [nɛ²²ɛ⁵⁵ȵi⁵⁵]（小孩儿）

动词+“_儿”

撩撩儿 [liu²²liu²²ȵi⁵⁵]（玩一玩）
睇睇儿 [tɐi³⁵tɐi³⁵ȵi⁵⁵]（看一看）

形容词+“_儿”

红红儿 [huŋ²²huŋ²²ȵi⁵⁵]（有点儿红）
瘦瘦儿 [sɐu³³sɐu³³ȵi⁵⁵]（有点儿瘦）

(2) 小江白话有丰富的小称形式，除了“儿缀型”之外，还有“鼻音词缀”、“鼻音韵尾”、“小称变调”以及“仔缀型”等形式，而其中的音变型小称都跟“_儿”缀有关，它们分别是对“_儿”的鼻音、高调这两个特征的部分还原（详见下文）。此外，在小江白话中，这些不同种类的形式往往用于不同的交际场合、实现着不同的交际目的。举例如下：

猪乸生了两只猪儿 [tʃy^{45}ȵi^{55}]（陈述，舒缓地说）

快啲睇，猪儿！ [tʃy^{45}ŋ^{55}]（提醒，急促地说）

一嚿都无舍得畀啊？ [jɐt^{55}kɐu^{11} → kɐu^{55}]（强调，夸张地说）

我就吃一嚿仔！ [jɐt^{55}kɐu^{11}tʃɐi^{35}]（说明，平静地说，年轻人多用）

2. 一个看似“例外”的个案——广州话

（1）小称变调在广州话中是一种重要的小称形式。这种形式与“_儿”缀有无关系？如果有关系，为何现代广州话中“_儿”缀几乎了无踪影？如果没有关系，那么小称变调从何而来？现代广州话的“_儿”缀残存现象又该作何解释？要回答这些问题，首先要证实历史上广州话是否曾经存在过“_儿”缀。我们认为广州话在历史上是存在过“_儿”缀的，因为至少有下面几种情况为我们提供了某种程度的支持：①广州话内部有“乞儿 [hɐi^{55}ji^{55}]”“猫儿 [mau^{55}ji^{55}]”这样的词，这一点历史文献数据也可以佐证。早期来粤传教士马礼逊编撰的《广东省土话字汇》中就收录了“乞儿”“猫儿”这种“_儿”缀词（详见下文），它们如同“活化石”一般，无声地展示着广州话早期的“_儿”缀痕迹。②粤方言某些方言点至今仍保留有丰富的带“_儿”缀词，如广东信宜、化州、茂名、高州、德庆、郁南等地，还有广西玉林、容县、藤县、桂平、浦北、合浦、灵山等地。“_儿”缀至今尚且有如此之强的生命力，它在早期粤语中的地位与影响力就可想而知了，而具有这种地位与影响力的“_儿”缀按理说不可能不波及广州话。同时，我们还发现至今还保留“_儿”缀的这些地区大多为比较落后的边远山区，正是因为条件较为恶劣、与外界往来较为不便等因素，使得“_儿”缀这一最古老的小称形式能够完整地保存了下来，而相对较为开放发达的广州话地区，“_儿”缀则在诸多因素影响下退出了历史舞台。③小称变调是一种发展比较成熟和稳定的小称形式，它的出现当在较晚阶段，也就是说，小称变调不可能是小称的初始形式。这样一来，我们就要追问：广州话小称的初始形式是什么？广州话小称变调的前形式又是什么？如果不弄清楚这些问题，则广州话小称变调便成了无源之水、无本之木。当然，探究广州话小称变调的来龙去脉，揭示其演变的理据，并非一件轻而易举的事情。

在这里我们只能凭借自己的有限研究，从发音的机制、小称的演变规律等方面推测出广州话小称变调的初始形式可能是“_儿”缀，其前形式可能是某一鼻音型小称，而“小称变调”则是通过对“_儿”缀“高调”声调特征的还原，以借部分代整体的代偿形式来实现“小称”功能的（详见下文）。

（2）小江白话“_儿”缀的演变，可以为我们探究广州话有无“_儿”缀提供一些有益的参考。我们或许可以做出这样的推测：早期的广州话也有着极其丰富的“_儿”缀词，只是“_儿”缀在外来形式“_仔”缀的冲击下，逐渐被广州话抛弃，最终由“_仔”缀取而代之。但是在“_仔”取代“_儿”之前，广州话已经完成了“儿缀→鼻音后缀/鼻音韵尾→小称变调”的演变，而且这若干种小称形式的出现虽有时间的先后，但并非是出现后者即淘汰前者的情形，而是叠置并存的状态，因为不同形式的小称此时仍各司其职，满足着不同的交际需要。如果真的如此，那么在“_仔”取代“_儿”后，现代广州话小称的音变形式中为什么只剩下了小称变调？我们认为主要原因有二：一方面是在若干小称形式叠置并存一个时期以后，广州话小称变调形式逐渐发展成熟并趋于稳定，最后“吞并”了其他小称形式；另一方面，“儿缀”“鼻音后缀”“鼻音韵尾”这些形式，在操广州话者的听感上，总觉得满嘴“儿儿哼哼”，终归是“呕哑啁哳难为听”，故越来越多地使用小称变调而避用“儿缀”“鼻音后缀”“鼻音韵尾”这些形式。当“_仔”缀引入粤语后，这些形式便开始了“_仔”化的历程。

残存于现代广州话中的“乞儿”“猫儿”二词之所以没被“_仔”化，或者说之所以能够残留下来，其原因我们推测如下：“乞儿”“猫儿”原指“小乞丐”“小猫”，随着“_儿”缀的泛化，其“小称”义逐渐被磨损，最后竟消失殆尽，“乞儿”“猫儿”因之而泛化为与原义有上下位关系的上位词，即由指“小乞丐”“小猫”变为泛指“乞丐”和“猫”。泛化后的“乞儿”“猫儿”的“_儿”若代之以“_仔”，理论上虽可构成“乞仔”（小乞丐）“猫仔”（小猫）这两个“_仔”缀词，但表示属概念的下位词“乞仔”“猫仔”却无法承担表示种概念的上位词“乞儿”“猫儿”的指称任务。从这个意义上说，“乞儿”“猫儿”是不适合也不可以“_仔”缀化的，一旦“_仔”缀化，指称

“乞丐”和“猫”这两个意义的上位词便会出现空位，而这正是“乞儿”“猫儿”得以保留下来的主要原因。

二、“_仔”缀对粤语小称格局的影响

（一）“仔”作为名词，原指“孩子”“儿子”。《方言》卷十：“崽者子也，湘沅之会，凡言子者谓之崽”。粤语把“孩子”“儿子”叫做“仔”，实际上就是这个“崽”（詹伯慧等，2004：2）。可见广州话的“仔”是一个来自古楚语的外来词。“仔”同样经历了虚化的历程：由“孩子”“儿子”义→人之幼小者（细蚊仔、细佬仔）→动物之幼小者（鸡仔、猪仔）→一切事物之小者（树仔、刀仔）→抽象事物（歌仔、古仔）。经由虚化之后的“_仔”缀能产性强，适用范围广，已成为粤语大部分地区的最为常见的小称形式。总而言之，“－仔”缀型小称的引入和发展，打破了粤语原有的小称格局。

（二）“_仔”缀型小称不断扩张，“_儿”缀型小称日益萎缩。这种状况，至晚在两百年前就已经发生，这一点，我们可以从马礼逊1828年编撰的《广东省土话字汇》（*Vocabulary of the Canton Dialect*）这本词典中找到证明。该词典共收43个带“_仔”缀的词语，而带“_儿”缀的词仅有2例：

“_儿”：

乞儿　猫儿

“_仔”：

兔仔　雀仔　鸡仔　嫩仔　细蚊仔　姑娘仔　枳仔　男仔
债仔　耳仔　妹仔　鱼仔　细的仔　黄瓜仔　羊仔　刀仔
笨仔　蹬仔　孖仔　牛仔　坭公仔　托盘仔　风仔　哑仔

茶仔 碟仔 薯仔 船仔 萝卜仔 竹椅仔 事仔 娣仔
箱仔 猪仔 盲仔 公仔 财主仔 亚官仔 烂仔 兴家仔
弹唱仔 亚娘仔 打工仔

由此可以推测，“_儿”缀型小称可能在两百年以前就已经退出了广州地区，让位给“_仔”缀型小称了。

(三)“_仔”缀与“_儿”缀共时并存，交替使用。“_儿”“_仔”都由实词虚化而来。由“_儿”“_仔”构成的小称形式并不是同时出现的，它们分别出现在不同的演变阶段，大体是“_儿”在前、“_仔”在后。笔者在对粤语钦廉片的若干个方言点进行调查时发现了这样一种现象：各个方言点都存在“_儿”的形式，但并不是每一个方言点都存在“_仔”的形式。而且经济、文化越发达，“_仔”的使用频率越高。如北海市、钦州市这些较发达地区已经很少有人使用“_儿”了，表小称时一般都用“_仔”的形式。在小江白话中，目前虽然是“_儿”与“_仔”并存使用，但是，根据我们观察，在年轻人中，放弃“_儿”而改说“_仔”的人越来越多。这种现象出现的一个重要原因就是年轻人普遍认为“_儿”太“土气”，而“_仔”听起来“好听”，让人觉得“高雅”。这种弃“_儿”换“_仔”及“土”与“雅”的感觉，正好证明了我们的推测：“_儿”是最早的小称形式，因而让人觉得很“原汁原味”，同时也觉得“土里土气”；而“_仔”则是后起的新兴形式，因而让人有“新雅”之感。

广州话通行的地区是粤方言区经济、文化最为发达的地区，而且广州话又是粤方言的标准语，因而它的发展演变速度远比非标准语的其他粤方言快。此外，从某种意义上说，广州话又是一种避“土”趋“洋”的方言，大量地吸收外来词，并且不时地更替某些它认为是“土”的语言成分，便是一种具体的表现。所以，像“_儿”这种“土气”的小称形式，估计很早就被广州话“淘汰”，并代之以一种“新雅”的“_仔”形式

三、从分布看吴、粤语小称形式与“_儿”“_仔／子”的关系

（一）粤语小称形式的类型与分布

小称的基本功能或初始功能是“指小”，而小的东西容易惹人爱怜，故小称在“指小”的过程中，自然衍生出喜爱、亲昵等附加色彩，同时，也正因为小称有“指小”的功能，有时也会伴生出“往小里说”、“看小”、“不以为然”等戏谑、轻蔑的含义。我们把粤语中凡负载有“指小”功能的语言手段，均看作是小称形式。粤语的小称从构成形式看，大致可以分为以下几个类型。

1. 加缀型

有加“_儿”缀和加“_仔”缀两个小类。“_儿”缀主要分布在粤西和桂东南。如：广东信宜、化州、茂名、高州等；广西玉林、容县、藤县、桂平、浦北、合浦、灵山等；“_仔”缀主要分布在广东珠江三角洲等地区。

2. 音变型

通过变韵或变调的方式以达到称小的目的。具体而言，变韵有两种情况：（1）“_儿”变为自成音节的鼻音 -n/-ŋ，主要分布在化州、浦北、灵山等地；（2）“_儿”与前一词根融合，成为鼻韵尾，主要分布在信宜、高州、化州、容县等地。变调一般是从原调变为高平、高升调，主要分布于珠江三角洲地区。

3. 混合型

不同的小称方式叠加混合在一起，共同负载称小功能。主要有两小类：（1）变韵 + 变调，主要分布于粤西与桂东南；（2）儿缀 + 变调，主要分布于粤西、桂东南。

（二）吴、粤语小称分布的比较

吴、粤语小称的大体分布情况见下表。

观察下表，我们可以看到这样一些现象：（1）吴语小称的分布越往南就越丰富，越往北就越单一；粤语越往西，其小称形式越多样，以混合型为主，越

往中（珠江三角洲），则越单一，以小称变调为主；（2）小称形式丰富多样的地区，无论吴语还是粤语都是“_儿”缀分布区，而小称单一的地区，无论是吴语还是粤语，都是“_仔/子”缀分布区；（3）“_儿”缀分布区一般为山区，而“_仔/子”缀则主要分布在沿海地区。

粤语、吴语小称形式比较

分布		类型													
粤语	吴语	加缀型				音变型						混合型			
		儿缀		子/仔缀		变韵				变调		变韵+变调		儿缀+变调	
						鼻音后缀		鼻音韵尾							
		粤语	吴语	粤语	吴语	粤语	吴语	粤语	吴语	粤语	吴语	粤语	吴语	粤语	吴语
粤西（信宜、化州、茂名等）桂东南（玉林、容县、合浦、浦北等）	西南部（温州、云和、庆元等）	+	+			+	+	+	+	+	+	+	+	+	+
珠江三角洲（广州、顺德、东莞、中山等）	东北部（苏州、上海等）			+	+				残存	+					

（三）“_儿”、“_仔/子”与小称

“儿”缀的有无是江浙吴语内部分歧的一个重要标志（袁家骅，1989：96），粤语亦然。有“_儿”缀或无“_儿”缀，其小称格局是很不一样的。由于南部吴语和西部粤语都保留了“_儿”缀，所以它们的小称格局均呈现出丰富多样这一共同特点。

四、余论

小称是语言的一种表达手段，每一种语言或方言都会有一些独特的称小形式，而这些独特的形式，往往就是形成某一语言特色的要素。对这些独特的小称形式的研究，一方面需要我们予以特别的关注，另一方面更需要我们另辟蹊径，寻找到更多更新的切入点。譬如，在对小称变调的来源研究中，陈忠敏（2002：172）认为，吴、赣、粤语的小称变调均有一个共同的来源，这个共同来源就是喉塞音“ʔ”。朱晓农（2004：204）则认为不管是小称变调还是其他高调现象均来源于儿语，这是一种从“高调表小”的动物行为学理论出发，对汉语方言小称形式考察所得出的结论，让人颇有耳目一新的感觉。

汉语小称研究尚有不少悬而未决的问题，还有待大家做深入的探讨。

本文原载于《第十届国际粤方言研讨会论文集》，
中国社会科学出版社 2007 年版

“你说”类结构的综合分析

鲁文霞

鲁文霞，女，38岁，1995年进入北外工作，讲师，研究方向为对外汉语。

引言

“你说”结构是现代汉语日常口语的一个常用结构，由于出现的语境不同，具体又分为若干子结构。有些子结构是临时组合，“你说”的“说”具有实在意义，有些子结构则是固定搭配，“说”的语义逐渐虚化。还有一些子结构是含有“你说”的习用语，“你说”和其他成分固化为一个相对固定的结构，在特定语境下表达特定含义。

一、“你说”结构

（一）临时组合

“你说”可以拆分为“你”和“说”，分别充当主要句子成分，有实在意义。

“你”可以替换为其他人称。“说”可以表示不同的语义。

1.“说”意为“用话来表达意思”。例如：

（1）江建平总是回答一个“啊”，郭芳不说了，看着江建平。

江建平这才感觉到突然没声儿了，回过神来了：“你说，我听着呢。”（彭三源《半路夫妻》）

2.“说”意为“解释”。例如：

（2）管军也松了口气：“哎哟姑奶奶，见你一个笑模样儿也真难，一天到晚沉着个脸，跟石头似的，掉地上都砸一个坑！……该你说了，跑我办公室找我干嘛，不是为查岗吧？”（同上）

3.“说”意为“责备；批评”。例如：

（3）甲：是他不对，我已经说他了。

乙：你说他了？

4.“说”意为“意思上指”。例如：

（4）毛律师：“……你是小潘介绍来的，小潘是我们的一个大客户嘛。”

汤豆豆：“你说阿龙吗，他是你们的大客户？”（剧本《五星饭店》）

（二）固定搭配

“你说”必须连在一起使用，不可以拆分。“你说”不做句子的主要成分。去掉“你说”，句子的基本意思不变。例如：

(5)“……小伙子你有经验，你说……那样儿的衣裳得是男的送的还是女的送的？”江大妈着急地催道。

管军严肃地想了想：“男的！”（彭三源《半路夫妻》）

(6) 迈克斯：“……阿华是以为阿炳还活着，才说了这么一堆，我估计他现在已缓过劲儿来了，我们再也拿不出活的阿炳来了！”

查利：“所以这事有些麻烦。这样获得的口供，在他见了律师之后，随时都可能推翻，这事我见多了，迈克斯！”

迈克斯：“那你说我们连阿华都治不了了？”（剧本《无国界行动》）

(7) 管军打量着不大的店面，心里还是掩饰不住内心的喜悦：“我喜欢灯，喜欢电，喜欢一盏灯把一个屋子照亮的感觉……你说是不是还挺诗意的？”

胡小玲笑了，也真是难得的笑容，她真心替管军高兴：“好好干吧，没准儿你就是从这儿东山再起了。这儿就是你的那个零，从零开始。”（彭三源《半路夫妻》）

(8)（胡小玲）惊讶地望着江建平：“同居啊？”

江建平一愣：“同……别用这个词儿行不行啊？”

“一个女的，带着一个孩子，你跟她们住一块儿，一个铁门里头，你说用什么词啊？”

“她是房东……我是租她的房子……怎么叫同居啊？”（彭三源《半路夫妻》）

(9) 江大妈这回来了精神，拉住管军：“对了，小伙子，我这儿正没处找人商量呢，你帮我拿个主意……”

“您说……”

江大妈：“你说这建平和小玲吧，离了，也那么长时间了，我这怎么撮合，他们俩就跟开了焊的马勺似的，勺是勺，把儿是把儿，就是成不了一个锅……”（彭三源《半路夫妻》）

(10)“我早就说不让江建平那兔崽子上铁路上去，你看怎么着，跑野了吧？他也就是没翅膀，要有翅膀，他还上天呢！你说说他连离婚这招儿都想得出来，你说他怎么着也得征求征求我的意见呐！”江大妈紧紧地握着胡小玲的手，就像当初胡小玲刚进江家门那样。（彭三源《半路夫妻》）

（三）含有“你说”结构的习用语

看 / 瞧你说的

(11) 迈克斯拉开抽屉，一巴掌将那手镯扫进抽屉里，目光灼灼地看向杰米：“你能帮我一个忙吗，杰米？”

杰米：“看你说的，我们是搭档不是吗？”（剧本《无国界行动》）

你说 A 就 A

(12) “你可不许死。”胡小玲的眼泪终于忍不住流了下来。

“行，不死，你说不死就不死。”管军笑了，望着胡小玲，“你真漂亮！”（彭三源《半路夫妻》）

你说你

(13) 民警松了刘川，拿来饭，看着刘川一脸鼻涕眼泪，哆嗦着把饭食囫囵着往下咽，禁闭监区的民警放缓语气，说道：“你说你，早知现在何必当初啊！喝水吗？”（剧本《阳光像花一样绽放》）

你说呢

(14) 涛子不无自豪地说道：“跟你说，这辈子，我就没这么上心给一个女人挑过东西……”

“那……你为什么对我这么上心啊？”

涛子把真情隐藏到了笑容后面：“你说呢？”（彭三源《半路夫妻》）

二、固定搭配“你说”的语用分析

（一）固定搭配“你说”是语用标记

固定搭配“你说”，对所在话语的命题真假不产生影响。它的核心意义是程序性的，只是引领听话人进入语境假设的推理过程，从而为话语的理解提供方便。

此类“你说”符合语用标记语的特征：对话语的命题的真假不产生影响，在话语中的作用主要是语用的，在形式上，语用标记语可以是连词、短语或小句。因此从语用角度看，可以将其界定为语用标记语。

其中例（6）中的“你说”后接成分“我们连阿华都治不了了”是对前面查利的话语的推理。“你说”连接前后两个小句，点明了这种推理关系，符合语用标记语中的一类——话语标记语的特征，即：连接两个或两个以上小句，点明或是突出同一语篇中两个话语单元之间的语义关系。因此可以界定为话语标记语。

其他“你说”明示的仅是说话人的主观性，并不是说话人对话语单元之间语义关系的一种判断，因此只能界定为语用标记语而非话语标记语。

（二）固定搭配“你说”的主观性

主观性指的是语言有这样的特性：在话语中多多少少总是含有说话人自我的表现成分。也就是说，说话人在说出一段话的同时，也表明自己对这段话的立场、态度和感情，从而在话语中留下自我的印迹。

固定搭配“你说”作为语用标记语，在话语中的主要作用就是体现语言的主观性。这种主观性体现在说话人视角的转换上。“你说”已经逐渐失去了语句的实在信息意义，而只表示固化的意义，即具有告诉听众以下话语是从听话人角度来说，表明视角从说话人转换到了听话人，也因此表明了说话人对后续话语的重视。由于语境的不同，“你说”所体现的主观性强弱也不同。具体来说，从例（5）到例（10），主观性逐渐增强。这可以看做是语言的主观化的结果。

（三）固定搭配“你说”的主观化过程

主观化是指语言为表现主观性而采用相应的结构形式或经历相应的演变过程。

从认知角度看，言为心声，言语与人的思维活动紧密相连。“说”在发展过程中从表达具体的言说虚化为反映说话人的主观态度，这遵循了从具体到抽象的认知规律。言说是具体的，而主观态度作为心理活动是抽象的。这种主观化过程伴随着词语的语法化，在形式上表现为由“自由”变“粘着”，在语义上表现为由“实”变“虚”。例（5）和例（6）中的“说”还带有一些“言说”的影子，需要听话人“说”出自己的意见和观点。例（7）中的“说”虚化为“表达主观看法”，只是希望得到听话人的认同，而这种认同无须“说”出。例（8）中的“说”进一步虚化为“表达主观态度”，目的是向听话人明确态度，并不是让听话人回答问题。例（9）和（10）中的“说”最终语义虚化为零，完全失去了“言说”的意义。

（四）“你说”的使用模式分析

1. 你说 + 问句

“你说”可以与所有问句形式连用，这其中既包括普通疑问句也包括反问句和设问句。例如，例（5）后接选择疑问句，例（6）后接是非疑问句，例（7）后接正反疑问句，例（8）后接反问句。下面的例子是“你说”后接设问句。例如：

(15) 迈克斯：“我觉得我们DEA现任驻北京代表完全不能胜任，你说，他做了什么？完全是一件摆设。依着我个人在北京的经验，与中国人打交道，除了官方来往之外，最重要的是私人的友谊和人格的魅力，要能融入中国文化，与他们成为朋友。”（剧本《无国界行动》）

2. 你说 + 陈述句 / 感叹句

例（10）中的两个“你说”分别后接陈述句和感叹句。

3. 你说 + 名词性短语

例如例（9），再例如下面的例子：

(16)“你怎么会这么想啊？”

“我不这么想，怎么想啊？”说着说着她倒先委屈，眼圈先红了。

江建平叹气了：“哎哟喂，你又哭了！你说说这事儿，它跟你可是一点儿关系没有啊！”（彭三源《半路夫妻》）

（五）“你说 + 问句”的分析

1. 会话行为分析

会话行为这个概念源于语用学上定义的言语行为（speech act），指说话人在对话中传达出来的意图。“你说 + 问句”的会话行为主要有三类：挖掘信息、组织对话、表达态度。三大类会话行为之间的关系是平行的，也就是说，一个问句可以同时实现三个会话行为。但在特定语境中，“你说 + 问句”所表达的会话行为有主次之分。以下分析各例句的主要会话行为。

例（5）、例（6）和例（7）的会话行为主要是挖掘信息。

其中，例（5）是征求意见。江大妈搞不清楚前儿媳的衣裳是什么人送的，想询问一下管军的意见。例（6）是要求确认。迈克斯从查利的话中推导出一个结论，并要求查利对这个结论是否成立作出确认。例（7）是引导一致。管军不是征求胡小玲的意见或者让她表态，而是希望她同意自己的看法。“你说”引导的问句带有断言的倾向，管军用这个问句引导胡小玲作出肯定的回答。

例（8）的会话行为主要是表达态度——反驳。江建平做了一个年轻单身母亲的房客，和她住在一个屋檐下，前妻胡小玲对此有看法，通过反驳表达了自己的不满。

2. 应答分析

由于会话行为不同，对于应答的要求也不同。

当“你说+问句”的会话行为是征求意见或要求确认时，要求听话人作出回答，例如例（5）和例（6）。

当会话行为是引导一致时，听话人可以应答可以不应答。如例（7）听话人没有作出应答。而在下面的例子中，听话人作出了应答。

（17）江大妈拿着劲儿：“……反正啊，不做亏心事不怕鬼叫门，你悠着点儿，小伙子这么年轻，干什么不好，浪子回头金不换，你说对不对啊？”

管军满不在乎地往沙发上一躺：“对！大妈您说得太对了。”（彭三源《半路夫妻》）

当会话行为是表达反驳的态度时，不需要听话人回答，例如下面的例子。

（18）“妈瞧您说这话！人家起火，把我的饭做出来了，我起火，不做人家的不合适吧？”

“是不合适，忒不合适了。可是啊，这一搭伙做饭，就有一半儿算一家子人了。”

江建平不爱听了：“您怎么这么说啊！”

“怎么说啊，一个房檐底下住着，除了睡就是吃！你说怎么说啊！”江大妈哪句话扔地上都响，说完生气地走了。（彭三源《半路夫妻》）

但有时听话人会作出应答，这是出于辩解等目的，例如例（8）。

三、“你说”类习用语的语用分析

习用语“是在口语交际中，经约定俗成而形成的短语或句子，其特点是：以基本固定的词语和结构形式，表达一定语言环境中的特定的语用含义”。

在含有“你说”的习用语中，“你说”已经失去了实在意义，与其他成分一起构成一个固定形式，在特定语境下表达一个相对固定的会话含意。以下分析各习用语的会话含意、会话行为及制约该习用语出现的语境因素。

1. 看/瞧你说的

其会话含义是说话人认为对方说的话不恰当。会话行为是表达态度：一是表示客气，例如例（11）；二是表示反驳，例如：

（19）在DEA纽约分部，联邦检察官查利难以置信地读着阿华的审讯笔录，抬起头来：“迈克斯，你没有对嫌犯用刑吧？”

迈克斯：“瞧你说的，幸好，我们有闭路录像，您可以随时去机房调看！”（剧本《无国界行动》）

使用对象为朋友或熟人。使用场合分为两种，一是在对方称赞、感谢和道歉时，二是在对对方的言论有异议时。

2. 你说A就A

其会话含意是说话人表示同意按照对方的要求或建议去做。会话行为是表达态度：一是表示无所谓，例如例（12）；二是表示不情愿，例如：

（20）胡小玲没办法：“妈，您只能还搬回楼里，跟我住。这两间房子，阳阳得占一间。江建平……不是得隔两三天才回来吗？回来了，就跟管军一间屋，再支个单人床吧……一时半会儿我也找不着房，只能先这么凑合了。”

江大妈满心的不乐意，可嘴上没这么说：“我能说什么呀，你说凑合就凑合呗。”（彭三源《半路夫妻》）

使用对象为朋友或熟人。使用场合有两个，一是说话人完全听从对方的安排时，二是对对方的安排有看法时。

3. 你说你

会话含意是认为对方的行为不恰当。会话行为是表达态度，即责备。使用对象为朋友或熟人，一般不用于长辈。使用场合有两个：一是某事听话人可以做到而没有做到时，例如例（13）；二是听话人做了不必要或不应该做的事。例如：

（21）孙鹏："你说你，你要是早点把你女朋友，啊，早点办了，早点结婚，你早就是一级宽管了，不就早就能进团聚楼了。"（剧本《阳光像花一样绽放》）

4. 你说呢

会话含意是表示想听听对方的意见。会话行为有三个：一是表示反驳，例如例（14）；二是征求意见，例如：

（22）杜维民皱眉示意：别过火。阿华在那边笑了："我就喜欢听你这话。那就这样吧，你说呢？"

杜维民点点头。汪天晓："行，就这么说。"（剧本《无国界行动》）

三是引导一致，例如：

（23）"你让我报什么警？我又不是三岁小孩儿，那么大人了，自个儿摔的跟头不知道自己往起爬难道还得用警察来搁一把吗？你说呢，警察大姐？！"（彭三源《半路夫妻》）

使用对象的范围比较宽泛，既可以是熟人也可以是陌生人，既可以是长辈也可以是晚辈，既可以是上级也可以是下级。使用场合有三个：一是认为事情是显而易见时，二是跟对方商量时，三是希望对方同意自己的说法时。

四、结语

“你说”的三类子结构从形式上看是一个逐渐固化的过程，从形式和含义的联系上看也是一个逐渐固化的过程。语境在其中起到了非常重要的作用。“你说”从临时组合到固定搭配再到习用语，“是在语言环境的媒介、催化作用下形成的”。（常玉钟，1993）

临时组合中的“你”和“说”是两个独立成分，可以充当句子的主要成分，语法结构和语义相对清晰、稳定。这类结构在对外汉语教学中是学生最容易掌握的部分。

固定搭配“你说”和含有“你说”的习用语具有丰富的语用含义。这类结构是对外汉语教学的难点之一。但要想提高汉语交际能力，这类结构又是必须要掌握的。在教学中适当强调语境，将有助于学生正确理解和得体使用这类结构。

本文原载于《汉语口语常用句式语用研究》，北京出版社 2010 年版

语境与应用文写作

齐白桦

齐白桦，女，1957年出生，河北定县人，蒙族，副教授。研究方向为对外汉语教学与文体写作。著有《两岸四地公文用语比较研究》、《试论公文写作的两个层次》、《本科留学生写作教学刍议》、《汉语口语与书面语语体的特点及教学》(合编)、《中文公文写作训练》等。

一、语境与应用文的语体

(一) 应用文特有的语言环境的类型及与语言环境类型相适应的语言手段和表达方式决定了应用文的语体特征。语体和文体不同，语体是将言语交际按照不同的语境类型进行分类，从言语功能风格方面得出的言语特点的体系，是语言在相应的交际类型中，适应语境的表达要求，语篇中语言运用的结果。按照王德春、陈瑞端在著作《语体学》中的理论，书面语分为艺术语体与实用语体，而实用语体又分化为政论语体、科学语体、事务语体和报道语体。我们通常所说的公文常用语，如：鉴于、此布、为荷、遵照执行等就是语言体系中分化出的适应于事务语体的语言手段。

应用文的语体包括社会语境和文本语境，是所涉及的内容、交流者之间的关系和交流方式在特定时间和空间中综合条件的总和。随着时代的变化，应用文的类型、内容也发生变化，功能不断扩展。我们提出在写作教学中重视对语体的教学，目的在于使学生能够根据实际的需要准确地选择词语及表达方式，从而更好地发挥应用文的各种功能。

（二）一般说来，在公务活动的语境类型中，应用文具有指挥调节、联系沟通、洽谈磋商、记录总结等方面的功能。我们注意到，日常应用文的功能在扩大，因此语体特征更加多样。现在各省市都在实现电子政务，其中每天发布大量政务信息，从中可以看到这一点。下面是一则北京政府办公厅政务信息(2003年6月30日)：

通州区对今年毕业生就业工作制定5项新措施

一是对农村集体和民营企业急需的毕业生放宽进京标准等条件；二是要求企业与接收的毕业生签订劳动合同，保障其合法权益；三是对卫生系统需要的毕业生破格批准进京；四是新就业的毕业生需到乡镇和农村进行一年锻炼；五是在北京东部人才网开办通州首届网上人才交流洽谈会，目前参会单位达50余家，提供232个就业岗位。

从这条信息可以看出，标题和新闻标题一样，如果只看标题我们就会以为这是新闻。语用特点、表达方式也很像新闻体，可是并没有消息来源等新闻要素，可以说，政务信息是具有报道体的政府文件，它使应用文传播信息的功能大大加强。

随着管理体制和观念及方式的变化，行政日常应用文中还出现了企划书、竞聘书、述职报告等新文种，发挥着分析评论事实和宣传业绩的政论语体的功能。一些原有的文种功能也在变化。如：调查类文章、领导讲话、工作报告、简报具有更多的客观描述、概括事实、解释概念、逻辑推理等科学语体所特有的功能。随着科学的发展，社会生活中有关科技的成分越来越多，人们更注重科学。行政公文和日常应用文中，常常为了适应人们对科学的依赖而需要更多地提出科学依据，阐释客观规律或进行推理论证，使公文发挥科技语体的功能。

这在有关防治非典的文件中集中体现出来。例如，病毒、感染、隔离、消毒等医学词汇以及对使用药物、治疗手段的严谨说明和严密的阐述。

(三)语言运用是语体形成的根本条件。人们在语言交际时，主动顺应语境，选择与语境类型相符的语言表达手段。应用文语言在长期使用过程中形成特点，产生了一批在某种程度上程式化的常用词，构成了一套较固定、封闭的词汇系统和句式结构，进而形成了具有模式化的语体特点。语体虽然相对稳定，但是随着语境的变化，包括语用者自身素质的改变，语体内部会发生个别的、局部的变异与调整。这表现在用语发生变化。

例如：用字母语言是科学语体的主要特征之一，如：化学符号 H_2O，语言学符号 NP 等。有的应用文教科书明确提出，如果有相应的汉语词就不选用外来词，并说明这是行政公文语言的特点之一。但是，字母符号往往具有国际通用性。目前，GNP（国民生产总值）、GDP（国内生产总值）、IT（信息产业）、AI（人工智能）、GB（国家标准）；WTO、A 股、B 股、DVD 等词汇已经广泛用于官方文件中。我们可以预见，现行公文特别是日常应用文中，字母词汇一定会越来越多并且更加频繁地出现。现在，国内大力推动依法执政的力度，因此，我们还可以预见，随着法律制度日臻完善，特别是在实施依法办事的过程中，行政公文和日常应用文中的法律用语也会越来越多。

综上所述，应用文的交际功能出现了多样化的趋势，应用文语言的语体特征更加清楚地显示出兼容科学、政论、报道语体的色彩，而且有着各种语体并用的包容性特点的发展趋势。另一方面，长期形成的固定的常用语渐渐趋于简约。因此，从语体方面进行应用文教学，不仅要讲授事务语体的特点，也要讲授其他语体的特点，使学生既有适应语境类型，恰当选择语言手段的能力，也有在具体的言语交际中，恰当地混合使用相应语体的能力。

二、社会语境与应用文语言的使用

（一）社会语境指话语的情景因素，包括时间、地点、对象、背景等。语言运用都是在一定的情境下的，脱离了具体情境的言语是不存在的。这就是说，应用文的语境是和具体的情景联系在一起的。情景语境在应用文的写作中非常重要，因为任何应用文的写作都是具体的，不是抽象的，不是说教给学生文本就够了，必须要考虑到应用文所涉及的情境语境，根据特定的语境来选择合适的表达方式和语言。应用文的语言是由具有语体特征的词语和大量通用词语共同建构的。如果说，一批具有应用文语体特征的词语是应用文的标志，那么，构成应用文的基本材料是大量通用词语。具有语体特征用语是相对封闭的、稳定的，语域有限，它是在语境类型中对语言表达方式选择运用的结果。而大量的通用词汇则是开放的，十分活跃，是构成应用文最基本最重要的部分。由于社会活动和生活的丰富多彩，千变万化，所以语言选择的范围也非常大。不同的时间、地点、场合、对象都对应用文语言使用有影响，写作时，对此也需要有足够的认识。

（二）应用文的时间语境指所在的时间，包括所处的不同时代以及具体活动的时间，我们以往教学中强调的“文章内的时间词语必须准确”的时间属于后者。应用文语言有着明显的时代色彩，特别是每次时代的大变革，都引起应用文语言发生很大变化。例如 20 世纪 70 年代末中国实行改革开放，从计划经济中走出来，行政公文中常使用一批反映当时新事物的词语，如吃大锅饭、打破铁饭碗、企事业富余人员、个体户、万元户、暴发户、大哥大、家庭副业、商品经济、待业、倒买倒卖等。到 90 年代，到 21 世纪初，经济全球化，市场一体化，有些词语所指的事物已经发生变化，这些词语成为了历史词。如个体户、万元户、商品经济、“冤、假、错”案、倒买倒卖。也有些词语所指事物虽没有变化，却被一些新词代替，如：用“公务员”代替“干部”，用“下岗人员”代替“企事业富余人员”，用“农贸市场”代替“自由市场”，用“更新观念”代替“转弯子”。还有些词语虽然形式没变，但语义发生变化，如：“关系户”，当时指相互利用，进行无原则交易的联系单位或个人，现在泛指有业务联系的单位，从贬义词变为中性词。随着时代的发展，新词语也不断出现，新词语的新的使用方式也不断出现。在应用文的写作中需要关注这些变化，以保证语言的准确性。

（三）地点、场合在应用文写作中常表现在交际双方所在的地域和活动的场所。应用文的一些词语会因交际双方所在的地域不同而不同。最明显的就是内地与港、澳、台或其他华语社区使用的词语往往不同。例如："信息"与"资讯"、"工资"与"薪水"、"停车"与"泊车"、"结账"与"买单"、"投诉"与"举报"、"表演"与"作秀"、"某某伉俪"与"某某和夫人"等，都是使用不同的词语表示同一事物。这些词语不影响交际，选用什么没有统一规范，也没有必要规范。因为语言是文化的载体，市场一体化不影响文化的多元化，所以在不影响交际的情况下，各地写作时保留自己的语言特点，会使应用文语言更丰富。

（四）在教学中，要让学生知道，由于中国地域广大，各地在社会长期发展中形成了各自的文化特点。与应用文有密切关系的有行为文化，即风俗习惯；有制度文化，如法律、政策、准则等；有心态文化，如价值观、思维方式等。有些词语包含着该地区、社会的政治倾向、文化背景、风俗习惯等。这些文化因素制约规范着语言的使用。例如：称谓词"同志"在内地公文中还常使用，但不适合用于港、澳、台。再如，香港、澳门常用"市民"一词，虽然《现代汉语词典》对"市民"一词的解释是"城市居民"，可内地通常用"城市居民"，很少简缩为"市民"，这是因为在内地人的观念中，市民有贬义色彩。小市民的思想曾是被改造和批判的对象。"老板"在内地只称呼公司的领导，而不称呼政府部门中的领导。"下岗"与"失业"现在也不能互换。再如：运用"在……领导下"，"坚决贯彻、落实……"这样的表达方式是为了适应国内体制运转的需要，并不适合用于港、澳公文。

（五）在应用文中，交际对象对使用语言的制约作用很强。面对发文对象，选用什么样的语言，需要根据受文者的年龄、地位、身份、职业等因素决定。在公函、报告中，指人的名词和称谓词语，包括人称代词使用的频率很高。如：你、您、你们、诸位、各位、阁下、台端、我、本人、鄙人等，在文本中用来区分角色和角色关系。再如，在表示敬谦、感谢、客气礼貌的词语中，文言词语的比例较高，而港澳台使用文言词语的频率又明显高于内地。写作中为表达这种功能，就有一个选用文言词语还是现代汉语词语的问题。

在教学中，我们要让学生懂得，在写作时，首先要考虑，选择什么样的语言和表达方式才适合交际对象，以达到最佳的效果。有时，如果不考虑不同的受文对象，同一句话、同一个词语也会产生不同、甚至相反的效果。例如："此致敬礼"这样一句公文常用语，语气庄重、正式，如果写给上级部门、主管部门或领导、师长，就表示尊敬，反之对下级部门或下属、晚辈就显得不自然。

三、文本语境与应用文语言运用

（一）应用文的文本语境包括媒介方式、语篇等。语言运用和表达都是在文本语境中完成的。

互联网络的全球化和市场化，推动了全球电子政务、电子商务的快速发展，带来了行政管理和商品流通领域的巨大变革，通过电子政务、商务中的各种公文可以看出，网络使应用文写作发生了变化。由于网络追求便捷，要求速度和效率，从文本格式、表达方式上说，既呈现出模式化也趋向简约化。从语言运用上来说，不如传统应用文讲究庄重、典雅的风格，更趋向浅显简明。请看下面北京市政府网"首都之窗"上"北京政务"一栏中"政府回音"中的"回复"：

市旅游局关于导游证考试书目的回复（北京市旅游局网站2003年7月7日）

提问内容：请问导游证的考取都需要哪些书目？

回复内容：导游资格考试用书为北京市旅游局编写的《北京导游基础知识》《全国导游基础知识》《导游业务》《政策法规》《汉语言文学》。现在新版图书还没有上市，请随时留意各大书店情况。

北京市旅游局

以上是"回复"的全部内容。"回复"是公函的一种。按照公文写作的要求，公函格式完整，按其程式，至少有对受文者的称呼，有开头用语，如“信悉”，有结尾敬词，如“专此”、“谨此”，还应有祝颂语，如“教安”、“时祺”等常用语。但这一“回复”省略了所有的常用语。在各省市政府的电子政务网上，类似的公文都能看到。

之所以有这样大的变化，是由于媒介方式发生变化。网络带来了交际手段的革新从而引起交际环境、交际观念的改变，并由此带动了语言表达手段的变化。电子政务对公文用语的影响是巨大的。这份公函所有常用语的省略，是由于网络这种传媒方式，使受文对象由传统传媒单向的、固定的而变为面向大众的、不确定的。“回复”发出去以后，其发出者不知道读“回复”的是什么人。这就使发文者不必顾及交际对象的身份、年龄、职业等情况，不用考虑所谓的得体。这说明，同样文体的应用文，由于语境改变，最能表现语体特征的常用语也会改变，这也是正常的语言变体现象。

（二）应用文是由语篇组成的，没有语篇就没有应用文。语篇具有形式和意义两方面，语言形式和意义两方面的相互作用，才能实现完整的动态的交流过程，离开任何一个方面都是不能实现交际过程的。如何把二者有机地结合起来，从而实现交际的功能，就要根据语境来决定。

要让学生学会根据语境来形成语篇。仅仅知道语境是不够的，还要懂得语篇。语篇是应用文要达到和实现完整的交际功能的重要部分，是由两个或两个以上的句子共同表达一个意义的语言单位。各个句子之间不仅有意义关系，还有语法关系，选择什么语法句式，要根据意义的需要。另外，对应用文写作和理解来说，语篇对用词和理解词义都有重要作用。应如何理解它的确切含义，只能依赖语篇环境。

四、结语

语境变化使应用文也相应变化，这正是应用文不断发展和有活力的原因所在。因此，让学生既要重视并掌握文体要求和特点，也不要将某一时期和某一类型的文体特点、要求看成是适应一切环境和条件的模式。重要的是应当根据不同的条件要有所发展和变化。在这个过程中，写作者也有很大的自主性、能动性和选择性。要把哪些是基本的、相对不变、需要保持的，而哪些是可以变化的或必须要变化的，或需要进行调整的能区别开来。这样，应用文写作时就能得心应手，游刃有余。

本文原载于《应用文的语言·语境·语用》，
香港教育图书公司2006年版

流行语发布的几个基本问题

陈　慧

陈慧，女，1980年出生，2008年进入北京外国语大学中文学院，讲师。研究方向为语言信息处理、社会语言学、电化对外汉语教学。发表中英文论文20余篇，参编学术著作3部，主持国家语委“十一五”重点项目子课题两项，主持国家汉办基地重大规划课题1项，参与国家863课题、国家语委“十一五”课题6项。

如今国内外的流行语发布相当的“流行”。日本自由国民社《现代用语基础知识》编辑部从1984年开始发布日本新语流行语，美国方言协会从1990年开始评选美国年度流行语。我国各种流行语评选发布活动也风起云涌，围绕流行语的研究也成为语言学界、社会学界、传媒学界的重要课题。但是对于流行语发布，还有不少基本问题需要探讨，本文试图对流行语的界定、流行语发布的主体、技术路线和流行语语体类型的关系，流行语发布的科学性问题进行分析，抛砖引玉，供各位方家批评指正。

一、流行语的界定

要发布流行语，就要明确流行语是什么以及什么是流行语，即明确流行语的内涵和外延。

先看权威词典和专家学者对“流行语”的部分界定：

《美国英语遗产词典》：使用广泛且较为通俗的短语，特别是用于群体或运动的口号。

《牛津英语大词典》：时兴流行、反复使用，特别和政治或其他组织有关的词语，如“multi-polar”（多极的）、“Xgeneration”（未知的一代）。

《现代汉语词典》2005 年第五版：某一时期社会上广泛流行的语汇。

英语词典学家 E. 帕特利奇：流行语是一种时兴流行、公众喜闻乐见的词语，如“mini-skirt”（迷你裙）、“hotline”（热线）。

张普：流行语就是在某一时期，某一地域或者某一人群中迅速盛行，广为传播的语汇。[1]

丁加勇：流行语是一定时期内被人们特别是青少年人群普遍喜爱并赋予新的意义的词语。[2]

杨建国：流行语是指在某一时点产生，并在一定范围内得以迅速传播并持续一段时间的词语（或者叫“有意义的字串”）。[3]

可见，对于流行语的内涵，大家的意见基本类似，我们不妨总结流行语的内涵为“在某一范围内迅速盛行，广为传播”。“某一范围”即是在时间维度上的某一时期，在空间维度上的某一地域、某一领域、某一人群等。从各种流行语发布时的名称看，各种流行语大体可以按照范围这样分类：

按流行的时期分：Y2K 流行语（2000 年流行语）、2006 年 3 月中国流行语……

按流行的地域分：中国流行语、北京流行语……

按流行的领域分：98 零售业流行语、2006 体坛流行语……

按流行的人群分：PDA 一族流行语、大学生流行语……

---

[1] 张普：《关于语感与流通度的思考》，《语言教学与研究》1999 年第 2 期。

[2] 丁加勇：《论流行语语义的不确定性及其发展前景》，《华中科技大学学报》（社会科学版）2004 年第 4 期。

[3] 杨建国：《流行语的语言学研究及科学认定》，《语言教学与研究》2004 年第 6 期。

按流行的主题分：生活流行语、星座流行语……

按流行语的特征分：怪怪流行语、十大“变味”流行语……

从这些流行语名称看，流行语及其发布一定有其范围的局限。

对于外延，大家的界定不尽一致，但大体集中在语汇这一层级的语言单位上。语汇包括词和短语。

再来看几例正式发布的流行语：

我可照顾不过来呀。（1965 年日本流行语，某啤酒广告台词）

Ground Zero、W、让我们开始行动吧！（美国 2001 年十大流行语）

做人要厚道。（2004 年中国十大网络流行语，某电影台词）

同一个世界同一个梦想（2005 年中国主流报纸十大流行语，北京 2008 年奥运会口号）

这些流行语发布结果包括词、短语和句子。实际上，不仅有流行的词、短语、句子，流行语还应该包括句群。如：

> 曾经有一份真挚的爱情在我面前，我没有珍惜，等到失去的时候才后悔莫及，人世间最痛苦的事莫过于此。如果再给我一次机会，我会对那个女孩说三个字：我爱你！如果非要在这份爱上加一个期限，我希望是：一万年。

这个共三句话 87 字的句群随着电影热播而广泛流行，成为大家耳熟能详的流行语。

我们再来看几个例子：

> 将……进行到底
>
> 今天你 N 了吗？

这些本都是普通句式，由于结构槽中填充了超常搭配的词语，普通句子陌生化，人们纷纷仿拟，又经由媒体的推波助澜，广泛流行，以致成为了一个流行的句式。如“将……进行到底”中的宾语不再受“进行”的约束：将美丽进行到底、将绿色进行到底等等。这些本不那么需要严肃“进行”的事情也可以如此“进行”了。“今天你……了吗？”中的槽一般为一个表动作行为的词，如今流行的是在里面填上一个反常的名词：今天你亿唐了吗？今天你瑜伽了吗？除了这些短小的句子格式人们纷纷仿拟外，一些复杂的句群也有许多的“依葫芦画瓢”者。如以上两个句群。从GOOGLE搜索统计至少有288万项“曾经有一份……”的文本，句式相似，内容则千差万别，如：

曾经有一份权利摆在我的面前，我却没有珍惜，现在我追悔莫及，如果上天再给我重来一次的机会，我想说，我有权……

曾经有一份绝好的机会我没有珍惜，等到失去时才后悔莫及。如果再给我一次机会，我会对那个票贩子说三个字：我要票！

从以上实例可见，人们对流行语的界定和流行语实际情况并不吻合。以上辞典或专家给出的流行语的外延（短语、口号、词语、语汇等）都局限在语汇的范畴内。而实际上仅从官方发布的流行语结果或者学者研究的对象看，流行语既包括语汇，也包括超语汇的表达单位——句子、句群，不仅包括言语表达单位，还包括语言结构——句式、句群结构。我们认为这就是流行语的外延。

综合前人的研究成果和我们对流行语外延的界定，我们认为流行语是在某一范围内迅速盛行、广泛传播的言语表达单位和语言结构，包括词、短语、句子、句群、短语结构、句式、句群结构等等。例如：“2000年中国青年流行语”，就是在2000年这一时期，在中国这一地域范围内，在青年这一人群中迅速传播，广为盛行的言语表达单位。

二、流行语发布主体、技术路线和流行语语体类型的关系

（一）流行语发布主体

流行语的出炉基本上来自如下三类主体：

1. 学者或学术机构

前者如周晓虹（1993 年十大流行语调查）、郑欣（1998 年十大流行语调查），后者如美国方言协会（美国年度流行语）、中国国家语言资源监测与研究中心（中国主流报纸十大流行语）。

2. 文化产业机构

指以文化为产业核心的出版、调查、传媒等文化产业机构。如美国辞典出版商韦氏公司（十大在线查询热门字眼）、北京零点公司（1999 年中学生最喜欢的口头禅）、文新集团（每月中国流行语）、搜狐网（2002 年“十大流行语”）。

3. 普通语言使用者

如某网民在其博客上发布“2006 年网络流行语”，如：相当的；饿滴神啊；一树 / 梨花 / 压海棠；你不是一个人。一经发表，从网络世界到现实世界，引起了强烈的反响，得到广泛的认可。

学者或学术机构拥有较为严谨的科学理念和技术手段，是流行语发布的权威主体。文化产业机构拥有的大量受众、财力和语言资料，是流行语发布的主要主体。普通语言使用者创造和关注语言生活，是流行语发布的“草根”主体。

（二）流行语发布的主流技术路线

1. 数据统计

美国韦氏公司通过对其网络词典上词汇解释查询的点击率统计发布美国流行语。如 2005 年 12 月公布的当年十大在线查询热门字眼，其中“integrity（正直、清廉）”一词荣登榜首。

国家语言资源监测与研究中心平面媒体分中心依据流通度选取每年流通度最高的15份中国主流报纸，建立动态流通语料库，在此基础上发布“中国主流报纸十大流行语”。数据处理中采用字段全切分方法，即所有统计语料都将作多次切分，切分字段从一字段到九字段等，以保证流行语特别是新词语绝无遗漏。其流行语经过了流通度阈值、流行曲线模型的两次筛选。如，下图是2006年流行语之一“庞加莱猜想”的流行走势图：

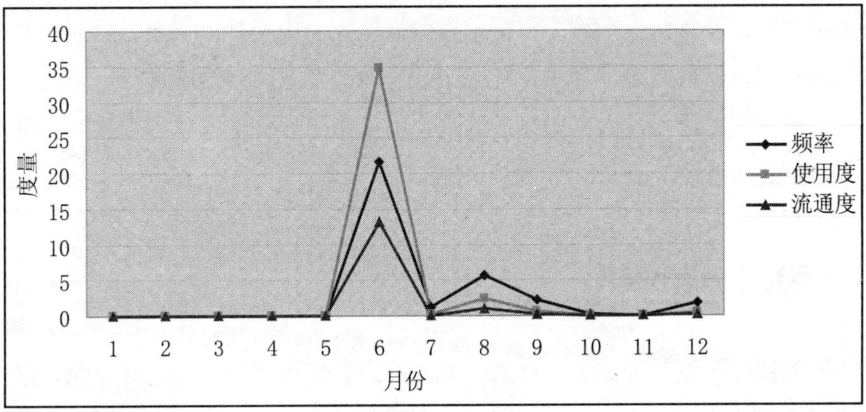

2. **社会调查**

1993年《大学生》杂志在中国首次举办“大学生评选大众十大流行语”活动，样本数1104。目前的流行语发布突破了旧媒体形式的局限，网络调查已成主要趋势。如，中国青年研究杂志社、北京青年报社通过YNET网站开展“2001年中国青年十大流行语”评选活动，由2001名35岁以下的青年上网投票，在30多个候选词语中评出最终结果。

3. **个人语感总结**

个人语感总结是指语言使用者仅根据自己的语感总结流行语。如某网民在其博客上发布的“2006年网络流行语”。这种方式发布的流行语只能代表个人语感或小众语感，而无法代替公众语感。但一经传播，往往有着广泛的公众影响力，是一笔有价值的语言资源。

流行语的评选发布反映的是大众对当下语言生活的语感。无论走的何种技术路线，目的都是尽量反映大众语感，其结果都是对实际大众语感的“最大似然估计”。数据统计的方式直接为流行语量化，模拟大众语感。社会调查和个人语感总结都基于语感。社会调查是对公众语感的抽样近似，其样本就是调查对象的个人语感的总结。语感总结则直接表现了个体或小众的语感。

有些流行语发布综合了多种技术路线。如，《新民周刊》依据《文汇报》、《新民晚报》全部语料，并参考《人民日报》等重要报纸语料，先统计得到年度高频词语，在此基础上加入了语感总结，从而得到了新中国55年流行语。中国主流报纸十大流行语发布程序包括前期数据统计、中期社会调查、后期专家通过语感甄选。以数据统计为主，社会调查为辅，专家结合语感进行后期人工干预，三种技术路线相结合完成每次的流行语发布工作，这样就尽量弥补了每种技术路线的局限性，使发布结果尽可能客观、可靠。

（三）流行语的语体类型

语体特征一般分为三类：口语、书面语、普通语体等。与之对应的，流行语按照语体特征可分为口头流行语、书面语流行语和普通流行语等类型。有学者将网络语言作为一种新的语体，这样，流行语也有第四种：网络流行语。

某些流行语只是对热门事件、热门话题、热门事物的客观指称，如十六大、世界杯、短信、非典（SARS）等，没有明显的语体特征，可以谓之普通流行语。普通流行语是跨语体的，不仅是报纸流行语发布的结果，也是网络流行语发布的结果。

口语流行语来自口语，带有生动、灵活的口语特点。美国2001年十大流行语之一“让我们开始行动吧”是一个政治口号，是典型的口头流行语。因2007年中央电视台春节联欢晚会上的小品台词而流行的句子“你太有才了”，其表面的赞美与实际的讽刺意味结合，一经脱口，立刻成为最新的流行语，被纷纷抢注域名和商标。也是一个典型的口语流行语。

书面流行语主要是在书面载体上流行的，往往带有书面语体庄重、简明、严谨的特点。如2005年春夏季中国主流报纸十大流行语：下一代互联网

CERNET2、曙光4000A、经济自由度指数等等。

无论口语流行语还是书面流行语都需要传媒的推动，才能广泛流传和盛行。传统媒体功不可没，但网络则给流行语的流行更强大快捷的推动力。同时，网络的出现也催生了更为活泼多样的网络流行语。我们从前人网络流行语研究论文中借鉴几例如下：

顶。(将帖子顶上论坛醒目位置)

楼主。(论坛某帖子的话题发起人)

偶稀饭……（我喜欢……)

饿滴神阿。(我的神啊！)

(四)发布主体、技术路线和流行语语体类型的关系

目前口头流行语一般由文化产业机构通过问卷调查或个人通过个人语感经验总结的方式发布。因为目前缺乏口语语料可供统计，在书面语语料中的口头流行语流通度又往往难以达到应有的阈值。如李红兵等2004年10月进行的“高校流行语调查”中，“哇噻”高居榜首。作为一个表示惊讶的语气词，在当年的报纸语料中这一词的频率几近于零。而且受当前语言信息处理技术的限制，目前的数据统计方法还不足以提取口头流行语。因此口语流行语往往只能以调查者的语感为根据。当然，今后随着口语语料库建设的完善，分词系统的逐步更新，对口语流行词、短语甚至句群的统计都是可以逐渐实现的。

和口头流行语相反，目前书面流行语往往通过数据统计发布。因为书面流行语主要是在书面载体上流行的。在问卷调查或个人语感经验总结中往往观察不到。而数据统计正是适合书面语料的研究方法。中国主流报纸十大流行语来自中国主流报纸，其书面语色彩鲜明。如：下一代互联网CERNET2、曙光4000A、经济自由度指数等等。

网络本身提供了口头和书面难以提供的存储、搜索、链接和下载等便捷条件，所以网络流行语的发布途径也多样化，虽然目前网络流行语主要以社

会调查和个人语感总结为主，但通过数据统计的方式完全可行。既可以通过数据统计，也可以通过社会调查和语感总结发布。国家语言监测与研究中心网络媒体分中心正在监测和研究博客、BBS和新闻网页语料，定期发布网络字词语监测报告，其技术路线就是数据统计。不久的将来就会开展流行语的发布工作。

总的来看，流行语类型与发布主体、技术路线有着对应关系：

发布主体	流行语语体类型	主要技术路径
文化产业机构	口头流行语	社会调查
学者学术机构	书面流行语	数据统计
普通语言使用者	网络流行语	个人语感总结为主，数据统计为辅
非普通语言使用者	普通流行语	数据统计为主、社会调查为辅

这种对应关系进一步证明语言载体对其语言表达的制约是流行语本身的特征属性。这也印证了我们对流行语的界定：在“一定范围内”迅速盛行、广泛传播的言语表达单位。网络上盛行的sf（沙发）、d（顶）等，在报纸、口语上如何表达？报纸流行语社会主义荣辱观、反腐、倡廉、能力等，在日常交际中怎能盛行？网络流行语反映的是网络上的语言生活，报纸、广播、电视流行语反映的是平面或有声媒体的语言生活。它们可以有交集，但它们必定无法等同。这也正是文言文与白话文距离越来越远的原因。这就是为什么一个网虫会觉得“中国主流报纸十大流行语”不合自己的语感。而一个非网虫看到“网络流行语”也一头雾水。所以，要公正合理地评价流行语发布的结果，就必须要结合其所依据的语料和技术路线。

目前社会上对流行语有一个普遍的误区，即往往把流行语和口头流行语、网络流行语等同起来，而认为普通流行语、书面流行语等不应该作为流行语发布的对象。我们所见过的关于流行语的学术研究成果，也基本圈定在口头流行语、网络流行语内，这就违背了流行语的本质属性，大大限制了流行语研究的视野。我们应该站在语言国情的高度来看待不同语体上，用不同技术路线得到的流行语，而不仅仅局限在对有陌生感的高度新奇的语文流行语的简单重复的探讨上。

三、关于流行语发布的科学性

科学性是流行语发布质量的根本保障。我国流行语发布工作刚刚启动，其科学性还有待加强。要促进流行语发布工作的科学化，当前最需要做到的是：

1. 政府和学术界对流行语和流行语发布工作的重视

语言是国家资源，流行语是国家语言资源的浅层富矿。通过流行语，我们可以跟踪语言生活，发现语言规律，为语言政策的制定和语言规划服务。不仅如此，流行语也是照见社会历史的镜子，是测试社会心理的晴雨表。流行语研究和发布工作对语言学、社会学、公共管理学而言都是一项基础课题。因此流行语发布工作就是勘探挖掘国家语言资源浅层富矿。

从前文可见，非学术的、非官方的各种流行语发布成果丰富，这体现了当前我国多元化的语言生活和活跃的社会面貌。与此相比，学术的、官方的流行语发布工作稍显薄弱。如目前在我国，只有国家语言检测与研究中心这一家学术机构在定期跟踪发布流行语。而流行语研究和发布有太多的矿产等待开发。比如，流行语相关基础理论、流行语发布规范、流行语自动提取技术、流行语发布成果的科学评价、流行语的动态跟踪、流行语的开发利用、不同语体流行语的提取、与流行语发布相关的知识产权保护问题等等，只有官方的支持和学术界的重视，才能保障流行语发布工作的高效有序，才能推进流行语发布的科学化，提高流行语发布的含金量。《新民周刊》于2004年利用简单的统计和语感总结完成了《共和国55年流行语报告》，遗憾的是，在学术界，类似这样的流行语发布工作还是空白。国家语言监测与研究中心在发布中国主流报纸流行语时，遇到的最大问题就是无法获得一些高流通度报纸语料。因此，政府和学术界，特别是语言学界、社会学界应该对流行语的研究和发布工作加强重视。让这个语言资源富矿合理开采，物尽所能。

2. 技术路线进一步科学化

由于理论和技术上的限制，目前我国流行语发布的技术路线中还有很多有待进一步科学化的地方。

以社会调查方式为例，预先提供的候选项首先约束了最终结果的范围。而提供一个尽可能符合大众语感的流行语需要语言、社会和传媒方面的综合知识。某网络公司 2002 年发布中国十大流行语，其预先提供的 30 个候选流行语，直接来自当年主流报纸候选流行语。但是 2002 主流报纸流行语绝对不能等同于 2002 中国流行语。“主流报纸流行语”的范围远远小于“中国流行语”。

再以数据统计的技术路线为例。某报业集团按照词频排序，每月发布当月的中国流行语。但是其统计对象只局限在有限的报纸语料，无法代表中国报纸流行语，更无法代表中国流行语，其次，对流行语的统计研究表明，流行语的流行周期一般为 3 个月左右，一个月内的高频词语能否称之为流行语，还有待商榷。

国家语言监测与研究中心在发布中国主流报纸流行语，是以流通度为标准选取中国主流报纸。流通度即语料内容的流行通用程度。尽管我们有了先进的流通度计算公式，但公式中的因子，却因技术滞后和资料难以获取，而无法一一填补。如，流通度计算公式中的一个因素即报纸发行量。目前所能得到的发行量都是滞后的，只能从新闻出版界得到 2005 年发行量的官方数字，来近似于 2006 年的真实数据，这种层层折扣的近似办法，最终的模拟结果和实际公众语感到底有多少差距？我们不得而知。再如，流行语所在的版面、印刷字号等实际情况都会影响词语流通度，而目前的技术手段还难以对版面和字号进行统计分析。

工欲善其事，必先利其器。因此，我们的社会科学、自然科学工作者要磨利我们的技术之“器”，善流行语发布研究之“事”，任重而道远。

本文原载于《长江学术》2007 年第 3 期

从马来西亚华文书面语的语法特点谈语言规范问题
——以《星洲日报》为例

王　波

王波，女，36岁，讲师。2000年毕业于北京师范大学中文系语言学及应用语言学专业，研究方向为语言学理论及语言教学。

引言

马来西亚是一个多元种族、多元文化、多元宗教的国家。华人约占总人口的25%，是除了马来人之外的第二大族群。经过几代华人的拼争，马来西亚保存了相对完整的华文教育体系，拥有较为独立的华人社区和汉语方言社区。初期的华文教育明显受到了中国内地的影响，20世纪50年代马来西亚独立后由于本土化政策的增强以及大陆的封闭导致两地华文书面语交流逐渐中断，马来西亚华文书面语出现了自己独特的元素。在独立前，殖民政府的官方语言是英语，独立后，马来语取而代之，但是英语仍然在整个马来西亚政经文教领域处于强势地位，对各类书面语的发展产生了巨大而深刻的影响。目前，随着中国的崛起，汉语在海外越来越受到重视，与此同时，中国内地普通话与域外各地区华语的差异也引起了学术界的普遍关注。

多元的语言环境以及各种语言地位的不均衡，造成了马来西亚各种形式的语言迁徙。华文书面语作为汉语的一个地域变体，吸收了大量汉语普通话里没有的成分和形式，既有方言的，也有英文的；既保留了特定的文言成分，又掺杂口语化色彩，因此同汉语普通话有较大差异。本文选取了在马来西亚发行量最大的华文报纸《星洲日报》2008 年 11 月份的评论版面，主要包括社论和言路等栏目共计 13 万字的语料，来探讨马来西亚书面语的特色以及语言规范的问题。就马来西亚华文书面语而言，除了华语本身的特点之外，主要是考虑受英文表达习惯的影响。选择报刊评论文章作为讨论语言规范的语料，是基于以下考虑：评论文章代表一份报纸的最高文字水平，内容涉及社会活动各个领域的事件，评论文章主要针对比较重要、有影响的事件或现象进行分析，表明作者的态度或者立场，其严肃性及逻辑性或许是一个国家及地区语言文字规范性的最好例证。同时，本文主要考察语法现象，不讨论语音和词汇内容方面的差异，评论作为较稳定的一种新闻语言，有利于比较和讨论。考虑到马来西亚语言的多元化，华文报章中有些报道或消息可能是由其他语言转写或者翻译而来的，评论中这种情况出现的可能性较小，应该都是直接用华语书写而成，受到其他语言的干扰最小。

一、马来西亚报刊评论语言的句式特点

马来西亚是一个多语并存的社会，英语对马来西亚社会各阶层都有长期而稳定的影响，华人社会也不例外。这种影响导致了“语码混用”的现象，使得华语的句法结构发生了改变。

（一）关联词语和复指代词的省略

1. 让步句种关联词语的缺省和超常搭配

关联词语是复句中用来连接分句、标明关系的词语。关联词语的结构位置、所表达的逻辑关系以及相互之间的搭配，在汉语普通话中都有约定俗成的用法，一般是成对出现的，有前项必有后项，有了“虽然”，就有“但是”，有了“即

使”，就有“也”，但是我们看到，在马来西亚书面语中，关联词语有时会单独出现，特别是在让步句中。

（1）虽然……但是 / 即使……也

“虽然……可 / 但是”和“即使……也”都是让步句式，表让步和转折之意。根据汉语普通话的习惯，“虽然……但是”可以省略前项，只用“但是 / 可是”，很少出现只用前项而省略后项的情况，即使不用“但是”之类的转折词，也会加上诸如“还是”、“也”等副词来表示转折的过渡。在“即使……也”句式中，“即使”表示假设，出现在前句，后句中用“也”、“仍然”等与之呼应。马来西亚书面语在使用这两种复句时都会出现使用前项而省略后项的情况。（例句中括号里的词是笔者添加的，句末的括号中为出处。）

①汽车**虽然**很理想，（可）到底不是人人买得起。电单车便成了唯一的选择。（04、27/ 言路）

②马华从 308 全国大选遭受惨败，**虽然**有党内的因素，（但是）很大的程度和巫统息息相关……（25、27/ 言路）

③事实上，当前这场百年一遇的金融危机，**即使**要有一个暂时的解决方案，没有中国的直接参与（也）是不行的。（24/ 言路）

这种情况的出现也许是受了英语的影响。英语中极少出现成对的关联词，一般的复句通常只用一个关联词，但译成汉语时，关联词通常会成对出现。比如：

Although it was so cold，he went out with out an overcoat.

虽然天气很冷，**可**他没穿大衣就出去了。

She won’t leave the TVset **even though** her supper on the table.

即使晚餐已经摆在桌子上，她**也**不愿离开电视机。

很多马来西亚华人从小接受英文教育，英文的使用习惯对中文的学习起到了潜移默化的影响，甚至对英文的熟悉程度超过了汉语，因此自然而然地把英语用法移到汉语上来，使得书面中的关联词有时缺少后一个。但并不是在每一篇评论文章都如此，笔者在查阅语料中发现，在以上两种复句中，大多数情况下关联词语也是成对出现的，这说明马来西亚对书面语的规范有一定的要求，但是却又比较灵活。

（2）不管……也（都）/ 无论……都

这种句式的前一分句用“无论 / 不论 / 不管”等，表示排除一切可能，在任何条件下，结果都不会发生变化，后一分句常用“都、也、全、总”等。在汉语普通话中，口语里有时会省略后项，而在议论文中多成对出现。大马的省略则比较普遍。比如：

①**不管**是企业还是人民，目前经济衰退忧虑（都）已远高于通货膨胀。(24/ 言路)

②……**不管**飙车族是乌合之众还是有组织性，民众（都）已经因为他们而尽量减少夜间出门。(18、29/ 言路)

③**无论**是国阵或民联政府（都）应该从贯彻法治和建立法制着手，现在必须摒弃口舌之争，认真研议如何落实问责制。(21/ 社论)

④这几宗袭击记者案件，**无论**涉及者是真党员还是假党员，但在公正党的场所闹事，（都）已影响公正党的形象。(30/ 言路)

（3）其他复句中的省略

其他类型的复句中，省略的情况也比较多见，大部分省略的是后项关联词，例如：

①这些建筑工程并没有遵循古迹保护指南，（**而是**）民间自行招聘人来装修，却不知道已严重违反原有的建筑韵味及原貌。(24/ 言路)

②此外，问责制的主体应该是民众，（**而**）不仅是内部上级对下级的问责，如果问责只是涉及内部审查，而无须面对人民或议会，难免就会失去公正性。(21/ 社论)

③一旦泛亚铁路通车，大马（**便**）可增加棕油、电子产品、家具与橡胶产品的出口。(17/ 言路)

④回头看，发生于槟城的新闻，孩子刚出世（**就**）挨饿，丈夫又另结新欢，印妇被逼铤而走险，偷奶粉而被控上法庭，惟法庭开恩判她签保守行一年。(02/ 言路)

例①和例②省略项前后是转折关系，由于省略了“而是”或“而”，使句子的连贯性受到影响。例③和例④分别表示条件和接续，省略“便”和“就”也似乎不够顺畅。

（4）关联词超常搭配

在大马的报刊中，会出现由于使用关联词语而造成的语义不明或逻辑超常。比如：

①一旦上述两个项目能顺利调低，**不仅**可降低生产成本，减轻商家生产与人民生活开销压力**外**，顺便调低产品价格**更**可增强出口竞争力，让我国能维持贸易顺差优势。(24/ 言路)

②古迹缓冲区**除了**其旁建筑物的高度必须控制及与古迹街景和谐。**否则，一旦违反**世界文化遗产的地位随时不保。(24/ 言路)

③当然我们也深知知易行难的道理，尤其是在官场上贿赂之风炽盛，**若非**有过人的自制力，**否则**必深陷其中而难以自拔。(02)

④几宗袭击记者案件，**无论**涉及者是真党员还是假党员，**但**在公正党的场所闹事，已影响公正党的形象。

例①中的由“不仅……更”复句两个分句之间是递进关系，然而在第一个分句末尾又加上了“外”，前面似乎应该有一个“除了”与之搭配。例②中第一句用了“除了”以后就没有用后项关联词；第二句中“否则”与“一旦违反”有重复之意。同样，例③中的“若非”与“否则”也有些重复，可以删去“否则”，或者把“若非”改成“除非”。例④中的“但”也应该删去。这样增加关联词语的原意或是为了增强表达效果，但是却使句子的语义不明确，反而伤害了文章的表达效果。

2. 复指代词“这”的缺省

按照汉语普通话的习惯，话语中的命题可以充当主语，由谓语直接进行评述；如果话语中的命题比较复杂，则会独立成句，而用指示代词“这”对其加以复指，做下面一个小句的主语。按照马来西亚书面语的习惯，即使表示命题或事件的句子非常复杂，也很少用“这”复指。（以下例句中的“这”是笔者添加的。）

①事实上，连经济成长数据一向坚稳的新加坡都承认已陷入经济衰退开始，（**这**）已预示东南亚经济前景将不免俗掉入负成长的忧虑。（24/言路）

②江作汉指出，在全球包括邻国新加坡承受全球经济风暴冲击时，我国有信心可以独善其身，（**这**）并不是过分乐观或没有根据的说法。

③美国失业率就创下16年新高，（**这**）显示美国经济已经进入寒冬。（28/社论）

④此外，残疾学生在小六评估试成绩不俗，有多位考获全A，（**这**）证明只要依循正确的教育方式，悉心指导，并且不断加以鼓励和辅导，他们可以和平常学生一样有杰出表现，甚至能超越正常学生。（14/社论）

这种差异很可能是英语句式造成的影响。在相应的英语句子中，通常是由that/which引导的主语从句，可以很长。英汉复指结构有很大的差异，这就导致了“这”的缺省。

（二）句子成分的特点

这里主要谈补语和宾语的结构特点。

1. 补语结构

（1）处所补语

处所补语经常由介词“在”、“到”、“至”等构成，组成介宾结构后置做补语，既可表示具体的处所，也可以表示抽象的范围，比如“他一口气跑到了家”、“一定要坚持到最后”等等。在普通话中，处所补语用得并不多，而在大马常见如下句式：

①大马在乌兹别克的主要投资为石油、旅游及金融业，特别是国油增资7亿令吉在原油及天然气领域。(17/社论)

②说明了，肿瘤就是多项高楼即将建造在这古迹区上。(23/言路)

在古汉语中，处所补语用得比较多，但是现代汉语中较少使用，介宾结构修饰动词一般作状语，上述例句一般表述为“特别是国油在原油及天然气领域增加了7亿令吉投资”；“肿瘤就是即将在这古迹区上建造的高楼”。

介宾结构是否可以前置转化为句中的状语，不能一概而论，但是马来西亚书面语中，这种句式确实常见。再看下面两例：

③比如说在制造业，大马制造业者扩大市场到中国，当然也还需要大马本厂的零配件做职员。(把)(24/09)

④他早期经营小本土产生意，而后又往建筑业进军，并全力拓展业务至道路基建工程。

这两例中的“到”、“至”后面的补语在汉语普通话中一般用把字句，说成：“大马制造业者把市场扩大到中国”；“把业务全力拓展至道路基建工程”。

（2）对象补语

除了处所补语外，一些表示动作对象的补语也常常出现在报章中，以下举例说明。

①该州民联政府所提呈的州财政预算案中宣布制度化拨款给24所华

小、淡小和教会学校、国民型中学及州内5所独中。

②行动党国会议员潘俭伟要求国际贸易及工业部提呈马美自由贸易协定白皮书给国会，让朝野议员针对协定内容进行辩论的建议，获得贸工部副部长耶谷沙岸的积极回应。(20/社论)

按照普通话的习惯，此两例中作补语的成分应作状语成分，放在动词前面。

2. **宾语结构**

马来西亚书面语中的不及物动词与宾语的关系非常复杂，主要有以下几种。

（1）向宾、与宾结构

向宾关系表示的是动词对着或向着宾语发出了某一动作行为；与宾关系表示广义的“给予”意义。

①因此指示牌的设立只是为了提供对方方便。(24/言路)

②不过，喊得响彻云霄的916变天计划无法落实，本届代表大会的焦点乃在于安华如何提供党员合理解释，为何变天不成功。(30/社论)

③ 308大选启示人民，原来我们也可打破种族政治的魔咒。(03/言路)

这里的“提供”、“启示”是“为/给……提供”、“给予……启示”的意思。在内地普通话中后面不能接双宾语或者对象宾语，而大马这种情况却很常见。

④他们多次呼吁政府，正视在乔治市古迹建筑所受到破坏带来的影响，却不得要领。(24/27)

⑤有者甚至私行将室内构造全部大挪移，开辟为木板隔成多间小房出租外劳。(24/27)

⑥爆冷胜出署理总会长蔡细历，挑战总会长委任州联委会主席的权限，主动“请缨”自荐出任柔佛州联委会主席一职。(03)

上引3例中的“呼吁”、“出租”、“挑战”是“向……呼吁/出租/挑战”，这些词也都是不及物的，不能带对象宾语，而在马来西亚，不及物动词向及物动词的“漂移”是一种很常见的现象，也许也是长期“语码混用”的结果。

（2）处宾、使宾结构

处宾的宾语表示的是动作进行的处所，汉语普通话往往用“在＋宾语＋动词”表示；使宾是动词的使动用法；因宾的宾语表示原因。

①公正党顾问安华遂展开其916变天大计，拉拢国阵议员跳槽以期执政中央。(30/社论)

②其实若更深刻的观察，这一波政潮称之为“揭竿造反”毋宁更为适当，因为它是要透过群众运动瘫痪政府运作来达到目的。(26/社论)

③包括一名孟买反恐特种部队司令及两名高级警官在内的12名警员的殉职，更倍增人们的恐慌心理。(28/言路)

例①表示“在中央执政”；例②中“瘫痪”意思是“使政府运作瘫痪”；例③中的“倍增”是“使……倍增”。

（3）词类转换与动宾超常搭配

马来西亚书面语中的动宾结构经常出现超常搭配，主要是名词、动词、形容词等各种词类相互之间随意转换造成的。因为汉语缺少形态变化，所以词类划分一直是个难题，要不要分类，以什么标准分类都有争议。目前为大多数学者所接受的是“句法功能”标准，既包括短语组合功能，也包括句子成分功能。在此标准之下，虽然有一些词是兼词，不过绝大多数的归属是确定的，不能随意转换。

《星洲日报》的评论文章中，存在着一些词类转换的现象，主要表现为：名词或形容词作动词，名词、动词用作形容词，动词、形容词用作名词。

① 625令吉，对今天高通膨的年代，只是一个小数目，别说用来津贴民众，对于有些人，625令吉可能还不够缴还1个月的车期。(02/言路)

②因为美国坚决应由国际货币基金组织（IMF）来处理金融危机问题，

因此，并未达成任何具体建议，也让亚洲国家感到非常失望。(23/ 社论)

汉语名词的特点是不直接充当谓语，更不能带宾语。例①中“津贴”本为名词，这里活用为动词。“坚决”为形容词，后面不可加宾语，在这里似乎表示“坚持”之意。

汉语作为非形态语言，各个词类之间的转变必须依靠词汇手段。马来西亚报章在使用动词的过程中，有些直接用动词或形容词，而没有在基本义上用词汇手段加以改变，造成动词和宾语的超常搭配，这也许也是受了英文思维的影响。

还有一类宾语，按照汉语普通话中的习惯一般放在主位。如下：

③各种传辅医疗药品及产品将被严格监管其品质。(16/ 言路)

④毕竟，这两种学校都同样是在为国家培养人才，但没有理由学生不能享有同等的待遇。(30/ 言路)

例③中的“品质”实为句子的主语，即“各种传辅医疗药品及产品的品质将被严格监管”；例④可以将“学生不能享有同等的待遇”放在主位，即“学生不能享有同等的待遇是没有理由的”。

除此之外，还有一些动宾搭配在中国内地比较少用。

①那些有机会当官的政治工作者实应善加掌握机会，力求表现为民请命，以社稷为重，为民谋求福利。

②大马的华教虽然已具规模，但仍是需要大家以如履薄冰的心态去经营和维护，才能使之千秋万代。(20/ 言路)

例①中的“为民请命”作为“表现”宾语，在中国比较少见，一般可以独立成句，说成“力求为民请命”；例②中的“千秋万代”是名词短语，不能与“使”构成兼语句，因为缺少谓语，在中国一般说成“千秋万代延续下去”。

（三）被动句

被动句在所有的语言中都存在，但是使用习惯不同。普通话中书面语中的被动句使用较少，而在马来西亚则偏多。

①他今日对《星报》指出，选委会的权力应**被**加强，全权处理选举相关事宜，才能确保我国的选举自由和公平。(24/11)

②正如院长**被**委任，是没有经过讲师学生职员“公投”，院长是否被续聘，也无须透过讲师学生职员“公投”来决定。(16)

③这项建议并非第一次**被**提出，并已受到社会广泛非议。(02/ 社论)

④一条接一条的收费大道**被**建立，与此同时替代的道路却被封堵，或任由其损坏而不维修，人民没有选择的余地。(17/ 言路)

⑤因为当油价不停下跌，人民的利益会因为最低零售价**被**制定而受损。(21/ 言路)

以上例句普通话可能会说成①选委会的权力应该加强 / 选委会应该加强自身的权力；②正如委任院长；③这项建议并非第一次提出；④一条接一条的收费大道建立起来了；⑤人民的利益因为最低零售的制定而受损。

马来西亚报刊评论性语言中被字句的使用非常普遍，在不需要点明施动者时，一般把受动者放在主位，以“被”为标记，再加上动词，动词的褒贬不受限制。

此外，动宾词组也可以放在“被”字的后面，如：

⑥在酒店和 SPA 中心当公关的中国女郎，每月收入约 1 万令吉，其中大部分酬劳**被**汇回家乡。

⑦社必须精简本身臃肿的社团组织，学习在一个健康组织里**被**有才华兼有品德的人领导。(18/ 言路)

还有一些被动句在马来西亚书面语中用“获得”表示：

①如果这项措施**获得**延续下去，恐怕将会增加国库的负担。(11.02/ 言路)

② 6 月的调职，写给魏副教长请愿书的名单中，没有任何人**获得**调职。(11.30/ 言路)

③相反的，无车一族还要承受长途巴士**获得**额外征收 30% 的车资，其所引起的反弹，是可以预知的。(02/ 言路)

④合约中不合理的条文，民众从之前部长所透露的口风中已经大约略知一二，合约**获得**解密，但不合理的条文已经是无可改变的事实。(20/ 言路)

《现代汉语词典》中对“获得”的解释是：“取得、得到”，多用于抽象的事物，而在这些句子中显然含有被动的意思。

（四）标点符号

标点符号具有语篇衔接功能，它的正确运用不仅有助于读者理解句子的结构层次，辨明逻辑关系，而且有利于突出信息焦点，使衔接更加紧密流畅。中马报章中的标点符号有一些差异，其中逗号的使用方法尤为不同。

①**大通建筑有限公司创办人**，蔡成标老先生于本月 19 日凌晨 12 时 30 分寿终正寝。(24/17)

②**所谓**，前人种树后人乘凉。(11.24/27)

③其实除了上班族，**每天穿梭在这城市的各种快递服务**，等都是电单

车族。(11.03)

例①中“大通建筑公司创办人”与“蔡成标老先生”是同位语结构，在英文中同位语与句子的其他部分会用逗号隔开，而译成汉语时，中间不需要加标点符号。例②中的“所谓”与“前人栽树后人乘凉”之间一般不用加逗号。例③中“等”的前面也不需要逗号。

逗号的使用与断句有关，中国内地书面语中的主句往往较长，虽然在读的时候又自然停顿，但是写的时候一般以完整的句子出现。

④本届为期2天的亚太峰会在秘鲁举行。**这也是首次**，与会者在首日的峰会中，只讨论全球经济风暴的课题。(11.24/03 综合)

⑤以语文出版局为首的马来教育团体**早在数年前**，就认为英语教数理的政策是“开马来语文的倒车”。(14)

例④和例⑤都在句中作状语，在普通话中习惯上与主句连在一起，不用逗号。

⑥美国则**将横堵在双方会谈的障碍**，归咎予大马政策欠缺透明度。(20/社论)

⑦**询及是否担心理事会的禁令**，会对她的瑜伽中心带来麻烦，并可能被地方政府为难时，她表示上述禁令确实困扰着她。

⑧这是国行5年来首次降息，**因而其政策意义及可能影响**，备受注意。(25/社论)

例⑥至⑧中逗号前黑体字部分是句中的主语，并且不太长，按照中国的习惯，一般与后面的谓语也是不分开的，而马来西亚报章中用逗号将主句和谓句隔断的情况却非常普遍。

像“以……(来)”，表原因、目的等成分的“而”这样的固定结构，在大马也是可以用逗号分开，而在中国一般要联结在动词上面。

⑨从经验和能力来说，刘秀梅是不二的人选，其能力无可置疑，**可是有人却要以她的肤色**，来决定她的位置。(04/ 言路)

⑩因此，我们希望不论是任何人，都应该抱着热爱华教的心，不要搞小动作不要为己利，**而**毁掉了先贤努力奠下的华文教育和未来。(20/ 言路)

以上我们可以看出，马来西亚报章中的逗号使用比较频繁，这样会在一定程度上导致阅读的不连贯。另外，还有些在普通话中必须要停顿的地方，在某些句子中却没有使用逗号，例如（括号中的标点为笔者所加）：

①母语的定义不容曲解，方言会是某籍贯族群的母语，但是，如果华族的母语——华语保护不了，方言也将逐渐消失（,）正如在印尼、泰国和柬埔寨等的华人一样。(11.04)

②他说，由美国金融风暴引起的全球金融海啸，蔓延之快（,）证明经济全球化已成为大趋势。(11.24/21 国内)

例①中“方言也将逐渐消失”后面应有停顿；例②按照普通话的习惯说成：“由美国金融风暴引起的全球金融海啸蔓延之快，证明经济全球化已成为大趋势”，主谓短语作主语，而在这里变成主谓短语作谓语，大概也是受了英文的影响。

以上我们从关联词、句子成分、被动句和标点符号四个方面分析了马来西亚华文书面语的特点。关联词和指示代词的缺省、词类活用、处所补语、有标被动句、逗号使用频密等等特点与英文的影响是分不开的。这里面大部分变异形式不会影响到理解，但是也有一小部分，比如关联词的超常搭配，标点符号的使用等等，需要进一步严格规范，否则会影响文章的表达效果。

二、马来西亚报刊评论语言中虚词的用法

虚词不能单独充当句法成分，只有连接或附着各类实词的语法意义。根据能同哪些实词或短语发生关系，发生什么样的关系，可以把虚词分为副词、介词、连词、助词、叹词和拟声词，我们在这里对马来西亚书面语中一些连词、助词和介词进行考察。

（一）连词

1. 及 / 和 / 以及

中国书面语中的连词"以及"、"及"、"和"一般只能连接名词和名词性词组，不能连接分句或句子，也不能连接动词性成分；但在马来西亚，这三个连词经常用来连接分句和句子，尤其是前两个，这种现象相当普遍。

①正当举世各国为眼前的危机一筹莫展**及**为未来在苦思与愁眉之际，中国这一举措，肯定会减缓这次金融风暴对各国所带来的冲击，而且对未来新格局的形成（会）发挥应有的作用。(24/ 言路)

②在经济不景**及**小市民面对困苦的当儿，作为马来西亚多元民族组成的社会，正需要大家高度发挥同情心，同理心，援助弱势群体渡过难关。(02/ 言路)

③原本的雕刻木门、彩绘石砖机枪会上的雕刻都变成现代化的玻璃门窗、马赛克地砖**和**屋瓦擅改为锌版。(24/ 言路)

与"及、和"意义相近的"以及"，虽然前面有时可以停顿，但是需要其后面连接的成分较长时方能成立，并且也不能连接句子。

④这其实是一个好开始，**以及**必须施行的措施。(02/ 言路)

⑤以此次的优惠措施而言，只有在午夜 12 点到早上 7 点之间使用大道

的车辆始享有 10% 的过路费折扣**以及**佳节期间同一时段使用大道可享有额外的 10% 折扣。(18/ 社论)

这显然是受了英文“and”的影响，因为“and”既可以连接词，也可以连接分句和句子。

2. 而

“而”在现代汉语书面语中用得很广，既可连接并列成分，又可连接状中成分；既可连接意义相反的成分，也可连接意义相近的成分。马来西亚政论语言中“而”的出现频率非常高，使用更灵活，主要还有以下几种特殊用法：

（1）表示“而且”

①他接受本报询问时表示，他平时甚少使用有关肇祸轿车，**而**目前还不了解事发时的情况，并已经指示其女儿女婿前往了解车祸详情。(24/02)

②因此，我们希望国家银行的降息所能起到的作用，不仅是促进消费增长以刺激经济，或是解决车子房屋贷款者的燃眉之急，**而**能够在稳住市场经济及信心上发挥稳定效应，让国人能够在金融海啸于明年显现效应时，能够携手共渡难关。(26/ 言路)

以上两例中，“而”前面与后面的句子为递进关系，应该用“而且”较为清楚一些。

（2）连续使用“而”

马来西亚报章中“而”使用相当频繁，有的在一个句子中运用两次，考虑到语言的经济原则，可以省去一个“而”字。(括号中是笔者认为可以删去的)

③现在股市低迷、一些公司的今年花红期望不高、有些人面对失业风险，这种种都在为人民添加诸多的生活压力，**而**因为油价飙升（**而**）搞得所有物价都调涨，更是令人喘不过气。(21/ 言路)

④如果大马没有一个明确的政策导向，**而**继续让 80 年代政府对乌兹别

克政策在暧昧关系或被动情况下发展，大马对乌兹别克的经贸空间必然无法顺利打开，(**而**) 政府投注于区域经贸联系的努力，也必然只能收事倍功半之效。(17/ 言路)

(二) 助词

马来西亚与汉语普通话在助词使用方面差异较大，我们从三个方面谈。

1. 助词“的”

(1) 结构助词“的”用法的扩大

在中国普通话中，“这”“那”和数量词作定语时一般不用“的”，而在马来西亚经常使用。

①胡锦涛在这次**的**全会上会里会外确也备受礼遇。(24/ 言路)

②这样**的**修改建筑，严重地违反世遗古迹保护指南的准绳。(11.23/ 言路)

③美国驻欧洲特使格雷，就把这次会议（G20 峰会）比拟为另一次**的**布雷顿会议。(11.24/ 言路)

(2) 结构助词“的”的缺省

在中国普通话中必须用“的”的地方，马来西亚书面语中有时省略。

①让人遗憾的是，原本最先表态及发现建筑遭到破坏的危机 (**的**)，是民间组织槟城爱护古迹小组。(24/ 言路)

②尤其是回教党近来在吉打州所推行的房屋 50% 销售固打制，以及近日雪州回教党提出 (**的**) 禁酒令建议，更容易让各成员党党员发生意见不合，进而被炒作离间。(30/ 言路)

③尤其由公正党主导的雪州政府，未来在建立新政治文化上须有更坚定 (**的**) 立场，不要自我设限。(30/ 社论)

2. 语气助词“的”的缺省

这里顺便提一下动词“是”和语气词“的”构成“是……的”形式，经常表示强调，在大陆比较常见，但在大马华语中，常常只用“是”而不用“的”，从而构成了与大陆的差异。（为了便于比较，我们在大陆必须加“的”的地方加括号注明。）

①类似这种很明显是行不通的建议，是完全没有提出的必要（**的**）。（03/言路）

②世界上的人与事是没有一成不变的道理（**的**）。（04/言路）

③然而，这个部分以及其他涉及新经济政策、土著议程的课题，却是被大马政府列为“绝不妥协”的条件（**的**）。（20/社论）

以上句子如果不特别表示强调之意，完全可以不用“是”，加“是”料想是受了英文影响。马来西亚“的”字使用比较随意，与普通话比较，时多时少，其原因十分复杂，也许与方言有关系。

3. 时态助词“了”

（1）“了”用法扩大

一般来说，动词前面如果有“常常、屡屡”这类表经常性的副词或者“将、快要、正”这类副词时，说明动作还没有完成，在这个动词后就不用时态助词“了”，但是我们发现在马来西亚报章中有这样的用法，也许是一时笔误造成的：

①因此，最近笔者屡屡在报章中看到**了**某个经典之说法：“传统上，总会长即是柔佛州联委会主席。”（03/言路）

②所以，我们的反应、行动和思想，将决定**了**一个社会，甚至是一个国家的成功和失败。（24/21）

（2）“了”的缺省

“了”表示动作的实现与完成。马来西亚报章中有时会省略句中的“了”。

①此次恐袭固然严重打击（了）印度经济，但让人惶恐的却是其可能引起扩张、模仿及蔓延性，将会更深入各别大城市。(28/ 言路)

②今年 8 月峇东埔补选，发生（了）几宗穿着公正党制服的党员攻击记者的事。(11.30/ 言路)

③再加上一些校外的政治力干扰，更阻碍了优良人才的出头，而无形中鼓励（了）保守与妥协的做法。(19/ 社论)

④另外，一些国家也坚决反对将林、渔业产品纳入提前自由化项目，更增加（了）美国推动贸易自由化的阻力。(23/ 社论)

⑤换言之，从政者理应用权力来为民服务而不是以权力来中饱私囊，损人利己，那就完全辜负（了）广大人民的期望。(02/ 言路)

（三）介词

在马来西亚的书面语中，偶见一些与中国普通话中有差异的介词使用方法。

1. 随着

“随着”所组成的介宾结构表示条件，在这个条件影响下，产生了某种结果。汉语普通话中的“随着”后面是名词性短语，而大马报刊中后面的情况却比较复杂。

①随着政府同意公布国内所有大道合约之后，我们希望经过各方坦诚协商，能全面调降路费，协助民众渡过经济难关。(18/ 社论)

②随着人们的教育水平提高后，每个人都认为自己应该尽一分力，当报案数字增加后，警方就能知道那一区治安亮起红灯，加强巡逻。(18/ 社论)

③虽然马乌两国分别属于不同的区域组织，随着中亚市场的构想逐步落实之际，中亚可主动与亚太国家维持区域与区域之间的经贸联系。(17/ 社论)

④随着国行降息 0.25% 后，已有银行尾随调低基贷率。(26/ 言路)

例①到例④中“随着”后面的成分虽然也是名词性短语，但是都加上了“(之) 后”或者“之际”，此时，“随着”可以用“在”来替代。

2. 其他介词

其他介词如“在”、“对”、“从”等在使用上也有一些差别。请看下面的例子。

①目前政府的宏观调控目标仍模棱两可，似乎想**在**“控制通膨”及“防止经济过快放缓”双管齐下。(24/ 言路)

②众所周知，要**在**当今竞争这般激烈，市场如此变幻莫测，企业能否顺应而改变将是一门高深的学问。(04/ 言路)

③另一方面，有些地方作为音乐会的举办场所已经有了好多年，并且**对**众人有一定的熟悉度，为何还需要如此大费周章另行建造一座音乐厅？(17/ 言路)

④马华**从** 308 全国大选遭受惨败，虽然有党内的因素，很大的程度和巫统息息相关。(24/ 言路)

⑤这一点可以**从**古今中外那些原本是形象清廉之士，可是掌权一久即摆脱不了钱财的诱惑，极尽贪污腐化之能事，因此而毁掉一生的清誉与名节，这样的实例比比皆是，诚为可惜，实可浩叹！(02/ 言路)

⑥**从**旅游发展机构到各政府层次的理财不当事件，建立问责制是最有效的解决办法。(21/ 社论)

在普通话中，例①一般说成“在……方面”；例②说成“在……情况下”；例③说成“对……来说”；例④中的“从”一般用“在……中”；例⑤、例⑥都是“从……中可以看到 / 得出结论”的意思。

从以上的分析中我们可以看到，马来西亚政论文章中的虚词使用具有自身的特点。由于各种语言及方言的相互影响和渗透，造成表达上相对自由。我们认为，在不影响意义的情况下，表达形式可以不受太多的约束，但是语言的准确度也是需要注意的问题。

三、结论

本文以书面语中的评论语言为基础，考察了马来西亚华文书面语的一些特征，并借此初步探讨了语言规范的一些问题。语言变化是多种多样的，马来西亚华文书面语出现了与中国内地规范用法不一致的句法特征，这里既有社会因素，也有文化、心理方面的因素。双语或多语社会各种的语言不断交叉影响，是形成这种状况最主要的原因。大马华语报章中的评论体在一定程度上受到英语思维的影响，同时也受到方言、文言、口语各种因素的影响，但总的来说，应该是新闻语言中最严密、最规范的。在华语规范理事会和华教人士的不断努力之下，经过长期的发展和不断的总结，大马形成了自己的语言规范和语言习惯，我们看到大马报刊评论体随意性稍强，这一方面能够体现出大马开放多元的特点，另一方面我们认为评论语言应该更规范，这样才能使受众感觉到语言文字有法可依，有章可循。郭熙先生认为“单一强调主体化或多样化都是片面的”，如何去协调这些差异，特别是这些语法和篇章上的差别在大部分情况下不会造成理解上的障碍，有没有必要进行规范，都有必要进行探讨。目前在中国语言的规范性受到高度重视，《语言文字规范标准名录》中对于汉语拼音、汉字、笔顺、部首、标点符号、地名标牌、汉字译写以及计算机汉字处理等等方面做出了规定；马来西亚华语规范理事会也在各州、中央机构、建筑物、内阁等华文译名上作了统一的规定，这都为达到域内外更顺畅有效的沟通打下了坚实的基础。在普通话词汇和大马词汇的协调与规范方面，我们也看到很多专家学者的研究，但是在语法方面的差异以及协调的必要性与可能性探讨的较少，因为语法的规范最难以确定。我们认为，既不能无视、否认规范的存在，也不能用现有的规范去苛责许多变异形式的“不规范”，对于那些使用频率很高的形式或用法，虽然与规范不合，但是我们应该去关注、研究它们，力争做出合理的解释和恰当的说明。

马来西亚书面语与汉语普通话出现的以上种种差异，体现出一种语言运用的习惯。笔者在北京外国语大学任教期间，曾经有幸担任马来西亚教育部派送的汉语师资培训班第一期学生的首席教师，这些学生包括马来裔、华裔和印度裔，大多是华小、国中毕业生，在他们的作文中，也常常出现以上种种语言运用方面的问题，这些差异会给学生带来一些困惑，也给我们授课带来一些新的问题，到底有没有标准，以什么为标准，我们希望在文法及语音、词汇等各方面有更广泛更有效的协调。

当然，受本人经历所限，毕竟生活在中国的北方，在马停留时间只有短短数月，但短短数月之中，已经将《星洲日报》等华文报纸作为生活中不可或缺的精神食粮，它将我与这个国家的距离一下子拉近了。当然，也因为时间太短，我对马来西亚语言的熟悉程度还远远不够，而且因为缺乏较深的语感，所以对其中许多细微之处也知之甚少，这些都构成了进一步比较中马两国语言差异的障碍，只希望以此文抛砖引玉，能引起更多的人对这个问题的关注与讨论。

本文原载于《敲开语言的窗口——华语的使用现象》，研讨会文集

语言教学研究

日本江户时代冈岛冠山编唐话教本在日本汉语教学史上的地位和特点

鲁宝元

鲁宝元，男，1946年生于北京。1963年8月进入北京外国语大学工作，教授，现已退休。曾任中文学院、国际交流学院副院长。先后在日本福井县立高等学校、福井大学、名古屋商科大学、冲绳县国际交流人才育成财团语学中心，从事国际汉语教学工作。曾获北京市政府“北京市普通高等学校优秀教学成果一等奖”（1992）和汉办“全国优秀对外汉语教学教师”（2002）。主攻应用语言学（对外汉语方向），出版专著数部，发表学术论文多篇。

引言

日本江户时代前期，大约在享保元年（1716）到享保十一年之间，当时一位长崎出身的汉语教育家冈岛冠山先后编写出版了一套汉语教材。其中包括：《唐话纂要》、《唐译便览》、《唐话便用》、《经学字海便览》、《唐音雅俗语类》共五种。江户时代以前，日本的汉语学习多采用中国传统的蒙学读物或原文的中国经典。而由日本的汉语教师悉心设计，成套编写出版实用型汉语教材可以说是首创之举，是日本汉语教学史上的一件大事。

一、江户时代的时代背景和汉语学习

日本的江户时代始于1603年，终于1868年。此时，德川幕府当政，政治中心置于江户（今东京）。相当于中国的明末清初到清末期。

日本的江户时代是汉语学习又一个比较兴盛的时代。其原因大致有以下几个方面。

（一）幕府将军和藩主崇尚汉学

江户时代出于治理国家的需要，历代主政的幕府将军在政治思想上都尊崇中国儒学。如第一代幕府将军德川家康力倡程朱理学，使之成为日本的官学。第五代将军纲吉，特在幕府设儒官，在汤岛建孔子圣堂，亲书“大成殿”匾额，并在圣堂讲解《论语》。第八代将军吉宗，为了学习中国的统治经验，搜集购买《定例成案》、《大清会典》等清律书籍，翻译参考，并把传自琉球的顺治皇帝和康熙皇帝的训民谕旨译成日语，以《圣谕广训》之名广为刊行。

由于幕府将军和地方藩主崇尚汉学，江户时代的汉语学习受到官方的重视而发展。

（二）“徂徕学派”提倡学习唐话，直接阅读、解释中国经典

江户时代初期，日本儒家学者也重视汉语学习。特别是以荻生徂徕（1666—1728）为代表的“古文辞派”，以恢复儒学古典为号召，认为用日本训读法学习儒家经典容易走样，必须直接用汉语的读音学习中国古文辞，熟习古典，才能正确把握儒家的圣人之道。

荻生徂徕重视学习汉语口语。他和当时的一些汉学家经常在职任甲府老中的柳泽吉保家举行“讲书会”，用汉语讨论儒家经典。正德元年（1711），荻生徂徕还发起成立了教授汉语的组织——“译社”，订立社规，坚持学习，并请当时汉语水平最高的学者冈岛冠山担任汉语教师。荻生徂徕对日本江户时代的汉

语学习起了积极的推动作用。

（三）长崎日中民间贸易兴盛，唐通事重视学习汉语口语

德川幕府统治期间，对外实行闭关锁国的政策，但划定长崎港同中国、荷兰进行贸易。

1683 年清政府统一台湾，次年宣布开放海禁。中国民间商船又开始大量开往长崎。根据有关材料统计，自 1622 年至 1839 年间，到达日本的中国商船达 6200 多艘。仅 1688 年一年乘船至长崎的中国人，就达 9128 人。

当时航日的中国船只多由南京、宁波、温州、厦门、漳州、广东等口岸起航，经舟山群岛，横渡东海，直驶长崎。幕府开始规定，中国商人投宿日本人家，称“差宿”。后来废“差宿”，指定街道投宿，这种街道称为“宿町”。1688 年（元禄元年）又进一步在长崎建立“唐人坊”，凡赴日中国商人都住唐人坊。由于日中民间贸易的蓬勃开展，为与中国商人、船员打交道，就需要会汉语特别是汉语口语的人才。当时日本人称汉语为“唐话”、“唐音”。长崎地方官小笠原一庵于 1604 年（明万历三十二年）设立了“唐通事”这一职务，即汉语翻译人员。唐通事一般从迁居日本会讲日语的中国人中间物色。最早从事其事者有冯六、马田昌人、清和太兵卫等。唐通事一职可以世袭，所以他们的子弟从幼时起便开始唐话学习。至十五六岁时，便以“稽古通事”即见习翻译的身份到中国商船上工作。唐通事的职位并不高，但是收入还是比较丰厚。所以从事这一工作的人是个不小的群体。《唐话纂要·序》说：“夫崎阳者，其地濒海，跨唐一苇。贾舶商船，舳舻相接。职译官此，岁致千金。故其土人士，户学人习。”中日民间的贸易活动推动了当时的汉语学习。

（四）佛教僧人宗教交流的增加促进了汉语学习

与长崎日中贸易发展的同时，佛教的宗教交流也很繁盛。主要是黄檗宗在长崎的发展。黄檗宗是中国一个禅宗流派，起源于福建省福清县黄景山万福

寺，创立的禅宗以“黄蘗”为名。清顺治十年（1653）禅僧隐元应日本长崎兴福寺的邀请，东渡日本。后来又到了江户，得到了将军德川家纲、大老酒井忠胜的尊重，在日本建立了许多寺院，成为日本黄蘗宗的开山祖师。在长崎有三所由中国船主所建的禅宗寺院——兴福寺（南京寺）、福济寺（漳州寺）、崇福寺（福州寺）。这些寺院的住持都是中国僧人。长崎的佛教寺院形成了一个讲汉语的小天地。当时日本有许多人都信奉禅宗，他们与中国禅僧的交流促进了汉语的学习和教学。

二、冈岛冠山的唐话教本五种

综上所述，江户时代，由于存在汉语学习的政治、经济、文化等方面的需要，所以出现了日本历史上又一次汉语学习的兴盛局面。当时最负盛名的汉语教育家冈岛冠山就是在这种背景之下，编写和出版了五种唐话教本的。

（一）冈岛冠山生平

冈岛冠山，名璞，字玉成，号冠山，长崎人。《唐话纂要》白樫仲凯希八甫的跋文中这样记述：“玉成冈岛君世家长崎，少交华客，习熟其语。凡自四书六经，以及诸子百家稗官小说之类，其声音之正，与词言之繁，颇究其困奥，且质之于大清秀士王庶常者。而后华和之人，无不伸舌以称叹之。”早年侍奉荻候做译士——即“唐通事”，后感译士之职过于卑微，遂辞职回到长崎。之后潜心研究性理之学，在九州颇有名气。

之后，冈岛冠山接受户田大隅足利忠囿的聘请来到江户，但不久就辞职，以讲学为生。往来于江户、京都、大阪之间，教授汉语。正德元年（1711），作为教师受聘于荻生徂徕的译社，教授汉语。

冈岛冠山还是在日本介绍中国白话小说的第一人。冠山翻译的白话小说有《通俗皇明英烈传》、《忠义水浒传》、《通俗忠义水浒传》等。由于冠山的努力，中国的白话小说在日本广为传播。

享保十三年（1728）正月二日，冈岛冠山在京都去世。享年55岁。

（二）唐话教本五种内容介绍

1.《唐话纂要》

出版于日本享保元年（1716），再版于享保三年（1718）。初版，江府须原屋久右卫门刊。再版，京都三条通升屋町、江府日本桥南一町目出云寺和泉掾。初版五卷五册。再版六卷六册。卷头有林崇节和纪府侍医高濑学山的序。

卷一：二字话、三字话

二字话：有些是两个字构成的词，有的是两个字构成的短语，这些二字词或二字短语，在一定的语言环境中，加上语气，可以成为起交际作用的句子，所以称为“二字话”。各句话的右侧以片假名注音，下为片假名日语注译（日语注音和注译各教本体例相同）。编排顺序，基本上是按照话语意思来分类，意思相同、相近的排在一起。例如：

太平　享福　快乐　快活　爽快
兴昌　吉兆　吉祥　吉瑞　吉凶

二字话的义类范围包括：人称代词、时间词、方位词、姓名、年龄、感谢、致歉、礼节、心理、品性、疾病、商务等。

三字话：是指用三个字构成的短语。编排顺序，大致是按照话题，同一话题的句子排在一起。例如：

有才华　善诗文　真正妙　爱读书
发恨学　为人好　肯用心　不懒惰

三字话涉及的话题也很多。如：花费、待人、疾病、打斗、艺术、世故、婚娶、生养、果报、商务等。

卷二：四字话

大都是四个字构成的短语，有的是四个字构成的成语。四字话的编排顺序，基本上也是按照话题来排的。例如：

今日何往　许久不见　且请少坐
休要偷懒　在心留意　不要忘记

四字话涉及的话题有：寒暄、航行、饮酒、劝告、感谢、人物、疾病、火灾、贼寇、征战、姓名、年龄、商务、商船等。

卷三：五字话、六字话、常言

五字话、六字话，大都是五字或六字构成的短句，这些短句大多是直接起交际作用的句子。编排顺序，基本上也是按照话题，上句的五字句与下句的六字句，意思有关联。例如：

今日天色好　今朝天气不好
明日再过来　明朝恐来不企

五字话、六字话多是上下两句为一个话题。有：防火、相识、骄奢、自大、家庭、态度、航行、来去、安排、贼寇、诉讼等。

常言多为民间流传的谚语，反映社会人生经验的话语。例如：

平常不作亏心事，半夜敲门不吃惊。
好事不出门，恶事传千里。

卷四：长短话

全卷采用对话体。对话多为几个句子组成的成段的话语。句子长短不一。编排顺序，基本上按照话题来排，例如：

今天下太平，四海无事；上悯下劳，下沐上恩；欢声四起，朝野俱乐，而重值尧舜之时也。恭喜恭喜。

目今光景，可谓清平世界也。五谷丰熟，四姓安乐，而家饶户富，比往年有所不同。且从此以后，岩穴之士，沧浪之客，亦必得其遭际，而披云见天，扬眉吐气者多矣。大丈夫在世，幸值此时，宁不勉哉？

话题有：读书、军事、学问、赏花、宴会、做媒、请托、海难、责备、辩解等。

卷五：分类词汇、小曲

分类词汇包括：亲属、器具、畜兽、虫介、禽鸟、龙鱼、米谷、菜蔬、瓜果、树竹、花草、船具、数目、布匹等。

小曲共收 10 曲。大部分是民间情歌。

再版时增加了卷六。收小说两篇：《孙八救人得福》、《德容行善有报》。

最后有跋文两篇。

2.《唐译便览》

出版于享保十一年（1726）。出版者为京师伏见屋藤次郎版行。五卷五册。卷头有伊藤长胤的序文。编排体例按汉语句子日译的首字，按日语ィロハ顺序，分为 44 项。

卷一：自“イ”至“ヌ”

几时动身，打点停妥了么？

每失款待，有慢、有慢。

卷二：自“ル”至“ラ”

不在家改日再来吧。

若不在家里，与家里人说一声就是了。

卷三：自“ム”至“キ”

休做没良心的事。
全然不知道。

卷四：自“ユ”至“ス”

请免下次，再不敢违命。
不可懈慢，被人占先。

卷五：长短杂语
长短杂语未按“イロハ”顺序排列，例如：

这孩子生得端严美貌，怪不得父母爱惜如金似玉。
忠臣烈士、孝子贤孙、义夫节妇等项好人，天下不多有。

3.《**唐话便用**》

出版于享保十一年，再版于享保二十年。出版者为京都伏见屋藤次郎初版刊行。京都植村藤次郎再版刊行。共六卷六册。卷头有释大潮的序文。

卷一：二字并四字等话

二字话，大多是由两个字构成的词汇。四字句是短语。每一行的词汇有些有意义上的联系，如近义词相邻接。例如：

仁义　道德　淫欲　统驭天下
暴虐　繁乱　纷乱　智巧多端

卷二：三字并五字等语

三字话大多是短语，五字话都是短句。每行中的短语和短句意义相关或结构相同。例如：

有喜事　大恭喜　久不接高风

有些事　没功夫　缘何久不来

卷三：六字句、七字句

六字句与七字句相连。语义相关。例如：

连日不拜尊颜，未审兴居如意否。

这几日有贱干，不能特地来奉候。

六字句与七字句连接从形式和意义上说，涵盖了汉语二重复句的大部分类别。

卷四：各类会话

采用会话的形式，以交际功能为线索，功能与情景相结合，把话语编排在一起。例如“初相见说话”：

先生才名如雷轰耳，欣慕日久，何幸在此拜识，若蒙不鄙弃，愿领清诲，请勿推故。

老夫才识褊（偏）浅，何足挂齿。闻道仁兄能文善诗，本地独步，老夫正欲求访，安谓今日相逄（逢），近再约会，倾心谈论。

会话种类还有：平日相会说话、诸般谢人说话、望人看顾说话、诸般借贷说话等。

卷五：各类会话

编排体例同卷四，内容包括：诸般贺人说话、诸般谏劝人说话、诸般赞叹人说话、书生相会说话、与僧家相会说话等。

卷六：长短杂话、器用

长短杂话，排列和句子的选择没有一定的规律。例如：

从窗中跳出逃命去了。
天色昏黑，对面不见。

器用为各种生产工具的名称。

4.《唐音雅俗语类》

出版于享保十二年。出版者为京都及江府出云寺和泉掾刊行。共五卷五册。卷头有西滇释皓大潮的序文。

卷一：雅语类

每行第一句是二字话，第二句和第三句为四字话，语体文雅。例如：

隆世　自守天常　愿安承教
信奉　如何而可　心无滞碍

卷二：长短雅语类

句子长短不一的，语体文雅。例如：

予自少时听长老持论多矣。
不求其端，不讯其末。

卷三：俗语类

每行上部为四字句，下部为八字句，两句大多有意义上的联系。例如：

初为相与，就如旧朋友一般了。
难得过来，寒酸洞主有失款待。

卷四：俗语类

均为长句，短则二、三行，长则一页。采用对话体。例如：

久闻高名，朝夕忻慕。今日何幸，不期拜颜。从今以后，若蒙垂青，感谢不尽。

足下大名，远近传扬，素所钦仰，但恨无缘拜识，相见晚了。既承不弃贫贱，敢不心腹相交。

其中一部分是谈中国黄帝和尧舜禹时代历史的会话，篇幅很长。最后一部分是关于中国明朝法律介绍的长篇答问。

卷五：俗语类

对话体，接卷四，也是关于中国明朝法律介绍的长篇答问。问句一般较短，回答很长。共16段问答。多是法律上的疑难问题。例如：

谋反大逆家属是否连坐。

夜无故入人家者杀之是否无罪。

5.《经学字海便览》

出版于享保十年（1725）。出版者为心斋桥安堂寺町大野木市兵卫开版。共七卷七册。卷头有那波兔毛的序文。

此书是《朱子语类》中关于四书五经的俗语译注。《朱子语类》共140卷，是南宋黎靖德根据朱熹与弟子的问答记录整理而成，于咸淳六年（1270）刊行。内容分为理气、鬼神、性理学、大学等数十项。这些文章中有许多当时的俗语（即口语），所谓语录体。仅据日本的汉文知识，不解其意的地方很多。为此，冈岛冠山对其俗语部分加了译注，编成《经学字海便览》一书。

（三）冈岛冠山编纂唐话教本的评析

1. 全套教本的整体考虑和各书的教学对象、教学任务

冈岛冠山编写这套教本有没有整体考虑，全套教本的教学对象是什么人，教学目的是什么？五种教本各自的教学目的和任务是什么，之间有什么关系，是值得研究的问题。

过去有些研究者认为，冈岛冠山做过“通事”，这套教本是专为在长崎从事日中贸易的唐通事而编写的。

但是我们看到在最先出版的《唐话纂要》林崇节的序文中提到，“盖通事之职。不可国而无之者也”，但“朝间有重礼之士，不肯补此职者，不亦宜乎？”接着赞扬冈岛冠山“精通华之声与语也，一开口即铮铮然，成于金玉之声；一下笔，即绵绵乎，联书锦绣之句。乃以是而鸣于当世，赫赫惊人耳目，郁郁流芳远近者，有年于兹也。然弗补通事之职，而游乎江湖者，无乃憎嫌此职之不贵邪？呜呼尊礼之志，必当若是而已矣”。明确指出因为“通事”的职位低微，冈岛冠山宁可在江湖游走，而不屑于担任此职。《唐话纂要》的编写出版是因为“今客门弟子所求。而著华语书五卷。名曰《唐话纂要》”。研究者认为，客门弟子当是指跟随冠山学习唐话者，主要是在徂徕的译社跟随冠山学习汉语的人。译社从正德元年（1711）持续到享保九年（1724)。《唐话纂要》是享保元年刊行的，因此也可以说《唐话纂要》是为了译社的学习者，在译社教授唐话的基础上编纂的。译社的学习者应该用这本书学习过汉语。

《唐话纂要》白樫仲凯希八甫的跋文中，也说到该书的出版，是因为冈岛冠山“东游武府。徒弟日进。讽读喧嚣。不能尽应。故表处华语若干句。仿点其音。译以国字。命之曰《唐话纂要》。付之刈劂氏。以广其传。学者朝夕手之口之。则不为一舌官之业而已”。为了应学习者增加的需要，而编写出版这教本的。因此可以说冈岛冠山这套教本，并不是专门为“唐通事”编写的，而是为江户时代初期，各界汉语学习者编写的。当然其中也包括唐通事。从教本的内容和难度看，不是零起点的汉语学习者，而是具有基本汉语水平的人。

在第一本《唐话纂要》出版后，此后的10年间，冈岛冠山又先后编写出版了《唐译便览》、《唐音雅俗语类》、《经学字海便览》、《唐话便用》四部教本。在教学对象的考虑上，恐怕仍然是各界的汉语学习者。但各个教本的教学任务可以说各有不同。

《唐译便览》是带有工具书性质的话语翻译手册。都是常用的汉语句子和相应的日语译文，以日语译文的字母顺序排列。从汉语方面看，句子与句子没有什么意义联系，也没有从意义上分类。学习这些汉语句子和译文，有助于理解汉语的意思并翻译成日语。

《唐音雅俗语类》编写目的是使学习者了解上层社会使用的汉语雅语和一般社会阶层使用的俗语之间的区别和联系，以便能根据不同交际对象进行得体的交际。另外，此书卷四的长篇对话，一部分内容是谈尧舜禹的事迹，意在使学习者学习关于中国历史知识。还有一大部分是谈中国明朝的法律知识的。这大概是与江户时代的幕府和藩主注重学习中国法律知识有关。普及中国法律知识应该是冈岛冠山考虑的教学任务之一。

《经学字海便览》是对《朱子语类》里的词语和句子进行解释的一本类似工具书的教本。教学对象偏重当时的知识分子。江户初期幕府政权把朱子之学定为官学。研习者颇多，因为该书是宋代白话，语言上的疑难很多。冈岛冠山编写这本书，显然是为了为当时的学习者提供一本可供查阅的参考书。

《唐话便用》是最后出的一个教本。此时冈岛冠山在汉语教学上声誉日隆，学生增加。西滇释皓大潮在序言中说："学者谓天实生才哉，即取道崎阳以为标识矣。于是冠山子谆谆诲之，如姆师之教儿女辈。夫学者稍稍就姆师请焉，则东西趋之，无不承其教。"为适应学习者的需要，作者又编写了《唐话便用》。与《唐话纂要》一样是着重学习汉语口语的教本，编写体例有相同的一面。但是内容显然比《唐话纂要》要深一些，全一些。可以视为是针对汉语水平较高的学生的。此书的卷四、卷五、卷六的会话部分突出语言的交际功能，内容涉及社会生活的许多方面，具有很强的实用性。如，江户时代佛教禅宗流行，禅宗寺庙里存在说汉语的群体，为适应与僧人的交际，《唐话便用》卷六，特别有"与僧家相会说话"部分。知识分子圈中，由于尊崇儒学，会讲汉语的为数不少，故卷六有"书生相会说话"。

《唐话便用》与《唐话纂要》明显存在互补关系。西滇释皓大潮的序言把除《经学字海便览》之外的四部书说成"譬喻四时成岁，不可缺一焉"。因此，我们可以说，冈岛冠山这几部教本虽然是先后编写的，但是心里是有一定的整体考虑的。这种有整体设计，成套编写汉语教材的做法在日本汉语教学史上是首开先河的。

2. 唐话教本对汉语特点的认识及在教本中的体现

从这几部教本的教学内容、结构和编排体例看，冈岛冠山的几部教本独辟蹊径，《唐话纂要》按照二字话、三字话、四字话、五字话、六字话、长短话的顺序安排教学内容。《唐音雅俗语类》雅语按照二字话、四字话、长短雅语类安排；俗语按照四字话、八字话、长短话安排。《唐话便用》按照二字话、四字话、三字话、五字话安排。六字话、七字话、长短句按成段表达安排。

这样的教学和学习顺序，明显反映出编者一个教学思路以及对汉语本身特点的认识。即想从汉语的两个字构成的词汇或短语开始，然后进入由三个字构成的短语，再进入由四个字、五个字、六个字构成的短语或短句，再扩展到六个字、七个字相连的复句，再进入由长短句构成的成段话语，从而掌握汉语。

汉语本身实际上是以字为本位的，字有的就是单音词，有的是语素。然后由单个的字，按照并列、偏正、主谓、动宾、动补等结构方式组成二字词或短语，再以同样的结构方式组成三字、四字、五字、六字、七字短语或短句。进而构成由两个句子构成的复句，由多个长短不一的几个句子构成的有一定逻辑关系的句群。

当然在那时候，不管是中国或日本，对汉语本身这样的规律都没有明确的认识。没有人总结出汉语逐级扩大的规律，概括出它们的结构模式。但是笔者认为，《唐话教本》对这一规律可以说有一些朦胧的认识，内容安排的顺序，反映了这一规律。从所选择的话语材料看，编者基本上把汉语的主要结构模式都囊括到教本里，而且把同一模式的结构集中到一起，实际上是做了粗略的分类。例如，《唐话纂要》卷三的“三字话”里相同模式的短语归为一类，包含了下面一些模式：

主谓结构：价钱贵　价钱贱　枉费少　破费大

动宾结构：做媒人　做冰人　做了亲　娶了妻　买了妾　嫁了人　生儿子　生女儿

状中结构：不晓得　不知道　不晓事　不睬他　不要管　不理你

偏正结构：呆物事　笨东西　废物事　大废料

可能补语：用不勾　用得勾

趋向补语：收拢来　合拢来

结果补语：捏碎了　踏破了　扯破了

程度补语：热得紧　冷得紧

动宾结构＋趋向动词：拿烟来　拿茶来　担火来

动词＋趋向动词，表示可能：读不出　写不来　解不出　解得来

形容词＋趋向动词，表变化：滑起来　亮起来　硬起来　软起来

动词＋趋向动词，表结果：躲避了　躲开了　躲过了

状中结构：依旧疼　仍然好　依然好

被动句：吃他骗　吃他骂

程度补语：厌杀人　唬杀人　愁杀人

正反疑问句：准不准　肯不肯　是不是

这种对汉语结构模式的朦胧认识，在《唐话便用》卷之三的六字话、七字话中也可以看到。六字话、七字话之间存在意义上的联系，是二重复句。编者几乎把二重复句的各种逻辑关系的句子都包括了进去。这样编写不能完全说是无意的。例如：

承接关系：目今百花争放，处处正馥郁可掬。

递进关系：精通天文地理，更能呼风唤雨了。

因果关系：近年五谷丰登，四姓均得享福了。

条件关系：任他路上不平，鼠贼狗盗何足怕。

转折关系：今日偶然拜访，不意多蒙盛款了。

让步关系：大丈夫宁可死，不可做不义不忠。

假设关系：今回若做不成，这事宁撒开手罢。

根据对汉语特点的这种朦胧认识，编者采用了由二字词语、短语逐渐扩展为三字、四字短语、五字、六字、七字、八字的短句、复句以至成段话语的编排顺序，体现了循序渐进的教学思想。二字话、三字话、四字话、五字话、六字话、七字话、八字话，长短话，各层级的话题有重现，但所收入的话语不同。

一有利于巩固学过的内容，二可以适应不同的交际需要。

3. 唐话教本对语言交际功能的认识及在教本中的体现

学习语言是为交际服务的，汉语教学的重要目的之一是培养学习者运用汉语进行交际的能力。冈岛冠山对此应该说有相当明确的认识，他本人学习汉语运用汉语的经验就是重视交际。他做过“通事”，有口语交际的丰富经验。与中国人交游广泛，用汉语讲话与中国人无异，健谈而雄辩。因此这几部教本在学习词汇和短语、短句的基础上，都有一大部分是对话。对话按话题内容和话语的交际功能分类，把话题和功能有机结合起来。

这一点在初级的《唐话纂要》一书中有明显的体现。在二字话的词语和短语部分，在表达和交际功能方面包括了：

人称：大家 众皆 你们 你每 你等 他们 我们 阿谁 那个 甚人 何人

时间：起先 先前 前日 昨日 今日 明日 后日 夜间 晚头 黄昏 日中 早晨 早上 清早

方位：前头 后头 后首 外首 外头 里首 里头 中间 中央 当中 侧首 旁边 左侧 右侧 上头 下头 间壁 隔壁 对面 太近 太远

问姓名、年龄：贵庚 贱庚 尊名 贵号 尊姓 贱姓

致谢：多谢 感谢 感激 感佩 称谢

致歉：失候 欠情 缺情 失陪 失礼 失迎

礼节：行礼 作礼 作揖 长揖 回礼 答礼 作别 分手 握别

四字话、五字话、六字话，同样重视话语的交际功能。功能项目在重现中加深内容。例如问姓名、年龄一项，四字话在三字话的基础上编入：

贵乡何处 尊姓大号 敢问贵号 什么名字 贵庚几何 贱庚五十 青春多少 真个花期

长短话设计了许多对话，以训练学习者的实际交际能力。例如：相约赏花、

请人做媒、托人办事、责人办事不力等。

《唐话便用》的对话部分以极大的篇幅，编写了多种话题、多种交际功能的对话。每一话题和交际功能之下，编写多则对话，设计多种场景，以达到训练学习者根据目的对象、场合，进行交际的能力。例如“诸般借贷说话”：

有的借贷者说费用周转困难，请求借贷，并表示一定按时奉还。被借钱者自述自已也不宽裕，但应允借予。

小弟今年费用多，皆出于不意，所以这年边千计百较，只是划算不来，苦极了。仁兄若肯怜我燃眉，恩借十来金，济此艰难，感佩无涯。乃来年三月并子母奉偿，绝不敢失信，千万千万！

我也晓得足下今年另外有许多使用，想是所言不差，但我近年买卖不利，自家的开交也还不甚清楚。虽信如此，初承尊命，岂敢推托？况且小可数目，即今奉交便了。

有的借贷者说话不得体，几乎是强借。遭到被借钱者的批评，但最终还是借予了。

我今忽有不得已之事，急要三十两银子。这早晚各处去借，走遍了相与人家，只是半文也借不出，却不是晦气？我想你家还是有这头银子，你可拿出来借我用，我不敢久留，来月初头便有得还你，你不可不爽利。

你也好说，目今这时候，那（哪）家有这闲银子借你使？莫说三十两，三分钱也不是容易借得的。况且你借银子就如皇帝老爷借银子一般：“你可拿出来借我用？不可不爽利。”这是什么话？我和你是弟兄一般，便是这般说也不碍，若对别人家也说这样大气的话儿，不要想银子借，却先惹人叱骂，你岂不自省？你既料我家有，特地问我借，我也不宜说没有，落得拿出来借你用，见得些我的爽利也好。只要你来月初头不失信便了。

根据具体的交际情景、交际对象、交际目的，设计对话，构成课文。使用这样的教材可以使学习交际化。学习者容易进入角色，掌握和运用所学的话语，提高交际能力。

4. 唐话教本注意汉语语言中的文化因素和有关国情的内容

教材注意了汉语语言中包含的文化因素。例如，《唐话纂要》中的分类词汇表，中国的亲属称谓部分，列举详尽，内亲、外亲、上下尊卑序列分明。体现了中国亲属称谓的文化特点。《唐音雅俗语类》中涉及的中国尧舜禹时代的历史知识，明律中的法律知识和案例，可以看成是中国国情的介绍，对学习者了解有关中国的国情很有帮助。

5. 唐话教本的内容实用性强，并照顾到趣味性

《唐话教本》这几册教材，从词汇、短语、短句的选择，到会话话题、内容的设计，都很注重实用。例如：这些教本虽然不是专门为唐通事编写的商贸教材，但读者一定包括唐通事，内容不能不涉及商贸。所以几个教本都有航海、船具、船上人员、商务、关税、海难事故等内容。对唐通事的汉语学习和实际工作一定会有指导作用。

江户时代初期，幕府和藩主为治理国家，重视借鉴中国的法律，翻译明律和清初顺治、康熙的训诫百姓的圣谕。《唐音雅俗语类》一书就以大量篇幅用问答体介绍中国法律知识，以适应当时国家政治的需要。

长崎的中国禅宗寺庙多，信奉者众，《唐话便用》就安排与僧家谈话一节，并介绍寺庙制度等。

一般会话话题和内容的选择都与当时的社会生活紧密相连。例如：读书、作文、花费、买卖、婚娶、生养、疾病、打斗、赌博、嫖娼、诉讼、艺术、宗教等。

唐话教本这几册教材在一定程度上注重了趣味性。《唐话纂要》最后安排几则中国民间有关爱情的小曲，以调节气氛。增加小说，特别是“德容行善有报”，讲的是在长崎中国人的生活故事，更能引起读者兴趣。对话的设计有曲折而不枯燥。如上文举出的“诸般借贷说话”，就很生动、有趣。

6. 唐话教本的注音与对译

采用片假名给汉语注音，并将汉语句子都译成日语，两相对照，便利学习者的学习和理解。

（四）唐话教本在日本汉语教学史上的地位和作用

冈岛冠山所编写这几种汉语教本还存在很多缺欠。例如，各教本虽然都有编排体例和原则，但是作者并不严格遵循自己的原则，有些地方随意性很大。用片假名注音，如果不是教师口耳相传，学生自学不能掌握当时官话的正确发音。当时没有汉字注音的科学手段，属于事出无奈。另外汉语文字和句子有不少错误，日语翻译也有许多错误。

但是这些缺点都不能否定它在日本汉语教学史上的价值。因为它们是日本历史上第一套由学者个人编写的汉语学习教本，具有相当的实用性、科学性、系统性和趣味性，在当时影响很大，开创了日本的汉语学习的新阶段，并影响了江户时代以后，明治时代的汉语教学和教本的编写。从这一点看，冈岛冠山是功不可没的。

附注：

本文是受我所在的北京外国语大学国际交流学院“日本汉语教学史研究”课题组委托而写的一篇综述论文。文中引用唐话五种的内容来自课题组整理的电子版。写作中还参考了课题组其他老师的研究论文。没有这些集体劳动的成果，论文是不可能写成的。

本文原载于《国际汉语教学动态与研究》2006年第一辑

论近代汉语学习从南方话向北京官话的转变

张海英

张海英，女，1993 年到北京外国语大学工作，现为北京外国语大学中文学院讲师。学术研究方向为汉语国际教育史、中外文化交流史。

一、鸦片战争前来华外国人的汉语学习情况

鸦片战争前，来华外国人主要是商人及传教士。《南京条约》签订时，掌握汉语的外国人寥若晨星。据卫三畏回忆：在林则徐担任钦差大臣时期，不算在澳门的葡萄牙人，研究中国的外国人实际上只有 5 位，就是这 5 位当中也很少有人认识汉字。

之所以出现这种局面，主要是由于清政府闭关锁国所致。

清前期实行严格的限制对外贸易政策，1757 年清政府限定只有广州一地作为中国的对外通商口岸。来华贸易船只都只能先到澳门，在澳门聘请通事（翻译）和买办，然后开往虎门，再到黄埔。当时的贸易程序是：来华商人将货物转交给广州十三行的保商，保商负责出售外商带来的商品、采办回程货物，外商不得与其他中国商铺私下贸易。一旦货物售出，回程船只装妥，这些商人应立即回国或者前往澳门。清政府规定外国人没有在广州行走的自由，也不得在

广州过冬。他们没有权利到广州街上去看一看哪些外国货有销路，哪些中国货已经上市，或者是去调查一下行市涨落的情形。这些商船只能在广州停泊三个月左右。由于有通事帮助他们与保商进行语言沟通，买办负责他们船上用品的采购，加上他们行动受到严格限制，这些来华商人实际在广州贸易期间与中国人接触十分有限。他们满足于所赚取的商业利润，学习汉语的意愿并不强烈。“商人们在贸易时说的是一种可笑的语言——洋泾浜英语，这种语言由中方的翻译发明并被外国人采用，这使很少有人再愿意认真地学习中文。”

就传教士来说，由于他们的首要任务是引导中国“异教徒”皈依上帝，而要吸收中国人加入到教会中来，最重要的一点就是与中国人语言交流顺畅，因此学好汉语，以流利的语言为中国教徒布道是传教士追求的目标。但经过雍正、乾隆、嘉庆三朝的严格禁教，到鸦片战争前，基督教在中国已遭到毁灭性的打击，传教士在中国内地已销声匿迹。1807 年新教传教士马礼逊到达广州时，由于不能公开其传教士身份，只能隐匿于美国商馆，随人偷偷学习汉语。后来他在英国东印度公司谋得中文翻译兼秘书一职，才得以留在广州。

清政府规定：外商不得雇用华籍仆役，中国人不得帮助外国人学习汉语。通过恐吓当地人，广州政府多年来有效地阻挠了外国人的汉语学习。

二、转变背景——从五口通商到各国公使入住北京

鸦片战争中国战败，中英双方于 1842 年签订《南京条约》，中国被迫开放广州、福州、厦门、宁波、上海五个通商口岸。条约取消了过去广州的垄断政策，允许外国商人自由进行买卖，也允许他们雇用买办和仆役而不受任何束缚。条约还规定通商国家应在各口岸派驻领事，管理商务。1843 年据此条约而颁布的五口通商章程又规定，英国领事得使用英国法律判处在中国的英国罪犯，领事除负责商务事宜外，开始涉足司法事宜。

1844 年中美签订《望厦条约》，领事裁判权得以确认。《望厦条约》准许外国人购买中国书籍、聘用中文教师。这对于在汉语学习上一直苦于找不到合适

的老师和合适的参考书的传教士特别有价值。

太平天国期间，清政府上海海关工作陷于停顿状态。1854 年英、美、法三国组成关税管理委员会，接管上海海关。1859 年清政府在上海设立总税务司署，税务司及高级职员全部聘用外国人担任。随后，这一套制度推行到全国各口岸海关。

1858 年签订的《天津条约》中，中国又增加 11 处通商口岸：牛庄、登州、汉口、九江、镇江、台湾府、淡水、汕头、琼州、南京以及天津。外国人持领事颁发并经中国官员加盖印信的护照，可以前往中国内地各处游历通商。

1860 年签订的《北京条约》允许外国公使常驻北京，并直接与清朝廷接触。1861 年 3 月，英法两国使馆在北京设立；之后，俄国、美国、普鲁士等也先后在北京设立驻华使馆。

从五口通商到各国公使入驻北京，中国对外开放的范围是越来越广。我们不难看出：外国人在中国的活动范围是逐步北上的，从南方的广州、福州、上海等地逐步向北方的牛庄、登州、天津、北京等地扩展。由于中国南北方言差异极大，外国人活动范围的不断北上就带动了汉语学习从南方话向北京官话的转变。各通商口岸领事馆的设立、各地海关聘用外国人任职、各国驻华公使馆入驻北京，也为外交官进入中国提供了政治舞台。外交官多直接与清朝廷打交道，所以学习清政府官员通用的语言，顺利与他们交流，是这些外交官在上任前必须解决的问题。

三、转变的具体体现

（一）北京官话成为外国人学习汉语的首选

中国被迫开放前，没有外国人把北京官话当作学习和研究的对象，因为外国人不能到达北京，无法与北京人、与朝廷官员相接触。马礼逊、麦都思和卫三畏等人都声称他们编撰的词典或汉语初级读物描写的是广东话、潮州话或南方官话。艾约瑟曾这样评价马礼逊：马礼逊正在编撰他的很有实用价值的音节词典，却没有意识到他所列的音根本不是现在通行的官话音，而是已经废弃不用的官话音。

19 世纪中期，围绕哪种音应是汉语官话标准音这个问题，外国人曾有一段比较与选择时期。艾约瑟认为：尽管北京官话比南京官话更为时髦，但南京官话通行的范围比北京官话更大；他还认为那些想说中国宫廷语言的人一定要学习北京话，而净化了它的土音的北京话，就是公认的帝国官话。杜德维也讲："北京官话虽然流行，但南京官话使用得更普遍。"艾约瑟和杜德维的这种描述，真实地反映了从南方音向北京官话转变时的情形。

1860 年后，外国使馆入驻北京，各国与清朝廷的外交事务越来越多，他们迫切需要懂汉语的翻译和官员。各国使馆纷纷在北京招募学生学习汉语，以便派往各地任职。由于这时期清政府已规定北京官话为朝廷官员通用语言，不首先学习北京官话几乎是不可能的了，各国使馆自然把北京官话作为学习的首选。英国使馆负责汉语教学事宜的威妥玛的观点非常有代表性，他认为：北京官话比其他任何语言都更重要。理由有三：(1) 北京官话是帝国政府主要官员所说的话。(2) 这些学生的老师、仆人以及他所接触的十之八九的人，都很自然地讲这种话。(3) 北京官话的特征正逐渐渗入官话通行区域的所有各地方言。如果学生讲好了北京话，他跟任何讲官话的本地人之间，相互理解就不会有什么困难。

1874 年，日本驻华公使柳元前光进驻北京后发现："不学京话难为庙堂公用之谈"，他致信外务部派学生来北京学习北京官话。1876 年，日本国内的汉语教学，从官方到民间，同时由南京话转向北京话。1879 年，哈佛大学拟设汉语课程，他们从中国聘请戈鲲化，从事北京官话的教学工作。比较有趣的是：戈鲲化本人平时讲的是南京话，他的南京话比北京话要好得多。上课时他得按照威妥玛编的北京官话教材做一些适当的调整。

到 1860 年代至 1870 年代，北京官话已经成为外国人学习汉语的首选。

（二）学习者由早期的传教士为主体变为外交官为主体

鸦片战争后，来中国碰运气、寻求发展的外国人，除了以前的商人和传教士以外，还多了外交官这一群体。这时期外交官员主要有：各国领事馆官员、中国海关外籍职员、各国公使馆职员、还有为某些中国官员担任翻译的外国人。与中国开放前相比，转型时期的汉语学习者由早期的传教士为主体变为了外交官员为主体。

早期除了部分通晓汉语的传教士以外，其他外国人对汉语都茫然不知。随着西方国家与中国政府的不断接触，翻译的需求逐步提上议事日程。于是，一些传教士被聘请担任来华官员的翻译或直接被任命为驻华外交官员。如裨治文、伯驾、卫三畏、丁韪良、李太郭、郭士立等都曾被美、英等国聘为翻译。伯驾在鸦片战争后，转投外交工作，于 1845 至 1855 年任美国驻华使馆头等参赞，其间 3 次代理公使职务，1855 至 1857 年正式任美国驻华公使。卫三畏在 1856 年也辞去教会工作，担任美国驻华使馆头等参赞及翻译，在 1856 到 1876 年曾 7 次代理驻华公使职务。

1879 年，在宁波通商口岸任税务司官员的杜德维在与哈佛大学校长埃利奥特讨论如何在哈佛开设汉语课程时，对当时在中国的外交官员、传教士和商人的汉语学习做了细致的介绍。他说：大多数领事官员刚到中国时，往往要在北京住上一年或更长时间，以排除其他工作的干扰，专心学习北京官话；海关人员则在老师的指导下，在北京或所驻港口学习北京官话。关于商人，杜德维认为在中国的外国商人几乎普遍都没有掌握中文，他们只是在数月间无意学到一些单词。美国琼记公司曾派出三四人到京城学习北京官话，旗昌洋行也曾每年派出一两人到京城学习官话。但是这些人学成之后没有一个人仍在经商，有 3 人被吸引去担任美国领事馆翻译，1 人去同文馆做了教习。他还认为：与外交官员和商人相比，传教士与中国人的联系更加密切，他们必须深入中国各地更深入地学习当地人们的日常用语。从目前笔者所查阅到的材料来看，这一时期的传教士忙于办学校、出版书报、建医院、传播教义、传播西学等，汉语学习方面反而没有外交官那么积极。

（三）教学方式由私人辅导变为类似于学校的授课

最早来华的新教传教士马礼逊藏匿于广州、澳门学习汉语时，他所聘请的老师常常随身带着毒药，以防一旦发现有人向官府告发，他就可以自杀以免受折磨。卫三畏来华后也抱怨，最大的困难是找不到合适的人教中文。好不容易找到一位文化教养颇为深厚的老师，为了防止被人告发，这位老师每次来时总是带着一只外国女人的鞋并将它放在桌子上，一旦有他害怕或不认识的人进来，他就可以假装自己是一个给外国人做鞋的中国师傅。在清政府的严格限制下，《望厦条约》签订前外国人汉语教学的方式只能是不公开的私人辅导。

《望厦条约》签订后，外国人学习汉语由地下转为公开。戈鲲化在赴美之前就已成功地教出了3个学生：一名法国人、一名英国人和杜德维这位美国人。设在北京的各国使馆，已任命专人负责汉语教学事宜，聘请专门的汉语教师，"各国公使，各携带学生学汉语，由公使雇京人教师授纯粹京话"。当时在北京的日本使馆，"由外务省派来修语学的三人，都是分别雇请教师教习"。英国公使馆则是"很多人集中在一起，好像是学校似的学习"。这些学员生活在讲中文、学中文的氛围里，每天都能接触到不同的中国人，从他们那里学到不同的词汇。学生们常常四五个人一起比赛学习。

当时的课堂教学一般来说是这样：学生们住在北京，雇用一名先生。如果他们有充沛的体力和毅力，整个白天和傍晚的一部分时间，都跟随先生学习。先生根本不懂学生的母语，学生也不懂中文。他们从《语言自迩集》开始，先生发音，学生尝试模仿。刚开始的时候，学生不能辨别出他所听到的奇怪的声音，他的耳朵辨别不出四声的明显的区别。但是，因为他每天掌握一点，最后会取得成功。如果学生愿意越慢越彻底地学习，他所花的时间会更短，取得的效果会更好。

（四）学习材料由零散的辅助材料变为成套北京官话教科书

早期来华的外国人在学习汉语时可以说是一穷二白，他们既没有现成的教材，也没有可用的字典，只能自编。汉语学习在正式转变为学习北京官话前，来华外国人所编写的学习材料主要集中为词典、初级读物等辅助材料。其中词典类有：马礼逊的《华英词典》(1823)、《广东省土话字汇》(1828)，麦都思的《福建省土话词典》（1837）、《汉英词典》（1843）、《英汉词典》（1848），卫三畏的《英华韵府历阶》（1844）等；初级读物类有：马礼逊的《中文对话与例句》（1816），裨治文的《广东方言中文文选》（1841），粦为仁的《潮州土话初阶》（1841），卫三畏的《拾级大成》（1841），地凡的《中文入门（广州土白）》（1847）等。

从上述这些词典和读物看，汉语学习完全还处于初创时期，学习材料零零散散，不成体系。直到1867年威妥玛编写的北京官话教科书《语言自迩集》和《文件自迩集》出版，来华学习汉语的外国人才有了从初级到高级、从官话口语到书面语的成套的教材。威妥玛在《语言自迩集》第一版序言中说："它的基本功能是帮助领事馆的学员打好基础，用最少的时间学会这个国家的官话口语，并且还要学会这种官话的书面语，不论它是书面上的、公文信件上的，抑或具有公众性质的文献资料中的官话。"这套教材出版后，各国驻华使馆汉语学习班、国外汉语教学机构都普遍使用该课本。不仅英美人使用，而且日本、朝鲜也都选用。曾在北京日本使馆学习汉语的中田敬义谈到："来到北京一看，没有语学书，只有当时英国驻支那公使威妥玛编的大本的《语言自迩集》，这本书的确是珍贵的书，价钱非常高，买不起，于是，找支那的笔工抄写。"1876年日本国内由南京话改学北京官话时，东京外国语学校"以学校仅藏的一部《语言自迩集》为原本，让学生全部抄写，作为教科书"。1879年日本出版的《亚细亚言语集》，除一两处改动外，几乎全以《语言自迩集》为底本。1879年哈佛大学开设汉语课程时，《语言自迩集》是唯一的教授北京官话的可选教材。

《语言自迩集》的出现，适应了当时中外交流的形势，满足了汉语学习的需要，它之后的30多年，没有什么可圈可点的教材能够与它相提并论。由于需求量太大，《语言自迩集》前后出过三版，一版出于1867年，四卷本；二版出于1886年，三卷本；三版出于1902年，二卷简本。直到1902年，俄国学者仍说：至今为止，大家还是认为伟德（威妥玛）的课本是最好的。

四、研究这一转变的意义

近年来，不少学者都在着手研究明末清初以及近代汉语教学问题。研究过程中常遇到的一个难点是：即使对这些汉语学习者的生平十分清楚，对他们研究汉语的论述以及所撰写的汉语教材非常明了，但由于缺乏相关的历史背景知识以及汉语本身的历史演变知识，一些结论难免不实。笔者读到的论文中，曾有分析近代汉语教材的语音语法但却不知该教材描述的是哪种语言的。所以，研究近代汉语学习从南方音向北京官话的转变，至少我们可以理清汉语教学史上的这几个问题：近代汉语学习有一个从南方音向北京官话转变的过程；这一转变过程与中国开埠通商、外国人在华活动范围由南向北逐步扩大密切相关；各国公使馆入驻北京促成了这一转变；《语言自迩集》的出版以及之后几十年的广被采用，是这一转变的见证。

另外，研究近代汉语学习从南方音向北京官话的转变，也可以为目前世界汉语教学提供参考。如：通过分析从五口通商到各国公使入驻北京，我们可以看出中国政府的对外政策对汉语学习具有绝对的影响；通过介绍使馆学生学习汉语的方式，我们可以看出学生在学习之初越有耐心他的进步就越快。《语言自迩集》中那优雅而标准的北京官话口语，《文件自迩集》中采用的系列官府文件，都可以为我们编写汉语教材提供经验和启发。

本文原载于蔡昌卓主编：《多维视野下的对外汉语教学研究：
第七届国际汉语教学学术研讨会论文集》，
广西师范大学出版社 2009 年版

计算机发展与汉语教学

李传槐

李传槐　男，1932 年生，江西省南昌县人。副教授，北京外国语学院原中文系副主任。1978 年以来，先后多次被评为学校优秀教师、先进工作者。发表学术论文多篇，出版的编著有《红楼梦人物词典》（编委）、《中国古代文学词典》（合编）、《中国文化读本》（合编）等。

第三届国际汉语教学讨论会于 1990 年 8 月 16 至 20 日在风光秀丽的北京香山饭店举行。参加本届会议的代表有来自 22 个国家、地区的教师、专家 300 余名，提交论文 277 篇。代表们就汉语教学理论和教学方法、汉语研究、汉语教材编写、汉语教师培养、汉外语言对比、汉语教学与汉文化、计算机辅助教学研究等议题进行广泛深入的探讨。

在当前世界范围出现的“中国热”所带来的“汉语热”的形势下，涌现了一批把电子计算机用于汉语教学与研究的论文，论证了现代化教学与研究手段，如电脑的应用，软件的开发，是发展汉语教学、提高研究水平的需要。张普《论汉语信息处理技术与对外汉语教学》；汪惠迪〔新加坡〕《联合早报新闻用字与用词的计量研究》；高辟天〔苏联〕《在频率词典的基础上确定教学用字和词》；郑丰群《汉语计算机辅助教学系统的可实现题型的分析与设计》；贺上坚〔美国〕《计算机辅助汉语教学的探索》；李传槐、李秀兰《以外汉语教学和

CAI 辅助教学软件系统的研究》；张普、向华《试论来华留学生 COA 能力的培养——兼析 PJY 拼音—汉语变换系统》；茅以杭、张正权《机助汉语教学的基本软件的开发》；周有光《汉语规律在电脑处理中的应用》；郑锦全〔美国〕《音像兼用的标志文字教学》等论文，都产生了广泛的影响。

计算机应用于教外国人学汉语与研究，是一个划时代的贡献，它目前方兴未艾，现状喜人，而且意义重大。

一、蓬勃发展的对外汉语教学

汉语是世界上最古老、最优秀的语言之一，当前全世界有四分之一以上的人在学习和使用汉语，因此，它也是世界各国人民共同的宝贵财富。1973 年 12 月 20 日联合国大会第 22 届会议一致通过把汉语作为联合国大会和安理会五大工作语言之一，它不仅适应了错综纷繁的国际事务的需要，而且充分显示了汉语表现能力和表达效果——准确而简练的无可比拟的优越性。现在和 50 年代相比，我国接受留学生的专业，已从当时单一的汉语专业，发展到包括理工农医各学科的 300 多个专业；接受留学生的人数已从几十名发展到几千名；留学生所属的国家和地区，也从几个发展到遍及世界五大洲的 120 多个。面对如此迅速发展、蓬勃高涨的形势，我国党和政府领导给予了高度重视，及时做出了把对外汉语教学提高到战略高度对待的决策，并明确指出：对外汉语是一门新兴的学科。中央还设立了对外汉语教学领导小组，建立了中国高教学会对外汉语教学研究会。继 1985 年第 1 届国际汉语教学研讨会，1986 年中国高教学会对外汉教学第 2 届年会之后，1987 年夏又在北京召开了第 2 届国际汉语教学研究会，成立了世界汉语教学学会，出版了会刊《世界汉语教学》（季刊）。从此，不仅从根本上改变了认为对外汉语教学是“小儿科”，“只要是中国人，会说中国话，就能教外国留学生汉语”的世俗偏见，而且使对外汉语的教学与研究活动遍及世界各地。如 1988 年 10 月 9—10 日，在东京举行的日本中国学会第 40 次年会；1988 年 10 月 29—30 日，在神户举行的日本中国语学会第 38 次大会；

1988年11月18—20日，在波恩召开的第5届德意志联邦共和国现代汉语教学讨论会；1989年11月25日，在巴黎举行的法国汉语教师协会年会；1989年12月13—15日，在香港教育署语文教育学院举办的第5届国际研究会等，人才辈出、硕果累累。而1989年12月27—30日，由新加坡华文研究会筹办的世界华文教学研讨会，亚洲、澳洲、美洲和欧洲等国家和地区的专家学者500余人出席，盛况空前。其间包括笔者为大会提交的“儿化与儿化韵”在内，共发表有关华文理论研究及华文教育与教学、课程设置、教材编写、测试评估、辅助教学器材与相关资料等各类文章近百篇，当时新加坡共和国总理李光耀、第二副总理王鼎昌主持开幕式，并惠赠重要《献词》。对外汉语教学的手段与方式，目前虽由“一本书、一支笔、一张嘴”的“舌耕”阶段，进入了“电化教学”阶段，引进了幻灯、电影、录音、录像，以加强感性认识和直观形象，但这种教学模式，实质上仍然是教师→学生→教师，没有超出传统教学模式的范畴，远不能适应形势发展的需要。

二、计算机用于信息处理和汉语教学

随着科技的进步和发展，计算机异军突起，由应用于科学研究、生产实践和企业管理而进入家庭与课堂，进而形成音像同步、图文并茂的计算机语言，大大地方便了教学，形成了新型教学模式，计算机本身也参与教学，成为教与学整体中的一部分。它能根据教与学双方的需要，通过计算机对自然语言的形、音、义的信息处理，即字词句章的输入、输出、识别、分析、理解和生成的过程，使人脑与电脑形成高度的统一和有机的结合，既与教师沟通、互有往来，形成教师与计算机之间的人机对话；又与学生沟通，形成学生与计算机之间的人机对话。我们既可利用它与语言实验室结合，组成计算机网络，实现一机多人的群体教学；又能利用它携带方便、不受时空限的有利条件，进行个别辅导，而且还可以充分利用其词库、知识库、数据库存储量大，查询方便等优势，大量进行中文信息处理的科研究活动。该领域的主要活动如下：

1. 在北京召开的第三届国际汉语研讨会，涌现了一大批计算机应用于汉语教学与研究的文章。取得了可喜的成效，产生了广泛的影响。

2. 制订汉字编码字符集国家标准，这是关系到我们民族尊严和国际协调的千秋大业，需要社会各界的关心和支持。它吸引了语言文字学界、计算机产业和中文信息处理学者的参与。1983 年 5 月成立的“全国计算机与信息处理标准化技术委员会”（简称“计标委”，CCIPS），提出了编码字符集标准的繁体字简体字对应编码的原同，制订了基本集和从第 1 到第 5 辅助集等 6 个集息交换用汉字编码字符集并已正式发布，第 3 和第 5 编助集正在审批中。

汉字的传衍过程，一方面在中国疆域内传播；另一方面，也先后传到中国疆域之外的邻国（如约于公元前 40—公元 43 年传入越南、朝鲜，之后约于 3 世纪末通过朝鲜传入日本），形成了世界范围的汉字文化圈。但由于社会背景、语言环境和应用领域的差别，也由于汉字是一个无定界的大字符集，在海峡两岸的台港澳地区，在汉字文化圈的各邻国，形成了多种相互交叠的汉字标准字符集。

国际标准化组织正在制订多八位编码字符 ISO10646，海峡两岸计算机产业界都深感这一关系到信息处理技术项目的重大意义，经过磋商，一个明确的观点和趋势已取得共识，这就是：在合理利用国际计算机中汉字文化圈编码空间时，必须在国际范围内有一个统一的汉字字符集。尽管海峡两岸及中、日、朝之间的汉字，还存在着这样的差别，但是，中文汉字（Hanzi）、日文汉字（Kanji）和朝文（Hanja）源于同一文字（Saript），属于同一文字体系的事实，则是无可辩驳的。如何将汉字统一编码，只是时间问题和技术处理问题，前途是乐观的。

3. 国家“七五”重点科技攻关项目（67－7－12）的子项“计算机辅助对外汉语教学”，随着人工智能（AI）技术的发展与应用，在北京师范大学现代教育技术研究所何克抗教授领导和谢泳圭同志参与下，将人工智能引入辅助教学，形成《智能型计算机辅助汉语教学（ICACI）系统》，已通过技术鉴定，并于 1992 年由北京师范大学出版社出版发行。它根据不同对象的需要，提供不同内容和方法，使计算机成为学生课堂学习和课余自学的良师益友。有声教学方面，研制配备了音像清晰自然、性能良好的汉语语音合成器，实现了图、文、声并茂，脑、眼、耳、口、手并用，从而增强了刺激，加强了记忆，提高了效率。

三、海外计算机用于汉语教学情况

1. 台湾省国字整理小组曾宣告：台湾已成功地建立了“中国文字资料库”，编定了“国字交换码”，刊印了“中国文字资料库”（修订版），还就拼音文字与图形方块字在形、音、义三者关系上进行了分析比较，从而得出结论：“今日吾人所欲学的知识太多，文字为记载知识的媒介，故以简便的方法学习正确的文字，实为当务之急。”

在此同时，台湾省历史语文研究所也将二十五史全文资料库于1990年8月全部做完，现已启用。十三经注疏和台湾地方志也做完，子部和集部的输入正在进行中，完成即可启用。

2. 据韩国《经济人》杂志报道，专门研究制作电子出版系统的汉城系统公司最近成功地研制出第一部储存汉字达6.5万字的汉字计算机。这部计算机不仅韩国能使用，整个汉字文化圈也可以使用。该机把迄今为止凡能找到的汉字都储存起来了，为整个汉字文化圈作出了积极的贡献。

计算机的出现并成功地应用于中文信息处理，应用于语言文字的教学与研究，是划时代的贡献，必将开拓一个新的局面。

本文原载于《通联世界·中文信息·CIP》1993年第1期

口语词汇教学与书面语词汇教学

吴丽君

吴丽君，女，1962年出生。1984年至今在北京外国语大学中文学院工作，教授、博士。历任中文学院进修部主任、汉语培训中心主任、对外汉语系主任、院长助理、副院长等职。现任北京外国语大学国际汉语教学信息中心主任、《国际汉语教育》主编。世界汉语教学学会终身会员，中国对外汉语教学学会会员，世界汉语教育史研究会理事。主要研究方向为：对外汉语教学、汉语语用学、世界汉语教育史。主要研究成果：专著《日本学生汉语习得偏误研究》（中国社会科学出版社2002年版）、《汉语常用句式的语用研究》（北京出版社2010年版）、《唐话五种研究》（主编，外语教学与研究出版社2009年版）、《世界汉语教育史》（副主编，商务印书馆2009年版）、对外汉语教材《新编汉语报刊阅读教材》（初级本、中级本，北京大学出版社2001年版）、对外汉语工具书《汉语水平考试备考词汇手册》（北京语言大学出版社2006年版）。此外，在国内外学术期刊上发表有关对外汉语教学方面的学术论文30余篇。

一、对第二语言词汇习得与词汇教学的再认识

（一）认知型词汇与活用型词汇

词汇不同于语音、语法，它本身是一个开放性的系统，词语的个性多、共性少，没有一套现成的用于系统教学的模式。在词汇教学上，普遍认为，词语只能一个一个地教，一个一个地学。由少到多，慢慢积累，只有达到了一定的词汇量，才能在交际中自由运用。刘珣（2000）指出："词汇能力的培养绝不只是记忆生词的问题，应包括掌握词汇的语义、句法功能和搭配关系，还要掌握词汇的文化内涵和词汇在不同情境和功能中附加色彩的变化，从而具有在不同情境和功能中对词汇的限制和选择的能力，区别词汇之间语义差别的能力，掌握词语的聚合、组合规则的能力，特别是在语言交际中理解别人和表达自己的词汇能力。"戴曼纯（2000）认为："开始学习一门新语言与学习其词汇是同时进行的，而且当语法系统发展得相当完备时，词汇的习得依然远离目标。可以说，词汇的习得是一个终生的认知过程，没有人能掌握英语或汉语的全部词汇。"

词汇习得也是有标准的，习得了一个词就意味着掌握了那个词的完备的知识。Wallace（1982）认为"认知"一个目的语单词首先意味着能够"识别其书面和口头形式"。就语言习得而言，戴曼纯认为认知型词汇、活用型词汇更具有心理语言学意义和教育学意义。认知型词汇是指认识但不能自由运用的词汇，即学习者仅能把语音和意义联系起来的词语。活用型词汇指学习者不仅认识其最基本的意义，而且还能写出来，会运用。江新（1998）认为："认识一个词是有不同层次的，从完全缺乏该词的知识到掌握该词的详细知识、来源以及使用它的语境，这是逐渐过渡的。可以将'认识一个词'看成是一个连续体，在连续体的一端是'不认识'，词的意义在语义记忆中没有建立起来；另一端是'认识'，对词的知识已牢固掌握。"鹿士义（2001）也有近似的观点："假设在认知型词语和主动型词语之间存在一个连续统。在词汇的连续统里，从认知型词汇到主动型词汇之间存在着一个距离。距离越大，

学习者的认知型词汇越多。”由此可见，从初级阶段到中高级阶段的词汇习得也就是从以认知型词汇为主到以活用型词汇学习为主的过程。认知型词汇和活用型词汇是从学习者的角度来划分的，从认知型词汇向活用型词汇过渡是一种过程，随着学习时间的延长，活用型词汇量应不断增加，而认知型词汇应不断转化为活用型词汇。

认知型词汇与活用型词汇的划分对教学具有指导作用。教师的课堂教学应了解哪些词汇要在初级阶段教，哪些词汇放在中级或高级阶段教。教师应尽量避免课文中有什么讲什么，碰到什么教什么。

（二）当前对外汉语词汇教学中存在的问题

目前，在对外汉语词汇教学中存在以下几种情况：

1. 不注重教学方法，跟着教材走

词汇教学有不同于语音、语法教学的特点，因此也有其独有的教学法，如：翻译法、图示法、语境法以及搭配法和比较法等。但目前看来，国内的对外汉语教学单位，普遍没有根据不同的程度、不同教学对象、不同学习期限采取具有针对性的教学方法。也就是说，没有对词汇教学法给予足够的重视。词汇学习跟着教材走，选定了一套教材，就按照那套教材的编排体例、生词表、课文内容以及课后练习来进行课堂教学。这样一来就会产生一些问题：所选教材的词汇量是否合适？实际上，不同的教材的收词量差别很大；同一个教学班中几门必修课程的教材不配套，词汇的难易程度很难统一，重复现象多。另外，教材中的词汇表多年来成了教师教词汇和学生学词汇的唯一模式和依据。生词表中的外文注释部分也往往是简单的一对一直译，这样做容易误导学生，使他们以为汉语词汇可以这样简单地去理解，以为不同语言的词汇间存在完全对应的关系。

2. 教学内容与《汉语水平词汇与汉字等级大纲》不一致

《汉语水平词汇与汉字等级大纲》的主要用途之一是作为我国对外汉语教学总体设计、教材编写、课堂教学和教学测试的重要依据，对教学起积极的导向作用。《大纲》的编制具有科学性、规范性和限定性，对词汇的分级体现了实用性的原则——即针对对外汉语教学的需要。《大纲》将词汇分为甲乙丙丁四级，甲级1033个，乙级2018个，丙级2202个，丁级3569个，合计8822个。《大纲》（1991）中所选词汇是按照词频统计确定的，有些词虽然出现频率高但并不是最常用的词语，还有些以前是常用的，但现在可能不常用了。这就导致我们的教学往往达不到《大纲》的基本要求，教材的词汇编排也与《大纲》脱节。在现有的教材中，有的丙级词在一年级课本中就出现了，而有些常用的甲级词、乙级词却到三年级课本才出现。目前，《大纲》的选词及编写体例亟待改进、更新，教学内容与教材编写应该以《大纲》为标准。

3. 对语体教学重视不够

汉语语体划分方法很多，口语和书面语是从言语使用的功能上来划分的。实际上，嘴里说出来的并不等于就是口语体，而书面写下来的也不等于是书面语体，明确这一点非常重要。目前的语体教学仅仅体现在书面语写作课教学中，教师往往按照文章体裁进行教学，如：记叙文、议论文、散文以及说明文等，不太考虑词汇在语体教学中的作用。在言语交际过程中，选择运用什么样的语体，要根据具体的语言环境、交际目的需要来确定。

二、词汇教学中区分口语体词汇和书面语体词汇的必要性

（一）口语和书面语的划分

口语和书面语是按照语言功能所进行的语体划分，对这种划分目前已达成了共识。对于口语和书面语内部所进行的二次划分却不尽相同。对于口语，有人分为“正式场合口语”与“非正式场合口语”（陈建民，1984），也有人根据说话的对象和场合分为演说体、郑重体、客气体、熟稔体和俗俚体（张宁志，1985）。祖人植（2000）根据语用含义将口语分为四个层次：“基本口语”、“基本书面口语体语言”、“日常口语体语言”、“典雅口语”。我们可以看出，虽然都

是从功能出发，但其具体划分标准似有所不同。书面语内部的划分大同小异，一般来说，可分为文学语体、科技语体、政论语体、文艺语体等。实际上，在进行二次划分时还应将口语和书面语二者一并考虑，并不是说划分成口语、书面语之后二者就没有关系了。我们对口语、书面语、语体词汇三者关系做了如下表述：

口语 ↗ a 口语体口语→→→口语体词汇
口语 ↘ b 书面语体口语↘ 通用语体词汇
书面语 ↗ c 口语体书面语↗ 通用语体词汇
书面语 ↘ d 书面语体书面语→→→书面语体词汇

口语体口语就是日常口语，指在非正式场合的非正式交谈，如寒暄、聊天儿等。特点是较多使用口头语，句式灵活。书面语体口语是指较正式场合的正式谈话，在词汇选择上受书面语影响较大，不用或少用口头语。口语体书面语是指非正式的书面语，如朋友间的通信、留言、文学作品中的对白等；书面语体书面语指在正式场合的实用语体（合同、协议等）、政论语体、文学语体及科技语体等。实际上，b 类和 c 类有许多共同之处，它们所用词汇也是相同的，就是说，它们有交叉性。这是从言语使用功能上来划分的，在实际的言语交际中，只有在具体的语境中，根据交际需要才能确定用什么样的语体。

（二）口语体词汇与书面语体词汇

在调查中我们发现，外国留学生口语语体和书面语体的偏误现象主要表现在词语的选用上，特别是在一些同义词、近义词的使用方面。汉语中，近义词的区别很多是功能上的，而适用的语体不同是其中重要一点。

例：脑袋——头——头部

“脑袋”用于口语体口语（口语）；“头”用于书面语体口语和口语体书面语（通用语）；“头部”只能用于书面语体书面语（书面语）。外国留学生不了解语体上的差别，往往在日常口语中用了书面语体的词语，而在书面语中又用了口语体的词语，特别是书面语中的口语化倾向比较严重。因此，在教学中教师应做到心中有语体的概念，在词语教学、句式教学两方面的讲解和操练都要注意区分不同的语体。

下面图示中，两个圆形分别代表口语词汇和书面语词汇。a 部分代表只用于口语体口语（以下统称为“口语体”）的词汇；d 部分代表只用于书面语体书面语（以下统称为“书面语体”）的词汇；b 和 c 则代表用于书面语体口语和用于口语体书面语（以下统称为“通用语体”）的词汇。

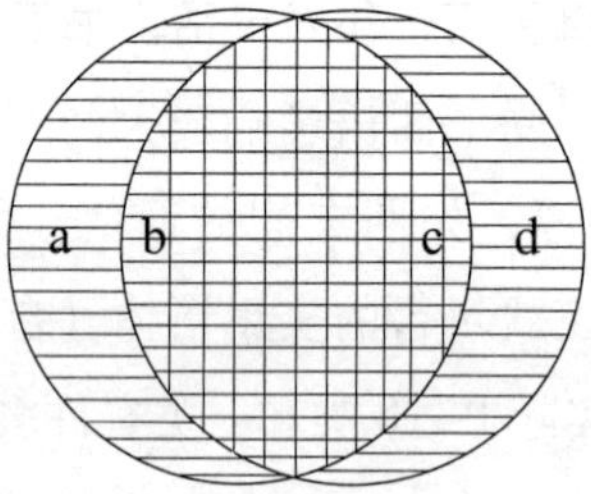

《汉语水平词汇与汉字等级大纲》（2001）按级别将词汇分为甲、乙、丙、丁四级。我们发现，级别越低的词汇，口语体词、书面语体词越少，反之越多；甲级词中只有“半天”、“别”等几个用于口语体的词语，而只用于书面语体词语几乎没有。而在丁级词汇中这两类词语都很多。说明在初中级阶段，词汇是以用于通用语体为主的。词汇的课堂教学内容也应根据大纲的顺序编排，切忌在初级阶段出现较多的口语体词（如大量的口头语和活用句式）、书面语体词（某一领域的专门术语）。

三、口语词汇教学和书面语词汇教学在课堂教学中的体现

（一）初级阶段的教学重点与难点

初级阶段应把重点放到实词上，词语的范围应以通用语体的生活词语为主，使学生掌握其基本意义和主要用法。《大纲》中的甲级词和乙级词加起来共有3051个，说明在初级阶段词汇量还是很大的。1000多个甲级词是通用语体词汇的核心，要求学生要熟练掌握，也就是说这些是活用型词汇，要做到能脱口而出，及时应答，能快速组织成话语。

初级阶段的难点有两个：一个是学生的母语与目的语汉语间有差异，不存在“一对一”的对应关系，学生依赖生词表上的注释往往不可靠。生词表上的注释也往往只标出在本课中的意义，而课文中的意思很可能并不是常用义或基本义。这就需要教师讲解，把词语本义和最常用义告诉学生。例如：《汉语口语教程》（一年级，北京语言大学出版社）第1课的“起”字，生词表中是“起（名字）”give (a name)；第10课的“当”，表示“以为”义guess/take for。第4课中的“通过”，课文中是“通过了论文答辩”。另一个难点是一些口语常用短语和句式，如：“不怎么样”、“（机会）有的是”、“有什么……的”、“……着呢”、“再也不……了”、“拿不定主意”等。需要教师放在具体语境中讲解，要给出例句。初级阶段的语境仅限于上下文。要引导学生反复操练，可采用对话、选择填空等各种方式。初级阶段的后期，虚词的用法也是教学难点。

不能简单地理解为口语课就教口语，教口语词汇；汉语综合课教书面语，教书面语词汇。实际上，词汇教学应贯穿于每一个课型中。汉语综合课是对听说读写四种基本技能的综合训练，每一种技能训练都离不开词汇，听说两项一般以口语体词汇为主，读写一般以书面语词汇为主，但在初级阶段听和说以通用体词汇为主，另外加上部分口语体词汇；读写一般是以通用体为主，较少涉及书面语体词汇。初级阶段的后期，应增加一些近义词语体上的辨析，如：“瞧”和“看”；“光”和“只”等。初级阶段的口语课也应以通用语体词汇为

主，随着学习时间的延长，逐渐增加一些口语体词汇和句式。听力课也是以通用语体词汇为主，加上一部分口语体词汇。阅读课应都是通用语体词汇。这两门课型都是接受型的课程，因此词汇也是认知型的词汇，不要求学生都记住并会写，只要能认读、理解就可以了。

词汇教学有很多种教学法，在初级阶段，比较适用的是翻译法、语素法、语境法和搭配法。但并不是每一种方法都要贯彻始终，都有一个阶段性。翻译法也叫直接翻译法，适用于零起点的学生，正因为汉外词汇不是一一对应的，教师用学生的母语讲解可以起到事半功倍的作用。如实词的教学，有些抽象名词没有实物对应，像“问题”、“手续”等词语，用翻译法较好。但时间不能太长，最多两个月。要让学生逐渐适应汉语的学习环境。语素教学法也是近年备受推崇的，这与汉语自身的特点有关系。用语素义解释词义，可以使学生更好地掌握词义。如：汉语中的一些有词缀的词：－子、－儿、－头、－员、－化等。语境法也叫情景法，也就是把词放在句子里理解和运用。这种方法对于多义词的教学尤其有效。初级阶段的语境不要太长，范围不要太广，只要有上下文即可。如：“打”字，“晚上我给你打电话”、“他喜欢打篮球”，可以加深学生的理解记忆。搭配法对于学生记忆词汇很有效，孤零零的一个词，即使语义再明白无误，对记住它也是无效的。如有一些化石现象，也可运用这种方法：“见面”是离合词，有些学生到了三四年级，仍然说“见面朋友”，这可能与我们当初的教法有关，我们可教他把“跟……见面”一起记住。另外，一些常用的动词与名词的搭配，量词与名词的搭配也较容易记住。

（二）中级阶段的教学重点与难点

进入中级阶段的学习以后，学习者的语音、语法已打下了一定的基础，可以说语音语法的教学已告一段落。在这一时期，学习者普遍没有进步感，或者说进步不明显了。这是因为受到了词汇量的限制。词汇量不足直接影响着他们说和写两项技能的提高。学生迫切需要增加词汇量。这一阶段的教学重点是在扩大通用语体词汇的同时，重视口语体词汇和书面语体词汇的教学。汉语的常用口语体词汇有1000多个，包括一些短语和句式，这些要求学生要作为活用型词汇掌握，不但理解语义，还要会得体地运用。因为中级阶段增加了写作课，写作课有各种书面语体的写作，必然要涉及书面语的词汇。不论写什么体裁的文章统统都说大白话是不行的，那是写作教学的失败。学生对通用语体词汇的接受不是很困难，其中，有些可作为认知型词汇了解就可以了。但是口语体词汇和书面语体词汇不同，掌握口语体词汇是为了“说”的需要；掌握书面语体词汇是为满足“写”的需要，都有运用的问题，也就是说这两部分要求作为活用型词汇掌握。这是教学上的一大难点。我们说，从认知型词汇转化为活用型词汇是一个动态的过程，如果得不到复习和巩固，某些活用型词汇还会逐渐退化为认知型词汇（李庭芗，1983）。因此，在中级阶段，对以前学过的内容重现和复习也是很重要的。一般来说，新词至少需要6—8次重现，才能初步掌握（刘珣，2000）。重现不能只是简单的量的重复，应重视一词多义的复现，在学习新义项的同时，复习基本义项、已学过的义项。如“把”字，先教量词用法（一把椅子），其次是“把”字句（我把作业写完了），然后才是动词的用法。在教新的义项时，学过的义项应重现和复习。多义词的学习应注意循序渐进，切忌将所有的义项一次教完。一个词的不同义项可以用于不同语体，这一点，教师应通过不同的例句告诉学生。在中级的中后期，近义词辨析、虚词的使用也是教学的难点。近义词间的差别除了功能和使用范围以外，很重要的一点就是适用语体的不同，口语体、通用语体、书面语体是最重要也是最基本的划分。如：年度/年头儿、奇怪/纳闷儿、休息/歇、用力/使劲儿、蔑视/小瞧。前者用于通用语体，后者用于口语体。《大纲》中出现的虚词有副词、介词、连词、助词、助动词、叹词、象声词等七大类，其中以副词为最多，约占虚词总数的46%，其次是介词和助词，加起来约占28%。在甲、乙、丙、丁四级词汇中，副词数量统计如下表1。

表 1

	词汇总数（个）	副词数（个）	所占比率（%）
甲级	1033	51	4.90
乙级	2018	100	4.96
丙级	2202	92	4.18
丁级	3569	68	1.90
总计	8822	311	3.53

说明：所统计的副词包括兼类词。

由表 1 可见，副词数量在初中级阶段所占比例是最大的。在所有这些副词中，绝大部分适用于通用型语体（只好、按时、最），只有较少的一部分仅用于口语体（一个劲儿、好在、早晚）和书面语体（暂且、颇、逐年）。因此笔者认为，无论适用哪种语体的副词都应该作为活用型词汇来掌握，具体的教学方法要根据课型来制定。

汉语综合课还是应以通用型词汇教学和训练为主，贯穿在听、说、读、写四种言语技能训练中。其中“说”部分可适当增加口语体词汇。口语体词汇应是满足日常生活交际需要的口语词，不选或少选俚俗类的口语词，因为那些属于亲密朋友或家人之间表达喜怒哀乐情感的词汇，应在高级阶段学习。“写”的部分除通用词汇外可增加一些书面语词汇，引导学生使用。中级阶段增加了报刊课和写作课。报刊课程有两个误区需注意：第一，所谓“报刊”指“报纸”和“刊物”，目前，基本上是有“报”无“刊”，也就是说我们的课堂教学和教材都只重视报纸而不重视各类期刊。第二，报刊课所用语言不都是书面语，也就是说，不是写出来的东西就是书面语。报刊课中，新闻内容占了相当大的比例，这部分的词汇是以书面语词汇为主的，包括一些报刊常用句式、格式等，需要掌握。但今天的报刊不同以往，翻开报纸，分门别类、五光十色的内容比比皆是，大量的信息向你扑面而来。因此，根据报刊不同内容、不同领域扩大词汇量是关键。不但让学生掌握新闻报刊的语言、句式，也要让他们了解教育、体育、娱乐等方面的报刊常用语言和句式。新闻类内容是以书面语词汇为主，而其他方面则以通用体词汇为主。根据不同的报刊种类、不同的文章内容，所用词汇不同，如，有些晚报为贴近大众生活，各种语体词汇交叉使用，给人一种轻松、愉快之感。如《北京晚报》的一些标题：《大快朵颐中关村》、《放长假挑个馆子换换口儿》、《北京人越住越舒坦》、《北京全力保障黄金周出游秩序》、《亚洲银行跳出藩篱》、《美国人看牙难》、《中国女足止步四强》等。写作课所用词汇是通用词汇与书面词汇结合，要根据写作不同体裁文章的要求选用，这些都属于活用型词汇，学生不但要了解词义、用法，还要会用，能正确地组织成句子、语段和篇章。中级阶段还有一点应注意，许多院校在三年级已设立了不同的专业方向，学生要根据不同的专业方向选择专业词汇学习。如：经贸方向的学生应掌握经贸方面的专业词汇和句式。这些词汇既有通用型词汇，也有书面型词汇。这里所说的通用型是就这个专业方向的学生而言，对于非经贸方向的学生来说就是书面词汇了。这个通用型词汇具体地说就是书面语体口语词汇，在贸易谈判、签订协议等正式场合所使用。书面词汇主要指标书、合作协议、企划书等文案所用词汇。

中级阶段教学的主要任务是帮助学生扩大词汇量，教学方法也是多种多样的。其中构词法教学对扩大词汇量行之有效，这里不是指在课堂上讲授汉语构词法，而是指充分利用汉语构词法知识，教给学生一些构词规律，如：偏正式、并列式、述宾式、主谓式等。

（三）高级阶段的教学重点与难点

高级阶段是指学生完成了中级阶段的学习任务，进入更高一个阶段的学习，不是指学生已经达到了高级的程度或具有了非常高的汉语水平。这一点，《教学大纲》上有明确的教学要求与教学目标。高级阶段的词汇学习重点是实词，《大纲》中的丁级词汇量最大（3569个），再加上前面的甲、乙、丙三级，词汇量总计为8822个。这其中绝大多数是实词。这一阶段不仅有扩大词汇量的问题，而且有加强语义理解的问题。学生在高级阶段逐渐接触到有文化含义的词语，这些文化内涵增加了学习的难度。口语词汇和书面语词汇的界限也不是那么分明了，多义词的义项中，有的可能是口语词，而有些可能是书面语词，词义与用法都不同。如：油条（食品/油滑的人）、二百五（数字/缺心眼的人）、炒（烹饪方法/炒作）、推敲（动作动词/仔细考虑）。学生容易产生"望文生义"这样的语义理解偏误，因此，在这一阶段，学生学习口语词汇、书面语词汇都会遇到实际的困难。成语、惯用语以及一些固定搭配可多讲一些，离合词也可做一下总结归纳。口语词汇中的插入语、感叹词也是难点。说到成语，人们总会有一种误解，总觉得它是很书面化的东西，其实不然。成语首先可分为常用和生僻两类，常用的再可分成口语体、通用体和书面体。一部成语大辞典所收词条达 18000 条之多，但在这其中，常用词条所占比例并不大，这一点应告诉学生，否则学生会产生畏惧心理。成语中只用于口语体的词汇并不多，但也有一些，如："一来二去"、"乱七八糟"、"一时半会"、"胡说八道"。大多数是通用体词汇，既可以说也可以写，也有一部分比较文的，只用于书面语，这三者的数量关系应是：通用体成语＞书面语体成语＞口语体成语。

表 2

	例示
成语	三心二意　急中生智　一清二楚　养兵千日，用兵一时
惯用语	碰钉子　戴高帽　走过场　穿小鞋
俗语	三天打鱼两天晒网　萝卜青菜各有所爱　谁笑到最后谁笑得最好
歇后语	外甥打灯笼——照旧（舅）　猪八戒照镜子——里外不是人
固定句式	动不动就……　连……带……　还是……为好　A 归 A，B 归 B
固定搭配与插入语	闹了归齐　话又说回来了　有什么大不了的　人不人　鬼不鬼的
	你还别说　是这样　别提了　说实在的　哪儿的话

惯用语、俗语、歇后语、固定句式、固定搭配这几类基本都属于口语体词汇。通常将成语、惯用语、俗语、歇后语统称为熟语。熟语应主要在高级口语课中讲授和操练。高级汉语综合课教材所选的内容既有文学作品，也有政论文、

科普文章等，文学作品有些口语词汇多，如老舍先生的散文、小说，另外文学作品的人物对话中也以口语词汇为多。政论文或科普文中有一些固定搭配的句式是用于书面语体的，如“由……组成”、“从……来看”等，也应向学生说明用法。那种文学作品中的句式、词语详讲，而其他文体中的词语、句式略讲是不应该的（王德春，2000）。词汇学习在阅读课中应处于中心位置。高级阶段的阅读课应分精读和泛读，泛读应以扩大实词的词汇量为主，应包括通用体词汇和书面体词汇两种，教师应有意识地指导学生阅读一定数量的以书面语体词汇为主的文章，这些词汇应属于认知型词汇，只需理解。精读课的要求就高一些，包括理解其中的文化附加义，如“红娘”、“月饼”这样的词语。我们提倡在语境中学习，这一阶段所说的语境，已不仅仅是上下文了，还应包括社会语境、社会背景。总之，熟能生巧，读得多了，头脑中的词库容量就大了。随着阅读能力的增强，对语境的依赖程度就会相对降低。

四、结语

词汇学习是一个循序渐进的过程，词汇教学从初级阶段就应该引起重视，不能认为初级阶段教学的重点是语音、语法，中高级阶段词汇才是重点。在词汇教学中应注意语体教学，教师要首先清楚口语体词汇、通用体词汇和书面语体词汇的异同，在不同的学习阶段，安排不同的教学重点。对外汉语教学中不同的课型词汇学习的侧重点也不同，应注意口语和书面语之间的平衡。另外，词语练习方式的设计、教材的选用也直接影响到词汇学习的效果。

本文原载于《云南师范大学学报（对外汉语教学与研究版）》2006 年第 2 期

成语教学策略刍议

何一薇

何一薇，女，副教授。1996 年毕业于北京大学中文系，获文学硕士学位。参加并完成国家汉办科研项目《日本留学生汉语学习偏误现象调查分析》，合作编写《HSK 词汇备考手册》，曾发表《歧义结构语义理解与对外汉语教学》等论文 10 余篇。

成语是有着特殊含义的词语，它形式简洁，但内容丰富，具有极强的表现力，对它们的学习，就要对中国的社会、文化传统、风俗习惯等多种知识有所了解，不然就难以理解，更难运用。留学生感到有意思，有学问，但也觉得很难，惧怕使用，可谓“又爱又怕”。

留学生们进入中、高年级后，就会学习到一定数量的成语。如《实用汉语高级教程》(3)（华语教学出版社）第 1 课是李健吾先生的《雨中登泰山》，词语表中共列了 56 个词语，其中标明是成语的就有 9 个，这些成语成了学生们的学习难点，稍有理解上的偏差或运用上的失误，就会造出一些莫名其妙的句子来。

本文针对三四年级的日本本科留学生在学习和使用成语的过程中出现的一些偏误现象进行了分析，发现偏误产生的主要原因是缺乏对成语语义的全面正确的理解而引起的，此外，成语句法运用不当以及与句子其他成分的错误搭配，也是造成成语偏误的很重要的原因。本文还重点探讨了成语教学的策略问题。

一、偏误例析

（一）不能完全正确理解成语语义

学习成语首先要掌握其语义。有些汉语成语的语义就是指成语的字面意义，人们从字面上就可以获得理解。比如“大同小异”、“文如其人”。这些成语的语义几乎等于依照字面串讲，似乎并没有什么深文奥义，但对于留学生来说，要精确地掌握词义还是有一定的困难。他们对意思理解有偏差，或者扩大了语义，或者断章取义就会产生有偏误的句子：

（1）留学四年了，我对中国还素不相识，白来了。

（2）虽然我们大学的时候，一直同班同学，但素不相识。

（3）他平常认真学习，但没有沟通朋友，经常孤苦伶仃。

（1）（2）中的“素不相识”指的是“从来不认识”，而学生们理解为“一点儿也不了解”，因此句中用“素不相识”不妥。（1）应改为：“留学四年了，我对中国还完全不了解，白来了。”（2）应改为：“虽然我们大学的时候，一直是同班同学，但互相一点也不了解。”

“孤苦伶仃”指孤单困苦，无依无靠，有的同学取其中的一部分意思，理解为“孤独一人”，（3）可改为：“他平常认真学习，但没有沟通的朋友，经常孤独一人。”

不过，只有一部分成语可以从字面上获得理解，大部分成语语义用的都是字面意义的引申义（包括比喻义），即指脱离了字面上的具体内容而发展衍变为更具抽象性和概括性的意义。如：“和颜悦色”，脸色和悦，引申为态度温和可亲。“隔岸观火”，对岸失火，隔河观望。比喻对别人的危难不加援救，而在一旁看热闹。

这些成语的意义因其抽象性和概括性更令人难以掌握。以下是因意义理解障碍引起的偏误例子：

(1) 今天是他搬家的日子，七上八下的太忙了。

(2) 我们的领导是南辕北辙的，大家都不信任他。

“七上八下”形容心神慌乱不安。所以根据字面意思把它简单地理解为上上下下就不对了。(1) 可改为：“今天是他搬家的日子，上上下下地太忙了。”“南辕北辙”是心里想往南去，却驾车往北走。比喻行动和目的相反。但同学们容易理解为“言行不一致”、“自相矛盾”、“完全不一样”等意思。例 (2) 可改为：“我们的领导言行不一致，大家都不信任他。”

(二) 成语句法上的运用有误

成语虽是固定词组，但在运用于句子之中时，往往等于一个词，可在句子中充当主语、谓语、宾语、定语、状语和补语等各种成分。本节试分析句法运用上的失误。

1. 用作谓语的限制

(1) 这是我跟他第一次见面，以前我素不相识他。

(2) 大家赞不绝口这场京剧。

以上例句中的“素不相识”、“赞不绝口”都不能直接带宾语，而要采用介词结构来完成句子。所以以上各句都应改为：“以前我跟他素不相识”、“大家对这场京剧赞不绝口”。

(3) 他发表意见后，我也借题发挥。

有的成语充当谓语时，必须在成语后再加点儿什么，否则句子不能成立。“借题发挥”就是这样。如：“你看，他又在借题发挥了。”“你看，他又在借题发挥，大做文章。”因此，例 (3) 应改为：“他发表意见后，我也借题发挥了一下。”或：“他发表意见后，我也借题发挥，提出了自己的意见。”

2. **用作定语的限制**

（1）赞不绝口的这个餐厅，因为离我家较远，所以没去过。

（2）他望穿秋水朋友来到中国。

有的成语不能独自充当定语成分，必须在成语前后加上些别的词语，共同充当定语。例句（1）（2）的“赞不绝口”、“望穿秋水”都不能单独用作定语，（1）应该改为：“大家赞不绝口的这个餐厅，因为离我家较远，所以没去过。”（2）改为：“他望穿秋水盼来的朋友来到了中国。”

3. **不能用作定语**

（1）他上大学的时候，在学会上发表过研究结果，是前程万里的学生。

（2）我们浪费资源，不见得前程万里的将来。

“前程万里”，“比喻人前途远大”。这个成语在句中一般用作谓语或宾语，如：“这个孩子将来一定前程万里。”“祝你前程万里！”但它不用作定语。所以例句可改为：“他上大学的时候，在学会上发表过研究结果，是个很有前途的学生。”“我们浪费资源，不见得会有前途远大的将来。”

4. **不能用作状语**

（1）我们班25个人毕业以后各奔前程地回日本去了。

“各奔前程”一般用作谓语，并不充当状语成分。此例应改为：“我们班25个人毕业以后回日本各奔前程。”

5. **不能用作补语**

（1）大家玩儿得精神抖擞，简直像孩子一样。

“精神抖擞”可在句中用作谓语或状语、定语，但不能用作补语。例（1）可改为：“大家玩儿得很高兴，简直跟孩子一样。”

（三）语义搭配不当

1. 成语对数量的要求

（1）祥林嫂七手八脚地拒绝丈夫，真是与众不同。

（2）他对我恨入骨髓，不共戴天。

（1）中的“七手八脚”，形容人多而忙乱，动作不一。它的主语一定是复数，而例句中主语为祥林嫂一人，故不对。可将“七手八脚”删除。（2）中“不共戴天”指不共存于人世间，它作谓语时主语要求是复数，可例（2）的主语为他，所以不对，应改为：“他对我恨入骨髓，我们俩不共戴天。”

2. 成语充任修饰语及与主语搭配的限制

（1）我原来口才不好，是个三言两语的人。

（2）这种水灾搬来宽宏大量的土和水。

（3）演奏会很成功，观众们都站起来热烈地鼓掌，嘴嘴都赞不绝口。

（4）一转眼的时间，教室里的人一扫而空。

（1）中的“三言两语”指简短的言辞，它不能直接地单独充当“人”的定语，“三言两语”应改为“沉默寡言”。“宽宏大量”形容人的度量很大，所以它只能修饰人，不能修饰“土”和“水”；（2）应改为：“这种水灾带来大量的土和水。”“赞不绝口”的主语要求是“人”，不能是“嘴”；（3）中的“嘴嘴都”应删除；（4）中的“一扫而空”比喻完全清除干净，可“一扫而空”的往往是“物”或“表情”、“神情”等，不可以是“人”。此例可改为：“一转眼的时间，教室里的垃圾一扫而空了。”或：“一转眼的时间，教室里的人都走光了。”

3. 语义自相矛盾

(1) 别看他是一个不幸福的人，生活还是过得自得其乐。

(2) 木藤同学虽然没钱去麦当劳，但是觉得自得其乐，能吃上一碗刀削面，还凑合。

“自得其乐”指自己觉得快乐。(1) 中他既是个“不幸福的人”，生活就不可能快乐。可改为：“别看他经历了很多不幸的事情，生活还是过得自得其乐。”“自得其乐”和“还凑合”在语义上是有矛盾的，(2) 可改为：“木藤同学虽然没钱去麦当劳，但能吃上一碗刀削面，也自得其乐。”

二、成语教学策略

我们已经分析了在成语运用过程中产生的各种偏误现象，据此，也给我们的成语教学提出一些策略要求。

（一）要正确地说明成语语义，做好注释工作

成语中的有些语素意义比较生僻，学生们难以理解。这就要求我们将这些语素的意义加以说明，如“不知所云”的“云”指的是“说话”；“望穿秋水”的“秋水”比喻“眼睛”，这样有助于学生们正确地掌握整个成语的语义。

有些成语虽然可以从字面上理解，却又不可止于停留在字面上，还应该深入一步，阐发其引申义。例如，“夜以继日”若解释为“日夜不停”是可以的，不过，学生就会造出这样的句子来：

(1) 有一年夏天，大雨夜以继日地下了三天。

(2) 他身体不好，常常咳嗽，真是夜以继日的。

以上的错句是由于“夜以继日”的解释太宽泛引起的，如果在“日夜不停”之后再加注：“多用于学习、工作或致力于某件事而勤奋不懈”，就会大大地降低学生的偏误率。

再比如，“惟妙惟肖”若解释为“十分逼真相似”也不为错，不过，学生们就会造出这样的句子来：

(3) 他们俩是双生子，长得惟妙惟肖。

(4) 这幅画儿跟他家里的一幅画儿惟妙惟肖。

在(3)(4)例句中可以看出，我们应该指出“惟妙惟肖”必须经过“描绘、模仿”这一过程，而不能简单地等同于“一模一样”的意思，将“惟妙惟肖”解释为“描绘或模仿得十分精妙逼真”，语义才是完整的。

有些成语不仅有引申义，还有感情色彩。如果不注意成语的感情色彩也会引起偏误，请看以下的例子：

(5) 老师指手划脚地批评他。

(6) 中国女足选手的高水平真令男的气急败坏。

(7) 我喜欢看电视、看书。所以我渴望过游手好闲的生活而且丈夫的工资高。

(8) 他的梦想是发大财后过花天酒地的生活。

(5) 中的“指手划脚”指说话时手脚做出各种动作，常用来形容说话放肆或得意忘形的样子，含有贬义，所以用它和“老师”搭配使用不妥；(6) 中的“气急败坏”指上气不接下气，狼狈不堪。形容十分慌张或恼怒。含有贬义。用这个成语来说明中国男运动员的感受不妥；(7) 中的“游手好闲”指游荡成性，好逸恶劳。(8) 中的“花天酒地”指沉湎于吃喝嫖赌的荒淫腐化生活。它们都是贬义成语，不可能是人们追求的目标。

可见我们在进行成语注释时，还应将褒贬义色彩较为鲜明的感情意义标注出来，这也能减少成语运用的偏误率。

成语的一个重要特征是大部分成语都是有历史渊源的，它们出自古代寓言神话、历史事件或故事等，包含有丰富的文化历史内涵，如能在注释中指出其成因出处，就能给人留下深刻的印象，也有助于学生全面地掌握成语的语义。如将“塞翁失马”这个成语的来源作一简单的介绍，学生们对“坏事能变成好事，好事也能变成坏事”这样的语义理解起来就不会感到太困难。以下的偏误例句就是由于不知道成语的成因，一味地根据字面意思去理解而产生的：

(9) 他是个井底之蛙的人，从来不请人吃饭。

(10) 亚洲金融危机之后，就职很难，三顾茅庐也找不到工作。

“井底之蛙”原是指居住在井底的青蛙以为井上方的天空就是整个世界的天空，以此比喻某些人的观点、看法目光短浅，视野不开阔。如果知道这个成语的成因就不会错误地理解为“小气”的意思。“三顾茅庐”原是刘备三次邀请隐居草舍的诸葛亮，泛指诚心诚意一再邀请。显然，以这个成语来说明找工作之难是不妥的。

(二) 引进成语结构分析

成语的结构紧密固定，不能随意变更。成语大多分成前后两个部分，它们可构成主谓、动宾、动补、定中、状中、联合等多种结构关系，了解并掌握成语结构类型与其句法功能的大致对应关系，有助于正确运用成语，少出错误。比如，大部分动词性成语是可以直接带宾语的，但也有少部分动词性成语并不能直接带宾语，下面的偏误例句就是由于“不以为然”、“说长道短”直接带宾语引起的：

(1) 父母和孩子之间有代沟，孩子不以为然父母的看法。

(2) 我最不喜欢别人说长道短我。

我们在讲解“不以为然”、“说长道短”等成语的用法时，可以引进成语结构分析，告诉学生“不以为然”是个动宾式成语，“说长道短”是联合关系的动宾式成语，它们本身已带有宾语，后面就不能再带宾语了。那么以上的这些偏误例句也许就可以避免了。

（三）注意成语的语用运用

成语的运用离不开特定的语用环境，因此我们讲解成语也要注意成语的语用运用，不能脱离语言环境，一个比较有效的方法是在句子、段落中教成语，联系上下文来开展教学，注意交际场合，增强感性认识。比如，“望穿秋水”，指非常急切地盼望（秋水：比喻眼睛）。这种盼望往往是带有感情的，是深情地盼望，如对亲人的盼望，对爱人的盼望。再比如，“以心相许”一般用于男女之爱，不可用于常人之间的感情。因此，在下例中使用“望穿秋水”、“以心想许”就不对：

（1）老师望穿秋水地等待谷口嘉史来上课。

（2）有一个实例，打电话说要自杀的孩子通过跟咨询人员说话，渐渐地以心相许，放弃了那个念头。

虽然老师非常希望学生能来上课，但不会是“望穿秋水”地等待。“以心相许”用于想自杀的孩子和咨询人员之间也是不恰当的。

人们在进行语言交际时，总是在追求最好的表达效果，希望得到别人的赞许或者使人信服。因此，在交际时要尽量通过所用词语反映出自己的智慧、知识和经验。而成语具有较强的表达效果，正好适应了人们的语言交际心理。可是在运用成语时一定要注意交际场合，使其运用得恰如其分，否则，只能是适得其反。

(四) 对成语进行对比分析

1. 注意形近成语、义近成语的辨析使用

在汉语成语中，有许多形近成语和义近成语。形近成语是指两个或多个成语有共同的语素，它们在字形上较为相近；义近成语是指两个或多个成语的语义较为相近。在运用这些成语时，一定要注意其中的细微差别，否则容易引起偏误。如：

(1) 台湾地震以后，台北还是相安无事。

(2) 老师有时对我生气，可我觉得平白无故。

(3) 我这次到青岛之后大吃特吃了一顿，那些活活的鱼，我和我同学两个人吃得津津乐道，把肚子吃得像个怀孩子的女人一样饱了。

(4) 他自以为已经学好了中文，可他却只是自得其乐。

“相安无事”指彼此和睦相处，没有什么矛盾冲突，但 (1) 要表达的是“台湾地震以后，台北平安无事”，显然，此例中把“安然无事”误用为“相安无事”了。(2) 要表达的是“老师有时对我生气，可我觉得自己并没有错”。因此，应把“平白无故”改为“平白无辜”。(3) 要表达的是“吃得很有滋味”，应将“津津乐道”改为“津津有味”。(4) 要表达的是“他自以为学好了汉语”，应将“自得其乐”改为“自以为是”。以上的偏误都是由于成语形近引起的，它们有共同的语素，如“安然无事”和“相安无事”有三个相同的语素，这就使学生们难以辨析。

(5) 有一天，我们在听力课中去一个公园玩玩。D 老师是自由自在的人，我们给她提这次参观的建议，就她同意了。

“自由自在”和“无拘无束”是一对近义成语，很多词典中互为解释，事实上两者在意思和使用上都是有细微差别的。“自由自在”除了“不受约束”的意思外，还有“安闲舒适”的意思；“无拘无束”主要强调“不受约束”。在用作定语修饰“人”时，一般采用“无拘无束”较多，所以，(5) 应将“自由自在”改为“无拘无束”。

2. 注意汉语成语和日语成语的辨析使用

在日语中有不少成语跟汉语是一致的，如“一衣带水、一视同仁、一泻千里、四分五裂、四通八达、自暴自弃、喜怒哀乐、自力更生、千差万别、夫唱妇随、雄心勃勃”等，它们的语义以及用法几乎跟汉语完全相同。

另外，还有些日语成语跟中国成语的构成较为相似，或者是词序有变动，或者是替换了个别词语，但都不会影响学生们对成语的理解，如“闭月羞花—羞花闭月、左顾右盼—右顾左盼、异口同声—异口同音、意气轩昂—意气风发、虎口拔牙—虎の尾を踏む、一叶知秋——叶落ちて天下の秋を知る”等。学生们学习以上这些成语较为容易。

有的中日成语貌似不同，但事实上所构成的词语可以互为解释。如“脱颖而出”日语为“锥の嚢中”，其中“锥”就是对“颖”的解释。

不过，学生们的这些日语知识背景有时也会带来负面影响。如“无拘无束”日语直接解释为“自由自在”，这会使学生们误以为这两个成语是完全等同的，而不加以进一步辨析。

此外，有的日语成语与多个中国成语对应，如，“兴味津津”对应于“津津有味、兴致勃勃”；“诚心诚意”对应于“全心全意、实心实意、诚心诚意”，这会使学生分不清“津津有味”和“兴致勃勃”，“全心全意”以及“实心实意”和“诚心诚意”之间的区别。

更应注意的是同形成语的存在。同形成语指的是成语构成成分相同，但语义却不相同的成语。如，汉语的“朝三暮四”指的是变化多端，反复无常。日语的“朝三暮四”则指花言巧语地愚弄。再比如，汉语的“同工异曲”比喻不同的人的言辞同样精彩，或做法虽不同而效果却一样。日语的“同工异曲”与汉语的“同工异曲”虽出处相同，但意义大不一样。日语的“同工异曲”与汉语的“大同小异”、“毫无二致”、“手法相同，情趣相异”等接近。试比较：

日语：政府の朝三暮四の政策を攻击する。

汉语：批判政府花言巧语、愚弄民众的政策。

日语：あの作家の推理小说は，舞台や登场人物こそ违ぇ，内容はすべて同工异曲だ。

汉语：那位作家的推理小说，除了故事的舞台和登场人物不同外，内容都大同小异。

通过对比分析，哪些成语较容易掌握，哪些成语是难点就一目了然，我们在解决问题时能做到有的放矢，从而达到事半功倍的效果。

本文原载于《海外华文教育》2002年第4期

中介语动作动词混用的调查与分析

蔡北国

蔡北国，女，43岁，1994年至今在北京外国语大学工作。专业为语言学及应用语言学，研究方向为基于语料库的对外汉语研究、第二语言教学与习得。

引言

具有近义关系的同类词语的学习和使用是汉语学习的难点。在第二语言习得中，母语的同类词语和目标语的同类词语形成了复杂的对应关系，特别是在词语的实际使用过程中，更容易出现混淆的情况。因此，我们认为同类词的区别运用是同类词语习得的关键。刘缙（1997）认为随着留学生汉语学习过程中词汇量的扩大，留学生学习的近义词越来越多，他们掌握的重点越来越集中在近义词上。邹雪（2005）通过问卷调查发现留学生掌握同义词、近义词的总体情况不容乐观，并且在各个类型的掌握上是不平衡的。留学生对不含相同语素同义词、近义词的掌握情况好于对同素逆序的同义词、近义词的掌握情况。目前研究者们（郭志良，1988；刘缙，1997；赵新、李英，2001；杨寄洲，2004；张博，2007、2008）已经意识到留学生在词汇习得过程中所犯的同义类型词语误用的范围要超出我们传统语言学中对同义词的界定。张博（2007、

2008）提出了使用“易混淆词”的概念，认为对外汉语教学界已超越对同义词意义关系的传统关注，将观察的视域扩展到中介语的词语使用，结合学习者词语混用的实际进行词语辨析，这对于帮助学习者弄清相关词意义和用法上的异同，从而正确使用词语，提高词汇学习的效率具有十分重要的意义。也有研究者提出词语用法在词汇学习中的重要作用，研究者们（张文坚，2004；张丽娟、李芳芳，2005；邢红兵等，2006；张妍，2006；曹成龙，2006；杨岩勇，2007）认为，注重词汇的实际用法并进行相关练习是词汇学习的重要途径。

动词是句子的核心，动词的使用也最容易出错，如在动词和主宾语的搭配上，表现出的问题就是主宾语对动词的选择或者动词对主宾语的选择出现错误。而出现错误的动词与应该使用的动词之间并不只是通常所定义的同义词或近义词关系，而是“易混淆词”。如：

（1）我们该互相【帮】。（帮助）

（2）以后他的工作完的时候，他们结婚日期【达到】了。（到）

（3）也有人一边【打】二胡一边唱歌。（拉）

（4）每次我去海淀或者王府井我【看】有意思的事情。（遇到）

例（1）和例（2）中的“帮”和“帮助”、“达到”和“到”应该属于同义词的范畴。但是例（3）和例（4）中的“打”和“拉”、“看”和“遇到”等就不是同义词的范畴。相反地，我们发现一些词典和教材中辨析的同义词，在留学生的使用过程中却很少出现混用的情况，例如把“丢”“失”和“丢失”看成是一组同义词，并进行辨析（杨寄洲、贾永芬，2005），但是这组词在中介语语料库中并没有出现混用情况，这几个词语似乎不是留学生容易出现混淆的词语，原因可能是这组词的使用频率不均衡。

从目前汉语作为第二语言习得研究的情况来看，虽然同义词相关的研究已经取得了一定的进展，研究的角度也逐渐扩大，但是在理论背景、研究手段、研究视野等方面都有待深入。我们认为目前研究的不足之处主要体现在以下几个方面：（1）对留学生容易混淆的词语的范围缺乏宏观的观察分析；

（2）对留学生词语混淆的原因观察不全面；（3）目前的研究更偏重词语的意义，对用法关注不够；（4）对不同阶段留学生词汇使用情况的发展过程关注不够。

本研究选择中介语语料库中动作动词作为调查对象，希望通过基于语料库的对比分析和偏误分析，了解中介语语料库中动作动词混用情况，通过对混用词特点的分析，了解哪些是易混淆词，为留学生词汇教学中易混淆词教学提供思路和操作方法，也为教材编写、词典编纂中易混词的选择和分析以及相关用法信息的提取提供依据。

一、中介语混用动作动词的界定和语料来源

（一）中介语混用动作动词的界定

从目前使用的概念来看，“同义词”“等义词”重在描述词语之间的语义关系，界定范围局限在一组词之间在意义上大同小异，这种界定从留学生习得角度来看，范围较窄。“近义词”要比“等义词”和“同义词”宽泛。而“易混淆词”和“易混词”主要在外语教学领域和学习工具书的编写领域中使用。我们认为“易混词”从字面意义上更符合留学生在学习过程中的特点，从“中介语库”中留学生使用的动作动词出错的情况来看，易混词的出现范围比通常所说的近义词还要广。因此，本研究采用“混用”这个概念，将我们的调查范围定义为“动作动词混用”。例如：

（5）我来北京以后我不知道在哪儿买东西，怎么去中国银行为【拿】钱，她跟我一起去。（取）

（6）现在你去国外的时候，肯定知道穿什么衣服，【拿】什么药，怎么准备。（带）

（7）他的马夫就【拿】一桶水进来他的房间。（提）

(8) 我【拿】姬的手，我才知道了一家意思是什么。(拉)

(9) 然后，根据垃圾的性质，卡车把垃圾【拿】走。(运)

例中动作动词“拿”在使用时出现了代替“取”“带”“提”“拉”“运”等动作动词的情况，这就出现了“动作动词混用”，我们将出现混用情况的一组动作动词称为“混用动作动词”。

(二)语料的选择及处理

本研究的语料来源于北京语言大学研发的“现代汉语中介语语料库”(储诚志、陈小荷，1993。以下简称“中介语库”)和“现代汉语研究语料库”(孙宏林等，1996。以下简称“汉语库”)。我们以《同义词词林》(上海辞书出版社，1983。以下简称《词林》)收录的1675个动作动词作为选词范围。在“中介语库”中使用的动作动词共有409个，如果按照《词林》所标注的义项分列的话，共有509个义项，比如“打”在《词林》的动作动词中，共有6个不同的义项，分别归入不同的类别。这409个动作动词在“中介语库”中的全部例句共有12274个，我们将这些例句抽取出来，建立了数据库，标注了留学生的学时等级等。我们按照以下几个原则对全部例句是否存在混用情况进行了标注，这些原则包括：(1) 标注的混用范围只包含动作动词；(2) 标注句中出现混用的动作动词；(3) 按照汉语的表达方式来标注应该使用什么样的动作动词，我们称之为“目标词”；(4) 标注学时等级。学时等级是指留学生学习汉语的时间，“中介语库”中留学生的学时等级分为半年、一年、一年半、两年、两年半、三年、三年半、四年、四年以上等9个等级。为了分析的方便，本文将学时等级分为一年、两年、三年、四年及以上等四个等级。例如：

(10) 我们俩通过一个十字路口的时候，从旁边有一个中国青年【开】自行车过来了。[目标词：骑；学时等级：(3)]

例句（10）中，出现混用的动词是“开”，按照汉语的搭配关系，应该选择的目标词是“骑”，出现混用的学时等级是三年。

二、动作动词混用情况分析

（一）没有出现混用的动作动词

“中介语库”使用的409个动作动词中，出现混用的动词有173个，占全部动作动词的42%，没有出现混用的动词有236个，占全部409个动词的58%，这些动词在“中介语库”中的使用次数从633次到1次不等。例如“听”在中介语库中使用了633次，没有出现混用。使用频度在5次（含）以上的没有混用的动作动词如下：

听 洗 睡 喝酒 踢 躺 打扫 挖 洗澡 游 比 抬 抢 弹 修理 贴 跑步 关门 咬 摔 切 埋 吐 喷 排 捆 敬礼 淋浴 瞪 刷 漂 刻 砍 拥抱 饮酒 捞 跨 搭 握手 潜入 刨磨 扣 叫喊 闯 堵塞 抽 播 按 执 招手 蘸 眺望 抬头 甩 扫 绕 嚷 混 牵 泡 迈 独立 冲 扯

没有出现混用的动词具有以下两个方面的特点：(1）一部分动词是不及物动词，不涉及带宾语的问题，所以不容易出现搭配方面的混用，例如“洗澡”“喝酒”“跑步”“关门”“躺”等；(2）一部分动词没有出现混用是因为没有常用的同类词语或者同类词语在“汉语库”中使用频度极低，例如“洗”的同类词中，“涤”“洗濯”“清洗”在“汉语库”中都没有出现；(3）一部分动词在“中介语库”中的使用次数很低，也没有出现混用。

（二）混用动作动词的分布情况

“中介语库”使用的409个动作动词所出现的全部12274个例句中，出现动作动词混用情况的共有535个例句，出错例句的数量占全部例句的4.36%。我们分别统计了四个学时等级的留学生出现的动作动词混用情况，统计的结果见表1。

表1 各个学时等级动作动词错误率

学时等级	1年	2年	3年	4年及以上
错误数量	107	218	180	30
例句总数	3079	5002	3318	875
错误率（%）	3.48	4.36	5.42	3.43

从表1的数据可以看出，各个等级的错误率都很接近，这表明动作动词混用情况并没有随着学汉语时间的增加而减少，动作动词混用会一直出现在习得的整个过程。

在出现混用错误的全部动作动词中，出现混用的次数最少的只有1次，例如“堆”，最多的达到44次，例如“看”。

（三）动作动词混用的类型及分布

我们把一个动作动词在“中介语库”中可能出现的混用情况分为“替代错误”和“被替代错误”两类。所谓“替代错误”就是指一个动作动词在句子中替代了另一个动词的用法。“被替代错误”就是指一个动作动词应该使用，但是没有使用，而被其他动作动词替代了。例如：

（11）女人很喜欢【穿】手镯。（戴）

（12）但是这样的时候，把我的身体我【放】在幻想里，比如假定我迷

路，一个人也没有的茂密的森林里。(沉浸)

例句（11）中，留学生使用了“穿”，正确的动词应该是“戴”，我们认为“穿”这个动词出现了“替代错误”；应该用“戴”却没有用“戴”，我们将动词“戴”归为“被替代错误”。同样，在例句（12）中，“放”出现了“替代错误”，“沉浸”就是“被替代错误”。我们统计了两类错误在“中介语库”各个阶段的数量及其比例，见表2。

表2　替代错误和被替代错误在各个等级的分布情况

学时等级	1年		2年		3年		4年及以上		全部	
错误类型	替代	被替代	替代	被替代	替代	被替代	替代	被替代	替代	被替代
数量	41	24	69	52	72	46	23	8	128	88
比例	0.63	0.37	0.57	0.43	0.61	0.39	0.74	0.26	0.59	0.41

从表2的数据看出，各个学时等级出现“替代错误”的动词比出现“被替代错误”动词的数量多，全部的“替代错误”是128个，但是“被替代错误”只有88个。

我们进一步统计了出现混用错误动词的错误率，错误率的计算方法是将该动词出现的“替代错误”和“被替代错误”的次数和除以该动词的总使用次数，例如“摆”使用21次，“替代错误”4次，“被替代错误”4次，这个动词的错误率为38.10%。我们建立了动作动词使用情况统计表（表3是部分动词的数据示例）。从统计结果来看，“吃”“喝”“穿”“站”“坐”“上”“爬”等动作动词的错误率很低，这类动词很少出现混用的错误，而“摆”“推”“撞”“戴”等非常容易出现混用错误。大部分错误率高的动作动词都是因为出现了数量比较多的“替代错误”。比如“拿”在“中介语库”中使用了220次，共出现了49次“替代错误”，这说明有1/5的动作动词“拿”在使用时代替了其他动词。也有少量的动词出现了“被替代错误”多的情况，例如动词“坐”有6次“被替代错误”。

表3 混用动作动词分组统计数据表

动词	总次数	替代		被替代		错误率	替代词举例	被替代词举例
		词数	次数	词数	次数			
开	316	12	22	3	7	9.18	摆、办	点、动
看	1954	9	34	6	10	2.25	检查、见	观、见
看见	227	6	15	2	5	8.81	发现、见到	观、看
扛	2	1	1	0	0	50.00	驮	
靠	34	3	4	0	0	11.76	根据、靠近	
拉	40	4	4	4	4	20.00	撕、送、拽	搬、扯、打
立	14	1	1	0	0	7.14	摆	
鸣	1	1	1	0	0	100.00	鸣叫	
鸣叫	2	0	0	2	2	100.00		喊、鸣

（四）动作动词混用情况分析

从动作动词是否出现“替代错误”和“被替代错误”的角度，我们将动作动词出现混用错误的情况概括为以下三种：

1. 在“中介语库”中只出现了“替代错误”，例如“顾”“靠”“弄”“嚷”“引”“走路”等。在173个动词中，出现这类错误的动词共有82个，占出现错误动词的47.40%，这类是混用错误的主要类型。例如：

(13) 我偷偷地【靠】她。(靠近)

2. 在“中介语库”中只出现了“被替代错误”，例如“掏”“插”“拽”“戴”“爬”“骑”“掉”“送”“登”“踩”等，出现这类错误的动词共有45个，占出现错误动词的26.01%。例如：

(14) 这儿一定有几百自行车，要是我一个一个的都试着【开】的话，那么我需要几个小时。(骑)

3. 在“中介语库”中同时出现“替代错误”和“被替代错误”，例如“摆”“背”“吃”“穿”“看”“拿”“用”等，这类动词共有46个，占出现错误动词的26.59%。下面是动词“装”的两类错误的例句。

(15) 它【装】自己下了蛋，成功让主人相信它。(假装)

(16) 一个人他没吃很多饭可是他【放】很多饭在口袋里。(装)

从上面的分析来看，大部分动词在使用中只出现“替代错误”。如果加上第3类情况，我们发现有128个动词出现了“替代错误”，占173个动词的74%，而出现“被替代错误”的动词共有91个，占52%。

(五) 混用动词组的统计分析

从上表的分析我们看出，一个动词出现了“替代错误”或者“被替代错误”以后，产生替代和被替代关系的一组词就形成了一个组，我们称之为“混用动词组”。例如动词“拉”替代过“撕、送、拽、装”等动词，也被“搬、扯、打、拿”等动词替代，这样我们就把这些词看成一个混用动词组，通过观察一组动词的数量和类型，就可以看出动作动词混用的情况。再比如动词“开”替代了“摆”等动词，共有12个，同时被替代的动词是3个，这样“开”便和15个词发生混用，因此，我们觉得这16个词形成了一组易混词。从我们的统计来看，一个“混用动词组”中动作动词的数量最多的有32个，最少的只有2个，172个动作动词中，出现了“替代错误”和“被替代错误”的混用动作动词共有506个，这样平均每个动作动词出现了2.92个混用错误。出现混用错误不少于10个的动作动词有9个（见表4）。

表4　出现混用情况最多的动作动词表

动作动词	总次数	替代和被替代词数	替代词数	被替代词数
放	252	32	29	3
拿	220	26	25	1
用	429	19	18	1
打	395	18	16	2
带	315	17	12	5
走	580	16	13	3
看	1954	15	9	6
开	316	15	12	3
上	618	10	10	0

从表4可以看出，容易出现混用错误的动作动词一般都是留学生熟悉的词，而且这些词出现“替代错误”较多，出现“被替代错误”较少。这表明常用词语存在一定程度的泛化，实际使用时，将动词的功能扩大化了。而出现“被替代错误”的动词往往是不常用的动词。

三、从动作动词混用看二语词汇习得

（一）留学生动词混用的特点

通过统计分析，我们发现留学生出现动词混用情况时具有以下两个方面的特点：(1) 虽然学习者的汉语水平逐步提高，但是，词汇混用情况并没有减少。

混用的情况在不同水平的学习者身上都可能出现，并且都占有一定的比例，这说明易混词可能是各个水平留学生普遍存在的问题。(2）一组混用动词组中的各个词语，在关系上可能并不局限于传统意义上的同义词或者近义词，特别是一些常用词，它们的混用词范围非常广，涉及的混用类型也比较多。我们认为一组混用动词中的各个词语之间可能存在以下四种不同的关系：(1）近义词。这类关系是指我们传统语言学和词典编纂中进行辨析的近义词（包括同义词)，例如“穿”和“戴”。(2）同类词。是指在相同的语义分类中，但是意义各有侧重，用法差别很大的一组词，例如“搬”和“移”。(3）非同类词。这类词的两个或者多个词语之间，没有明显的语义关系，但是留学生在使用的时候可能会受到母语等的影响而出现了混用，例如“拿”和“送”。因此，词语混用错误并不局限于同义词和近义词这个范畴之内。这样的统计结果和张博（2007）提出的思路是一致的。

（二）产生词语混用错误的原因

留学生词汇习得过程中出现易混词的错误有一定的必然性，原因包括以下几个方面：(1）一组词意义相同或者相近。同义词、近义词是留学生出现混用错误的主要原因之一，这类词在意义上的联系比较容易建立，但是在用法上进行区分却很难。(2）母语和目的语之间词的用法的不对应关系。不同语言之间的词语在意义上可能有比较一致对应的关系，但是在用法上却存在明显的差别，这可能也是造成留学生词语混用的主要原因之一。(3）同类词语的使用过程中出现了频度效应。从我们的统计数据来看，留学生使用的词语在频率分布上和现代汉语有一定的差距，主要表现为留学生熟悉的词语使用频率超出现代汉语中该词的使用频率，有的甚至超出很多倍，而低频词的使用频率则非常低，甚至远远低于现代汉语，或者没有使用过。这种使用频率上的不均衡在一组同类词的习得过程中也表现出来了，因此造成了部分混用动词的“替代错误”中存在明显的高频替代低频的情况，我们称之为高频词使用的泛化。我们认为在一组易混词语中，泛化不是孤立的，主要原因是留学生掌握的词汇不够丰富，同类词语中熟悉程度不同等。(4) 用法的掌握不全面导致的混用错误。即使是已经学过的词，但是在对词的用法掌握不够全面的情况下，也会出现混用错误。我们觉得这方面的原因也非常重要，有待于我们进一步研究。

(三) 留学生词汇的习得过程

从本文的研究结果来看，我们认为二语词汇习得过程中，学习者词汇知识的获得具有以下几个方面的特点：(1) 词汇知识的获得需要比较长的过程，这个过程可以描述为从意义到用法的转变，意义的获得可能比较容易，但是用法的习得需要更多的时间，表现为从母语和目的语的简单对应到互相区分。(2) 在整个词汇知识的建立过程中，词的用法更重要。实际上，我们考察的动作动词混用的一个重要的原因就是留学生对词的用法掌握不够。这也从一个方面验证了邢红兵 (2009) 提出的词汇习得研究框架模型。

四、对易混词的教学建议

本研究分析了混用动作动词的分组及使用情况，通过分析，我们了解了混用词语的特点。我们依据此研究结果，对汉语词汇教学、教材编写和工具书的编写提出以下几个方面的建议：(1) 扩大同类词语的研究范围。在易混词的范围界定上，不仅要考虑传统的同义词和近义词，还要考虑到意义有关联的同类词语和母语背景差异造成的易混词，这些词语形成了比较复杂的同义关系，共同组成了一组易混词。(2) 教学过程中要注意词语使用频度的均衡，避免出现高频词教得多，低频词教得少的情况，这点在教材编写过程中也要得到合理的体现。(3) 对不同母语背景的汉语学习者要有针对性。由于不同母语词语用法会有差异，学习者在词语用法的掌握上具有不同的特点，因此，词汇教学要考虑母语背景，同时不能过分依赖词语的对译，尽量避免母语背景造成的混用错误。(4) 注意词语用法的训练。由于用法的习得是词汇知识获得中最重要的环节，因此教学活动中应该体现这样的特点，尽量展示词语的各种不同的使用环境，让学习者掌握词语的用法，达到自然区分同类词语的目的。(5) 在编撰供学习者或教师使用的工具书时，同类词语的选择要兼顾以上几个方面的特点。在工具书编写过程中，易混用词语范围的确定非常重要，要避免出现选择的词语实际上不会出现混用的情况，同时对易混的词语也不能出现遗漏。从学习者的角度确定易混词的范围和类型等，对学习者来说，才具有实用价值。

五、结论

本研究通过对留学生中介语语料库中动作动词的调查分析，得到的主要结论有：

(1) 留学生中介语语料库中语义相近的动作动词存在使用不均衡的情况，表现为常用词的使用频率过高，而非常用词使用不足或没有使用。

(2) 动作动词的混用是留学生中介语中普遍存在的问题，而且随着汉语水平的提高，混用的情况并没有减少。留学生要避免出现混用错误，可能需要一个比较长的学习过程。

(3) 总的来看，留学生混用错误涉及的词语并不是简单的一一对应的关系，一组易混词语包含的词语数量和范围往往要超出我们通常所指的同义词的范围。

(4) 留学生易混词的错误类型分为两种情况："替代错误"和"被替代错误"。"替代错误"数量较多，"被替代错误"是一种非显性错误，但是同样反映了留学生词语混用的问题。

(5) 我们在对外汉语教学以及教材和工具书的编写过程中都应该将易混词的范围扩大到传统的同义词或近义词以外，建立更宽泛的易混词辨析视野，要注意选择学生容易出现的易混词进行辨析，并适当增加不同词语的用法，使易混词的教学更有针对性。

本研究虽然对混用动作动词及其错误情况进行了分析，了解到了混用词语的错误类型及其产生的原因，但是，我们的研究还应从以下几个方面进行深入：(1) 对每组词的相互关系进行分析。(2) 应该考虑母语词汇导致汉语词汇出现的混用的情况。(3) 应该按照留学生不同的汉语水平来分析各个阶段的词语混用及其变化情况，观察留学生混用词语的习得过程。本研究从语料库的角度考察了易混词的分布情况，由于中介语语料库存在使用数量不均衡、母语背景不均衡等问题，考察易混词的学习情况还存在一定的局限性，因此我们认为，还应该进行实验研究，了解留学生易混词的习得过程以及心理特点。

本文原载于《世界汉语教学》2010 年第 4 期

培养学生对语言差异的敏感性

——汉英词汇语义、语法结构以及语音的对比分析

朱传路

朱传路，女，57岁。1994年9月至今在北京外国语大学中国语言文学学院执教，副教授。曾任对外汉语系主任、外语教研室主任、院学术委员会委员、对外汉语系党支部委员。主要研究方向：非英语国家留学生的英语教学；汉英对比分析研究。发表学术论文10余篇。

基础教学的主要目的是传授一种语言的基础知识，训练学生对目的语的基本语言技能，增强学生对母语与目的语之间语言差异的敏感性，培养学生实际运用语言的能力。在对非英语国家的外国留学生的英语教学过程中，这种语言差异的渗入尤为显著。这些留学生在学习英语时会出现三种以上语言（母语、汉语、英语）同时并存并交叉使用的现象。由于几种语言的词义在互相转换的过程中往往不能十分贴切地表达同一意义，总是有些出入的。受这种现象的影响，留学生在学习汉语和英语的过程中难免会出现几种语言的错误搭配。学生们犯“语言错误”的主要原因是他们没有觉察到这几种语言之间的差异，从而不自觉地采用了他们所熟悉、所认知的语言习惯表达方式去错误地理解另一种目的语。本文从词汇语义、语法结构和语音三个方面对汉语和英语进行对比分析，找出它们的共同之处和差异，以便更好地服务于今后的语言教学。

一、汉英词汇语义对比

一般说来，语义学把词汇意义理解为概念意义和文化意义。概念意义就是词汇的语言意义；文化意义则指词汇的感情色彩、风格意义和比喻意义等，是某一文化群体对一客体（语言、非语言）本身做的主观评价，如果两个文化群体的评价不同，就会引起干扰，影响正常交际。所以我们有责任从基础阶段开始就重视培养学生们对文化差异的敏感性，重视词汇文化意义的介绍，引导学生逐步了解这几种文化的差异。

（一）词义的差异

非英语国家的留学生在学习汉语（第一目的语）和英语（第二目的语）时，由于教科书上往往都用汉语或英语进行解释，这样常使得他们用一知半解的两种目的语的词义来互解，从而经常造成相互之间词义上的混淆。

例如：在英语教学中，曾有这样的英语句子："He was promised a promotion if by chance he would be successful."（如果他有幸成功的话，他就会被提升。）教师要求学生将此句译成汉语，大多数的日本留学生都将句中的"promise"译成了"约定"或"约会"之意，他们的译文是这样写的："如果他偶然地成功，他就会被约定（约会）升级。"造成此错的原因是由于英语动词"promise"在汉语中应解释为"允诺"、"答应"、"做出保证"，此词在日语中则解释为"ゃくそく"（约束），"ゃくそく"的汉语解释又是"约定"、"约会"的意思，然而在汉语中"约定"、"约会"与"允诺"、"答应"、"做出保证"并不是同义词。日本学生在英译汉练习中，往往是先查英日词典将英语单词译成日语，再用日汉词典将此单词的汉语意思查出来进行汉字组合，这类似连环式的翻译方式造成了学生们翻译中的错误。

再如另一个英语例句："Most of the corn is used to feed farm animals."（大多数的谷物用来饲养牲畜。）80%以上的日本学生在英译汉时都将此句翻译为："谷物大部分是动物的饵食。"日语中用"餌"来表示"动物的食"，而汉语中表示用来喂养动物的食物叫做“饲料”。“饵”在汉语中的意思却是“钓鱼时引鱼上钩的食物”、“引诱或用来引人的事物”。显然此句中用“饵食”来表达是不正确的。这也是因学生翻译的连环套为英—日—汉，他们不甚理解汉语中“饵”的确切意思，而想当然地把日语中的“餌”和汉语中的“饵”混为一谈，从而造成了翻译中词义的混淆。

在英语短语中，“a left-handed person”或“a left-hander”汉语可译为“一个左撇子”。当教师将这个英语短语作了汉语解释之后，反应快的学生就会提出这样的问题：既然汉语中把用左手做事的人称为“左撇子”，那我们一般用右手做事的人可不可以称为“右撇子”？这就涉及文化习惯表达法的问题。在汉语中，人们对一种习以为常的行为通常不会在语言文化上特别加以修饰，而对那些与一般人不同的习惯或行为才会用一些特定的词语进行强调。在这方面，英语就有不同之处。如英语就可说“a right-handed person”或“a right-hander”汉语只能译为“惯用右手的人”而绝不能译成“右撇子”。

（二）词义的感情色彩（褒与贬）及修辞风格的差异

在词汇教学过程中，教师要注意所教语言的文化意义的介绍，让学生了解词义的感情色彩（不论是褒义或是贬义）以及其修辞风格意义都和民族的历史文化背景有关，既不能类推，也不能单靠词典的释义，应分别在不同的语境才能进行对比。

例如：在讲解一些表示颜色的英语词汇时，要使学生们了解这些词在语言意义上是相同的，但是它们会在不同的文化中引起不同的联想。自古以来，红颜色在汉民族人民心目中是表示喜庆、荣耀、健康和美丽。如：“披红挂彩”(have red silk over somebody' s shoulders and decorate with coloured silk festoons)；“红榜”(honour roll)；“开门红”(make a good beginning)；“满堂红”(all-round victory，success in every field)；“分红”(share out bonus)；“红运”(good luck)；“红装”(gay feminine attire，young woman) 一是指妇女的艳丽装束，另外还指青年妇女；“红艳艳”(brilliant red)；“红扑扑的脸蛋”(flushed face)；“红娘”（go-between，matchmaker）中国民间把红娘作为帮助别人完成美满姻缘的善良人的代称；“他红光满面”（His face glowing with health，或 His face is in the pink.)；“他的脸晒得红彤彤的”（His face is aglow from exposure to the sun.)；“他是一个红歌星”（He is a very popular singer.)；“红颜”（a pretty face，a beautiful woman）是指貌美的女子。《红楼梦》中有这样一句诗词：“一朝春尽红颜老，花落人忘两不知。”（The day that spring takes wing and beauty fades，Who will care for the fallen blossom or dead maid？）初学汉语的留学生不理解汉语“红颜”的真正含义，往往根据汉语字面上的意思译成英语的“red colour”，有些留学生略知“颜”可以表示“脸”的意思，于是便错误地将此词译成“red face”。不难看出，以上所列举的汉语词组和句子除个别一两处以外，英语的译文几乎都没有使用“red”这个词。实际上在英语中“red”通常表示危险、灾难和愤怒。如：“see the red light”（看到危险信号、觉察危险将临、觉察灾祸迫近)；“be in the red”（亏损、负债、赤字)；“paint the town red”（狂欢、痛饮、胡闹)；“see red”（发怒、冒火)；“red flag”是指铁路等作为危险信号的旗；“The thief was caught red-handed”（这个小偷当场被抓住了)。“red-handed”此语绝不能解作“红手的”，其真实含义是“当场”，特别是指在干着一些非法行为的时候。白色在汉语中贬义多于褒义。如：“白色恐怖”、“白区”是指反动势力控制的地区；“白眼看人、遭人白眼”是指看不起人的一种表情；“白卷”指没有写出文章或答案的考卷；“空口说白话”是指不能实现或没有根据的话；“白丁”在中国封建社会里是指那些没有功名的人。与汉语不同，西方人常用白色表示喜庆、幸福和纯洁。如：新娘在婚礼上穿的白色婚纱；“a white day”（吉日)；“days marked with a white stone”表示幸福的日子；“white light”是指公正无私的裁判；“white collar”（白领阶层)；“white handed person”是指那些不从事劳动的人、清白的人、老实的人；“white alert”表示空袭等的解除警报；就连某人出于某种无奈而说的无恶意的谎言英语都是要用“a white lie”来表示。在汉语中，蓝色常使人想到的是美好、宁静，如：“蔚蓝的天空”、“湛蓝的大海”、“蓝晶晶的宝石”；但在英语中，“blue”通常表示不愉快。如：“in a blue mood”，“having the blues”（情绪低沉、忧郁、沮丧、烦闷)；“a blue day”（倒霉的一天）；“to beat somebody black and blue”（把某人打得鼻青脸肿）；“turn blue with fear”（吓得脸发青）。绿色在汉语中象征着生命和生机、蒸蒸日上，如：“绿色的田野”、“青山绿水”、“绿洲”；而在英语中，“green”常常形容“嫉妒”。对大多数留学生来说往往不了解“green eyed；green with envy”这些词组相应的汉语习惯表达法，不能准确地翻译成“眼红”或是“十分嫉妒”而是错误地理解成“绿眼”、“有绿色的嫉妒”；另外在英语中，“green”还用来表示“没有经验或缺乏经验、幼稚等”。如：“The young man is still green at his job.”（这个年轻人对于自己的工作尚无经验。）“Do you see any green in my eye？”（你认为我幼稚可欺吗？）“He is a green hand.”（他是一个生手。）留学生们认为汉语中也是用“绿手”、“绿眼”表达与英语相同的意思。同样，在做汉译英练习时他们也会把“他对这一大笔钱很眼红”（He had a green eye to the large amount of money）错误地翻译成“He had a red eye to the large amount of money”，这也说明他们并不理解汉语中“眼红”的真正含义，不能做到汉英两种语言的正确转换。

留学生在学习汉语时学到了“河流”、“流水”、“河水”等词组的含义，当他们在学习英语时看到一句这样的词组：“on the lower banks of the river”（河的下游岸边），其中几个学生马上提出了问题：此句的汉语解释可不可以翻译成“河的下流岸边”？他们认为河水流动的方向应该用汉字“流”来表示，所以联想到的汉语词组当然是“下流”。这就存在着文化差异的问题。汉语中分别用“上游”、“中游”、“下游”表示河流接近发源地的部分、河流中介于上流与中游之间的部分以及河流接近出口的部分。虽然在汉语词典上“下流”也有与“下游”同义的解释，但人们常常习惯用“下流”来表示“卑鄙龌龊”之意；例如：“下流话”、“无耻下流”等。

（三）熟语（包括成语、谚语等）的差异

俗语、成语和谚语的构成也和民族的历史文化背景关系密切。文化背景知识可分为记忆性背景知识和分析性背景知识。记忆性背景知识是指关于某种语

言文化的事实性信息；如历史、地理、文化成果、文学作品等。分析性背景知识则是要求学生能够辨认和确定目的语国家以及文化的内部差异，具有对目的语国家以及文化的内部差异进行对比的能力，并能对目的语国家人民的思维方式、价值观念和审美倾向等做出初步的分析和对比。

对这些留学生来说，在进行汉（第一目的语）、英（第二目的语）两种语言相互转换时，是有一定的难度的。尤其是对其中一种语言的成语、俗语以及谚语进行翻译时，往往是不能直译的，从而常常使学生们感到困惑。这就需要教师从以下两点对学生进行启发：

1. 可用变换形象法

也就是用对方社会成员习见的形象取代原句中的形象

如："He was so worried that he looked like a cat on hot bricks."（他忧急如焚，活像热锅上的蚂蚁。）英语中用"热砖上的猫"，而汉语则习惯用"热锅上的蚂蚁"来表示一个人心神不宁、坐立不安的样子。"He who would search for pearls must dive below"，比喻不经历艰险，就不能获得成功。但如果直译为"要潜水寻珍珠"是不能恰如其分地表达汉语的语义的，我们应该将此句译为"不入虎穴，焉得虎子"才最为恰当。"Sow grain and you will get grain；plant hemp and you will get hemp."这句英语直译为："种谷得谷，种麻收麻。"我们不妨按照汉语的习惯译为："种瓜得瓜，种豆得豆。"如果表示两方在不相上下地争斗，而第三方趁机得到益处。英语中有三种表现形式：(1)"If two parties fight，a third will benefit."（两派相斗，第三派获益。）(2)"Two dogs strive for a bone and a third runs away with it."（两只狗争骨头，第三只抢走。）(3)"When shepherds quarrel，the wolf has a winning game."（牧羊人争吵，狼得便宜。）这几种译法都不如"鹬蚌相争，渔翁得利"更为恰当。西方人不理解这句汉语成语所用的比喻只是因为他们不知道中国古代的这个寓言故事。

2. 不用形象，采用意对意的译法

例如："Don' t throw the baby out with the bathwater."汉语应译为："不要因噎废食。""kick down the ladder"我们应理解为"过河拆桥"。"The best fish swim near the bottom"，不能译成"最好的鱼游在底层"，而要译成"好戏在

后头”；“Make hay while the sun shine”（晒草要趁太阳好）和“Hoist sail when the wind is fair”（顺风时就要扬起风帆）这两句最好译成“趁热打铁”；“Great minds cannot be fathomed”不是“人的头脑和思维不能测深度”。要理解成“海水不可斗量”；再有“Note only the details but not the overall picture.”汉语习惯用的成语是“见木不见林”；而不少学生都将“milk way”（银河）错误地理解成了“牛奶路”，令人啼笑皆非。

由此可见，一种语言具有特定的词语来描述或反映某些事物，而另一种语言缺少类似的词语，这样前者易于谈论或描述那些事物，而后者则不能。讲这两种语言的人就会对现实世界的某些事物具有不同的认识和概念。不同的语言的确决定人们对事物的认识以及相关的思维活动。

二、汉英语法结构对比

我们认为在外语教学中，母语与目的语之间在语法上有同有异。如果没有相同的一面（普遍性），则无从对比，一种语言对另一种语言的转换（即翻译）也难以进行了。但是我们进行对比分析的时候，应把重点放在它们的差异性方面，否则牵强地用一种语法事实去迁就另一种语法框架，抹杀了其语言特征，这样的对比研究就没有多大意义了。

语法手段是表现语法范畴的形式。即使同一类的语法范畴，在不同语言里就可以使用不同的语法手段来表达。

（一）词类的对比

汉语和英语的词类在种类和数目上都有所不同。即使同一类的词，其实质也不完全一样。比如汉语的形容词能够直接做句子的谓语（不需要系词），这种句子的结构与谓语的主要成分为不及物动词的句子差不多。

例如：(1) 听说他要来北京，我高兴极了。

(2) 故宫的建筑宏伟壮丽，真了不起！

而英语的 adjective（形容词）则不能直接做句子的谓语，前面必须带有一个系动词。比如前两个例句中的“我高兴极了”英语的表达方式是“I am very glad”；“真了不起”英语应为“It is really amazing”。

对于母语为非英语国家的外国留学生来讲，在进行汉语和英语这两种目的语的相互转换过程中有时会出现误译。英语中的形容词和系动词一起构成谓语部分。例如：“This young man is very handsome.”许多留学生会译成这样的汉语句子：“这个年轻的男人是很英俊的。”他们不了解“这个小伙子很英俊”才是正确的汉语表达。

汉语的副词的数量比英语的 adverb（副词）要少。有些在英语中被当作副词的词，在汉语中仍属于形容词；也就是说在汉语中形容词是可以修饰动词的。

例如：

(1) 缩短城乡差别（shorten the difference between the city and the town）

(2) 学好汉语（study English well）

(3) 提高文化水平（raise the cultural level）

留学生在学习这类英语句子时往往会译成这样的汉语句子：“城乡差别短”；“学习汉语好”；“文化水平高”。

在汉、英语言中，此有彼无或彼有此无的词类都是母语为非英语国家的外国留学生作为第一目的语和第二目的语学习的难点。

比如汉语中就没有冠词，而英语中虽然只有“a”、“an”和“the”三个冠词（article），特别是定冠词“the”的使用，许多学生学了几年还未必能够正确使用。

再例如汉语的量词分得相当精细（一个人、一支笔、一张纸、一本书、一件衣服、一条裤子、一块肥皂等等）；而英语中在大多数可数名词前只用一个

"a"或"an"就行了，另外英语中有些不可数名词的一些特别量词的表示法也是学生们学习的难点。如："a cake of soap"（一块肥皂）；"a piece of news"（一则新闻）；"a pair of trousers"（一条裤子）；"a bar of chocolate"（一块巧克力）。

汉语的助词如："的"、"呢"、"吗"、"了"、"着"等等是在英语语言里所没有的，运用的方式也较为复杂，必须通过它们在不同句型里的对比，才能解决学习中的困难。

再看英语里的preposition（介词）和conjunction（连词），虽然在汉语里也相应地称之为介词和连词，在许多词典里也能查出每个词的释义，但实质上在汉英这两种语言里的表达方式上很不一样。许多初学汉语和英语的留学生极易对词典里的释义造成误解。

例如：

(1) 因为今天下雨了，所以我们没有出去踢足球。(It is raining today, so we didn't go out and play football.)

在做汉译英练习时，许多留学生将此句误译成了"Because it is raining today, so we didn't go out and play football"。他们之所以犯此类错误原因在于他们不懂得"because"和"so"的用法，被汉语的释义（因为……所以……）弄糊涂了。

(2) 他虽然五十多岁了，但他还坚持学习英语。(Although he is over fifty, he persists in his English study.)

不少留学生在译此句时，也会出现错误，译成了"Although he is over fifty, but he still persists in his English study."原因也同样是把英语中的"although"在词典中汉语的释义"虽然"与汉语的连词"虽然……但是……"搞混了。

汉语里被称之为"词类转化"，同时也可称为"词类活用"的问题（包括"兼类"和"名物化"）从来在汉语语法中都是有很多争论的，其原因是过分地模仿英语的语法。其实从汉语的特点方面观察，汉语是没有词形变化的语言，同一个名词、动词或形容词，在句子里的功能（即成分）变化了，其词形仍旧不变。那么，与其让这些词儿的词类变来变去（按照英语语法的标准），不如说汉语这几类词是多功能的。例如动词和形容词除了经常充当谓语和定语之外，有时也可以充当主语或宾语。这种说法才是符合汉语特点的。

（二）语法范畴和语法手段的对比

英语在文字上具有形态发生条件。其词类可以通过曲折（词内曲折与词外曲折）加以标定，从而得以确定词在句子中的句法功能，这就使英语具备了形态语言的基础条件，这是汉英语言最基本的异质性差异。所以我们可以提出这样一个概念，即：英语的语法是显性的（overt），汉语的语法是隐性的（covert）。英汉两种语言最大的差异是动词。英语的形态主要集中于动词，在很大程度上取决于动词的形态变化（如被动语态、虚拟语态等等），既频繁又复杂。这样就使英语句法形成了以动词形态变化为主轴的、比较容易把握的形态程序和形式，其主要表现为：时态（tense）、语态（voice）、动词的体（aspect）和语气（mood）等四个范畴。英语句子虽变化纷繁，究其基本结构不能没有 SV 这个框架，在这一点上与汉语有着很大的不同，学习者应引起重视。

而汉语的词却不具备形态发生条件。它的方块象形结构具有隐含性。字与字之间不存在结构联结，从而使汉语基本上不可能凭借汉字的本身来显示其词性，词性的显示只能依仗附加词或者在很大的程度上要凭借词在句子中的意义来判断。这就造成了汉语的语法隐性化，使汉语语法结构和功能完全呈隐含状态。

英语中的一些情态动词（例如：can，may，must 等）与汉语中的一些助动词（如：能、会、应该等等）有些相似之处，但是又不完全相同。英语的情态动词后面只能接动词原形，例如：She can speak Chinese.（她会说汉语。）相比之下，汉语的“会”字既可做助动词直接动词，表示“懂得怎样做或有能力做某事”，如：“我会唱京剧”；也可做动词后面带名词宾语，意为“熟悉，通晓”，例如："他会西班牙语。"又如：You may borrow books from the library.（你可以从图书馆借书。）而汉语的"可以"除了能接动词表示"可能"之意，如："你可以喝这个杯子里的水。"还能用在主语前，例如："这件事可以你去办，也可以他去办。"再如：The students must obey the school rules.（学生们应该遵守校规。）汉语的"应该"后面还能接小句，例如："那个地方我熟悉，应该我去。"另外"不应该"在用作谓语时，前面常可以加"很"字，比如："他这样说，确实很不应该。"

在英语里有些语法范畴，如：性、数、格、人称、时、体、态等，在汉语里是没有或是不完全的，但是可以改用词汇意义（词汇范畴）去代替它们补足所表达的意义。例如："我有两台电脑。"和"I have two computers."两句的意义相同，但表示"数"的手段不同。英语的复数意义大都是由词尾"s"表现的，是语法范畴；而汉语没有这样一种语法范畴，它的复数意义是用名词前面的数量词"两台"来表示的，这是词汇的范畴。

英语的动词有定式的和不定式的区别，定式动词是在句子中专做谓语用的，不定式动词则在句子中充当其他成分。而汉语就没有这种区别。所以学生们对英语动词的词形变化以及不定式动词、分词和动名词的使用方法总感到十分麻烦和复杂，必然成为学习英语的难点。

再有英语中最常用的 be 和 have 两个动词用法极其复杂。留学生在学习汉英两门语言的时候就常会遇到这样的问题，汉语中的一个"有"字，在英语中的表达法就是多种的。例如："她有一双蓝蓝的大眼睛。"英语应为："She has big blue eyes."但往往有不少留学生对这之间的差异不甚了解，会把这句汉语错译成："There are big blue eyes on her."反之像"公园里有成千上万的游人。"这样的句子，英语应该是："There are thousands and thousands of people in the park."许多留学生却误译成："The park has thousands and thousands of people."

语法手段是表现语法范畴的形式，即使同属一类的语法范畴，在不同语言中也可以使用不同的语法手段来表达。在英语中有些可以用词形变化的语法手段来表示的语法意义；汉语却没有词形变化，但可以用别的语法手段，如词序、虚词，来表示同样的语法意义。

以英语中的形容词为例，英语的形容词可以利用词尾加 -er，-est 或词头加 more-，most- 来表示“比较级”和“最高级”的语法现象。例如：“He is taller than I.”“He is the tallest student in the class.”这两句的汉语句子可用汉字“比”和“最”来表示与英语相同的意思，即：“他比我高。”“他是班上最高的学生。”

初学这两门语言的学生常会出现把汉英这两种语言错误地混用的现象，其错误主要表现在以下两个方面：

1. 错误地改变词性

将名词当形容词用，把不及物动词当作及物动词用。如：

（1）“She contacts me regularly.”（她经常与我联络。）有些留学生会写成“她经常联络我。”汉语“联络”是不及物动词，而在英语中“contact”是及物动词，可以直接带宾语。

（2）“to challenge oneself”；“to challenge life”正确的汉语应译为“向自己挑战”；“向人生挑战”。汉语的“挑战”一词是不及物动词，可是也有些学生会写成“挑战自己”；“挑战人生”。其错误之处同样是把汉语的“挑战”一词误认为与英语“challenge”一词一样都同属及物动词。

（3）“Beijing is a very charming city.”“北京是一个很有魅力的地方。”初学汉语的留学生往往将汉语的“魅力”一词误认为是与英语一样同属形容词，故会出现“北京是个很魅力的地方”这样的汉语病句。

2. 错误地套用对方语言的句式

英语中否定词“no”，“not”后面不但可以接动词、形容词，也可以接名词。

例如：“They don’t go to school on Sundays.”（他们星期日不去学校。）“Our classroom is not very big.”（我们的教室并不大。）“I have no money.”（我身无分文。）但在汉语中否定词“不”的后面能接动词，例如：“不吃”，“不喝”，“不看”，“不玩”等等；还可以接形容词，如：“不好”，“不漂亮”，“不大”，“不干净”等等；但不可以接名词。有些留学生不了解这一语法现象，常常出现“我不英语学习”这样的错句。

（三）句型的对比

有些常见的动词谓语句型，汉语和英语所表现出的形式看起来似乎很相似，都是SVO（主、谓、宾）型的语序。然而在不少的特殊句型中，这两种语言却是各有特点的。汉语的“把”字句、“是”字句、“有”字句、被动句、连动句以及兼语句等等，都是并非英语的句型所能与其对应的。同样，英语里有些句型如：“Is...that...”（强调句）“What she wants is...”（提宾句）“Who is that girl？”（疑问句）“There are twenty students in our class.”（存在句）等等对于母语为非英语国家的外国留学生来说，学习起来也不容易。当然用某一种语言对另一种语言的句义进行翻译以及句型的对比是有关联之处，但同样的句义在不同的语言里有时就必须用不同的句型去翻译。句型的对比可以帮助句义的理解，却不能曲其意去比附。换言之，句义相同在不同语言里的句型并不一定相同。

留学生在学习汉语时，常常也套用某些英语的句式，他们并不了解这些被套用的句式在汉语中（特别在普通话中），是不用的。例如：当学生们碰到这样的英语句子：“She is the best teacher I have ever had.”（教过我的老师，她最好。）他们往往会译成这样的汉语“她是我碰到过老师中最好的一个”。这就是套用了英语的比较句中最高级的用法。又例如：“This is the best film I have ever seen.”不少学生译成“这是我看过电影中最好的一部”。其错误之处也是受了英语形容词最高级的影响；正确的汉语应该译成“我看过的电影，这部最好”。再例如：“He devoted his life to his country.”（他为祖国献出了生命。）有些学生套用了英语中带有介词结构的句式，将“to devote one’s life to...”这个句型直译成了“他奉献他的生命给他的国家”。另外还有些错误地套用英语否定句式的现象，如：“他不知道太多的知识。”应该为：“他掌握的知识不算太多。”“我不够时间休息”宜说成：“我没有足够的休息时间。”以上这两例病句大概是受了英语否定句式“He doesn’t know much knowledge.”和“I haven’t enough time to rest.”的影响。

（四）词序的对比

我们都已了解到，汉语和英语动词谓语句的词序都属SVO型，但是都可以由于语用的需要作一些"易位"的变化。

在一句话中，在做定语、状语跟中心词的语序安排时，英语往往要比汉语显得较灵活些。以单词作定语或状语的位置，汉语和英语一般都放在中心词之前。例如："伟大的祖国"（great motherland）；"明亮的教室"（bright classroom）；"漂亮的姑娘"（a pretty girl）等等。然而英语中比较复杂的定语或状语（指由短语充当的或由从句充当的），则常常放在中心词的后面，在汉语中是不可以这样使用的。试比较一下：

一般说来，一个中心词前面同时连用几个定语时，汉语的习惯是把限制性的词（包括数量词）放在前面，描写性的词放在后面。

例如：

昨天晚上看的那场精彩的电影使我感动极了。
（限制性的）　　（描写性的）

这个句子英语应译为："I was deeply moved by the wonderful film（which）I saw last night."要把较长的定语从句修饰语放在中心词的后面。

还有，在同一个中心词前面连用几个状语的时候，不同性质的状语次序也不能和英语对译。

例如：

她经常在晚饭后到学校的花园里去散步。
（程度）（时间）　　（地点）

与此句意思相同的英语译句应是："After supper，she often goes for a walk in
（时间）　（程度）

the college gardens."

(地点)

另外一个值得对比的语法现象是，汉语语法通常是把后置于谓语的状语称之为补语，与英语里的补足语（complement）有所不同。我们在教学的过程中要使学生们懂得并不是所有的英语后置状语都可翻译成汉语的补语。

例如："He teaches in a university."译成汉语只能是"他在一所大学里教书"。而绝不能说成"他教书在一所大学里"。

概括说来，英语的语法规则大都是将较长的修饰语（复杂的短语或者关系从句）放置在中心词的后面；与此相反，汉语的习惯一般都把修饰语放在中心词的前面，而且往往不宜过长。因此在进行英译汉时，应该避免将很长的修饰语都一并放置在中心词之前，在维持原句基本句义不变的前提下，最好是将此类长句分成几个汉语句子。

例如："It is an old horrifying mystery story."汉语应该译成："这是一个古老的传说，它即恐怖又神秘。"

三、汉英语音对比

多年来，诸多学者对不同的语言在不同的层次上进行了大量的对比分析研究。 但不论对哪种语言进行对比分析，首先应该着手于从两种语言最显著的特征——语音方面的对比分析。

汉语是一种有声调作为辨别词义形式的语言，而英语则没有这种形式。在另一方面，英语句调的升降变化较为灵活和显著，汉语则较为平稳。在人类进行语言交际的过程中，声调和语调在人们的听觉中是非常敏感的，我们经常听到外国人讲汉语时总感觉带点"洋腔洋调"，这就是他们受母语干扰的结果。

人类的发音器官构造与功能都是相同的。语言分析的声学原理也没有什么两样。但是英语和汉语的音位系统并不完全一样。 英汉两种语言所运用的音位分类方法和所使用的术语不同。英语把音段音位分为元音和辅音两大类；而汉语则根据汉字的特点，把一个字音分为声母和韵母两个部分。韵母的主要组成部分是元音，但韵母并不等于英语中的元音。除单元音的韵母外，还有元音前面带介母 i、u、y 的韵母和元音后面跟韵尾（次元音或鼻辅音 n 或 ŋ）的韵母。声母主要由辅音充当，如果字音的开头没有辅音，就称为零声母，例如：en（恩）。在汉语中辅音并不都可作声母，只有起首的辅音才是声母，汉语普通话的辅音中，ng 就只能作韵尾，不能作声母。我们现将英汉两种语言音位的分布情况进行对比分析。

（一）汉英元音系统对比

1. 英汉元音系统的构成

英语的元音系统较为简单，由 12 个单元音和 8 个双元音组成。与之相对比，汉语（普通话）的元音系统的组成比较复杂。汉语的每个音节由声母和韵母组成，而韵母又可分为单韵母、复韵母和鼻韵母。如果用音标标明的话，可分别由单元音、复元音及元音加鼻辅音 [n] 或者 [ŋ] 充当。

2. 汉英单元音对比

决定元音音色差异的主要因素是口腔的形状和大小的不同，各个不同元音的基本特征是舌高、舌位和唇形的差异。英语的元音都是舌面音，而汉语不仅有舌面元音，还有两个特殊的舌尖元音 -i[ɿ]（舌尖前元音）、-i[ʅ]（舌尖后元音）和一个卷舌元音 er。另外因为英语的元音有紧松之差，故也有长元音和短元音的区别。汉语的元音没有这样的区别，所有的元音都发得比较长，比较紧，还有些拖音。因此许多母语为汉语的学生不容易分辨这种区别，常常把英语中的短元音读成长元音或读成了复元音。例如：big [big] 读成了 [biːg] 把 [i] 发成 [iː]（因为这个音与汉语普通话中的 i 相似）；but [bʌt] 读成了 [baːt]；map [mæp] 读成了 [maip]，这样的错误不仅难以使别人听懂，也极易造成语义上的混淆。

在英汉语言的单元音中有些是属于同类音，发音非常相似。例如：汉语中的 u 和英语中的 [uː] 都是属于后圆唇音，发音时双唇都是收得很圆且小，向前突出，舌后部抬高，但仔细辨别，汉语的 u 比英语的 [uː] 的舌位更靠后些，舌隆起的高低程度（即开口度）更高些。再例如：发英语 [iː] 时没有摩擦，再则英语元音的 [iː]、[uː] 的发音长度比汉语 i、u 更要长些，因为英语长元音的发音长度往往比它相应的短元音长到两倍以上。相比之下汉语的 i 和英语的 [iː] 虽都同属前、高、不圆唇元音，发音时舌的最高点都是在舌前部，舌位都比较高，牙床都开得很窄。但汉语 i 的舌位比英语的 [iː] 要高，并且汉语发 i 时有轻微的摩擦，舌尖要抵住下齿，舌前部向硬腭抬起，双唇不要收圆，要成平展状，唇形舌位保持不变，否则就会发成双元音了。

英汉语音中还有些音听起来相似，但却不属同类音。例如英语的 [əː] 与汉语的 e 发音很相似，但英语的 [əː] 属中、半高、不圆唇长元音。发音时舌身需平放，舌中部要稍抬起。而汉语的 e 属后、半高、不圆唇音。发音时的舌位比英语更高些，更靠后些。而且英语的 [əː] 发音时牙床开得比汉语的 e 要更窄些，发音的长度要更长些。

英语的 [ɔː] 与汉语的 o 发音也很相似，发音时都需要注意舌尖不触下齿，舌身后缩，舌后部向软腭抬起。但英语的 [ɔː] 是属后、半低、圆唇长元音，发音时双唇比汉语的 o 收得更圆更小，并须用力向前突出，并且发音长度也比汉语的 o 要更长些。与之相比汉语的 o 是属后、半高、圆唇元音。

概括说来，汉语元音的舌位都在舌的前、后、高、低的极限位置，而英语的元音并非如此。英语的元音除了三个中元音 [əː]、[ə]、[ʌ] 以外，其他元音也有向中元音靠拢的趋势。也就是说前元音并不太靠前，如：[iː]、[i]；后元音也并不太靠后，如：[uː]、[u]、[aː]；高元音也未必高到极限的位置，而低元音 [ɔ] 离低位的极限也还有一定的距离。在以前的语音学中，学者们都将 [ʌ] 归属在后元音类别里，但随着语言的不断变迁，在现代英语里 [ʌ] 也成了中元音。英语元音的这些特点往往被母语为汉语的学习者所忽视，他们总是倾向于用汉语的舌位和方法来发英语的元音，这种不正确的发音方法在发 [iː]、[i]、[ɔː]、[uː]、[u] 等这些英语元音时表现尤为显著。

3. 汉英复元音对比

我们可将复元音分为二合元音（即双元音）和三合元音两种复元音。英汉复元音的共同特点是各成分发音的强弱度、长度以及清晰度是不一样的，往往是其中一个成分发得较为响亮、清晰，滑移段较长，而其余的成分发音相对弱些并且短而含糊。

英语的二合元音又分为合口双元音和集中双元音两种：

（1）合口双元音：[ei]、[ai]、[ɔi]、[au]、[əu]，其第二个组成部分为 [i] 或 [u]。

（2）集中双元音：[iə]、[ɛə]、[uə]，其第二个组成部分为 [ə]。

这八个双元音都是前响双元音，只有 [iə]、[uə] 在弱读音节中才可读为后元音。

英语双元音的发音特点是：

（1）由一个元音向另一个元音滑动，发音过程中口形有变化。

（2）前重后轻，第一个成分发音响亮清晰，第二个成分较轻弱模糊。

（3）前长后短，第一个成分发音轻长，第二个成分较短促。

（4）第一个成分音质稳定，整个元音比较紧张，相对完整，滑移较慢，并且口形动作的变换过程是直的，听起来清晰。

汉语的二合元音中 [ai]、[ei]、[au]、[ou] 这四个为前响音，另外还有 [ia]、[iɛ]、[ua]、[uo]、[yɛ] 五个后响音。汉语的双元音发音时从整体上来说不是十分的完整，第一个成分音质不十分确定，而第二个成分又是比较含糊。例如普通话的 ei 的第一个成分有的人会发成 [æ]，也有的会发成 [ʌ]，第二个成分有人会发成 [ə]，所以这个音听起来似乎是 [æə] 或者是 [ʌə]。汉语二合音的舌位滑动较英语双元音短而且快，不如英语的双元音那么明显，其动作的过程不是直接的，大都还有一个中元音靠拢的过程，所以听起来似乎有点像单元音。另外英语中 [ei] 含有汉语的 ei 因素成分，在发音过程中，英语的 [ei] 音似乎要比汉语的 ei 音厚实。中国学生容易把英语的 [ei] 读成 [e]；把 [au] 读成 [ɔ]。

英语的三合元音的特点是：第一个成分最强，中间成分最弱，第三个成分次强，例如：power[`pauə]、tire[`taiə]、loyal[`lɔiəl]、player[pleiə] 这样的词在发音时发音器官肌肉经历两度紧张，因此多数语音学家将此类元音称之为前强二合元音与 [ə] 的组合。相比之下，汉语的三合元音都是中间成分响亮，发音重，滑移段较其前后的成分长，其前后的成分发音短且弱而含糊。例如：[iau]、[iou]、[uai]、[uei] 等。

（二）汉英辅音系统对比

1. 英语中的齿间擦音 [θ]、[ð] 是汉语（普通话）里所没有的。发这两个音时舌尖要轻触上齿边缘与上齿内侧，也可将舌尖置于上下齿之间，舌的两侧贴靠上排两边的牙齿，气流从舌尖与上齿间窄缝泄出，摩擦成音。母语为汉语的学生在发这两个音时往往用齿擦音和齿塞擦音 [s]、[z] 和 [ts] 代替。例如在读 thank、thing、this、that 等这些单词时尤为明显。许多母语为非英语国家的留学生也会出现这样的读音错误。

2. 英语的 [s]、[z] 是齿龈擦音，发音要领是舌端需贴近上齿龈。汉语的 s 尽管也是擦音，与英语的 [s] 十分相似。但需注意的一点是汉语的 s 发音时舌尖向前平伸，接近上齿背。我们将它称为齿音（也叫舌尖前音），而且无对应的浊音。母语为汉语的学生在发英语 [z] 时错误较多，常错误地读成汉语的 z[ts]。例如把 zoo[zuː] 错念成 zu（租），这是因为汉语的 z、c 是齿（舌尖前）塞擦音，发音时气流受到舌尖与上齿背的完全阻碍，然后从其窄缝中挤擦而出，与英语的发音部位及方法都是不同的。

3. 汉语里没有像英语那些常见的 [st][sk][pl][bl][tr][dr] 等复辅音。初学英语的学生常常容易把复辅音分成两个音位来念（即在两个辅音之间多加了一个元音音素）。出现这种错误主要是因为在汉语中辅音只能出现在元音之前，而且一个音节中只能有一个辅音例如：kai（开），或者根本没有辅音例如：ai（爱）。

4. 英语的辅音多数是清浊相对应的，而汉语的辅音则多数分为送气和不送气的清辅音。例如：p、b、t、d、k、g、j、q、x、zh、ch、sh、z、c、s 等。浊辅音只有 r、m、n、l、ng 五个。英语可通过清辅音和浊辅音来区别词义，还可以影响元音长度和同化相邻的辅音，例如：pear[`pεə]（梨）；bear[`bεə]（狗熊）。而汉语则是通过送气和不送气辅音来区别词义，例如：八 bā，趴 pā，干 gàn，看 kàn，蛋 dàn，炭 tàn。

5. 英汉辅音位置对比。在英语的辅音中，任何一个辅音都可以出现在一定的元音之前，也就是说我们可以在一定的元音之前加上一个辅音，例如：day[dei]（天）中的 [d]；辅音还可以在元音之后出现，例如：我们可以说

tea[tiː]（茶）；也可以说 eat[iːt]（吃）。但是在汉语中，除 n 外，辅音的位置只能放在元音之前，而绝不能放在其他位置上。例如：我们可以说 dà（大）；但不能说 àd。母语为汉语的学生在学习英语时往往会习惯地以汉语的拼音规则在一个以辅音结尾的单词之后加上一个元音。他们感觉似乎只有这样才能完整地拼出一个音节，例如：当他们读 map[mæp]（地图）、book[buk]（书）时，总是会错读成 [`mæpə]、[`bukə]。

6. 英汉辅音 [l]、[r] 对比。曾有学者从全世界所有的语族中挑选出较具代表性的 317 种语言进行了系统的语言对比分析，从中发现 72% 的语言含有 [l]、[r] 音素。还有研究表明，辅音 [l]、[r] 音素不论是在英语语音体系中还是在汉语语音体系中都是重要的。尽管这两个音素普遍存在于各种语言中，但对许多亚洲人、非洲人以及一部分欧洲人来说，学习如何正确辨别和发准英语、汉语中 [l]、[r] 的不同的发音仍是他们学习英语和汉语的难点。中国人、韩国人、日本人、新加坡人、非洲人以及西班牙人等在学习英语的这两个音素时都很困难。巴西人把 Brazil[brə`zil]（巴西）读成 [braziu]；old[əuld]（老的）和 gold[gəuld]（金子）读成 [oud] 和 [goud]。日本人讲英语时常常混淆 [l]、[r] 的读音，因为在他们的母语中这两个音本身就是合二为一、难以区别的。所以日本学生常将 [l] 读成 [r]；又把 [r] 错误地读作 [dərə] 或 [l]。例如：把 tree[triː]（树）读成 [dəriː]；在拼写单词时会将 rack（架子）、stereo（立体声）、frugal（朴素的）等带有 r 字母的单词错拼为 lack、steleo、flugal。中国人因为受地区方言的干扰，特别是在一些南方方言中，[l]、[r] 的混淆尤为明显。我们发现 [l]、[r] 语言习得错误的基本类型可分为两大类：（1）替代与省略。替代指 [l]、[r] 在语音中相互替代，又可分为单纯替代类型和增音型替代。在湖南、湖北地区的方言中，“辣”、“那”的发音常常是不容易区分的。例如：他们说：“我把辣椒放在拉（那）里了。”所以当他们说英语时，也经常会把 night（夜晚）念成 light（灯）。这种现象叫做单纯替代类型，即单纯以 [l] 替代 [r]。另外在他们的方言中也没有卷舌音 [r] 的音素。将 [l] 替代 [r] 出现在非 [u] 元音或其他元音组合前时，[l] 与半元音 [w] 组成另一种替代类型——增音型替代。例如：他们在方言中把“人”说成 [lén]；把“扔”说成 [lēng]。在念英语时，他们也会出现同样的现象。如把

right（对的）念成 [lwait]；把 rice（稻子）念成 [lwais]。（2）英语发音受干扰的另一种现象叫增音型省略。省略指 [l]、[r] 在读音中完全消失。例如：在浙江方言里就没有 r 声音。普通话的 r 在浙江方言里大都说成鼻音。他们把（人）念为 [nínng]。增音型省略是以词尾 [l] 和 [l] 成音节为主。[l] 被省略后有些方言地区的学生会增加元音 [ɔ] 或 [əu]。例如：他们会将英语的 people[`pi：pl]（人民）误念成 [`pi：pɔ] 或 [`pi：pu]。

（三）汉英语调和重音对比

1. 汉英语调对比

英语是以重音计时的（stress-timed）语流，也就是说英语的词儿没有声调，而是有重读。汉语是一种以音节计时的（syllable-timed）语流，在汉语中，语调虽然也有修辞作用，表达说话人的感情和意图，但汉语的词义主要是靠声调来区分，单词都有声调，而且每个音节都有不同音高变化的声调对立。声调有阴平、阳平、上声和去声四种，即有四个声调分别表示不同的词义。例如：发（fā）、罚（fá）、法（fǎ）、珐（fà）。连词成句时，这些声调可以任意组合。英汉语言语气表达的相似之处就是都可以用语音层次来体现。语音层次是指用语调和重音手段表达语气。

（1）降调：表达平叙、肯定、命令、完成等。例如：

① He is a second-year student. 他是一名大学二年级的学生。（平叙）

② Xiao wang said that he wouldn’t come tonight. 小王说他今天晚上不来了。（肯定）

③ Follow me! 跟我走！（命令）

④ That’s the end of the performance. 演出到此结束。（终结）

（2）升调：表达疑惑、请求、鼓励等。例如：

① Is the book yours？这本书是你的吗？(疑惑)

② Could you do me a favour？请你帮个忙？(请求)

③ Be bold.Don’t be afraid. 别怕，大胆点儿。(鼓励)

(3) 曲折调：曲折调不同于一般的中性语调，它属于口气语调。通常表达说话人的强烈语气和情感。如：讽刺、不满、厌恶、赞叹等：

① Yes.He is very generous. 是的，他很大方。(讽刺)

② You are late again. 你又迟到了。(不满)

③ I don’t care a bit about it. 我才不在乎呢！(藐视)

④ Don’t you really know what you have said？难道你自己不知道你都说了些什么吗？(反感)

⑤ I have never seen such a beautiful scene! 我从来没见过这么美丽的景色！(赞叹)

汉语语气的表达除了使用语音手段外，还有词汇层次和结构层次的表达手段。词汇层次是指用语气助词、语气副词和语气疑问词等手段辅助表达语气。例如：

①咱们走吧！

②给我看看好吗？

结构层次是指用“是不是”、“是 A 还是 B”等表特定语气的结构进行表达。例如：

①他是不是生病了？

②你是今天动身还是明天动身？

概括说来，英语是语调语言（intonation language）。语调是语气的独立表达方式。不同的语气、情感一般都要通过不同的语调模式来表达。英语的语调在口语中作用很大，表达说话人的感情色彩和意图。说话者也可以常常通过改变语调的调形来造成语气表达的变化。而汉语则是声调语言（tone language）。在汉语中很少单独使用语调表达语气，而是常倾向于使用词汇手段、结构手段并结合语调共同表达话语语气。这是英汉语气表达方面最明显的差异。

2. 汉英词重音对比

语言学中的重音可分为词重音和句重音两种。就英语来说，每个单词的重音位置都是固定的。如果把重音念错，别人就会听不懂，甚至会引起误解。例如：如果把 menu[`menju: ]（菜单）念成 manure[mə`njuə]（肥料），就会搞得啼笑皆非；如果把 below[bi`ləu]（在下面的）的重音移到第一个音节上，别人就会认为你念的是 billow[`biləu]（巨浪），词义就会全然不同；如果把 computer[kəm`pju : tə]（计算机）念成 [kəmpju: `tə] 或者 [`kəmpju: tə]，别人就无法知道你在说什么。英语词重音具有区别作用，可区别词性和词义。有些单词即使拼写完全一样，但重音位置不一样，就会代表两个完全不同的词性或词义。例如：present[`preznt] 是名词（礼物、目前），present[pri`zent] 是动词（赠送、提出）；record[`rekɔ: d] 是名词（唱片、记录），record[re`kɔ: d] 是动词（记录、录音）；desert[`dezət] 是名词（沙漠），desert[di`zə: t] 是动词（抛弃）。

相比之下，在汉语词汇中轻重音的差别并不明显。重音的位置也不如英语那样严格。每个汉字都有其固定的声调，但是在语流中，有些字往往失去原有的声调而读得短促和模糊，这种音变就叫做轻声。许多语言学家从声学的特点分析，将汉语的轻声的音节看成是轻重音中的轻音。现在汉语的双音节词有两种轻重形式：

（1）重轻式。例如：窗户、本事、亲戚、态度

（2）中重式。例如：语言、友谊、跳舞、学习

除了这些含有明显的轻声的双音词，其余轻重音位置不很稳定，往往可以随

人们发音习惯的不同而有所变化。有时同样的字在不同的词组里就有不同的重音形式。例如：人们习惯说：馒头（重轻式）；窝头（中重式）。

汉语还有一种现象就是同样的词组如果重音不同也可以区别词性和辨别词义。例如：摆设（重轻式）是名词，意思是（装饰）；如果念成摆设（中重式）就是动词，意思是（安放）。再例如：东西（重轻式）是名词，表物品；如果念成东西（中重式）也是名词表方位。外国人学习汉语时，常常会被这些习惯性的轻重音变化方式搞糊涂，他们在遇见同样一个字或者同样一个词组时，就不知道该在什么情况下读重音，在什么情况下读轻音。

由此可见，英语的词汇以多音节为主，它的重音可以分为主重音、次重音、轻音三级。它们是三个不同的音位，在一部分词中可以互相区别意义。另外，在英语的多音节词中，轻读音节多，重音一般只有一个，次重音多为节奏的需要而设。与之相对比，汉语字的音节都有声调，不易将其弱化，故在多音节词中重音显得多。例如：玫瑰花（中轻重式）、电冰箱（中中重式）、吃午饭（中重轻式）、匆匆忙忙（中轻中重式）、一望无际（中重中重式）等。这就是中国人讲英语时重音过多的原因。

（四）汉英词连读对比

英语连读是指在一个意群（意思密切相关的一组词）中，前一个音节与后一个音节紧密连接而形成的连音。连读有以下几个类型：

（1）辅音与元音的连读。如果前一个单词以辅音结尾，后一个单词以元音开头，这两个单词有时可以连起来念。例如：What is this？[`wɔt iz ` ðis]；It is a pen.[it iz ə ` pen]

（2）r 音与元音的连读。例如：for ever[fɔ: r`ev ə]；clear it [kliə r it]

（3）元音与元音的连读。在元音与元音的连读中，如果前一个元音的尾音是 [u]，与后一个元音相连时，好似加了一个 [w] 音，例如：no end[nəu（w）end]。如果前一个元音的尾音是 [i]，与后一个元音相连时，好似加了一个 [j]，例如：stay up[stei（j）ʌp]。英语的音节结构比较复杂，除了 [h]、[w]、[j]、[r]

这几个音素以外，其他的辅音都可以出现在词尾，音节之间或单词之间都可用连读的方式过渡。例如：It is an apple.

[it iz ən `æpl ]；How old are you？[`hau əuld a: ju:]；I' m fine. And you？[ænd ju:]。

在汉语中，每个汉字只含一个音节。能作韵尾的只有 [n] 和 [ŋ] 两个辅音，而且 [ŋ] 是不能放在字首作声母的。汉语每个音节内部很紧凑，而每个音节之间关系较松散。汉语的音节是声韵调的统一体。因此音节本身就是一个清晰的语音单位，不可以与相邻的音节衔接。例如：晚安（wǎ ā）就不能像英语那样连读成（wǎ ā）；山坳（shā ào）

也不能说成（shā ào）。也就是说这两个词组的音节与音节之间必须断开。汉语中只有极个别的字可以有音渡现象。例如："啊"字在句末尾时，可以根据前面一个词的不同发音而发生不同的音变，在书写时，也可以用相应的书写变体。例如：

（1）前面的词的末尾是 n 时，"啊"字可发生音变。

①多么蓝的天哪！（读音 nɑ）

（2）[zhī]、[chī]、[shī] 后 + 韵母

①他真机智啊！（读音 yɑ）

②饭菜都凉了，快吃啊！（读音 yɑ）

③你真守时啊！（读音 yɑ）

（3）前面的词的末尾是 ou、au、iau、u 等音素时，"啊"字可发生音变。例如：

①你就不会好好说话，别吼啊！（读音 əuwɑ）

②多漂亮的小鸟啊！（读音 owɑ）

③乖孩子别哭啊！（读音 uwɑ）

（4）在末尾音素是 ɑ、o、e、i、ü 的情况下，一般读音为 [yɑ]，例如：

①好大的一条鱼呀！

②别发火呀！

（5）在 [zi]、[ci] 的后面常读做（zɑ），例如：

①多美的舞姿啊！

②这个产品的质量真次啊！

中国学生学习英语时，常常受汉语发音习惯的限制，在练习英语发音时，不知如何进行连读。在有些英语句子必须连读时，例如：Not at all.[nɔt‿æt‿ɔ:l]（别客气，不用谢。）

中国学生往往会逐字念成 [nɔt æt ɔ:l]。这样念的结果势必连地道的英、美人也不会明白这是什么意思。

由此可见，在对以汉、英两门语言为目的语的非英语国家的外国留学生进行英语教学时，同时还要注重向学生们介绍与其相应的目的语（汉语）的表达法，让学生们了解到由于汉、英国俗与历史、文化等方面的差异，在对这两种目的语进行相互转换时，同样要注重汉语的文化特点、汉民族的习俗、心理状态以及接受能力等等，采用汉语的习惯表达法。另外教师还要注意把这两种语言之间的差异进行一番系统的、精密的对比，掌握一些彼此之间的对应规律，训练学生能迅速转换语言的技能。这个转换过程是不可缺少更不可逾越的。

我们在教学的过程中，应注意找出学生们在学习目的语时的难点和重点，及时发现并纠正其偏差。错误分析在语言教学中的作用是非常重要的，它可使我们教师对学生的错误能有一个较为全面的认识，这也是对我们教学的宝贵反馈。对比分析和错误分析是相互补充的，我们可通过对比分析做出预测，再由错误分析来确认或否定。有些偏差的原因可能在对比分析时找不出，但可以通过错误分析找出来。我们主张在教学中以对比分析为先行，错误分析在其次，这样两者相结合的方法会有利于我们的语言教学。一般说来，目的语与学习者母语相似的成分对他来说是简单的，目的语中与其母语相异的成分对他来说是困难的。如果教师能及时地对学生的错误进行系统分析，便可发现学生在向目的语接近的过程中已到达了哪个阶段，还剩下多少需要继续学习的内容。

通过上述种种对比分析，我们得出这样的结论：人们学习外语都是在掌握了母语的情况下进行的。母语的影响是不可忽视的。母语与目的语之间的异质性问题或者同中有异的问题，是产生负迁移、造成语言学习干扰的主要因素，我们必须特别加以注意。一旦我们真正认识并掌握了母语与目的语之间的某些共同规律，并能正确地、灵活地运用到目的语的学习与教学之中去，就能产生积极的迁移作用，收到事半功倍的效果。

本文是在"培养学生对文化差异的敏感性（一）——英汉词汇对比分析"（《汉日语言研究文集》第四集，北京出版社2001年版）、"培养学生对文化差异的敏感性（二）——英汉语法对比分析"（《汉日语言研究文集》第六集，北京出版社2003年版）、"培养学生对语言差异的敏感性（三）——英汉语音对比分析"（《人文丛刊》第一辑，学苑出版社2005年版）三篇论文基础上修改而成。

谈汉语第二语言教学中的文化教学
——从国外汉语言教学文化类课程设置谈起

刘继红

刘继红，女，1970年生于哈尔滨市。北京外国语大学中文学院副教授，硕士研究生导师。历任进修部副主任、汉语教研室主任、国际汉语教学信息中心编辑等职务。主要研究方向为对外汉语文化教学及汉语教育史研究，发表学术论文近20篇，合作编写对外汉语教材2部。

前言

语言是文化的载体，又是文化的构成要素之一，两者不可分割的关系决定了：要学好第二语言，必然要了解第二文化。汉语，作为世界上使用人口最多的语言，是汉民族在其历史发展过程中逐渐产生、发展起来的，负载着汉民族悠久的历史与文化。因此，为了使学习者增强学习汉语的兴趣和动力，更好地掌握汉语中的文化因素，熟悉基本的中国国情和文化背景知识，汉语第二语言教学应不仅仅停留在言语技能训练的层面，还应将语言知识的学习、言语技能的训练与文化知识的导入结合起来，这一观点在对外汉语教学界已取得共识。著名学者江蓝生先生在《提高对外汉语教学的文化含量》一文中提出："面向新世纪的对外汉语教学在教授语言知识和技能的同时，要更加突出中国文化的比重。”[1]可见，文化问题的研究、文化因素的导入已日益受到汉语教学界的共同关注。那么，如何向第二语言学习者介绍中国的文化？针对不同种类的文化我们应该采取何种教学形式呢？[2]

汉语第二语言教学中的文化教学，无论是在国内还是国外，不外乎有以下两种形式：其一，语言课中的文化教学，即融文化因素于语言教学中；其二，开设专门的文化课，诸如文学史、思想史、中国古代史、近现代史、中国地理、中国政治、中国经济等等。两种形式的区别在于，前者是以语言知识（语音、汉字、词汇、语法）的学习和言语技能（听、说、读、写、译）的训练为主要内容，目的是提高学习者运用目的语进行思维、表达和交际的能力；后者是以系统介绍中国文化为主要内容，目的是为学习者提供必要的文化知识储备，以加强他们对目的语国家的思维方式、审美倾向、民族心理、风俗习惯等意识形态的理解。

针对第一种形式，即语言教学中的文化教学，许多研究者从不同角度分别论述了文化因素导入的必要性与可行性、文化教学的原则与方法等问题，为文化问题的深入研究做出许多努力：鲁健骥结合基础汉语教学和教材编写的实践，提出了“文化介绍应与语言教学的阶段相适应”的观点，并具体探讨了介绍文化因素的原则与方法[3]；张德鑫提出：“对外汉语教学的最佳模式就是语言文化一体化教学，将文化教学渗透、融化在语言教学之中。”[4]；施光亨认为语言自身的文化因素，如词语中的文化积淀、语法中的思维方式等，当然应该、也必然会融入语言教学之中，但要注意不能脱离现实生活中的语言交际的需求，不能超出特定阶段语言能力可能接受的范围，这样才能有助于语言能力的提高。[5]这些研究成果表明，作为对外汉语教学工作者，不仅要在课堂教学中自觉地、

[1]　参见张德鑫主编：《对外汉语教学回眸与展望》，外语教学与研究出版社 2000 年版。

[2]　外语教学界关于文化的定义、种类等问题的论述有很多，无须赘述。而张占一先生从跨文化交际角度将文化区分为知识性文化和交际性文化（1990），为对外汉语中的文化知识教学确定了重点与方向。同时，两种文化的区分在某种程度上决定了文化教学采取两种不同的形式。

[3]　鲁健骥：《对外汉语教学基础阶段处理文化因素的原则和做法》，《语言教学与研究》1990 年第 1 期。

[4]　张德鑫：《中外文化漫议》，华语教育出版社 1996 年版。

[5]　施光亨：《对外汉语教学整体设计再思考及其他》，《汉语研究与应用》，中国社会科学出版社 2003 年版。

有意识地将语言中蕴涵和承载的文化因素传导给学生，同时，要加强学习者在目的语环境中的文化适应、文化冲突及跨文化交际等问题的研究，使自己站在更高的跨文化的角度上进行语言教学，这样，才能达到事半功倍的效果。

关于文化教学的第二种形式，即开设专门的文化课，涉及国内外部分大学汉语言专业本科教育中具体的课程设置问题，笔者将在下文分别论述。

一、国内大学留学生汉语言专业本科教育文化类课程设置情况分析

课程设置是在教育目的和具体教学目的的指导下，从学习者的特点和需要出发，根据专业对知识结构和能力结构的要求，最优化地选择教学内容、组织教学进程，形成合理的、相互配合的课程体系。由此可见，研究课程设置的前提是明确我们的教育目的和培养目标。国家汉办制定的《高等学校外国留学生汉语言专业教学大纲》，将外国留学生汉语言专业教育的培养目标规定为："具备扎实的汉语言能力与言语交际能力；掌握系统的汉语基础理论与基本知识；掌握基本的中国人文知识，熟悉中国国情和社会文化。"[1] 合理的课程设置要处理好语言知识课与言语技能课的关系，处理好语言课与文化课的关系，尤其是不同阶段各类课程的比重问题。有研究者以北京语言大学、北京外国语大学和北京师范大学这三所大学留学生汉语言专业本科教育的课程设置为依据，通过与韩国大学中文系课程设置的对比与分析，得出如下结论：语言技能课在中国大学第一、第二学年的课程安排占绝对优势，中国文化课、语言知识课在第一学年基本没有开设，随着年级的增加，所占比重大幅度提高，到了第四学年，中国文化课取代了语言技能课，成为最主要的课程。[2] 笔者随即调查了国内其他大学外国留学生的文化类课程设置情况，发现与上述三所大学的情况基本一致：留学生汉语言专业本科教育由初级阶段到中、高级阶段，语言技能训练课

---

[1] 参见国家对外汉语教学领导小组办公室制定的《高等学校外国留学生汉语言专业教学大纲》，北京语言文化大学出版社 2002 年版。

[2] 参见余求真：《中韩汉语言专业课程设置之比较》，《国外汉语教学动态》2003 年第 3 期。

逐渐减少，专门的文化类课程比重逐渐增加；到第三学年，某些大学由于设立了不同的专业方向，还增设了不同类型的选修课或专题讲座。以笔者所在的北京外国语大学国际交流学院为例，外国留学生的汉语言专业共分为四个方向：汉语方向、文学文化方向、经贸方向和汉英双语方向。针对经贸方向，我院在第三学年增设了与经贸活动密切相关的中外经贸交流、中国涉外经济法、国际贸易、国际商法等选修课作为该方向的专选课程。由此，我们可以概括出，对外汉语中的文化教学基本上遵循着一个“由少到多、逐步增加”的规律。这种类型的课程设置，既符合第二语言教学以培养学习者言语交际能力为主的要求，也符合他们实际的汉语水平和接受能力，具有一定的系统性和科学性。但从另一个角度看，这种课程设置也有一个“心有余而力不足”的因素在内：因为国内大学的对外汉语教师大多毕业于中文系，虽然比较系统地学习了中国语言和文学知识，但从整体上说，普遍外语水平还不够精通。因此，课堂教学中涉及文化背景知识时，教师很难流利自如地运用学习者的母语或媒介语加以介绍，更无法运用他们的母语或媒介语开设专门的文化类课程以满足学习者的不同需求，这是一个亟待解决的问题。

二、国外大学汉语言专业本科教育文化类课程设置情况分析[1]

以下列举了一些国外大学汉语言专业本科教育的文化类课程设置情况，从中我们可以发现：国外大学的文化知识教学在某些方面具有一定的共同性，且明显有别于国内大学的文化教学。

[1] 本文涉及的国内外部分大学文化类课程设置情况的资料均来源于北京外国语大学国际汉语教学信息中心出版的《国外汉语教学动态》第1—5期及网上信息。

国家性质	国名	大学名称	所开设的文化类课程
汉字文化圈	韩国	汉城大学	古代文化、古文选读、当代文学、当代名著选读、古典文学研究、中国文学史、中国文学介绍、中国古诗选读、当代中国文学选读、现代文学、古代小说选读、中国古代戏剧选读、散文选读、诗经、楚辞欣赏等
		全南大学	经书讲读、中国文学史、中国文学理解、中国古典诗歌、中国古典散文、中国古典小说、中国古典戏剧、文学概论、中国现代文学理论、中国现代诗歌、中国现代散文、中国现代戏剧等
		延世大学	中国文化概论、近代文化史、中国概况、历代诗歌选读、现代散文选读、唐宋散文选读、现代小说选读、诗经、文言小说、中国古代戏剧、中国小说史、中国古代文学史、中国现代影视艺术等
	日本	东京外国语大学	中国的传统和现代、中国音乐史概说、近代中国思想史、中国古代诗词、中国城市电影论、中国现代文学史、中国古代文学史、台湾和香港的文学、中国现代文学研究、现代中国研究入门、中国近代文学研究、中国近代史、当代中国社会的政治经济等
		早稻田大学	中国文学基础、中国古代文学、中国近现代文学、中国武侠小说研究、中国唐宋诗词研究、中国诗歌概论、中国戏曲史、中国文化概论、中国小说史等
		日本大学	中国古典文学和思想、中国现代文学和思想、中国古典诗文、中国古典小说、中国古代思想、中国近现代思想、中国古典文学史、现代中国作家研究、中国的音乐文化、中国的民族文化、中国的电影和戏剧、中国的宗教等

（续）

国家性质	国名	大学名称	所开设的文化类课程
非汉字文化圈	新西兰	坎特伯雷大学	中国文化介绍、中国文学简介、儒家思想、中国电影一百年、新中国成立后的中国社会和文化等
		奥克兰大学	从电影与文学看1950年前的现代中国、从电影与文学看1950年后的中国、中国主要哲学思想流派、中国古代文学、中国现代文学、国外汉学研究、明清时期的中国等
	美国	加州大学洛杉矶分校	中国文化、中国现代文学读物、古代文学读物（诗歌、散文、小说）、传统故事与戏曲、中国当代文学与文化专题、在美华人文学与电影、中国电影专题、中国佛学、中国佛经简介、中国哲学原著读物、中国观念简介、中国神话、中国现代文学、中国现代文学史、专题讨论（中国古代诗歌、中国文学选题、中国文化史选题）、中国诗歌专题、中国文学批评、古代中国的天、地与君主政体等
	加拿大	英属哥伦比亚大学	20世纪中国文学读物、20世纪中国短篇故事、20世纪中国文学、中国前现代文学读物、中国前现代小说与戏曲、中国古代诗歌读物等
	法国	东方语言学院	中国地理、中国古代历史、中国现当代历史、中国古代艺术史、中国区域地理、中国古代社会状况、中国古代建筑及艺术史、中国哲学通史、中国文学通史、中国与西方（14—20世纪）、华人世界代表宗教、中国社会人类学等
	瑞典	斯德哥尔摩大学	中国知识、中国文化、中国历史、中国哲学、书法艺术、现代文学选读、古典文学选读、广播影视欣赏等

说明：为行文方便，本文将上述国家是否属于汉字文化圈作为标准将其分为两类：以日、韩为代表的汉字文化圈国家和以美、法等为代表的非汉字文化圈国家。

综观国外大学开设的文化类课程，我们可以得出如下结论：

（1）从时间上说，同国内大学相比，国外大学开设专门文化类课程的时间都比较早，专门的文化类课程几乎贯穿于汉语第二语言教学的全过程，且大多由深谙中国文化的资深教授亲自担任。虽然在汉语教学初级阶段，国外大学也开设了一些言语技能训练课，但专门的文化类教学课程所占比重更大。许多大学从第一学年就开设了诸如中国历史简介、中国文学简介、中国概况等专门的文化类课程，但限于学生的实际汉语水平和接受能力，任课教师均使用学生的母语授课。这种课程设置的可取之处在于：缩短了学习者与第二文化的社会距离和心理距离，可以避免文化震荡引起的紧张和恐惧。外国学生在对中国文化有了一定了解并产生兴趣之后，会更加热衷于学习汉语，以期更深入地了解源远流长的中国历史与文化。这样，就构成了一个“了解第二文化→学习第二语言→更深入地了解第二文化→更好地运用第二语言进行交际”的良性循环形式。而它的不足也是不言而喻的：忽视了听、说、读、写的技能训练，不利于提高学习者用汉语进行交际的能力，某种程度上违背了语言教学的规律。

（2）从教学手段和方法上说，国外大学大多十分注重运用现代化教学手段，充分利用先进的多媒体技术进行文化课教学。许多大学以不同形式开设了中国电影课（或称影视汉语教学），突破了传统的汉语教学形式，比如新西兰的奥克兰大学（University of Auckland）开设了“从电影与文学看1950年前的现代中国”、“从电影与文学看1950年后的中国”课程；坎特伯雷大学（University of Canterbury）开设了中国电影一百年等等。众所周知，影视教学的优势在于：具有传统教学形式无法比拟的直观性和趣味性，图文结合、声情并茂，可集视觉、听觉刺激作用于一体，以生动、形象的画面给学习者最为直观的感受。外国学生观看、欣赏中国的电影、录像和电视节目，不仅训练了自己听、说汉语的能力，同时也了解到中国的国情、中国人的思维方式、处事原则及生活态度等等。

（3）从内容上说，国外大学的文化类课程设置内容比较丰富，可以为学习者提供更多的选择。以文学类课程设置为例，从文学批评到文学史（包含了中国古代、近现代、当代作家和作品）；从古代的神话故事到诗经、楚辞欣赏，从唐诗宋词到明清小说专题，内容可谓丰富多彩、包罗万象。诗歌、散文、小说、戏剧等各类文学体裁都有所涉猎，内容之广泛堪与国内大学中文系的课程设置相媲美。需要指出的是，授课教师在介绍、讲解中国历代文学史、优秀作家和作品时，并不追求学习者与作家、作品产生感情上的共鸣，而是注重分析文学作品中的形象、意境所蕴涵的艺术美，注意引导学生体会作品中包含的文化意义，以此达到了解目的语国家的目的。

此外，我们还注意到这样一个现象：以日、韩为代表的汉字文化圈国家，自古以来深受中国传统文化的影响，其文化类课程设置更偏重于中国古代的文化；以美、法等为代表的非汉字文化圈国家，则更侧重于研究近现代的中国。这一现象的原因是什么呢？还需要我们做进一步的研究。

最后，我们也可以看到，国外大学汉语第二语言教学的课程设置还存在一些问题：过于重视文化类课程教学，忽视了言语技能的训练，在课时安排上，听、说、读、写等技能训练课明显不足；文化类课程设置内容虽十分广泛，但从教学安排上没有体现出循序渐进的原则，以文学类课程设置为例，是先开设文学史课，还是先开设文学作品欣赏课；是先开设古代文学课，还是先开设近现代文学课，各个大学没有一个统一的标准，还存在因人设课的现象。

三、对我国文化教学的启示

美国俄亥俄州立大学东亚语言文学系吴伟克教授（Prof. Galal Walker）提出："我的理想是培养能够理解中国的学生，特别是和中国人意见观点不同的时候。即使我们不同意他们的想法，也应该设法理解为什么中国人会这么想，尽量了解他们的文化根源、文化视角和世界观。"[1]吴教授在多年汉语教学实践的基础上，提出一种新的课堂教学方法——"体验文化"教学法。他主张学生"在体验文化中学习语言"，以平等宽容的心态了解所学语言及其文化，并尽可能融

[1] 吴伟克教授（Prof. Galal Walker），第二届"中国语言文化友谊奖"获得者，多年来致力于中文教学法研究，为促进中文教育和中美文化交流做出了颇为突出的贡献。详见《中文教学与中美文化交流——第二届中国语言文化友谊奖获奖者吴伟克教授访谈录》，《国外汉语教学动态》2003 年第 3 期。

入对象国文化；而教师的职责是为学生创造这样的机会，指导学生去体验另一种文化。这对汉语第二语言中的文化教学的研究具有一定的启示，值得我们进一步探讨。

为完善对外汉语教学中的文化教学，真正实现语言与文化的一体化教学，我们应在借鉴国外汉语第二语言教学经验的基础上，开拓中国特色的汉语言文化教学。为此，我们需要做好以下几个方面的工作：

1. 制订一个由浅入深的文化等级大纲，是对外汉语教学面临的一个刻不容缓的任务，也是其进一步发展的内在要求。从广泛意义上说，文化教学大纲应明确以下两个问题：其一，针对语言课中的文化教学，应明确在语言教学的初级阶段、中级阶段和高级阶段，应该、必须和可以解决哪些文化问题，词语、课文中可以渗透哪些文化因素、如何安排顺序，这将关系到课堂教学的方法和教材编写等问题；其二，针对开设专门的文化类课程，要明确在第二语言学习的不同阶段适合开设多少、开设哪些文化类课程，针对不同的专业方向可以增设多少、增设哪些相应的文化类课程等等。当然，文化等级大纲的制订需要汉语教学界的专家学者及教学工作者共同付出艰苦的努力。

2. 对外汉语教师要提高自身素质，加强语言知识、文化知识的学习和外语技能的培训。对外汉语教学事业赋予教师双重的任务和使命：既要承担汉语言教学的任务，又要担负起文化传播的使命。为此，对外汉语教学工作者，尤其是我们青年教师，要不断完善自己的知识结构，有计划地接受专业知识培训，提高自己的外语水平，以更加出色地完成教学工作。同时，学院应发挥教师不同的专业优势，鼓励教师开设反映中国历史文化的专业选修课、专题讲座等，为外国留学生提供更多的机会了解中国。

3. 积极使用现代化教育技术，发挥各类电教媒体的优势，实现最佳课堂教学效果。随着科技的发展，将多媒体技术引进课堂教学已是一个必然趋势。电化教学声画合一的特点为语言教学提供了更为有利的条件。为此，我们应尝试将现代电教技术引进对外汉语教学，加大力度开发以对外汉语教学为目的的专门电化教学教材，以满足现代化教学的需要。而前文提到的影视汉语教学，是一种可贵的尝试。

4. 充分利用目的语文化环境，为外国留学生增加社会实践的机会，将课堂教学与学生的社会实践活动结合起来，实行一种寓教于乐的开放式文化教学。有研究证明，这种新的教学思路在国内某些大学已经付诸实践，并取得了较好的教学效果。[1]

此外，还需要指出的是，文化因素的渗透不仅仅依靠于课堂上教师的讲解与传授，笔者认为，对外汉语教师在充分认识到文化教学重要性的基础上，在日常生活中、在与学生打交道过程中要立志做一个中国文化传播的有心人，为学生提供更多的接触中国传统文化的环境。在笔者所执教的北京外国语大学国际交流学院，有不少青年教师利用课余时间布置教室，有的张贴道家的书法、绘画作品，有的张贴中国名胜古迹的照片，有的张贴《论语》中的经典语句，再加上教师深入浅出的讲解，学生在潜移默化中感受到中国古代文化的精髓，既美化了教学环境，又提高了学生的审美情操，可谓一举两得。

总之，文化教学是语言教学不可分割的一部分，而关注国外汉语教学文化类课程设置，对我国汉语教学界文化问题的研究无疑具有一定的启示和促进作用。

本文原载于《云南师范大学学报（对外汉语教学与研究版）》
2004 年第 4 期，后又转载于李晓琪主编
《对外汉语文化教学研究》，商务印书馆 2006 年版

[1] 辛平：《充分利用文化大环境开设文化实践课——文化课教学模式新探索》，参见《第六届国际汉语教学讨论会论文选》。

《华语官话语法》中的文化教学思想与启示

来静青

来静青，女，37岁。北京外国语大学中文学院讲师，研究方向为对外汉语教学。发表学术论文2篇，参编对外汉语教材三套。

《华语官话语法》是西班牙传教士弗朗西斯科·瓦罗（中文名“万济国”）所著，它是世界上第一部汉语语法书。要研究西方早期汉语史，这部书是不容忽视的。除去弁言和附录，全书共16章，其中1至13章是瓦罗对汉语语法的研究，在14章至16章中瓦罗较细致地论述了官话礼貌用语及很多交谈中的礼仪与习惯。因此这部书虽以语法书著称，但在语法书中融入了汉语文化教学的思想，这是作者的一种创新，也为研究第二语言教学提供了新的角度与视野。众所周知，语言教学的根本目的是培养学生的语言能力和语言交际能力。美国社会语言学家海姆斯把交际能力概括为两方面：一是语法性，即交际的内容要合乎语法；二是可接受性，即交际的内容在文化上具有可行性，在情境中具有得体性。因此在培养学生的第二语言交际能力的同时，跨文化交际的培养就显得极为重要了。

该书完成于300年前，瓦罗在那时就已注意到了第二语言学习者学习与掌握目的语国家交际习俗和实用礼仪的重要性，这对我们今天的第二语言教学具有一定的启示。

一、蕴含的汉语文化教学思想

吕必松先生认为语言交际文化“就是这种隐含在语言系统中的反映一个民族的心理状态、价值观念、生活方式、思维方式、道德标准、是非标准、风俗习惯、审美情趣等等的一种特殊的文化因素”[1]。瓦罗在这部书的有关章节中渗透了文化及语用教学的思想，以下从三个方面予以说明。

（一）官话礼貌用语的分类及特点

瓦罗从五个方面对官话礼貌用语进行了归类。

第一是对“令”的总结。他指出“令”字只能指人，用这个字时，对方可以不是官员，“令”字只有尊敬的意思。第二是对“贵”的总结。他指出这个字是称呼那些属于谈话对方的事物，意义是珍贵的、富有的、高贵的。第三他把“尊、高、位”放在一起说明。他指出“尊”这个字是尊贵之意，与一个人说话时不能直呼其名，一定要加“尊”字。另外，他认为“高”有两个意思，一是高大，用来询问长者的年龄，二是对学问高深或技术一流的人表示赞扬时说。在这方面，瓦罗特别指出了“位”这个字，他认为“位”不仅用于跟谈话对方有关系的人，还用于指在场的其他显贵、尊者，以及某人的儿子、父亲等。在这种场合，用“位”称呼与此人有关系的人们就好像他们亲自在场一样。第四是对“家、息、先、小”的解释。他认为它们都是谦称。这里应该指出的是“先”字，由于“先”是对死者或丧事有关的事物的敬称，因此瓦罗说的“先”属于谦称似有些不妥。当然有些时候，敬称谦称易混淆，但从用法上还是可以分清楚的，自称时应该使用谦词表谦称，他称时应用敬词表敬称。第五是对“敝、贱、寒”的解释。他指出“敝、贱”是用来对别人称跟自己有关的事物或者属于自己的事物，意思是低微的、卑下的，而“寒”这个词只用来称呼自己的家。

从上面五个方面，我们可以看出，作为300多年前的传教士能如此细致地

[1] 吕必松：《对外汉语教学概论》第1章第2节“语言与文化”。

为官话礼貌用语分类并加以说明，实属不易，说明他对汉语已经有了一定的领悟。在这些方面值得重视的是瓦罗对“位”的论述，因为即使是现代的《谦词敬词婉词词典》也没有专门对“位”作如此翔实的阐述。当然瓦罗对个别词义的解释，也有疏漏的地方。比如在敬称中他说明了“高”的两层含义，但在谦称中对“贱”的说明则忽略了“贱也指自己学术浅薄”的意思。另外，“小”和“贱”在谦称中词义是相通的，瓦罗也没有指明。当然我们不能完全用中国现代的语法书去衡量一位300多年前的传教士对汉语第二语言的研究。从历史的角度来看，瓦罗对汉语敬词和谦词研究具有一定的学术意义，他的这些研究对我们今天的对外汉语教学富有启示。

（二）瓦罗对交谈中称呼对方和称呼自己方法的阐述

在该书第15章，瓦罗阐述了称呼官员和官员亲属的方法，并强调了在交谈中称呼对方和自己的方法。他认为对下等、卑微的人，用“你”就够了，如果是令人尊敬的人，称为“兄”，对年龄较小的人称为“弟”，对有学识的人称“老兄”或“相公”，如果谈话人是举人、进士，则称“老先生”。他还比较细致地说明了在不同级别的官员面前，称呼自己也不同。在级别较低的官员面前，称自己是“小弟”或“学生”，在省级官员和级别较高官员面前，称自己是“晚生”，在总督和将军面前，称自己是“旅人”或“远人”。从对不同级别的官员采用不同的称呼来看，瓦罗看到了当时社会的等级分明。

从瓦罗的这些论述中，我们可以想象他对中国社交礼仪的重视程度。他注重交谈中对对方和自己的称呼用语，把这些礼仪与习惯介绍给本国人，消除本国人在习得第二语言时所面临的跨文化交际的冲突，促使他们与目的语国家人民顺利地交际。

（三）瓦罗对拜访、邀请时礼节的阐述

在该书第16章中，瓦罗总结了交谈中的礼貌用语，如“请”、“领”、

"见"、"伏命"、"多蒙"、"劳驾"等等。他用专门一节来谈一个传教士去拜访中国官员的从始至终的礼貌用语与交谈习惯。瓦罗把这些视为"外交辞令"。如他注意到中国人当宾主双方落座后，要作揖，然后交谈，但是客人绝不能首先提出他想要谈的话题。瓦罗对邀请时的礼节及其一些值得注意的方面加以总结。如到中国官员家做客，当主人起立时，其他人也要跟着起来，当主人走到客人的桌子旁斟酒和发筷子时，客人要退后一步作揖说"不敢"。等大家都坐好后，一个仆人说"请酒"后，才能开始喝酒，但要低头喝以示礼貌。这些是到官员家喝酒的习惯。瓦罗对迎接来客与告辞时的礼貌用语做了特别说明，当一个重要人物访问他时，他迎接时要边作揖边说"久仰某某"。如果他去拜访一个人，起身告辞时则要说"告假某某，改日再来领教"，也可以说"谢茶"。

以上所谈的三个方面是瓦罗在与中国官员和普通人的交际中总结出来的，他很细致地总结了官话中的礼貌用语和拜访、邀请时的礼节习惯，特别是对去一个中国官员家做客的每一细节做了详细地描述，充分体现了一位第二语言学习者对目的语国家文化的理解和认识，同时也显示了跨文化交际在汉语学习中的重要性。

二、对当今汉语第二语言文化教学的启示

（一）明确语言文化教学的目的性

作为一个第二语言学习者，在学习和掌握第二语言的时候，不仅要学习这种语言的语法规则、语法习惯，还要学习这种语言中包含的社会文化因素，而交际习俗则是社会文化因素中不可缺少的部分。作为一个长期居住于中国的传教士，瓦罗要学习目的语国家的语言，同时更要接受目的语国家的文化，因为他要在这个国家生活，就要处处跟人接触，跟人交流，他也必须自觉地去接受别国的文化，他对语言学习中的文化学习有着明确的目的性。我们今天的对外

汉语教学，应该加强汉语文化教学的目的性，正如张德鑫先生所指出的："对外汉语教学的宏观宗旨是弘扬中华文明，这从根本上决定了对外汉语教学就是传播中国文化。"[1]

（二）语言文化教学在第二语言学习中的定量问题

瓦罗详细论述了中国交际习俗与实用礼仪，这和他在中国的长期居住是分不开的。对一个语言学习者来说，在目的语国家居住的时间越长，就越能理解目的语国家的文化。从教师的角度来说，文化教学在何时讲解、怎么讲解、讲解多少，这些仍值得我们研究。对这个问题，张英曾指出在不同的教学阶段，必须给语言教学和文化教学确定一个合理的"量"，其规律是"由少到多，逐步增加"。[2] 初级阶段约为 5∶1，中级阶段约为 4∶1，高级阶段则要上升到 3∶1。因此在对外汉语教学中我们应适时、适度、适量地进行汉语文化教学。"在目的语国家学习语言，其文化压力比在国内学习要大得多，因为学生要了解代表另一种文化的人民，这种文化接受过程一般分为四个阶段：观光期、挫折期、逐渐适应期、完全恢复期。"[3] 笔者认为文化教学在学生学习的挫折期应给予更多的关注，可以开设独立的跨文化交际的课程，使学生尽快摆脱文化震荡症带来的一系列学习干扰。由此我联想到随着汉语学习的国际化，各种各样的汉语培训班越来越多，有很多语言培训的合作项目在招生时要对学生做一些考试，诸如学习能力、学习和一些心理测试，但是在跨文化交际方面的测试还显得相对薄弱。因此我们还需要在这方面做更多的研究，在面试时要加强对学生跨文化交际能力的考核。

[1] 张德鑫：《对外汉语教学本质之认识》，见《中国对外汉语教学学会第三次学术讨论会论文集》第 70 页。
[2] 转引自卢伟：《对外汉语教中的文化因素研究述评》，见《世界汉语教学》1996 年第 2 期。
[3] 盛炎：《语言教学原理》第 4 章"文化与语言教学"。

（三）文化教学与语言教学的关系问题

瓦罗重视学习中国的交际文化，但他对交际文化的学习是以语言学习为依托的。因此这提醒我们，对外汉语文化教学也应始终以汉语语言教学为核心，在语言教学的同时适时、适量引入文化教学。文化教学在语言教学中是重要的，但并不说明它应高于语言教学的课程，语言教学可以借助文化教学来丰富它的内涵，因此我们在进行文化教学时要密切结合课本的教学内容。在对外汉语教学中，文化教学必须依托于语言教学，才会具有真正的生命力。其实这两者的关系问题，也隐含着对文化教学定位的思考。赵贤州先生指出："教学导向应是着眼于建立一个立体的语言教学结构，注重文化的导入，但不是语言教学的转移，而是语言教学的深化。语言教学中的'文化'是文化的一种下位区分。文化导入是对外汉语教学总体设计中不可分割的一个组成部分。文化有相对的独立性，因而有必要制定大纲，但前提是它包容于汉语水平标准的整体之中。"[1] 近些年来，研究文化教学方面的论文越来越多，但是我们始终要明确文化教学与语言教学的关系问题，摆正二者的位置，做到有的放矢地进行文化教学。

（四）融文化教学的语言教学对教师提出了更高的要求

融文化教学的语言教学，对教师提出了更高的要求。教师既要传授给学生目的语的言语规则，又要传授给他们体现于语言的词汇系统、语法系统和语用系统中的文化因素。因此教师只有在不断提高自身的文化修养（包括本民族文化的修养和国际文化的修养）的基础上，才能更好地指导学生进行交际。成为一名"双语者"不难，而成为一名"双文化者"就不那么容易了。对外汉语教师必须深入地把握教学对象的特点，"知己知彼，百战不殆"。这就要求教师一要善于分析来自不同文化领域的学生群体的共同文化背景和特征，做到因材施

[1] 赵贤州：《对外汉语文化课教学刍议——关于教学导向与教学原则》，《汉语学习》1994 年第 1 期。

教。二要对那些特殊的教学对象，做更加细致入微的分析。中国的社会形态与世界上其他国家的社会形态具有很大的区别，表现于留学生身上的最大的特点，在于他们人格的独立性，个体的特殊性，教师要在充分理解这些社会差异的基础上，进行文化教学。总之，对外汉语教师必须熟悉学生的背景文化，了解学生所居住国家的风俗习惯、宗教信仰、价值取向等各方面的情况，分析每位学生的习惯、爱好、个性，只有这样，在我们的对外汉语教学中的文化教学才有针对性，教学结果才具有成效性。

三、结束语

对于一位300年前的汉学家来说，瓦罗对目的语国家的文化学习如此认真、执著，他对当时的官话礼貌用语和交际习俗做了详尽的论述，这些资料对对外汉语教学研究有着重要的启发意义。作为一名从事对外汉语教学的教师来说，应不断加强文化的对比研究，以此来深化对自己文化的理解，同时对别的国家的文化要尊重，保持客观的态度，使文化教学在推动对外汉语教学事业方面发挥应有的作用。

本文原载于《海外华文教育》2005年第1期

关于日本本科留学生对汉语课堂活动有效性评价的分析[1]

——对外汉语课堂活动系列调查之四

丁安琪

丁安琪，女，39岁，副教授，硕士，毕业于南开大学中国语言文学专业。1996年至北外工作，曾任中文学院欧盟部副主任、国际汉语教学信息中心兼职编辑、进修部主任、院长助理、副院长等职。主要研究方向为对外汉语教学理论及汉语作为第二语言习得，曾出版《汉语作为第二语言学习者研究》、《汉语作为第二语言学习者实证研究》、《国际汉语教学与推广研究》等专著，《走遍中国》、《公司汉语》（合著）、《精版汉语会话》（合著）等对外汉语教材，并在《语言教学与研究》、《世界汉语教学》、《汉语学习》等杂志上发表学术论文40余篇。

一、研究背景

课堂活动作为语言教学的中心环节，历来是语言教学研究的重点，研究成果异常丰富。我们在中国期刊网上搜索题名、关键词或提要中含有“课堂活动”字眼的论文，可以找到成百上千篇，如果再加上国外的研究成果，那就更是浩

[1] 感谢匿名审稿专家对本文的修改提出的宝贵意见和建议，感谢北京外国语大学国际交流学院的全体老师，没有他们协助分发及回收调查问卷，本调查不可能得以顺利进行；感谢金满生教授、续三义教授、朱勇老师，他们对本文调查问卷的设计和分析提出了宝贵的意见。

如烟海了。

具体到对外汉语界，对课堂活动的研究有从理论高度进行探讨的（崔永华，1990；孙德坤，1992；李泉，1996，2001；杨惠元，1996，2004等），也有提出具体课堂活动设计等的（赵守辉、罗青松，1994；李华珍，2001；华锦木，2004等）。但这些研究多从教师的角度出发，在语言教学活动中究竟应该选用什么样的教学方法，如何设计安排自己的课堂活动，主要考虑的因素还是"教师认为合理的、有效的"（程棠，2000：189）。在"以学生为中心"（Nunan，1988；O'Neil，R.1991）的外语教学得到大力提倡的今天，只从教师的角度出发来研究课堂活动显然是不够的。Nunan（1989：177）曾明确提出，如果在组织课堂教学时不考虑学生的需求和看法，就不能算是真正的"以学生为中心"。

根据Nunan的建议，作为教师，我们在组织课堂活动时需要考虑学生的看法，难道他们与教师对课堂活动的评价会有所不同？从80年代初，国外曾对此进行了大量研究，答案是肯定的。尤其是Block，他在自己的多篇文章中都提到了教师与学生在对课堂活动评价上的不一致（Block，1990、1992、1994、1996）。因此国外的研究者提出要针对学生对课堂活动的评价展开调查研究（Kumaravadivelu，1991；Breen，1987、1991；Barkhuizen，1998），学生的社会背景不同，个体因素有差异，这些都可能会对有效开展课堂活动产生影响（Cray & Currie，1996）。而Luppescu & Day（1990）更是直接强调要真正有效地了解学生及教师对课堂活动的看法，需要使用问卷调查方法，收集数据进行分析。在这一点上Nunan所做出的研究成果尤为突出，他在自己的著作（Nunan，1989）中对两篇关于教师与学生对课堂活动有效性认识的调查报告（Eltis & Low，1985；Alcorso & Kalantzis，1985）所作的分析被广泛引用，而且他自己也亲自做过这方面的调查（Nunan，1986）。除此之外，还有不少研究者根据各自不同的研究目的，从不同的角度设计了调查问卷，针对学生对课堂活动有效性的认识进行了分析（Hutchinson & Klepač，1982；Balet，1985；Christison & Krahnke，1986；Glisan，1987；Ely，1988；Koch & Terrell，1991；Oxford、Ehrman & Lavine，1991；Green，1993）。

笔者目前所掌握的资料中，国内关于课堂教学有效性的研究并不多，有些研究是从整体上探讨如何提高课堂教学的有效性（胡健，2001；秦益锋、蒋健妹，2005），有些研究则探讨某项具体课堂活动的有效性（王勤，2006；张舒畅，2004）或者如何有效组织某种专门课型的课堂活动（郭霞，2001）。这些研究虽然也有一定的理论依据，但是大都是从经验和感觉出发，缺乏说服力。真正针对学生对课堂活动有效性的看法展开过问卷调查研究的，只有少数几篇，如：周博、吴树敬（2004）；李洁莉等（2005）。其中魏峥（2002、2004）通过调查英语学生对于三种类型 20 种口语课堂教学活动的直觉认识，发现学生认为以教师讲解为主的课堂教学行为对他们提高口语水平最有效，生源分别为外语学校和普通高中的两类学生对课堂活动的有效性认识有所不同；王艳（2004）的调查与访谈证实了国外关于课堂活动有效性评价的研究结果：学生和教师对教学活动有效性的看法有差异，教师重视与交际法有关的课堂活动，而学生偏爱传统的活动。这少数的几篇都是关于国内外语教学而非对外汉语教学的，因此我们认为有必要对对外汉语课堂活动展开类似的调查，为对外汉语教学课堂活动研究提供一些实证分析。

二、研究方法

（一）调查目的

日本是来华留学生第二生源国，2003 年中国共接收留学生 77715 人，其中 12765 人来自日本（刘庆委，2004）。加强对日本留学生的研究，对我们有效开展对外汉语教学将不无裨益。作为对外汉语课堂活动系列调查的一个组成部分，本文旨在回答以下问题：

1. 日本本科留学生对三种不同类型的课堂活动有何不同认识？他们认为哪些课堂活动有效性最高？哪些课堂活动有效性最低？

2. 他们性别、年级、年龄、学历、来中国的时间以及其他外语学习背景等个体因素均有不同，对课堂活动有效性的看法是否也有显著差异？如果有，具体表现在对哪些活动的评价上？为什么？

（二）调查对象

本文所涉及的调查对象为北京外国语大学国际交流学院学历部 2005 年 1 月在校的一年级、二年级和四年级日本本科生。由于调查在学生考试期间进行，因为时间冲突，三年级学生没有参与此次调查。三年级学生对课堂活动有效性究竟作何评价，我们今后需要作补充调查。

（三）调查手段

本调查采取的是问卷调查与访谈相结合的方式。

调查问卷的设计分两部分：一部分是关于被调查者的基本情况，与本研究相关的内容为性别、年级、年龄、文化程度、来中国的时间、其他外语学习背景 6 项[1]。笔者设想这 6 项个体差异因素可能会影响他们对课堂活动有效性的评价；另一部分是根据王艳（2004）做适当修改调整后设计的 16 种课堂活动。问卷要求被试者根据自己的认识，对这些课堂活动的有效程度做出评价。评价量表采用 Liskert 五度量表。其中 5 代表程度最高，3 代表一般，1 代表程度最低。

从学习者的角度来看，我们调查问卷中所涉及的 16 项课堂活动可以划分为三种不同的类型：

信息输入型（以下简称输入型）：Q1—Q6，这类课堂活动的特点是学生在整个活动中所处的地位是信息接收者的地位，如听录音等。

控制信息输出型（以下简称控制型）：Q7—Q11，这类课堂活动是在教师的严格控制下进行的，教师已经限定了学生信息输出的范围甚至内容，如在教师讲解一个新的语法项目后所进行的相关语法练习等。

[1] 在发放给学生的问卷中还有“国籍”、“姓名”两项。笔者拟对不同国籍的人分别进行研究，因此国籍不同对课堂活动有效性的评价有何不同不在本文研究范围之内；希望学生写出姓名主要为了便于访谈时更有针对性。

自由信息输出型（以下简称自由型）：Q12—Q16，这类课堂活动以学生的活动为主，教师基本不限制或较少限制学生信息输出的内容或范围，如进行对话练习时，只限定场景及主要句型等。

表 1　三类 16 种课堂活动

类型	序号	项目
信息输入型	Q1	抄写课堂笔记并记住内容
	Q2	朗读课文或其他相关专题文章
	Q3	用录音机听磁带练习听力
	Q4	阅读中文书籍、报纸或杂志
	Q5	采用视听手段，如看电视、看录像等
	Q6	上网学习，如上网阅读或听中文等
控制信息输出型	Q7	语法练习
	Q8	跟老师反复操练（如学习句型）
	Q9	写故事或其他与课文相关的中文文章
	Q10	完成老师布置的课堂作业
	Q11	背诵对话或课文
自由信息输出型	Q12	2 人一组进行课堂对话 / 讨论
	Q13	3—5 人一组进行课堂对话 / 讨论
	Q14	在课堂上做口头报告
	Q15	演戏剧、扮演角色、唱中文歌和做语言游戏
	Q16	完成老师布置的具有信息差的交际任务，如问同学的爱好等

由于调查涉及范围较广，学生汉语水平差别较大，问卷以两种语言版本发放，一、二年级的学生使用的是日语版本，四年级学生使用的是汉语版本。

本问卷于 2005 年 1 月国际交流学院期末考试期间发放，共回收 74 份，其中有效问卷 64 份，无效问卷 10 份，有效率为 86.5%。

在对问卷进行初步统计分析之后，笔者又在 2005 年 2—4 月间对部分学生进行了访谈。访谈主要内容为要求学生对自己在调查问卷上的回答做出解释和说明。

三、结果与分析

本文利用 SPSS11.0 进行统计分析。

（一）课堂活动有效性分析

1. 三类课堂活动的有效性分析

对问卷中三种不同类型的课堂活动进行数据分析，我们发现日本学生认为，自由型课堂活动最有效（M=3.9969）；其次是控制型（M=3.9750）；有效性最低的是输入型（M=3.8359）。这与我们对日本学生性格的了解显然有些不符。在我们日常的教学中，我们经常会发现日本学生上课发言最少，即使老师问的问题他们都知道答案一般也要等到老师点到自己的名字才会回答。众多的学者也都指出，日本是一个喜欢沉默，不善言谈的民族，从小进行的是“寡言美德”的教育（刘齐文，2003；胡以南，2004；刘志荣，2005）。而自由型课堂活动最大的特点就是以学生自由表达自己的思想为主，教师基本不限制学生信息输出的内容和范围。为此笔者对部分学生进行了访谈，发现学生做出这样的评价恰恰跟他们的性格有关，他们都非常清楚自己的这一民族性格对学习外语，尤其是外语口语来说非常不利，所以他们非常渴望自己能有所突破，但是尽管目的语的外语学习环境给他们提供了足够的机会与母语者进行各方面的交流，他们在日常生活中却难以克服自己的心理障碍，跟母语者主动进行交流，因此他们就将希望寄托在教师身上，希望在课堂上借由教师的要求，多一些开口的机会。他们的这种反应，笔者在就此问题咨询对日汉语教学的专家时也得到了证实，也就是，由于日本学生平时在这方面做得不够，所以认为这种类型的课堂活动更有效，这也证实了 Green（1993）通过自己的调查提出的观点：学生往往对自己不曾参与或者参与较少的课堂活动的有效性赋予较高的分值。

2. 16 **种课堂活动的有效性分析**

根据数据分析，我们发现对日本本科留学生而言，有效性最高的前 6 项分别是：Q14（M=4.2969；SD=0.88515）、Q7（M=4.2344；SD=0.92139）、Q2（M=4.1094；SD=0.89296）、Q12（M=4.1094；SD=0.97780）、Q16（M=4.0781；SD=0.89628）、Q8（M=4.0781；SD=0.99689）；有效性最低的 5 项分别是：Q6（M=3.4063；SD=1.07966）、Q15（M=3.5469；SD=1.15373）、Q1（M=3.6875；SD=1.02159）、Q9（M=3.7656；SD=1.03498）、Q11（M=3.7969；SD=1.10093）。

三种类型的课堂活动中都存在有效性高的项目（Q2；Q7、Q8；Q14、Q12、Q16）；也都存在有效性比较低的项目（Q1、Q6；Q11、Q9；Q15）。也就是说，不管哪种类型的课堂活动都不可能在所有项目上全部优于另一种类型。虽然日本本科留学生认为自由型是最有效的课堂活动类型，但是教师不能因此就把所有的课堂活动仅局限于自由型之内，应该避免将一种类型的方法一贯到底，炒来炒去失去滋味和新鲜感而让学生感到厌倦（李泉，1996）。

对日本本科留学生认为最有效的 6 种课堂活动进行分析，我们发现日本本科生注重口语表达练习（Q14、Q12、Q16）与语法规则的学习（Q7），愿意接受教师的指导（Q8）。与同为国际交流学院学历部的韩国本科学生相比，他们对 Q2 朗读课文或其他专题文章的评价显得格外突出。韩国学生把 Q2 仅排在第 11 位（M＝3.4615；SD＝0.95323），而日本学生把它排在了第 3 位。分析其原因，我们认为这可能跟不同国籍的学生在学习过程中会有不同的难点与重点有关。涩谷周二（2005）通过对京津地区和东北三省 270 名日本留学生的调查得出日本学生“从初级到高级，学习难点和重点都集中在‘发音’、‘听力’、‘语用’3 个学习项目上”的结论，即使是到了高年级，日本学生仍把语调作为学习的重点和难点。大声朗读无疑是练习自己的语音语调的一个好方法。

（二）五项个体差异因素与对课堂活动的评价

我们在前文论述了作为一个整体，日本本科留学生对课堂活动的认识。本部分主要研究日本本科留学生在性别、年级、年龄、来中国时间以及其他外语学习背景不同时，其对课堂活动的评价是否有显著差异；如果有，具体表现在哪些方面。[1]

1. 年级

利用 ANOVA 对 3 个年级的学生针对三种不同类型的课堂活动的评价进行分析，我们发现，年级不同，学生对三种类型的课堂活动的评价均有显著性差异（见表 2）。

表 2　不同年级对不同类型课堂活动评价的方差分析

		自由度	均方	F 值	显著性
输入型	组间 组内 总计	2 381 383	9.240 1.108	8.339	0
控制型	组间 组内 总计	2 317 319	2.689 0.834	3.224	0.041
自由型	组间 组内 总计	2 317 319	13.606 1.028	13.239	0

为了了解具体是哪些年级之间有差异，我们继续利用 Scheffe 法进行组间分析，发现各年级间在对控制型课堂活动有效性的评价上没有显著差异（一年级与二年级间 MD＝0.2123；p=0.177；一年级与四年级间 MD=0.3214；p=0.083；二年级与四年级间 MD＝0.1091；p=0.770），但四年级与一年级和二年级之间在对输入型和自由型课堂活动有效性的评价上均有显著差异；一年级和二年级之

[1] 我们在调查问卷中包含有“文化程度”一项，但在回收的问卷中，只有两人在来中国前已经取得了大学本科文凭，其他学生均为高中毕业水平，因此我们在这里不再对“文化程度”对学生评价的影响进行分析。

间没有显著差异。四年级对输入型（M=3.3788）和自由型（M=3.3636）的评价比一年级（$M_{输入}$=3.9948；$M_{自由}$=4.1677）和二年级（$M_{输入}$=3.8409；$M_{自由}$=4.0727）都低。

进一步对 16 种具体课堂活动进行数据分析，我们发现，四年级和一年级关于输入型的显著差异主要表现在 Q1 上，一年级学生比四年级学生更喜欢抄写课堂笔记；四年级与二年级的显著差异主要表现在 Q3 上，二年级学生比四年级学生更注重用录音机听磁带来练习听力。在自由型的课堂活动方面，四年级和一年级对 Q13、Q14、Q16 的评价均有显著差异，一年级学生比四年级学生更喜欢进行 3—5 人一组的课堂讨论、作口头报告以及完成教师布置的具有信息差的交际任务。二年级和四年级间在对具体的自由型课堂活动进行评价时没有显著差异（见表 3）。

表 3 不同年级对 5 种具体课堂活动有效性评价的组间比较

Dependen Variable（I）年级（J）年级	平均差（I—J）	标准误差	显著性
Q1 一年级二年级	0.5323	0.27036	0.153
四年级	0.9413	0.34037	0.027
Q3 二年级一年级	0.2463	0.31534	0.738
四年级	1.0909	0.41771	0.039
Q13 一年级二年级	0.1481	0.31665	0.897
四年级	1.1026	0.39386	0.027
Q14 一年级二年级	0.1202	0.23508	0.878
四年级	0.8475	0.29595	0.021
Q16 一年级二年级	0.1994	0.23926	0.708
四年级	0.8358	0.30121	0.027

2. 年龄

由于学生年龄全部集中在 20 岁及 20 岁以下和 21—25 岁之间两个组内，因此我们采用 t 检验，来分析两个不同年龄段的学生对课堂活动有效性的评价是否有显著性差异。

首先我们对课堂活动的三种类型进行检验，发现学生的年龄不同，对输入型（F=0.372；t=5.683；df=382；p=0）和自由型（F=3.190；t=4.054；df=318；p=0）课堂活动有效性的评价差异非常显著，对控制型（F=0.001；t=2.591；df=318；p=0.010）课堂活动有效性的评价也有显著差异。年龄在21—25岁之间的学生对三种类型课堂活动有效性的评价（$M_{输入}=3.4744$；$M_{控制}=3.8154$；$M_{自由}=3.7154$）均低于年龄在20岁及20岁以下学生的评价（$M_{输入}=4.0833$；$M_{控制}=4.0842$；$M_{自由}=4.1895$）。

表4　不同年龄组对具体课堂活动有效性评价的比较

	年龄（岁）	均值	标准差	平均数标准误差
Q1	≤20 21—25	3.9211 3.3462	1.02355 0.93562	0.16604 0.18349
Q2	≤20 21—25	4.3421 3.7692	0.87846 0.81524	0.14251 0.15988
Q3	≤20 21—25	4.1316 3.5000	1.09473 1.20830	0.17759 0.23697
Q4	≤20 21—25	4.2368 3.5769	1.02494 1.10175	0.16627 0.21607
Q5	≤20 21—25	4.3158 3.4615	0.84166 1.10384	0.13654 0.21648
Q8	≤20 21—25	4.2895 3.7692	0.92730 1.03180	0.15043 0.20235
Q14	≤20 21—25	4.5526 3.9231	0.76042 0.93480	0.12336 0.18333
Q16	≤20 21—25	4.2895 3.7692	0.80229 0.95111	0.13015 0.18653

对16种具体课堂活动同样进行t检验，我们发现年龄不同的两组学生在对一半课堂活动有效性的评价上均表现出显著差异，它们是：Q1（F=0.939；t=2.284；df=62；p=0.026）、Q2（F=0.256；t=2.637；df=62；p=0.011）、Q3

(F=1.889；t=2.173；df=62；p=0.034)、Q4（F=0.115；t=2.454；df=62；p=0.017)、Q5（F=2.660；t=3.511；df=62；p=0.001)、Q8（F=0.601；t=2.106；df=62；p=0.039)、Q14（F=0.746；t=2.962；df=62；p=0.004)、Q16（F=0.553；t=2.362；df=62；p=0.021)。这种差异所涉及范围非常广泛，有属于传统教学法的，也有属于交际型教学法的；四项基本技能中有听力方面的不同，也有口语和阅读方面的不同。但所有这些显著性差异，均表现为年龄在21—25岁之间的一组均值低于年龄在20岁及20岁以下的一组（见表4）。

3. 来中国的时间

根据日本本科生来中国时间的长短不同，可以将他们分为三组：来中国半年以上一年以内的（23人，占35.9%）；来中国一年以上两年以内的（24人，占37.5%）和来中国两年以上的（17人，占26.6%）。各组人数相差不大，来中国两年以上的学生人数稍少。

表5　来中国时间不同的组对不同类型课堂活动评价的方差分析

	平方和	自由度	均方	F值	显著性
输入					
组间	10.203	2	5.101	4.515	0.012
组内	430.462	381	1.130		
总计	440.664	383			
控制					
组间	5.196	2	2.598	3.112	0.046
组内	264.604	317	0.835		
总计	269.800	319			
自由					
组间	29.292	2	14.646	14.343	0
组内	323.705	317	1.021		
总计	352.997	319			

利用ANOVA进行分析，我们发现来中国的时间长短不同，对输入型课堂活动和控制型课堂活动有效性的评价有显著性差异；对自由型课堂活动的评价

差异非常显著。(见表 5)

利用 Scheffe 进行具体组间分析，可以看出对输入型课堂活动有效性评价的差异主要表现在来中国半年以上一年以内和两年以上两组之间（$p=0.027 < 0.05$；$MD=0.3743$）；对控制型课堂活动有效性评价的差异主要表现在来中国半年以上一年以内和一到两年之间两组之间（$p=0.046 < 0.05$；$MD=0.2971$）；对自由型课堂活动有效性评价的差异表现在来中国两年以上和半年以上一年以内（$p=0.000 < 0.01$；$MD=-0.6972$）以及一到两年（$p=0.000 < 0.01$；$MD=-0.6725$）两组之间。其中来中国半年以内的一组对三类课堂活动的评价均高于另外两组。

对 16 种具体课堂活动项目进行方差分析，我们可以看出，三组学生对 Q1（$F=3.676$；$p=0.031 < 0.05$）、Q8（$F=3.220$；$p=0.047<0.05$）、Q13（$F=6.780$；$p=0.002<0.01$）、Q14（$F=6.094$；$p=0.004<0.01$）、Q16（$F=3.762$；$p=0.029<0.05$）5 个项目的评价均有显著性差异。这些差异具体表现在哪些组之间呢？利用 Scheffe 进行组间分析，我们发现，来中国两年以上的学生与来中国半年到一年的学生相比，对 Q13 和 Q14 的评价要低得多，具有显著性差异（$MD_{13}=-1.1432$；$p_{13}=0.007$；$MD_{14}=-0.8593$，$p_{14}=0.007$）；他们与来中国一到两年的学生相比，对这两个问题的评价也要低得多，具有显著性差异（$MD_{13}=-1.1324$；$p_{13}=0.007$；$MD_{14}=-0.7525$，$p_{14}=0.020$）。也就是说，来中国时间两年以上的学生，不如来中国时间不到两年的学生重视 3—5 人小组讨论和在课堂上做口头报告。来中国两年以上的学生对其他几个问题的评价虽然均值也比另外两组低，但不具有显著性差异。来中国半年以上一年以内的学生与来中国一到两年的学生之间没有显著性差异。因此我们可以说，来中国时间短的学生比来中国时间长的学生更看重课堂口语练习。

4. 性别及其他外语学习背景

我们采用 t 检验对这两项个体差异因素的数据进行分析，结果表明性别不同，其他外语学习背景不同，学生对课堂活动的评价没有显著差异。我们选取对两项个体差异因素进行分析所得结果中显著性的最高值与最低值见表 6。

表 6 性别与其他外语学习背景不同对不同问题的评价 t 检验代表性数据表

个体差异因素	问题	F 值	T 值	自由度	显著性（双侧）	均差	差之标准误差
性别	Q4	265	–057	62	0.955	–0127	0.22317
	Q5	2.147	–1.823	62	0.073	–0.4575	0.25094
其他外语学习背景	Q10	0.727	–0.004	62	0.997	0.0013	0.29527
	Q7	0.249	–1.335	62	0.187	–0.3742	0.28041

通过上面的分析，我们不难看出，影响学生对课堂活动有效性评价的因素主要有：年级、年龄、来中国时间。而且高年级比低年级的学生对课堂活动有效性的评价要低；年龄大比年龄小的学生对课堂活动有效性的评价低；来中国时间长比来中国时间短的学生对课堂活动有效性的评价低。为什么会出现这种现象？年级、年龄、来中国时间三个个体差异因素之间有没有关系？按照一般的理解，来中国的时间越长，年级就越高，年龄也就越大，但考虑到留学生情况的复杂性，我们决定利用统计学方法来检验年级、年龄和来中国时间长短三个个体差异因素间是否真的存在相关关系。

因为年级、年龄和来中国时间都是有序个体差异，我们选用 Spearman 法对三者之间的关系进行检验，结果显示，年级与年龄之间相关系数为 0.481（$p=0<0.01$）；年级与来中国时间之间的相关系数为 0.737（$p=0<0.01$）；年龄与来中国时间之间的相关系数为 0.422（$p=0.001<0.01$）。三者之间存在非常显著的正相关关系，这从统计学的角度证实了我们的推测：来中国时间越长，年级就越高，年龄也就越大。综合以上分析，我们现在可以得出这样的结论：学生来中国时间越长，年级越高，年龄越大，对课堂活动有效性的评价就越低。换句话说，他们来中国时间越长，年级越高，年龄越大，对教师组织的课堂活动满意度就越低。

那么，是什么原因导致了这样的结果呢？我们猜测这可能跟学生年级越高，自学能力就越强，对课堂教学的依赖性就越低有关系。这是从学生自身的原因进行的分析。出现这种结果，跟教师对课堂活动的选择有没有关系？为了检验这一点，我们决定按照年级的高低将学生分为两组，一、二年级为低年级；四年级为高年级，分别考查学生对16种课堂活动项目有效性的评价并与教师的评价进行简单对比。

1. 低年级组和教师评价的比较

根据低年级组对课堂活动有效性的评价，有效性较高的前6项[1]课堂活动是：

Q14（M=4.5750）、Q5（M=4.3000）、Q16（M=4.2750）、Q13（M=4.2500）、Q12（M=4.2500）、Q7（M=4.2250）。

我们可以看出，除了Q7语法练习以外，低年级学生非常注重听说，尤其是说，在6项最有效的课堂活动中，跟说有关系的占了4项。

教师认为有效性较高的前6项课堂活动是：

Q8（M=4.0769）、Q14（M=3.9231）、Q15（M=3.8718）、Q7（M=3.7949）、Q12（M=3.7721）、Q5（M=3.7692）。

将教师的评价与低年级组学生评价进行比较，我们可以发现教师和低年级学生均认为最有效的课堂活动有4项，也就是教师和低年级学生在2/3的有效课堂活动上评价一致。

2. 高年级组和教师评价的比较

根据高年级组对课堂活动有效性的评价，有效性较高的前六项课堂活动是：

Q7（M=4.0909）、Q10（M=4.0000）、Q11（M=3.9091）、Q2（M=3.9091）、Q8（M=3.6364）、Q4（M=3.6364）。

高年级学生认为传统的课堂活动比交际性课堂活动更有效，他们注重语法练习、阅读输入和传统的背诵方法。跟教师的评价进行比较，我们可以发现教师和高年级学生均认为有效的课堂活动只有两项，也就是教师和高年级学生只在1/3的有效课堂活动上评价一致。

从上面的分析我们可以看出来，教师跟低年级学生在对课堂活动有效性的

[1] 由于我们对教师评价的调查中，选取了有效性最高的前6位进行分析，为了便于比较，我们这里也选取有效性最高的前6位。关于教师对课堂活动的具体评价，请参见拙文《对专职对外汉语教师关于课堂活动看法的调查分析——对外汉语课堂活动系列调查之一》。

评价上基本一致，但跟高年级学生的评价一致性较低。也就是说我们对低年级学生的了解多于对高年级学生的了解。教师对学生实际需求了解多，在上课的时候就能充分考虑学生的特点，选择适合自己的班级的教学方法，学生的满意程度也就高，反之，学生的满意程度也就低，因此从整体上来看，年级低、年龄小、在中国时间短的学生对所有课堂活动项目有效性赋予的分值都比较高，而年级高、年龄大、在中国时间长的学生对所有课堂活动项目有效性赋予的分值都比较低的现象也就不难解释了。

四、结论与讨论

本文以实证的方式探讨了日本本科留学生对三种类型共 16 种课堂活动的有效性的认识，并对 5 项个体差异因素是否影响学生对课堂活动有效性的评价进行了统计数据分析，得出结论如下：

1. 从总体上看，日本本科留学生认为最有效的是自由信息输出型课堂活动，但信息输入型和控制信息输出型课堂活动中的部分项目有效性也比较高。因此在对日本本科留学生的教学中，教师不能过分偏重于某种类型的课堂活动，而应该“几种教学方法一同并用”（程棠，2000）。这也符合目前对外汉语界“教无定法”的教学法指导思想（杨惠元，1996；程棠，2000；赵金铭，2001）。

2. 日本本科留学生 5 项个体差异因素对其认识评价课堂活动有效性影响不尽相同。学生的性别不同，其他外语学习背景不同，其对课堂活动有效性的评价没有显著差异；学生的年级不同、年龄不同、来中国时间长短不同，其对课堂活动有效性的认识在很多项目上都有显著差异。这些显著性差异有一个共同的特点就是学生年级越高、年龄越大、来中国时间越长，对课堂活动有效性的评价就越低。这可能跟学生学习对课堂活动的依赖程度会逐渐降低有关，也可能跟我们在低年级使用的是日语问卷、高年级使用的是汉语问卷有关，问卷存在语言差异，可能会造成评价的不一致。除此之外，笔者认为对外汉语教师需要对这一现象进行反思。近年来，我们一直强调对外汉语教学要以学生为中心，吕必松先生（1993）指出，“所谓学生为中心，就是教学计划的制订，教学内容的选择和编排，教学方法的选择和运用，等等，都必须从学生的特点出发，充分考虑学生的年龄特征，文化程度，原有语言跟目的语关系，学习目的和实际需求等等”；李泉（1996）也强调（指出）对外汉语课堂教学要有“以学生为主”的意识，注意观察和分析学生的反应，随时调整教学方法等。我们要有效提高课堂教学效率，还需要认真了解学生的实际需求，加强与学生的沟通，适当做一些调查研究，尤其是像日本留学生这样有“寡言美德”文化背景的学生，通过问卷调查方式，可能更能真实了解学生的实际想法。

基于对北外学历部日本本科留学生的统计分析，我们得出了以上结论。但是由于此次调查范围较广，我们的调查还存在很多需要改进的地方，比如由于时间原因，我们没能取得三年级学生的数据，如果增加了三年级学生数据，我们的结果会不会不同？再比如由于资料所限，我们对教师的调查中，只是笼统地排出了教师认为最有效的 6 项课堂活动，没有涉及教师认为对不同的年级来说，哪些是最有效的课堂活动。但是基于我们前面的分析结果，我们对学生不同年级间的评价进行了区分，这肯定会在一定程度上影响我们对教师和学生进行对比分析的信度。教师与学生对课堂活动有效性评价的具体差异表现在什么地方，哪些差异具有显著性，什么因素导致了这些显著性差异的产生等问题，都有待于我们调查搜集更多资料后进行研究分析。

此文原载于《世界汉语教学》2007 年第 1 期

论在商务汉语教学中实施“绩效管理”的必要性

张　红

张红，女，副教授。研究方向为对外汉语课堂教学、教材设计编写、课程设计以及对外汉语教师职业发展。曾任中文学院项目部主任、汉语培训中心主任。多次出国任教。发表学术论文5篇，主编、独立完成对外汉语教材3套。

一、经济发展给对外汉语教学提出了新的要求

中国加入世界贸易组织（WTO）对对外汉语教学（又称对外汉语教育）产生了不容忽视的影响。中国广阔的市场吸引了更多的外国投资，大批的外国工商企业进入中国，寻求商业机会，进行各种经贸活动。在各个学校学习汉语与中国文化的外国学习者人数激增的同时，他们对商务汉语与商务文化的兴趣越来越浓。越来越多的留学生希望完成汉语学习后能留在中国从事经贸方面的工作或回国进行对华贸易，国外工商界人士在中国进行经贸活动的同时，也迫切需要学习中国的语言，了解相关的经济政策、法律法规和商务文化。

中国的教育产业在中国经济体制的转变，市场经济的发展与完善的同时迅速成长壮大。虽然对外汉语教育只有50年的发展历史，但是作为中华文化载体和国际交往重要工具的汉语的地位和作用日益提高，世界范围内对汉语教学的

需求也在不断增长。在政府和社会的大力支持下，无论在教学事业的发展还是在学科建设方面都取得了令人瞩目的成就。对外汉语教学也已发展成为语言学领域中发展最迅速，影响最广泛的新兴学科。陈至立部长在 1999 年第二次全国对外汉语教学工作会议上，更把对外汉语教育学科提升到一个具有战略意义的事情，它确实是国家和民族的事业的新高度。

然而目前作为对外汉语教学的一部分的商务汉语，这种具有专门用途的汉语教学在课程设置、教材选编、语言测试与教学绩效评估等方面都没能及时反映出这一教学类型的特点；不能根据学习者的个体差异（商务人员）与特殊要求（用经济方面的真实语言材料学习汉语）提供完善的教学服务（比如课程设置只以“贸易汉语”当作“经贸汉语”，而后者涉及经济活动的各个方面，范围远比前者宽泛；另外，除了汉语水平测试，目前尚不能进行商务汉语水平测试等等），无法满足入世后中国与世界经济密切交往的需要。这其中的原因，除了对商务汉语教学的理论研究不够，也是对迅速变化的经济生活对对外汉语教育的影响估计不足。

二、“绩效管理”的概念与落实步骤

除了需要加强商务汉语作为第二语言教学向特殊应用领域的延伸的研究以外，在商务汉语教学中实施“绩效管理”是一个实现无论长期还是短期教育目标的有效系统工具。“绩效管理”是管理学中的一个重要术语，是指“一个团队在明确的目标的指导下，管理者与团队成员之间，系统地、有目的地、不断进行互相交流与沟通，反馈，切实有效地评估团队工作成绩效果（简称‘绩效’）的方法，以便于及时调整团队的管理方向”[1]。将“绩效管理”落实在教育组织，确切地说，是对外汉语中的商务汉语教学组织中，有下面 5 个步骤：

（1）设立目标：“绩效管理”要求教育管理层制定组织的发展战略目标并把

[1] 罗伯特·巴克沃（Robert Bacal）：《绩效管理》，中国标准出版社 2000 年版，第 3—5 页。

这些目标转化为年度和学期的工作计划。

(2) 制订计划："绩效管理"要求教育组织内教育管理者与教员共同讨论，以明确每个教员的具体教学和科研工作，双方明确教师做这些工作的目的（与过去不同的是一定要让教师知道他的科研工作和他承担的课程对他个人和教育组织都是很有意义的），工作内容与时间，职责范围（教师的权利与决策级别）。使教管双方就教师的工作计划达成共识。

(3) 进行双向沟通："绩效管理"在教师知道做什么、什么时候做、做成什么样后，进行持续的双向沟通来追踪工作进展的情况，随时观察并收集数据，及时发现并解决问题。

(4) 实施双向教学绩效评估："绩效管理"要求每学期进行若干次的双向教学绩效评估，在检查教师教学工作的绩效的同时检查学习者学习的状态。

(5) 进行反馈与跟进："绩效管理"要求教育管理者和教师在学期末一同评价教师是否完成既定工作目标以及是否和如何克服遇到的困难。制定今后的教学科研工作的目标与标准。

虽然目前的对外汉语教学中，也包括商务汉语教学中一直有"课堂教学评估"，而且理论上课堂教学的评估对教师和学生、对同行和教育管理者都十分重要，然而在没有完整的"绩效管理"的系统中，现行的"课堂教学评估"没有真正发挥过它的职能与作用。因为：

首先，现行的"课堂教学评估"是孤立的，并不对整个教育组织的战略目标的制定，实施和管理有意义；而"绩效管理"不是孤立的，它其中的教与学的双向评估的结果会影响整个教育组织（即我们一般说的教学单位）长期、中期和短期战略目标和计划的制订。

其次，现行的"课堂教学评估"是单向的，非经常性的，是学习者给教师的评价。教师从不给学习者提供考试分数以外的评价。事实上，学习者非常需要教师提供及时的有针对性的具体指导。小到某个词的发音和声调，大到口语表达叙述事件的逻辑性，课堂的参与表现等等。上述这些分数无法说明，但很重要评价都对学习者有指导意义；而"绩效管理"中的评估强调的是双向的评估，在学习者定期评估教师的同时，教师更要通过对学习者的评估给予他们及时有效的经常性的帮助。

第三，现行的“课堂教学评估”，获取的信息返回教务部门后就束之高阁，每个教师完成评估后又返回到“现实工作中”去。教师从不知道自己的工作是否对组织有意义，不知道自己的工作做得如何，在哪方面有长处，在哪一方面需要改进；而“绩效管理”强调不断地获取信息并及时地反馈，发现教师的长处，对他们做进一步的培养；尽早察觉潜在的问题，帮助教师达到更高的绩效。

第四，现行的“课堂教学评估”的评估项目过于抽象和简单（如“教学态度”这一评估条目就过于笼统），不能指导教师改善具体的教学环节（比如，学习者说教师“教学态度不好”究竟是指教师没表现出教学热情还是不鼓励学生提问或其他的什么问题；又比如“教学方法不好”究竟是指不能将学习难点分散，还是没做到重点突出，或是教法单调等等）。而“绩效管理”中采用的评估条目是具体与明确的，是能帮助教师改善教学的，如果教师仅知道的是自己的“教学方法不好”，他只会辩解自己哪方面做得好，不会承认自己的“教学方法不好”。如果通过评估，教师了解到自己的教学只是没做到“将学习难点分散”或“讲解过多、练习太少”，他就会得到一个明确的、客观的信息，也更容易做出调整。

第五，现行的“课堂教学评估”检查的教学内容并没有事先明确地告知教员，更没有告知学习者。如果一旦产生纷争，缺少清晰的、有说服力的证据，没法有效地处理问题；而“绩效管理”由于记录下工作目标与要求等有关绩效的详细情况和沟通情况，就能避免在进行纪律处分、处理纠纷和面临法律诉讼时遇到麻烦。

三、在商务汉语教学中实施“绩效管理”确有必要

（一）实施“绩效管理”符合商务汉语教学工作的战略目标

为国家民族的长远利益服务，充分满足日益增加的商务汉语学习者的学习要求，促进中外经贸的往来与交流，是对外汉语教育学科，特别是其中的商务

汉语教学工作的战略目标。在实现这个目标的过程中，作为一种科学有效的管理方法“绩效管理”把教育组织的战略目标（教学，科研，教学与科研的结合等）教师的教学活动和学员的学习进程有机地结合在一起，落实并检查教育战略目标的实行情况，及时对教学进行有计划的调整，使处在变化中的教学、科研尤其是教学活动不断与教育组织的战略保持一致性。

举例来说，教育组织定期地告知教师组织的大的战略目标（大学的远期目标和近期目标，学院的五年计划，教学部的年度计划，每月的活动安排等等）的同时，还要告知教师应该做什么，需要做到什么程度，为什么要这要做，在什么时间做等等工作规范；更要告知他们，教育组织会如何帮助他们完成计划，如何克服障碍，如何进行沟通等等。为教师达到最优教育效果，进行有助于组织目标实现的科研活动，达到最佳绩效。教师也告知学习者，学校对他们的希望与各种具体阶段要达到的目标，安排定期的检查，以便了解学习者的学习情况并根据这些情况调整教学活动，以使学习者取得最大程度的进步，取得最佳的学习成果。通过实施“绩效管理”即制定目标、安排计划、在进行教学活动时保持交流、进行教与学的双向绩效评估并跟踪反馈评估的信息、调整计划、继续发展，使教学双方的最大潜力得到发挥，使教育组织的竞争力得到加强。

(二)“绩效管理”有助于了解并满足现阶段商务汉语学习者需求

任何教育都是一种服务，目的是最大限度地满足受教育者的需要，商务汉语教学也不例外。值得注意的是，商务汉语的教育对象是成年人，大多是在岗或正在接受培训的各类从事经贸工作的人员，他们把汉语作为一种手段或工具来学习，以便更好地完成各项商务工作。因而这些学习者对教学往往有各种特殊的要求，并且期望很高。这就决定了我们在对商务汉语理论研究不足的现阶段特别需要“绩效管理”（它意味着系统地、有目的地、不断地进行互相交流与沟通和反馈）帮助商务汉语教学组织及时掌握全面的情况，察觉潜在的问题，解决出现的矛盾。教育管理层经常地组织教师与学员的互动沟通，完善商务汉语教学的进程，加快商务汉语教学的发展速度。

以北京外国语大学中文学院承担的“中国—欧盟青年经理培训项目”中的语言培训为例，这个自 1999 年 3 月开始的项目旨在为来自欧盟 15 个成员国的年轻的专业人士提供一个培养汉语技能，并应用这些汉语技能来了解中国的培训项目，到目前为止共有 180 人左右，分 4 期进行 4 或 10 个月的高强度语言培训。这些参加培训项目的学员都在欧美完成了高等专业教育，其中一半学员是工商管理硕士毕业。学员们均是通过欧盟的严格考核的年轻经理，既有深厚的文化修养，又有优秀的专业知识，更有丰富的商业和管理经验。这些期望以汉语培训为新起点，开始自己实现理想的青年经理们对课程的设置，课文的内容，课外汉语实践活动的安排，教学法等各个方面都提出了不同寻常的高要求。

比如，在为期 4 个月的欧盟高级商务汉语培训班上，学员们希望教师用汉语介绍中国改革开放最前沿的话题与动向，分阶段回顾中国 20 余年的改革历程，同时对他们熟悉的经济法、环境保护、进出口贸易、金融服务、信息产业等等专业方面都有汉语的学习与介绍。如果教师这时只简单地告诉他们，他们应该先学好汉语，以后在中国工作的过程中再了解中国经济也不迟，这种解释不仅不能解决学员的思想问题，更会引起学员们对学习汉语的反感。学员会说，既然不能学到他们想要的东西（商务汉语），他们可以选择别的国家或地区学汉语，或是通过远程教育在互联网上学汉语。而目前的对外汉语教师的研究方向都集中在语言文学方面，让他们转向经济方面的教学一定要经过一个再适应与学习的过程。因此，在现有的教育条件与资源的配置下，管理层只有采用“绩效管理”，才能及时调整课程设置，编写新的教材，采用新的教学方法，安排相关的汉语实践活动并实行新的成绩评估方式等，在现有条件下最大限度地满足学员的需要。

由于欧盟青年经理学习商务汉语的热情很高，迫切希望在短时间里提高汉语水平。北外除了采取定期的、经常的考试来检查学员的汉语学习效果以外，还对学员进行每月的书面学习评估，以此帮助学员认清自己在什么方面表现出色，什么方面进步很快，什么方面需要改善提高等等。作为沟通方式之一的教师对学员的评估，对学员的鼓励鞭策作用远大于试卷上的分数，使学员能感到教师真切的关怀。另外，利用学前教育、班长会、班级集体活动等等及时传达给学员努力的方向与目标，关注班级里出现特殊情况的学员，协调班级不同水平学员的学习进度，预见可能发生的问题等等。在这些方面北京外国语大学国际交流学院的管理者和承担欧盟青年经理汉语课程的教员都深有体会。

（三）“绩效管理”有助于教师的自我发展，提高师资队伍的整体竞争力

商务汉语教师的工作是传授汉语语言与用汉语为媒体的商务知识与商务文化。不过，现阶段的商务汉语教师都是语言文学的专才，在他们各自的学术领域都有自己的科研活动，在承担商务汉语教学前，鲜有经贸知识与经历。而一些外聘的，有经贸知识的教师由于没有对外汉语教学经验不能开展商务汉语的教学工作。在这种条件下，教师是否应该服从教育组织整体的战略目标，进行商务知识与技能的再学习，还是以自己不是这个专业的为借口，凑凑合合地上课，不顾学员的学习要求只是以完成个人的科研为重。教育组织如何将现有的师资作最优配置与安排，鼓励并督促教师进行再学习，增强教师自我发展与提高的愿望与动力，这些都需要在商务汉语教学中，制定并实施可接受的，明确的“绩效管理”。“绩效管理”中持续的互相交流与沟通，有目的、有针对性地在教师与学员之间进行教学的相互评估，既可以检查学生的成绩与学习状态，又可以检验教师的教学态度、教学方法与质量。教师将不再像以前那样仅仅按照自己对学科教育的理解，进行孤立的教学和研究活动，教师与教育管理层在同一个目标下向学习者提供出色的教学服务，并且以教学促科研，以科研提高教学水平，协调好教育组织目标、教师岗位职责、教师科研课题与学校发展、学科建设的关系。

教学相长。除了教育管理层的指导，教师自己在教学活动中发现问题外，这些作为经贸专业人士的商务汉语学习者，他们更容易更直接地感受到“课堂教学的目的要求是否明确具体；教学内容是否做到重点突出，难点分散；教学环节是否安排合理；是否体现了启发式教学原则；教学任务是否完成”等。这些有良好教育背景，有多种语言习得经历，丰富工商管理或贸易经验的学习者是非常好的教学效果是否优良的评估者和监督者。商务汉语学习者的课堂教学

评估（它是“绩效管理”中的重要一部分）特别有助于教育组织评估教学情况，将科研转化成教学效果，从而加速作为对外汉语一部分而且是越来越重要的一部分的商务汉语教学的发展。

（四）实施“绩效管理”有助于实现对外汉语教育的现代化

现在新的技术以其快速的变化在深刻地影响着我们每个人的生活，也影响着对外汉语的教学，特别是商务汉语的教学活动。中国加入世界贸易组织意味着中国融入了世界所有的重要经济活动中，全球经济的变化与我们息息相关。这一切都要求教育走出传统的教学模式，充分运用现代科技为我们提供的先进的、立体的、全方位的教学手段与方法（利用互联网，电脑多媒体等），向学习者提供最前沿的经济方面的内容（最新的统计数字、最快的市场变化、最前沿的经济动态等）；以及最完整的全套学习方案（绝不仅仅是在教室里听课，而是根据学习者的情况与要求提供系统的、富有变化的学习过程，特别强调学习者利用电脑和当地真实的语言环境在教师的帮助下自己完成与教师共同制定的语言学习方案）。这一切现在仅依靠某位教师或某个教研室是做不到的。只有在教育组织中，进行管理层与教师和学员自始至终的互动交流，团队协作即实施“绩效管理”才能做到；教育的大发展（丰富课程设置，建立数据库，开发教学应用软件，进行理论建设等）也只有在这种规范化系统化的管理下才能实现。说到底，只有注意教育与经济技术发展的密切关系，对外汉语教育才不会仅仅依赖政府的关照，失去学科自我发展的愿望，失去学科自我发展动力与能力。

（五）实施“绩效管理”有助于实现对外汉语教育的产业化

有专家测算，英国每年通过教授英语从别的国家赚取的外汇高达 70 亿英镑(800 多亿元人民币)。作为“国家和民族事业的一部分”的对外汉语教育虽然有国家财力、物力和人力的支持，也同样要计算教育的投入与产出。要创教育名牌，要悉心经营这个有深远国际影响的重要产业，要最优化运作现有的教育资源，为国家民族的长远利益更好地服务。对外汉语教育，一项既有利于生态环境保护、节省自然资源又能向全世界介绍中国悠久的历史，友好的人民、灿烂的文化、美丽的语言、高增长的经济发展的教育产业，既有政府的大力支持与帮助，又有全世界越来越多的对中国和汉语感兴趣的学习者，我们有什么理由不加倍努力经营这种“汉语教学产业”呢？

如果要经营好“汉语教学产业”或发展对外汉语这一“国家和民族的事业”，不建立适应教育市场变化的战略目标，不进行科学的规范化的管理是万万不行的。“绩效管理”作为一种成熟有效的、积极的、广泛运用的管理理念与方法能帮助我们发展年轻的对外汉语（特别是更年轻的商务汉语）学科，激励教师从事教学与科研，使对外汉语教育产生深远的社会效益和良好的经济效益。

四、结语

如果说我们已经认识到，科学技术的进步深深地影响着对外汉语的教学方法，快速变化的经济社会生活也正影响着商务汉语（对外汉语中正变得越来越重要的一部分）的教学内容，改变着教师的工作态度与方法。在商务汉语教学中，实施现代化的教学“绩效管理”才能将现有的资源进行优化配置，并将它变成优质教育。

本文原载于《海外华文教育》2004 年第 3 期

法国国立东方语言文化学院中国文化课程特色初探

张 丹

张丹，女，副教授，2002—2004年受国家教育部委派赴法国巴黎东方语言学院中文系任教，2007—2009年受国家汉办委派任比利时列日孔子学院中方院长。研究方向：对外汉语语言文化教学法；法国汉语教学研究。主要科研成果有：《法汉大词典》、《加拿大百科全书》；论文《激发汉语预科班留学生持久学习动机途径初探》、《法国国立东方语言文化学院中国文化课程特色初探》、《法国国家东方语言文化学院及其中文系》、《汉语结果补语和趋向补语在法语中的表述》、《对欧盟商务人员初级口语课的教学思考》等10余篇。

如果说对外汉语教学界关于语言和文化密不可分、互为依托的关系早已达成普遍共识的话，怎样在具体的教学实践中将二者有机地结合起来，形成比较系统的对外汉语语言文化课程，则是见仁见智。归根结底，诚如林国立十年前所说，始终反映了文化因素在对外汉语教学中定性、定位与定量问题的认识（林国立，1997：202）。在这一方面，法国国立东方语言文化学院（以下简称法国东方语言学院）中国文化课程的设置可谓独树一帜，很值得探究。

一、法国东方语言学院中国文化课程的定位认识

关于语言和文化的关系，中外学界多有论述。概而论之，“语言和文化是部分与整体的关系，文化包括语言。语言既是文化的制造者，又是文化的产品”(Galisson，1990：167)。正是基于这样的认识，有着200多年历史、从诞生之初教授3种外语到2003年教授90种外语的法国东方语言学院就一直奉行“语言和文化紧密结合，培养一专多能的外语翻译人才”的办学宗旨。现任校长吉尔·德卢什（Gilles Delouch）先生不无自豪地说：“我校的与众不同就在于除了语言课外，还开设了涉猎广泛的目的语国家的文化课程。学生的任务不仅是掌握一门外语，还要学习目的语国家的社会文化知识，并负有传播目的语国家文化的使命。”(Delouche，1995：11）前校长安德烈·布尔热先生（André Bourgey）在1995年纪念学校200周年华诞时强调指出：“多学科性是东方语言学院的古老传统，应该传承下去。如果我们只单一地教授语言，学校便失去了精髓，也就没有了存在的理由。”(Bourgey，1995：10）文化教育在法国东方语言学院外语教学中的重要地位及其作用由此可见一斑，成为立校之本，发展之方向。东方语言学院的这种办学宗旨及其肩负的四大历史使命（开展对目的语国家语言及其地理、历史、政治、经济、社会方面的学习与研究；促进法国与这些国家的文化交流合作；传播目的语国家的语言和文化）以法律的形式在1990年5月14日颁布的法令里被固定下来。

另外，法国国立东方语言文化学院这一校名本身似乎也足以证明文化在该校应有的地位。

最后，同样值得一提的是，但凡懂法语的人都会发现，包括中文系在内的东方语言学院全部17个二级教学与科研单位其法文名称独具匠心，耐人寻味。比如，为了方便中国读者阅读和理解，笔者在本文沿用“中文系”这一国内惯常的提法，而法国东方语言学院中文系的法语名却是“Département Chine”，并非“Département de chinois”，直译应为“中国系”。一字之差，内涵相距甚远！同样的情况也涉及日语、阿拉伯语、俄语和非洲等语种。笔者以为，法国人用“中国系”取名绝非一时心血来潮，而是深思熟虑的结果，恰恰与法国东方语言

学院自始未变的办学宗旨和教学理念一脉相承，这就是立足语言，着眼文化，培养东西方文明交流和传播的使者。为了使译名既反映原文的实质内容，又符合中国人的语言习惯，笔者建议将“中国系”（Département Chine）改译成“中国语言文化系”。

二、法国东方语言学院中国文化课程的定性认识

在试图对法国东方语言文化学院开设的中国文化课程做定性分析之前，首先应该认识文化的定义。这个看似简单的命题，却有着不尽相同的回答，因为据美国人类学家克罗伯和克拉克洪统计，从 1871 年到 1951 年，关于“文化”的定义已有 164 种之多（何九盈等,2002）。国内外学界比较有代表性的意见是，第一，“文化就是生活”，“由社会的生产关系所产生出来的物质生活方式，如衣食住行，便是物质文化”；“由社会的生产关系所反映出来的意识形态，如法律、政治、艺术、哲学，便叫精神文化”（林国立，1997）。毫无疑问，这是一种比较宽泛的解释。第二，20 世纪 80 年代，我国对外汉语教学界的专家张占一先生则根据文化的功能，将其分为知识文化和交际文化两大类。他认为，“所谓知识文化，指的是那种两个不同文化背景培养出来的人进行交际时，对某词、某句的理解和使用不产生直接影响的文化背景知识”；“所谓交际文化，指的是两种不同文化背景熏陶下的人在交际时，由于缺乏有关某词、某句的文化背景知识而发生误解”（张占一，1997），亦即是直接影响交际的文化因素。第三，无独有偶，法国著名的外语教学法专家、法国外国语言文化教学法学的奠基人罗贝尔·加利松（Robert Galisson）也在同一时期提出了“知识文化”（la culture savante）和“大众共有文化”（la culture partagée）的观点（Galisson，1984），他指出，“知识文化”是人们描述、表述出来的一种显性抽象文化，属知识范畴，因此属理性思考，理性认识类。讲授“知识文化”的目的是使学生了解和理解目的语文化中那些能够反映其民族文学、历史、地理、艺术和科技等成就及其发展进程的背景性系统知识。讲授的方式多为独立于语言的专门的文化课

程。所谓“大众共有文化”，主要指人们具体实践的日常生活文化（la culture courante），属感性认识，其首要特质是隐含在目的语语言的和非语言当中，却常常反映目的语国家的价值观念、道德取向、社会习俗、心理状态和思维方式等。因为是隐含的，所以目的语国家的人常常只需意会，无须言表，即所谓的“心有灵犀一点通”，此等默契甚至是习以为常，习而不察的。传授“大众共有文化”的目的是通过比较目的语文化与本族语文化的异同，帮助学生理解并掌握目的语中蕴涵在字里行间的为目的语国家的绝大多数人所共有共享的文化，最终实现成功学习和有效交际。“大众共有文化”与语言形式的互为依存性决定了语言和文化教学必须同步进行（傅荣，2003）。

所属学科	课程名称
哲学	中国哲学通史、古代中国的儒家和道家、新儒学在中国、中国哲学文献阅读等等
科技	中国地理、方法论、计算机入门、中国科技史、中国的思想与科技史、科技读物等等
历史	中国古代及宫廷文明史、中国近代史、中国当代史、华人世界、中华帝国编年史、中国历史文选选读、清代社会、文化和经济、中华人民共和国的政治史、中国近代社会文献阅读、中国历史编纂学等等
宗教	华人社会的宗教崇拜、中国宗教入门、佛教等等
文学艺术	中国宫廷艺术、考古及中国古代艺术、中国文学通史、现代中国文学史、中国古代散文、中国现代文学选读、中国古代诗歌、中国戏曲史、中国小说史、中国书法及其历史、中国山水画、中国影视、中国近、现代文学等等
社会	古代中国社会及其政体、中国与西方、中国的社会人类学、中国人种志、中国的传统社交形式、社会政治史等等
语言学	普通语言学、汉语语言学入门、汉语词汇学、广东话入门等等
经济	中国的宏观经济、经济决策工具与结构、商业与经济文选、中国商法等等
政治	中国的亚洲政策，与亚洲各国和第三世界的关系、国民党、中国对外政策、当代亚洲及其国际关系等等

对照上述有关文化的定义，我们不难看出，法国东方语言学院开设的中国文化课程几乎全部属于知识文化范畴，而且多有研究性质的。这无疑是东方语言学院中国文化课程最主要的特点。综观这些文化课程，我们不妨按哲学、科技、历史、社会、宗教、语言学、经济、政治和文学艺术等具体学科大致分类列表如上。

由上表可以分析出，法国东方语言学院中国文化课程构建的是一种中国观念文化知识体系，也就是要让学中文的学生了解中华民族在历史的长河中逐步形成的价值观念、伦理道德、宗教情感和思维方式。东方语言学院之所以这样厚知识文化薄交际文化，首先与整个学校的学科定位密切相关，前面已经提到，东方语言学院从来没有把自己视作传统意义上的单纯的语言培训学校，而是一个典型的科研教学型的法国高等学府。其次，与教学对象及其学习需求有关。笔者曾在法国东方语言学院中文系任教两年，发现那儿的生源情况不仅与我们国内普通大学文科外语专业的学生不一样，就是和法国其他公立文科大学相比也有所区别，因为在东方语言学院就读的学生并不都是为了获得一纸文凭去的，有的是出于个人事业的发展需要或者是工作需要，有的是纯粹的个人兴趣爱好。他们的年龄在20—70岁之间，学龄的跨度同样很大。这些人往往是先对中国感兴趣，想了解中国、认识中国，所以文化课的成绩常常优秀，知道很多中国的事情，越学越热爱中国文化，文化课上获得的知识和信息反过来激发了他们系统学习汉语的积极性。从某种意义上说，正是这些博大精深、代表着中华文化精神内核的知识文化吸引了一批批追求心灵丰富和精神愉悦的法国莘莘学子。当然，他们感到学有所获的另一个不可忽视的原因是，上述文化课程如果不是全部至少也是99%由法国教师讲授，但可以百分之百地肯定的是，所有文化课程都用法语，亦即是他们的母语讲授，考试也不例外。这似乎应算作法国东方语言学院中国文化课程的另一个特色。

三、法国东方语言学院中国文化课程的定量认识

通过对法国东方语言学院中国文化课程定位和定性的分析，我们自然会比较容易地推论出该课程定量方面的特点。不过在此之前，似有必要先对东方语言学院主要中国文化课程做一比较全面的介绍：

第一阶段（一至三年级）[1]

文化必修课程（3年内修完）	
课业名称	内容要点
中国地理	自然地理、人文地理和经济地理
中国古代及宫廷文明史入门	历史纪年、历代王朝的称号
中国近代史、当代史	自明代至中华人民共和国成立前夕

文化选修课程（14选2）	
课业名称	内容要点
1. 中国宫廷艺术	中国古今绘画，美学、艺术启蒙
2. 中国区域地理	按区域介绍中国
3. 古代中国社会	通过分析传记和文学作品，了解元、明、清社会的经济与建筑等方面的成就
4. 考古学及中国古代艺术史	中国史前艺术启蒙；分析古代艺术作品和古迹
5. 中国哲学通史	初步了解中国人的哲学思想，从历史的角度关注中国知识分子传统特性形成的几大因素
6. 中国文学通史	选读古代、现代各种文学题材作品，分析中国与西方对文学的不同理解
7. 中国与西方	剖析几个世纪以来西方人对中国人的固有观念；中西方的交往对中国人的影响
8. 中国社会人类学	介绍中国人类学的研究状况：工作条件、传统、遗传、种族特性、亲族关系和宗教崇拜等

[1] 张丹：《法国国家东方语言文化学院及其中文系》，《国际汉学》(12)，大象出版社2005年版，第295—298页。

（续）

课业名称	内容要点
9. 方法论	研究与论文写作的方式方法
10. 华人世界	介绍世界各地华人群体
11. 普通语言学	普通语言学原理
12. 计算机	计算机入门与应用
13. 中国人种志	介绍从越南边境到西藏高原中国各少数民族的繁衍与发展
14. 华人社会的宗教崇拜	天地山川崇拜，植物、矿物神化，妈祖信仰，轮回等

以上选修课多数为一学期，每次多为一个半学时。每门课指定5种以上的法语参考书目。有两种计算成绩方式：平时正常上课者为平时成绩（controle continu）+学期+学年考试成绩，按不同的百分比计算平均分；平时不去上课的学生按期末考试成绩（contrôle final）一次性计分，不及格的风险很大。这不仅是东方语言学院，也是全法国大学统一制定的校规，用于奖勤罚懒。有的学校甚至更严格，平时缺课超过一定时数，不论何种理由，没有考试资格，一律重修。

第二阶段（四年级学士）

文化选修课程（25选4）	
课业名称	主要内容
1. 现代中国文学史	20世纪中国文学的各个重大时期，尤其是1919—1949年的新文学，1978年后的新时期文学；文学流派：浪漫主义，现实主义，现代主义，正统文学，民间文学
2. 中国古代散文	散文选读，介绍散文题材
3. 中国现代文学选读	郁达夫、沈从文、张爱玲、韩少功等
4. 中国古代诗歌	诗经、汉乐府、唐诗、宋词、辞赋
5. 中国戏剧史	中国民间戏剧
6. 中国小说史	从古代神话故事到明清小说

（续）

课业名称	主要内容
7. 中国哲学史	古代中国的儒家和道家，中国的新儒学
8. 中华帝国编年史	中华历代帝制；中国历史文选阅读
9. 中国文字与书法	汉字及其书法史，中国书法要领
10. 中国的宏观经济	经济遗产，人口统计学，就业状况，边远地区，外资，私企
11. 中国的经济决策机制及其工具	1978 年以来的经济行政机构以及经济政策的调整；计划经济，国企改革，货币、信贷、财政制度、公共财政、中央及地方财政
12. 近代中国社会	中国的传统社交形式；清代中国的经济、文化和社会状况
13. 近代中国	1911—1948 年民国时期的社会、政治、知识分子；城镇化发展；国民党统治
14. 远东国际关系	冷战时期、缓和时期和冷战后
15. 中国新闻报刊	中国新闻报刊阅读，中国经济贸易文章选读
16. 中国科技史	传统中医、植物学、占卜术
17. 中国宗教入门	佛、道、儒三教的主要思想、学说、崇拜物、宗教活动，各宗教间的关系
18. 中国艺术	中国山水画；中国建筑
19. 汉语语言学	汉语语言学入门；汉语词汇学
20. 新中国对外关系	中国与世界大国的关系；中国的亚洲政策，以及中国跟亚洲国家和第三世界的关系等
21. 20 世纪初的中国社会与文化	民国初期的中国社会文选阅读；20 世纪初开始融入世界的中国
22. 中国当代历史	中华人民共和国史；后毛泽东时代及其走向
23. 中国法律	中国法律常识；中国商法
24. 中国行政与企业	中国行政与在华法国企业（上）；中国相关行政和技术法规
25. 广东话	入门

第三阶段（五年级硕士）

文化选修课程（28 选 4）	
课业名称	主要内容
1. 区域化与国际关系	1945 年以后远东国家的边界问题
2. 中国当代历史	中华人民共和国史；后毛泽东时代及其走向
3. 中国近代文学作品选读	汉翻法练习
4. 中国技术和思想史	介绍中国人的动物观和植物观；专题论文写作
5. 中国哲学史	中国哲学思想的渊源与变迁
6. 社会与政治史	介绍并分析论述中国政治、社会和西化影响的专著
7. 中国地理与华人世界	中国地理研究、少数民族分布和海外华人分布问题小论文写作
8. 汉语语言和文字的演变（上）	介绍汉语及其汉字的演变规律和特征
9. 翻译与评论	翻译汉语文章并评论
10. 中国电影	视听说
11. 日语研究方式方法介绍	介绍有关研究中国的日本方式方法
12. 古代中国哲学文选	主要为历史与哲学方面的文章选读
13. 中国行政与在华法国企业（下）	中国行政管理的演变和改革，在华法国企业的经验
14. 汉语语言学	汉语语言学入门；汉语词汇学
15. 区域化与国际关系文选	中国与世界大国的关系；中国的亚洲政策，以及中国与亚洲国家和第三世界的关系等
16. 中国史地文选	史地文献阅读与思考
17. 中国近代文学选读	翻译练习
18. 中国现、当代文学	拓宽学生对重要时期文学史的视角，学习使用参考资料的方法
19. 中国哲学文选	在西方现代化背景下，中国传统文化的未来和融入世界文化的问题研究

（续）

课业名称	主要内容
20. 科技文章选读	阅读与理解
21. 20 世纪中国社会文章选读	代表性文章阅读和理解；学习历史研究方式方法
22. 中国地理	作关于中国地理和少数民族问题的研究报告
23. 汉语语言和文字的演变（下）	介绍汉语及其汉字的演变规律和特征
24. 今日中国	阅读汉语文章，了解现代中国在世界上的地位
25. 经典文学作品赏析	阅读古代诗歌、散文和传记文学作品
26. 中文佛教文献阅读	禅宗文献阅读、翻译与思考

综观法国东方语言学院的这些中国文化课程，至少有三个显著特点：其一，开设门类多，完全可以满足各个层次教学对象的需求。其二，在众多的文化选修课程中，硬性规定的必选课数量并不高，分别是第一阶段 17 门选 5 门，而且时间跨度为 3 年，第二阶段是 2 年内 51 门选 8 门。这样，学生拥有比较充分的自主选择权利和余地，在一种自觉、自愿、自主的轻松氛围中完成文化素质教育。其三，在这些反映中华民族精神财富的文化课程中，中国历史、哲学和古代文学艺术类占很大比例，进一步凸显法国东方语言学院作为法国和欧洲汉语教学与汉学研究中心的学科定位。

最后，需要说明的是，因为本文旨在探析东方语言学院中国文化课程体系及其特点，所以没有专门论及该校的主干课程——语言必修课。事实上，如前文所说，东方语言学院一向有着语言教学紧密结合文化的历史传统，如此丰富的中国文化课程从来没有削弱或者取代汉语语言教学的主体地位。该校第一阶段语言必修课规定为 13 门，第二阶段为 12 门，这一数据本身便是令人信服的佐证。

本文原载于《国际汉语教学动态与研究》，2005 年

近20年短期速成初级汉语教材发展概述

李　明

李明，女，副教授，硕士研究生导师。主要专业方向为对外汉语教学和海外汉学研究。出版专著《对外汉语词汇教学与习得研究》，编著出版对外汉语教材《经理人汉语语音篇》、《经理人汉语生活篇》、《观光汉语》；参编《汉外外汉小词典》、《基础汉语词典》、《世界汉语教育史》、《欧洲汉学史》等。发表学术论文20余篇。

短期和速成汉语教育是对外汉语教学中的一个重要方面。近20年来，短期速成汉语教学有了长足的发展。为了适应教学的需求，速成汉语教材也应运而生，其中供汉语初学者使用的教材更是如雨后春笋般地涌现了出来。不仅教材的数量呈激增趋势，而且类型也更为多样、质量也越来越好。

本文拟对近20年来出版的部分短期速成初级汉语教材作一考察和概览性评述，通过考察，我们可以从中看出这类教材编写研制的大致发展轨迹。

一

从20世纪80年代初期开始，就有一些短期速成初级汉语教材相继问世，其中颇具影响和较为流行的教材有这样几本：《口语会话》（北京语言学院编，北京语言学院出版社，1980年）、《汉语三百句》（北京语言学院编，华语教学出版社，1984年）、《汉语口语900句》（张亚军等编，上海教育出版社，1984年）、《初级口语》（卢晓逸编，北京语言学院出版社，1987年）、《速成汉语课本》（邓恩明编，现代出版社，1987年）、《汉语速成》（刘英林等编，北京语言学院出版社，1987年）、《实用速成汉语课本》（李传槐等编，外语教学与研究出版社，1988年）等。

1984年由华语教学出版社出版的《汉语三百句》，是专为短期汉语培训班的外国学生而编写的汉语教材，也是较早的一本短期汉语口语教材。该教材取材侧重于日常生活口语，全书共30课，每一课围绕一个话题，以对话形式展开。每课包含10个基本句子，共300个基本句子。由于这本教材十分重视基本句型的操练，在具体对话语境中反复再现其句型，所以学习者可以较快地掌握汉语常用句，提高口语能力。这本教材无论是从内容还是从分量上去看，都比较适合短期速成教学的实际需要。该书有英、法、日等多种译本，多次在不同的出版社再版和重印。

《汉语口语900句》于1984年由上海教育出版社出版。这是一部既方便学生自学又适用于短期汉语教学的教材。该教材容量较大，内容涉及基本日常生活的诸多方面，完全跳出了学校生活的圈子，尤其是包括了有关办理签证和入境手续等方面的常用汉语表达方式，具有明显的针对性和实用性。全书共分19个专题，每个话题含三四个子话题，每个话题下列出常用句子，使用者可以根据实际需求而有所选择。由于语句真实、实用，所以这本教材受到普遍欢迎。教材采用随文注释的方法对句子的结构和语法点进行解释，英文注释颇为详尽，所举例句也都一一有相应的英文翻译，所以便于初学者使用。这本教材也曾多次再版。

以上所介绍的这两部教材更多地体现了结构语言学的特征，很显然，当时国内外语专业教学所推行的句型教学法以及从国外引进的相关教材对编写者是有一定影响的。尤其是《汉语口语900句》，使人很自然地联想到20世纪70年代末风靡中国的英语口语教材《英语九百句》（*English 900*）。如果说这两部教材仍以句型结构为主的话，那么，1987年出版的《汉语速成》则更多地受到了功能主义语言学的影响。

《汉语速成》以功能为纲，全书选编了一个初到中国的外国人在日常生活中最急需的功能项目，诸如：欢迎、介绍、问候、询问、感谢、祝贺、告别、请求、道歉、劝告、否定、拒绝、用餐、约会、称赞、敬酒、爱好等。列举了较典型的常用语句，同时编入最一般的使用场景。另外，教材中还增加了一些公用标志、常言或俗语等。本书的练习包括了单项训练和综合训练。该书在正课开始前有语音知识介绍，书后附有语法现象一览表，使学生在掌握功能的同时，对汉语最基本的语言知识能有一个初步了解。这本教材分别有英文和日文注释本。

80年代的短期速成汉语教学还刚刚起步，出版的教材数量并不多，短期速成汉语教材编写工作也处于尝试和摸索阶段，编写者们努力借鉴外语教材的编写经验和模式，教材设计也逐步由以结构为主而向以功能为主的方向转变。

二

进入20世纪90年代，短期速成汉语教育蓬勃发展，与之相适应，教材的编制也进入了一个新的发展时期，涌现出一批富于新的创意和新的特色的教材，其中有：《汉语会话301句》（康玉华、来思平编著，北京语言文化大学出版社，1990年）、《容易学》（外交人员汉语教学中心编，北京语言学院出版社，1990年）、《汉语情景会话》（陈如编，北京大学出版社，1991年）、《外国人学中国语》（王福祥、杨天戈编，华语教学出版社，1993年）、《30天汉语通——短期汉语口语课本》（陈如编，华语教学出版社，1994年）、《速成汉语初级教程》（郭志良编著，北京语言大学出版社，1996年）、《速成汉语》（何慕编，北京大学出版社，1997年）、《说汉语》（吴叔平编，北京语言文化大学出版社，1998年）、《实用汉语会话二百幕》（刘彤、杨茵编，新世界出版社，1999年）、《交际文化汉语》（李克谦、胡鸿编，北京大学出版社，1998年）、《最新实用汉语口语》（张军编，北京大学出版社，1999 年）、《游学在中国》（周健主编，外语教学与研究出版社，1999 年）等。

功能与结构有机结合，是这一时期此类教材最显著的特征之一。短期速成汉语教育与普通学历和进修汉语教育的差异在于，前者更强调在最短的时间内让学习者掌握言语交际能力。20 世纪 70 年代中期从国外引进的功能法（交际法）教学理论拓宽了人们的思路，引起了人们对功能的重视，同时也启发了短期速成汉语教材编写者以功能、话题为纲来设计教材。但是另一方面，正如一些对外汉语教学专家所指出的那样，就初级教材而言，强调功能的重要性，并不能因此而导致对语言知识的忽视，不应当否定语言规律的指导作用。[1] 从我们所考察的 90 年代以来出版的短期速成初级汉语教材来看，大多数都是遵循功能与结构、话题与语法有机结合的教学原则来编写的。

20 世纪 90 年代初出版的《汉语会话 301 句》是一本在对外汉语教学界普遍受到好评的短期速成教材。该教材采用交际功能与语法结构相结合的方法编写，将现代汉语中最基本的语句通过生活中常见的语境展现出来，使学习者能较快地掌握基本会话 301 句，并在此基础上通过替换与扩展练习，达到与中国人进行简单交际的目的。与 80 年代的《汉语 300 句》相比，这本教材更多地考虑到成年人语言习得方面的特点，将语法知识的讲解贯穿于全书。每课集中介绍 3、4 个语法点，用通俗易懂的语言，加上浅显明了的例句，作简明扼要的解释，这样，就使学习者能起到举一反三的作用，有意识地用语法规律去指导语言实践。全书正课文 40 课，包括了近 30 个交际功能项目。除此之外，还设计了复习课 8 课。复习课注意进一步训练学生会话和成段表达，以及对所学的语法进行归纳。此外，值得一提的是，这本教材的练习较为丰富，尤其是在练习部分设计了听述训练的内容，这是首次在口语教材中加入听力练习的尝试。这本教材于 1990 年 6 月初次出版，后又多次再版印刷。1998 年作为《北语对外汉语精版教材》以新开本再次出版发行，成为许多短期汉语培训班首选口语教材之一。这本教材分别有英、法、日等注释本。

---

[1] 刘珣、邓恩明、刘社会：《试谈基础汉语教科书的编写原则》，《语言教学与研究》1982 年第 4 期。

1997年出版的《速成汉语》也是一本将话题与语法结合得比较成功的教材。编者力图达到既注意语言材料的实用性，也注意语言知识的系统性的编写原则。这本书在以话题为纲编排教材内容的同时，以HSK的甲级语法点为安排语言知识的依据，同时也注意了与乙级语法点的衔接和过渡。这本教材的另一个突出特点是采取了循环式的编排方式。全书共45课，分为15个话题，每15课为一个循环。这样就让学习者对基本话题内容有一个循序渐进掌握的过程，同时也起到了复习巩固和逐渐深化扩展的作用。这本教材也曾多次再版。2004年该书再版时由原先的全一册改为3册，每册15课，这样更便于学习者灵活使用，教师也可以根据学习的期限和学习者的水平任意选择一册开展教学，可操作性较之全一册更强。

功能教学法强调特定情景之中言语交际能力的培养和实现。从20世纪90年代开始，教材的编制者们在注意功能与结构结合的同时，对教材中的会话情景也予以了足够的重视。不少教材在某一话题下，提供出不同的会话地点和场景，这样就使得会话内容更为真实而生动。在情景设计方面比较突出的当推《汉语情景会话》和《实用汉语会话二百幕》。这两本教材均打破了以往教材以功能或话题为纲的编写体系，而直接以情景为纲。两本教材的情景设计又各具特色。《汉语情景会话》是一种"规定性情景"，对话主要在特定而具体的人物活动时所出现的场景下展开，学习者可以在特定的语境中更好地理解汉语口语的基础知识，逐步掌握日常汉语表达能力。《实用汉语会话二百幕》的情景设计可谓独具匠心，我们将之看作是一种"假定可能性情景"。[1]针对以往一般汉语教材缺少实用场景介绍以及缺少同一语义不同表达法训练的问题，编写者从日常生活中收集了200个较常用的生活场景组成对话，这些对话基本涵盖了一般外国人在中国可能遇到的多种情形下的不同表述，从遇险时呼救到看病住院和旅游购物时咨询等等。同时，教材中还补充了许多与各话题场景有关的常用短语和表达法。因此，这本书在许多细节的处理上比较具体实用，能解决外国朋友在特殊情景以及突发事件中的一些言语表达困难。可以说，这本教材不仅是

---

[1] 李明：《短期速成初级汉语教材特点分析》，《人文丛刊》(1)，学苑出版社2005年版，第50—66页。

口语学习的课本，也是一本外国人在中国的生活指南手册。

将文化因素导入到对外汉语教学中来，是20世纪90年代引起学界广泛关注和热烈讨论的一个话题。《汉语水平等级标准和等级大纲》所提出的“结构—功能—文化相结合”的教学原则，已为绝大多数业内人士所接受。然而，语言作为文化的载体，这两者究竟如何在教学中有机融合？尤其是文化因素如何逐渐导入到基础汉语教学中来？又怎样在短期速成初级汉语教材中得以体现？是值得深入探讨的一个问题。1998年由北京大学出版的《交际文化汉语》在这一方面做了有益的尝试。这本教材着重培养外国学员按照汉语的习惯进行有效交际活动的能力，试图告诉学员：在什么场合说什么话，以及怎么说。教材尽量多地融入了汉语交际中的一些基本文化内容，诸如中国人的谦虚、含蓄、敬老、克己、从众、面子观等，这些都有别于西方人，而且在日常对话中也都有所体现。这本教材在课文、词语注解、练习的设计中都有意识地努力揭示出这方面的差异。教材对话设在外国驻华官员或商社职员和他们的中国雇员或中文老师之间展开，以此来突出中西方人在特定的交际场合说话时的文化差异，从而对两种不同的交际文化进行比较。教材练习部分设计了一些讨论题目，都是一些中国人和外国人在交际中经常碰到的交际文化方面的冲突点，可以让学生既达到口语表述的锻炼，也了解了语言之外的文化内涵。此外，这本教材从第2册开始在每一课练习后面配了一些具有中国特色的小故事，反映出中国人特有的幽默心理，也让学生从一个侧面更多地了解中国的风土人情。

在20世纪90年代出版的教材中，《速成汉语初级教程》（综合课本1—4）是一套集听、说、读、写为一体的综合性教材。这套教材以话题为中心，以语法、功能为暗线，设计有全方位、配套的“一条龙”练习项目。话题基本围绕留学生的生活展开，所以比较适合在学校接受集中培训一学期左右的进修生和短期班留学生使用。这套教材由于内容丰富、分量充足，所以也是很多学院汉语进修班和短训班的首选教材之一。

不同国家和地区的人在学习汉语时，除了会碰到一些共同的问题和困难外，还会碰到各自不同的问题和困难，学习过程中所受到的母语干扰也各有差异。如何编写适合不同地区、不同母语背景的外国人使用的教材？这也是教材研制中需要研究和解决的问题。1993年出版的《外国人学中国语》根据同一底本分别编出了包括英文、俄文、日文、德文、法文、西班牙文、阿拉伯文、韩文等8种不同文本的教材，可以供不同国家和地区的人学习初级汉语使用。这套教材除了分别用不同语言对课文进行翻译、加以注解和说明外，还着重从语音系统、语法体系、交际习惯和国情文化背景四个方面对汉语和学习者的母语进行比较，使他们不仅能正确理解和接受那些对比反差极大的规律和习惯，而且还能区别和掌握那些反差较小但又绝对不可忽略、混淆的细微之处。

三

2000年以来，短期速成汉语教育呈现出前所未有的迅猛发展势态。各种类型的短期汉语培训班和速成口语班不断涌现出来，教材的需求量和发行量也激增。仅仅5年多的时间，出版和再版的短期速成汉语教材的数量就超过了20世纪80年代和90年代的总和。教材编写者的视野和思路更加开阔，设计理念也更具有创新性。随着国内外第二语言习得理论研究的深入，“人们认识到对‘学’的研究是对‘教’的研究的基础”[1]，在这种理论的影响下，很多教材编写者的观念发生了根本性的转变，由过去主要从教师如何教的角度而转向主要从学生如何学的角度去设计教材。“速成教材要以学生为中心。……既然学生是学习的主体，教材就应该既有利于‘教’，更要有利于‘学’。”[2]

这一时期出现了很多独具风格的教材，其中有：《生活在中国》（北京外交人员语言文化中心编，北京语言文化大学出版社，2000年）、《汉语口语速成》（马箭飞主编，北京语言文化大学出版社，2000年）、《口语速成》（张朋朋著，华语教学出版社，2001年）、《路——短期速成外国人汉语会话课本》（赵金铭主编，北京语言文化大学出版社，2002年）、《汉语入门》（郭辉春编著，华语

[1] 刘珣：《对外汉语教育学引论》，北京语言文化大学出版社2000年版，第289页。

[2] 杨惠元：《论速成教学的四个基本要素》，《汉语速成教学研究》（2），华语教学出版社1999年版，第15页。

教学出版社，2003年)、《你说、我说、大家说》(郑国雄、陈光磊编，北京语言文化大学出版社，2002年)、《新概念汉语》(刘德联、张园编著，北京大学出版社，2003年)、《问和答》(陈晓桦、朱匡侯编，北京大学出版社，2002年)、《魔力汉语》(姚晓琳、何薇编，北京大学出版社，2003年)、《易捷汉语——实用会话》(刘彤、邵力敏编，北京大学出版社，2004年)、《汉语修学游》(黄宏编，北京语言大学出版社，2004年）等。

在短期速成汉语教学中，汉字的认读和书写一直是欧美学生学习的难点，而且常常因此而影响了汉语口语听说的教学速度和效果，“汉字”在某种程度上成了他们尽快掌握口语的“绊脚石”。显然，普通汉语教学中通常采用的“语文一体”的方法，即“口语”和“文字”同步进行，对短期速成汉语教学并不适用。一些学者提出了初级汉语教学阶段将“语”和“文”分开的教学思路，即口语教学主要借助汉语拼音来进行。郭辉春的《汉语入门》和张朋朋的《口语速成》、北京外交人员语言文化中心编的《生活在中国》、吴小洲主编的《新世纪汉语》等就是根据这一思路而设计的。

《汉语入门》完全以拼音代替汉字，全书除了生词表里的词语在注拼音的同时也出现汉字以外，所有的句型、会话甚至阅读材料以及练习等都不使用汉字。全书分上下篇，强调听说能力的培养。学完上篇，学员即可进行简单的日常会话，下篇的语言和内容则更为生动，还包括了少量成语。书中句子的安排注重汉、英两种语言次序的比较。因此这本教材比较适合西方人短期学习汉语所用。

《口语速成》一书的语料（包括课文、句型和词汇），也都用汉语拼音来书写，而且汉语拼音字体大，突出而醒目，教材中虽然在拼音下面附有汉字，但并不要求学生掌握。这本教材体现了编写者明确地将“口语”和“文字”分开，先听说，后读写的教学改革理念。这本口语篇与作者的另外两本书《常用汉字部首》(写字篇)、《集中识字》(识字篇）一起合为一套基础汉语教程，可以视教学对象的需求而采取分篇单独使用或配合使用的方式。此外，这本教材为了使句型结构更加清晰醒目，采取了字母公式表示法，使学生一目了然，便于掌握。同时还提供了一些与课文和词汇有关的真实而有用的图片，词汇则有意识地根据话题集中进行编排。所有这些都构成了这本教材明快而简洁的独特风格。

汉语教材如何在体现语言标准性、规范化的同时，增加一些趣味性，以提高学生对汉语学习的兴趣？这是近年来教材编写者们逐渐开始注意的一个问题。本世纪以来出版的不少短期速成汉语教材，在这方面作了可喜的尝试和努力。其中有《魔力汉语》、《易捷汉语——实用会话》、《汉语快易通——初级口语听力》、《问和答——速成汉语口语》等。这些教材的共同特点是，能使学生在轻松愉快的气氛中学会生动、有趣、口语化强的汉语。另外还通过一些小知识、文化故事、谜语、笑话幽默、风俗习惯等的介绍，促使学生动脑、动口、动手，既可寓教于乐，又可使课堂教学生动活泼，《快乐学汉语》中还设计了形式各异的小游戏。《魔力汉语》则在每课配上一些文化交际小贴士，同时设计了看图说话、绕口令、顺口溜儿、民歌等。

最近一些年来，韩国人学习汉语热日益升温，来中国留学的人数也越来越多。为了适应这种需求，北京语言文化大学出版社分别推出了《实用汉—韩对照会话》（上、下，韩宗津编）和《CA126航班·初级汉语口语·从韩国到中国》（金椿姬编著并翻译）等。另外，北京大学出版的《快乐学汉语》一书也有专门的韩文注释本。《CA126航班》一书由于作者是韩国人，所以不仅内容很受韩国留学生欢迎，而且语言点的解释能针对韩国学生的学习特点和难点来处理，重点突出，翻译也很地道。这本书在整个版式设计上也值得称道，恰到好处地插入了很多实用的照片和图画，图文并茂，让人一目了然，突现了语言教学所重视的形象性，增加了教材的视觉效果。

随着多媒体和网络通讯事业的迅猛发展，一些先进的科学技术在语言教学和教材编写中逐渐得以广泛运用。不少专门的音像教材也陆续出版，属于短期速成教材类的有北京语言文化大学出版社出版的系列光盘《轻松学中文》、中央电视台设计录制的系列电视节目《交际汉语》、中国国际广播电台的《Learn Chinese学汉语》系列节目等。2006年外语教学与研究出版社推出的《汉语900句》，融DVD、MP3、视频动画、网络等为一体，同时以“点读笔”代替传统的录音带，既方便快捷又便于自学，是汉语教材编写与高科技相结合的有益尝试。

四

综上所述，在这20多年来的短期速成初级汉语教材的建设过程中，人们努力运用语言教学理论和第二语言习得理论来指导教材的编写，并逐渐形成了与其他类型的教材所不同的独特编写理念，探索出一条以功能为纲，“功能—情景—结构”三者有机结合的编写思路。教材内容有所拓展，时代特色更强；练习形式更为多样，适用面更广；不少教材在注重言语交际能力训练的基础上力求生动有趣；越来越多的教材加大了中国文化的介绍和交际文化的比重。实用性、时效性、趣味性构成了这类教材的总体风格和发展趋向。

尽管如此，短期速成初级汉语教材的研制仍存在一些问题和不足。

首先，是针对性问题。具体体现为专门用途短期培训教材的匮乏。现有大多数教材仍以“通用型”为主，而现实情况是，目前来中国接受短期速成汉语教育的人很多都有其特殊的学习目的、需求和特定的时间限制，越来越多的人想在较短的时间内接受不同专项内容的初级汉语培训，诸如商务、经贸、管理、旅游、法律、体育、中医汉语等等。然而，现有这类专用教材无论在数量上还是在内容、词汇的选择及编排体例上，都远远不能满足教学的需要。

其次，有些教材在听、说、读、写技能之间的配合与侧重方面做得不够。短期速成教学重视功能，强调言语交际能力的培养，因此语言教学法中的“听说法”无疑是适合这种强化教学的行之有效的方法之一。既然听说领先，那么口语训练就需要与听力训练有机结合起来，然而，现在绝大多数短期速成汉语教材只有口语对话内容，而缺少与之相配套的听力内容和练习。另外有些教材没有采用“语”和“文”分开的编写体例，对汉字和拼音分合的处理比较随意、跳跃性大，汉字的认读和书写练习的比例过大，增加了学习者尤其是欧美学生学习的负担。

再次，有些教材的练习题型还比较单一，基本沿用了一般普通汉语教材的练习形式，仍以书面练习和理解性、记忆性练习为主，例如填空、造句、组词连句、英译中、中译英等等，未能突出短期速成汉语教材的特点。此外，有的教材设计的练习主要集中在课堂内操练和复习上，课外实践性练习很少。短期速成初级汉语教学的目的是培养学生在日常生活语境中的言语交际能力，因此，实际语境和情景的练习是不可或缺的一项重要内容，只有这样，学生才能学到真正鲜活的汉语。尤其是学习者来到中国接受培训，生活在目的语环境中，有进行语言实践的优势。如何将课内练习与课外实践性练习有机结合起来，从而起到相辅相成的作用，还需要教材编写者精心设计和巧妙安排。除了练习形式过于雷同以外，有些教材练习的分量也略显不足，还有的教材甚至没有设计任何练习，忽视了练习在教材和教学中的重要作用。从语言习得角度去分析，言语技能的获得主要靠练习。正如有的学者所说的那样，“语言交际能力要通过练习提高，‘教’和‘学’的效果要通过练习实现。新一代教材应该是一部精心编排的练习集”[1]。一般说来，短期速成初汉语教材容量有限，那么这类教材的练习怎样设计才能突出其自身特色，既能最大限度地调动学生的学习积极性，又便于教师操作，也是值得编写者进一步思考的问题。

短期速成汉语教材的建设是一项长期而艰巨细致的工作，我们希望通过对以往教材的考察、分析和研究，能给新一代教材的编写提供有益的信息，引发新的思路，使今后这类教材的编写上一个新台阶。

本文原载于《云南师范大学学报》2007 年第 3 期

[1] 杨惠元：《论〈速成汉语初级教程〉的练习设计》，《语言教学与研究》1997 年第 3 期。

我对汉语教材编写的新设计

程裕祯

程裕祯，男，汉族，1939年生，山西太谷人，教授。曾任北京外国语大学中文学院院长兼海外汉学研究中心主任。中国对外汉语教学学会暨北京地区分会理事，国家教委对外汉语教师资格审查委员会专家考评组及全国对外汉语教学学术研究专家咨询小组成员。现已退休。著有《中国名胜古迹概览》(上、下册，与李顺兴等合著);《中国名胜楹联大观》(与解波合著); 主编《中国文化要略》、《中国学术通览》; 合编《华夏文化辞典》、《文艺学新概念词典》等多部辞书; 出版古体诗集《酎泉集》等。主要论文有《水与中国文化》、《中国文化中的颜色迷信》、《台与中国文化》、《河东裴氏论略》等。

引言

为了适应对外汉语教学事业发展的需要，近年来不断有各种新的汉语教材问世。据不完全统计，迄今为止，公开出版和使用的各种教材已达400余种。从教材编写的总体设计来看，大多数还是从国外语言教学法借鉴而来的结构、功能、情景三类，基本上没有脱出沿袭多年的格局。尽管编写者的理念和水平都比过去有了很大的进步，许多教材的编写水平也都比过去有了很大的提高，但由于总是沿着一条习惯了的道路走，因此除了北京大学、北京语言文化大学等几所院校的某些教材而外，多数教材还没有突破原有的框框和体例，还没有结合汉语自身所具有的特点提出一种新的思路，给人的感觉依然是材料新，面目旧。这种状况是很难与21世纪对外汉语教学的发展相适应的。

对外汉语教学是一种跨文化交际活动，是将此文化系统的信息符号传递于彼文化系统的人们，汉语教材的编写就是为这种跨文化交际活动和异文化信息传递铺设一座桥梁或一条电缆。因此，教材的编写就应当研究和遵循跨文化交际的基本原则，尽力消除交际中的“文化隔离带”或阻隔物，努力构建交际双方的“共同理解带”或开放区。这些年来，我并没有着重研究汉语教材，特别是没有着重研究汉语教材的编写，但在实际教学中总是感觉到现有的汉语教材在这方面做得很不够。在某些情况下，我们还不是有意地扩大这种“共同理解带”，而是自觉不自觉地强化“文化隔离带”。另一方面，我们的教材还没有很好地发挥汉语本身的特点，体现汉语本身所蕴含的文化内涵，在内容和形式上不完全适合学习者的需要。总结多年来自身对汉语教学的实践和体会，根据这几年自己对中国文化的研究和理解，继承和吸收许多先行者的有益经验，我就汉语教材的编写提出如下新的设想：在内容上强调人类生活的共性，在体系上突出汉语本身的个性。

一、突出汉语本身的特点，构建教材的运行体系

中国文化孕育了汉语本身的个性。这种个性表现在：1. 以象形、表意、单音为基本特征的汉字。2. 整齐组合的词汇。3. 无形态变化的句式。4. 有巨大差距的口语和书面语。如果以这四种特性来构建对外汉语教材的运行体系，是不是会更有一些新意？

(一)汉字

它是外国人学习汉语的拦路虎，但也是一把开山斧。外国人要想真正理解和掌握汉语，绝不能回避汉字。注重听、说、读、写全面训练的汉语主干教材，也不应当回避汉字。问题是如何将汉字与汉语教学密切结合起来。姜亮夫先生说："象形字是全部汉字的基础。"[1] 而指事、会意和形声字，"其事、意、声的表达，都离不开最原始的象形表意法"[2]。邹晓丽女士所著的《基础汉字形义释源》一书，将《说文解字》的540个部首定为基础汉字，并且重新按类分列为"以人体为内容的部首"、"以器用为内容的部首"、"以动物为内容的部首"、"以植物为内容的部首"、"以自然界为内容的部首"、"以数字为内容的部首"、"以干支为内容的部首"等7类，实际上可以归纳为3类："取象于物"、"取象于人"、"取象于器"[3]。如果以李行健先生主编的《现代汉语规范字典》201个部首为依据，按物、人、器3类将至今仍单独使用的汉字列出如下：

1. 取象于物（天、地、山、川、禽、兽、鱼、虫、草、木等）

一、十、八、日、月、夕、雨、气、己、辛、小、火、山、水、土、田、里、丹、石、阜、金、鸟、白、只、飞、风、羽、西、牛、马、羊、犬、豕、象、虎、鹿、兔、鼠、禽、兽、角、虫、易、鱼、龙、龟、生、木、青、赤、片、禾、竹、瓜、高、麻、香、黍、麦、黄、黑

2. 取象于人（人的整体与部位）

人、儿、子、匕、比、氏、大、身、无、文、女、立、尸、工、老、长、骨、肉、毛、心、页、面、色、自、耳、臣、目、见、口、谷、牙、齿、欠、舌、甘、手、寸、又、止、足、走、音、隶、鬼

---

[1] 姜亮夫：《古文字学》，浙江人民出版社1984年版，第113页。

[2] 程裕祯：《中国文化要略》，外语教学与研究出版社2003年版，第67页。

[3] 王树人、喻柏林：《传统智慧再发现》，作家出版社1996年版，第67页。

3. 取象于器（衣、食、住、用等）

乙、示、卜、玉、豆、干、戈、刀、力、几、王、父、矛、矢、弓、车、衣、巾、皮、革、韦、食、米、斗、门、户、瓦、穴、广、皿、血、缶、鼓、鼎、贝、臼、舟、曲、酉、斤、至

应当说，这些汉字都是初始汉字，是当时客观事物和社会生活的反映，是那时使用最频繁、最活跃的字，也是文化特点最明显的字。以它们为基础，构成了后来的指事字、会意字和形声字。随着社会的变化与发展，其中的某些字已大大降低了使用率，已不能以单音词单独使用，但多数还是很活跃的单音词和词素。现代汉语以它们为基干，组成极为丰富的双音词和多音词。即使是描写现代化事物的词语，如“电脑、电视、录音、录像”等，仍然要由它们组成。它们依然是汉字和汉语的核心，因而是汉字教学和词汇教学的基本内容。以汉字（单音词和词素）为基础，辨形识义，是对外汉语教学值得探寻的一条有效路径。

（二）词汇

整齐的组合是汉语词汇的特点。众所周知，汉语的词汇都由汉字组合而来。按其音节可分为单音词、双音词和多音词 3 类，其中以双音词和四字格（含成语）为最多。除单音词外，其他词的组成，特别是双音词的组成，据语言学家的研究，可以分作 7 种形式：并列式，如人民、楷模，高低、大小等；偏正式，如电话、汽车、神话等；动宾式，如怀疑、负责、握手等；动补式，如扩大、落后等；主谓式，如地震、年轻、神经衰弱等；附加式，如桌子、斧头等；重叠式，如爸爸、哥哥、高高兴兴等[1]。但不论哪一种形式的组合，如果从文化意义上分析，双音词的内涵都可以分为前后两部分（四字格都由双音词构成，

[1] 丁声树等：《现代汉语语法讲话》，第 218 页。

故可按两组双音词对待)，而这两部分的组成又可分为三种情况：

1.“人以群分，物以类聚”，同类事物加以归并

模范、富裕、姓氏、兴盛、巨大、金钱、江河、美好、集合、聚会、森林、考试、道路、悲哀、婚姻、成就、推辞、灭亡、危险、守卫、保护、喜欢、途径等

2.“二元合一，相反相成”，相对事物使之并存

早晚、轻重、甘苦、彼此、手脚、利害、得失、冷暖、虚实、万一、始终、行止、贵贱、安危、左右、往来、动静、寒暑、进退、首尾、男女、快慢、是非等

3.“有主有次，主次分明”，主次事物有序相处

次在前，主在后：

美女、诗人、银幕、皮带、学术、人心、虎口、正气等

主在前，次在后：

加班、吃饭、打牌、伤心、讲课、头痛、海啸、月亮、肉麻、圣诞、割断、说穿、听见、赶走、增强、革新、妻子、孩子、看头、影儿、亮儿等

正如许多学者指出的那样，由于汉语词汇绝大部分都由单音词或单音词素组合而成，因此有许多词汇的前后部分是可以互相调换的，如“牛奶”和“奶牛”；“工人”和“人工”；“马车”和“车马”；“女儿”和“儿女”；“出发”和“发出”；“形象”和“象形”；“人文”和“文人”；“情人”和“人情”；“人头”和“头人”；“家人”和“人家”；“海上”和“上海”；“售出”和“出售”；“罪犯”

和“犯罪”；“语法”和“法语”；“井水”和“水井”；“生产”和“产生”；“台上”和“上台”；“台后”和“后台”、“到达”和“达到”等[1]。它们虽然只是调了个位置，但意义已经完全不同。这类词大多属于以上第三种情况。由此我们得出一个结论：汉语词汇的特点是组合。它们一音多字，因调不同而义异；依字识义，依义组词，因位置不同而义异。因此，它们大都可以拆分，有的还可以前后调换。这一特点，应当在汉语教材里有所体现。

（三）句法

汉语句式没有形态变化，其语法意义都通过词汇和词序变化来显示，而不像拉丁语系或斯拉夫语系那样，语法意义必须借助时态变化、动词变位、名词变格。这一点，早已为学界同仁所认识。“我吃饭”与“你吃饭”，主语不同，动词一样；“我吃完了”与“我还没吃完”，主谓都一样，动作的结果却不一样。“昨天我看了一部电影”与“我昨天看了一部电影”，时间副词的位置不同，并不影响句子的意思。至于学者们举过的典型例子如“我爱你”和“你爱我”；“吃什么有什么”和“有什么吃什么”等，更能说明汉语的语法意义主要依靠词序的变化。中国的古典诗词是汉语的典型文学形式，最能体现汉语的特点。在许多诗词里，几乎不用任何表示语法意义的副词、连词，甚至也不用动词和形容词，仅只几个名词、数词或方位词，就能构成完美的意境，一样具有动感。我们举一些例子：

鸡声茅店月，人迹板桥霜。（唐·温庭筠）
风云龙虎势，日月帝王宫。（宋·袁世弼）
风雨孤舟夜，关河两鬓秋。（元·萨都剌）
客心春夜月，官舍白沟钟。（明·高叔嗣）

---

[1] 张德鑫：《谈颠倒词》，《中国对外汉语教学学会第五次学术讨论会论文选》，第 346 页。原稿刊发于《第六届国际汉语教学讨论会论文集》，北京大学出版社 2000 年版，第 162—167 页。

灯火万家楼四面，星河一道水中央。（唐 · 白居易）
桃李春风一杯酒，江湖夜雨十年灯。（宋 · 黄庭坚）
花外子规燕市月，水边精卫浙江潮。（明 · 边贡）
四面荷花三面柳，一城山色半城湖。（清 · 刘凤诰）

以上所举诗句，是无法用形态语言创作出来的，如果翻译成其他形态语言，必须添加许多附加成分。汉语的这一特点，能否在我们的教材里予以体现？

（四）书面语与口语

汉语的书面语由古汉语发展而来，它与现在通行的口语相比，显得更规范、更优雅，我们称之为“文”。口语则要比书面语明白、通俗和简略得多。我们称之为“语”。汉语的“语、文”分离现象是很突出的。正如法国白乐桑先生所说：汉语的“书写语言并不是照着口头语言描摹复制下来的”[1]。如果仔细分析，汉语的“语、文”分离情况相当复杂，决非三言两语所能论述清楚。

依笔者初步观察，主要表现在：

1. 书面语多用古汉语单音词或由古汉语单音词组成的多音词，口语则喜用现代汉语比较流行或通俗的词汇，如：

书面语	口语
晨、清晨、早晨、凌晨	早上、清早、一大早
昼、白日、白昼	白天、大白天
春、春季	春天
归、归来，返、返回	回、回来
怒、发怒、大怒	生气

[1] 白乐桑、高静（法国）：《实用汉语语法指南》引言，《世界汉语教学》1998 年第 1 期，第 67 页。

2. 书面语多用组合双音词，口语则喜用该双音词常用的一半，这种情况在汉语里比较多见，如：

书面语	口语	书面语	口语
学习	学	依靠	靠
侵占	占	事情	事
医治	治	丢失	丢
制造	造	疾病、生病	病
错误、过错	错	天空、天气	天
寒冷	冷	超越	超

与上面相反，书面语多用古汉语的单音词，口语则喜用由该单音词组成的双音词，如：

书面语	口语	书面语	口语
易	容易	胜	胜利
已	已经	知	知道
己	自己	国	国家
友	朋友	始	开始

3. 书面语与口语只是意义相同，字词是完全不同的，如：

书面语	口语	书面语	口语
疲劳、疲惫	累	负（胜负）	败（胜败）
黄昏、傍晚	天黑	击	打
读	念	购	买
观	看	售	卖
无	没	寒	冷
食、餐	吃	暑	热
眠	睡		

一个外国人学会汉语的口语，他可能还是看不懂中国的标语和广告，要读报纸杂志就更难。吕必松先生举过一个例子：他说外国学生看病拿了药，看不懂药袋上的“日服三次，一次一片”是什么意思，因为教材里没有这样的句子。同样，外国学生学会了“吃饭”这个词，但却不懂得“食堂”、“餐厅”、“餐馆”都是“吃饭的地方”，而必须在“食堂”、“餐厅”、“餐馆”后边用英文注明“restaurant”才能明白它们的意思。我认为这样做既削弱了汉语的优势，也不利于外国人掌握汉语。因此，在主干教材中加入适当的“语、文”对照，可能是一个值得探索的办法。

二、展露语言的文化内涵，增强教材的文化气息

关于教材编写中语言与文化的关系问题，多年来是一个极难论定的问题。为使这一问题得到很好的解决，学者们贡献出许多的智慧，提出了不少有益的见解。比如张占一先生提出的“知识文化”和“交际文化”的概念，至少给人一种豁然开朗之感。但就目前情况而言，语言与文化的问题还没有解决到令人满意的程度。更常见的情况是将文化与语言割裂开来，在教材里编入某些关于中国历史与文化的课文，似乎这样就突出了汉语课中的中国文化。

汉语是一种文化内涵深厚的语言。因为它容纳了五千年的历史与文化，而中国五千年的历史与文化是非常丰富多彩的。一个词，一个成语，一句话，都像一条长长的历史隧道，闪烁着文化的灯光。因此，对外汉语教材应当努力展露语言的文化内涵，增强教材的文化气息。比如“劳驾”这个词，《现代汉语词典》解释说：“客套话，用于请别人做事或让路；～，把那本书递给我。”一个外国学习者很容易在语义上掌握这个词，但并没有在文化上明白这个词，从而他就无法进入中国文化的氛围。他不知道为什么“劳驾”这个词的语义是“请别人做事或让路”。如果我们在教材里能用一定的方法传达出“劳驾”的文化内涵如何变成了现行的语义，是否会更好一些呢？又如“天、地、日、月、东、西、南、北、前、后、左、右、上、下”这些名词和方位词，看去极为简单，

但都与中国文化观念密切相关。仅以“天圆地方”为例，它是古代中国人的一种宇宙观，在中国文化发展史上，它对中国传统的政治学、天文学、建筑学、地理学和民俗学都产生了深刻影响。如果我们在讲解诸如“中央”、“地方”、“方圆”、“青春”、“金秋”、“天南地北”、“南征北战”等词语时，只用英语标明它们的词义，对学习者当然直接有效，但它绝不能帮助学习者感受和了解中国的历史文化。如果我们在教材中有意地、逐步地将它们所包含的文化意义表现出来，则不但能够增强教材的文化气息，而且也会给学习者带来浓厚的兴趣。

一部有意思的汉语教材，我认为应当配合课文的内容，适当地、巧妙地、有机地展示语言的历史层面和文化背景。其材料不必太多，文字不可太难，语言不要太深，只是展示而已，只是让学习者了解和熟悉而已，并不是要他记忆和运用。随着课文由浅入深，句法由易到难，材料也可由少到多，耳濡目染，黑可变红。我主张，让汉语学习者真正进入浓厚的汉语氛围，充分感受中国文化的气息，从汉语的内部学习汉语，而不是从汉语的外部模仿汉语。

本文原载于《第六届国际汉语教学讨论会论文选》，

北京大学出版社2006年版

初级对外汉语教材拼音标注、分词连写情况研究

张京京

张京京，女，讲师。2006年起任教于北京外国语大学中文学院。历任中文学院汉阳大学、罗马大学、外国执法联络员培训等特殊项目首席教师。曾外派韩国釜山外国语大学任教。主要研究方向为对外汉语教学法、专门用途对外汉语教学、对外汉语教学及国际汉语教育师资培养。主编《中文天天读》系列教材5级A、B册，《警务汉语》系列教材，参与编写《汉语九百句多媒体版》、《世界汉语教育史》等。

《汉语拼音正词法基本规则》（下简称《规则》）起草于1981年，1988年7月由中国国家教育委员会、国家语言文字工作委员会联合公布。1996年由中国国家技术监督局批准，成为中华人民共和国国家标准，成为用《汉语拼音方案》拼写现代汉语的统一规范。作为语言文字出版物，初级对外汉语教材在进行拼音标注时必须参照《规则》。

但由于汉语的复杂性、对外汉语教学的特殊性以及《规则》本身还存在一些不完善之处，初级对外汉语教材究竟应该如何进行拼音标注，还存在很多问题。对同一语言现象或语言结构，不同初级对外汉语教材的拼音标注情况往往有所不同，例如：动词和宾语是分写还是连写、动词和补语是分写还是连写等。甚至在处理同一语言结构时，在同一本教材内部的课文、生词表、练习等不同

环节中，拼音的分词连写情况也常常出现不一致。

本文认为，考察初级对外汉语教材中的拼音标注情况，不应该笼统地认为凡不符合《规则》的，都应该按照《规则》改正，而是应该考虑到：对外汉语教材编写的最根本目的是获得最佳的教学效果。教材中无论采用什么样的分词连写原则，无论采取任何一种拼音标注形式，都必须有利于教学。本文将考察初级对外汉语教材拼音标注与《规则》的普遍性差异、个别差异以及教材内部拼音标注不一致情况，探讨初级对外汉语教材中的拼音标注原则。

一、初级对外汉语教材拼音标注与《规则》的普遍性差异研究

为了便于教学，初级对外汉语教材大都遵循三声连读依然标本调，“一”、“不”等按实际音变情况标变调的原则。对于这些符合实际情况、便于教学而且各教材之间无分歧的原则和方法，本文不做进一步的分析，只重点分析各教材中存在的问题和分歧。

以词为拼写单位是《规则》中明确规定、各套教材公认的总原则。但对这一原则的理解和运用，还在教材编写者中存在着相当程度的分歧。下文将综合分析比较中国2002年后出版的8部教材中的拼音标注情况：《快乐汉语》（下简称《快》）、《博雅汉语起步篇》（下简称《起步》）、《新概念汉语（初级本）》（下简称《概念》）、《新实用汉语课本》（下简称《实用》）、《汉语会话301句》（下简称《301》）、《当代中文》（下简称《当代》）、《汉语入门》（下简称《入门》）、《发展汉语》（下简称《发展》）。

（一）关于“整体概念”

《规则》4.1.2规定：“表示一个整体概念的双音节和三音节结构，连写。”该条目下，《规则》的制订者还列举了包括“对不起”在内的16个例词，因此《规则》所指的“表示一个整体概念的结构”应该包括“对不起”这类从语言结

构上可以切分，但是从实际的应用情况看，相当常用，而且总是作为一个整体出现的词语。

“整体概念”是一个外延和内涵都很模糊的概念。即使是“对不起”这样在《规则》中明确举例说明应该连写的词语，各教材的处理尚且做不到完全一致，至于其他常用表示整体概念的词语，尤其是三音节的，各教材之间差异就更大了，现列举如下：

	《快》	《起步》	《概念》	《实用》	《301》	《当代》	《入门》	《发展》
对不起		连	连	连	三分 词汇	连	连	三分 词汇
不客气		不 客气 词汇				不 客气 词汇	不 客气 词汇	
别客气		别 客气 词汇			别 客气 非词汇			
不用谢		三分 词汇	三分 非词汇	不用 谢 非词汇				不用 谢 非词汇
来得及 来不及		连	连		三分 词汇			三分 词汇
越来越	连	连	连	三分 词汇	三分 词汇	连	越来 越	三分 词汇
……极了	分	分 词汇	分 词汇	连	分 词汇	分 词汇	分 词汇	分
有意思 没意思	连	连	连	有 意思	有 意思	连	有 意思	有 意思
不好意思		不 好意 思 词汇	连	不 好意 思 词汇	连			
请问	连	分 词汇	分 词汇	连	分 词汇	连	分 词汇	连
为什么	连	为 什么 词汇	为 什么 词汇	连	连	连	连	为 什么 词汇
人	连	美国 人	连	中国 人	美国 人	中国 人	连	连
差不多		分 词汇	连			连	连	连[1]

[1] “连”表示连写，“三分”表示三个字分开标注拼音，“不一致”表示在该教材中此词处理不一致“词汇”表示该词语虽然分写，但是在词汇表中仍然列为一个词语项。下同。

虽然从语言结构上，上述词语都还可以进一步切分，但是“对不起”、“不用谢”、“来得及”、“为什么”、“请问”、“越来越”、“……极了”、“差不多”这样十分常用，且总是作为一个整体出现，中间又不能再插入其他成分的词语，并无进一步切分的必要，直接做连写处理更利于学生掌握。而对于“不客气”、“别客气”、“有意思”、“没意思”、“不好意思”、“中国人”等可以插入其他成分的词语，则以分写为宜。

（二）短横的使用

《规则》4.1.5 规定：“为了便于阅读和理解，在某些场合可以用短横。”

《规则》的这一条目虽然并没有明确说明哪些场合必须用短横，但是该条目下所举例子中有两个词语表示概数，前面的条目 4.1.4 规定：“重叠并列即 AABB 结构，当中加短横”，后面的条目 4.6.3 规定：“表示序数的‘第’与后面的数词中间用短横。”因此可以确定《规则》对这三方面有明确的要求，在此一并考察：

	《快》	《起步》	《概念》	《实用》	《301》	《当代》	《入门》	《发展》
“第”后短横线	未出现	有	无	只标声调	有	有	无	无
概数之间	未出现	有	有	只标声调	有	无	无	无
AABB 结构当中	未出现	有	无	只标声调	无	有	未出现	无[1]

短横在“第”之后，概数之间是否出现，AABB 结构中间是否加短横，在对外汉语教材中都不会对学生产生影响，因此可有可无，但各种教材之间最好能够统一。

[1] “未出现”表示该教材中没有出现这一语言点，“有”表示有短横，“无”表示没有短横。

（三）动词和宾语

动词和宾语在《规则》中的规定比较微妙，条目 4.3.2 共有两句，一句是说“动词和宾语分写”，另一句是说动宾式合成词中间插入其他成分的，分写。那么没有插入其他成分的该如何处理，在《规则》的这一部分里并没有明言。但是《规则》的总原则里有“表示一个整体概念的双音节和三音节结构，连写”，在这一条目下所举的例词中包括“开会”这一动宾结构。

关于动宾式离合词的拼音标注，邢红兵（2003）和刘德联（2004）都从不同角度提出应该连写。邢红兵是将《规则》作为规范，认为各对外汉语教材必须遵守《规则》，做连写处理[1]。刘德联则认为离合词虽然中间可以插入成分，但在初级阶段不会出现“劳您驾”、“毕不了业”这样的结构，因此也完全可以连写[2]。

本文所调查的 8 部教材中，《实用》和《入门》这两部教材将离合词全部做连写处理。《当代》、《概念》、《发展》则是全部作分写处理。其他 3 部教材是绝大部分动宾离合词分写，个别词语连写，而且这些连写的“个别词”并不相同，现列举如下：

	连	分
《快》	毕业 发烧 游泳 考试 睡觉 抽烟 结婚	赚钱 喝酒 骑马 爬山
《起步》	毕业 发烧 考试 聊天儿 游泳	睡觉 担心 报名 熬夜 劳驾 结婚
《301》	游泳 考试	睡觉 毕业 发烧 报名 住院 聊天儿 结婚

动宾式离合词是对外汉语教学中比较特殊的一类词，对外汉语教材中更应该重视的是“离”的特点，因为这一点学生最难掌握。分写可以帮助学生进一

[1] 邢红兵：《对外汉语教材的汉语拼音标注情况调查》，《信息网络时代的汉语拼音》，语言出版社 2003 年版。

[2] 刘德联：《初级口语教材课文注音若干问题探索》，《北京地区第三届对外汉语教学学术研讨会文选》，北京大学出版社 2004 年版。

步理解和掌握离合词插入其他成分后的情况，例如："开了三天会"，"结过一次婚"，"睡了个好觉"。至于该离合词是否是"一个词"对学生来说并不那么重要。因此，对于离合词的拼音标注方法，应以分写为佳。

刘文提出的在初级阶段，由于暂时还不会出现插入其他成分的复杂的离合词，因此可以连写，这一点似乎值得商榷。学生学习和习得汉语是一个动态的过程，有必要在初级阶段就尽量帮助他们避免一些错误的认识，因此即使在初级阶段，也应在一开始就用分写的方式，针对学生学习的难点给予他们一个有力的提示：这个词的两个字完全可以分开，并且有很多东西可以插入其中。

（四）动词和补语

《规则》4.3.3 中规定："动词和补语都是单音节的连写，其余的情况，分写。"但是很多对外教材对此都有不同的做法。《实用》的相关语言点都出现在第 2 册，只标声调，无法考察其分词情况，因此从略。

<table>
<tr><th></th><th>分</th><th>连</th><th>其他</th></tr>
<tr><td rowspan="3">单音节动词
+
单音节补语</td><td rowspan="3">《快》买　到　了</td><td>《概念》坐错　车</td><td>《301》不一致
连：打通　了
分：写　累　了</td></tr>
<tr><td>《发展》洗完　了</td><td>《当代》加短横
卖—完　了</td></tr>
<tr><td>《入门》偷去　了</td><td>《起步》不一致
连：踢完
分：考　完　了</td></tr>
<tr><td rowspan="4">单音节动词
+
多音节补语</td><td>《发展》擦　干净　了
看　起来</td><td rowspan="4"></td><td>《当代》加短横
搬—进去</td></tr>
<tr><td>《入门》看　起来</td><td rowspan="3">《起步》
连：看　起来
分：踢　进去</td></tr>
<tr><td>《快》跑　过来</td></tr>
<tr><td>《概念》买　下来</td></tr>
<tr><td>多音节动词
+
单音节补语</td><td>其他教材全部分写</td><td>《301》收拾好</td><td>无</td></tr>
</table>

单音节动词加单音节补语，尤其是结果补语，两者结合非常紧密，因此做连写处理很合适。而对于“进去”“过来”等词语，各教材的切分方法都是动词和趋向补语分写，这一点虽然已经符合《规则》中的规定，但是并不完全有利于学生掌握下面这个难点：当动词既带趋向补语又带宾语时，则需要考虑：一般宾语可以放在动词和补语之间，也可以放在补语之后（意义有所不同）；而处所宾语只能放在动词和补语之间，例如“快进电影院去吧”。更重要的是，对于学生来说，后者才是难点。而这种切分方法不仅不能给学生做出有用的提示，反而可能有一定的误导。

另外，“看起来”这样的动补结构中，补语的意义已经虚化，动词和补语结合非常紧密。越是补语意义已经虚化的，结合越紧密的，越不应该将动词与补语分开。

结合以上几点，动词加补语在初级对外汉语教材中的分词原则不必拘泥于《规则》中音节数的要求，应该像《起步》安排的那样，区别对待：如果是单动加单补，连写；如果是“看起来”这样的补语已经虚化、动补结合紧密的词语也连写；如果是“走进去”等，为了提示学生们宾语位置这一难点，直接按字分开为“走　进　去”。

二、初级对外汉语教材拼音标注与《规则》的个别差异研究

这里所说的个别差异，是指在所考察的8部教材中只有一部或两部与《规则》不同。

（一）名词和名词后的方位词

《规则》4.2.2规定，名词和后面的方位词，分写。但已经成词的连写。例如：“海外”不等于“海的外面”。

是否已经“成词”又是一个难以寻找标准的概念。《起步》将大多名词与方

位词都做了连写处理，对“成词”有泛化的倾向。不但“天上”、“身上”这样的词连写，“山上”和“墙上”也连写。但是“城墙上”，“楼下”又是分写的。

“天上”和“山下”都是《规则》在该条目下首先举出的例词，认为前者已经成词，应当连写，后者没有成词，不能连写。虽然将“墙上”连写不会给教学造成问题，但是如果对“墙上”和“城墙上”执行双重标准，就完全没有必要，反而可能造成学习者的疑惑。

（二）双音节词重叠

《规则》4.1.4 规定单音节词重叠连写，双音节词重叠分写，并举例“研究研究”、“尝试尝试”。除了《概念》外，其他 7 部教材在这一点上都与《规则》保持了一致。例如：《概念》第 41 课（57 页）“我　得　回去　商量商量”。

（三）代词

《规则》4.5.2 规定“这”、“那”、“哪”和“些”、“么”、“样”、“般”、“里”、“边”、“会儿”、“个”，连写。《快》、《起步》、《301》中此类词语却全部是分写处理的。这些词汇连写还是分写都不会对学生造成困扰，应与《规则》保持一致。

（四）对一词多义现象的处理

有的词语在不同的语境下是不同的意义。对于通过拼音标注和分词来提示和帮助学生区分有多个意义和多个属性的词语，各教材重视得还不够。刘德联（2004）就曾举了 4 个例句加以说明：“我每天晚上都做梦”和“别做梦啦”对比，前者“做梦”完全应该分写，后者则连写更有利于学习者朗读的连贯性和对词语语气的掌握。“入学手续怎么办”和“去颐和园还是圆明园？我也不知道该怎么办”对比，就是将后者看成整体概念似乎更合适。

初级对外汉语教材中类似的例子还很多。例如：（车）该“加油”了和观看体育比赛时候的“加油”，前者应该分写，后者则应该连写。再例如：他一“出门”就摔倒了和“出门”跟在家不一样，麻烦事就是多。这两个句子都出自《301》，但是两个“出门”完全不同，前者的意思就是最直接的“从门口走出去”。后者代表“外出、旅行”，如果都如《301》那样全部分写，不足以做出提示。

“没关系”一词，凡出现此词的教材全部处理为“没　关系”。但是这样的词语应该根据不同的情况和意义区别对待，和“对不起”对应的“没关系”应该连写，而表示“** 和 ** 没关系”的义项时，则“没”与“关系”必须分写。

词性和意义都会发生变化的词就更应该在拼音标注上区分了：“我　想起来了”，“我　想　起来　了”，前者动词加上意义已经虚化的趋向补语，意思是说忽然记起什么事情；后者是动词，意思是想起床了。不同的分词方法不仅可以提示其意义，更可以帮助学生掌握恰当的重音。

当然，刚才所分析的多个例子，都是在对比之中，才会出现如此强烈的差异，通过分词来进行区分才显得很重要。实际的教材编写中，这样的情况出现在同一课中确实是极少的，但这样的情况毕竟会出现在同一部教材中，那么还是应该注意区别处理。

（五）结构助词“的”

“的”在初级汉语教学阶段主要有三个方面：一是连接定语和中心语；二是与名词、动词、代词、形容词等组成“的”字词组，其功能相当于一个名词；三是在“是……的”句式中出现。对于“的”之第 1 种和第 3 种用法，教材全部与《规则》保持一致，“的”一律单独分写，毫无分歧。

对于“的”字词组的拼音标注方式，《规则》举了这样一个例句：“商店里摆满了吃的、穿的、用的。”其中“吃的、穿的、用的”全部是动词与“的”分写。绝大多数初级对外汉语教材中对此的标注方式也与此相同，只有《起步》例外。《起步》第 14 课课文中多次出现这种名词性的“的”字词组，其中形容词加“的”全部连写，例如“新的”、“绿的”。而动词加“的”之词组却是分写，更复杂的组合例如“浅颜色的”、“什么颜色的”也都分写。

“的”字词组的属性和功能明确，也不难理解，如果单独来看，只要在同一本教材里的处理方式统一，分写与连写都可以，如果多考虑其特殊性，希望从拼音形式上能提示学习者注意其相当于一个名词的属性，则以连写为宜。如果再根据“的”前面是动词还是形容词再进行细分，就没有必要了。

如果“是……的”句式与“的”字词组同时出现在同一段落里，为了区分，在拼音标注上则有必要采取不同的处理方法：在“是我昨天买的”这一句中，“买”与“的”应当分写。而在“我买的是一辆旧的”句中，“买”和“的”共同构成名词性词组，则应当连写。

（六）成语的拼音标注

《规则》4.8 中规定：四言成语可以分为两个双音节来念的，中间加短横。例如：céngchū-bùqióng（层出不穷）。不能按两段来念的四言成语、熟语等，全部连写。例如：àimònéngzhù（爱莫能助）。这个划分标准是相当模糊的。王飙（2005）提出：根据四言成语能否读为两个双音节来确定是加连字号还是全部连写，在实践中很难把握。《规则》所举为成语连写例子的“不亦乐乎”、“总而言之”、“爱莫能助”、“一衣带水”，实际都可以读成两两节拍。《规则》没有说清“两两切分”是从结构关系上进行两两切分，还是相对简单地按读音切分。

初级汉语教材中出现成语数量极少，只有个别教材出现了个别词语。本文调查的 8 部教材中出现的成语极少，其中《当代》只出现了一个成语“糊里糊涂”，作连写处理，这个成语也恰好是《规则》所举的例词，两者完全一致。

《概念》中的“一见钟情”也是连写，它显然能够分成两个双音节来读。但是《规则》的这一标准很模糊。由于汉语自身的特点，几乎任何从意义上不可能两两切分的成语，发音上我们都自然而然地读成两个双音节的节奏，最典型的例子莫过于“一衣带水”。更何况，只要是供母语非汉语的人学习的教材，成语的分词就应该考虑如何切分更有助于学习者理解其意义，如果还能通过词语切分提示用法或使用上的难点更佳。

“入乡随俗”一词由于与汉语学习者关系密切，在《发展》和《入门》中都出现了。前者把四个字分写没有使用短横，后者把四个字连写。目前看来，还没有什么最合理的分词和标注方法能够从形式上对复杂的成语作意义上的提示和用法上的帮助。在初级阶段，建议还是先统一将成语连写，让初级阶段的学生明白这是永远作为一个整体来使用的，就可以了。部分成语连写，部分成语分开再加短横，反而会使初级阶段的学生产生困惑的。

三、初级对外汉语教材内部拼音标注不一致现象研究

教材内部出现分词情况的不一致应该有两种：一是有意为之，二是无意之失。前者是教材编写者苦心安排的结果，目的是适应不同的情况，作出不同的提示，是非常有益的，也将是非常值得研究的。

遗憾的是，本文所考察的这8部教材中，不一致现象非常多见，但除了前面所举的《起步》中动词和趋向补语的例子外，很难再找到任何出于编写者匠心的不一致。更多的是由于教材编写者在分词过程中随意性较大而出现的不一致，在此只举几个例子：

《起步》第2册50课，第146页。同一页课文中，“我 捧在 手里”和“咖啡 放 在 热杯子 里。”

《301》中，“散步”在课文和当课的生词表里分写，在书后的词汇总表里是连写。“听说”在课文中连写，在词汇表和书后词汇总表里都是分写。

《301》第210页33课，同一课中，“累死”连写，而“饿死”分写。在第28课中“零下”在同一篇课文的不同行出现时，先连写，后分写。

由于《规则》目前还不可能一一具体指出每一个词语应该如何处理，因此在编写教材时，编者分词的随意性还比较大。才会出现上述这种一个词语或一类词语忽连忽分，甚至在同一篇课文中只相距几行时也没有能统一的情况。如果有的教材编者只依据自身的词感，不查询和研究《规则》，编写过程中出现的不一致可能就更多了。

四、对制定初级对外汉语教材拼音标注原则的建议

综合以上的比较分析，本文认为，制定初级对外汉语教材的拼音标注原则要考虑以下几点：

1. 拼音怎样标注、怎样分词连写更有助于学习者理解该语言点的意义。

2. 拼音怎样标注、怎样分词连写更能对该语言点的用法有所提示。

3. 充分重视多义词在不同语境中的区分，尤其是在同一本教材中要综合考虑该词语在全书中的不同意义。

在具体的操作上，可以根据《规则》中的规定，并做以下补充，以适用于初级对外汉语教材编写：

4. 表示一个整体概念的双音节和三音节结构，连写。但要特别注意同一词语应根据其不同语境下的不同意义进行分词。

5. 短横这一添加符号，如在教材中广泛使用，最好有分类说明，引导学生通过短横获得更多信息。

6. 动词和宾语，一律分写。包括动宾式离合词，即使该动宾式离合词在该教材中暂未插入其他成分，也应该分写，以便提示学生注意到动宾式离合词可插入其他成分的特点。

7. 动词（或形容词）和补语，两者都是单音节的，连写；其余的情况分写。动词加复合趋向补语能否带宾语的，可全部分写，例如“走　进　来”。

8. 虚词与其他语词分写，但名词性“的”字词组可以连写。

9. 四言成语在初级对外汉语教材中出现极少，可全部连写。

本文原载于韩国《中国学》，2008 年 12 月

《意大利人学汉语》对汉语国别教材编写的启示

梁冬梅

梁冬梅，女，40岁。自1995年开始在北京外国语大学任教，讲师。曾担任汉语进修部主任、项目部主任等职务，2006年9月到2007年9月在意大利罗马大学孔子学院工作，任中方院长。主要研究方向为汉语教材、意大利汉语教育史等。参与教材编写6种，公开发表论文6篇。

一、教材编写背景

随着中国综合国力的不断增强和国际地位、国际影响的不断提高，中国和意大利在政治、经济、教育、文化等领域的交流与合作不断加强。在意大利，对中国感兴趣的人越来越多，学习汉语的人数逐年增加。目前已有20所大学开设中文系或汉语专业。在罗马、米兰、威尼斯开设汉语课的中学已达到近60所[1]，另外在各中等城市还有各种民间或者私立的汉语教学机构。

学习汉语的人数不断增加，汉语学习的规模不断扩大，但是在意大利的大部分大学及教学机构一直使用中国出版的多国通用的汉语学习教材。教材容量、

[1] 朱剑刚：《意大利汉语教学简况》，2007年3月。

课文内容、语法编排、语法解释等方面都没有充分考虑意大利学生的特点，而且课文的很多内容或者过时，或者让学生觉得学了没用。教材为教学之本，缺乏实用的汉语教材在很大程度上制约着意大利汉语教学的进一步发展，因此编写一套针对意大利学生特点的实用性汉语教材成了一项迫在眉睫的任务。

二、《意大利人学汉语》编写模式及其特点[1]

从2005年3月开始，经过编写者一年零五个月的不懈努力，一本针对意大利大学生的汉语教材《意大利人学汉语》于2006年8月底由意大利的HOEPLI出版社正式出版。目前教材已经再版，多次印刷，销售了近一万册。越来越多的大学和汉语教学机构选用了这本教材，教材受到了意大利师生们的普遍好评。

（一）教材编写模式：三方合作，优势互补

《意大利人学汉语》是由意大利著名汉学家马西尼教授任主编，由在意大利生活多年的汉语母语教师、北京外国语大学国际交流学院（现已改为中国语言文学学院）的汉语教师共同合作完成的。[2]

在教材编写过程中三方共同确定教材编写原则、教材体例。通过调查，了解学生需求，确定学生感兴趣的话题。通过语言对比，确定语法编排顺序、练习形式等等。在具体分工方面，两位母语教师，一位负责课文内容的编写，一位负责课后练习的编写，马西尼教授负责词语翻译、语法的解释，中国教师对课文内容、课后练习进行修改、补充。

意大利汉学家马西尼（Federico Masini），早年曾在北京语言大学、北京大学留学，曾任意大利驻中国大使馆新闻处官员，是意大利著名的汉学家。现任

---

[1] 《意大利人学汉语》2010年12月获得国家汉办评选的“优秀国际汉语教材”奖。

[2] 教材作者：马西尼、张彤冰、白桦、梁冬梅。

罗马智慧大学东方研究院院长、罗马大学孔子学院院长。他多年从事普通语言学、中意文化交流史等研究。他的论文《现代汉语词汇的形成——19 世纪汉语外来词研究》、与白佐良合编的《意大利与中国》（商务印书馆，2002 年）在国内外引起了相当的反响。他常年从事对意大利学生的汉语语法和汉字教学，了解意大利学生的特点和兴趣，了解学生学习汉语的难点。特别是凭借其在意大利汉学界及汉语教学界的影响，由其作为教材主编有利于意大利的汉语教学机构、汉语教师及汉语学习者对教材的接受，有利于教材的推广发行。

汉语母语教师在意大利生活多年，熟练掌握意大利语，具有丰富的对意大利学生的汉语口语教学经验，在中意双方间能起到很好的桥梁沟通作用。中国大学的汉语教师比较了解汉语教材出版的新动态，了解社会、语言的新变化，具有一定的编写教材的经验。合作的三方通过优势互补，形成了一个良好的编写队伍。

（二）教材特点：针对性强

在着手编写《意大利人学汉语》时，编者把增强教材的针对性作为最重要的编写原则。注重从各个方面体现教材的针对性。

1. 教材容量符合意大利课时安排

《意大利人学汉语》为一本基础汉语综合教材，听说读写结合在一起。共 40 课，三张 CD 光盘。按照意大利罗马智慧大学和罗马三大等大学汉语课的学时（每周 6—8 课时，每学年上课 20 周），一年级学习前 20 课，二年级学习后 20 课，基本上两年学完。1200 个左右的生词，几乎涵盖了全部甲级词、大部分乙级词、一些丙级词和特殊词汇。在语法方面，基本涵盖了所有重要的甲乙级语法点。

教材第 1 课到第 4 课为语音汉字部分，介绍语音、汉字的基本知识。从第 5 课开始正式的课文。到第 20 课为第一部分。在第 20 课以后，即第一年学习结束后，有一个 2 小时的测验。从第 21 课到第 40 课为第二部分。在第 40 课后，即全书学习完以后，有一个 3 小时的测验，便于教师或者学生自己检查对前面内容的掌握情况。

教材第一部分课文为对话，第二部分课文包括对话和短文两部分。对话部分注重口语的教学，短文部分注重书面语的教学，目的是让学生对口语和书面语的区别有些感性的认识。第一部分课文包括简体字和拼音。而在第二部分，第21课到第30课课文是简体字，去掉了拼音，只保留声调（因为考虑到汉语的声调始终是学生掌握起来最困难的）。第31课到第40课课文只有简体字。

2. 课文内容本土化和中国化相结合

课文内容以三个意大利学生马可、保罗、安娜，中国学生小雨、法国留学生路易的活动为线索。前30课介绍他们在罗马的学习、生活。比如互相认识、买东西、在中国饭馆吃饭、游览罗马的名胜古迹、看球赛、找房子、对比意大利人和中国人的时间观念、对同居话题的讨论等等。

有人觉得汉语教材课文内容应该只介绍中国的情况。我们认为这要看教材的使用环境，也就是要看教材是供国外的师生使用的，还是在中国本土使用的。如果教材主要是供国外使用的，有的学生可能没机会来中国学习，他所熟知的就是当地的情况，如果课文内容选取的生活场景贴近学生的生活，学生们学习起来就有亲切感，在课堂上学的很多东西在实际生活中都可以运用，可以言之有物。这样对所学的东西就理解更深，记忆更牢，可以充分激发学生学习汉语的积极性和热情。特别是在汉语学习的初级阶段，学了能及时使用、练习和巩固就显得更为重要。杨庆华先生曾指出："新一代教材的建设，尤其是供国外使用的教材，要考虑国别、民族、文化、环境的特点，教材有了针对性，才有更好的适用性，才能有高的实效性。"柯彼德教授提出：要尽快编写出适合不同国家文化情境和语境的对外汉语教材，即教材内容要符合不同文化背景求学者的"口味"。他举例说，在意大利，"咖啡厅"肯定比"食堂"更容易让学生记住。

当然，了解目的语国家的情况是相当重要的，特别是在中高级阶段，学汉语的学生都会期待着了解更多的中国的情况。因此在教材的后10课内容是写他们到中国留学的情况，比如过海关、去中国朋友家做客、谈汉语比赛、介绍中国的传统节日等等。到第40课，留学生活结束。教材对中国的情况和文化的适当介绍，为学生们日后来中国留学提供了背景知识，作了相应的准备。学了就有用，突出了教材的实用性。

3. 语法顺序编排充分考虑学生特点，语法解释注重语言对比

课文顺序的安排按照语法功能相结合的原则。语法顺序编排既考虑汉语本身的特点，更是充分考虑了意大利学生的学习难点。

例如：形容词谓语句在第 13 课才出现。在意大利语中，形容词谓语前要有“是”，可以没有程度副词修饰。如 Egli e impegnato，直译为汉语应该是“他是忙”。而在汉语中形容词谓语前一般不能用“是”，除非是为了强调。如果没有对比的意思，在形容词前常要用程度副词，说“他很忙”。而这些规则对意大利学生来说理解掌握起来有一定困难，所以在一年级第二学期开始才学。

生词部分，提供意大利语的解释，另外还提供了例语、例句。语法的注释、说明用意大利语。语法及重点难点词语的解释注重汉语和意大利语的对比。

一个语法项目在同一课反复出现，不断强化。比如讲程度补语的一课。在短文部分写道：“保罗很聪明，汉语学得很好。因为每天跟小雨在一起，所以他汉语说得很流利，发音发得很准。……路易是个爱学习的小伙子，平时学习很努力。为了准备考试，他每天起得很早，睡得很晚，他每次考试都考得很好。……马克喜欢中国文化和汉字，汉字写得不错。”在课文的一段话中，编写者把最常用的程度补语的句子尽量多地编写进去，有利于学生加深印象，更好地掌握。

4. 练习设计考虑教学重点，针对学生的弱点

每课的课后练习分为语音、语法、汉字、成段表达、翻译、阅读、写作几部分。

针对意大利学生课下听说汉语的机会较少，一般听力较弱的特点，教材增加了大量的听力练习。如跟读、辨音，听后判断、选择、回答问题等等，并配有三张 CD 光盘。语音练习注意意大利语与汉语语音的对比，针对学生的发音弱点安排重点练习。

汉字对所有欧美的学生来说都是学习的难点，而意大利的教学传统历来重视汉字的教学，对学生在汉字方面的要求相当严格。第 1 课到第 20 课每一课都有专门的汉字部分。前 4 课系统地介绍了汉字的笔画、笔顺、汉字结构等基本知识。后16课介绍了214个汉字部首，包括部首的意义、发音和例字。从第1课开始，每一课都有本课所有汉字的笔顺、笔画的展示。课后练习也有专门的汉字部分，比如写出汉字的笔顺并标出笔画总数、找出汉字的偏旁部首、把拼音写成汉字等等。第一部分每课课后的阅读部分为繁体字。因为部分学生以后会继续深入学习汉语，接触到古汉语，有的学生会到台湾、香港等地学习汉语，都会接触到繁体字。让学生从开始就对繁体字有所了解，为部分学生以后进一步学习繁体字打下基础。

教材也设计了内容丰富的附录。在课文前面有用意大利语写的关于汉语、语音和汉字的介绍。然后是日常用语，包括日常问候、教师课堂用语、学生课堂用语。在教材最后，除了听力练习的答案、生词表、语法注释以外，还有214个汉字部首表、中国的行政区划、中国的历史纪年表等。

三、《意大利人学汉语》的编写对汉语国别教材编写的启示

（一）目前汉语国别教材的编写情况

国家汉办赵国成副主任曾表示我国汉语国际传播的工作重心要从“请进来”变为“走出去”。到2008年2月，中国已经在66个国家和地区开办了226所孔子学院（课堂），这是我国汉语国际传播“走出去”的最好例证之一。另外，据统计，海外学习汉语的人数已达4000多万。[1] 随着国外汉语教学的迅速发展，对汉语国别教材，特别是供国外使用的汉语国别教材的需求越来越大。任远先生（1995）指出，现有“通用式”教材在国外的使用缺乏针对性。“一本好教材，必须充分考虑教学对象的种种特点，包括国别、年龄、学习期限、学习目的、教学环境，等等。不明了并充分考虑教学对象的种种特点，所编教材就不

[1] 新华网：http://www.sina.com.cn，《2007年海外13万人参加汉语考试》2008年4月5日11: 09。

可能具有较强的针对性，就如同治病不对症，使用效果自然大打折扣。”[1] 国内出版界相关人士指出：今后的教材编写要坚持贴近外国人的思想、贴近外国人的习惯、贴近外国人的生活的原则。针对西方人的思维习惯和阅读爱好编写汉语教材已成为进入西方市场的重要手段。不少专家学者已经意识到了编写国别汉语教材的重要性，编写了一些供某国学习者或者某种母语学习者使用的汉语教材；另外，近年来中国国家汉办也花费了大量财力人力组织中外人士编写了不同国别的汉语学习教材，出现了多种国别教材的编写模式。

1. 编写模式多种多样

有的国别教材是由在外国从事汉语教学的中国教师独立编写的，如韩国李明晶编写了《对韩汉语口语教程》(北京大学出版社 2004 年版)。

有的是由国外的汉学家们独立编写，如日本相原茂编写的《中国语入门》(主妇の友社，2004 年版)；有的是由国内的汉语教师合作编写的，如邓少君、张欣编写的《德国人学汉语》、《日本人学汉语》(海文音像出版社 2006 年版)；有的由国内高校与国外友好大学合作编写，如人大对外语言文化学院与美国哈佛大学东亚语文系现代汉语部合编的《汉语基础》(胡明扬、何宝璋，人民大学出版社 2007 年版)；有的是由中国国家汉办公派教师与国外大学合作编写汉语教材，如与塞尔维亚和黑山共和国贝尔格莱德大学汉语教师合编的《汉语教程》(金志刚等，北京大学出版社 2002 年版)；有的是由国家汉办投入资金，由中外专家合作编写的汉办规划教材，如徐霄鹰、周小兵编写的《泰国人学汉语》(北京大学出版社 2006 年版，中山大学与泰国华侨崇圣大学合编)。

国别教材的编写方式呈现出了百花开放的局面。国别教材的数量已经达到数十种。

2. 国别教材的优势、问题

已有的国别教材都是用学习者的母语注释生词、解释语法，比较注重语言对比，有的能够针对学习者的学习难点设计练习，给学习者提供了极大的便利。

针对性是国别汉语教材最重要的特点。国别教材，也就是针对某国（或者

[1] 李泉：《近 20 年对外汉语教材编写和研究的基本情况述评》，《语言文字应用》2002 年第 3 期。

某一种母语）学习者的汉语学习教材。强调针对性应该是国别教材最重要的特点，否则编写国别教材就没必要，使用通用汉语教材就行了。但是目前有相当一部分所谓的国别汉语教材在针对性方面做得还远远不够。不少人认为用相应国家的语言注释汉语生词、解释汉语语法，增加点翻译练习就是强调了教材的针对性、就是一本国别教材了；并没有充分考虑学习者的特点，没有考虑学习者的母语和汉语之间的差别，不重视两种语言的对比，教材内容没有与当地情况的适当结合，没有针对学习者学习的难点设计练习。一本教材编好以后，用不同的外语注释、解释一下就可以改造成针对日本人、韩国人、法国人的各种教材。我们认为这种教材不能算是严格意义上的国别教材，只能是一种教材不同语言的版本。

（二）《意大利人学汉语》对汉语国别教材编写的启示

1. 针对性是国别汉语教材最重要的特点，教材的针对性体现在各个方面

关于教材的针对性问题，许多学者曾有过论述。任远先生（1995）指出，现有“通用式”教材在国外的使用缺乏针对性，表现在三个方面：一是教材“量”的剪裁时常与当地学制、学时不相吻合，使用起来往往不合尺寸；二是课文内容过于“通用化”，缺少与当地国情、民俗相结合的个性，难以具有较强的吸引力；三是语法条目、词汇选择等不是建立在特定范围的语言对比基础上，因此难以有一针见血解决问题的效果。指出新一代教材必须在“教材容量、课文内容、语言对比”三个方面下工夫，以此作为区别于旧教材的突出特点。

国别教材的适用对象是有限的，不能是放之四海而皆准。教材的适用面越广，针对性越差。通过编写《意大利人学汉语》，我们认识到真正的国别教材的针对性不仅应该体现在语言形式上，即用外语注释汉语生词、解释汉语语法现象，同时还应体现在各个方面。教材容量要根据教材使用国的学期、课时安排。课文内容应该注意本土化与中国化的结合。生词解释、语法顺序安排及说明要注重语言对比，解决学习者在学习中的重点难点问题。练习设计应充分考虑教学重点，针对学习者的弱点进行强化训练。

2. 三方合作编写国别汉语教材，优势互补

从国别教材的编写模式来看，独立编写、中外双方合作编写各有各的优势。国外汉学家或教授、当地母语教师、中国教师三方合作虽然遇到了一些困难。比如（1）现代联系手段虽然方便快捷，但是毕竟不如面对面的交流更直接。（2）课文、语法、练习由三个人来编写，有时候工作进度的衔接会有些问题。（3）对一些问题的看法出现分歧时，如何坚持与妥协。有时候大家对一个语法现象的理解会不太一样，特别是涉及一些语言对比方面的问题，就显得更加复杂。

但是三方的合作集合了三方的智慧，发挥了各自的优势，做到了最大程度上的优势互补，特别是由教材使用国著名的汉学家担任主编，有利于教师和学生对教材的接受，有利于教材的推广发行，对教材进入当地的主流社会具有重要意义。

本文原载于《国际汉语教学动态与研究》2008 年第 4 辑

汉语阅读教材编写中的若干对矛盾

朱　勇

朱勇，男，1973年生于江苏，副教授。北京师范大学哲学系本科毕业，北京大学对外汉语教育学院硕士，2003年至今北京外国语大学中文学院教师。2005—2007年，任教于名古屋外国语大学；2010年至2011年任罗马大学孔子学院中方院长。主要研究兴趣为CSL词汇、阅读教学与习得以及教材编写研究，已在《世界汉语教学》、《语言文字应用》、《语言教学与研究》等期刊上发表论文20多篇，主编《中文天天读》等教材10多册。

阅读教材近几年发展迅速，长期教材、短期教材，技能型教材、非技能型教材如雨后春笋，教材总量不断增多。但在阅读教材的编写过程中我们发现，阅读教材编写中存在着多重矛盾，不把这些矛盾分析清楚，不利于阅读教材的科学编写。因此本文将分别从阅读教材的定位角度、编排形式角度和内容选择、调整的角度，对若干对矛盾进行分析。

一、定位角度的矛盾

(一) 精读还是泛读?

"精读"从字面上理解就是"精细阅读","泛读"从字面上理解就是"广泛阅读"。我们认为,精读和泛读的区别主要在于:(1)对阅读材料的加工程度不同,精读加工深一些,泛读加工浅一些。(2)从输入量来看,精读的量比较少,而泛读的量比较多。此外阅读材料也有区别。泛读材料应该"比较简单"、"话题比较广泛"。(*Bamford and Day*,2004:p.2)

阅读课是为配合精读课(综合课)而开设的,具有复现精读课中已出现过的词语及语言点、增加输入量的作用。精读课教学主要是通过阅读来学习词汇、分析讲解语法点,"精讲多练",要求学生不仅要"听懂",还要"会用"。此外也要对课文总体信息、主要思想有所理解和把握。而泛读课的教学内容是要求学生在一定的速度下,读懂文章的大意、理解作者的态度,或抓住一些细节。有的教材则强调阅读技能的训练。词汇、语法也可以巩固或学习,但一般认为是附带的伴随性习得。当然,阅读课上精读和泛读这两种形式都会存在。因为阅读课上也会对一些积极性词汇和重要的语言点做精细化的处理。但精读并不是阅读课的主要形式。阅读课的主要形式应该是泛读。与之相应,阅读教材的定位也应该是泛读为主,精读为辅。编写中应切实控制好难度,尽量提供可懂输入(comprehensible input)。

泛读可以解决学生输入量严重不足的问题。大量阅读将使学生获益匪浅。*Bamford and Day*(2004:p.1)对此有所阐述。

> 研究表明,(通过大量阅读)他们变成了越来越好、越来越自信的读者,他们写得更好了,其听力、口语能力也都有所提高,词汇量也更加丰富。此外,他们对于学习一门新语言的态度更为积极,动机更为强烈。Colin Davis 曾说:"任何 ESL,EFL 或者 L1 课堂都会因泛读课程的缺乏而显得不足(poorer),也会因泛读课程的设置而变得有效。"(1995,p.335)

泛读问题已经越来越受到重视，鲁健骥（2002）、赵金铭（2006）都曾谈及该问题。国内的一些阅读教材编写者也对之愈加关注。但不可否认的是，虽然有的教材名为“轻松阅读”、“汉语泛读”，但由于难度过高，课堂使用时不得不“精读化”教学。因此，阅读教材的科学分级、如何保证易读性的研究非常重要，对此我们将另文阐述。

（二）普适性还是针对性？

目前不少阅读教材考虑到市场的需要，其定位既面向国内，也面向国外。但国内国外由于语言环境不同，国外的汉语教学被称为 TCFL，国内汉语教学被称为 TCSL，TCFL 和 TCSL 在课程设置的整体结构、教学时数等方面存在相当大的差别，因此所谓“普适性”的教材，很可能同时就失去了针对性。我们认为教材还是应该针对性强一些，这样才能满足学生的需求，提高汉语学习的效率。追求针对性是否意味着教材一定要国别化编写？我们认为，国内不需要使用国别化教材。因为国内的编班大多是“联合国”班，大家来自不同的国家，母语不同，文化背景不同，因此无法编写适用于全体同学的国别化教材。而国外使用的教材则可以且应该采用国别化的编写方式，这样可在语音、语法等语言形式的教学，以及中国文化、文化对比等内容方面的教学更有针对性、可比性。此外，即使国别化教材，其内部也有着不同的读者。比如说儿童与成人，学历生与短期生，在校生与自学者。因此要做到针对性并不容易。相应的，对“国别化”的理解不应简单化。不过，虽然“普适性”的同时很可能失去“针对性”，但在理论上和实践中有时也需要二者兼顾。[1] 刘颂浩（2007）在讨论“国内的教材能不能同时具有冲击世界市场的能力”问题时，做出了肯定的回答。

国内基础汉语教学和国外中文系汉语教学在“年龄”、“学习目的”、“学

[1] 理论上参见刘颂浩（2007），其思路为寻找国内和国外汉语教学足够的共同点；实践上比如出版商的利益考量，教材的应用面广一些，市场占有率自然也会高一些。

习时间”上存在着共同点[1]，和“母语文化”方面则存在较大差异。能不能编写同时适用两者的教材？本人的回答是肯定的，因为两者之间的共同点足够多了。……至于母语文化的不同，可以在吸收中外语言文化对比成果的基础上，采取“以我为主”的方式，重在展示汉语知识和中国文化，将对比的问题留给相关的老师。

无独有偶，外语教学与研究出版社 2009 年出版的《中文天天读》其理想也是“鱼与熊掌兼得”。具体做法是，考虑到国外学时少于国内学时的特点，采用一级 3 册的编写思路（每级分为 A、B、C 等 3 册，其难度为 $A < B \leqslant C$），每一册的容量减少，使其适合国外的学时。这样国外选用时从 3 册中选取 1 册或 2 册，国内选用时根据学时选用 2 册或 3 册。为了方便读者了解中国文化，《中文天天读》每一课均设有“小知识”模块，具体请参看下文。

（三）普通阅读还是专业阅读？

阅读教材从内容上分，既有各种标明“初级、中级、高级阅读”字样的普通性阅读教材，也有名为“科普阅读”、“商务阅读”等专业性阅读教材，这些教材都受到了一定程度的欢迎。但从使用者角度来看，普通阅读教材适用于初中级水平的读者，而专业阅读教材适用于高级水平的读者。《科普汉语阅读》（王碧华、王瑞烽，2006）的“使用说明”中就直接指出，“本书适合已学完汉语基础语法，并掌握 1000 个左右汉语词语的外国留学生及其他同等程度的学习者使用”[2]。

初中级阶段是一个打基础的阶段，该阶段不宜过早进入专业性阅读，而是应该打通，进行普通性阅读。[3] 教材应注意语料的广和泛，在此阶段学生主要

[1] 刘颂浩（2007）在其文中的表格里列出了国内和国外的周学时分别为“20”和“5”，但接着却得出“学习时间”是共同点的结论。据刘颂浩先生解释，此处的“时间一致”指的是“通过改变单本教材的容量，可以解决时间方面表面的不一致”。

[2] 从我们的教学经验来看，1000 个左右的词汇量似乎不足以有构成科普类阅读的语言基础。

[3] 初中级阶段的读者也可以进行汉外对译本的专业性阅读，但这种阅读主要是阅读译文，属于知识学习为主的阅读，与本文讨论的语言学习为主的阅读有所不同。

是积累词语、语法和背景知识，为下一步的阅读奠定良好的语言和知识基础。而中高级阶段则应该适度专和深，可以根据专业情况设置“文学文化阅读”、“科普阅读”和“医学阅读”等，为专业学习服务。目前的留学生学历教育中的一些专业方向已经有自己的专业阅读教材了。比如汉语言文化方向有《中国文化》，经贸汉语方向有《经贸阅读》。此外预科教育中也有《法律阅读》、《中国哲学》等专业阅读教材。

（四）练习定位的矛盾

练习方面的矛盾主要有：练习的内容是语言形式还是课文内容，孰重孰轻？练习的数量应该多一点还是少一点，怎样才是适量？阅读教材的练习形式多种多样，从内容方面来看，有语言理解的，也有课文理解的。我们认为，这两种内容的练习都是必要的，其比例大致为 50% 比较合适。

语言学习中操练非常重要，但不同的课型，训练的方式、练习的数量应该有所不同。对于阅读教学来说，“通过阅读学会阅读”是阅读课的根本目的。我们不赞成使用过多的练习，因为“过多的练习会破坏阅读的乐趣”。但是很多教师不同意这种观点，他们认为练习越多越好，可以充分地帮助学生理解课文并掌握语言项目。比如张丽娜（1998）提出了“强化练习的原则”，具体做法是，“对于课文内容，包括难点词语和语法现象，主要通过练习题的形式来加以反映和解决。练习题的总量达到课文字数的 4—5 倍”。但我们认为，如果课本练习“毕其功于一役”，试图一次阅读解决所有问题，这将在一定程度上剥夺学生思考的乐趣，甚至使得学生不愿再回读。其实“温故而知新”，学生每读一遍都会有新的收获。“书读百遍，其义自见”，“没有足够的练习就会降低阅读效果”，这种担心是大可不必的。我们的观点是，阅读教材编写中练习的数量不宜过多，从页数来看，课文与练习的比例为 2∶1 比较适当。

二、形式角度的矛盾

（一）技能编排还是非技能编排？

目前的阅读教材主要有两种分类：一种是技能型教材，一种是非技能型教材。前者如《中级汉语阅读教程》（周小兵、张世涛，1999），后者如《中级汉语阅读》（刘颂浩等，2002）。二者也是各有利弊。技能型教材以技能为纲，由初级技能而中级、高级技能，有序进行，关于阅读技能的训练比较系统。但技能型教材也可能存在前面的技能训练和后面的课文有所脱节，所选课文中体现出来的本课技能数量少、不典型等等问题（俗称“两张皮”）。非技能型教材则未设置专门的阅读技能训练内容，技能的训练与否、训练多少完全依赖于教师本身，教师的阅读技能知识丰富，阅读技能训练意识强，那么训练就会多一些。反之，则可能少一些，甚至根本没有。

针对技能型教材可能存在的技能训练与课文内容脱节的问题，我们是否可在现有非技能型教材的基础上增加“技能小结”环节。先出课文，根据课文中的典型技能，再补充一定数量的相关技能内容，最后进行小结。《核心阅读》（刘颂浩、林欢，1999）在这方面做过一些尝试，可以参看。总的来看，技能型教材和非技能型教材各有优势，使用中应扬长避短。此外，使用中还有一些需要注意的问题：使用技能型教材时，教师也要挖掘那些非本课重点训练的技能；使用非技能型教材时，教师则要注意训练那些涉及技能训练的内容，在阅读中注意运用、培养学生的阅读技巧，做到“润物细无声”。

（二）单元编排还是非单元编排？

目前的阅读教材有的采用单元编排，比如《汉语系列阅读》（张丽娜，1998）、《中级汉语阅读教程》（周小兵、张世涛，1999）、《汉语阅读教程（初级A种本）》（熊文，2002）等；有的采用非单元的课文编排，比如，《中文天天读》（朱勇，2009）。这两种编排模式各自的特点是什么？究竟孰优孰劣？

单元编排虽然是一种主流编写模式，但它既有有利的一面，也有不利的一面。有利的一面是：同一单元，有的以同一类话题来组织，或历史，或环保，或哲理……这样编排有助于生词的复现；有的以同一体裁来组织，或记叙文，或说明文，或议论文……这样编排有助于对汉语篇章结构的掌握，前面课文的学习为理解后面课文的意思或者结构打下基础。不过，单元编排也有其不利的一面：话题重复，多样性不够，容易引起阅读疲劳；体裁重复，则效果不一，如果连读几篇有趣的小故事，效果一般不错；但如果连读几篇说明文，恐怕读到第二、第三篇时就会觉得枯燥无味、无心再读了。而非单元编排的优缺点跟单元编排正好相反。非单元编排的优点是多样性明显，缺点是词汇复现率不像单元编排那样高。

单元编排的初衷很好——增强有关内容的复现率，但其不利的一面也显而易见。其实对于复现，我们的视野可以更开阔一些，复现生词不仅可在同一单元中复现，也可在同一本书中复现，甚至在同一级别不同课型的教材（读物）中复现。因此我们觉得可以这样编排——非单元、话题循环，即：以单篇课文来设课，课文话题在教材中有序地进行非连续性复现。这样将单元编排和非单元编排的优点结合起来，既可以解决复现问题，也可以做到多样性。

（三）单篇课文编排还是多篇课文编排?

目前部分阅读教材是单篇课文编排（如朱勇主编的《中文天天读》），而大多数则是多篇课文编排（如刘颂浩等《中级汉语阅读》）。单篇课文编排跟前述非单元编排的内涵一致，可以参看。多篇课文编排又分为两种，一种是多篇课文呈平行关系，课文之间无主次之分、也非同一话题或体裁；另一种是多篇课文有主副的不同，第一篇为主，其余课文为辅。多篇课文编排中的两种方式也都是可行的。呈平行关系的多篇课文其实质跟多篇课文编排一样。另一种主副课文的编排方式，其编写理念一般是主课文精读的特点明显一些，而副课文可作泛读材料或者快速阅读材料。我们认为对于主课文来说，精读的成分可以稍稍多一些，但还是应当适度，其理由在前文已作说明。对于副课文，在难度上应该控制得更好些，不要出现过多的语言障碍，让读者“轻轻一跳就能够得着”，实现轻松阅读。

（四）生词呈现用边注还是生词表?

阅读课文中的生词是用边注形式还是用生词表形式，哪个更好？关于边注和生词表的比较，朱勇（2004）已经有过详细阐述，主要观点是：边注要优于生词表。因为：(1) 边注更方便。文章有长短，短的单页，长的多页。单页文章的生词表可以和文章同页，看起来还算方便，可是多页文章的生词表则在尾页，查起来就比较麻烦，而边注一般出现在生词所在行的一侧（多为右侧），使用非常方便。此外，即使跟单页短文相比，边注也要更胜一筹。因为阅读时视觉的平行移动比视觉的上下移动要更自然，用时更少。(2) 读者喜欢边注，且边注应用效果良好。从教学实践来看，读者更喜欢边注形式。不过，在选用边注或者生词表时需要考虑版面和生词量这两个因素。如果版面较窄、生词过多，则不适合使用边注。

从目前的编写实践来看，使用边注形式的教材正呈愈来愈多之势。

（五）要不要语言点、文化点模块?

目前的阅读教材多数对语言点和文化点不作专门的讲解。我们认为这两个环节不可缺失。首先，就语言点而言，如果读者只关注意义，不关注或者少关注语言形式，根据已有研究，其学习效果一般不太理想。阅读教材中若设置语言点模块，对重要的语言点进行解释，并附之以情景化的例句，将有助于学习者伴随性习得。其次，关于文化点的注释，一般性阅读教材中很少对涉及文化的内容作详细的介绍，读者往往知其然而不知其所以然。如果阅读教材中设置文化点模块，对文化点进行专门的介绍（若从中外对比的角度介绍更好），将大大有助于读者对文章背景知识的掌握，在有利于阅读理解的同时增长了有关中国文化的知识。不过，语言点和文化点的解释相对于读者的水平往往比较难，尤其是对初级中级水平的学生来说。我们可以采取中外文对译的方式来解决。

对此，《中文天天读》做了尝试。其中每一课后设置了“语言点”和“小知识”模块。[1]“小知识”在引入汉文化方面做了一些尝试。“小知识”中的绝大部分与课文内容具有相关性（我们希望文化是语言的一个有机组成部分），希望能够起到激活学生背景图式的作用。那些相关性不大、所占比率极小的小知识也将有助于读者对一般性的中国文化、历史地理知识有所了解。（朱勇、李彩霞2009）从一学期的使用效果来看，“小知识”很受学生欢迎。

三、内容角度的矛盾

（一）真实语料还是改编语料？

根据语言学习的“可懂输入”原则，语言学习材料的难度应基本适应学习者的语言水平，如果太难，学生望而生畏，反之，学生收获太少。可是，目的语国家的报刊、杂志和书籍上的文章对留学生而言又比较难，那么，如何解决这一问题呢？目前主要有两个途径：改写和自编。但这引起了一些学者的批评，认为这样做使得语料不够真实。Anderson，N. J.（2009：131）介绍了一位长期从事幼儿园到高三前期教育的 Carolyn 的观点，她说：“有的材料过分改写了原文的语言，使文章变得乏味无趣，而且更加难以理解，语言的美也荡然无存。”最后“一篇好文章被改编成了一部枯燥得令人难以忍受的‘文学作品’”。

目前学界大都赞成使用真实性语料，但对于“真实性”含义的理解却不尽相同，甚至完全相左。学者们对于“真实性”含义的理解主要有以下两种：第一种，真实语言就是写给母语者的未编辑的、未缩写的语言。Wilkins 指出，对真实材料不应做人为的修改，不应把长句、难句、语法难点删除或改写以降低难度，但可以对材料的内容作不同的开发和利用。庄稼婴（2002）的“地道语

[1] 不过阅读教材与综合课教材分工不同，阅读教材中的“语言点”不宜过多，《中文天天读》每一课选取了两三个语言点。

料”是指“在一语言环境内自然运用口语、书面语的实例。这些实例未因教学需要而得到任何词汇、句型、结构、题材、内容等方面的修改”。第二种，Silberstein，S.（2002：102）指出，阅读的文本应是真实的，跟学生以后会碰到的“现实世界”中的文本一样。但同时他又说：“有时候为了满足易读易懂的要求也会编辑或缩写，但不严谨的改写会破坏真实性。”

从上面的观点来看，可以粗略地将第一种和第二种观点分别概括为：严式真实性和宽式真实性。从笔者的教学和编写实践来看，“宽式真实性”更具可操作性，尤其对于初级教材或者读物而言，而且这一点也是分级读物存在的基础。正如 Claridge，G.（2005）所言：“编写得好的分级读物能够为读者提供真实的阅读体验，这将有助于他们做好阅读未简化文本的准备。”也就是说，宽式真实性语料的阅读和学习是以后阅读、学习严式真实性语料的基础和准备。

虽然严式的真实语料有很多好处，但不宜过早引入。可从适用于初级偏上水平学生的课本开始逐步使用严式的“真实性语料”。此外，只要语言在形式上正确，内容上准确，反映了中国（或世界）真实的信息，符合“思维真实性”原则，我们就可以认为其是“真实的”。至于来源（直接选用，间接改写、编写）不必过于看重。所谓“思维真实性”主要包括两种，一种是思维方式符合其身份、职业或年龄特点；另一种是思维方式符合东方人和西方人各自的特质。

总之，阅读语料的重点不在于改没改，而在于改得怎么样，改得是否自然地道，是否符合本族人的语感。

（二）实用性语料还是趣味性语料？

适度性、针对性、趣味性和实用性是教材编写中公认的几大原则。语料的语言难度要合适，语料要可懂，这是适度性原则的内涵；语料的选择、语言点的解释要符合学生的年龄特点、国别情况，这是针对性原则的内涵；趣味性原则更好理解，就是语料要有趣；实用性原则就是要能够学以致用，操作性强。

适度性和针对性是一种普遍性原则，是所有教材（语料）都应该具有的属性。但趣味性和实用性原则却未必如此，而且这两个原则很多情况下是相互排斥的。“科学语体、政治语体、公文语体等，和趣味性的关系就很远。如果一篇社论，从头到尾都是俏皮话，那就很成问题。”（刘颂浩，2008）那么教材编写者该如何处理趣味性和实用性这对矛盾呢？我们认为语料如果能够将趣味性和实用性统一起来最好。这种可能性也是存在的，因为内容实用，可为学生的生活提供方便，这将在一定程度上激发学生的阅读动机；若不能统一，则趣味性语料和实用性语料可以并存，前者的比例应该适当高一些，毕竟“兴趣是最好的老师”。[1] 但为了保持话题的多样性，尽管有的实用性语料趣味性不足，也应该适当选取。

（三）读写结合还是读写分离？

目前已有不少编者尝试着将阅读和写作完全结合起来，编成《读写教程》。这是一种积极的尝试，在实践中已经取得了不错的成果，比如北京大学的预科教材《汉语阅读与写作教程（初级）》（刘立新，2006）。但目前大多数阅读教材和写作教材还是各成体系，分开编写的。即使在分开编写的情况下，也有一些编者在阅读教材某些课文之后设置了写作环节。这样做主要考虑到阅读与写作的高度相关性，以及输出的重要性，我们认为是可行的。不过，大部分阅读教材在练习部分不涉及写作的内容，主要是课文理解练习和语言理解练习。而实际运用时，不少教师会结合课文的内容，要求学生撰写与课文题材或者体裁有关的作文。如果教材编写时直接编写好作文练习，就更方便广大教师使用了。

此外，国外的内容以及口语体内容可否选入阅读教材，在实践过程中还存在一定的争议。本文认为国外内容和口语体内容均可以选入阅读教材中，但在数量上不宜过多。朱勇、宋海燕（2008）对此已有详细阐述，可以参看。

---

[1] 但有研究生反馈说：“如果是我的话，我会更注重实用性，我读英语时就算内容再枯燥，我一想到它有用，就也能读出乐趣了。”这种情况是存在的，但也许普遍性不足。因为，大多数读者阅读时并不带有很强的工具性动机，而“语料有趣、易读才是顺利进行泛读的关键”（*Bamford and Day*，2004：p.2）。

四、结语

阅读教材编写中这些矛盾对于编者来说意味着选择，编写理念不同其选择就有差异。对这些矛盾进行必要的思考将有助于我们全面衡量、适当取舍。教材是汉语国际推广的三大瓶颈之一，教材问题不解决好必将延缓汉语国际推广的步伐。上述有的矛盾是阅读教材编写中独有的，比如精读还是泛读，有的在其他教材中也可能存在，比如普适性还是针对性等等。相信本文的讨论将不仅有助于澄清阅读教材编写中的一些问题，对于整个汉语教材建设也会有所启迪。

本文原载于《语言教学与研究》2010年第6期

文学文化研究

佛教道教与中国诗歌之关系

马大品

马大品，男，河南省柘城县人，1941 年生，教授。主要从事古典文学的教学和研究工作。著作 10 余部：主编《中国佛道诗歌总汇》，获国家图书三等奖，三人合写《中国历代诗歌类编》，获中南六省教育图书甲等奖。个人著有《中国历代爱情诗三百首》、《历代赠别诗选》等。参与编写并任编委的大型工具书有：《中国诗歌大辞典》、《历代抒情诗分类鉴赏集成》、《中华典故全书》等。2011 年 3 月出版诗歌著作《老夫放歌集》。2001 年 4 月退休。

在我国，人们总把中国文化视为儒家文化之统治。实际上，中国文化从魏晋南北朝开始，已是儒释道三家文化的混合体，是这三种文化共同促进了中国文化的辉煌与繁荣。它们之间互相吸收，互相补充，互相融合，大至治国方略，伦理道德，小至为人行事，修养治身，都无不体现出三教的影响。因此，我国著名的佛学家赵朴初先生说："魏晋南北朝以来，中国传统文化已不再是纯粹的儒家文化，而是儒释道三家汇合而成的文化形态了。"季羡林教授也说过："佛教作为一个外来的宗教，传入中国以后，抛开消极的方面不讲，积极的方面是无论如何也否定不了的。它几乎影响了中华文化的各个方面，给它增添了新的活力，促其发展，助其成长。"

至于道教，是中华大地上土生土长的本土教。它的教义和宗旨都源于黄老学说、神仙方术和鬼神迷信之类的内容，尊奉的偶像是黄帝和老子。影响之深之广，并不亚于儒家文化。对此，鲁迅先生曾精辟论道："中国文化的根柢全在道教……以此谈史，有许多问题可迎刃而解。"还说："人们往往憎和尚，憎尼姑，憎回教徒，而不憎道士。懂得此者，懂得中国大半。"

由此可知，儒释道文化影响着中国人的生活和中国文化的方方面面。它影响着中国文化的哲学、文学、史学、绘画、音乐、雕塑、建筑等等，而在文学中对诗歌的影响尤大。其一是写及佛道内容的诗作占有很大的比重。这类诗歌，不仅僧人道士写，文人士大夫也写。其二是佛道思想及其思想表现方法对诗歌创作也有深刻影响。释道超然物外的精神境界，使诗歌具有了独特的文学意味，使中国古典诗歌进入一个崭新的天地。

具有佛道思想的诗歌，既包括僧人道士的作品，也包括文人学士乃至帝王贵胄之作。佛道二教的兴衰起落，直接影响着各朝各代的诗歌创作。佛道两教既有统治者的提倡或扶持，又有众多的信仰者，它必然渗透到社会生活的各个方面，人们必然要用自己喜闻乐见的诗歌形式来予以表现，这就自然形成了佛道诗歌创作的一个又一个高潮。一些僧人和道士为了宣传教义、表达信仰、反映修炼生活，他们要写诗；而崇道信佛的文人学士或与佛道思想有相通之处的人也要写诗。加上其他种种原因，佛道诗歌就普遍兴盛起来。

佛道诗歌的第一个阶段是汉魏、南北朝时期。众所周知这是个动荡的时代，前后300多年。这时期为佛道二教的早期阶段。佛教于东汉明帝时传入，开始是被人排斥的，但经过一个个领袖人物不遗余力的鼓吹，不断地依据中国国情吸收儒家与道家的一些思想，丰富改良充实自己的教义教理，使佛教逐步中国化，并且慢慢适合了王权统治。这一时期它首先经历了玄佛合流时期。玄学是魏晋时期的一种哲学思潮，主要是用老庄思想糅合儒家经义，以代替衰弱的两汉经学。玄学家大都是所谓名士。他们以出身门第、容貌仪止和虚无玄远的"清谈"相标榜，成为一时风气。在"清谈"中，虽然也有人（如嵇康等）主张毁弃礼法，但多数依然维护儒家的伦理观念。当时他们主要崇尚"三玄"，即对《周易》、《老子》、《庄子》格外迷信。他们追求个人解脱，而佛教要人成佛，进入极乐世界；道教倡导清静无为，修炼长生，羽化飞升，这些都极能迎合当时的名士。而玄学本身就是从道家的老庄哲学而来。这时道教成功地改造自己，主张三教合流。所以“玄佛合流”，实际上是三教的合流。人们希望通过佛教的看破红尘，道教的空虚无为和玄学的放纵遁逸以及老庄的逍遥自得，绝对自由，摆脱现实中的苦闷，寻求精神上的安慰。这一时期出现的佛道领袖人物就是：支道林、慧远、葛洪、陶弘景等。他们以诗歌的形式宣传自己的教义，并与当时名士文人往还。而名士文人也以佛道诗歌抒发自己生不逢时的慨叹，对修行来世、空无、避世养生的迷恋。像三曹父子、竹林七贤、谢灵运、陶渊明便是突出的代表人物。这一时期佛道诗歌的创作属于初级阶段，在数量和质量上当然都不能和唐宋相比。但这一时期毕竟奠定了佛道诗歌的基础，使它有了一个良好的开端。

东晋名僧支道林，是佛教理论家又是诗人，存诗 18 首。他与当时名士、诗人往还密切，如孙绰、许询、王羲之就是他密切的诗友，他们一起说佛谈玄，以诗明志言道。东晋高僧慧远，是一代僧人领袖，他有一系列佛教理论，并擅长诗文，广交名士，博得文人仰慕。是他在庐山与名士、文人及隐士结成“白莲社”。参加诗社的有 120 余人。大诗人陶渊明便是其中成员。谢灵运要求参加，但慧远认为谢心乱难净而婉言谢绝。白莲诗社可考者仅 18 人，世称“十八高贤”，其中包括僧徒 4 人、陶渊明等居士 7 人。

这一时期文人学士及士大夫受老庄哲学影响，或受佛道教影响，以诗抒怀的人很多。诗有玄言诗、招隐诗和游仙诗，成为一时风气。这些诗大都是写寻求自由和解脱，描绘与世俗迥异的美妙仙境和清净乐土。这正是佛道二教超尘避世的生活理想。这时期，大诗人陶渊明和谢灵运，他们的诗作中，往往表现了佛道二教的思想内容和意境。谢灵运的诗，虽不及陶诗那样受佛道影响之深，但从其作品中仍然可以看出他与佛道的关系。

在历代帝王中，崇道信佛的大有人在，其诗作也相当之多。其中第一人当推梁武帝萧衍。他在位 48 年，大力倡导佛教，在中国诗歌史上产生过较大影响。他曾 4 次舍身佛寺，均被大臣用巨资赎回。今存其诗 90 余首，多是宣扬佛教教义、教理和坐禅生活的。

隋唐时期，是佛道诗歌创作的发展和繁荣时期。唐代以诗歌取士，写诗成为时尚，因此成为中国诗歌史上的黄金时代，佛道诗也同时大量产生，其数量和质量都是空前的。《全唐诗》录有诗僧115家，诗45卷。《唐才子传》提及的诗人有398名，诗僧占53名。诗僧的代表人物有：王梵志、丰干、寒山、拾得、义净、慧能、怀素、灵一、护国、皎然、江照、玄览、清江、江振、法振、灵彻、项斯、无可、泠然、贯休、处默、方丁、可止、齐己等。他们的诗歌成就，虽不能与李白、杜甫、白居易等抗衡，但却有自己的风格，且饶有韵味，与一般名家不相上下。

唐代佛教的发展处于高潮鼎盛时期，宗派林立，其中最有影响的是禅宗，它与诗的关系最为密切，并直接推进了诗歌创作的繁荣。禅宗六祖慧能虽然只留传下来一首诗（“菩提本无树，明镜亦非台。本来无一物，何处惹尘埃？”），但他的修行理论却与诗歌的创作有共通之处，对诗歌创作产生了积极的影响。慧能之后出现的有影响的诗僧便是寒山、拾得了。《全唐诗》中存寒山诗200余首，拾得诗近百首。寒山诗大多写禅理、禅趣和禅境，极能紧扣佛家“虚静空”之要义。

拾得诗与寒山诗风格近似，但时人多认为他的诗实为佛家偈语，艺术性差。他对此愤愤不平，并写诗道：“我诗也是诗，有人唤作偈。诗偈总一般，读时须仔细。”皎然、贯休和齐己是寒山之后的有名诗僧，他们生活在中唐前后，诗名最大的便是皎然。当时的大诗人刘禹锡对诗僧现象就非常重视，他说：“世之言诗僧，多出江左。灵一导其源，护国袭之，清江扬其波，法振沿之。”（《刘宾客集》卷十九）宋代严羽曾说：“释皎然之诗，在唐诗僧之上。”（《沧浪诗话》）皎然是位深通佛理的僧人，他传达佛理的诗占多数。如：“非色非空非不空，空中真色不玲珑。可怜卢大担柴者，拾得骊珠橐籥中。”至于齐己，诗名也大，是位多产诗人，有《白莲集》10卷，收诗800余首，并有诗论著作《风骚旨格》一卷。齐己性格放逸，且钟爱山水，诗多写题咏、送别、赠答及修行生活，少数诗篇还反映民生疾苦，但大都寓有禅理。《四库提要》对皎然、贯休、齐己三人都有评论，认为：“皎然清而弱，贯休豪而粗。”特别指出齐己的五言诗“有大历以还遗意”，“非他释子所及”。道出了此三僧的诗歌风格，可见影响非同一般。《唐才子传》曾对诗僧现象有过概括：

> 自齐、梁以来，方外工文者，如支遁、道猷、宝月之俦，驰骤文苑，沉淫藻思，奇章伟什，绮错星陈，不为寡矣。厥后丧乱，兵革相寻，缁素亦已狼藉，罕有复入其流者。至唐……有灵一、灵澈、皎然、清塞、无可、虚中、齐己、贯休八人，皆东南产秀，共出一时，已为录实。其或虽以多而寡称，或者少而增价者，如惟审、护国、文益、可止等四十五人。

僧人诗只是佛教诗的一个方面，另一方面则是与佛教有这样那样关系的，他们也写佛教内容的诗。有的与佛教还远非一般关系，而是虔诚的信徒，是在家修行的居士。像我们熟悉的陈子昂、王维、杜甫、白居易、元稹、张籍、孟浩然、韦应物、柳宗元、刘禹锡、贾岛、李商隐等都与佛教有缘，写有相当数量的禅诗。

唐代道教虽是统治者提倡的主要宗教，但实际上是儒释道三教并存的，其规模和声势远不及佛教的影响大，诗歌创作上也是这样的。但道家的避性养生、保持本性及自然无为的思想对文人士大夫仍有很大影响，他们追求长生，讲究内心的安宁，希望过离俗超脱的生活，因此道家、道教对唐代诗歌创作的影响仍不容低估。《全唐诗》中列出的道士有百人之多。其中比较著名的有司马承祯、张氲、司马退之、裴修然、轩辕弥明、范尧佐、徐灵府、吴筠、郑遨、孙思邈、杜光庭、张果、许宣平、朱子真、韩湘、马湘、沈廷瑞等。他们的诗往往仅存一首两首，或三五首。只有吴筠、郑遨、杜光庭等人存诗较多些。吴筠有诗作近200首。他是玄宗时有名道士，善诗文，很受玄宗赏识。其《游仙诗》24首，从不同的角度表达了他超然的情怀，歌颂仙境诸神优游自在，无拘无束的陶然生活。其小诗亦写得玲珑别致传情生动，令人回味。可惜像吴筠这样的道家诗人较少。而表现道家思想内容的诗歌创作主要还是文人学士。如初唐的王勃、卢照邻、陈子昂，盛唐的贺知章、李白、孟浩然，中唐的刘禹锡、李贺，晚唐的杜牧、李商隐等，都受道家思想影响较深。对道家的无为、清静、抱朴、守真的思想多有涉及，借以表现超然物外、追求自由的旷放情怀，他们中最有代表性的诗人就是李白和李贺。纵观李白一生，他虽受儒家思想的影响，但最终能支配他的思想的还是佛家思想，特别是道家思想与他的人格结合得非常完美，因而造就了一个伟大的浪漫主义诗人。

禅宗对唐诗的影响甚为巨大，所有的名诗人大多要写禅诗。同时，我们还注意到，三教的交流与兼容对诗人的影响并不那么单一，往往既有儒家的影响，也有释道的影响。但对某一个诗人来说，各时期又有所侧重。例如王维，早期是以儒家思想为主导，后期是以佛家思想为主导。李白在得意时是以儒家思想为主导，在失意时便以道家思想排除郁愤，慰藉自己。

佛道诗歌发展的第三个时期是宋代。宋代的皇帝也崇道，一是像唐代皇帝一样用道家之光照亮自己的皇权。唐说李耳是自己的祖先，宋说道教祖师赵玄朗是自己的祖先。二是他们都希望长生。所以宋代一开始便大封道观，并为道士设宫，盛况空前，远远超过唐代。至于佛教，在宋代并不如在唐代受统治者重视，但由于经过唐代之后，佛教更中国化、大众化，所以到了宋代，已普及并深入到群众中，使佛教更加世俗化、民间化。

道家领袖人物在宋初有吕洞宾、陈抟、张虚白、石仲元等人。佛教的九僧是宋代的佛教代表人物。这些佛道人物有较高学问，长于诗文，他们代表宋初的僧人道士的诗文的最高水平。吕洞宾，即民间传说的八仙之一。他的诗作颇多，有4卷，计300多首。许多写成仙修道之事，或反映清心寡欲的生活，超尘避俗的境界，或抒写自然愉悦的心境，或表现摆脱名利、蔑视富贵、冲决束缚的豪气。总之，他的诗打上了道家思想的深深烙印。陈抟也是宋初有名道士，隐居华山，被道家称之为“老祖”。传说他书读百家，过目成诵，并有雄才大略。五代时，他隐居武当山，始终不能忘怀政治，说自己一生“非仙而即帝”。赵匡胤陈桥兵变废周而自立皇帝后，他认为自己不如赵匡胤，无力扭转乾坤，才真正成为一个出家的道士。他留下的诗歌多写在宗教的缥缈世界里修道养生和寻求寄托。

宋初的九僧是：剑南希昼、金华保暹、南越文兆、大台行肇、沃州简长、青城惟凤、淮南惠崇、江东宇昭、峨眉怀古。他们不仅诗歌作品颇丰，而且对佛教发展亦有理论上的贡献，所以影响较大。对九僧诗历来有褒有贬，司马光认为“其美者亦止于世人所称数联耳”。而明代胡应麟则称赞“其诗律之滢洁，一扫唐末五代鄙俗之态，几乎升贾岛之堂”。评论也是见仁见智。

宋代创作的主流是江西诗派，而江西诗派恰又与佛教有千丝万缕的关系，其领袖人物黄庭坚一心向佛，是禅宗黄龙派晦堂祖心禅师的入室弟子，可见佛教对他影响之深了。北宋写禅诗的文人很多，但真正具有代表性的莫过于苏轼和王安石。他们宦海浮沉，起伏不定，饱尝生活的酸甜苦辣，终以佛道思想来缓解痛苦，求得宽慰，寄托余生。苏轼还是与僧人道士关系最为密切的一位诗人。据不完全统计和他有交往的僧人约近百人，如惠崇、佛印、惠洪、道潜、仲殊、惠勤等就是代表。王安石变革失败，两次罢相，打击沉重，心灰意冷。他罢官之后，隐居江宁半山园，以舍为寺，心向佛，大有看破红尘之意。因此，他写下不少富有理趣和禅意的诗。还有南宋的“四灵”和陆游等人的作品也有大量内容写及佛道。可以看出佛道诗歌的创作如江流不息。特别是道家思想在宋诗中表现得比唐代还要盛些。

宋代以后，各代诗歌呈衰微之势，再也没有唐宋之盛了。佛教在唐宋之后明显地呈衰微之势，但道教在元代却得到了较大发展。这与统治者的提倡大有关系。元成吉思汗信道崇道，把全真道教的丘处机称之为“仙翁”，命他掌管天下道教。丘处机成为道教史上一位重要人物，有诗集传世。至明代朱元璋亦崇道，其子孙也大都信奉道教，如明宣宗、明世宗一生都专心奉道教，把道教几乎当成了护国的法宝。道教领袖张三丰是其中代表者，有诗传世。佛教有梵琦、宗泐，因诗才佛学名世。梵琦有《西斋净土诗》数百首，宗泐有《全室外集》10卷。他们之后的道衍是名诗人高启的诗友，著有《独庵集》，因佐命成祖，得封荣国公、太子少师，可谓荣耀。明中后期亦出现不少僧道有名诗人，如憨山、紫柏诗作称世，为帝、后所赏识，并且卷入上层政治斗争漩涡，成为大名鼎鼎的佛门人物。清代诗僧中，读彻、如乾、元作、晓音、律然、俞桐、大汕、日荷、敬安（八指头陀）、曼殊等都是著名的诗僧。其中的读彻、大汕、敬安、曼殊存诗较多，颇负盛名，为时人传诵。

元明清三代，文人士大夫写的佛道诗也不少。如元代的马臻、张雨、倪赞、张养浩等，明代的高启、沈周、唐寅、杨慎、徐渭、汤显祖、袁宏道等，都留有较优秀的佛道诗。清代文人写佛道诗的更多，因清初统治严酷，许多文人不能接受黑暗的现实，出家为僧入道者颇多。文人也常以佛道思想排遣内心痛苦，借诗歌抒发苦闷，如吴伟业、钱谦益、屈大均、龚自珍等。处于清代盛世的曹雪芹在《红楼梦》中的诗词，就有浓厚的佛道思想。

在中国诗歌史上佛道诗的作者及其作品源源不断，涉及面甚广，数量很多，是有其诸多原因的。第一，人们追求极乐世界，希望长生，甚至希望成仙成佛。第二，人们处在矛盾或痛苦的生活中，为避免旦夕祸福，希望“出世”。第三，僧人道士有着特殊的充满诗意的生活环境。“天下名山僧占多”，于是与诗结下了不解之缘。明清之际的黄宗羲曾说：“诗为至清之物。僧中之诗，人境俱夺，能得其至清者。故可与言诗，多在僧也。”（见《南雷文定》）第四，诗的创作强调澄心净虑、出神入化、情景交融、物我两忘、得意忘言，这与佛道的修炼有着相通之处，尤与禅宗契合。禅宗的“渐悟”、“妙语”，与诗的构思颇为相似。第五，历代许多理论家和诗人，肯定并宣传禅与诗的关系，也促进了诗的创作，如严羽、苏轼、陆游等，都把创作诗歌的过程看作参禅一般。

总之，佛道思想一直影响着古代诗歌，与古代诗歌一同走过了漫长的历史道路。

本文原载于《中国文化研究》1998 年第二季度

敦煌的艺术和文物

李更新

李更新，中文学院离休教师。

自从清光绪二十六年（1900）敦煌莫高窟“藏经洞”的遗书、文物被发现以来，敦煌的艺术和文物受到国内外学者的高度重视，对它进行了广泛深入的研究，形成了一种叫做“敦煌学”的专门学科。中国于1983年成立了敦煌吐鲁番学学会并举行过全国规模的敦煌学术会议，国际学术界还召开过世界规模的敦煌学讨论会。

敦煌的艺术和文物，主要就是指敦煌莫高窟的彩塑、壁画和“藏经洞”的遗书、文物等。莫高窟现存洞窟492个、彩塑2400多身、壁画4.5万多平方米，构成一个由建筑、绘画、雕塑组成的综合艺术体，是世界上现存规模最大的佛教艺术宝库。这些彩塑和壁画，反映了中国4世纪至14世纪的部分生活和历代造型艺术的发展与成就，具有很高的艺术价值和历史价值。“藏经洞”的遗书、文物，包括经书、文书、帛画等珍贵资料4万件左右，对研究中国古代的政治、经济、文学、艺术、宗教、科技等都极有价值。姜亮夫教授在他的新著《敦煌学概论》中有这样几句话：“从整个中国文化来看，敦煌替我们保存了我们文化里边的宝，最重要的宝，保存的太多了，道家经典、儒家经典几乎都保存了，中国的一些知识也在里边保存了，中国社会的一些现象也在里边保存了。”这段话就清楚地说明了敦煌文物在中国文化史上的重要地位。

一、敦煌和莫高窟的历史沿革

敦煌县是甘肃省最西的一个县。位于河西走廊西缘，地处党河流域。它南接青海，西邻新疆维吾尔自治区。面积比中国台湾省略大，但自然条件较差，它每年平均有5个月冰冻期，雨水很少，风沙很大，耕地极少，绝大部分是茫茫戈壁。新中国成立前交通不便，只有一条崎岖不平的公路可通兰州。居民稀少，到新中国成立初期全县不过3.8万多人。在“藏经洞”文物未被发现前，在相当长一段时间内，这个地方没有引起人们的注意。但在很早以前，这里却是个重要的地方，而且还是中国西北的大门！

远在2000多年前的汉朝初期，敦煌一带地方是匈奴等少数民族的游牧地区，当时叫做瓜州。这些游牧民族经常侵扰汉朝的西北边境，所以到了国力强盛的汉武帝时，汉朝为了安定边防、打通甘肃与西域的通道，就派兵赶走了匈奴。不久，就在那里设立敦煌郡。敦煌的名字，就是从那时开始的，时间是在汉武帝元鼎六年（前111）。

当时中国同西方各国的交通，几乎都取道敦煌的玉门关和阳关。因此，从汉朝到唐朝，敦煌便一直是中国西北的大门，著名的“丝绸之路”、中外交通的咽喉要道，中西交通史上的许多重大事件无一不和敦煌发生关系：西汉张骞通使西域，印度佛教传入中国，东晋法显巡礼印度，唐代玄奘“西天取经”，马可·波罗东来中国，汉朝丝绸和纸的西传，这里都是必经的通路。对当时的旅行者来说，“西出阳关”就意味着凄怆的离别；“生还玉门”就象征着幸福的重聚。所以在唐诗中有“劝君更尽一杯酒，西出阳关无故人”和“羌笛何须怨杨柳，春风不度玉门关”的名句。我们完全可以说，那时的敦煌是一个非常热闹的地方，经常有一队队的商人和宗教徒骑着骆驼从这里经过。在当时的中西文化、经济交流和友好往来中起着重要的作用。汉代人应劭在解释“敦煌”两个字的意义时说：“敦，大也。煌，盛也。”这个解释非常符合敦煌当时的情况。那时是敦煌的鼎盛时期。

到了唐代“安史之乱”以后，西部边疆的回纥、吐蕃、党项等少数民族不断侵扰内地，敦煌经常处在动乱之中，盛况渐衰。

两宋时期，海上交通逐渐发达，中国与西方各国的交往多通过海路，因此陆路上的“丝绸之路”慢慢失去了往日的兴盛景况，敦煌也因此而开始冷落了。

到明朝世祖年间，由于政府的腐败和战争的破坏，敦煌原有的旧城几乎渐渐变成了一片废墟。至清朝初年，终于不得不在党河以东建设敦煌新城。

距敦煌县城东南约50里处，有一条大泉河。河东是起伏不平的沙丘；河西是平均高度达17米的悬崖陡壁。这座悬崖陡壁位于鸣沙山上，与三危山相对峙，其南北约有3里长。人们沿着悬崖陡壁凿出了重重叠叠、高低错落、栉比相连、规模宏伟的石窟群。石窟里面塑造了许多佛像，石窟的壁上绘有壁画。这就是举世闻名的敦煌艺术宝库——敦煌莫高窟。崖上崖下景色截然不同，崖上是一片黄沙，荒凉满目；崖下是浓绿成荫，清泉萦回。借用两句古诗来形容：崖上是“平沙莽莽黄入天”，崖下是“别有天地非人间”（见李白《山中答问》）。

敦煌艺术宝库不只是莫高窟一个地方，它还包括西千佛洞、榆林窟和小千佛洞等地方。不过从窟室规模、作品数量、艺术成就和保存完整等几个方面来看，敦煌艺术的代表无疑应是莫高窟；特别是莫高窟又是发现敦煌遗书文物的“藏经洞”所在地，所以介绍敦煌艺术和文物一般都只介绍莫高窟。

根据现有的历史文献记载，莫高窟是前秦建元二年（366）一个名叫乐僔的和尚首先开凿修造的。

据说乐僔和尚手拿锡杖，云游来到莫高窟的附近，时已黄昏，落日余晖映照着对面古老的三危山，他仿佛看到山顶上射出万道金光，金光中有千佛的形状。于是，他决定在三危山对面的岩壁上修凿一个佛窟。其实，乐僔所看到的金光和千佛，只是一种幻象。

这一段事迹，记载在698年（唐圣历元年）李君修的佛龛碑文上。

不久，又有一个叫法良的禅师从东方来到这里，在乐僔开凿的窟旁又开了一个石窟。

以后，信佛的人多了起来，石窟也多了起来。不仅和尚来修建佛窟，而且外国的国王、公主，当地的大小官吏、富商巨贾以及各个阶层的善男信女，也来修建佛窟，以表示他们对佛祖的虔诚。这样，莫高窟的艺术财富就不断地增加。发展到唐代，莫高窟已具有 1000 多个佛窟，这是敦煌艺术的鼎盛时代。

敦煌莫高窟之所以在那个时代被开凿，而且迅速得到发展，是由于当时的分裂和战争给人们带来巨大的灾祸。广大劳动人民处于水深火热之中，找不到别的出路，只能希望从宗教里得到一些安慰和寄托。加上封建统治阶级大力提倡佛教，这样，佛教就在社会上广泛地流行起来。而敦煌当时是佛教传入中国的一个前哨，莫高窟就是在这样的历史背景下出现和发展起来的。

莫高窟的真正繁荣是在唐代。莫高窟在唐代的繁荣是和唐代经营西域分不开的。贞观到天宝年间（627—756），是唐朝的国力鼎盛时期，也是唐朝进一步开辟西北国际商路的时期。这一时期政治比较稳定，经济和文化都相当繁荣，唐朝在西域的声威也很高，佛教得到更广泛的传播，佛教艺术也达到了极盛时代。所以莫高窟在唐代达到了光辉的顶点。

但是好景不长，“安史之乱”后，唐朝日趋衰落，莫高窟也由繁荣逐步走向衰微。在两宋以后，敦煌失去了国际交通枢纽的地位和当时佛教势力日渐衰弱，虽然仍然有人来莫高窟开凿佛窟，但是已经为数寥寥。此后直至清初，敦煌和内地完全隔绝，莫高窟也日渐被人们淡忘。

二、敦煌艺术概况

敦煌莫高窟的艺术作品，是由数以千计的优美彩塑和大量的绚丽壁画等构成的。这些艺术作品充分反映了中国古代艺术匠师在塑造和绘画艺术等方面的卓越造诣。他们既善于继承中国古代优秀的重于传神的艺术传统，又善于巧妙地借鉴外国艺术的宝贵经验，因而创造出各个时代具有不同风格的艺术珍品。这是中国人民引为骄傲的艺术遗产，也是世界艺术史上的无价瑰宝。如果把这些艺术品排列起来，可以布置成一个长达 50 里的长廊。

在介绍彩塑佛像和壁画之前，先简单介绍一下洞窟建筑的情况。

北魏的洞窟有两种形式：一种是长方形，在洞窟中心稍偏后处，有一根方形柱，在柱的四面凿出佛龛，龛内塑着佛像。窟外还有一个“人字坡”顶的前室。另一种是正方形，没有方形柱，在洞窟四壁凿龛造像，窟顶为倒“斗”形。

隋窟的格局大致和魏窟类似，也分为两种：一种仍有中心柱，不过柱上只有三面凿龛，一面没有龛。中心柱前仍是“人字坡”顶；另一种为方形，正中有方形坛基，上塑佛像。隋窟也有前室，现在大都已经崩坍。

唐窟规模比过去更大，都是正方形，中心方柱已完全取消，在洞窟后壁凿一深龛，内塑佛像。窟顶一律改为覆斗形。

五代宋初时，石窟的形式和过去又有不同，洞窟里面凿出一面像屏风一样的石壁，石壁前连着一个大石坛，靠着石屏风塑造一个佛像，在石坛上还塑造许多小佛像。有许多洞窟规模还要大，窟顶仍为覆斗形，窟顶四角画着四天王像。

宋代以后石窟变化较少，只有元代石窟的中央，安设梯形的圆坛，四周有壶门彩绘（即壶门里绘出彩画），比较特殊。

值得指出的是唐宋时代木构窟檐和廊道的建筑。古代匠师在很高的崖壁上凿出洞窟后，又巧妙地把木构建筑和洞窟结合在一起。现在保存下来的有唐末、五代和宋初的窟檐六处，是我国现存最古的木构建筑，是研究中国古代建筑史的重要资料。

下面介绍彩塑和壁画。首先说彩塑。

敦煌莫高窟保存的彩塑有 2400 多个。最早的是北魏的彩塑。塑像的形体比较高大，面貌清瘦，前额宽阔，鼻梁平直，眉眼细长，发髻成波纹状，衣服的褶纹紧贴身上，风格朴实健壮。因为受到印度艺术的影响，在技巧方面还保留着石雕的手法，没有充分发挥泥塑特有的自由伸展的性能。

到了隋代，彩塑的形式渐渐有了变化，改变了北魏“秀骨清像”的格调，塑像的面部变得丰满起来，鼻梁低了，耳朵下垂而且变大，衣纹也变得柔和而真实，很富于民族的风格。这时佛像的颜色也比北魏华丽，不过还有头大身小、脸部呆板的缺点。

唐代是塑造佛像最昌盛的时代，塑像匀称自然，改变了隋代头大身小的缺点，面相丰满而不呆板，精神焕发，衣纹细腻流畅，服饰趋于复杂华美，很像现实生活中的人物，完全抛弃了模仿的痕迹。如天王像表现了男子的健美，让人感到威严、勇猛、正直、刚毅。菩萨像身段秀美，面庞圆润，嘴角带着妩媚的微笑，袒露着胸臂，薄薄的衣裙飘飘欲动，与其说是宗教里的“神”，不如说是唐代现实生活中美丽妇女的塑像。259窟北壁东头的佛禅定像，因其优美的体态、微笑的面容而被誉为中国的“蒙娜丽莎”。唐代还创造出几个大型佛像，最高的佛像高达33米，和北京前门城楼一样高。

唐末五代和宋初的塑像，形式上还保持着唐代盛世的楷模，但已经缺乏一种内在的活力。

宋朝以后的塑像因袭前代的遗风，生硬呆板，没有多大发展。

到了清代，又加上些杂乱的道教塑像，水平低下。

其次说壁画。敦煌莫高窟的壁画有很高的艺术价值和历史价值，也是一份巨大的古典艺术遗产。莫高窟早期的壁画，大都线条剥落，颜色褪变，从保存较好的北魏壁画看，具有浑厚沉着、用笔奔放洒脱的特点。隋代的壁画线条流利活泼，用色比较丰富柔和。唐代是中国绘画的黄金时代，唐代壁画艺术达到一个空前的高度，内容和形式都焕然一新，更多更好地描绘和反映了现实社会生活，画面构图宏伟多变，线条细密流畅，颜色浓艳繁复。五代宋初壁画的内容格调承袭唐代，但在用色及描绘上具有一种朴质的民间艺术风格，并且发展了肖像艺术。元代壁画用色比较沉滞暗淡，很少用红色。技法上开始采用淡彩水墨的湿壁画风格，令人觉得有一种神秘的气氛。

这些壁画主要有经变、本生故事、尊像图、供养人像等几项内容：

（一）经变：就是佛经的故事画。这种壁画是莫高窟最主要的部分。如西方净土变，画师们以丰富的想象力，描绘了西方“极乐世界”的情景：金碧辉煌的楼台宫殿，清澈的池水，美丽的菩提树，天空中有祥云缭绕，水池中是展翅欲飞的水鸟，中间佛祖释迦牟尼坐在莲花座上，左右是二大菩萨——观音和势至，以及众多的眷属和圣众，真是华丽庄严，气象万千。

（二）本生故事：就是释迦牟尼前生的故事。如在第275窟的北窟上，描绘了尸毗王的故事。说的是释迦牟尼前世当尸毗王时的善举。尸毗王为了帮助快要被鹰吃掉的鸽子，提出愿意献出和鸽子同等重量的肉给鹰吃。壁画中，尸毗王旁边蹲着一个持刀割肉的男子，尸毗王被他割了半天，也抵不上鸽子的重量，尸毗王只好将自己整个身子挂到秤钩上去。秤盘上放着鸽子。

（三）尊像图：包括佛、菩萨、阿罗汉、小千佛等图像。

（四）供养人像：供养人指那些出钱修佛窟或以其他财物供养佛和菩萨的人，他们把自己的像画在墙壁上，表示这个佛窟内的佛是他们供养的，这样，佛和菩萨就会降福、保佑他们。这些供养人都是现实社会中的人，有真名实姓。他们之中有王公贵族，也有地位卑微的人。

这些壁画的内容虽然多数是释迦牟尼的前生故事和佛经里的故事，具有浓厚的宗教色彩，然而这些壁画是政治上无权、经济地位低下的艺术工匠制作的，因此，幅幅富丽堂皇、五光十色的生动画面，仍曲折地反映了现实生活的某些情景，从而具有了丰富的现实意义。比如，上面谈到过的尸毗王的本生画，尸毗王为救一只鸽子，不惜割尽身上的肉。这种内容，和剥削阶级祈福许愿的要求显然是有距离的，因为事实上没有哪一个国王能这样去勇敢地牺牲，以求善果。但这种内容和人民的愿望要求，却是极为接近的。人民在那个苦难的时代，渴望着能有那样的“救世主”出现，来解救他们的不幸和痛苦。又如在西魏“得眼林故事”中，500 个“强盗”奋勇抗击官军的围剿，大败被俘，被判处“剜眼”酷刑，这更是封建社会血淋淋的阶级斗争的现实写照了。特别是壁画中供养人像和反映人们社会生活的艺术作品，具有很强的现实意义，是研究当时社会历史情况的重要资料。

同时，这些壁画也表现出壁画艺术的高超技巧和惊人的艺术感染力。例如北魏狩猎图中的动物，寥寥数笔就把它们不同的形象、特征和在某种情况下特定的神态动作活生生地表现出来了。又如各时代壁画中都常见的飞天，并不需在背上画出翅膀，像西洋绘画中的天使那样，而且只用一个优美的飞翔姿势，再加上一条飘拂的长带，便自然而然升在天空了。再如描绘佛、菩萨像，一双长而低垂的眼，就使人感到亲切慈祥；描绘天王像，则一对圆睁的眼，就使人有威严不可亵渎之感。

敦煌莫高窟艺术中栩栩如生的塑像和浩如烟海的壁画，是中国劳动人民智慧和才能的结晶，为中国艺术发展史增添了光辉的一页。但是，这座震撼人心的艺术宝库，却长期湮没在黄沙漫漫的荒漠里。直到清朝光绪二十六年发现莫高窟“藏经洞”的藏书和文物，才一举震动了国际学术界，重新引起了人们的关注。

三、敦煌文物的发现和被劫

敦煌是中国古代的战略要地，一直是中国西北地区各民族争夺的目标。据贺世哲考证认为，11 世纪初，瓜沙曹氏政权面临覆灭之祸，迫于避难和备战的需要，曹氏政权和洞窟僧人把大批寺院佛经及各类官府文书隐藏进一个洞窟的复室里，外面筑起一道泥墙封闭起来，并画上菩萨像加以伪装。后来那些和尚离去后没有回来，这个密室就再也没人知道了。

清光绪二十六年（1900）五月二十六日，住在莫高窟的道士王国箓在清除石窟甬道里的积沙时，突然在甬道的北壁发现了一处裂缝，可以窥见里面藏着一些东西；王道士挖开墙壁，现出一间黑洞洞的石窟，约 3 米见方，室内堆满了经卷、文书、织绣、绘画、法器以及儒家经典、图书资料等。这些材料包括千百年间古代封建社会有关宗教、哲学、文学、艺术、历史等各方面的重要文献资料，是 20 世纪人类文化史上的重要发现，这就是世界著名的“藏经洞”。

王道士并不知道这些珍贵文物的价值，随便拿出几卷写本送人。1902 年，甘肃学台叶昌炽曾托人从王道士处取得“藏经洞”的宋乾德六年（968）水月观音像、经卷写本、梵叶本等，因此建议甘肃藩台衙门，把这批文物运送到省城保管。当时估计运费要五六千两银子，昏庸腐败的清政府官员觉得银子比这些“废纸”价值高，不肯拿出钱来，只是命令敦煌知县汪宗翰检点经卷、画像，依旧封存起来；结果又由于王道士用砖砌断这座宝库。终于铸成了中国学术文化史上不可估量的损失。

第一个向“藏经洞”伸手的外国人，是沙俄帕米尔地质考察队的勃奥鲁切夫。1905 年（清光绪三十一年），他听说中国的敦煌石室发现了古代的写本经卷，于是就在当年 10 月来到敦煌，以少量的俄国商品作为交换，就从王道士手里骗去了一大批珍贵文书经卷。另一个俄国人鄂登堡，又在 1914 年跑来这里，弄走了为数可观的遗书，并且还弄走了一批壁画和彩塑。

为英国服务的匈牙利人斯坦因，1906年，从土耳其商人那里听到敦煌发现藏经洞的消息后，便假借考古名义，于5月来到敦煌。他利用金钱利诱等无耻手段，从王道士处骗到了文物9000件左右，足足装满2箱抄写的卷子、5箱绘画和其他艺术品，只付给王道士500两银子，算是“功德钱”。斯坦因把掠得的宝物，得意洋洋地全部运回英国伦敦，陈列在不列颠博物院。1914年，斯坦因再次来到敦煌，还是利用王道士的关系，又劫得佛经5大箱600多卷。

1908年，法国的“汉学家”伯希和也抱着到敦煌劫夺古物的目的来到敦煌，伯希和的汉文知识较好，能按一定的标准进行挑选。结果他挑选出一些非汉文的写本，以及在语言学和考古学上特别有意义的汉文写本。以50两银子一捆的代价，从王道士处共劫走10多箱6000多卷写本和一些画卷，这些都是莫高窟“藏经洞”文物的精华。1909年，伯希和让人把文物运回巴黎后，他本人携带少量宝物回国，途中路经北京，居然公开展览敦煌秘籍，才引起中国学者的注意，惊呼这些不世之宝的横遭劫掠。清政府于同年才正式拨款，命令敦煌地方官吏，收集莫高窟所遗经卷文物，全部运到北京。可是沿途又遭到大小官僚的盗窃，最后送进京师图书馆时，只剩下8697卷，而且大都是残缺不全的佛经。

此外，劫夺敦煌文物的外国人还有日本大谷探险队派出的橘瑞超和吉川小一郎。这两人于1911年到达敦煌，先后从王道士处骗取了500卷佛经和一些唐代精美的彩塑。

还有美国的华尔纳。他于1924年来敦煌时，石室藏经已经空空如也，他用涂着化学药品的布，剥下20多块唐代壁画，计32006平方厘米，还劫取了数尊盛唐最优美的彩色塑像，运回美国。而代价只是用来贿赂王道士的70两白银。

敦煌莫高窟发现的历史文物、写本书籍和艺术品，经俄、英、法、日、美等国国际文化劫掠者的巧取豪夺，10年左右的时间就被弄得四分五散，很多极其珍贵的文物散佚到国外。以致造成中国学者只好到国外去搜集有关敦煌资料这样可悲的局面。所以著名学者陈寅恪在《敦煌劫余录序》中沉痛地说：“敦煌者，吾国学术之伤心史也！”

四、敦煌文物的价值和敦煌学的兴起

敦煌莫高窟的艺术文物数目惊人，价值很大。第一，这些艺术文物的年代很古，数量很多。写本部分的年代是5世纪到10世纪——北魏到宋初，数量有数万卷，形式多数是卷子。此外还有少量刊印本。其艺术品部分，估计不下1000件。这样巨大数量的古文物的发现，是中国历史上从来没有过的。第二，这些艺术文物包罗很广，提供材料很多。写本的内容包括佛经、道经、摩尼经、景教经、儒家经史子集、诗赋小说、通俗文学，以至户籍、账簿、医卜、历本、契据、信札、状牒、祭文等等；文字则有汉文、梵文、康居文、于田文、龟兹文、回鹘文、西藏文、突厥文等等。这些艺术文物提供材料很多，例如：写本中有中国久已失传的佛经《大乘四法经论》、《佛说延寿命经》等，有附有梵文原本的《金光明经》、《无量寿经》等，有记载佛教事迹的史料吐蕃统治沙洲时佛教源流等，有保存了许多古注的《老子》，有久已不存的古本隶书《尚书》，有笺注详细可供后世校勘的《诗经》，有久已亡佚的文学作品韦庄的《秦妇吟》长诗，有关于西北史地的材料《沙洲志》、《西州志》等，有真实地反映了中古封建社会阶级矛盾的文件，如卖身、卖田、借钱、借粟的契据。第三，这些艺术文物提供了真实的标本。如造纸和印刷，我们都可以从敦煌文物中找到最古和最好的实物标本。如敦煌所出的六朝写本，离蔡伦时代不过两三百年，而纸质洁白坚韧，已达到惊人的技术高度。敦煌文物中有唐咸通九年（868）的刻本，世界上还没有比它年代更古更完整的印本书。这个刻本，卷头有佛说法图一幅，线条精细有力，可以看出刻版的技术是很高的。第四，这些艺术文物的艺术水平很高。敦煌莫高窟所出六朝和唐代的写卷，一般都是行列严整、笔致挺秀，表现了这一时期中国书法艺术的很高造诣。近千件唐宋时代纸本、绢本、麻布本的绘画和刺绣，以及丝织品等，更是这个时期的光辉艺术成就。

敦煌文物的发现在国际上引起了巨大的反响，国内学术界也从震惊中奋发起来，积极从事敦煌艺术和文物的整理研究工作，并出版了一些研究敦煌学的著作。1943年成立的敦煌艺术研究所，在新中国成立前克服重重困难，坚持临摹壁画，做了一些保护维修和整理研究工作。

1950年，敦煌解放，莫高窟获得新生。人民政府接管敦煌艺术研究所，1951年改组成立敦煌文物研究所，积极开展敦煌学的研究工作，并获得可喜的成果。1961年，国务院把莫高窟列为全国重点文物保护单位。于1963年开始，对石窟进行全面维修和加固，修筑了长达400余米的栈道长廊，使莫高窟面貌焕然一新。新中国成立后敦煌的交通条件也大有改善，北有兰新铁路经过，民航飞机亦可直达县城，极有利于莫高窟吸引国内外专家学者和旅游者来此研究、参观。新中国成立以来，中国学者出版了不少有关敦煌学的专著和画册。1984年，敦煌文物研究所扩建为敦煌文物研究院，使敦煌学的研究工作取得更显著的成果。

近年来，由于敦煌艺术和文物的艺术价值及历史价值越来越为国际学术界所重视，它吸引着更多的研究者从各种不同的角度探索敦煌艺术和文物的奥秘，一些国家成立了有关敦煌学的研究组织，逐步整理出版敦煌秘籍写本和学术论著，不断发表敦煌学的研究成果。

我们相信，只要在已有成绩的基础上，在研究上坚持不懈地努力，敦煌遗产一定会在不久的将来放射出更加绚丽夺目的光彩，为祖国的文化艺术史写出光辉灿烂的一页。

本文原载于《中国文化艺术史话》，中国社会科学出版社1989年版

北魏西北丝路的利用

石云涛

石云涛，男，1957年2月生，河南省太康县人。北京外国语大学中文学院教授，中国古代文学专业硕士生导师，比较文学与跨文化研究专业博士生导师。主要从事魏晋南北朝隋唐史、唐诗、丝绸之路与中外文化交流史方面的教学和研究。出版专著有《中国古代文学作品讲析》（先秦至唐五代）、《中国古代文学作品讲析》（宋至近代）、《走出玄武门：李世民的治国谋略》、《唐代幕府制度研究》、《建安唐宋文学考论》、《早期中西交通与交流史稿》、《三至六世纪丝绸之路的变迁》、《中古文史探微》、《安史之乱：大唐盛衰记》等，主编《新编应用文写作教程》、《中国传统文化概论》、《语言与文化论集》；参编《中国古代文学》（大学教材）、《乐府诗鉴赏大辞典》、《中国古代文学作品多解大辞典》、《〈后汉书〉选注》、《中国大通史》（隋唐卷）、《现代汉语多功能词典》、《中国文化艺术史话》、《许都览胜》、《西市宝典》等。发表学术论文90余篇。

中国中原政权与西域的交通至北魏时出现了一个高潮，特别在太武帝以后，北魏保持了长时期的政治和社会稳定，促进了中西间交通的开展。宣武帝以后，这种交通和交往形成前所未有的高潮，与之通交的国家和地区远及波斯、南亚和东罗马，据我们统计，与北魏通交的西部国家和地区除今新疆地区各绿洲王国外，葱岭以远多达90多个[1]，彼此使节往还频繁。此外，东来传教与西行求法的佛教徒络绎不绝，奔波丝路从事商贸活动的商队相望于道，形成“相继而来，不间于岁”的兴盛局面。这里提出了一个问题，北魏时期的使节、僧侣和商队经行了什么路线进行来往的，本文想对这个问题作一个粗略的考察。

一、鄯善道的利用

由于南北朝对峙，北魏主要利用西北丝路与西域诸国进行交通往来。这一时期传统的经由河西走廊进入西域的道路仍受到重视和利用，自河西入西域自汉代以来便形成三条路线，即自敦煌出玉门关西行的鄯善道、楼兰道和伊吾路。北魏人称楼兰道为“白龙堆路”[2]，魏晋以后，鄯善成为西行经西域南道或北行经白龙堆路入西域北道的分路口，因此从敦煌西行，则分鄯善和伊吾两道。《魏书·西域传》云：“度流沙，西行两千里至鄯善为一道，自玉门关度流沙北行二千二百里至车师为一道。”度流沙至车师则路经伊吾。

北魏交通西域，最早主要利用鄯善路，首先是由于柔然崛起北方，伊吾路受到柔然的威胁和阻碍，朝廷使节不得不经行丝路南道上的鄯善。

北魏交通西域是在太武帝拓跋焘时期开始的。《魏书·西域传序》记载：“太祖初经营中原，未暇及于四表，既而西戎之贡不至。”但也是在这时，有大臣奏请依汉朝故事通西域，以“振威德于荒外”，“致奇物于天府”。道武帝却以为“汉氏不保境安人，乃远开西域，使海内虚耗，何利之有？今若通之，前弊复加百姓矣”。因此没有采纳大臣的建议，究其实，国力不逮是其根本原因。太宗明元帝拓跋嗣即位后，继承了道武帝的传统，“历太宗世，竟不招纳”。太武帝即位的前10年，在中西交通方面依然没有动向。

---

[1] 石云涛：《北魏中西交通的开展》，《社会科学辑刊》2007年第1期。

[2] 《魏书·西域传》“鄯善国”条，上海古籍出版社、上海书店1986年版，第260页。

至太武帝太延元年（435），西域诸国入朝进贡，接着北魏遣使报聘，双方的交往拉开了序幕。这年二月，“蠕蠕、焉耆、车师诸国各遣使朝献”。于是有遣王恩生、许纲等出使西域之举。史载这年五月“遣使者二十辈使西域”，王恩生当为正使，许纲等人在其中[1]。其时柔然将西域视为禁脔，不欲北魏染指西域。王恩生等在途中被柔然捕获，不准越境。太武帝切责柔然敕连可汗，敕连可汗遣王恩生等还。王恩生等人是北魏出使西域的第一批使团，此行未果，但成为中西间交通的先声。

柔然是继匈奴、鲜卑之后，在北方兴起的又一个强盛的草原民族。5世纪初，社仑统部，为了避免北魏侵袭，开始从漠南推向漠北，侵入高车部落聚居的鄂尔浑、土拉河流域，“深入其地，遂并诸部，凶势益振。北徙弱洛水，始立军法”[2]。至牟汗纥升盖可汗大檀时柔然进入强盛时期。北魏太武帝时，正是柔然崛起之时，因此成为北魏交通西域的障碍。太武帝经营河西，对柔然的用兵取得了一定胜利，北魏与柔然的关系一度缓和。太延元年之前一年，“蠕蠕吴提奉其妹，并遣其异母兄秃鹿傀及左右数百人朝贡，献马二千匹”。《魏书·世祖纪》载太武帝本年二月戊寅诏书云：

> 朕承统之始，群凶纵逸，四方未宾，所在逆僭。蠕蠕陆梁于漠北，铁弗肆虐于三秦。……故频年屡征，有事西北。……今四方顺轨，兵革渐宁，宜宽徭赋，与民休息。

这一年太武帝亲幸河西，显示中西间丝路东端的通畅。于是当太延元年西域诸国遣使来贡，北魏朝廷决定回报，便试图通过伊吾路交通西域，结果却被柔然所阻挠。北魏使节所以经行伊吾路，从后来董琬等人西使，我们知道他们的目的地是乌孙，因此经伊吾路至高昌而后走西域北道最为近便。但盘踞大漠的柔然却不想让北魏与西域建立直接的联系。柔然一边与北魏讲和，一边阻挠

---

[1]　王恩生等作为第一批使团，即北魏最早“遣使者二十辈使西域”，其事当在太延元年。参石云涛：《三至六世纪丝绸之路的变迁》，文化艺术出版社2007年版，第149页。

[2]　《魏书》卷一〇三《蠕蠕传》。

和破坏北魏使节西行，其用意就是垄断中原与西域之间的丝路贸易。

西域诸国不断遣使来献，太延元年（435）六月，鄯善国遣使朝献；八月，粟特国遣使朝献。悉居半国“太延初遣使来献”。北魏则于第二年八月，遣使六辈使西域。太延三年三月，“龟兹、悦般、焉耆、车师、粟特、疏勒、乌孙、渴盘陁、鄯善诸国王各遣使朝献”[1]。九国同时来献，这是北魏外交史上的空前盛况，大臣建议遣使回报，可是此时太武帝却对交通西域仍感到犹豫，他以为“西域汉世虽通，有求则卑辞而来，无欲则骄慢王命，此其自知绝远大兵不可至故也。若报使往来，终无所益”。鉴于先前遣使西域数辈皆无结果，回报诸国又是不小的负担，所以不欲遣使回报。有人认为“九国不惮遐险，远贡方物，当与其进，安可豫抑？”交通西域的主张最终占了上风，北魏决心继续遣使交通西域。

王恩生等人行经伊吾路，故为柔然所阻。为了避开柔然的阻拦，“又遣散骑侍郎董琬、高明等，多赍金帛，出鄯善，招抚九国”[2]。董琬一行改走鄯善路，出使成功。据《魏书·西域传》记载，董琬等“北行至乌孙国”，受到热情款待。当他们启程西行时，“受诏便道之国，可往赴之”。在乌孙国，“其王得朝廷所赐，拜受甚悦”，建议董琬等交通破洛那、者舌等国。这年十一月，破洛那、者舌国“各遣使朝献”。董琬等出鄯善至乌孙，并没有经丝路南道西行，他们应该自鄯善北向，直接至焉耆、龟兹而后西行。从鄯善北向，实际上走的是楼兰古道，即白龙堆路，此路迂回艰险，但避开了柔然的威胁。董琬、高明等人西使，在加强中原与西域各国的关系方面起到了沟通和促进作用。这次成功出使，使一度沉寂的中西之间的官方来往频繁起来，随同董琬一行回到平城的，有包括乌孙、破洛那、者舌等在内的西域16国的使节，“自后相继而来，不间于岁，国使亦数十辈矣”[3]。北魏与西域之间互通使节越来越频繁，把丝路交通一步步推向高潮。

北魏使节经行鄯善道，也与北魏与割据河西走廊的政权、鄯善国的关系以

[1] 《魏书》卷一〇二《西域传序》。

[2] 同上。

[3] 同上。

及西域南道自古以来的利用有关。

鄯善地处新疆东部，地近中原，与中原政权的关系对中西交通有重要影响。东汉末年中原大乱，鄯善同西域其他国家一样，游离于中原政权的统治之外。魏晋以后，鄯善与中原政权长期保持友好关系。曹魏建立，鄯善内附，《三国志·乌丸鲜卑东夷传》记载："魏兴，西域虽不能尽至，其大国龟兹、于阗、康居、乌孙、疏勒、月氏、鄯善、车师之属，无岁不奉朝贡，略如汉氏故事。"3世纪前期鄯善国基本上处于独立阶段，后期西晋势力进入西域，征服鄯善，使其承认中原王朝的宗主权。4至5世纪，鄯善王国保持着繁荣，多次向中原王朝和河西地区的地方政权派遣使节，称臣朝贡，接受册封。前凉张骏派军队征服了鄯善和龟兹，加强了对西域东部的控制。前秦灭西凉，鄯善王亲自入朝。吕光征西域，鄯善王曾和车师前部王充当吕光大军的向导。

太武帝太延元年（435），西域各国开始遣使入魏朝贡，这年六月鄯善国使节便到了平城，《魏书·西域传》记载："鄯善国都扜泥城，古楼兰国也。……地多沙卤，少水草，北即白龙堆路。至太延初，始遣使来献。"是最早与北魏建立友好关系的西域国家之一。此时河西走廊为北凉所控制，北魏与北凉关系和好，因此北魏使节西行能够得到北凉的帮助。《魏书·西域传》记载："初，世祖每遣使西域，常诏河西王沮渠牧犍令护送，至姑臧，牧犍恒发使导路出流沙。"这成为北魏使节"出鄯善"入西域的重要背景。

从鄯善和车师西行分别为西域南道和北道。董琬等人为赴乌孙，又重走了经历白龙堆的楼兰古道，即从鄯善入北道。这条道路虽然艰险，但自汉以来不断有人冒险西渡。《高僧传》卷三记载，后秦僧人智猛等人赴印度求法，他们发迹长安，至凉州城，"出自阳关，西入流沙……遂历鄯善、龟兹、于阗诸国"。他们从鄯善至龟兹，入西域北道，董琬等人正是循此路西行。此后鄯善成为北魏与西域各国使节往还的必经之地。太延四年（438）三月，鄯善王遣其弟素延耆入侍于北魏，北魏与鄯善的关系更加密切。第二年四月，经由此道，鄯善、龟兹、疏勒、焉耆遣使进物于北魏。五月，遮逸国进汗血马于北魏；十一月，粟特、渴盘陀、破洛那、悉居半诸国各遣使朝贡于北魏。据《魏书·西域传》"鄯善国"条记载，太延四年，北凉残众欲击鄯善，"会魏使者自天竺、罽宾还，俱会鄯善”。说明北魏出使天竺的使节亦路出鄯善。

太延四年至五年间（438—439），丝路形势发生逆转，一方面北魏与柔然展开大规模的军事冲突，致使经行伊吾的北道不通。为了夺取北道的控制权，太延四年七月，北魏大举伐柔然。另一方面，北凉投靠柔然，阻断河西交通，引起北魏不满。这一年，北凉前期政权为北魏所灭，太延五年，北凉余众在沮渠无讳率领下西迁，沮渠无讳派沮渠安周西击鄯善，鄯善王比龙恐惧，从天竺、罽宾返国的魏使劝比龙抵御沮渠安周的进攻，鄯善王阻断西域南道，安周不能克。其后比龙惧沮渠氏的进攻，率众西奔且末，其世子则投降了沮渠安周，鄯善成为北凉直接控制的据点。沮渠无讳又逐高昌太守阚爽而据有其地，次年自立为凉王，与柔然、北魏对抗，于是南北两道阻绝。同时，丝路西端的形势也动荡不安，从公元438年（北魏太武帝太延四年）萨珊波斯伊嗣侯二世即位起，便与崛起于中亚的嚈哒开始攻战，嚈哒也在积极向南部发展其势力。5世纪30年代，嚈哒南下吐火罗斯坦，战胜寄多罗王朝，波斯则不断进攻嚈哒，这也是造成此一时期丝路衰落的原因。由于沮渠氏政权的阻碍和丝路西端形势的恶化，自太武帝太平真君元年（440）至太平真君四年，史书上没有看到北魏与西域诸国的使节往来。

沮渠安周虽然占有鄯善，但“鄯善人颇剽劫之，令不得通”。太武帝太平真君六年，北魏开始大力经营西域。这年四月北魏出兵讨吐谷浑，吐谷浑主慕利延西走于阗。太武帝又令万度归发凉州以西兵进军鄯善，八月平鄯善，“其王真达面缚出降”。万度归留兵镇守，与真达至平城，太武帝厚待之。于是“行人复通”。太平真君八年，“鄯善、无遮国并遣子进物于北魏”。九年五月，北魏命交趾公韩牧为领护西戎校尉、鄯善王，以镇鄯善，“赋役其人，比之郡县”，北魏利用鄯善进行中西间往来更加通便。后来的情况证明，北魏使节多从鄯善西行，经西域南道出使西域。《魏书·西域传》“于阗”条记载：“先是朝廷遣使者韩羊皮使波斯，波斯王遣使献驯象及珍物。经于阗，于阗中于王秋仁辄留之，假言虑有寇不达。羊皮言状，显祖怒，又遣羊皮奉诏责让之。自后每使朝献。”显祖即献文帝拓跋弘（465—471年在位）。按照一般交通情况，自于阗入内地，通常走的是经鄯善至敦煌而进入河西走廊的道路。

太平真君九年八月，北魏大破焉耆，其王鸠尸卑那西奔龟兹。北魏命康和与车师前部王车伊洛率所部兵，与万度归相会，讨西域。十二月，北魏以万度归自焉耆西讨龟兹，康和镇焉耆。同时北征柔然，第二年柔然渠帅绵他拔率其部落千余帐归附北魏，柔然主吐贺真远遁。自鄯善分行的西域丝路南北两道皆通，同时也迎来了北魏中西间交通的第一个高潮。

二、伊吾路的利用

北魏时自敦煌入西域之二道，其中至车师则路经伊吾。严耕望先生说："两晋北朝时代，伊吾道似为通西域之主要干线，用兵节使多出此途。"[1] 据我们考察，这一论断不免笼统，一是如前所论，北魏时中西交通曾充分利用了途经鄯善的道路，或北上过白龙堆路入北道，或西行经于阗过葱岭的南道；二是北魏时中西交通还利用了吐谷浑之路，这一点将在下文论述；三是伊吾路的利用比较复杂，主要取决于北魏与柔然、高车等民族的关系，特别是北魏与柔然的和战造成伊吾路的起伏盛衰，因此很难简单地说北朝时用兵节使多出此途。对于北魏时期的使节来往而言，一开始伊吾路不通，后来的利用也是断续进行的。直到北魏后期征服柔然，伊吾路才显得重要起来。

五胡十六国时，伊吾路多有利用。《晋书·吕光载记》记载，太元十年(385)，吕光平定龟兹后东归，"而苻坚高昌太守杨翰说其凉州刺史梁熙距守高桐、伊吾二关，熙不从。光至高昌，翰以郡迎降。……及至玉门，梁熙传檄，责光擅命还师，遣子胤与振威姚皓、别驾卫翰率众五万，距光于酒泉"。据考玉门关原在敦煌西北，隆安四年（400）前已东移至晋昌宜禾县之东、酒泉以西[2]。而"吕光自龟兹还至宜禾"[3]，学者们推测其东归，应该经伊吾路[4]。永

[1] 严耕望:《唐代交通图考》(II,河陇碛西区),台北"中央研究院"历史语言研究所 1985 年版,第 493 页。
[2] 向达:《唐代长安与西域文明》，三联书店 1957 年版，第 392 页。
[3] 《资治通鉴》卷一〇六，中华书局 1982 年版，第 3352 页。
[4] 向达:《唐代长安与西域文明》，第 388 页。

初三年（422）十二月，河西王蒙逊所置“晋昌太守唐契反”，蒙逊遣世子正德讨之。景平元年（423）三月，唐契战败，自晋昌“奔伊吾”[1]。这些都是伊吾路得到利用的史证。在这样的历史背景下，北魏第一次遣使西域，便企图经伊吾路西行，但为柔然所阻。

当北魏完成了北方的统一时，北方崛起的柔然成为伊吾路上的最大威胁，使节的往还不得不改走他路。如前所论，出敦煌西行使节们更多经行鄯善路，有意绕过了伊吾，从而避开柔然的作梗。北魏太武帝时经营西域，打通了南北两道的交通，并没有能够解决伊吾的交通问题。柔然盘踞伊吾，并力图垄断丝路交通，北魏与西域使节往还受到阻隔。由于伊吾在丝路交通中的重要地位，因此成为北魏、北凉、柔然、高车等各种势力争夺的中心，伊吾先后隶属于柔然、高车、北魏。柔然汗国在西域的活动中心是准噶尔盆地和阿尔泰山一带，5世纪时柔然汗国向南发展，占据了伊吾、高昌和焉耆等地。《魏书·唐和传》记载，西凉李暠为沮渠蒙逊所灭，唐和与兄唐契携外甥李宝避难伊吾，“招集民众二千余家，臣于蠕蠕，蠕蠕以契为伊吾王，经二十年，和与契遣使来降”。此后唐契兄弟被柔然所逼，弃城携部落逃至高昌，柔然又命高羔子为伊吾城主。

至北魏文成帝太安二年（456）八月，北魏遣尉眷北击伊吾，克其城，大获而还。此后的一段时间，由于北魏对柔然军事上的胜利，伊吾路可能得到利用。这时草原路畅通，现今黑海北岸刻赤出土有此一时期的中国丝绸，哈来比、杜拉欧罗波、巴尔米拉等地有成批的中国丝绸残片发现。太安三年北魏主拓跋濬北巡阴山，第二年度大漠，柔然绝迹远遁，其别部乌珠贺颓、库世颓率众降。

但这种形势不久就发生了变化，文成帝和平元年（460），柔然攻高昌，杀沮渠安周，以阚伯周为高昌王。经伊吾西行必经之地高昌落入柔然之手，此后柔然的发展进入一个盛期，北魏与柔然的关系进入一个微妙时期。这一时期，柔然与北魏时战时和，且战且和，柔然既是敌对国，又是交通西域各国的中介。柔然一方面对抗北魏，不断进扰北魏西北边境地区；一方面向西域扩张势力。献文帝皇兴四年（470）八月，柔然侵北魏边塞，九月，北魏北伐，破柔然。同

[1] 《宋书》卷九八《氐胡传》，上海古籍出版社、上海书店1986年版，第273页。

时，柔然西击于阗，于阗遣使向北魏求救，且云："西方诸国，今皆已属柔然，延望救援"，北魏力不能及，柔然一时成为西域霸主。此后，柔然连年寇边。

柔然与北魏发生军事冲突的同时，又不断遣使入贡，自和平元年至太和二十三年（460—499），柔然与北魏大规模的军事冲突达14次之多，而以柔然进犯北魏防御为主。与此同时，柔然向北魏朝贡13次。与柔然入贡次数成反比，西域其他诸国入贡次数明显减少。据此，我们大致可以推断，柔然向西域的扩张，以及对北魏西北边塞的侵扰，其重要目的之一，是控制丝路交通，垄断丝路贸易，柔然力图独占与中原地区丝路贸易之利。入贡是要换取更多的赏赐，用兵是阻断中原与西域的联系，从而保证丝路贸易的专利权。由于柔然势力崛起，并联络南朝刘宋，进击北魏。因此和平三年至和平五年数年间，中西交通一度中断，史书上不见北魏与西域各国互派使节的记载。

柔然的存在一直是当时中西间交通的障碍，地处中原的北魏王朝想在西域外交上有所作为，必须解除柔然游牧民族对于天山北部的控制。从孝文帝开始，北魏对柔然展开了大规模的进攻。北魏太和十二年（488），高羔子投降北魏，北魏在伊吾设郡，柔然势力退出伊吾地区。太和十六年八月，北魏出动7万骑兵进击柔然。太和二十一年高昌臣于柔然，不久，柔然主被高车所杀，柔然势衰。高车与北魏通好，高昌臣于高车。宣武帝正始三年（506）十月，柔然遣使纥奚勿六跋至北魏请和，标志着北魏与柔然长期的军事冲突结束。中亚地区嚈哒称霸，其势力伸展至南亚北部、西亚和西域，保证了丝路西端的通畅。宣武帝时中西间交通达到高潮，与这一背景有关。

当柔然衰落时，其属部高车首领阿伏至罗脱离柔然汗国的统治，建立高车国，屡与柔然争夺对伊吾的统治权，与北魏共同形成对柔然的夹击之势。柔然衰落后，高车与北魏保持友好关系。因此北魏后期二三十年间，伊吾路应该得到重视和利用。6世纪中叶，突厥汗国建立，伊吾一带成为突厥势力范围，西域为室点密可汗统治。583年，突厥分裂为东、西二部，包括伊吾在内的西域各部都归属西突厥，西突厥在伊吾设城长。至隋朝夺取伊吾，于此设伊吾镇和柔远镇，伊吾路又成为中西交通的要道。经行白龙堆的古楼兰道早已成为畏途，在伊吾路消除了人为的威胁时，使节、佛教徒与商旅更多地利用了伊吾路。所以隋代裴矩《西域图记》云："自高昌东南去瓜州一千三百里，并沙碛，乏水草。人西行，四面茫茫，道路不可准记，惟以六畜骸骨及驼马粪为标验，以知道路。若大雪，即不能行，兼有魑魅。是以商客往来，多取伊吾路。"[1]

20世纪初，新疆鄯善县吐峪沟曾出土《持世经》残卷，该经尾题"岁在己丑凉王大且渠安周所供养经，吴客丹阳郡张烋写"[2]。"己丑"为449年，即北魏太平真君十年，北凉承平七年。吐峪沟所出《佛说菩萨藏经》残卷尾题"大梁王大且渠安周所供养经，承平十五年（457）岁在丁酉书吏臣樊济写"[3]。中村不折所藏《十住论》残卷，出自吐鲁番，尾题"凉王大且渠安周所写"[4]。中村不折藏鄯善所出《华严经》卷二十八残卷，尾题"凉王大且渠安周所供养经"。据释僧祐《出三藏记集》，上述四件残卷中，《持世经》、《菩萨藏经》和《十住论》皆为鸠摩罗什于402至412年间在长安译出。元熙二年（420）六月十日，佛度跋陀罗于扬州道场寺译出六十卷本《华严经》。李崇峰先生据此指出，大量中原和南方佛经西传，表明这一时期僧侣西行求法和传译活动加强，伊吾路的开通或许为上述诸经新译本问世后不久直接传入高昌，提供了便利。靠近伊吾路起点的酒泉和玉门地区石窟中，出现较多西域式样的洞窟和画塑，也应当与伊吾路的通畅有关。[5]

经伊吾路入西域，官方的使节常受到柔然的阻挠，佛教徒、商队与使节不同，宗教容易突破国家与民族的隔阂而传播，佛教徒的行踪不大受政治上的影响；商队则是经济上的互通有无，为各国各民族所鼓励，因此即便战争时他们亦通常利用这条道路。对于使节往来，随着北魏与柔然的关系时战时和，伊吾道时有通塞，其东部起点有时自敦煌，有时则不自敦煌，或自晋昌（今安西）。宣武帝以后，北魏彻底解除了柔然对丝路的威胁，伊吾路应该得到更多的利用。虽然该道多沙碛，乏水草，多风险，甚至带有诸多恐怖色彩，然而较之白龙堆

[1] 乐史：《太平寰宇记》，影印文渊阁四库全书本（470），台湾商务印书馆1986年版，第450—459页。

[2] 此残卷后为日本中村不折收藏，参见《敦煌遗书总目索引》，散录844号，中华书局1983年版。

[3] 据王树枏《新疆访古录》卷一，此残卷先为陈镕皆、阜钧在曾炳熿吐鲁番幕府时所得，1910年赠与王树枏，后流入日本，为中村不折收藏。见《敦煌遗书总目索引》，散录0820号。

[4] 《敦煌遗书总目索引》，散录0817号。

[5] 李崇峰：《中印佛教石窟比较研究》，北京大学出版社2003年版，第246页。

路仍较优越，使节、商旅、僧徒仍多取此路往还，成为中西交通的要道，裴矩《西域图志》视伊吾为三大门户之一。

三、吐谷浑之路的利用

自张骞出使西域“凿空”以后，古代中西交通的陆上路线，一般情况下都是过河西走廊经新疆进入葱岭以西。但是当河西走廊或其中某一段被阻塞时，或者新疆东部地区出现阻碍时，人们也往往另走他道进入新疆地区。北魏时曾利用了吐谷浑之路。关于吐谷浑之路的研究，前人成果很多，但更多地注意了南朝与西域间交通的利用，北魏时利用的具体情况还缺乏深入探讨。

西晋灭亡以后，在南北朝对峙，中国境内多个政权存在，北方柔然崛起，彼此交通阻隔的特定时代里，特别是河西走廊和新疆东部地区成为多事之地，吐谷浑之地便成了一个沟通四方的重要地区。一般地说，吐谷浑之路以青海湖周围地区为中心，向东经湟水流域可通往中原，至长安、洛阳；向北越过祁连山脉，可进入河西走廊，向北偏东可到达武威，过扁都山口向北可至张掖，从青海湖西的都兰城出发，沿柴达木盆地南北两缘西行，再向北过阿尔金山隘口，可至鄯善。向南经龙涸（今四川松潘）至成都，可以和南朝相通。

中原政权利用吐谷浑之地交通西域，开始的时间较晚，北魏利用吐谷浑之地交通西域更晚。十六国南北朝时期，吐谷浑之地的利用，首先是割据河西走廊的前凉政权交通东晋。其时青海一带是所谓“西北诸种”游牧之地，吐谷浑族从遥远的东北辗转迁徙而来，只是作为一个游牧部落，在甘肃、青海一带游牧，被“西北诸种”称为阿虏柴，势单力弱。因此包括吐谷浑族的“西北诸种”并不成为前凉沟通东晋的障碍。东晋末年，阿豺为吐谷浑主，吐谷浑部落开始强盛，“兼并羌氐，地方数千里，号为强国”。东晋灭亡，阿豺依附南朝刘宋，“遣使通刘义符，献其方物”[1]，接受宋文帝刘义隆的封号。刘宋与北魏相抗，

---

[1] 《魏书》卷一〇一《吐谷浑传》。

吐谷浑依附刘宋，而北魏的势力尚未进入关中、河西，因此当时吐谷浑并没有与北魏发生直接的关系。

阿豺死，慕璝立，继续奉表通刘宋，宋文帝授予陇西公称号。“慕璝招集秦凉亡业之人及羌戎杂夷，众至五六百落。南通蜀汉，北交凉州赫连，部众转盛。”在这以前，在政治交往方面，吐谷浑之地仍然主要是西北地区前凉、西凉、北凉、南凉、河南国（即吐谷浑）等各政权交通东晋和南朝的道路。北魏的势力尚未统一黄河流域，与吐谷浑地隔后秦和后来匈奴人赫连勃勃（铁弗）建立的夏，因此双方的联系尚未建立起来。北魏太武帝以前，北魏亦无交通西域的打算，所以也不存在利用吐谷浑之地的交通问题。

这一时期利用吐谷浑之地交往的，主要是西北各政权交通南朝和来往于西域、北方和南朝之间的使节和佛教僧众。中原地区西行者，著名的法显西行取经经行了此地。据《佛国记》记载，东晋安帝隆安三年（399，后秦弘始元年）三月中旬，法显从长安出发，西行取经，与之同行者有慧景、道整、慧应、慧嵬。其时中国北方正值五胡十六国混战的时代，河西走廊的形势非常混乱，有西秦、南凉、后凉、北凉、西凉等割据政权。建都长安的后秦与以凉州为中心的后凉在对峙中，法显不能通过凉州（姑臧）西行，故绕道吐谷浑之地。他们西度流沙，过陇山，至金城（今兰州），经乾归国（西秦，今兰州一带）、傉檀国（南凉，今西宁一带），北行至张掖，绕过凉州。《高僧传》卷三记载，北魏泰常五年（420），释昙无竭“慕法显西行”，与25位僧人从黄龙出发，经河南国、西海郡，度流沙，至高昌。

北魏使节利用吐谷浑之路，取决于北魏与吐谷浑的政治关系。吐谷浑与北魏建立正式的外交关系，是慕璝和太武帝拓跋焘时，其时北魏统一了黄河流域，吐谷浑在慕璝的领导下也在西部进行扩张。《魏书·吐谷浑传》记载：“世祖时，慕璝始遣其侍郎谢大宁奉表归国，寻讨擒赫连定，送之京师。世祖嘉之，遣使者策拜慕璝为大将军、西秦王。”但是双方的关系并没有因此向着良好方向发展下去，原因是慕璝的示好存在着令北魏不安的动机。慕璝向北魏上表陈情云：

臣诚庸弱，敢竭情款，俘擒僭逆，献捷王府。爵秩虽崇而土不增廓，车旗既饰而财不周赏，愿垂鉴察，亮其单款。臣顷接寇逆，疆境之人为贼所抄，流转东下。今皇化混一，求还乡土。乞拂曰连、窟略寒、张华等三人，家弱在此，分乖可愍。愿并敕遣，使恩洽遐荒，契亡感戴。

慕璝向东扩张，击灭赫连夏，却以对北魏有功要求封赏。言语之间，又希望北魏割让土地，赏赐钱物，并索要进入北魏的人口。这道表被北魏认为“无厌之情”，没有接受。“自是慕璝贡献颇简，又通于刘义隆，义隆封为陇西王。”慕璝交通刘宋，与刘宋共同构成对北魏夹击之势。慕璝死，慕利延立，接受刘宋封号。太武帝征凉州，慕利延惧，“西遁沙漠”。太武帝遣使慰喻，招还慕利延。慕利延弟暗通北魏，被慕利延处死，其弟叱力延逃至北魏平城，受到北魏庇护，请兵讨慕利延。其时北魏正大力经营西域，试图打通丝路交通。太平真君六年，北魏出兵西讨，北魏与吐谷浑发生第一次军事冲突。慕利延兵败，西逃于阗，“杀其王，死者数万人。南征罽宾，遣使通刘义隆求援，献乌丸帽、女国金酒器、胡王金钏等物，义隆赐以牵车”。第二年，慕利延还国。

慕利延死，拾寅立，接受刘宋封号，对北魏则“自恃险远，颇不恭命”[1]。北魏发兵两道，大举进攻吐谷浑，拾寅遁逃。自太武帝末年至文成帝时，北魏大规模地对吐谷浑用兵，迫使吐谷浑遣子入侍。此后，直到孝文帝时长达半个世纪，拾寅及其子度易侯与北魏长期保持友好关系。北魏也在这一时期大力开展与西域的交通往来。接下来，度易侯死，伏连筹立，继续与北魏保持友好关系，“终世宗世，至于正光，牦牛、蜀马及西南之珍，无岁不至”[2]。也就是说从世宗宣武帝起至孝明帝正光年间（500—524），正值北魏与西域交通达到高潮时，吐谷浑与北魏始终保持着良好关系，这一时期吐谷浑之路的利用应该对中西间交通起到了促进作用。

北魏与吐谷浑的统治者皆出于鲜卑，同根同祖，虽时有冲突，但总的看没有影响相互间的密切交往。考古发现的《魏故武昌王妃吐谷浑氏墓志铭》记

---

[1] 《魏书》卷一〇一《吐谷浑传》。

[2] 同上。

载，北魏武昌王元鉴妃吐谷浑氏，出身于吐谷浑贵族家庭，与鲜卑王室联姻，表明吐谷浑与北魏间建立了密切的姻亲关系。武昌王妃于北魏孝庄帝建义元年（528）七月三日薨于崇让里第。碑志云："百两来仪，终远兄弟；同车去国，作嫔魏庭，行未半古，中年分体。"[1] 可见她去世时年岁不大，吐谷浑与北魏的通婚发生在这一时期。在这种情况下，人们则会更多利用吐谷浑之地作为东西往来的交通要道。

宋云等人出使西域，经过了吐谷浑之地，是在吐谷浑与北魏关系和好的背景下进行的。据《洛阳伽蓝记》卷五引宋云等人的记述，孝明帝神龟元年（518），宋云等人受皇太后胡充华派遣，赴西域取经。同行的有沙门法力、惠生等人。他们从洛阳出发，西行 40 日至赤岭（今青海日月山），取吐谷浑南道至鄯善，其时鄯善在吐谷浑辖下。他们完全绕过了河西走廊。据尚民、贾鸿健的研究，宋云等人过赤岭后，当经今共和、茶卡、都兰、香日德、格木尔、乌图美仁，然后过阿尔金山口，进入今新疆若羌地区。吐谷浑国都城便在今香日德[2]。宋云等西使取经是一次重大的交往活动，这次活动兼出使与取经双重性质，他们的成功出使进一步加强了北魏与西域各国的联系。他们经吐谷浑之路，至鄯善，其时鄯善为吐谷浑所占领。由此西行，经西域南道，越葱岭进入印度，后于正光三年（522）二月返国。

北魏宣武帝以后，一方面经过长期的军事斗争，北魏彻底征服了柔然，经河西走廊入西域的伊吾路得到了利用；一方面吐谷浑与北魏的关系得到改善，双方保持了 70 多年的和平交往，吐谷浑之路得到利用；鄯善国与北魏长期保持友好关系，经鄯善北向入西域北道，或西行经西域南道的道路都空前通畅，因此北魏与西域各国间的丝路各线空前畅通，于是出现了宣武帝时中西交往的高潮。在广泛交往的背景下，西域各国入华人数众多，出现了杨炫之《洛阳伽蓝记》卷五所描写的盛况："西夷来附者，处崦嵫馆，赐宅慕义里。自葱岭以西，至于大秦，百国千城，莫不款附。商胡贩客，日奔塞下，所谓尽天地之区已。

[1] 《魏故武昌王妃吐谷浑氏墓志铭》，赵超：《汉魏南北朝墓志汇编》，天津古籍出版社 1992 年版，第 245 页。
[2] 尚民、贾鸿健：《宋云西行与吐谷浑国》，《青海社会科学》1992 年第 3 期。

乐中国土风因而宅者，不可胜数，是以附化之民，万有余家。”大批西域商人前来中国贸易，形成“相继而来，不间于岁”的兴盛局面。世宗宣武帝时，散骑常侍兼尚书邢峦曾指出：“逮景明之初，承升平之业，四疆清晏，远迩来同，于是蕃贡继路，商贾交入，诸所献贸，倍多于常。”[1]这是一个空前的高潮，这一时期有更多的西域国家和地区与北魏建立了通使关系。北魏以后，中国北方再次分裂，加上突厥的崛起，中西间交通出现衰落趋势。但当隋唐两朝再次完成国家的统一，并对突厥实现了军事征服的时候，北魏时中西交通的兴盛局面便迅速恢复，这是与北魏时打下的良好基础分不开的。

本文原载于《西域研究》2008 年第 1 期

[1] 《魏书》卷六五《邢峦传》。

唐代“八科举”考论

徐晓峰

徐晓峰，男，生于1981年，文学博士，中文学院讲师。主要研究方向为魏晋隋唐文学、中国古典诗歌史以及唐代科举制度。自2008年以来，在《文史知识》、《国学研究》等刊物发表论文若干篇。

关于唐代的“八科举”，学界前此少有涉及。自宋代以来，学者已不明“八科举”本义，相关文献亦多将唐人“应八科举”视作“举八科”，产生了唐人制科单次“连中八科”的误解。基于“八科举”问题的长期存在，本文拟对其性质、存在时间及前人误解等作一大致解释。不当之处，愿就正于大方之家。

一、《登科记考》关于“八科举”认识上的矛盾

（一）“八科举”与“以八目设科”

清代学者徐松所撰《登科记考》30卷，为考辨详备的唐五代科举编年史，是研究此期历史、科举和文学等方面的重要参考资料。在该书《凡例》中，徐

松曾提及“八科举”：

《困学纪闻》云：“唐制举之名多至八十有六，凡七十六科。”《玉海》亦言：“自志烈秋霜而下凡五十九科，自显庆三年至大和二年，及第者二百七十人。”今以《旧唐书》、《唐会要》、《册府元龟》、《文苑英华》、《云麓漫钞》诸书参考之，其设科之名已无虑百数。……是知科目之名遗佚者多矣。至有所谓八科举、四科举者，则是其年以八目设科、以四目设科，非置科之名也。[1]

徐松对“八科举”的界定包含了两个方面。第一，“八科举”的性质：属于制举。第二，得名之由：它之所以被称作“八科举”是因为该年制举共设置了八种科目（“其年以八目设科”），本身并不是制举所设的科目名称（“非置科之名”）。

（二）“应八科举及第”和“连中八科”

在《凡例》另一则中，徐松又提及唐人连中制科的情况：

制科尤有一人连中数科者，员半千、陆元方、崔融、阳峤连中八科，张鷟连中七科，裴守真连中六科，李怀远、孙逖连中四科。[2]

所涉及的员半千、陆元方、崔融、阳峤、裴守真五人，据《旧唐书》各人本传，皆曾应“八科举”及第；而在相应的《新唐书》本传中，除裴守真作“六科连中”外，其余四人或载为“举八科皆中”，或载为“擢八科高第”[3]。《新唐书》的叙述透露出这样一个信息：至迟在北宋前期，当时学者已将“应八

[1] （清）徐松撰，孟二冬补正：《登科记考补正》前所附《凡例》，北京燕山出版社2003年版，第21页。
[2] 同上，第18页。
[3] 裴守真“六科连中”的记载实际有误，关于此五人应“八科举”之详情，详见后论。

科举及第”视为“举八科皆中”。事实上，“应八科举及第”仅指应试本年制举及第，并非八种科目皆予应试。另外，从《新唐书》对裴守真应“八科”还是“六科”的混淆中，可知宋人已不明“八科举”这一名称的真实含义。徐松既已明确“八科举”指其年制举以八种名目设科，但此段所谓的“连中八科”、“连中六科”显然又据宋人观点立论，表明徐松对“八科举”的认识尚不全面、深入。导致这一矛盾现象的原因，在于徐松其时所见“八科举”材料仅限于传世文献，相关文字在传抄流传中难免舛讹差互，容易造成认识上的误区。近几十年来出土的唐人墓志中，存有大量关于“八科举”的材料，下文即从现存墓志及传世文献中勾稽唐代曾应“八科举”者凡 19 人，通过考察其应举事迹，以期对“八科举”作出更为全面、准确的解释。

二、唐代“八科举”应试名录辑考

员半千（字荣期，628—721）　《大唐新语·持法》云：“员半千，本名馀庆，与何彦先师事王义方。……上元初，应八科举，授武陟尉。……又应岳牧举。”[1]《旧唐书·员半千传》云：“上元初，应八科举，授武陟尉。……寻又应岳牧举。”[2]《太平御览·职官部》引《唐书》云：“员半千，晋州临汾人。上元初，应八科举，授武陟尉。”[3]《太平御览》成于宋太宗太平兴国八年（983），所引《唐书》即指撰于五代的《旧唐书》。又，《册府元龟·贡举部》云：“唐员半千，晋州临汾人。上元初，应八科举，授武陟尉。又应岳牧举。”[4]当亦本于《旧唐书》本传。《新唐书·员半千传》所载为：“客晋州，州举童子，房玄龄异

---

[1]（唐）刘肃撰，许德楠、李鼎霞点校：《大唐新语》卷四《持法第七》，中华书局 1984 年版，第 64 页。按，中华本以明《稗海》本为底本，“八科举”作“六科举”，实误，今据《文渊阁四库全书》本《唐新语》校改。

[2]（后晋）刘昫等撰：《旧唐书》卷一九〇中《文苑中》，中华书局 1975 年校点本，第 5014 页。

[3]（宋）李昉等撰：《太平御览》卷二六九《职官部六七·县尉》，中华书局 1960 年影印本，第 1259 页。

[4]（宋）王钦若等撰：《册府元龟》卷六四九《贡举部·对策四》，中华书局 1960 年版影印本，第 7774 页。按，中华书局据明刻本影印，而《文渊阁四库全书》本《册府元龟》“八科举”作“入科举”，显系讹误。

之，对诏高第，已能讲《易》、《老子》。……凡举八科，皆中。咸亨中，上书自陈……书奏，不报。调武陟尉。”[1]《唐诗纪事·员半千》云：“举八科皆中，累为弘文馆学士。”[2] 二书将“应八科举”视作“举八科皆中”，此为宋人不解“八科举”本义所致，考述见下。另外，《新唐书》叙“举八科”事在唐高宗咸亨（670—674）之前，亦误，当从《旧唐书》等移正于上元年间（674—676）。

陆元方　《旧唐书·陆元方传》云：“元方举明经，又应八科举，累转监察御史。则天革命，使元方安辑岭外。”[3] 按，唐睿宗文明元年（684）九月，武则天称帝，改元光宅，“则天革命”即指此，可知陆元方应“八科举”在唐高宗中后期。又，《新唐书·陆元方传》云：“元方初明经，后举八科皆中。累转监察御史。武后时，使岭外。”[4] 此处亦误将“应八科举”及第视作“举八科皆中”。

崔融（字安成，653—706）[附：陈该][5]　《旧唐书·崔融传》云：“初，应八科举擢第，累补宫门丞，兼直崇文馆学士。中宗在春宫，制融为侍读，兼侍属文。”[6] 据《旧唐书·中宗纪》，中宗李显于唐高宗永隆元年（680）继章怀太子李贤为皇太子[7]，则崔融应“八科举”当在永隆元年之前。又，《新唐书·崔融传》云：“擢八科高第。累补宫门丞、崇文馆学士。”[8]《唐诗纪事·崔融》云：“融，字安成，齐州人。擢八科高第。”[9]《纪事》当本于《新唐书》，皆将“应八科举擢第”等同于“擢八科高第”，与上述视作“举八科皆中”同误。

阳峤　《旧唐书·阳峤传》云：“仪凤中应八科举，授将陵尉，累迁詹事司直。”[10]《新唐书·阳峤传》云：“举八科皆中，调将陵尉，累迁詹事司直。”[11]

---

[1] （宋）欧阳修、宋祁撰：《新唐书》卷一一二，中华书局 1975 年校点本，第 4161 页。
[2] （宋）计有功撰，王仲镛校笺：《唐诗纪事校笺》卷六，巴蜀书社 1989 年版，第 141 页。
[3] 《旧唐书》卷八八，第 2875 页。
[4] 《新唐书》卷一一六，第 4235 页。
[5] 陈该之应“八科举”，详见下文考述。
[6] 《旧唐书》卷九四，第 2996 页。
[7] 《旧唐书》卷七，第 135 页。
[8] 《新唐书》卷一一四，第 4195 页。
[9] 《唐诗纪事校笺》卷八，第 202 页。
[10] 《旧唐书》卷一八五下《良吏传下》，第 4813 页。
[11] 《新唐书》卷一三〇，第 4492 页。

据此，阳峤应“八科举”在唐高宗仪凤（676—679）中。

裴守真（字方忠）　《旧唐书·裴守真传》云：“初举进士，及应八科举，累转乾封尉，属永淳初关中大饥，守真尽以禄俸供姊及诸甥，身及妻子粗粝不充，初无倦色。”[1]《新唐书·裴守真传》：“举进士，六科连中，累调乾封尉。养寡姊谨甚，士推其礼法。永淳初，关中旱，悉禀禄奉姊及诸甥，与妻息恶食不赡也。”[2]据此，裴守真应“八科举”当在唐高宗永淳（682—683）初年之前。

马颜　《文苑英华》载李宗闵《马公家庙碑》云：“公名总，字会元，扶风茂陵人也。……公之五代祖曰士儒，为隋江、亳二州刺史。亳州生伯达，入唐举进士，为怀河内尉，乐黄老长生之说，弃官从孙思邈游隐于茅山。河内生颜，举进士，又举八科士，于高宗、天后朝为御史尚书兵部郎。”[3]按，文中“八科士”当为“八科举”之讹。据碑文，马颜应“八科举”大致在高宗朝。

冉寔（字茂实，625—695）　《文苑英华》载唐张说《唐河州刺史冉府君神道碑》云：“公讳寔，字茂实，其先鲁国邹人也。……弱冠，太学生进士擢第。遭家不造，府君捐馆，五日绝浆，三年泣血，虽麻葛就礼，而栾棘加人。服阕，调并州大都督府参军事。丁太夫人忧，过哀终丧，有如前制。应八科举，策问高第，授绵州司户参军，转扬州大都督府仓曹参军。又举四科敷言简帝，除益州导江县令。……享年七十有一，证圣元年二月十日寝疾终官舍。”[4]据文章所述，冉寔应“八科举”时间当在高宗朝。

张承休　《文苑英华》载张说《恒州长史张府君墓志铭》云：“君讳承休，字某，吴郡吴人也。……受天戬谷，传家业艺，希言敦行，去华重实。非法不由，非礼不动，精于理物，敏于政事。初以南郊斋郎补兖州兵曹，丁太夫人忧，庐墓三年，加人一等。再任始州司仓，应八科举，改郑州录事参军。又举贤良方正，迁杨府（原注：集作‘州’）司录参军，移苏州常熟令，历政皆有能名，加朝散大夫，入为司农丞。……春秋六十有二，终于颁政里。夫人成纪郡君天

---

[1]《旧唐书》卷一八八《孝友》，第4924页。
[2]《新唐书》卷一二九，第4473页。
[3]（宋）李昉等编：《文苑英华》卷八八一《家庙碑》，中华书局1966年影印本，第4643—4644页。
[4]《文苑英华》卷九二〇《神道碑》，第4846—4847页。

水秦氏……年六十二，终于许州。开元元（原注：集作‘九’）年十月某日，合葬于武功之礼让原，礼也。”[1] 据墓志所述，张承休夫人约卒于开元元年（713），享年六十二，则约生于唐高宗永徽三年（652），张承休大约生于唐太宗贞观朝（627—649），其应“八科举”当在高宗朝。

李正本（字虚源，642—714）　《全唐文补遗》（第四辑）载开元二年（714）十一月六日洪子兴撰《唐故朝散大夫行洋州长史李府君（正本）墓志铭并序》云：“君讳正本，字虚源，陇西狄道人也。……乃明法举及第，解褐慈州昌宁县主簿。未几，应八科举，敕除陕州河北县尉。路当冲要，尤称干理。时有朔州刺史张玄爱赃至巨万，累按不得情。高宗问法官，谁可为使。刑部郎中狄仁杰荐公。”[2] 文后载墓主卒于开元二年（714）五月，享年七十三。狄仁杰任刑部郎中事，文献无征。据两《唐书》本传，唐高宗仪凤中（676—679），狄仁杰为大理丞，断狱无冤者，擢侍御史，寻加朝散大夫，累迁度支郎中。[3] 以官阶而言，狄仁杰迁任刑部郎中，应在此后，则李正本应“八科举”时间约在高宗仪凤年间。

李冲（625？—689？）　《唐代墓志汇编》（永昌005）载永昌元年（689）五月十日《□□□朝议郎行并州大都督府太原县令李君墓志铭并序》云：“君讳冲，赵郡人也，今家临清县焉。……左相刘仁轨亮采端揆，具瞻令望，悬衡品物，雅相器重，恒推轂仁荐。属有诏行焉，方振九皋之间，爰应八科之首，对策高第，令授岐州录事参军。”[4] 按，李氏享年六十五。文中所谓“八科”，即指“八科举”。据《新唐书·宰相表》所载，乾封元年（666）七月，刘仁轨兼右相；上元二年（675）八月，为尚书左仆射[5]。李冲之应“八科举”当在上元二年八月后。

郑赡（字行该，630—689）　《唐代墓志汇编》（永昌003）载永昌元年四

---

[1] 《文苑英华》卷九五五《志》，第5022页。

[2] 吴钢主编：《全唐文补遗》（第四辑），三秦出版社1997年版，第15页。

[3] 详参周祖譔主编：《中国文学家大辞典·唐五代卷》金涛声所撰“狄仁杰”条，中华书局1992年版，第384页。

[4] 周绍良主编：《唐代墓志汇编》，上海古籍出版社1992年版，第783页。

[5] 《新唐书》卷六一，第1643、1646页。

月十五日《大唐故瀛州束城郑明府君墓志铭并序》云：“君讳赡，字行该，荥阳荥泽人也。……以门荫调授左卫翊卫，俄擢艺能，迁左金吾卫引驾。既弘武术，仍厕文场，出任坊州司仓参军事，秩满入为右金吾卫兵曹参军事，寻应八科举，授英王府法曹参军事，转太子詹事府主簿。”[1] 按，墓主卒于永昌元年三月卒，享年六十。据《旧唐书·高宗纪》所载：仪凤二年（677）“八月，徙封周王显为英王，改名哲”[2]，则郑赡应“八科举”在仪凤二年八月前。

黄□（634—704）　《全唐文补遗》（第七辑）载长安四年（704）十一月二日《黄君墓志》云：“弱冠国子明经擢第，解褐拜兰台校书郎。桂林献策，鹏举仲舒之第；……又应八科举及第，迁司直，寻加朝散大夫，拜司刑丞。……寻而敬业构祸，恃险维杨。”[3] 按，黄君享年七十一，长安四年四月卒。文中“敬业构祸”事，指武则天光宅元年（684）徐敬业于扬州举兵叛乱事，则黄君之应“八科举”在高宗朝中后期。

李璋（字仲象，一作仲京，648—696）　《全唐文补遗》（第八辑）载圣历三年（700）五月十二日《大周故朝散大夫郑州录事参军柱国赵郡李府君墓志铭并序》云：“君讳璋，字仲京，赵郡人也。……唐上元二年，弱冠宿卫，举明经高第。……寻又应八科举射策称最，擢授并州都督府参军。”[4] 按，墓主卒于万岁通天元年（696）七月三日，享年四十九。李璋明经科及第在高宗上元二年（675），而据志文所载年月推算其弱冠当为乾封二年（667），原文叙述有舛讹处。疑墓主弱冠宿卫，后以明经科及第。又，罗继祖《登科记考补》已据李璋墓志补入明经科，唯李璋表字，罗书作“仲象”，与上引墓志作“仲京”异[5]。据上文，李璋应“八科举”在上元二年稍后不久。

刘璇（字如璇，630—702）　《全唐文补遗》（第五辑）载长安二年十一月二十七日《大周故兖州都督彭城刘府君墓志铭并序》云：“公讳璇，字如璇，天水上邽人也。……十三游太学，虽篇章妙绝，取贵文场，而思理精微，更专

---

[1] 《唐代墓志汇编》，第781—782页。

[2] 《旧唐书》卷五，第103页。

[3] 吴钢主编：《全唐文补遗》（第七辑），三秦出版社2000年版，第339页。

[4] 吴钢主编：《全唐文补遗》（第八辑），三秦出版社2005年版，第322—323页。

[5] （清）徐松撰，孟二冬补正：《登科记考补正》卷二七《附考·明经科》，第1279页。

儒术。寻而州乡推择，以明经充赋，射策甲科，选授益州唐隆县尉。丁内忧去职。……服除，授绛州曲沃县主簿。河东道巡察大使以公清白著称，准制升进。俄应封太山举，未授职，而龙安府君薨。泣血三年，过人一等。……礼阕，授雍州好畤县主簿。八科举，制授雍州乾封县尉……春秋七十二，长安元年十二月十五日，终于官舍。”[1] 按，《册府元龟·帝王部》载唐高宗麟德元年（664）七月初一诏，云：“宜以三年正月，式遵故实，有事于岱宗。所司详求茂典，以从折衷。其诸州都督、刺史，以二年十二月便集岳下。诸王十月集东都。缘边州府，襟要之处，不在集限。天下诸州，明扬才彦，或销声幽薮，或藏器下僚，并随岳牧举送。”[2] 又，《旧唐书·高宗纪》载：“麟德三年春正月戊辰朔，车驾至泰山顿。是日亲祀昊天上帝于封祀坛，以高祖、太宗配飨。己巳，帝升山行封禅之礼。……壬申，御朝觐坛受朝贺。改麟德三年为乾封元年，诸行从文武官及朝觐华戎岳牧、致仕老人朝朔望者，三品已上赐爵二等，四品已下、七品以上加阶，八品已下加一阶，勋一转。”[3] 可知，“封太山举”在高宗乾封元年（666）。《旧唐书·明崇俨传》载其“乾封初，应封岳举”，《新唐书》本传作“乾封初，应岳牧举”，其言“封岳举”、“岳牧举”者，当即“封太山举”，同科异名而已[4]。据此，刘璇应“八科举”在乾封元年后。

刘仁（字神裔，640—679）　河南千唐志斋新藏仪凤四年（679）三月廿九日《大唐故左金吾卫引驾番头上柱国广阳县开国公刘君墓志铭并序》云：“君讳仁，字神裔，本徐州彭城人也。……又以君明闲队仗，处事强能，奉诏应八科举。未及简试，俄丁父忧去职。……服阕，回授上柱国，袭封广县开国公。方当升朝赞位……二竖之梦奄及。以仪凤四年三月十日，寝疾卒于道光之私第，春秋卌。”[5] 据墓志所述，刘仁应“八科举”之年，其父卒，故未应试而服丧。服满后入朝，随即卒于仪凤四年三月，则应“八科举”约在仪凤元年或二年。

元基（？—687）　河南千唐志斋新藏垂拱三年（687）十一月廿四日《大

[1] 吴钢主编：《全唐文补遗》（第五辑），三秦出版社 1998 年版，第 263—264 页。
[2] 《册府元龟》卷三六《帝王部·封禅第二》，第 393 页。
[3] 《旧唐书》卷五，第 89 页。
[4] 参《登科记考补正》卷二“乾封元年”，第 65 页。
[5] 吴钢主编：《全唐文补遗》（千唐志斋新藏专辑），三秦出版社 2006 年版，第 42—43 页。

唐元氏墓志铭并序》云：“公讳基，河南洛阳人也。……书生受召，童子明经。及乎释褐，宿卫禁闱，无疲执戟。……出任郑州参军事，又授云州司户参军事。东夷群寇，不息干戈。诏公押领延陀等军，殄除平壤。改授武州覆津县令。应召八科，擢参高第。其年，授夏州宁塞县令。……以大唐垂拱三年闰正月廿九日，终于此邑。”[1] 据墓志，元基应“八科举”当在高宗中后期。

李全节（618—706）　河南千唐志斋新藏开元六年（718）十二月一日阎朝隐撰《唐故朝散大夫行常州晋陵县令李公墓志铭并序》云：“公讳全节……赵均平棘人也。……仪凤中，应八科举，擢高第。一枝之秀，既已得其人；千乘之邑，又使理其赋。……神龙元年十一月廿一日，遘疾卒于河南嘉善里之私第，春秋八十八。”[2] 据墓志，李全节应“八科举”在高宗仪凤（676—679）中。

李敬（字守礼，649—722）　《唐代墓志汇编》（开元210）开元十二年（724）十二月十一日《唐故庄州都督李府君志铭并序》云：“君讳敬，字守礼，陇西成纪人也……十八应制八科举擢第，解褐鄜州洛川尉。”[3] 按，墓主卒于开元十年七月三十日，享年七十四，则其十八岁应“八科举”当在高宗乾封元年（666）。又按，据“刘璇”条下所考，高宗乾封元年封禅泰山，有“封太山举”，刘璇即应是科及第，后又再应“八科举”，可知乾封元年并无“八科举”之名，墓志所谓“十八应制八科举”似有讹误，存疑俟考。

三、“八科举”的性质及举行时间

（一）“八科举”与制举设科

徐松在《登科记考·凡例》中已明确“八科举”属于唐代制举范围，这从上文所引诸人的应试事迹中可以得到有力的佐证：

---

[1] 《全唐文补遗》（千唐志斋新藏专辑），第58页。

[2] 同上，第130页。

[3] 《唐代墓志汇编》，第1303页。按，《千唐志斋藏志》曾影印此志拓片，文物出版社1984年版，第645页。

李冲："属有诏行焉，方振九皋之间，爰应八科之首，对策高第，令授岐州录事参军。"

刘璇："八科举，制授雍州乾封县尉。"

刘仁："处事强能，奉诏应八科举。"

元基："应召八科，擢参高第。"

李敬："十八应制八科举擢第，解褐鄜州洛川尉。"

唐人应试"八科举"既被称为"奉诏"、"应召"、"应制"等，则"八科举"属于制举当无疑义。

至于"八科举"得名之由，可从唐代制举及其科目设置的有关情况上加以说明。

唐代的科举，依其举行时间之不同，分成常举和制举：常举为常年举行之科目，如明经科、进士科等；制举则由皇帝临时下制诏举行，如贤良方正直言极谏科等。此外，相对常举科目之固定而言，制举科目的设置经历了由无到有的过程[1]。唐初的制举近似于汉代诏举，尚未具体设置科目。大约自唐太宗贞观十一年（637）起，皇帝所下制诏中常有对制举选人的要求，据《旧唐书·太宗纪》载：

（贞观十一年）夏四月……丙寅，诏河北、淮南举孝悌淳笃，兼闲时务；儒术该通，可为师范；文辞秀美，才堪著述；明识政体，可委字人：并志行修立，为乡闾所推者，给传诣洛阳宫。[2]

制举具体科目的设置，当来源于此类制诏。一般认为，文献中所见关于制举科目最早者为《唐会要》卷七六《制科举》所载："显庆三年（658）二

[1] 关于制举科目设置始末，具体可参看傅璇琮：《唐代科举与文学》第六章《制举》，陕西人民出版社2007年版，第135—139页；吴宗国：《唐代科举制度研究》第四章《唐代科举制度之二：制举》第二节《科目》，北京大学出版社2010年版，第68—77页；王勋成：《唐代铨选与文学》第七章《制举》，中华书局2001年版，第229—232页。

[2] 《旧唐书》卷三，第48页。

月，志烈秋霜科，韩思彦及第。”[1]不过，孟二冬先生据现存唐人墓志，考出高宗永徽元年（650）便有制科之具体科目及登科人姓名[2]：贤良方正科，裴皓；游情文藻、下笔成章科，孙处约。据《册府元龟》记载，高宗以贞观二十三年（649）六月即位，九月曾诏以四科举人[3]：

> 其有经明行修，谈讲精熟，具此师严，才堪教胄者；志节高妙，适用清通，博闻强记，终堪卿辅者；游情文藻，下笔成章，援心处事，端平可纪者；疾恶扬善，依忠履义，执持典宪，终始不移者：京司长官、上都督府及上州各举二人，中下州刺史各举一人。

其中提及“游情文藻，下笔成章”。次年即为永徽元年，所设“游情文藻、下笔成章科”当据此诏令而设置的，这为上所述制举设科与前此制诏存在联系提供了佐证。

概括说来，制举科目有两个特点。第一，“随事设科”[4]，名称及数量多不固定。帝王往往根据现实政治的需要，而临时设定科目，故名称多有差异，其数量亦多寡不定。如杜佑称制举是“不有常科，皆标其目而搜扬之”[5]。《新唐书·选举志》也说：“其为名目，随其人主临时所欲，而列为定科者，如贤良方正直言极谏、博通坟典达于教化、军谋宏远堪任将率、详明政术可以理人之类，其名最著。”[6]第二，名目繁多。唐人封演说：“国朝于常举取人之外，又有制科，搜扬拔擢，名目甚众。”[7]宋人赵彦卫也说是“科目至繁”[8]。徐松《登科记考》及孟二冬先生之相关补正，对目前文献所能见到的唐代制举科目已有详细考索。

[1] 吴宗国：《唐代科举制度研究》，第 67 页。
[2] 《登科记考补正》卷二，第 40—41 页。
[3] 《册府元龟》卷六四五《贡举部·科目》，第 7728 页。
[4] （元）马端临撰：《文献通考》卷三三《选举考六·贤良方正》，中华书局 1986 年影印本，第 315 页上栏。
[5] （唐）杜佑撰，王文锦等点校：《通典》卷一五《选举三·历代制下》，中华书局 1988 年版，第 357 页。
[6] 《新唐书》卷四四，第 1169 页。
[7] （唐）封演撰，赵贞信校注：《封氏闻见记校注》卷三《制科》，中华书局 2005 年版，第 18 页。
[8] （宋）赵彦卫撰，傅根清点校：《云麓漫钞》卷六，中华书局 1996 年版，第 99 页。

由此可知，徐松以“八科举”得名于“其年以八目设科”的解释是符合唐代制举事实的。

（二）“八科举”举行时间之推测

关于唐人应试“八科举”的时间，今据前考简单绘成图表如下：

“八科举”应试表

应试者	应试时间
李敬	高宗乾封元年（666）[存疑]
刘璇	乾封元年后
员半千	高宗上元（674—676）初
李璋	上元二年稍后不久
李冲	上元二年八月后
刘仁	约在高宗仪凤元年（676）或二年
郑赡	仪凤二年八月前
阳峤	仪凤（676—679）中
李正本	约在仪凤年间
李全节	仪凤中
崔融（附：陈该）	永隆元年（680）之前
裴守真	唐高宗永淳（682—683）初年之前
陆元方	唐高宗中后期
黄□	高宗中后期
元基	高宗中后期
张承休	高宗朝
马颁	高宗朝
冉寔	高宗朝

观此表可知，19 位应“八科举”的时间都在唐高宗朝，有 16 位可确定在高宗中后期，其中员半千、李璋、李冲、刘仁、郑赡、阳峤、李正本、李全节、崔融、陈该、裴守真 11 人的应试时间又大致趋向于仪凤年间。如此趋势，至少会引起这样一个猜测：“八科举”很可能是唐高宗朝的一次特殊制举，上述诸人皆为同年及第。不过，囿于材料，这样的推论还有待新的论证，故下文仅就仪凤年间的“八科举”作一探讨。

上曾论及制举设科往往与前此颁发的制诏有关，《册府元龟·贡举部》载有仪凤元年十二月的一份制举诏令[1]：

> 山东、江左，人物甚众，虽每充宾荐，而未尽英髦。或孝悌通神，遐迩惟敬；或德行光裕，邦邑崇仰；或学综九流，垂帷睹奥；或文高六义，下笔成章；或备晓八音，洞该七曜；或射能穿札，力可翘关；或丘园秀异，志存栖隐；或将帅子孙，素称勇烈。委巡抚大使咸加采访，伫申褒奖。亦有婆娑乡曲，负材傲俗，为讥议所斥，陷于□□之流者，亦宜推择，各以名闻。

制敕所设想的选人项目恰为“八科”，故本年的诏令实际可称为“八科举诏”。根据唐代制举施行惯例，自“八科举诏”颁发后，各地长官当奉诏推择举子，举子亦可自举，此种行为即为“奉诏应八科举”或“应八科举诏”，简称之则为“应八科举”。员半千、李璋、李冲等 11 人应试“八科举”既趋向于仪凤年间，当与仪凤元年十二月的“八科举诏”有关，其及第当在次年，即仪凤二年。

关于崔融，《册府元龟》及《唐会要》曾载其上元三年（676）正月应“词殚文律科”及第。[2] 又，《文苑英华》载有唐人陈子昂所撰《周故内供奉学士怀

[1] 《册府元龟》卷六七《帝王部·求贤》，第 759 页。亦载同书卷六四五《贡举部·科目》，第 7728 页。（宋）宋敏求编：《唐大诏令集》卷一〇二《政事·举荐上》题作《访孝悌德行诏》，商务印书馆 1959 年版，第 520 页。

[2] 《册府元龟》卷六四五《贡举部·科目》，第 7728 页。又见（宋）王溥撰：《唐会要》卷七六《贡举中·制科举》，中华书局 1955 年版，第 1386 页。

州河内县尉陈公（原注：集作君）石人铭》[1]，有云：

> 君讳该，字彦表，绵州显武人也。……君少好学，能属文。上元元年，州贡进士，对策高第，释褐受将仕郎。其明年，制敕天下大儒，司属少卿杨守纳荐君应词殚文律，对策高第，敕受茂州石泉县主簿。

徐松据此录二人于高宗上元三年“词殚文律科”下[2]，“崔融”下又引其“应八科举擢第”事，则徐松是以“八科举”与“词殚文律科”为一事，陈该既与崔融同应“词殚文律科”，则亦为“八科举”应试者。由《陈该铭》所载，知陈该上元元年以乡贡进士应试，依唐代科举惯例，及第当在次年春。“其明年”，当指上元三年（本年十一月，改元仪凤），崔融被荐应试“词殚文律科”，及第当在次年，即仪凤二年。此与“八科举”时间相符，知“词殚文律科”实为“八科举”其中一科。[3]《册府元龟》、《唐会要》所记时间当有讹误，盖上元、仪凤前后相接，易致差互，观史传载员半千“八科举”及第在“上元初”亦可知矣[4]。

（三）“应八科举”和“举八科”

前文已简略提及：宋代文献将唐人应试“八科举”称作“举八科”，实际是一种误解。不过，“八科举”既然源于制举的“八目设科”，那么宋人“举八科”的说法是不是又有合理性呢？答案仍旧是否定的。

第一，“举八科”之说模糊了“八科举”作为制举名称的本义。唐代科目众多，大略而言，则有常举和制举；单就常举统计，其中便有进士、明经、明法

---

[1] 《文苑英华》卷七八五《铭·塔庙上》，第4150页。亦见徐鹏校点：《陈子昂集》卷六《志铭》，其中“大儒”作“文儒”，“杨守纳”作“杨守讷”，中华书局1960年版，第135—136页。

[2] 《登科记考补正》卷二，第76页。

[3] 唐代制举科目虽与前此制诏有关，但具体科目名称并不与制诏提及的选人要求完全相符，参《唐代铨选与文学》第七章所述，第233页。

[4] 吴宗国先生已论及员半千、崔融、阳峤“应八科举”在仪凤二年，唯囿于材料，引证不足，参见《唐代科举制度研究》，第78—79页。

等科。“举八科”可视作应试常举中的“八科”，或“八科”中兼含制举、常举二者科目，这和“应八科举”之说仅指应试制举科目是不同的。

第二，将“举八科”与“应八科举”对等，就势必将“应八科举及第”视作“举八科皆中”、“擢八科高第”或“连中八科”，遂造就出唐人的科举佳话。事实上，唐人科举确有连中数科者，如张鷟，《旧唐书》本传称其“凡应八举，皆登甲科”，又或谓“七应举”中甲科[1]，但其并非单次应试得中。宋人所谓的“举八科皆中”，乃就单次而言[2]，较多年连中数科者更为神奇。前文既已考得唐人应“八科举”者凡 19 人，其中员半千、李璋等 11 人更为同年及第，若按宋人之说，则此 11 人皆于同年连中八科，似不合情理。

不妨以仪凤元年的“八科举诏”所规定的八种科目略作申说。限于材料，此八科设立的具体背景及考试情况皆难详知，不过从其涵盖德行、学问、文章、音律、射箭、隐逸、将帅子弟等诸多方面来看，反映了朝廷对多种人才的重视。据上考崔融、陈该应举事迹，知二人应“词殚文律科”及第，当即诏令中所谓的“文高六义，下笔成章”。又，李冲“属有诏行焉，方振九皋之间，爰应八科之首”，所谓“八科之首”应指制诏所规定选人“八科”的第一种，即“孝悌通神，遐迩惟敬”。其中最值得注意的是关涉隐逸的“丘园秀异，志存栖隐”一科。唐代常举，一般仅限白身人参试；而制举，其应试者，还包括有出身人、前资官和现任官等。不过，这只是就制举总体而言，具体到某些科目，便稍有限定。如唐玄宗开元二年（714）四月的制举诏令说：“百姓间有伟才异行，藏鳞戢羽，隐沦屠博，栖迟阎闾。……各以名闻。”据此而设的“哲人奇士、隐沦屠钓”科就只允许无出身、无官职的举子参试。[3]“丘园秀异，志存栖隐”，与开元二年诏令相较，同样关涉丘园中的隐逸人士，便知现任官不可应举。上考 19 人中，如李正本“乃明法举及第，解褐慈州昌宁县主簿。未几，应八科举”，知其“应八科举”前，方为现任官，自不当应试隐逸一科。他如张承休、郑瞻

[1] 详见《登科记考补正》卷二“上元二年”条徐松等按语，第 73 页。

[2] 如员半千，《旧唐书》本传谓其初应“八科举”，后又应“岳牧举”。《新唐书》本传载为初“举八科皆中”，后举“岳牧”及第，可见宋人所谓“举八科皆中”，指的是单次应试八科，否则《新书》本传当统记作“举九科皆中”。

[3] 详见《唐代铨选与文学》第七章《制举》第四部分相关论述，第 255—256 页。

等，亦属此例，不劳赘述。故宋人所谓“举八科皆中”自为谬误。

由此可知，“八科举”虽以八目设科，但举子“应八科举”仅指参加名为“八科举”的制举，并不代表应试八科。就现今所考推测，举子很可能只是应试其中一科而已。宋人不明此义，将“应八科举”皆释作“举八科”，由此产生唐人单次“连中八科”的误解。

四、结论

综上所论，围绕唐代“八科举”的相关问题可得大致澄清：

第一，唐代制举由皇帝临时下诏施行，制诏若规定以八目设科，则此诏名为“八科举诏”，举子应试称为“奉诏应八科举”或“应八科举诏”，简称之则为“应八科举”。

第二，“八科举”于传世文献中常误作“八科士”、“六科举”、“入科举”，今以现存唐人墓志参证，皆当移正。

第三，从宋人将唐人所谓的“八科举”误记作“六科举”，看出宋人已不解“八科举”原义。此外，宋代文献亦有将唐人应试“八科举”称作“举八科”者，此种误解虽与“八科举”源于制举的“八目设科”有关，但已模糊了“八科举”作为制举名称的本义。

第四，宋人既将“应八科举”视作“举八科”，由此认定唐人“应八科举及第”为单次“连中八科”。前文考得唐代同年应“八科举”及第者约11人，若按宋人之说，则此11人皆于同年连中八科，似不合情理。此外，仪凤元年“八科举诏”中有隐逸一科，据唐代惯例，现任官员不当应此科，故上考诸人应“八科举”时尚居官者，自不得八科皆试。由此可知，唐人“应八科举”仅指参加名为“八科举”的制举，并不代表应试八科，就实际而言，举子很可能只是应试其中一科。自宋至清，相关文献中所谓唐人“举八科皆中”、“连中八科”的误解，应予辨明。

第五，唐人应试“八科举”者，今可考知者凡19人，应试时间皆在唐高宗朝，有16位可确定在高宗中后期，其中员半千、李璋、李冲、刘仁、郑赡、阳峤、李正本、李全节、崔融、陈该、裴守真11人的应试时间又大致趋向于仪凤年间。

第六，据传世文献，知仪凤元年（676）十二月曾有“八科举诏”的颁发，员半千、李璋、李冲等11人应试“八科举”既趋向于仪凤年间，当与此诏有关，其及第当在次年，即仪凤二年。

第七，据唐人应试“八科举”时间所呈现的集中趋势，推测“八科举”很可能是唐高宗朝的特殊制举。

本文原载于《安徽师范大学学报》2010年第6期

王维的禅修内涵与诗歌创作

罗小东

罗小东，女，汉族，1957 年生于广西，博士，教授。研究专长为中国古代文学，主要讲授“中国古代文学史”、“中国古代小说史”、“小说叙事学导论”等课程。曾任日本大东文化大学、韩国诚信女子大学客座教授。出版的学术专著有《“三言”“二拍”叙事艺术研究》、《话本小说叙事研究》、《古典文学与传统文化精神》、《〈金瓶梅〉对小说美学的贡献》（合著）等。在《文学评论》、《中国文化研究》、《文艺评论》、《武汉大学学报》、《世界汉语教学》等重要学术期刊发表论文近 50 篇。同时还与人合作编写了《中国文化读本》、《世界文化精粹辞典》、《历代抒情诗分类鉴赏集成》等教材与词典。

一

王维开元十七年从淇上归长安，[1] 并在这一年拜道光禅师学顿教。[2] 道光的法系尚难断定。王维在《大荐福寺大德道光禅师塔铭》中虽明确指出道光于五

---

[1] 葛晓音：《王维前期事迹新探》，见《汉唐文学的嬗变》，北京大学出版社 1990 年版。

[2] 王维《大荐福寺大德道光禅师》云：“禅师讳道光……以大唐开元二十七年五月二十三日，入涅槃于荐福僧房……维十年座下，俯伏受教。”按此推算，则王维当在开元十七年皈依佛门。

台宝鉴禅师处得“密授顿教”，但此顿教大概非南宗禅之顿教。因为南宗慧能一门在京洛大开禅法的是神会，而神会又是在天宝四年因兵部侍郎宋鼎之请才到东京洛阳的，天宝八年，在洛阳菏泽寺定宗旨不久就遭法难，《圆觉经大疏钞》卷三云：“因洛阳诘北宗传衣之由，及滑台演两宗真伪，与崇远等持论一会。……便有难起，开法不得。”同书又云：“天宝十二年，被谮聚众。敕黜弋阳郡，又移武当郡。十三载，恩命量移襄州。至七月，又敕移荆州开元寺……”两年之间就迁徙了四次，其遭排斥之窘境可以想见。因此，如果说道光是南宗禅师，其在开元十七年左右就在京师一带开法授众，似不可能。其实顿教并不只存于南宗禅。四祖道信、五祖弘忍虽以渐修为主，但不否定顿教，顿渐融通是他们的特点。道信《入道安心要方便法门》把学者分为四种：上上人、中上人、中下人、下下人，认为对根基不同的学禅人，要用不同的方法接引。对于大根器人，可以不假修持，一念相应，便成正觉；而对于一般障深业重的凡夫，则需由修而悟，所以道信说那种念佛向西方的方法，“不为利根人说也”。据《景德传灯录》卷四《牛头山之法融章》记载，道信在向牛头法融传法时说：“吾受璨大师顿教法门，今付于汝。”而《传法宝记》载法如在参礼弘忍时，弘忍“默辨先机，即授其道，开佛密意，顿入一乘”。法融、法如自然都属于上根人，所以道信和弘忍给他们传法也就采取了顿教之法。弘忍谓这种方法为“密以方便开发，顿令其心直入法界”。可见对上根人的密授顿教也是东山法门以来的一个传统。五台宝鉴禅师为道光密授顿教，或许只能说明道光是上根之人。但是道光的不明法系，并不影响王维在这一年皈依了禅宗的这一事实，且就一般的情况判断，王维在这个时期里更多的是与属于北宗一派的禅师往来。

从王维在淇上为官时所作的《偶然作》等诗文可知，其时他已萌生了归隐的念头。“日夕见太行，沉吟未能去。问君何以然，世网婴我故。小妹日成长，兄弟未有娶。家贫禄既薄，储蓄非有素。几回欲奋飞，踟蹰复相顾。”这种归隐意向虽有道家的影响，但更多的是来自佛禅的昭示：“爱染日已薄，禅寂日已固。”开元十七年师从道光之后，归隐的愿望应该是更强烈了。而王维之妻亡故约在开元十九年其 31 岁之时，维不再娶；其弟王缙大概此时也已释褐为官。《留别山中温古上人兄并示舍弟缙》有诗句云：“舍弟官崇高，宗兄此削发”，也就是说，王维在“削发”归隐时，其弟确已出仕，这就意味着《偶然作》中所言的为“世网”所缨的艰窘状况已有所改善，所以归隐而潜心于佛也就成为了王维生活中的一个可能选择。《归嵩山作》、《过乘如禅师萧居士嵩丘兰若》等作，都表明了他在献诗给张九龄并被擢为右拾遗之前的确曾在嵩山一带隐居了较长时间。而嵩洛在南宗禅派未形成大气候以前，一直是北宗的势力范围。《全唐文》卷三七〇王缙《东京大敬爱寺大照禅师碑》云：“缙尝官登封，学于大照。”嵩山在登封境内，而大照即神秀弟子普寂，其入灭于开元二十七年。由此可以看出北宗即使到了开元末年在嵩洛一带仍有巨大影响，王维在此地隐居，不可能不受它的浸染，而在这一带活动的禅师，也当与北宗有密切联系。但也正如葛兆光先生所指出的那样，“当时禅门并不是一个组织严密、思想整齐的宗派，虽然东山门下人才众多，但十大弟子各自为政……天下凡修禅定的僧人均是‘定门’，皆称禅师，以神秀一系的思想一统禅众，使天下禅师奉其为宗主是不可能的”。同时他还根据敦煌博物院藏《南宗定是非论》残卷中一段胡适校本所缺文字“从秀禅师已下出，将有二十余人说阐教人，并无传授付嘱，得说只没说；从二十余人以下，近有数百余人说阐教人，并无大小……”指出：“当时神秀门下的普寂虽然盛极一时，但义福、大福、景贤、巨方等人却未必奉他为宗，李华《故左溪大师碑》中就以普寂、弘正和义福、融禅师为北宗的两源，普寂门下更是宗师各立门户……”[1] 正因为北宗并不是如我们后人所想象的是传承严密的组织，而只是一个禅法大概趋同的宗教流派，因此王维这一时期所师从的道光，以及在嵩山往来的乘如、温古上人等，都有可能是各自立门户而不在所谓的正传之中的北宗僧人。

王维在其后半生虽与南宗关系极深（这在后面将有论述），但终其一生，都不曾与北宗断了往来，这大概与北宗所主张的念佛净心和坐禅摄心的渐修禅法在宗教实践中的简单易行和所起到的“身心调适”、“心自安静”的实际效果分不开，所以它在唐代文人中普遍受到欢迎和认可。而《旧唐书》本传中记载的关于王维事佛的诸相，可以说都是属于北宗禅戒合一的禅法范畴的，而这一切

---

[1] 葛兆光：《中国禅思想史》，北京大学出版社 1998 年版，第 123、184、185 页。

又基本上是他进入晚年以后的所为，这说明王维从他中年好道起，直至南宗大盛并与神会有较深交往的后期，他的禅修内涵始终都包含了北宗的内容。这一点我们从他留下的诗文中可得到印证。如《山中寄诸弟妹》云："山中多法侣，禅诵自为群"；《过福禅师兰若》云："欲知禅坐久，行路长春芳"；《黎拾遗昕裴迪见过秋夜对雨之作》云："寒灯坐高馆，秋雨闻疏钟"；《过感化寺昙兴上人山院》云："夜坐空林寂，松风直似秋"；《登辨觉寺》云："软草承趺坐，长松响梵声"；《春日上方即事》云："北窗桃李下，闲坐但焚香"；《饭覆釜山僧》云："藉草饭松屑，焚香看道书。燃灯昼欲尽，鸣磬夜方初。已悟寂为乐，此生闲有余。思归何必深，身世犹空虚"，等等。这些诗文说明王维对于禅坐是如一地坚持着，有时甚至到了通宵达旦的地步，从坐禅中悟寂，犹入虚空，这正是北宗渐修的效果。

在王维诗文中涉及北宗禅师的作品还有《为舜阇黎谢御题大通大照和尚塔额表》，唐肃宗为神秀、普寂题写塔额，王维为普寂弟子舜阇黎上表谢恩。《大唐大安国寺故大德净觉师碑铭》，净觉是神秀门下玄颐的入室弟子，他根据玄颐的《楞伽人法记》所作的《楞伽师资记》，成为了研究禅宗尤其是北宗发展历史的重要著作，故而王维在其碑传中特别指出了净觉在宣传楞伽传宗中的作用和功绩，并且盛赞他于佛典研究极深："经典深宗，毫厘剖析。"孙昌武先生据此而认为这正说明王维对于北宗禅师的思想、著作及他们所推行的法门是十分了解和熟悉的，[1] 这确为的论。

二

开元二十一年岁末，张九龄拜中书侍郎同中书门下平章事，次年五月寻拜中书令。大概贤相执政，又重新燃起了王维内心似乎曾被泯灭了的出仕欲望。其诗文集中有《献始兴公》诗，始兴公即张九龄。其诗曰："宁栖野树林，宁

---

[1] 孙昌武：《禅思与诗情》，中华书局 1997 年版，第 72、47 页。

饮涧水流；不用食粱肉，崎岖见王侯。鄙哉匹夫节，布褐将白头！任智诚则短，守仁固其优。侧闻大君子，安问党与仇？所不卖公器，动为苍生谋。贱子跪自陈，可为帐下不？感激有公议，曲私非所求。”此诗题下的原注为“时拜右拾遗”。但细玩此诗，它当写于被拜为右拾遗之前，张九龄在看到它的献诗后，才将他擢用，否则“贱子跪自陈，可为帐下不？”便为多余之言。而诗的前半部分，则显然是说此时他正在山林栖隐。这个山林所在正是嵩山。[1]《留别山中温古上人兄并寄舍弟缙》曰：“解薜登天朝，去师偶时哲。岂惟山中人，兼负松上月。宿昔同游止，致身云霞末。开轩临颍阳，卧视飞鸟没。好依盘石饭，屡对瀑泉歇。理齐少狎隐，道胜宁外物。……荆扉但洒扫，乘闲当过拂。”“解薜”为脱下隐者之服意，“时哲”当为张九龄，此诗应写在得到张九龄的提拔而离开嵩山与同隐者告别之时，诗中虽然对隐居生活充满了留恋，但去意是坚定的。这也表明，王维在师事道光心系佛门之后，并没有完全忘却世事，仍希望有所作为，其隐居期间的“栖野林”、“饮涧水”、“不食粱肉”、焚香禅坐云云，都只是为了摆脱当下心灵的困扰，而还没有真正达到如佛门所言的大彻大悟。如果以北宗的渐修法门衡定，他还只是处在念佛净心和坐禅摄心的阶段，那种发心自悟、破外执和分别的佛家“上上智”，离他尚远。

然而王维此次充满信心的出仕并没有维持多久。开元二十四年，张九龄遭权奸李林甫的构陷而罢相，次年被贬为荆州长史。这一事件是盛唐政治的转捩点，它表明开明政治从此消退，而转向了奸臣当朝、政治腐败。《资治通鉴》卷二百一十四云：“林甫城府深密，人莫窥其际。好以甘言啖人，而阴中伤之，不露辞色。凡为上所厚者，始则亲结之，及位势稍逼，辄以技去之。虽老奸巨猾，无能逃于其术者。”因此，自九龄被罢相，“自是朝廷之士，皆容身保位，无复直言”。王维乃张九龄所一手提拔，右拾遗恰又职在劝谏，面对李林甫的淫威，其欲谏不能，欲罢不甘，内心的悲愤和压抑可想而知！在张九龄被贬荆州后，王维曾有诗寄奉，其诗云：

---

[1]　葛晓音：《王维前期事迹新探》，见《汉唐文学的嬗变》。

所思竟何在，怅望深荆门。举世无相识，终身思旧恩。方将与农圃，艺植老丘园。目尽南飞雁，何由寄一言。

此诗除了表达自己对张九龄失势的痛婉和思念外，还有两点值得我们注意。其一是“举世无相识”。王维19岁即赴长安，交游之广研究者已多有阐述，中虽因遭贬和隐居离开长安多年，但以他的文名及复官已一年的时间，“相识”者绝不会少。《暮春太师左右丞相诸公于韦氏逍遥谷宴集序》言：“实则有太子太师徐国公、左丞相稷山公、右丞相始兴公、少师宜阳公、少保崔公、特进邓公、吏部尚书武都公、礼部尚书杜公、宾客王公……画轮载毂，羽幢先路，以诣夫逍遥谷焉。”参加这次春游的皆为名公达人，与诸公相比，王维自然官阶甚微，但是从他“获命”执笔效“序兰亭之事”看，则名公们对他并无疏远和小觑轻视之意，而是十分倚重的，至少在文上是如此。所以“举世无相识”便不能作通常意义来理解，而是在奸臣的高压之下，人们只能“道路以目”，不敢直言，“无相识”者无知音也，它委婉隐晦地表达了王维内心的悲愤情感。其二是“方将与农圃，艺植老丘园”。面对政治的黑暗，王维又再一次萌生了退隐的念头。《赠从弟司库员外》诗云：“既寡遂性欢，恐遭负时累”，表达了置身于李林甫专权的官场中怵惕不安的心情。《早秋山中作》诗云：“不厌尚平婚嫁早，却嫌陶令去官迟”，《送綦毋校书弃官还江东》亦云：“微物纵可采，其谁为至公？余亦从此去，归耕为老农”，明确表露了弃官归田的愿望。可是，终其一生，王维却再没有退出官场。甚至在他以后的作品中我们还看到了他对于陶渊明“固穷”的某种讥讽。《与魏居士书》云：“近有陶潜，不肯把板屈腰见督邮，解印绶弃官去。后贫，《乞食》诗云：‘叩门拙言辞’，是屡乞而惭也。尝一见督邮，安食公田数顷，一惭之不忍，而终身惭乎？此亦人我攻中，忘大守小，不顾其后之累也。”王维是如何平复了心中的悲愤而忍受了官场的污漫？又是如何能够安食着俸禄而熄灭了早已存有的归田之梦？这恐怕就要从他对于南宗禅的接受开始寻找答案了。

三

按王维约在开元二十八年为殿中侍御史知南选。禅宗六祖慧能的得力弟子、南宗的主要弘扬者神会在开元八年奉敕配住南阳龙兴寺，并在那里住了较长时间，因此被人称为南阳和尚。王维在知南选的途中前去拜会了神会。在《神会录》里有一段关于王维在南阳临湍驿向神会问法的记载：

门人刘相倩云，于南阳郡见侍御史王维，在临湍驿中屈和尚及同寺慧澄禅师语经数日。王侍御问："和尚若为修道得解脱？"和尚答："众生本自心净，更欲起心有修，即是妄心，不可得解脱。"王侍御惊愕云："大奇。曾闻诸大德言说，诸大德皆未有作此说法者。"乃谓寇太守、张别驾、袁司马等："南阳郡有好大德，有佛法甚不可思议。"

这段记载表明，王维虽然直到开元末年才与神会有正面接触，但一见相契，对神会的主张表现出了极大兴趣，称其为"好大德"。这次问法，标志着王维对南宗禅理接受的开始。

次年，王维知南选北归，过瓦官寺璇禅师，其《谒璇上人》诗云：

少年不足言，识道年已长。
事往安可悔？余生幸能养。
誓从断荤血，不复婴世网。
浮名寄缨佩，空性无羁鞅。
夙从大导师，焚香此瞻仰。
颓然居一室，覆载纷万象。
高柳早莺啼，长廊春雨响。
床下阮家屐，窗前筇竹杖。
方将见身云，陋彼示天壤。
一心在法要，愿以无生奖。

此诗前有《序》，其言："上人外人内天，不定不乱，舍法而渊泊，无心而云动，色空无碍，不物物也。默语无际，不言言也。故吾徒得神交焉。玄关大启，德海群泳。时雨既降，春物俱美。序于诗者，人百其言。"据考，瓦官寺处润州江宁，即今南京市。从东晋时代始，这里便是南中国文化的播扬之地，老庄哲学与清谈之风是南中国文化的精髓和表现形式，南方的佛学尤其是南宗在这种文化的陶冶中也表现出了较浓厚的道家特点。王维所拜谒的这位璇禅师，从王维的序和诗看，是一位深谙老庄哲学并正在传授新禅法的禅师。《续高僧传》云，释元崇"以开元末年，因从璇禅师咨受心要……"所谓"咨受心要"，即重在讲悟而非文字戒律，因此又可大体认定这位璇禅师是接近南宗而兼修兼传北宗禅法的。这种禅法双修的禅师在开、天时期并不罕见。玩味诗意，大概王维与璇禅师不是初识，这从"夙从大导师"可得到印证。但是过去的认识在北宗声势煊赫的情形下，王维或许只是接受了璇禅师所传的北宗禅法的一面，而对璇禅师的"心要"——南禅宗理的某些方面并没有留下多少印象。在经历了张九龄罢相的重大变故后，王维精神上的痛苦需要寻求一种更直接的解脱方式，而这时，他已先在知南选途中就神会问法听到了有关南宗禅理的介绍，早是心有所仪，因此当如今再一次拜会璇禅师时，懊悔早年不能真正"夙从"之言才会冲口而出："少年不足言，识道年已长。事往安可悔？"这里的"识道"之"道"，当以包括了南宗的禅理和禅法。

我们说，王维一生都坚持着禅戒的一些生活方式，如"誓从断荤血"、"颓然居一室，覆载纷万象"之类，但是我们从诗中又明显看到了他接受禅理内涵的某种变化。在诗中王维明确说自己从今往后要"不复婴世网"，可是他并没有像过去那样真的隐居了起来，而是始终以不即不离之态在"世网"中生活着，因此这言之凿凿的"不复婴世网"就很值得我们玩味了。而下面的"浮名寄缨佩，空性无羁鞅"两诗句，似乎为我们的理解提供了注释。"缨佩"意指官场，前一句是说自己寄身于官场之中不离浮名，后一句是说自己已悟到了"空"、"净"之性而心不再有所羁绊，这不正与南宗禅的"性起念，虽即见闻觉知，不染万境而常自在"；"于一切法不取不舍，即见性成佛道"的精神相吻合了吗？

王维在知南选归来后与神会一直保持着联系，其在天宝初年曾受神会之托为惠能撰写碑文即是证明。而王维能答应神会的托请反过来也说明在这若干年里，他确实花了相当时间和精力来研究南宗的禅理和禅法。在《能禅师碑》中，王维扼要地概括和阐述了惠能的禅思想：

无有可舍，是达有源，无空可住，是知空本。离寂非动，乘化用常。……法本不生，因心起见，见无可取，法则常如。……大兴法雨，普洒客尘，乃教人以忍。曰：忍者无生，方得无我。始成于初发心，以为教首。置至于定无所入，慧无所依，大身过于十方，本觉超于三世。根尘不灭，非色灭空；行愿无成，即凡成圣。举足下足，长在道场，是心是情，同归性海。商人告倦，自息化城；穷子无疑，直开宝藏。其有不植德本，难入顿门。妄系空花之狂，曾非慧日之咎。常叹曰：七宝布施，等恒河沙，亿劫修行，尽大地墨。不如无为之运，无碍之慈，弘济四生，大庇三有。

这段碑文充分展现了王维对于南宗禅理的认识及把握。它的基本主旨就是强调凡圣一体，本性即空，只要自悟其性，无须断灭根尘也能得道成佛；同时在禅法上强调“忍”。孙昌武先生以为此“忍”非忍耐、容忍之忍，而是不起心动念。[1] 其实不全然。“忍”在此仍有忍耐和容忍之意，不对事物作善恶判断，其生由其生，其灭由其灭，不在心中有挂牵，这就是“忍”。《瑜伽论经》说：“云何名忍，自无愤劫，不报他怨，故名忍。”《三藏法数》说：“忍即忍耐，亦安忍也。”而能做到这个“忍”，也就无须禅定念佛了，所以言“定无所入，慧无所依”。

南宗的本体空寂禅理对王维后半生的思想和人生道路选择影响巨大，它使王维走上了一条亦官亦隐的独特生活道路。在《与魏居士书》中，王维这样阐述了自己全新的人生观：

虽方丈盈前，而蔬食菜羹；虽高门甲第，而毕竟空寂。人莫不相爱，

[1]　孙昌武：《禅思与诗情》，第72、47页。

而观身如聚沫；人莫不自厚，而视财若浮云。

王维认为，即使是身处于“高门甲第”之中，也可以是离欲不染的，因为本性空寂者，就能外离相而内不乱，于一切法上无住，而无须逃离社会归隐山林。正是基于这一点，所以他对许由、嵇康甚至陶渊明都颇有微词：

古之高者曰许由，挂瓢于树，风吹瓢，恶而去之。闻尧让，临水而洗其耳。耳非驻声之地，声无染耳之迹。恶外者垢内，病物者自我。此尚不能至于旷士。岂入道者之门欤？降及嵇康，亦云顿缨狂顾，逾思长林而忆丰草。顿缨狂顾，岂与俯受维絷有异乎？长林丰草，岂与官署门阑有异乎？异见起而正性隐，色事碍而慧用微，岂等同虚空，无所不遍，光明遍照，知见独存之旨邪？

许由有洗耳之举，是因为他尚心有所私内有所垢；嵇康“顿缨狂顾”，实则与受“维絷”无有区别，因为其“正性”——空与净的自私已经被外在“异见”所遮掩。如果能彻悟自性，“是心是情，同归性海”，则听而不闻，居而无异，也就不必洗耳或思忆长林丰草了。所以其又曰：“苟身心相离，理事具如，则何往而不适。”

由此可见，王维后半生尤其是晚年以后的生活选择，与他对南宗的接受密不可分。在张九龄被罢相、李林甫专权的最初几年，王维精神上的痛苦和矛盾如上所言，那时他还无法把身和心真正分离，而在接受了南宗思想之后，他已经认识到了世间的一切色相等无差别，关键在于心之所悟，所以官署阑门与长林丰草无异，在官或者归田的形式就不重要了，这就是他天宝以后能安于“吏隐”的根由，特别是安史之乱后仍能以“陷贼官”之身居职朝廷，如果没有南宗禅理作为其精神支撑将是难以想象的。在《谢除太子中允表》中其曰：“臣闻食君之禄，死君之难。当逆胡干纪，上皇出宫，臣进不得从行，退不能自杀，情虽可察，罪不容诛。……免臣衅鼓之戮，投书削罪，端袵立朝。秽污残骸，死灭余气，伏谒明主，岂不自愧于心；仰厕群臣，亦复何施其面。跼天内省，无地自容。……况臣素有诚愿，伏愿陛下中兴，逆贼殄灭，臣即出家修道，极其精勤，庶裨万一。”以封建士大夫所受的教育，王维对于自己不能死节是深感耻辱的，因此不能说他的这一番表白不是披肝沥胆之言，但是痛定之后，王维并没有如其所言“出家修道”，而是继续“端衽立朝”，且连续升迁至尚书右丞。既然愿意继续在朝高居要职，按理就应该发愤雪耻有所作为，可事实上王维居其官食其禄，大概只是为了避免落到像陶渊明“乞食”那样的尴尬境地，在朝而隐于朝，“晚年惟好静，万事不关心”，“身在百官之中，心超十地之上”的王维，其曾拥有的热望、曾遭遇的耻辱，都消逝在禅门的一片空寂之中了。

四

历史上王维有诗佛之称，这是一种笼统的说法。细析之，我们会发现不同的禅修内涵对于王维的诗歌创作其实有不同的影响。在接受北宗禅理为主的前期，他的诗歌创作主要表现出如下特点：

首先是喜用佛语或佛典入诗。早期禅宗把对佛教经典的研习看成是禅修悟宗的重要途径。禅宗始祖达摩“藉教悟宗”，此后的四祖、五祖及神秀一系也都十分重视佛教经典。四祖道信曾强调他的“入道安心法门”并是大乘正理，皆依经文所陈，非是理外妄说。神秀的《大乘无生方便门》更是会通了《华严经》、《法华经》、《维摩经》、《思益梵天经》、《大乘起信论》等诸多经典。从王维留下的诗文作品可以看出他皈依禅门后，研读了大量的佛教典籍，这种研读既与他作为文人的修学兴趣分不开，大概也与北宗不弃经典的传统影响有关。而王维还经常把这种研读的心得直接以诗歌的形式表达出来，如《胡居士卧病遗米因赠》：

了观四大因，根性何所有。
妄计苟不生，是身孰休咎。
色声何谓客，阴界复谁守。

徒言莲花目，岂恶杨枝肘。
既饱香积饭，不醉声闻酒。
有无断常见，生灭幻梦受。
即病即实相，趋空定狂走。
无有一法真，无有一法垢。
居士素通达，随宜善抖擞。
床上无毡卧，镉中有粥否。
斋时不乞食，定应空漱口。
聊持数斗米，且救浮生取。

这首诗涉及的佛教语汇和典故有："四大"、"根性"、"阴界"、"莲花目"、"香积饭"、"声闻"、"断常见"、"幻梦"、"实相"、"空"、"无有一法真，无有一法垢"、"抖擞"、"漱口"等，几乎是用佛语写成的一首诗。而它们涉及的典籍依次有《维摩诘经》、《华严经》、《法华经》、《涅槃经》、《楞伽经》、《法苑珠林成论》、《释氏要览》等，我们不难体会，如果不熟悉这些佛教语汇或典故，是很难读懂这首诗的。在诗中，王维以禅理劝慰正卧病在床的胡居士，其大意是说，假如能如佛洞观肉身即空，一切无非因缘和合，就能心中不生妄念，而心中不生妄念，也就能吉凶皆无。如果能以菩萨之眼去看待世界的虚虚实实，以空破除胸中的种种执见（狂走），生生灭灭任运自然，那么疾病的苦恼就可以化解。

严格说来，以禅语言禅理的诗歌，不可视为真正的诗歌，它只是徒有诗的形式，而无诗的韵味。李梦阳以为王维诗"高者似禅，卑者似僧"，[1]大概"似僧"者，只会背其语录而不会穷通变化托之于境象使人悟其玄远之妙，其之所谓，即王维这类满目禅语的诗歌吧。对此，明末高僧憨山德清的批评更加苛刻不留情面，其曰："昔人论诗，皆以禅比之。殊不知诗乃真禅也。陶靖节云：'采菊东篱下，悠然见南山。山气日夕佳，飞鸟相与还。'末云：'此中有真意，欲辩已忘言。'此等语句，把作诗看，犹乎蒙童读'上大人孔乙己'也。唐人独

[1] 赵殿成：《王右丞集笺注》卷末附录二。

李太白语自造玄妙，在不知禅而能道耳。若王维多佛语，后人争夸善禅，要之岂非禅耶？特文字禅耳。非若陶、李造乎文字之外。”[1] 憨山指责王维诗多佛语，只可当“文字禅”看，而不可当诗读，对照上诗，确乎有其道理。不过所幸的是，在王维的诗歌中，似这样味同嚼蜡的“文字禅”作品并不多。当然，即使到了晚年，王维对于“文字禅”也还偶有为之，《夏日过青龙寺谒操禅师》即是。

王维前期诗歌创作的第二个特点是审象求形，景物描绘精确如画。这个特点似乎与北宗没有瓜葛，实则不然。北宗禅修讲渐悟，借境趣定、念佛坐禅，都是北宗所维修的具体禅法，而有“修”，就会有人为的痕迹和知性的色彩，当外在的形式成为了习禅的主要方面，内在的佛性之悟可能就会旁落。所以它成为南宗攻击的对象。这样一种禅修理路反映在诗歌创作中，很可能就是对于山水物象的关注和对于诗歌语言的斟酌，那种象外之旨、韵外之意反而因之而失落。苏轼在评论王维等人的画时曾这样说过：“唐人王摩诘、李思训之流，画山川峰麓，自成变态，虽萧然有出世之姿，然颇以云物间之。”[2] 其意谓王维等人的画虽然也超尘脱俗，但仍不免拘泥于“云物”的刻画描摹，因而有碍于象外之趣。苏轼的评论也正道出了王维前期诗歌的不足所在。例如《燕子龛禅师》：

山中燕子龛，路剧羊肠恶。
裂地竟盘出，插天多峭崿。
瀑泉吼而奔，怪石看欲落。
伯禹访未知，五丁愁不凿。
……
岩腹乍旁穿，洞唇时外拓。
桥因倒树架，栅值垂藤缚。
鸟道悉已平，龙宫为之涸。

[1] 《憨山老人梦游事》卷九《杂说》。
[2] 《东坡题跋》卷五《又跋汉杰画山》。

跳波谁揭厉，绝壁免扪摸。

……

为了衬托禅师的“无生缘”和“无行作”，诗人花了很大力气来写燕子山山势的险峻，山路的盘纡曲屈，以及瀑泉、怪石、山木、桥栅的异状，景物描绘可谓如镂如刻，但由于过于求形求实，各种物象塞满了画面，读来反而让人感觉堆砌和板滞，山水仿佛是一堆没有生命灵性的存在，象是有了，趣则失之。

再如《过香积寺》：

不知香积寺，数里入云峰。
古木无人径，深山何处钟。
泉声咽危石，日色冷青松。
薄暮空潭曲，安禅制毒龙。

不论前人今人，对这首诗都赞誉颇多。如清代赵殿成就说：“此篇起句极超忽，谓初不知山中有寺也，迨深入云峰，于古木深丛人迹罕到之区，忽闻钟声，而始知之。四句一气盘旋，灭尽针线之迹，非自唐高手，未易多觏。泉声二句，深山恒境，每每如此。下一咽字，则幽静之状恍然；着一冷字，则深僻之境若见。昔人所谓诗眼是也矣。……”[1]前四句赵评极是，但泉声二句之评却未必然。我以为其缺陷恰就在所谓“诗眼”的炼的功夫上。此说不是不要诗眼，而是要“炼”而不露痕迹，否则即落下乘。这里的“咽”和“冷”，虽然下语精确，但却给人极不自然的感觉。相比较意象与之相似的“明月松间照，清泉石上流”，语言是那么平淡不着力气，但自然中却传达出了无限的意趣。诗的末联是作者点明题旨之处，也是北宗“时时勤拂拭”的体现，“安禅”即坐禅，“毒龙”出自《涅槃经》，意指心为色相所乱之状。这样的点题是画蛇添足，使诗歌前半部分的空灵又回到了实处。

王维后期的创作尤其是在辋川徜徉山水时留下的作品，深受南宗的影响。

---

[1]　赵殿成：《王右丞集笺注》卷七。

禅机禅趣就在山水景色中原真地呈现，它们无一不是宇宙大心的呈露，因此闻声悟道，见色明心，触目便有菩提式的感悟。反映在诗歌创作上，就是对知性和人为痕迹的涤除，不仅早期那种以佛语入诗的情形大为减少，而且那种追求精工形似的着力之作也已难觅踪迹，一切仿佛都是自然的、不经意的，诗风趋于纯净明朗，意象变得空灵幽深、禅趣盎然。如《辛夷坞》：

木末芙蓉花，山中发红萼。
涧户寂无人，纷纷开且落。

这首通篇不著一禅语的小诗，却无不显示出禅宗自性即空的绝对境界。《坛经》云："万象有而非有，一心空而非空。"南宗既倡本性如虚空，又主张不可执空见，正如万物自在地生、住、异、灭，本性自净自定。在远离尘嚣人迹罕到的山涧之中，缤纷绚丽的芙蓉花默默地开放，又默默地凋落，它洒脱随缘，既没有生的喜悦，也没有死的悲哀，在空寂之中生生灭灭，来去自由，通用无滞。这是一朵普普通通的花，然而它却展示着有无的自象和自性，这也正是禅者心念生灭的写照。于一切境上不生忧乐悲喜之情，不粘不著，不尘不染，心念不起，这样的禅境与芙蓉花的自开自落何其相似，无怪乎胡应麟说读《辛夷坞》诗会"身世两忘，万念俱寂"[1]。

王维诗表现空寂清虚，走的是以色显空，以喧显静的一路。这也正是南宗审美的佳处所在。本谓言空，而以色有出之；本谓言静，而以喧动现之，在有无动静中禅机恍惚，禅味可参。如《鸟鸣涧》：

人闲桂花落，夜静春山空。
月出惊山鸟，时鸣春涧中。

虽云"春山空"，却忽生万有：桂花飘落，月初鸟鸣；虽云"夜静"，却鸟

[1] 胡应麟：《诗薮·内编》。

鸣春涧，声声可闻；虽云“人闲”，但桂花之飘落，皎月之初升，山鸟之鸣叫，不都是诗人眼之所见、耳之所听吗？这其实是一个非空非有、亦空亦有；非动非静、亦动亦静的禅宗之境。唯有这样的境界，才能不著不滞，流动自然。南宗认为生机勃勃的自然界都是法身的遍现，法身遍一切境，而王维以其禅修的体悟，把这个流动不滞的境界以自然之象展现给了我们：真如就在象中。而了悟了象，也就了悟了自性，解脱了自身。

在王维的后期山水诗中，我们会感受到一种活泼泼的生机，一种在寂灭与万有圆融中托现出来的大乘般若“空性”的美妙境界。如《山中》诗云：“荆溪白石出，天寒红叶稀。山路元无雨，空翠湿人衣。”清流之中白石自现，寒天之下红叶独生。读此二句，很自然会使人联想到王维另一首著名诗篇《终南别业》，其云：“中岁颇好道，晚家南山陲。兴来每独往，胜事空自知。行到水穷处，坐看云起时。偶然值林叟，谈笑无还期。”生活不求目的，没有执著，一切都随缘任运，来去相因，穷象之时，道性自现，大千世界便是在这生灭有无的流转之中见其永恒。所以“行到水穷处，坐看云起时”，正是作者自证自悟的禅境所在。元代佚名《南溪诗话后集》评论说：“此诗造意之妙，至与造化相表里，岂直诗中有画哉！观其诗，知蝉蜕尘埃之中，浮游万物之表者也。”这里，评论者所赞赏的不仅是王维诗中所描绘的山水景物，更是诗中所表现出来的作者超逸的精神情怀。而《山中》“荆溪”二句，与《终南别业》的“行到”二句正有同工异曲之妙，只是它完全托之于象，要达到了悟，则更需顿悟之功罢了。《山中》的后二句，则先实言山中无雨，再以“湿”虚写“空翠”之清润欲滴如可湿衣，也在有无之间，使人品到了常理不理、道无形质的禅家意趣。

可以看出，正是南宗禅理的渗入和把握，使得王维改变了早期在北宗影响下诗歌创作的路数，使诗歌的情、景、理、事水乳交融，禅味、禅理、禅境，在自然山水的形色之中似有似无，可以意会而难迹求。而也正是王维的这一类诗歌最终成为了“如空中之音，相中之色，水中之月，镜中之象，言有尽而意无穷”的盛唐禅诗极品。

本文原载于《中国文化研究》，2002年第4期冬之卷。

李清照的词

姜林森

姜林森，男，1929年生，副教授。1960年起在北京外国语大学工作，已离休。著有《汉语惯用语词典》(合编)、《中国古代名言隽语大词典》(合编)、《中国古代文学词典》(合著)、《红楼梦人物词典》(合著)、《类义词词典》(日汉对照)。发表论文有《红楼梦里的惯用语》、《汉乐府民歌浅说》等。

宋代词坛名家辈出，流派众多，其中独树一帜，影响较大的不下数十人。值得注意的是那时还出现了一批女词人，李清照则是其中的佼佼者。

李清照生于宋神宗元丰七年（1084），号易安居士，济南（今山东省济南市）人。父亲李格非是宋代著名的学者，与廖正一、李禧、董荣齐名，人称后四学士。母亲王氏也有文采。李清照自幼受到家庭的文学教养和时代文学气氛的熏陶，少年时即有诗名。18岁时，嫁给太学生赵明诚为妻，婚后生活十分美满。能文、能书、善画，尤工于诗词。赵明诚是一个金石学的研究者，也雅好词章，夫妇二人经常相与唱和，并共同从事金石学的研究。宋钦宗靖康元年（1126），金人攻陷北宋王朝的都城汴京（今河南开封市），次年李清照夫妇避难南下。建炎三年（1129），赵明诚病死于建康（今江苏省南京市）。从此，李清照在浙江一带辗转漂泊，过着孤苦伶仃、落落寡欢的生活，70岁左右终于在寂寞凄苦中死去。

李清照是一位多才多艺的作家，她的《金石录后序》是一篇叙事与抒情相结合的优美散文；她的书画历来为人们称道，清人所编《玉台书史》、《玉台画史》均有其名；她的诗歌激昂慷慨，洋溢着爱国主义的热情；而她最擅长、最有成就和影响的还是词。著有《李易安集》和《漱玉词》(词集)，早在南宋时即刻有多种版本，后失传。现行各种版本的《漱玉词》均为后人辑录。今人以王学初的《李清照集校注》最为完备。

李清照词作的内容，大体上和她的生活经历一致，可以以南渡为界，分为前后两个时期。

前期的作品描述的多是作者个人的安闲生活，缺乏广阔的社会意义，但从中反映出诗人的理想和情操，表现了对自然的热爱和对爱情的追求。

> 昨夜雨疏风骤。浓睡不消残酒。试问卷帘人，却道海棠依旧。知否？知否？应是绿肥红瘦。
>
> ——《如梦令》

这首词描写春末夏初的景物极为出色。诗人悠闲的生活、惜花的心情，透过简短的对话，委婉曲折的手法，得到充分表露。后人称为绝唱。

> 湖上风来波浩渺，秋已暮，红稀香少。水光山色与人亲，说不尽无穷好。
> 莲子已成荷叶老，清露洗苹花汀草。眠沙鸥鹭不回头，似也恨人归早。
>
> ——《怨王孙》

北宋著名的文学家苏轼曾称赞唐代诗人王维的作品是“诗中有画”，这同样也可以用来评价李清照的这首词。这里，山光与水色交相辉映，苹花与汀草并茂。湖边眠沙的鸥鹭，似乎颇解人意，看到游人离去，竟然引为恨事而不愿理睬。反衬的笔墨烘托出诗人留恋自然风光的心情。

李清照虽然是一个有抱负有才华的妇女，但是在封建社会里，仕途上却无出路。于是她只是把自己的理想寄托于美好的自然风光，寄托于美满的爱情生活。

红藕香残玉簟秋，轻解罗裳，独上兰舟。云中谁寄锦书来？雁字回时，月满西楼。

花自飘零水自流，一种相思，两处闲愁。此情无计可消除，才下眉头，却上心头。

——《一剪梅》

晚秋的一天，诗人独自划着小船，在湖上荡漾，不禁想起远在他乡求学的丈夫。她是多么盼望得到亲人的来信啊！这首词直抒胸臆，情真意切，感人肺腑，是抒发相思之情的杰作，历来为人们传诵。

薄雾浓云愁永昼，瑞脑销金兽。佳节又重阳，玉枕纱橱，半夜凉初透。
东篱把酒黄昏后，有暗香盈袖。莫道不销魂，帘卷西风，人比黄花瘦。

——《醉花阴》

重阳佳节，亲人团聚，或饮酒赏菊，或登高赋诗，本是文人雅士之赏心乐事，而作者却感到有一股哀愁像薄雾浓云一样裹挟着自己，无法排遣。原因何在？词中没有点明，但从结句中，人们不难体味。相传她的丈夫赵明诚见到后，想超过它，曾废寝忘食地写了 50 首词，然后把它们和李清照的词混在一起，送给友人陆德夫评价，友人欣赏再三，说道："只三句绝佳"，即"莫道不销魂，帘卷西风，人比黄花瘦"。

李清照前期的词，尽管反映了某些哀愁，但整个情调还是健康的。后期的词，由于家园的变故，特别是由于她的丈夫中年病逝，因而更多地增加了描写离乱的内容，表现出哀伤的心情。

寻寻觅觅，冷冷清清，凄凄惨惨戚戚。乍暖还寒时候，最难将息。三杯两盏淡酒，怎敌他，晚来风急。雁过也，正伤心，却是旧时相识。

满地黄花堆积，憔悴损，如今有谁堪摘？守着窗儿，独自怎生得黑？梧桐更兼细雨，到黄昏点点滴滴。这次第，怎一个愁字了得！

——《声声慢》

悲秋的主题，前人多有写作。但是像李清照这样写的悲惨欲绝，淋漓尽致，是十分罕见的。这里萧条冷落的意境与悲惨凄苦的心情水乳交融，叠字的运用也别具一格，它们都有力地烘托了作品的主题。词的情调虽然过于低沉，但从中也可看到时代动乱给人们带来的痛苦。

李清照的词，直接反映社会生活的并不多见。这并不意味作者对国家的命运，民族的复兴，无动于衷，漠不关心。事实上，她“南渡以后，常怀京洛旧事”。“南来尚怯吴江冷，北狩应悲易水寒”（《失题》），“生当作人杰，死亦为鬼雄。至今思项羽，不肯过江东”（《绝句》）这些诗句，都充分表露了诗人反对苟安，力主恢复的爱国主义激情。这样的激情之所以在词中绝少反映，主要是因为诗人囿于词的穿透观念，认为词不能像诗那样“言志”。尽管如此，李词中流露的哀愁和诗中抒发的激情，又必然有其相同之处，这在《永遇乐》中有较为明显的反映。

落日熔金，暮云合璧，人在何处？染柳烟浓，吹梅笛怨，春意知几许？元宵佳节，融和天气，次第岂无风雨？来相召，香车宝马，谢他酒朋诗侣。

中州盛日，闺门多暇，记得偏重三五。铺翠冠儿，捻金雪柳，簇带争齐楚。如今，憔悴，风寰霜鬓，怕见夜间出去。不如向帘儿底下，听人笑话。

这首词的意思是：西下的夕阳像融化的黄金那样光辉灿烂，傍晚的云彩如青翠的璧玉一般连成一片，亲人又在哪里呢？浓密的烟雾笼罩着柳树，笛子吹出《梅花落》的曲调，春意谁知道增添了多少？元宵佳节，天气晴和，瞬息之间难道没有风雨？饮酒作诗的朋友派来华贵的车马相请，我谢绝了他们的盛意。

汴京繁盛的日子，妇女们多有闲暇，记得特别注重元宵佳节。带着镶了翡翠韵帽儿，捻了金纸糊成的雪柳，人人插带满头，争相打扮得整齐美丽。如今形容憔悴，鬓发蓬松，懒得夜间出去，不如独自躲在帘子底下，听着别人过节时的笑语。

这首词的上阕以反衬的笔墨突出自己心灰意懒的心情，下阕用对比的手法抒发自己对故都（时南宋小朝廷偏安江南，迁都临安，即今杭州市）之思，结句故作旷达，实则饱含心酸。这就无怪乎宋末爱国诗人刘辰翁，读到这首词后，不禁“为之涕下”。

李清照的词多委婉含蓄，即所谓“语尽而意不尽，意尽而情不尽”，基本上属于婉约派。但是也间有豪放之作，显示出作家多方面的艺术才能，如《渔家傲》：

天接云涛连晓雾，星河欲转千帆舞。仿佛梦魂归帝所，闻天语，殷勤问我归何处。

我报路长嗟日暮，学诗漫有惊人句。九万里风鹏正举。风休住，蓬舟吹取三山去。

这首词是诗人早年的作品。尽管诗人有“路长日暮”的嗟叹，但壮怀激烈、意气昂扬，境界开阔，立足现实，托以梦境，富有积极浪漫主义的特色。

李词的语言也具有独特的风格。唐代著名古文家韩愈主张“唯陈言之务去”，李清照对语言的运用也正是如此。她不主故常而能独出心裁，她善于把民间语言锤炼成优美的文学语言，使自己作品的语言显得纯新浅切，简洁生动，“能曲尽人意”。在这方面，李清照可以和宋代数一数二的词家相媲美而毫不逊色。

本文原载于《课外学习》1981年第3期

人物类型与文化精神
——黑旋风人物系列论

魏崇新

魏崇新，男，1958年生于江苏省丰县。文学博士，现为北京外国语大学中文学院院长，教授，比较文学与跨文化专业博士生导师。主要专业研究方向为中国古代文学、比较文学。在各级学术刊物上发表学术论文50余篇。主要学术专著有：《市井新声》（山西教育出版社1994年版）、《狂狷人格》（长江文艺出版社1996年版）、《说不尽的潘金莲》（台北业强出版社1997年版）、《20世纪中国文学史观》（第一作者，西苑出版社2000年版）、《中国古代禁毁小说漫话》（合著，汉语大词典出版社1999年版）、《卓立特行》（东方出版社2009年版）、《比较文学视域中的中国古典文学》（外语教学与研究出版社2009年版）。编著有：《三国演义导读》（中华书局2002年版）、《明清小说观止》（主编，陕西人民教育出版社1998年版）、《中国文学史话·明代卷》（主编，吉林人民出版社1998年版）、《比较文学与中国古典文学》（与周发祥合编，外语教学与研究出版社2006年版）、《中国古代文学》（副主编，商务印书馆2006年版）、《文学》（汉英双语，人民文学出版社2006年版）等。

在中国古代小说人物画廊中，一些人物具有共同的特征，且前后辉映，形成了饶有意味的人物形象系列。如中国古代小说中的“黑旋风”人物系列，人物性格鲜明，在人物形象的描写中蕴涵着鲜明的民族特色与丰富的文化意义，值得我们探讨。

提起黑旋风式的人物，人们自然会想起《水浒传》中的黑旋风李逵，但是如果我们放宽阅读的视野，就不难发现，在中国古代的历史演义与英雄传奇小说中，不乏类似黑旋风李逵式的人物，如《三国演义》中的张飞、《隋唐演义》中的程咬金、《岳飞传》中的牛皋等，他们无论相貌特征还是个性色彩都与李逵有着惊人的相似，形成了一个特殊的人物类型系列，姑名之为“黑旋风人物系列”。

就人物塑造而言，属于“黑旋风人物系列”的人物都是高度类型化的，他们外貌形象鲜明突出，性格单纯缺少变化，在不同的小说中反复出现，深受读者喜爱，是一种成功的人物类型模式。分析这类人物类型的内在结构及其文化内涵，对于我们了解这类人物塑造成功的奥秘，揭示此类人物身上折射出的民族文化精神，具有重要的认识价值。

一、野性与童心

纵览黑旋风人物系列，我们觉得在他们身上有一股原始气息扑面而来，一种桀骜不驯的野性从他们的性格中流溢而出。在他们身上，从表象特征到内在个性都呈现出一种“野味”。这种“野味”首先显诸形貌：

张飞：“豹头环眼，燕颔虎须，声若巨雷，势如奔马。”

李逵：“不搽煤墨浑身黑，似着朱砂两眼红。”

程咬金：“疙瘩脸横生怪肉，邋遢嘴露出獠牙，腮边卷结淡红须，耳后蓬松长短发。”

牛皋：“面如黑漆，身躯长大。”

他们面貌狰狞、皮肤黝黑、身体强壮，很容易使人联想起从原始森林里走出来的野蛮人。难怪杨再兴第一次见到牛皋时就称其为“野人”。

观其貌而知其心，与这种粗野外貌相照应的，是黑旋风人物鲁莽的性格。粗野鲁莽是张飞、李逵、程咬金、牛皋等人的共同个性特征。他们头脑简单，缺乏细腻的情感，没有深谋远虑的心机，更不懂什么叫三思而后行。他们的行为准则是“先打后商量”。每当冲锋陷阵，他们总是长矛一举、板斧一挥，大吼一声，赤膊向前，不顾性命。他们虽然粗野不驯，然而妙处在于野得天真无邪，毫无矫饰。金圣叹说：

> 李逵是上上人物，写得真是一片天真烂漫到底，看他意思，便是山泊中一百七人，无一个人入得他眼。《孟子》“富贵不能淫，威武不能屈”，正是他好批语。[1]

“天真烂漫”是儿童的特性，黑旋风们单纯正直，粗率任性，从思想意识到语言行为无不带有儿童般的天真，而这天真又出自一颗无拘无束的童心。李贽说：

> 夫童心者，真心也。若以童心为不可，是以真心为不可也。夫童心者，绝假纯真，最初一念之本心也。若失却童心，便失却真心；失却真心，便失却真人。人而非真，全不复有初也。[2]

黑旋风们的可爱就在于他们的原始野性始终基于真诚的赤子之心。李逵初见宋江，劈头便问：“这黑汉子是谁？”戴宗说他粗鲁，他却认真地说：“我问大哥，怎地是粗鲁？”身为粗人而不知粗鲁为何物，憨态可掬，天真烂漫，这就是李逵之真。在程咬金的脑海中压根儿就没有时代的概念，他甚至不知道自己生活在什么朝代，只知道换了皇帝。可见黑旋风们虽然生理成熟了，心理却

[1] 金圣叹：《读第五才子书法》，转引自马蹄疾编：《水浒资料汇编》，中华书局 1980 年版，第 35 页。
[2] 李贽：《焚书》卷三《童心说》，中华书局 1975 年版，第 98 页。

没有成熟，在他们那粗犷伟岸的身躯里，跳动着的是一颗稚嫩的童心。

童心无假，童言无忌。因为怀着一颗童心，黑旋风们无论做什么事情都是直来直去，从不绕弯，想说就说，爱干就干，善恶彰明，不计得失。例如当皇帝本来是至高无上、人人歆羡之事，可程咬金却不然，他被瓦岗寨众英雄推举为皇帝，不久就感到人身的不自由，而心生厌烦。一日，他正在受众臣朝拜，忽然说道："各位兄长，不要拜了，我这皇帝做得厌烦，辛苦不过，绝早要起身，夜深还不睡，何苦如此。你们哪个喜欢做的，我让了他罢。"当即辞位不干。程咬金追求的是个性的自由自在，他讨厌功名利禄的束缚，甚至是权力的束缚。真人不做假事，也不会说谎话。牛皋奉命攻打汜水关失利，余化龙、杨虎帮他夺下关口，并甘愿把功劳让与他，他本来已经接受，可是见了岳飞，他却说："我是不会说谎的。关是他二人抢的，说是把功劳让与我，我也不要，原算他们的吧。"

就像人的眼中容不得沙子一样，真人的性格中也容不得半分虚假。李逵遇到冒充自己的拦路贼李鬼，相信李鬼家有九旬老母的鬼话而放了他。但是当他识破李鬼的谎言，认清李鬼的真面目后，十分愤怒，杀了李鬼。李逵与李鬼的搏斗是真与假的搏斗，这场搏斗以真胜假结束，李鬼的虚假更衬出李逵的纯真。怀林在《水浒述林》中说：

> 李逵者，梁山泊第一尊活佛也，为善为恶，彼俱无意，宋江用之便知有宋江而已，无成心也，无执念也。[1]

"成心"与"执念"皆出自成人的心机，与天真的童心无缘，童心则是天机自发，自然流露。中国古人追求的最高道德境界是真、善、美，三者之中又以真为根基，失去了真也就无所谓善与美。黑旋风们的形象之所以使人感到可亲可爱而又可敬，关键在于从他们身上可以找到人类弥足珍贵的真性与真情，看到真善美的统一。野性与童心的合一使黑旋风们的人格迸发出异样的光彩。

---

[1] 转引自马蹄疾编：《水浒资料汇编》，第 6 页。

黑旋风们不仅有着原始的野性、儿童的天真，而且其思维方式也带有原始思维的特点。原始思维或曰儿童思维，是单向的以自我为中心的思维。这种思维往往受单纯动机与本能冲动的支配，把客观事物自我意志化，不顾客观现实和外在规范的制约，因而常与社会道德相背离，与礼法观念发生冲突。《水浒传》第三十七回写李逵陪宋江、戴宗吃鱼，“并不使箸，便把手去碗里捞起鱼来，和骨头都嚼吃了”。吃完自己的之后，又伸手到宋江、戴宗碗里去捞。李逵受食欲本能的支配，不顾体面礼节，其思维和行为与儿童极为类似。思维的幼稚简单使黑旋风们缺乏理智的指导，在他们的头脑中，世上的一切似乎都是那么简单明了、善恶分明，至于人心的诡诈，世事的艰辛，他们皆懵懂无知，不存于心。

天真无畏、疾恶如仇的秉性使黑旋风们不顾礼法的束缚，蔑视至高无上的权威。礼法多为谦谦君子所设，权威多为懦弱者而立，黑旋风们对此不屑一顾。他们以自己心中的善恶观念、是非标准对待现实环境，遇到不平即拔刀相助，身上充满着反抗精神。这种反抗精神突出地表现在他们对皇权的态度上。当他们以纯真的目光打量皇帝的宝座时，发现了那神圣光环遮掩下的昏庸与卑劣，遂产生“彼可取而代也”的雄心。李逵动不动就高喊：“杀去东京，夺了鸟位！”甚至死后还在梦中向宋徽宗挥舞板斧，使皇帝在梦中也怕。《三国演义》中的张飞一心扶助刘备称帝，忠心耿耿，但在《三国志平话》中，张飞则杀了贪官污吏，在古城建立了一个独立王国，“自号无姓大王”，立年号为“快活年”，是一个不畏皇权的草莽英雄。《三国演义》的作者出于正统观念，对张飞的故事进行了删改，使张飞的叛逆性格大为减弱。

凭着一颗童心，黑旋风们能够看透皇帝们的真面目与皇权的欺骗性。程咬金大骂皇帝：“唐家是没良心的，太平了，不用我们，如今不知哪里杀来了，又同了牛鼻子道人在此，犹猫哭老鼠假慈悲，思量来骗我们前去与他争天下，夺地方。”一针见血地指出了封建皇帝的狡诈阴险与负义无情。黑旋风们敢于用真诚撕破虚伪，就像童话《皇帝的新装》中的天真儿童，当臣民们对着赤裸的皇帝恭维作揖时，他却用童心剥下了皇帝的伪装，使之原形毕露。

黑旋风们天真粗蛮的原始野性，蔑视礼法权威的反抗精神，使我们想起中国古代的神话英雄，比如与颛顼争帝，怒触不周山的共工，与炎帝争位，“以乳为目，以脐为口，操干戚以舞”的刑天。或许在黑旋风们身上还存留着神话英雄的遗传基因，流淌着原始人类粗犷蛮勇、浑朴天真的血液。黑旋风们虽不是神话人物，却是具有原始精神的史诗英雄，“史诗英雄的心理是十分单调和非常简单的”[1]。他们的与众不同之处在于其凭借童心与个体意志，打破了常人必须遵守的道德准则，使循规蹈矩者无所适从，道学先生望而生畏，权豪势要闻风丧胆。

在中国封建社会中，礼教的重压把人的个性抹平，使人性中粗犷勇敢、无畏真诚的禀赋遭受严重压抑。小说家们则以其不懈的努力，在人物描写方面回溯无意识的原始意象，塑造出了张飞、李逵、程咬金、牛皋这类人物形象，使人们在欣赏这类形象时，体验到原始力量的感召，重温人类童年的旧梦，达到心理的补偿和平衡。歌德曾告诫人们，不要让现代的美的贩子的软弱学说，弄得你太柔软了，以致不能欣赏有意义的粗野。也许正是为了欣赏“有意义的粗野”，黑旋风人物类型才被作家们不断重塑，并深受历代读者的青睐。

二、恋母情结

本文所说的“恋母情结”借用了弗洛伊德的名词概念，但并非弗洛伊德所谓的俄狄浦斯情结，而是指黑旋风们因自幼丧父造成了一种心里缺失，从而对母亲产生了特殊的依恋之情，以及这种感情经历对形成黑旋风们的性格所产生的影响。

现代心理学研究表明，一个人性格的形成与其身世及家庭环境有密切的关系。考察李逵、程咬金、牛皋的身世，我们就会发现他们有一个共同的特点：只知其母，不知其父。小说在描写黑旋风们的身世时，只写到他们的母亲，很少提及他们的父亲，其家族世系更是混沌不明。比如当尤通问及程咬金的家世

---

[1] 〔苏〕科恩：《自我论》，三联书店 1986 年版，第 56 页。

时，程咬金说："家母便生的区区一人，不知有族里也没有族里。"好像他们真的是"从土坑里掘出来的"（李逵语），是一群从荒山野林里跑出来的野孩子。

在以宗法血缘为基础的中国封建社会中，家庭是最基本的组织形式，封建社会的生产关系、政治制度、宗法伦理皆建立于家庭之上，因此中国古人才把修身、齐家、治国、平天下相提并论。黑旋风们出身下层，来自荒山僻壤，没有族里，没有父亲，没有一个完整的家，当然也没有他们可以依托的宗族社群。如果说他们有家，那残缺不全的家也只和生养他们的母亲相关。除了母亲，他们没有任何亲人，长大成人之后，他们皆成为赤条条来去无牵挂的流浪汉。既然自幼无家，那么封建的宗法血缘观念、人伦道德对他们来说无疑是陌生的，在他们心里也没有修身、齐家、治国、平天下的信条。中国的封建社会，家国本为一体，家是国的缩影，国是家的扩展，封建皇帝把国家视为自己的家天下，把天下臣民视为自己的子民。家庭概念的淡薄模糊，必然导致黑旋风们国家观念的淡薄，很容易使他们放弃对封建国家的社会责任与道德义务，不安于做封建国家的家长——皇帝的忠顺臣民。

黑旋风们之所以无家可归，主要在于他们失去了可以依赖的家长——父亲。中国的封建社会是以父权为基础的父系社会，父亲是家庭的轴心，是家规家法的制定者与执行者，维系封建家族的宗法关系，保持家庭的稳固与秩序，主要靠家长的权威。父子关系在封建社会中占有重要的地位，儒家始终把父子之道放在人伦规范之首。孔子认为一个国家能否治理好，首要的是君君、臣臣、父父、子子的人伦之道能否有效地实行，汉儒把父子关系列为三纲之一，地位仅次于君臣。对儿子来说，父亲代表着权威、尊严和法律，是权力意志、道德意志的化身，也是儿子模仿与尊奉的对象。父亲肩负着教育儿子的主要责任，对儿子人格的形成产生着重大影响，这种情况从《红楼梦》中贾政对贾宝玉的教育就可以看出。黑旋风们自幼丧父，失去了从父亲那里接受封建宗法伦理教育的机会，也无由体验子孝臣忠的伦理感情。更重要的是，他们从小就失去了模仿与尊奉的对象，也失去了权威秩序的约束，因此较少受封建礼教的熏陶，个性可以按自我意志自然成长。"童年经验以或多或少的方式塑造并调整了每个人的人格中情绪及动机组成。”[1]家庭结构的破碎、父亲权威的丧失、文化教养的匮乏，养成了黑旋风们不拘礼法、狂放粗野的叛逆性格。

对于黑旋风们来说，可以没有父亲，却不能没有母亲，父亲的影子早就在记忆中消失，而母亲的形象却铭刻心中。他们幼无所依，只有与母亲相依为命，母亲成为他们生活甚至生命中不可分割的一部分。在儿童成长过程中，与父亲的作用相反，母亲代表着温柔与慈爱、宽容与慰藉。父亲形象在儿童心理上产生的是威严与压抑，母亲形象产生的则是柔情与放纵。母亲对儿子专注无私的爱不仅使黑旋风们体验到母爱的圣洁伟大，而且使他们从小就在这种宽厚仁慈的母爱中自由地成长，从而形成了独特的个性和行为模式。因此，黑旋风们在无意识中对母亲产生了深深的眷恋之情。在他们的情感世界中，没有强加的伦理观念，只有发自本能的对母亲的爱。

李逵初上梁山，看到别人取爷望娘，不由得想起自己的母亲，于是“放声大哭起来”，向宋江请求亲自去接母亲上梁山快活。程咬金见母亲晚上做柴耙辛苦，自己不忍去睡，每天陪母亲坐到深夜。当李世民把他的母亲接到唐营时，他甘冒被处死的危险，只身赴唐营探母，被作者赞为“只念娘亲不惜躯，愿将遗体报恩亲”。在藕唐关，七月十五祭日，牛皋这个粗心的汉子却悄悄将祭品抬到山上，“想起母亲，放声大哭”。这些莽撞粗鲁、刚强不屈的硬汉，平日里男儿有泪不轻弹，唯独想起母亲时却控制不住自己的感情，大放悲声，表现出他们的至性至情。不仅对于自己的母亲如此深爱，而且对于别人，每当涉及对母亲的感情，他们都表现出少有的宽容与同情。当李逵听李鬼谎说家有 90 岁的老母无人奉养时，不仅饶恕了李鬼，还送他银子奉养老母。一派谎言竟然使硬汉心软，使杀人魔君刀下留情，大发慈悲，这种奇迹，正源于黑旋风们对母亲的挚爱。

不管小说对黑旋风们的描写是有意还是无意，黑旋风们有母无父的特殊身世以及由此产生的恋母情结，是形成他们性格的内在因素之一。在他们的心理成长过程中，母亲原型一直起着不可忽视的潜在作用。荣格认为婴儿天生具有母亲原型，德国学者埃利希·诺伊曼在《大母神》一书中指出，人类个体都要

---

[1]〔美〕辛基著、北晨编译：《当代文化人类学概要》，浙江人民出版社 1986 年版，第 89 页。

经历一个从母系无意识中分化出来、直到获得自我意识的心理过程。[1]不同的是，一般人在自我人格形成过程中由于受到以男权为中心的社会文化教育，逐渐放弃母亲原型而与父亲原型认同，从而变成循规蹈矩的父权社会中的一员。在黑旋风们的人格成长过程中，由于父亲权威的缺失以及家庭教育的匮乏，他们在心理上无法摆脱对母亲原型的依赖而与父亲原型认同。在黑旋风们的成长过程中，其人格世界一直为母亲原型所占据，其人格内部以母亲原型为中心的世界必然要与外在的以父亲权威为中心的现实世界发生冲突，同整个父权社会中的价值体系、道德规范和集体意识发生矛盾。"他们就像神话中的英雄，站在父亲的世界的对立面"[2]，成为父权社会的反叛者。

三、寻父意识

由于恋母情结与母亲原型的作用，黑旋风们身上跃动着一颗赤子般的童心，激荡着一股反抗父权社会的原始野性，使他们在礼教重重、秩序威严的封建社会中无所顾忌，独树一帜。此外，父亲形象的心理缺失也使他们在面对父权社会时产生一种无家可归、无所寄托的失落感。这就在黑旋风们的身上产生了两种相反相成的心理张力，一方面他们勇敢地蔑视礼法、反抗父权的统治，另一方面他们又在寻找着父亲的依靠与理性的支柱，从而形成了他们另一种心理追求——寻父意识的产生。

在黑旋风们身上存在着一种寻求父亲的意向，这种意向是通过他们与其"大哥"之间的特殊关系表现出来的。在张飞、李逵、程咬金、牛皋身边，作者们特意安排了刘备、宋江、秦琼、岳飞等大哥式的人物，他们与黑旅风们相互依赖，两组人物间的关系构成了一个"有意味的形式"。从他们之间的关系看，刘备之于张飞、宋江之于李逵、秦琼之于程咬金、岳飞之于牛皋，既是仁厚的

[1] 参见埃利希·诺伊曼著、李以洪译：《大母神》，东方出版社 1998 年版。

[2] 纽曼：《艺术和创造性无意识》，转引自叶舒宪：《探索非理性的世界》，四川人民出版社 1988 年版，第 187 页。

兄长，又是威严的父亲。张飞、李逵、程咬金、牛皋对他们既有亲密的兄弟之情，又有崇拜敬畏之心，甚至表现出一种“之死矢靡它”的忠诚。比如在重阳节的菊花会上，宋江即兴作词，唱出了“望天王降诏早招安，心方足”的词句，李逵大为不满，他反对招安，当场踢翻了桌子。宋江大怒，要将他斩首。李逵说：“哥哥剐我也不怨，杀我也不恨。除了他，天也不怕！”宋江在谈到与李逵的关系时也说：“他与我身上情分最重，如骨肉一般。”张飞、程咬金、牛皋对于刘备、秦琼、岳飞也是如此，一见即倾心崇奉，只有敬畏与顺从，少有不满与抗争。他们间的关系融封建社会中的兄弟父子关系为一体，填补了张飞、李逵、程咬金、牛皋因早年丧父而留下的心理空白。

在父权社会中，儿子心目中的父亲是权威的象征，大多数人在童年时就在无意识中寻找父亲，有意识地模仿父亲，而黑旋风们因为自幼丧父在心理中一直纠结着母亲的原型，野性与童心得以发展。然而，他们一旦长大成人，走上社会，就感到自我意识与社会意识的冲突，感到个人价值与社会价值的对立。作为父权社会中的男性成员，他们无意识中不自觉地在与父权社会的对抗之中又有所认同，并力图寻找一个类似父亲的心灵依靠者来确立自己在社会中的位置，刘备、宋江、秦琼、岳飞则成为他们精神上可以依赖崇奉的父亲角色。随着时间的推移，黑旋风们对这类精神之父的崇奉愈益增加，甚至达到至死不渝的地步。找到了精神之父，黑旋风们在心理成长过程中才完成由恋母情结向寻父意识的过渡，真正地长大成人。

与黑旋风们相对应的是，刘备、宋江、秦琼、岳飞在张飞、李逵、程咬金、牛皋的生活中也一直起着兄长兼父亲的作用。首先，他们的家世出身与形象特征暗示出他们作为父亲角色的可靠性。作者在叙述刘备、宋江、秦琼、岳飞的身世时，特别强调了他们的家庭世系，突出父亲在他们人格成长中所起的作用。他们或像刘备、秦琼那样出于帝王将相之家，或如宋江、岳飞那样生于太公员外之门，血统纯正，族系明确，家教严谨，自幼皆受到良好的封建正统教育，是按照父权社会的规范与理想成长起来的人物。

其次，他们出身官宦士绅之家，秉性忠厚，深明纲常礼教，一心报国忠君，具有高尚的道德品质。刘备忠于汉室，毕生志于恢复汉业。宋江侍父孝顺，为臣尽忠，一心报国安民，甚至做到“宁可朝廷负我，我忠心不负朝廷”。岳飞忠孝两全，“一生只图尽忠”，生为忠孝人，死为忠孝鬼。在尽忠的同时，他们还讲求“义”。刘备仁厚义气，天下英雄莫不为之臣服。宋江仗义疏财，人称“呼保义”、“及时雨”，天下好汉见了他莫不纳头便拜。秦琼勇武义气，绿林豪杰闻名而慕，“故此江北地方，说一个秦琼的武艺，也都咬指头，说一个秦琼的做人，心花都开”。岳飞忠直正气，各地豪俊无不望风归顺。

刘备、宋江、秦琼、岳飞集忠孝节义、勇武刚毅于一身，堪称父权社会的楷模。他们对黑旋风们既给予兄长的关怀，也示以父亲的威严。程咬金被封鲁国公，得意忘形，秦琼骂他："你这个蠢材，如今做了国公，也该学些体面，岂可照旧做响马一般，胡言乱道的混帐，失了公卿的品格。"骂得程咬金不敢吭声。牛皋偶然乘兴说了些不合忠孝的话，就被岳飞斥责“休得胡说！”宋江对李逵更是威严有加，生气时就当面斥骂。刘备、宋江、秦琼、岳飞讲兄弟之谊，更重君臣之道、忠孝之情。他们无论从实际作用还是象征意义上，都是黑旋风们思想上的权威，精神上的父亲，社会上的靠山。黑旋风们虽不明纲常之道，不谙忠孝之理，但对于刘备、宋江、秦琼、岳飞却是无端地敬畏，毕生崇奉，死而后已。双方之间的这种关系颇耐人寻味。

通过上述分析可知，在黑旋风们的情感世界中存在着两种情感导向，一是对母亲的眷恋，一是对父亲的追求，两种情感错综交织，形成了其人格深层相互冲突的两种张力。恋母情绪把他们的精神拉向原始意识深处，培植了他们蔑视礼法、反叛秩序的性格；寻父意识则把他们的精神导向现实的伦理世界，使他们的反叛难以彻底，造成了他们对父亲权威的倾倒，使他们粗豪不羁的性格中夹杂着驯服。二者交织，导致了黑旋风们人格的两重性，真实地呈现出其人性内部原始意识与伦理文化的冲突。

四、感性与理性

从张飞、李逵、程咬金、牛皋与刘备、宋江、秦琼、岳飞这两类性格迥异但关系密切的人物搭配中，我们看到了两种相辅相成的人格构成。张飞、李逵、程咬金、牛皋身上呈现的是一种非理性的冲动，代表着感性的、本能的、狂暴的力量，而在刘备、宋江、秦琼、岳飞身上呈现的则是一种理性精神，代表着理智、威严与秩序。胡万川先生将这两种人格构成比喻为酒神精神与日神精神，是颇为恰当的。[1] 从两类人物所揭示的象征意义看，黑旋风们代表的是酒神精神，而刘备、宋江、秦琼、岳飞等人代表的则是日神精神。

酒神精神源于西方古代社会中对酒神狄奥尼索斯的宗教崇拜仪式，表现的是对母系氏族社会的追忆与留恋，充满着感性的迷狂和陶醉，代表着本能与野性，“意味着无拘无束的本能的解放”，“是自我弥漫和扩散”。[2] 这与黑旋风们的性格特征极其相似，黑旋风们与酒结下不解之缘，他们都是嗜酒如命的英雄，是名副其实的醉金刚。凭着酒性，他们无所畏惧，任意纵情，若是没有酒，他们便失去了生气与灵性，失去自己的本来面目。因此，每当刘备、宋江等人要他们做事时，总是先让他们戒酒，惟恐他们酒醉误事，作出违反常规的举动。例如刘备奉命去讨伐袁术，张飞自己主动要求驻守徐州城，刘备立即说：“你守不得城：你一者酒后刚强，鞭挞士卒；二者做事轻易，不从人谏。吾不放心。”张飞承诺自己不饮酒，不打军士，刘备将守徐州的任务交给他，结果他还是因为酒醉怒打曹豹，曹豹衔恨勾结吕布偷袭了徐州城，张飞也因醉酒丢失了徐州城。再如李逵要回家搬取老娘上山，临行前宋江与他约法三章，第一条就是“径回，不可吃酒”。然而黑旋风们的本性是与酒融为一体的，他们好像皆是因酒而生，为酒而死的。张飞因醉酒而丢失了徐州城，最后又因醉酒伤人，遭人暗算，死于非命。李逵死于宋江的鸩酒。牛皋气杀金兀术，狂笑而死于金兀术身上，正是酒性迷狂的表现。

与狂放不羁的酒神精神相反，由日神阿波罗代表的日神精神，是智慧与理性的象征，他端庄静穆，“代表规范，数量、界限和使一切野蛮或未开化的东西

---

[1] 参看胡万川：《粗鲁豪放与肃穆威严——说李逵与宋江》，《中国古典小说研究专辑》（台湾）第三集。本文的写作受到了胡万川先生的启发。

[2] 荣格：《日神精神和酒神精神》，载冯川等译：《心理学与文学》，三联书店 1987 年版，第 234—235 页。

就范的力量”[1]。这与刘备、宋江、秦琼、岳飞在小说中的身份、地位与作用相似。正如日神精神最终取代了酒神精神一样，刘备、宋江、秦琼、岳飞最终以他们的理智与权威征服了黑旋风们，使黑旋风们的野性逐渐消融于理性之中。

就人类个体而言，感性与理性，黑旋风们与刘备、宋江们的关系近似于人格的两个方面：本我与超我。本我本着快乐原则行动，是一种本能的冲动力量，超我则本着道德原则行动，是一种代表着社会群体意识的道德意志。二者相互冲突又相互制约、相互补充，有了本我的生命冲动与超我的道德制约，个体才能达到自我调节与平衡，才能与社会群体和睦共处，不至于造成人格的分裂。人不能没有感性生命，也不能失去理性的指导，这就是为什么黑旋风们在寻找精神之父，而刘备、宋江们又不自觉地认同黑旋风们的心理原因。

就文化精神看，黑旋风们与刘备、宋江们的互补与融和体现出中国传统文化立足中庸、讲求和谐的要义。中庸之道倡导以和为贵，主张感性与理性的调和，反对偏激与冲动；而黑旋风们代表的正是一种偏激的冲动，故而代表理性精神的刘备、宋江们来调和，二者的结合可使感性与理性达到一种新的和谐。然而，由于感性与理性之间存在着尖锐的矛盾冲突，二者往往难以达到实际上的和谐。为调和二者之间的矛盾，中国古人“执其两端而用其中”，在感性与理性之间插入一个调和的中介——伦理，企图通过伦理的作用使感性和理性融会贯通。伦理的意义表现为君臣父子之道，忠孝节义之情，中国传统理性由此外显为伦理原则，而不是抽象的理性精神，对感性的要求也是“发乎情，止乎礼义”，甚至要“存天理，灭人欲”。刘备、宋江、秦琼、岳飞身上所体现的就是这种伦理理性精神，他们集忠孝节义于一身，怨而不怒，哀而不伤，以治世英雄与忠臣孝子的双重面目出现，代表着古代中国人普遍的人格理想。他们对黑旋风们的制约也是要使其发乎情止乎礼，可以在一定范围内张扬粗豪狂放的叛逆个性，但不能越出礼教的界限，不能犯上作乱。一旦发现黑旋风们身上存在着危及伦理道德与礼教权威的因素，他们就毫不犹豫地加以扼制，甚至是虐杀。宋江残忍地毒死李逵就是很好的证明。

---

[1] 荣格：《日神精神和酒神精神》，载冯川等译：《心理学与文学》，第 234—235 页。

中国的封建文化是以群体为本位的伦理文化。由于伦理理性的遏制，个体感性生命难以得到合理充分的伸张，当个体要求与群体规范相冲突时，为群体规范而牺牲个体利益则势所必然；当感性冲动与伦理理性相矛盾时，抑制感性生命以使其符合伦理原则就合乎情理。刘备、宋江、秦琼、岳飞与张飞、李逵、程咬金、牛皋之间的制约关系，就透露出个中要义。

本文原载于《明清小说研究》1992年第2期

《水浒传》的公案叙事形态论析

吕小蓬

吕小蓬，女，1996年迄今任职北京外国语大学中文学院，副教授。主要从事中国古代戏曲小说研究。专著有《古代小说公案文化研究》，编著《中国文化概论》。发表论文《从复仇传奇到遗民悲歌——谈谢小娥故事的流变》、《元杂剧的公案文化解读》、《公案戏探源》、《越南民族文化对中国文化的吸收与反馈——越南汉文小说〈皇越春秋〉研究》等。

“公案小说”的提法最早出自何人之口，现在已难以确切考证，而将“公案”作为小说门类的做法则始于宋代。宋理宗端平二年（1235）灌圃耐得翁《都城纪胜》“瓦舍众伎”云：“凡傀儡，敷演烟粉、灵怪、铁骑、公案、史书历代君臣将相故事话本，或讲史，或作杂剧，或如崖词。”南宋末年吴自牧《梦粱录》卷二〇“小说讲经史”条亦记载：“凡傀儡敷演烟粉灵怪故事、铁骑公案之类，其话本或如杂剧，或如崖词。”在宋代“说公案”的影响下，20世纪20年代以来，“公案小说”一直作为小说的题材门类之一，受到研究者的关注。人们通常认为：“公案小说是中国古代小说的一种题材分类；它是并列描写或侧重描写作案、断案的小说……就是说，并列描写作案与断案的；侧重描写作案，而断案只是一个结尾的；侧重描写断案，作案的案情自然夹带于其中的；这三种大的类型，全是公案小说。”[1]

《水浒传》是一部描写梁山义军形成、壮大、发展乃至灭亡的宏大史诗，如果参照这一定义，显然并非公案小说。事实上，鲁迅的《中国小说史略》就根据其题材来源，将其归为“元明传来之讲史”，后代的研究者也多将其归为“英雄传奇”或“侠义小说”。不过，如果着眼于《水浒传》的创作实际，那么不仅梁山好汉啸聚山林、对抗官府本身就是一桩惊世大案，而且好汉们无论在被逼上梁山、还是在行侠仗义的过程中也都伴随着大量案件的发生，这些公案既是《水浒传》故事情节的重要组成部分，也突出了梁山好汉行侠仗义的英雄形象，深化了作品的主题。也许正是因此，孙楷第才独具慧眼地在《中国通俗小说书目》“明清小说乙部”中，将“说公案第三”分作“侠义”“精察”两个子目，把《水浒传》列入“说公案”中的侠义类，并注明“以上专演公案”。可见，尽管从小说类型学的角度看，《水浒传》究竟是不是公案小说至今仍是见仁见智，但毋庸置疑的是，公案确实是《水浒传》中引人注目的重要文学因素。

正如法国结构主义叙事学家 R. 巴特所指出的：“人们把故事中凡是以相关项的面目出现的切分成分都作为单位。一切功能的灵魂，如果可以这么说的话，是其胚芽，是可以在叙事作品中播下一个成分，以后在同一层次或在别的地方，在另一层次上成熟的东西。”[2]《水浒传》中的公案正是这样一个个单位，即叙事单元，在文本的不同层面构建着叙事话语，发挥着内在功能。加拿大文学批评理论家诺斯洛普·弗莱曾以欣赏绘画为喻，谈及文学批评的视角问题：“观赏一幅画时，我们可以站在近处，对其笔触和调色的细节进行分析。这大体上与文学中的新批评的修辞分析相同。如果离开画面一段距离，那么我们就可以更清楚地看到整个构图，从而更着重于研究画面所表现的内容。”[3] 在考察叙事文本的叙事单元时，我们不妨兼采近视和远视两种角度，即一方面从

[1] 黄岩柏：《中国公案小说史》，辽宁人民出版社 1991 年版。
[2] R. 巴特著，董学文、王葵译：《叙事作品结构分析导论》，《符号学美学》，辽宁人民出版社 1987 年版。
[3] 陈慧等译：《批评的剖析》，百花文艺出版社 1998 年版，第 156 页。

微观上审视《水浒传》中各个公案叙事单元本身的外在、内在形态，另一方面从宏观上考量公案叙事单元之间、公案叙事单元与叙事线条之间的联系机制，从而发掘它们所表现出的新的叙事形态和叙事功能，透视公案单元在小说发展中的转变与作用。

一

“公案小说是以公案事件为题材的，公案小说理应包括作案、报案、审案(侦破)、判案等几个环节。然而公案小说在产生初期就不那么完备，因为公案小说是从公案故事发展起来的，所以公案小说在萌芽和成长时期往往是不完整的。有的只写了作案和破案的经过，有的只有作案、报案的过程，还有的则只有报案、审案和判案的内容。”[1]事实上在小说文本中，公案作为叙事单元，发案、破案、判案、结案往往对应着情节发生、发展、高潮、结局的四个要素，是随着小说艺术发展而逐渐成形的公案叙事结构。即便是小说文体趋于成熟的唐代，小说文本中尚常常不具备这种完整的公案叙事结构，如《朝野佥载·蒋恒审案》中，杨贞等三人夜宿客栈，次日早晨发现店主等被杀，而杨贞等人刀上有血迹。于是杨贞等被严刑审讯，被迫诬服。后御史蒋恒用巧计使凶手现形，原来是店主妻子的奸夫。这则公案不可谓不曲折精彩，有惊心动魄的发案、严刑拷讯造成的冤情、判官机智巧妙的破案手法、通奸杀夫并嫁祸于人的真相，但结局却仅止于判官得到皇帝的赏赐，而真凶受到何种惩处、含冤负屈者怎样被昭雪却都一概忽略不计了。再如《纪闻·苏无名》描述了一起重大的宫廷盗窃案：太平公主的宝物被盗，苏无名奉旨捉拿罪犯，他派手下追踪一伙送葬的胡人，见其到一新冢，不仅哭而不哀，而且相视而笑，遂捉住胡人开棺见赃。这其中显然只写到了发案、侦破，却对判案、结案情况未置一词。唐人小说中这种公案叙事结构的残缺，造成了故事情节的断裂、公案话语的浅陋，实则体

[1]　曹亦冰：《侠义公案小说史》，浙江古籍出版社1998年版。

现了公案叙事技巧的不成熟。

宋元小说、特别是话本短篇，开始普遍具备完整的公案形态，成为公案叙事结构定型的重要时期。从《宝文堂书目》、《也是园书目》、《清平山堂话本》、《古今小说》、《警世通言》、《醒世恒言》的有关记载，并结合前人的有关考证来看，可确定现存 16 种宋元话本短篇包含公案叙事单元。[1] 这 16 种宋元话本短篇中的公案全部具备了发案、破案、判案、结案的四重结构，且形态大体相似，仅以《错斩崔宁》为例：

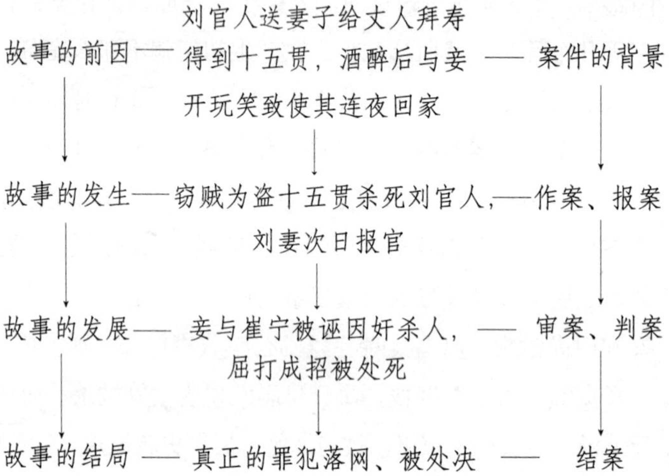

公案的叙述时空与整个故事的发展相对同步，案件的来龙去脉通常也就意味着故事的前因后果，构成故事的叙事线条。可见，宋元话本短篇小说已开始形成了公案小说叙事中发案、破案、判案、结案的基本结构。

[1] 它们是《合同文字记》、《菩萨蛮》、《碾玉观音》、《三现身》、《金鳗记》、《宿香亭记》、《山亭儿》、《闹樊楼多情周胜仙》、《简帖和尚》、《错斩崔宁》、《曹伯明错勘赃记》、《错认尸》、《宋四公大闹禁魂张》、《任珪五颗头》、《汪信之一死救全家》、《勘靴儿》。

二

成书于宋元时期的讲史话本《大宋宣和遗事》，讲述了北宋王朝在内忧外患之下覆灭的历史进程，其中仅在元集、亨集中概述了宋江等 36 人从落草梁山到被招安的过程，但却成为《水浒传》的重要创作来源之一。这部讲史话本在讲述梁山泊故事时，共写到了三桩公案：第一桩是在运送花石纲途中，杨志因卖刀纠纷杀人，被判“配卫州”，而同行的孙立等出于义气劫囚落草。第二桩写晁盖等劫取生辰纲，官府通过审讯花约侦破了案件，晁盖等为逃避追捕而落草。第三桩是宋江由于情妇阎婆惜与吴伟私通，一怒杀死二人，事发后逃脱官府追捕而上梁山。尽管这三桩公案在数量上并不多，但相对于梁山故事这一大的叙事单元在《大宋宣和遗事》中所占的篇幅来说，这三个小叙事单元的存在密度是相当大的。在公案的叙事形态上，这三桩案件都是不完整的，第一桩有发案、破案、判案，而没有结案，后两桩的作案人在案件侦破后逃亡，根本没有受到官府的审判。但在叙事功能上，这些叙事结构并不完整的公案却已经与宋江等落草梁山的事件之间开始形成了一个独特的公案话语，是梁山造反情节向前发展的内在动力。可见，与公案小说的叙事传统相比，《大宋宣和遗事》这三则公案，虽只是片言只语，但其叙事手法已经悄然发生了某种变迁。

作为对《大宋宣和遗事》中梁山故事的再创作，《水浒传》不仅保留了《大宋宣和遗事》中的这三桩公案，而且以章回小说特有的曲折笔法，极力敷演了更多的、形形色色的案件，勾连出一幅规模宏大、纵横交错的社会罪案图。在 120 回中，除梁山好汉啸聚山林、对抗官府这一桩大案外，共写到 47 个具体案例，如下表统计[1]：

---

[1] 本表只将文本中有较详细描写的案例统计在内，而行文中概述的案例则忽略不计，如第 1 回的高俅怂恿良家子弟嫖娼案、第 12 回中杨志失花石纲案、第 23 回中武松殴伤清河县机密案等。

编号	回数	案发概况	官府勘断情况	有无结案	余波
1	2	高俅挟私报复王进。	无	无	王进逃亡。
2	2	李吉诬告史进通盗匪。	官府捉拿史进。	无	史进杀死王四、李吉逃亡。
3	3	鲁达打死恶霸镇关西。	鲁达被通缉。	无	鲁达逃亡。
4	4	周通于桃花村强抢民女。	无	无	
5	4	周通、李吉桃花山抢劫杀死客商七八人。	无	无	
6	6	鲁达、史进杀死瓦罐寺恶僧道。	无	无	
7	7、8	高衙内强奸不遂，高俅诬陷林冲。	林冲被刺配，家破人亡。	有	
8	8、10	高衙内派差役、陆谦暗杀林冲未遂。	无	无	林冲杀死陆谦后投奔梁山。
9	12	杨志杀死泼皮牛二。	杨志自首被判充军。	有	
10	16、17	晁盖等劫取生辰纲。	杨志被诬私通盗寇；何清、何涛报官，白胜招供，晁盖等被通缉。	无	晁盖等落草梁山、杨志落草二龙山。
11	20	晁盖等拦路抢劫客商。	无	无	
12	21、36	宋江杀死阎婆惜。	阎婆报官，宋江被通缉。	无	宋江投奔柴进。
			宋江被刺配江州。	有	
13	25	西门庆、潘金莲通奸，与王婆合谋杀死武大。	无	无	
14	26	武松复仇杀死西门庆、潘金莲，将王婆送官。	府尹判王婆剐、轻判武松刺配。	有	
15	27	孙二娘等谋财害命杀死头陀等人。	无	无	
16	29	蒋门神强占施恩家产。	无	无	

（续）

编号	回数	案发概况	官府勘断情况	有无结案	余波
17	29、30	张都监诬陷武松盗窃。	武松被屈打成招，刺配恩州。	有	
18	30、31	张都监派人暗杀武松，武松复仇于飞云浦、鸳鸯楼共杀死张都监、蒋门神等19人。	武松被通缉。	无	武松欲落草为寇。
19	32	王道人杀人并强占民女，武松杀王道人等2人。	无	无	
20	32、33	王英抢刘夫人被宋江劝解，刘夫人反诬陷宋江。	宋江被捕受酷刑。	无	花荣等劫囚车。
21	36	李俊等开黑店谋财害命。	无	无	
22	37	张横等谋财害命。	无	无	
23	39	宋江题反诗，黄文炳报官。	知府判宋江死刑。	无	晁盖等人劫法场，众人同奔梁山。
24	40	戴宗向梁山好汉报信。	戴宗被判死刑。	无	
25	43	李鬼抢劫，被李逵杀死。	李逵被追捕。	无	
26	45、46	石秀、杨雄杀杨雄妻及奸夫等4人。	石秀、杨雄被通缉。	无	投奔梁山。
27	46	时迁、石秀、杨雄洗劫祝家庄，杀死10余人。	无	无	
28	49	毛太公诬陷解氏兄弟。	解氏兄弟被屈打成招。	无	孙立等劫牢反狱，杀死毛太公等人，投奔梁山。
29	51	雷横与白秀英父女争执，打伤白父。	白秀英报官，雷横当街受刑示众。	有	
30	51	白秀英殴打雷横母，被雷横打死。	被押赴济州受审。	无	投奔梁山。

（续）

<table>
<tr><th>编号</th><th>回数</th><th>案发概况</th><th>官府勘断情况</th><th>有无结案</th><th>余波</th></tr>
<tr><td>31</td><td>51</td><td>朱仝私放雷横。</td><td>被判刺配沧州。</td><td>有</td><td rowspan="2">投奔梁山。</td></tr>
<tr><td>32</td><td>51</td><td>李逵杀小衙内。</td><td>朱仝被通缉。</td><td>无</td></tr>
<tr><td>33</td><td>52</td><td>殷天锡霸产打死柴皇城，李逵杀死殷天锡。</td><td>柴进被抓受刑。</td><td>无</td><td>被救后投奔梁山。</td></tr>
<tr><td>34</td><td>53</td><td>李逵得罪罗真人，被其施法术带上公堂。</td><td>李逵被屈打成招，自称“妖人李二”。</td><td>无</td><td></td></tr>
<tr><td>35</td><td>58、59</td><td>贺太守强抢民女刺配其父，史进、鲁达杀贺太守未遂。</td><td>史进、鲁达受刑后被囚禁。</td><td>无</td><td></td></tr>
<tr><td>36</td><td>62</td><td>卢妻及奸夫李固告发卢俊义。</td><td>卢俊义被屈打成招，脊杖40，配沙门岛。</td><td>有</td><td></td></tr>
<tr><td>37</td><td>62</td><td>董超、薛霸暗杀卢俊义不成，反被燕青杀死。</td><td>卢俊义被判斩。</td><td>无</td><td rowspan="2">梁山好汉攻克大名府，卢俊义上梁山。</td></tr>
<tr><td>38</td><td>62、63</td><td>石秀劫法场杀死数十人。</td><td>石秀被捉囚禁。</td><td>无</td></tr>
<tr><td>39</td><td>65</td><td>张旺谋财害命，欲杀张顺，张顺杀死张旺等5口。</td><td>无</td><td>无</td><td></td></tr>
<tr><td>40</td><td>67</td><td>李逵吃饭不给钱，杀死韩伯龙，抢掠财物。</td><td>无</td><td>无</td><td></td></tr>
<tr><td>41</td><td>69</td><td>李瑞兰告发史进。</td><td>史进受刑被囚禁。</td><td>无</td><td>宋江等人劫牢反狱，史进杀李瑞兰一家。</td></tr>
<tr><td>42</td><td>73</td><td>李逵杀奸夫、淫妇。</td><td>无</td><td>无</td><td></td></tr>
<tr><td>43</td><td>73</td><td>王江董海冒充梁山好汉奸淫妇女，被李逵杀死。</td><td>无</td><td>无</td><td></td></tr>
<tr><td>44</td><td>74</td><td>李逵杀死任原。</td><td>无</td><td>无</td><td></td></tr>
<tr><td>45</td><td>120</td><td>高俅毒死卢俊义。</td><td>无</td><td>无</td><td></td></tr>
<tr><td>46</td><td>120</td><td>蔡京毒死宋江。</td><td>无</td><td>无</td><td></td></tr>
<tr><td>47</td><td>120</td><td>宋江毒死李逵。</td><td>无</td><td>无</td><td></td></tr>
</table>

在叙事形态上，这47桩公案中，发案、破案、判案、结案四层结构完整的只有8桩（即编号7、9、12、14、17、29、31、36），在公案数量中所占比例不足20%。有发案而无勘断、结案的共21件（即编号1、2、4、5、6、8、11、15、16、19、21、22、27、39、40、42、43、44、45、46、47）；有发案、破案、判案，而最终未能结案的共18桩（即编号3、10、13、18、20、23、24、25、26、28、30、32、33、34、35、37、38、41）。

这8桩叙事结构完整的公案，有着相同的叙事语境，共同凝聚出三股强大的叙述张力。首先，从犯案者的身份来看，除卢俊义以外，其余众人均曾为官府中人：林冲是八十万禁军教头，杨志为殿司制使官，武松、雷横、朱仝均为衙门的都头，宋江是“长为吏役决刑名”的郓城县押司。卢俊义虽不是官府中人，却也身为东溪村保正，于一方治安有责。《水浒传》恰恰安排这几位知法懂法的乡绅、身为执法者的官吏，作为案件的被告受到审判和惩处，在作案人的身份与他们冲撞王法的行为之间打造出一股强大的张力。其次，从案件性质看，犯案者均涉案有因。林冲（编号7）、武松（编号17）、卢俊义（编号36）皆是遭人陷害，被罗织罪名蒙受冤狱。朱仝（编号31）仗义救人才吃了官司，武松所杀的西门庆和潘金莲（编号14）是通奸杀夫的罪犯，雷横所打的白秀英父（编号29）是仗势欺人的泼皮。特别是杨志、宋江二人，在《大宋宣和遗事》中，他们的杀人动机并没被赋予多少光彩，而《水浒传》则改编为杨志杀死横行乡里的泼皮牛二（编号9）、宋江杀死欲泄露梁山机密的阎婆惜（编号12），即由一时意气的个人行为升华为为民除害、大快人心的正义之举，所以当杨志杀死牛二后，“众多押牢禁子、节级见说杨志杀死没毛大虫牛二，都可怜他是个好男子，不来问他要钱，又好生看觑他。天汉州桥下众人，为是杨志除了街上害人之物，都敛些盘缠，凑些银两，来与他送饭，上下又替他使用。推司也觑他是个首身的好汉，又与东京街上除了一害，牛二家又没苦主，把款状都改得轻了”[1]。《水浒传》透过这8桩公案，传达出这样的叙事话语——即使犯案者是正人君子，即使他们采取的是扶危济困、惩恶除奸的正义行为，但在“休言

[1] 《水浒传》第十二回。

死去见阎王　只此便为真地狱”的官府，却只能面对被拷讯、囚禁、流放、处死的命运，这也就显示出了这8桩公案所蕴含的第二股张力——英雄气质的张扬与英雄命运的失落之间的张力。第三，从案件的结果看，在表层上，这8桩公案均以犯案人受到判决，判决得以执行告终。但如果我们沿着公案叙事单元继续发掘下去，却看到大相径庭的深层结果——犯案人无一例外地再度涉案。林冲被刺配后再遭暗算，杀死陆谦而投奔梁山（编号8）；杨志被充军后，又因失却生辰纲而被诬私通盗寇（编号10）；宋江被刺配江州后，又因题反诗被判死刑（编号23）；武松被刺配后，被张都监陷害，连续卷入两起公案（编号18、19）；雷横被当街受刑示众后，紧接着就发生了白秀英命案（编号30）；朱仝被刺配沧州后又涉嫌害死小衙内（编号32）；卢俊义被配沙门岛后，又因燕青杀死董超、薛霸，而被判斩（编号37）。这些看似结案的审判无一例外地成为诱发其他案件的“因”，在审判的目的与实际结果间形成巨大的反差，这第三股张力拖动着案件像滚雪球一般聚积起来。由此可见，这8桩完整的公案在叙事上蕴含着三股张力，它们的公案话语是一致的，即传达对封建法制公正性的强烈质疑。

再看《水浒传》中所写的39桩不具备完整公案结构的案件，它们数量众多，超过案件总数的80%。《大宋宣和遗事》中的梁山公案之所以无法勘断、结案，只是因为被告逃走。而《水浒传》则情况各异，原因复杂得多。有因为案情隐秘，不为人知的；有因为作恶者位高权重，与官府狼狈为奸的；有作案者雄踞一方，官府对其无可奈何的……阮小五就曾嘲讽官府办案的无能：“那捕盗官司的人，那里敢下乡村来。若是那上司官员差他们缉捕人来，都吓得尿屎齐流，怎敢正眼儿看他。”[1]在百二十回的章回小说中，出现如此数量众多的无法勘断、结案的公案，显然不是一种巧合。正如瑞士结构主义者皮亚杰所说：“正因为一个场里的所有成分都一直属于整体，每一局部的变化都会引起整体的改组。”[2]这些不了了之的案件构成了《水浒传》中公案叙事结构的失重

[1]《水浒传》第十五回。

[2]［瑞士］皮亚杰：《结构主义》第四章“心理学的结构”，商务印书馆1984年版。

状态，它所引发的结果则是公案话语的变迁，是对公案小说中的传统精神的颠覆——不再以真相大白的结案赞扬清官能吏的明察秋毫，也不再以个体人生的衔冤负屈来感慨命运的劫难，更不靠制造圆满结局阐发善恶有报的伦理观念，而是在宏观视角上，图景式地展现社会整体的混乱无序、法律对社会管理职能的失控。

法律不能制裁恶霸奸徒，贪赃枉法的官吏甚至助纣为虐，于是便陆续有了梁山好汉替天行道、惩恶除奸的义举——鲁达打死恶霸镇关西（编号 3）、鲁达、史进杀死瓦罐寺恶僧道（编号 6）、武松打走恶霸蒋门神（编号 17）、武松杀强占民女的王道人（编号 19）、李逵杀死拦路抢劫的李鬼（编号 25）、石秀杨雄杀死奸夫淫妇（编号 26）、李逵杀死恶霸殷天锡（编号 33）、史进、鲁达刺杀强抢民女的贺太守（编号 35）、张顺杀死谋财害命的张旺（编号 39）、李逵杀奸夫淫妇（编号 42）、李逵杀奸淫妇女的王江、董海（编号 43）……可以说在这些案件中，作案的梁山好汉倒成了实际上的审判者、社会正义的维护者，他们惩恶除奸反而受到官府的通缉，最终不得不落草为寇，却继续以民间审判者的面貌出现，对为非作歹者执行自己的正义审判。前代小说，无论是文言还是白话公案短篇小说，大都将矛盾冲突设定于原被告之间，判官作为解决冲突的第三方出场，而《水浒传》中随着传统的公案叙事结构的被打破，有意识地将涉案三方在角色上实现了戏剧性的逆转，使判官不再是第三方，而与原告共同形成了同被告（即作案好汉）的冲突。可见，《水浒传》实际是借这些不具备发案、破案、判案、结案完整结构的公案，实现了对公案话语的深度开掘——展现广阔而又严酷的社会生活，在讴歌替天行道的英雄好汉的同时，抨击是非颠倒、官逼民反的社会现实。

三

从结构主义叙事学的角度而言，文本中不同的叙事单位具有不同的功能，“不是所有单位都具有同样的‘重要性’。有些单位是叙事作品（或叙事作品的片断）的真正铰链，另一些单位只是‘填补’把功能——铰链隔开的叙述空间。我们称前一种单位为基本功能（或核心），鉴于后一种单位的补充性质，我们称其为催化”。[1] 因而，叙事单元的功能在于它们与“铰链”、即文本的叙事线条间的关系。在以往的公案小说中，案件发生的前因、后果、发展、结局即构成整个故事，以公案的叙事时空贯串情节，构成文本的叙事线条，公案单元起着叙事“核心”功能。然而，无论讲史话本《大宋宣和遗事》还是《水浒传》，都是章回小说这样一种新的小说体制萌芽、勃兴的产物。随着小说体制的变革，为适应章回小说篇幅漫长的特点，叙事单元在文本中的数量会相应地大量增加，而各个单元的叙事功能也必然会发生变迁和转移。

毋庸置疑，《水浒传》的叙事主线是梁山队伍从聚义到发展壮大直至灭亡的全过程，百二十回中以 70 回的篇幅集中描写了梁山好汉聚义的过程，而这一过程恰恰涵盖了 47 桩公案中的 41 桩，即小说中的大部分公案集中于“梁山好汉聚义”之前的 70 回里。如下表所示：

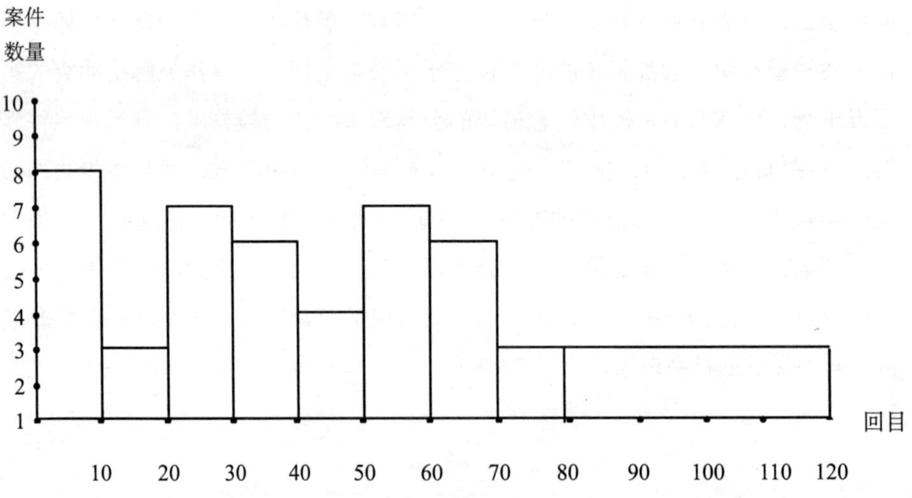

一方面，在 70 回以前，公案的发生频率紧凑，呈明显的波浪形曲线，与波澜壮

[1] R. 巴特著，董学文、王葵译：《叙事作品结构分析导论》，《符号学美学》。

阔的梁山聚义事件暗合。而 70 回之后，发生频率不仅明显变得稀疏，而且不再有起伏的曲线。另一方面，70 回前的 41 桩公案有 16 桩具备明显的余波，其中除第 41 号公案的余波为史进报私仇以外，其余全是好汉面对不公正的封建法治，因走投无路而被迫逃亡、落草为寇，也就是直接与《水浒传》的叙事主线勾连，是实现梁山聚义的直接动因，是主线发展的一股不可或缺的推动力。相反，70 回后的 6 桩公案均没有余波。前三桩的作案人均是李逵一人，成为李逵性格的补充；后三桩案件则发生在文本的结尾处，作为人物命运的结局存在。可见，《水浒传》中前 70 回与后 50 回中的公案明显具有不同的叙事功能，前者是文本叙事主线条的重要动力，具有叙事"核心"功能，与梁山史诗的"铰链"紧密交织，难怪金圣叹称《水浒传》的前 70 回"只用一目俱下，便知其二千余纸，只是一篇文字"[1]。而后 50 回中，叙事的主线条——梁山队伍的发展、解体，与接受招安、受命征战等叙事单元直接关联，却不受公案的影响，即公案在 70 回以后基本丧失了对叙事主线的推动作用，这也许从另一个角度印证了《水浒传》在 70 回以后创作思路的转变。

再者，《水浒传》的第一大案便是众好汉落草梁山、与官府为敌的造反活动，不过，这桩公案的叙事线条与文本的叙事主线在时空发展上并不完全同步。梁山好汉虽然遭到官府的围剿，但并未被捉拿归案，这桩公案没有得到勘断、结案，只以"招安"为结局不了了之，而文本的叙事主线却仍在征辽，征田虎、王庆、方腊中一步步推进。可以说，《水浒传》作为章回小说，继承、发展了《大宋宣和遗事》中的公案叙事手法，确立了以公案推动叙事主线发展的写作方法，丰富、拓展了公案单元在小说中的叙事功能。

综上所述，《水浒传》中的公案不仅数量众多，而且体现出了新的叙事结构、叙事功能。它不仅有意识地打破传统的发案、破案、判案、结案的叙事结构，将公案单元与其他叙事单元紧密融合，构建出了更广阔的社会生活场景，加强了公案话语的深度开掘，而且开拓了以公案单元推动叙事线条发展的叙事功能。它是在章回小说发展初期，随着小说篇幅的增加、创作技巧的演进而实

---

[1] 《水浒传》会评本，北京大学出版社 1981 年版，第 812 页。

现的一次公案创作方法的重要转变。继《水浒传》后，无论是所谓的世情小说《金瓶梅》《红楼梦》、还是谴责小说《老残游记》《歧路灯》等，都在叙事线条中插入了大量公案，几乎到无公案不成书的程度，或是借公案来抨击官场的腐败，或是展现世态的凶险，或是揭露封建法治的荒谬。应该说，这一局面的形成与《水浒传》对公案叙事形态、功能的拓展是分不开的。

本文主体部分发表于《上海师范大学学报》2004年第3期

《红楼梦评论》的现代方法论意义

张洪波

张洪波，女，北京大学比较文学博士。现为中文学院副教授。主要研究领域为比较诗学、道家思想的现代阐释及中外小说美学研究。出版学术专著《红楼梦的现代阐释》(中华书局2008年版)。发表论文30余篇(其中核心期刊13篇)。

对《红楼梦》的研究，自18世纪后期作品抄本问世时便已开始，发展到现在已有200多年蔚为大观的历史，且汇成一门专学——“红学”[1]。红学在新世纪将如何发展和推进？如何在研究方法上实现由传统向现代的转型？这是目前红学研究者们普遍关心的问题。回顾本世纪红学史在现代阐释与批评的发展之路上所经过的波折与反复，使我们认识到，有必要从学术史的角度，对红学研究现代学术规范的建立与发展作出严肃的考察与反省。

红学史上，首次具有现代方法论意义的研究尝试，是王国维的《红楼梦评论》。它是红学史现代篇章的开端，也是中国文学批评史上现代性批评的奠基之

[1] 关于“红学”的定义与范围，众说不一；本文拟取其广义，将“红学”理解为所有关于《红楼梦》的阐释与研究论说的汇集。

作[1]。其方法论框架的优长与局限都是我们应资借鉴的宝贵参照。让我们重新回到《红楼梦评论》，对这一现代红学发端之作的方法论启示与操作误区重作具体清理与考察，在全面检视其开创性与局限性的基础上，尝试清理出现代红学的出发基点与发展方向。

一、《红楼梦评论》的思想背景与立论前提

在21世纪开端的今天，来回顾与反省写于20世纪开端（1904）的《红楼梦评论》，同是面临世纪交替、文化转折的特定历史时刻，使得我们今日的研究无形中具有了某种特定的历史参照意义。我们首先秉承“知人论世”的古义，对论文的思想背景与立论前提作一番有现实针对性的考察。

通读《红楼梦评论》，往往感到一种宏大而深切的悲观精神与感伤意绪始终笼罩着全文，并有层次地贯彻渗透在每一个具体论证环节与论点之中，因而赋予全文一种统摄性的思想高度与深入贯一的理论气势，进而产生一种入人颇深的精神感染力。这是这篇红学名著的一个显著特点，它根自作者深厚的思想基础与人生观念，也根自作者开创性的、天才的理论眼光及富于逻辑思辨的、新颖而有力的思维表达与文章体式。

从思想根源来看，王国维对叔本华思想的偏好，不是偶然的。这不仅是一种学术取向，更是一种人生观念的取向。这与历史大转折时期的特定社会文化背景相关，更与他个人的身世际遇、性情气质、学养基础及人生观念密切相关。

在清末民初动荡激变的时代历史气候下，新旧文化间发生激烈碰撞与裂变后出现的文化危机与信仰危机，为身处学术与文化前沿的知识分子带来了极大的冲击与精神失落的痛苦，王国维便是其中最敏锐的感受者与承担者之一；又加之生活上需倚赖他人的资助，且体质虚弱，性格忧郁，悲观气质本来就根植

[1] 参见温儒敏：《中国现代文学批评史》第一章“王国维文学批评的现代性”，北京大学出版社1993年版。

于王国维的性情之中——他是在满怀矛盾困苦，极欲寻求精神引领的心境下走向哲学的，用他自己的话说，就是“人生之问题，日往复于胸臆，自是始决计从事于哲学的研究”，他之所以“读叔本华之书而大好之”[1]，正是因为他在叔本华悲观主义思想中找到了心性与精神的呼应契合之处。

王国维为什么能够“看到”属于异文化领域的叔本华呢？这取决于他在治学观念与学术准备上超前卓越的理论眼光与世界意识。身为清华研究院“五星聚奎”之一的国学大师，他当然深知传统文化之积弊所在；作为最早有机会接触学习西方新学的学人，他对西学的态度，是自觉的寻求和积极主动的输入。他认为借用外来文化的刺激，是有利于中国学术思想的发展的[2]；就个人学养与知识构架而言，他最早具备了可与世界文化对话的眼光与能力。他对西方文化思维与我国传统思维的不同之处有着清醒的比较与借鉴意识，在《论新学语之输入》（1905）一文中，他指出：

> 抑我国人之特质，实际的也，通俗的也；西洋人之特质，思辨的也，科学的也，长于抽象而精于分类，对世界一切有形无形之物，无往而不用综括（Generalization）及分析（Specification）之二法，故言语之多，自然之理也。吾国人之所长，宁在实践之方面，而于理论之方面则以具体知识为满足，至分类之事，则除迫于实际之需要外，殆不欲穷究之也。……故我中国有辩论而无名学，有文学而无文法，足以见抽象与分类二者，皆我国学术尚未达自觉（Self-consciousness）之地位也。

正是这种主动进行“抽象与分类”的、超前的“学术自觉”与“理论自觉”意识，促使他大胆尝试引入西学的新理论与新思路，将之运用到文学批评中去，从而拉开了《红楼梦》研究及整个传统文学批评朝向现代发展的序幕。

---

[1] 王国维：《静安文集续编·自序》，上海古籍书店1983年版。

[2] 在《论近年之学术界》（《王国维文集》第三卷，中国文史出版社1997年版）一文中，王国维指出六朝佛学的输入，曾为思想凋敝的两汉带来有益的刺激与改变，而“自宋以后以至本朝，思想之停滞略同于两汉，至今日而第二之佛教又见告矣，西洋之思想是也”。

王国维忧世伤生的思想情怀，在经由叔本华理论的深刻影响和系统武装之后，已形成自己独具特色、且自成体系的人生观与艺术观，这就是他在《红楼梦评论》第一章中开章明义地阐发出的“人生及美术之概观”，也是他为整个论文所树立的高屋建瓴的立论前提。他提出，生活的本质就在于人的与生俱来的欲望及由此而生的痛苦，无论家庭、国家、社会乃至整个人类知识都是在这一基础上建立起来的；其中只有“美术”（相当于今日之“艺术”概念）因具有“超利害”的性质，能使人由“欲之我”超拔而为“知之我”，因而能使人得到暂时的解脱。——“美术”与文学在王国维眼里的重要意义，就在于它能为深陷在欲望、苦痛之中的人们提供解脱与慰藉，正如他在自序中所说的那样：“近日之嗜好所以渐由哲学而移于文学，而欲于其中求直接之慰藉者也。”基于这样的思想理论前提，与《红楼梦》的相遇及读解，也就成为顺理成章的事。[1] 对此，王国维已在论文中交代得十分清楚：“今既述人生与美术之概略如左，吾人且持此标准以观我国之美术，而美术中以诗歌戏曲小说为其顶点，以其目的在描写人生，故吾人于是得一绝大著作曰《红楼梦》。”

从以上的分析看来，在《红楼梦评论》的创作运思过程之中，在作者王国维那里，是人生问题先于学术问题并为文学批评提供了导向。从这样的思想背景分析中，我们可以看到以下两个方面：

其一，王国维在对叔本华理论的取用上，有他自觉而贯一的人生思考与抉择，不是简单抽象的生搬硬套，是系统严谨、有思考、有批判的消化吸收，是“水中之盐味”而非“眼里之金屑”。我们不可忽略王国维在运用理论的过程中，努力将思想、人生与文学进行化合整一的良苦用心——王国维是明显深受叔本华思想的影响，不过他已将这一影响渗透、浸染在自己整个的人生阅历与知识体系之中，成为他学养与精神内涵中的有机成分。通读《红楼梦评论》全文我

[1] 缪钺在《王静安与叔本华》一文中论说王国维与叔本华：“先生治西洋哲学，且受叔本华思想影响。其原因在于叔本华一方面其思想远绍柏拉图、近继康德，然也旁搜于佛教思想，故具东方思想。他叙述人生凌乱忧苦，故持悲观主义，而主张摆脱。先生正是用叔本华的悲观论解说与研究《红楼梦》。人皆有生的意志，因而有欲望。有欲望则求满足，欲望无境，则痛苦难消。此即是王国维治《红楼梦》的原旨。”（缪钺：《王静安与叔本华》，《诗词散论》，上海古籍出版社 1982 年版）

们可以看到，他已将叔本华思想与传统思想中的老、庄、道、佛精神，及他所理解的世界各宗教的精神，全部糅合统一在他的“解脱说”之中了。虽然由于个人与时代的局限，他的整合尝试中存在着不少误区（关于他的努力与局限，后文将作详细分析）；但是我们绝不能将《红楼梦评论》中的“解脱说”仅仅视为叔本华思想的简单套用，应该看到，它实际是王国维结合中西思想与文学以书写内心悲观情怀的一次具有开创意义的尝试，是有感而发，是有的放矢。指出这一点，其现实针对意义在于，一些当代的红学研究者在取用西方理论之时，往往缺少真实深刻的触动与感发，容易流于生硬搬套与抽象拼凑，并将这一解释误区的源泉推到《红楼梦评论》对叔本华理论的引用上去；这是对《红楼梦评论》之理论用心的不够公正的浅薄化理解。有鉴于此，我们希望通过对王国维《红楼梦评论》之思想基础的仔细辨析，为今后的《红楼梦》研究，提倡一种为“真命题”寻求“真解答”的研究精神，一种在人生、理论与作品三者之间努力寻求契合的治学精神。

其二，我们也看到，王国维先入为主的“解脱说”观念在整个论文的论证中所起的消极影响。《红楼梦评论》中，“解脱说”以一种压倒性的地位和势力，主宰并操纵着各章节、各层次的具体论证，使得《红楼梦》作品的分析变成了服务于“解脱”之单一观念的引证，这使得整个论文的层次分明的论证最后几乎成为围绕一个中心观念而作的“循环论证”，也就将文学作品的研究与评论放在仅仅为某个先入哲学理念提供例证与服务的“工具”与“手段”的地位，忽略了它所具有的本体价值。这使我们认识到，在文学批评之前，如果心中预先持有的人生观念与哲学观念过于深切，将极易对文学批评本身产生遮蔽性影响，导致观念先行，以观念主宰并裁减文学批评，从而使文学批评与作品研究沦为某一思想观念的图解或例证，而失去本身的独立价值与整体意义。这样的文学批评，因为被此种单一、强烈的先入之见所拘执，而未能更深入地发掘出文学作品本身丰富而多元的整体意蕴内涵。王国维在《红楼梦评论》中自始至终所贯彻的“解脱说”观念，虽然赋予全文一种整体、贯一、深入的理论气势与感发力量，但相对于《红楼梦》作品整体意义价值的丰美复杂性质而言，仍然显得片面、单薄、拘执，这正是以先入观念片面裁减作品本文而出现的解释误区。

它提示我们思考这一方法论问题：在运用理论诠释文学作品之时，应如何反思并理顺“哲学”与“文学”、“理论”与“作品”的互动关系，以达至“兼美”而避免“两伤”呢？下面让我们通过对《红楼梦评论》的方法论的细致辨析，来初步探索问题的答案。

二、《红楼梦评论》的方法论优长与突破意义

《红楼梦评论》的现代方法论开创意义首先表现在，它首次创立了一种自觉立足于现代人文学科分类框架之上的、具有现代意义的理论批评体系。论文中层次谨严的哲学—美学—伦理学—文学的理论框架显示出一种全新的批评与诠释维度，这是对传统小说批评模式以至文学研究模式、治学模式的全面冲击与突破。我们知道，在按“经、史、子、集”分类的传统治学眼光中，“小说”一直是不受重视、难登大雅之堂的小道末流，因“托人者似子而浅薄，记事者近史而悠谬”，而被目录学家们列为“子”、“史”之附庸，在传统文化中长期处于边缘的位置，其独立的文学虚构特质及思想艺术价值，因有悖于“实录”与“诗教”传统，难以见容于传统的经史解释理念，而长期受到压抑，未有自由发展的空间与余地。而《红楼梦》作为我国长篇小说的集大成之作，其独立的文学特质、杰出的艺术审美价值及丰富的意蕴宝藏已完全突破了传统的经史解释框架，它召唤和要求相应的、区别并超越了旧的经史考据理念的、具有现代意义的理论辨析和系统整合。王国维以他卓越的新旧学知识素养和敏锐的学术眼光，第一个精警地察觉到，《红楼梦》研究的关键问题即在于，以旧有批评观念与方法应用于富含新意与新质的研究对象之时的束缚、局限与不相称；他写作《红楼梦评论》的现实触机，便是出于对当时盛行的、以传统考据方式研究《红楼梦》的不满。

秉承乾嘉学风，把《红楼梦》看成史传，以经史解释传统中的考证索隐方式来研究《红楼梦》，有它强大的时代文化根基，至20世纪20年代已发展成为红学的主流，此后更占据了20世纪红学史的重头篇章；但王国维在20世纪初

即以精警超越的眼光一针见血地指出，红学考证、索隐派研究存在着无视“小说”之审美特质，将小说与史传混同的方向性错误，他说：“自我朝考证之学盛行，而读小说者亦以考证之眼读之，于是评《红楼梦》者纷然索此书之主人公之为谁，此又甚不可解者也”[1]；正是因为不满于“吾国人之对此书之兴味之所在”仅仅限于考证，为了“破其惑”，他标举一种全新的“哲学与美学”之研究兴味，全力弘扬“《红楼梦》之精神与其美学伦理学上之价值”，并充分强调“美术之大有造于人生，而《红楼梦》自足为我国美术上之唯一大著述”。

为什么说《红楼梦》是“我国美术上之唯一大著述”呢？他进一步鲜明地指出：“《红楼梦》，哲学的也，宇宙的也，文学的也。此《红楼梦》之所以大背于吾国人之精神，而其价值亦即存乎此。”——从哲学—宇宙—文学三者合一的高度赋予《红楼梦》作为文学作品的崇高精神定位，从人生哲学与美学的高度入手来衡定《红楼梦》伟大的思想艺术价值，这是《红楼梦评论》在作品价值定位上的重大提升与突破，也是红学研究方法论上具有现代意义的重大突破。论文展示了一种全新的批评诠释维度，其理论高度在于，它完全超越了以往认为“小说”无关“大道”，只是小道末流、野史稗官和史传附庸的拘执局限的批评眼光，极大地肯定了《红楼梦》的思想价值，为作品的诠释开拓了广阔的释义空间；而其系统深度在于，它以“哲学—美学—伦理学—文学”这一层层递进的理论体系的整体深度来把握《红楼梦》丰厚的意蕴内涵，从而使得作品意义价值的开掘，有可能朝着系统、深入、全面的方向进一步推进。

应该说，在以往各种传统的《红楼梦》批评文字之中，已然存在着大量关于作品思想因素、审美因素的辨析；但是，这些评点文字仅是片段式、随感式、吉光片羽式的零散感悟，相对于《红楼梦》作品本身宏大精微的结构框架及浑厚深广的意义内涵而言，显得零星、局限、滞后与不相称。作品本身召唤和要求着与之相应的、深入全面的理论辨析和系统整合。王国维《红楼梦评论》中这种崭新的系统理论眼光，便是对《红楼梦》作品的深层意蕴召唤框架的敏锐

[1] 王国维：《红楼梦评论》，《王国维文集》第一卷，中国文史出版社 1997 年版。以下引文除另注出处者外，均出自王国维《红楼梦评论》本文。

回应。这表明在西学理论的运用上，他并未仅仅满足于“器物”层次上的引入新“技法”与新“名词”，而已上升到全新的理论体系的熔铸与树立，是在最根本的整体思维方式与理论构架上作更为彻底的大胆借鉴与改革尝试；这种尝试当然未尽成熟与成功，但就现代方法论示范意义而言，他这种示来者以轨则的创新气度与大师风范，对于红学的发展惠泽深远。

在这种总体的、开创性的理论框架之下，王国维以迈越前人的眼光指出，《红楼梦》具有“大背于吾国人之精神”的创新价值与突破意义。他主要从悲剧精神与文学审美超越价值这两个方面来阐述《红楼梦》的价值突破意义：

首先，王国维有针对性地揭示出我国传统文化与文学精神中存在着乐天团圆与善恶果报的“喜剧性”模式与陈套：

> 吾国人之精神，世间的也，乐天的也，故代表其精神之戏曲小说，无往而不着此乐天之色彩。始于悲者终于欢，始于离者终于合，始于困者终于亨，非是而欲餍阅者之心难矣。……又吾国之文学，以挟乐天的精神故，故往往说诗歌的正义，善人必令其终，而恶人必离其罚，此亦吾国戏剧小说之特质也。

在此意义上，他说“《红楼梦》一书，与一切喜剧相反，彻头彻尾之悲剧也”，即指出《红楼梦》不但是突破了喜剧模式的悲剧，而且还是“彻头彻尾之悲剧”，这就进一步揭示了《红楼梦》悲剧精神的意义深度。王国维就此联系叔本华的三种悲剧观念进行辨析：

> 第一种之悲剧，由极恶之人极其所有之能力以交构之者。第二种由于盲目的运命者。第三种之悲剧，由于剧中之人物之位置及关系而不得不然者，非必有蛇蝎之性质与意外之变故也，但由普通之人物、普通之境遇逼之，不得不如是。彼等明知其害，交施之而交受之，各加以力而各不任其咎。此种悲剧，其感人贤于前二者远甚。何则？彼示人生最大之不幸非例外之事，而人生之所固有故也。……若《红楼梦》，则正第三种之悲剧

也。……由此种种原因，而金玉以之合，木石以之离，又岂有蛇蝎之人物、非常之变故行于其间哉？不过通常之道德、通常之人情、通常之境遇为之而已。由此观之，《红楼梦》者，可谓悲剧中之悲剧也。

他于此指出，《红楼梦》悲剧精神的深刻内涵在于揭示出人生的不幸并非出自“例外”而是出自“固有”，竟是因“通常之道德、通常之人情、通常之境遇为之而已”——这实际是标示《红楼梦》在描写人生的深度上，不但打破了团圆与果报的“喜剧”式的迷信，更进一步打破了悲剧是出于“外力”带来“横祸”的认识迷信与局限，第一次返躬自省，从“固有”、“日常”、“普通”的角度直面人生境遇的真相，并深入剖析人性与人情内在深处的复杂与悖谬性质——我们不难看出，王国维的“第三种悲剧”说，与后来研究《红楼梦》的“批判现实主义”角度之间，已存在着某种意义上的启示与暗合，它实际已开启了真正准确把握《红楼梦》之精神实质与艺术价值的研究道路；但我们也遗憾地看到，王国维因为太过偏重从悲剧之中获得“慰藉”与“解脱”，所以在悲剧之细致“真相”与具体“过程”的揭露与剖析上，他仅仅是点到为止，语焉不详，不作深究，因而未能对《红楼梦》的整体思想艺术价值，作出更深入全面的分析，他的这种开创意义与局限性，都值得我们深思。

王国维不但标示出《红楼梦》作品本身超越喜剧模式的悲剧精神，他还追问，为何《红楼梦》之光辉价值长期以来一直湮没不彰？他说：“吾人之祖先对此宇宙之大著述，如何冷淡遇之也。谁使此大著述之作者不敢自署其名？此可知此书之精神，大背于吾国人之性质，及吾人之沉溺于生活之欲，而乏美术之知识有如此也。”他在此敏锐地察觉到，《红楼梦》的本质价值，是一种超越功利性与实用性的哲学美学文学意蕴，而国人之所以冷淡并误解《红楼梦》，实由于传统思想观念太过务实与功利，长期缺乏有关“美术之大有造于人生”的审美价值认识——因此只有树立一种全新的、超越生活之实用性与功利性的、审美的批评维度，才能真正把握好《红楼梦》那种穿透现实的意义深度和超越世俗价值的精神实质。所以他说：“美术之价值，存于使人离生活之欲，而入于纯粹之知识”，在于“使吾人超然于利害之外而忘物与我之关系，此时也，吾人之心无希望，无恐怖，非复欲之我，而但知之我也”——他在此力求打破传统文学那种“沉溺于生活之欲”的“世间”的、“乐天”的精神，弘扬“超利害”的审美超越精神，这就为《红楼梦》研究及我国的传统文学批评注入了一种全新的、具有脱胎换骨之质变意义的审美价值观念。

不仅如此，他还为《红楼梦》研究突破“经验”、“考证”的传统范式而走向“审美”的研究扫清了道路，在超功利的审美价值基础上，他将“实录”之“史传”与“虚构”之“文学”区分开来，从艺术审美角度肯定并确立了文学创作与虚构的合法性与正当性。他在《余论》中，充分强调了“预想”（即虚构）在艺术创造中的重要地位，指出文学创作并不只是“经验”的“实录”，而是“预想”与“经验”的统一：“诗人由人性之预想而作戏曲小说，与美术家之由美之预想而作绘画及雕刻无以异，唯两者于其创造之途中必须有经验以为之补助夫然”；在此基础上他进一步指出，艺术概括的特点就在于实现了“共性”与“个性”的统一，因此完全不必将作品中的人与事一一“坐实”而为“史传”：

> 夫美术之所写者非个人之性质，而人类全体之性质也。惟美术之特质，贵具体而不贵抽象，于是举人类全体之性质，置诸个人之名字之下。……善于观物者，能就个人之事实而发见人类全体之性质。今对人类之全体而必规规焉求个人以实之，人之知力相越岂不远哉？故《红楼梦》之主人公，谓之贾宝玉可，谓之子虚乌有先生可，即谓之纳兰容若、谓之曹雪芹亦无不可也。

综上所述，我们看到，《红楼梦评论》在红学史上的创新意义与理论贡献，就表现在它是第一个具有现代人文学科分类意识、第一个自觉立足于哲学—伦理学—美学—文学的理论高度与系统深度之上，首次阐发《红楼梦》“大背于吾国人之性质”的深刻悲剧精神与审美超越价值的红学著作。当然，作为诞生于20世纪初的现代红学开山之作，它所体现的理论自觉意识是超前的、突破性的，但也是初步的、草创性的，其研究方法及具体论点、论证环节皆存在着许多局限与不足——它的研究误区与它的理论贡献一样，对于后学都深具启示意义，值得我们进一步仔细辨析。

三、《红楼梦评论》的研究局限与误区

本文在第一节中，已经提到过王国维先入为主的“解脱说”观念对《红楼梦评论》全文论证所带来的消极影响，下面就具体分析一下“解脱说”的理论内涵及其论证操作上的细节问题。

《红楼梦评论》的整个理论体系都是以“解脱说”为基石、为核心：第一章《人生及美术之概观》即开门见山地提出，人生本质上是痛苦的，只有超利害的美术可以提供解脱；第二章《红楼梦之精神》提出，男女爱欲之苦尤甚于饮食之欲，而《红楼梦》的独特价值就在于，它是诗歌小说中鲜见的既描写了男女爱欲之苦，又提供了解决解脱之路的杰作；第三章《红楼梦之美学上之精神》从悲剧美的角度定义《红楼梦》的美学内涵，但其目的却在于由悲剧的精神洗涤作用归引至伦理学的解脱作用，最后使美学附属、服务于伦理学[1]；第四章《红楼梦之伦理学上之价值》则走得更远，干脆撇开作品借题发挥，就“解脱说”的理由、条件与最终可能性细作阐发与抉疑，淋漓尽致地抒发了自己心中渴求“解脱”却又深怀疑虑、知其不可的悲观情怀，最后才无奈地回到《红楼梦》这一可以企及的暂时之“救济”上来；唯有第五章《余论》才从学理的角度，客观公正地对《红楼梦》研究史作出返本归真的清理与纠谬。——可见整个论文的主体部分都在围绕“解脱说”进行论证，其中的研究误区，具体说来有这样几个方面：

首先，从理论本身来看，叔本华“解脱说”之理论自身内部已存在着难以自圆其说的矛盾与悖论。王国维对此也早有认识，他在论文第四章中即提出了他的疑惑：“夫由叔氏之哲学说，则一切人类及万物之根本一也，故充叔氏拒绝意志之说，非一切人类及万物各拒绝其生活之意志，则一人之意志亦不可得而拒绝。……故如叔本华之言一人之解脱，而未言世界之解脱，实与其意志同一之说不能两立者也。”可见他已发现，既然“一人”之解脱与“世界”之解脱

[1] 《红楼梦评论》第四章更直截了当提出：“《红楼梦》者，悲剧中之悲剧也。其美学上之价值即存乎此。然使无伦理学上之价值以继之，则其于美术上之价值尚未可知也。”

之间始终存在着未能解决的矛盾，那么“最终”之解脱也就是可疑的了，所以“释迦、基督自身之解脱与否，亦尚在不可知之数也”，这使他最终认识到“解脱之事终不可能”；可是，他因为求解脱、求慰藉之心太过迫切，以至于把本来就不可靠的“解脱”观念安到《红楼梦》头上，坚持相信《红楼梦》已经解决了问题，提供了解脱之路，这真是“知其不可而为之”，从立论前提的悖论性质开始，已经自相矛盾了。

其次，从理论体系来看，对于“解脱”观念的过于倚重，导致了论文整个理论体系的偏向、倾斜与失衡——偏于以哲学伦理学为本体为核心，以美学文学为服从为附庸，使得整个理论构架中哲学、伦理学分量过重，而美学、文学篇幅过轻。在哲学伦理学面前，美学、文学都只有“相对”的从属价值而未获得独立价值与完备发展，失之太简，语焉不详，面目粗疏而模糊。在“美术”的各门类——如绘画、雕刻、文学等之间，论文笼统看待，只取其超利害的审美共性，而对“文学”的审美特质未作具体分析，悲剧的含义也过于笼统；在“文学”各门类——诗歌、戏曲、小说等之中，也往往是混同看待、连缀使用，对“小说”区别于诗歌、戏剧的文体特质及其相应的哲学美学价值缺少细致辨析，自然更谈不上能对长篇小说的人生反省意识与矛盾性复杂性表现有所认知了——以一个世纪之后的求全眼光来看，王国维虽已将《红楼梦》从“史传”“考证”的拘执眼光下还原为“文学”、“悲剧”，却尚未将其还原到真正意义上的“小说”，尚未能自觉立足于“长篇小说”在中国文化史、文学史中区别于诗歌、戏剧的独特的文学意义、文化综合意义及反映人生的哲学高度，来看待《红楼梦》这部中国长篇小说巅峰之作的总体思想艺术价值；所以就《红楼梦评论》的理论体系而言，体系的确立，使得作品思想意义的诠释获得了哲学维度上的认知高度与深度；而体系的失衡，却遮蔽了对作品所属美学文学乃至“小说”之本质特征的深入认知。

再次，从理论与作品的结合关系来看，王国维以“解脱说”为《红楼梦》的思想意义简单作结，将《红楼梦》中整个情节与人物的描写，粗略清理并简单归结为“描写人生之苦痛于其解脱之道”，只从同一、统一、贯一的方面来清理思路、分析问题，高度是够了，却失之抽象，在涵盖作品的深广度上语焉不详，缺乏具体深入，减损了作品的丰美内涵，忽略了长篇小说对生活本体之复杂多面、错综矛盾的复合与悖谬性质的深刻展示，这使得整个论文的论证与分析太过粗率与轻易，太过注重问题的“解决”与“结论”的得出，忽视“过程”展开的本质意义，因而产生了偏爱续书部分的错误倾向——由于《红楼梦》前80回主要是提出问题、展开问题，后40回主要是收束全书，“解决”问题，得出“结论”，所以他更偏爱作品后40回部分：“读者观自九十八回以至百二十回之事实，其解脱之行程，精进之历史，明了精切何如哉！”——这样的分析显然是以结论来肢解作品，主观性、片面性太强，当然无法正确解释和囊括《红楼梦》丰富复杂的整体意蕴内涵，且必然会忽略、压抑、遮蔽了小说本身蕴涵着的其他多元的声音与多元的意义。

针对王国维的“解脱说”，许多学者都曾著文说明，《红楼梦》作品本身的意义内涵具有一种多元的、矛盾的性质，不可能以一种哲学观念来简单地盖棺定论。比如夏志清先生就指出，“我相信这部小说的悲剧本质就在于同情与遁世（Detachment）两种相对要求间的拉锯战”，他认为曹雪芹所写的个人之解脱“只是表面的，因为读者只能感觉到在这小说中所描写的痛苦的真实比道家智慧的真实更深地激荡着他的存在；他只能反映着作者对年轻与年老，对真纯与狡猾，对自我牺牲与自我放纵的广大同情。……在结束时，这个悲剧完全存在于爱与弃绝的冲突中。……曹雪芹因此是徘徊在怀念红尘和决心解脱红尘的痛苦间”[1]；叶嘉莹先生则更有针对性地指出：

> 静安先生只看到书中某些出世的情绪，因此便联系到了叔本华之以灭绝意欲为人生最终之目的与最高之理想的悲观哲学……而《红楼梦》所写的出世解脱之情，其实并非哲理的彻悟，而不过只是一种感情的发抒而已。小说中虽然表现对于出世的向往追求，然而整个小说的创作的气息则仍是在感情的羁绊之中的。……作者既以其最纯真深挚之情，写出了入世

[1] 夏志清：《〈红楼梦〉里的爱与怜悯》，胡文彬、周雷编：《海外红学论集》，上海古籍出版社1982年版，第127—135页。

的耽溺，也以其最纯真深挚之情，写出了出世的向往。……《红楼梦》所写的毕竟是人生而并非哲理，所以才会同时表现了入世与出世的两种矛盾的感情。[1]

由此我们应认识到，《红楼梦》描写人生的深度，其实体现在它是以长篇小说的全部综合性艺术手段，对传统文化价值作全面整合与整体反思，它写尽了身处“幽微灵秀地，无可奈何天”中的耽溺、享受、沉醉、倾情、眷恋，以及不满、逃避、挣扎、矛盾、痛苦、迷茫，是对已发展至圆融精熟、开始衰颓腐败的整体文化环境、生活境况全面呈现出的困境与矛盾悖谬性质作全方位、多层面、穷形尽相的展示与呈现，其中既有对于衰腐枯残的揭露与控诉，但也不乏对温柔富贵乡的依恋与炫耀，及饱含真挚之深情的执着与无奈，整个作品的思想情怀与意境氛围，是一个往复循环的意义的螺旋结构，是处在“出世”与“入世”之间永远、永恒的徘徊、矛盾、追忆与惆怅，其中深远复杂的意蕴，当然不是一个单纯的“解脱”之说所能完全覆盖的。

从以上有关《红楼梦评论》研究误区的分析我们看到，其中存在的最主要问题，在于如何处理作品研究与理论运用二者间的关系，用钱钟书先生的话来说，就是如何处理“佳著”与“玄谛”的关系问题，他在《谈艺录》中说：

苟本叔本华之说，则宝黛良缘虽就，而好逑渐至寇仇，“冤家”终为怨偶，方是“悲剧之悲剧”。然《红楼梦》现有收场，正亦切事入情，何劳削足适履。王氏附会叔本华以阐释《红楼梦》，不免作法自弊也。盖自叔本华哲学言之，《红楼梦》未能穷理窟而抉道根；而自《红楼梦》小说言之，叔本华空扫万象，敛归一律，不屑观海之澜，而只欲海枯见底。夫《红楼梦》、佳著也，叔本华哲学、玄谛也；利导则两美可以相得，强合则两贤必至相阨。此非仅《红楼梦》与叔本华哲学为然也。

[1] 叶嘉莹：《从王国维〈红楼梦评论〉之得失谈到〈红楼梦〉之文学成就及贾宝玉之感情心态》，胡文彬、周雷编：《海外红学论集》，第149—150页。

在处理理论与作品二者的关系时，如何才能实现“利导”之“兼美”而避免“强合”之“两伤”呢？本文认为，对作品与理论之间的关系的理解应有新维度——以前我们往往极易倾向于强调理论的“指导”意义和作品的“例证”意义，这导致了二者关系的倾斜和不对等；因此我们应充分认识到，作品的感悟是理论的源泉和生发地，是应用并检验理论之合法性、有效性和生命力的真正本体性依据；在此意义上我们应充分强调作品的原生性、感发性与理论的概括抽象性之间是互相依恃、相互照亮的平衡关系。具体就《红楼梦》研究中的理论运用而言，从理论对作品的作用来看，只有寻找到真正有深度有高度有系统的理论体系，才能为阐释《红楼梦》突破传统、富含新机的、复杂深厚丰美的意蕴内涵提供足以相当和相称的理论资源与意蕴深度；但须注意，理论与作品出自不同的文化源流，只有在有条件地、知局限地、谨慎地选取到合适与相应的契合之处与对话平台时，才能相互激发与照亮，否则就是南辕北辙的牵强扭合；当应用理论为作品本体之意蕴阐释服务时，必须充分考虑到作品本体的独立特质与整体意蕴，不可硬套，不可肢解作品或以作品为图解。另一方面，就作品对于理论的作用而言，在理论应用于作品的具体阐释过程中，理论将不断得到检验、修正、丰富和发展。就此意义而言，像《红楼梦》这样的“绝大之著作”，对其深蕴之意义宝藏的真正开掘，正是对所取用之批评理论的深度、高度与质量的全面检验和考量。虽说“他山之石，可以攻玉”，这已是自明的真理；但没有恰当到位的理论的“金刚钻”，也就做不好、揽不下作品这件深邃精奥的“瓷器活”，所以对“金刚钻”式的适用理论的仔细遴选与慎重应用，十分重要。总之，只有具体深入、灵活机动地把握好理论与作品之间“互为主观”的双向调整与双向阐释维度，才能使作品的意蕴阐释得到新的开掘和深入，同时也使理论得到富含生机的检验和充实。指出这一点，正值《红楼梦》研究在当今需要面对和取用层出不穷的新理论之时，所以有着十分重要的现实意义。

四、《红楼梦评论》所提供的方法论启示

通过对《红楼梦评论》研究方法之优长与局限的辨析与清理，我们可以摸索出哪些具有现代意义与现实意义的研究范式呢？大致说来，它为《红楼梦》研究提示了这样几个方面的现代方法论意识：

（一）有的放矢的“问题”意识

在对《红楼梦评论》思想背景的分析中我们看到，这篇红学名著之所以具有一种深入的思想感发活力，其根源在于，论者王国维对《红楼梦》作品意蕴深度的理解与阐发，是以他对人生与人世的深入思考与阐发为前提的；针对目前红学领域内众声喧哗、发言太过轻易随便、往往难于落实的现象，我们愿意就此提倡一种出自对于生活整体的严肃思考而产生的真切困惑与疑问，提倡从“真问题”出发去寻求“真解”，提倡一种朴素的、寻求真理的治学态度，以期为《红楼梦》研究确立真正深刻的思考与立论深度，能够从切实有力的“真命题”出发并深入具体层次的研究，从而使具体研究真正做到有的放矢、言之有物，有活力、有深度、有实绩。

（二）承前启后的“历史”意识

《红楼梦评论》深具理论突破意义，但它并非横空出世、突发惊人之论，而有着充分完备的研究史清理与承传意识。在论文第五章中，可看到王国维对当时红学研究的历史与现状作了全面整理与客观公正的学理的优劣之辨析，可知《红楼梦评论》的理论突破，是在自觉汇入《红楼梦》研究的历史、全面掌握前人的研究实绩、充分吸取所长、克服局限的基础上取得的推进与创新。反观当今红学研究领域内，一些论者仅凭一己之浮面感悟立论，发言如空穴来风，刻意追求新异与轰动、落实到学理上却不见任何创新、改进和增益，究其原因，就在于缺乏王国维这种必要的学术史、研究史的清理工作，未能给研究建立起

坚实有力的学理基础，所以其论说往往与前人重叠错杂，不具有真正可靠的新意和创造性——因为真正有实质意义的创新，并不是无原则的偶然更迭，而是建立在以往的传统基础之上，在对过去的历史作全面承担与整合而达到的、“更深广”与“更高”层次上的推进、发展与超越。所以红学方法论的创新首先必须建立在对历史的全面清理总结的基础之上，新世纪的红学研究，更应该具备充分的“史”的意识和自觉，将《红楼梦》研究自觉置于文学史、文化史、思想史的知识基础与思想背景之上，作真正有深度和高度的、有意义的推进和发展。

（三）开放创新的“理论”意识

《红楼梦》本身那种打破传统与惯性的、蕴涵突破性新意的意义框架呼唤着相应的、冲破旧的批评阅读惯性的、新的理论批评视野，只有如此，才能有真正全面相当的、处在全新的阅读理解的水平线上的真正“相遇”与“相知”。作品的创新意蕴呼唤要求创新的理论眼光；但《红楼梦评论》应用理论的实例告诉我们，西方理论虽“新”，却隔了文化，有待消化、改造与化合，不宜直接套用，所以在西方理论的把握上，我们应十分注意，对其不同文化根源是否始终有警醒意识而无抽象牵合？对其理论本质与新意的把握是否深入到位？对其适用范围与局限是否始终持有客观清醒的认识？在引进西方理论的基础上，我们还应更进一步，考虑如何在传统的蜕变与西学的启发下，创立真正属于民族文化本体的全新的、富于生机和创造力的研究理论和研究范式，这才是真正能与《红楼梦》这部伟大作品充分相当的、具有现代意义与本体意义的理论。

（四）严密深入的“系统”意识

《红楼梦》作为长篇小说的杰作，有着自身浑然一体的结构与意义“系统”，所以自然也要求有深度、有层次的批评理论“系统”来与之相应。《红楼梦评论》所创立的理论系统，基本是袭取西方模式，套用在《红楼梦》的研究上当然显得粗疏与隔膜；所以我们应在中国文学思维发展的前提下来具体地理解和发展新的“系统”意识——它实际是中国偏重具体感发的文学思维长期以来在量变的积累上，急需进行进一步的理论化、系统化的整理、组织与深化，从而提出的内在的历史与现实要求。这既需借鉴西方理论系统严密的逻辑思辨理路，又需扬弃其抽象自足、趋于封闭的弊病，更强调它对传统中注重具体体验与感受的文学思想的整合和融会贯通。所以在中国理论思想背景下发展的“系统”，应该融生动活泼的具体感受与严密的思辨架构于一体，是指血脉贯通而又骨架严整的新的意义上的“系统”；对《红楼梦》作品意义系统的探索，与我国文学理论批评系统的创立，将是一个相辅相成、齐头并进的过程。

（五）返本溯源的“小说”意识

《红楼梦评论》对于红学本事派、考证派研究的批判与纠谬提示我们，要坚持恢复《红楼梦》本来面目的研究，就是要坚持《红楼梦》作为文学、小说的本质属性，将它与历史、本事、自传的传统理解误区区分开来，充分强调作品的文学虚构特质和审美创造价值；同时还应更进一步，立足在“长篇小说”之独立思想艺术特质之上，创立以“小说”为基础、为本体的理论体系与价值体系，从小说哲学、小说美学、小说文体学等“小说学”角度，来探索《红楼梦》的艺术本体价值。回顾20世纪的红学史我们不难看到，虽然王国维在世纪初即对当时红学研究之偏于索隐与考证方向进行了拨乱反正的反思与批判，为红学确立了归依到“小说”本质的研究指向与研究路径，但却难以为滞后的时代意识与解释观念所接受，而此后传统文化中强大的经史解释理念仍长期维系并保持其在红学领域内的惯性发展与影响力；而如今，在索隐派、考证派红学十分兴盛的20世纪之后的新世纪来重提回到《红楼梦》作为“小说”之本质特征的主体研究，其历史与现实意义应是十分迫切的。

（六）紧扣作品的“本文”意识

有关作品“本文”意识包括两个方面的意思：首先，正如《红楼梦评论》

的论证方式一样，论点与论据的选取紧紧围绕《红楼梦》作品本文来进行，以此严格区分于索隐派之关注外在“本事”及考证派之关注外在“史料”；其次，却是从《红楼梦评论》以观点裁减本文的研究局限中得出的教训，即不能将作品作为理论的例证材料随意裁剪，应树立作品“本体”意识，以生动自足的本文整体意识摆脱某个特定理念的先入成见，确立小说文本本体艺术独立之价值观念，充分关注理论论证与作品本文之间的交融关系，并充分强调哲学思考与作品艺术辨析（结构、人物、环境、情节、语言、细节刻画等）应是充分融合而不是抽象分离的，二者间的互动关系既具体而微，又整体复合，更有循环递变中的意义超越，从而使理论研究与作品阐发达到相得益彰、互相照亮的境界。

以上六种方法论意识的提出，是对《红楼梦评论》所提供的现代方法论启示的整体总结，也是对《红楼梦》研究在新世纪的发展提出初步的展望与规划，同时更标示出了《红楼梦》研究在新世纪发展的高度、深度、难度与极大的挑战性。让我们进一步追问，《红楼梦评论》中创立的红学学术研究规范，在此后的红学界中是否得到了足够重视及有效继承与发扬？与一个世纪以前的王国维相比，这近百年的《红楼梦》研究发展历程中，在哪些方面继承了王国维，哪些方面落后倒退于王国维，在哪些方面上有可能超越王国维呢？这应是每一个《红楼梦》研究者必须认真深思的问题。正是对于历史的反思与回顾，才使我们获得了出发的基石与前进的勇气，而学习与辨析的最终目的，就是推进和超越。

本文原载于《红楼梦学刊》2001 年第 4 期

曹雪芹的女子美学思想初探

赵 苗

赵苗，女，1971年生，哈尔滨市人。中文学院副教授。

一

在中国的历史文化进程中，古代女子美学思想可以说是异彩纷呈，朝代的更迭不仅意味着王位的易换，也影响到社会群体的普遍审美标准。在漫长的历史岁月中，古代女子美学思想犹如一面镜子，清晰地映射了不同朝代的审美理念及社会思潮的变迁。概而言之，先秦两汉时期以健康为美，如诗经《硕人》所描绘的庄姜夫人就是一位健康丰满的美丽女子。到了魏晋南北朝时期，伴随着玄学与佛教的流行，社会上开始标榜飘逸洒脱之美，《世说新语》中洒脱不羁的谢道韫便充分体现了魏晋的才女风韵。至唐代，丰肥浓丽、热烈放姿成为普遍的审美取向，这与唐代开放宽容的社会风气有关，也与唐朝吸收西域、中亚的文化有关。从宋代开始，文人对女子的审美取向逐渐转为孱弱纤细，清癯婀娜取代了唐代的丰腴健美，《西厢记》中的崔莺莺便是一位“淡白梨花面，轻盈杨柳腰”的女子，李清照更是一位“帘卷西风，人比黄花瘦”的女子。明清时期进一步继承了宋代的美学理念，并将女子的纤细之美推向极致，最典型的例子就是《红楼梦》中的林黛玉。在《红楼梦》中，黛玉的清瘦与宝钗的丰润形成了鲜明的对比，钗黛分别象征了自古以来“环肥燕瘦”的审美差异，一方面是以唐代的杨玉环为代表的丰腴之美，另一方面是以汉代的赵飞燕为代表的纤柔之美。曹雪芹以纤柔甚至是有些病态的黛玉为美，显然与宋代以来的女子美学理念一脉相承。然而黛玉之美并不局限于纤柔的外表，更体现了一种内在的神韵。曹雪芹在继承传统美学的基础上，将女子的神韵之美推向高峰，使林黛玉成为中国文学史上最具韵味、最富有精神内涵的女子形象，体现了中国古代女子审美标准由单一追求感官及外在形态到内外兼修与形神合一的嬗变。本文从明清女子美学思想入手，阐释了《红楼梦》所体现的丰富深远的女子美学思想，指出曹雪芹对古代小说的女子形象及美学思想的超越性意义。

二

曹雪芹的《红楼梦》是中国古代女子美学思想的集大成者，然而《红楼梦》所体现的美学思想并不是空穴来风，而是在继承前人基础上的升华，其中最直接的影响可能来自明末清初卫泳所辑的《悦容编》与明末清初李渔的《闲情偶寄》。据张一民先生考证，清初著名学者周亮工的私家藏书库“因树屋”曾收藏有《悦容编》，而周亮工与曹寅的父亲曹玺交情颇深，周亮工曾以曹寅为“通家子”。[1] 因此曹雪芹读过《悦容编》的可能性很大。至于李渔的《闲情偶寄》，虽然没有直接的证据证明曹雪芹读过此书，但是《闲情偶寄》早于《红楼梦》一百余年，藏书丰富的曹家极有可能藏有此书。最重要的是，《悦容编》和《闲情偶寄》所体现的明清时代女子的生活方式及审美方式与《红楼梦》之间存在着明显的承前启后的渊源关系，其所体现出的女子美学理念也与《红楼梦》相契合。《悦容编》又名《鸳鸯谱》，是晚明一部叙述闺房生活审美情趣的笔记小品，分为随缘、葺居、缘饰、选侍、雅供、博古、寻真、及时、晤对、钟情、借资、招隐、达观等 13 个章节。在《寻真》一节中，指出女子有

---

[1] 张一民：《〈悦容编〉与〈红楼梦〉》，《南京师范大学文学院学报》2005 年第 2 期。

6种“态”，并对这“六态”进行了详细的描述：“美人有态、有神、有趣、有情、有心。唇檀烘日、媚体迎风，喜之态；星眼微瞋、柳眉重晕，怒之态；梨花带雨、蝉露秋枝，泣之态；鬓云乱沥、胸雪横舒，睡之态；金针倒拈、绣屏斜倚，懒之态；长颦减翠、瘦靥消红，病之态。”[1]《悦容编》所提到的“六态”在《红楼梦》的众多女子身上都有体现，尤其以黛玉的“态”表现得最为淋漓尽致，黛玉的“喜之态”、“怒之态”、“泣之态”、“睡之态”、“懒之态”、“病之态”构成了黛玉独特的精神世界。黛玉的“喜之态”可谓多姿多彩。《红楼梦》前80回中黛玉大大小小的哭泣有30余次，而黛玉的笑竟达70余次之多。黛玉有时会“抿着嘴笑”、“咬着手帕子笑”，这种情况一般发生在黛玉因宝玉含酸而又不便表达的时候。比如第八回宝玉去探望宝钗，刚好黛玉随后也到了，“黛玉嗑着瓜子儿，只管抿着嘴儿笑”[2]。只“抿着嘴儿笑”这一句便很传神的把黛玉当时微妙的心理揭示出来了。第十九回宝玉杜撰了小耗子偷香芋的典故，黛玉听了，竟然翻身爬起来，按着宝玉笑道：“我把你烂了嘴的！我就知道你是编我呢。”第五十回芦雪庵争联即景诗，湘云喊道：“石楼闲睡鹤。”黛玉听了，笑得捂着胸口，高声嚷道：“锦罽暖亲猫。”黛玉的“泣之态”更是楚楚动人，第三十四回宝玉挨打之后，有一段描写黛玉哭泣的文字，“宝玉半梦半醒，都不在意。忽又觉有人推他，恍恍惚惚听得有人悲戚之声。宝玉从梦中惊醒，睁眼一看，不是别人，却是林黛玉。宝玉犹恐是梦，忙又将身子欠起来，向脸上细细一认，只见两个眼睛肿的桃儿一般，满面泪光，不是黛玉，却是那个？”彼时的黛玉一语未发，只是无声的哭泣，却胜过了万语千言。同样是宝玉挨打之后，宝钗也来看望宝玉，宝钗的表现是怎样的呢？《红楼梦》中是这样描绘的：“只见宝钗手里托着一丸药走进来，向袭人说道：‘晚上把这药用酒研开，替他敷上，把那淤血的热毒散开，可以就好了。’说毕，递与袭人，又问道：‘这会子可好些？’宝玉一面道谢说：‘好了。’又让座。宝钗见他睁开眼说话，不像先时，心中也宽慰了好些，便点头叹道：‘早听人一句话，也不至今日。别说老太

[1]（清）卫泳：《悦容编》，《香艳丛书》第一集卷二，中国人民大学出版社1998年版，第11页。
[2] 本文中《红楼梦》的全部引文出自《红楼梦》庚辰本，人民文学出版社1990年版，以下略。

太，太太心疼，就是我们看着，心里也疼。'”试想一个是无声哭泣的黛玉，一个是送药来并教导了一番的宝钗，哪一个更令宝玉怦然心动呢？

清代的李渔在《闲情偶寄》中进一步探讨了女子的“态”。李渔认为女子之美，容貌只在其次，而贵在有独特的神韵，这种独特的神韵被李渔称为“媚态”。李渔说：“尤物为何？媚态是已。世人不知，以为美色，乌知颜色虽美，是一物也，乌足移人？加之以态，则物而尤矣。如云美色即是尤物，即可移人，则今时绢做之美女，画上之娇娥，其颜色较之生人，岂止十倍，何以不见移人，而使之害相思成郁病耶？是知‘媚态’二字，必不可少。媚态之在人身，犹火之有焰，灯之有光，珠贝金银之有宝色，是无形之物，非有形之物也。”[1]在李渔看来，仅是容貌美只是绢做的美女和画上的美女而已，即使再精致的五官，由于缺少一种“媚态”也不会对人产生强烈的吸引力。在《红楼梦》中，如果仅就容貌而论，宝钗的美应该在黛玉之上，在第二十八回中有这样一个情节，当时宝玉去看望宝钗，说话间宝玉情不自禁地端详起宝钗的形容，“只见脸若银盆，眼似水杏，唇不点而红，眉不画而翠，比林黛玉另具一种妩媚风流，不觉就呆了，宝钗褪了串子来递与他也忘了接”。在美女如云的贾府，宝玉见过的玉人何止万千，而宝钗的美竟然让宝玉惊呆，可见宝钗是何等的美貌。相比黛玉，宝钗并不缺少美貌，所缺少的是一种女子的“态”。宝钗受儒家正统思想的影响，过于掩饰内心情感，过分的持重使她缺少一种少女鲜活的生命力或者说是“态”。黛玉可以按着宝玉笑，可以笑得捂着胸口，可以哭得两个眼睛肿得桃儿一般，但是宝钗却不会这样做，卫泳所说的女子六态在宝钗的身上不能说没有，但是的确比较少见。值得注意的是，《红楼梦》第八回中对宝钗有这样一段评价，“罕言寡语，人谓藏愚，安分随时，自云守拙”。这与黛玉的率性而为、敢哭敢笑形成了明显的对比。如果一个少女缺少“态”，缺少传神的“风致”和“机趣”，也就缺少了勃勃的生机和活力。李渔说：“态自天生，非可强造。强造之态，不能饰美，止能愈增其陋。同一颦也，出于西施则可爱，出于东施则可

[1] （清）李渔：《闲情偶寄》，山西古籍出版社2007年版，第137页。

憎者，天生，强造之别也。”[1]黛玉一颦一笑里所发生的美的确是浑然天成的，这种美也最接近美学意义上的美，因此具有独特的感染力和震撼力。

李渔认为女子的“态”是非常玄妙的，“相面、相肌、相眉、相眼之法，皆可言传，独相态一事，则予心能知之，口实不能言之。口之所能言者，物也，非尤物也”[2]。李渔认为“态”只能意会难以言传，而一个有神韵的女子必定是与众不同的。《红楼梦》中尤其突出了黛玉的与众不同。林黛玉在第三回中第一次进贾府，众人都觉得她“年貌虽小，其举止言谈不俗，身体面庞虽怯弱不胜，却有一段自然的风流态度”。此处有甲戌侧批：“为黛玉写照。众人目中，只此一句足矣。”又有甲戌眉批：“从众人目中写黛玉。草胎卉质，岂能胜物耶？想其衣裙皆不得不勉强支持者也。”由甲戌的侧批和眉批可以看出，“不俗”是黛玉突出的特点。不仅众人有这样的感觉，曾教黛玉读书的贾雨村也觉得黛玉不俗。第二回贾雨村与冷子兴谈论贾府之人，贾雨村曾说：“怪道我这女学生言谈举止另是一样，不与近日女子相同，度其母必不凡，方得其女，今知为荣府之孙，又不足罕矣。”黛玉的“不俗”意味着黛玉的美是无法模拟和复制的，如同无法复制的艺术珍品。

两百多年以后，德国美学家莱辛在《拉奥孔》中也谈到了媚与态的问题，莱辛认为：“媚就是在动态中的美……它是飘来忽去的，因为我们回忆一种动态，比起回忆一种单纯的形状或颜色，一般要容易得多，也生动得多，所以在这一点上，媚比起美来，所产生的效果更强烈。”[3]在莱辛看来，媚是一种动态的美，相对而言容貌服饰是一种静止的美，比起静止的美动态的美给人的视觉冲击更大，因此产生的吸引力更大，这与李渔所阐释的女子的态与媚是完全吻合的。《红楼梦》中恰恰没有对黛玉静态的容貌作细致的描绘，而是通过突出黛玉的态与媚，通过林黛玉的一哭一笑、一喜一怒，在动态的变化中充分展现黛玉的风韵。第三回中宝黛二人初次相见，从宝玉眼中看到的黛玉是“两弯似蹙非蹙罥烟眉，一双似喜非喜含情目。态生两靥之愁，娇袭一身之病。泪光点

[1] （清）李渔：《闲情偶寄》，第 137 页。
[2] 同上。
[3] 〔德〕莱辛著、朱光潜译：《拉奥孔》，人民文学出版社 1979 年版，第 121 页。

点，娇喘微微。闲静时如姣花照水，行动处似弱柳扶风。心较比干多一窍，病如西子胜三分”。在这段文字中，没有对黛玉的五官作丝毫具体的描绘，“似蹙非蹙”、“似喜非喜”均是黛玉的神态而不是实指黛玉的具体容貌。在整部《红楼梦》中，黛玉的容貌始终是缥缈模糊的，《红楼梦》前八十回中，对于林黛玉的直接描绘只出现在第三回，除此之外就只有王熙凤、贾雨村以及众人对黛玉的三言两语的评价。曹雪芹有意隐去了黛玉的容貌，是为了突出黛玉的流动的美、动态的美，正是“似蹙非蹙”、“似喜非喜”、“泪光点点”、“娇喘微微”构成了黛玉所独有的“态”与“媚”。

三

《红楼梦》在人物形象的处理上十分重视内在的神韵，对于林黛玉更是略其形而突显其态。其实，“形神理论”在中国古代是一个由来已久的话题，先秦时期的《荀子·天论》已经提出“形具而神生”之说，东晋画家顾恺之进一步提出“以形写神”和“迁想妙得”的理论，这些理论对后世产生了深远的影响。最早将“形神理论”与女子美联系在一起的当属曹植，曹植在《洛神赋》中描写洛神宓妃“明眸善睐，靥辅承权。瑰姿艳逸，仪静体闲。柔情绰态，媚于语言。”曹植不仅对于洛神宓妃的体貌进行了描述，在外表美以外还提到了宓妃的神韵，即宓妃所独有的“柔情绰态，媚于语言”，其实这已经触及女子的神韵层面上。纵观古代的形神理论思想，几乎覆盖了包括画论、书论、文论、诗论、舞论、曲论等全部美学领域，只是在卫泳、李渔之前，中国美学中的形神理论主要是针对绘画、雕刻、诗词、戏曲等艺术门类，而极少论及人体美，到了明末清初的李渔才真正比较深入、比较系统地运用形神理论观察人体美。[1]

尤其难得的是，《悦容编》和《闲情偶寄》分别提到女子的“儒风”和“内才”，认为女子不仅要有态有情，而且要有书卷气，这种看法是颇有见地

[1] 参见杜书瀛：《李渔美学思想研究》，中国社会科学出版社1998年版。

的。《悦容编》说："女人识字，便有一种儒风。故阅传奇，观图画，是闺中学识。"[1] 在《悦容编》的《博古》篇中甚至还列出了适宜闺秀们阅读的书籍，其中就有《西厢记》、《玉茗堂还魂》等。李渔认为女子之美有三，一曰"天姿"，二曰"风韵"，三曰"内才"，李渔特别强调女子的内才，他说女性美是德、色、才的统一，反对"女子无才便是德"的旧说，认为"无才是德"是"前人愤激之辞"，是"见噎废食之说"，"吾谓才德二字，原不相妨，有才之女，未必人人败行；贪淫之妇，何尝历历知书？"[2] 李渔在《风筝误》中进一步写道："但凡妇人家，天姿与风韵两件都少不得：有天姿没风韵，却像个泥塑美人；有风韵没天姿，又像个花面女旦。须是天姿风韵都相配，才值得稍低徊。就是天姿、风韵都有了，也只算得半个，那半个还要看他的内才。"[3]《红楼梦》中的黛玉正是集"天姿"、"风韵"、"内才"于一身的女性。黛玉的才华横溢是众人皆知的，黛玉不但读《四书》，而且读《西厢记》、《牡丹亭》、《桃花扇》。第十八回元妃省亲，黛玉题写的《世外仙源》令元妃赞赏不已。第四十八回黛玉教香菱学诗，黛玉指点香菱说："你只听我说，你若真心要学，我这里有《王摩诘全集》，你且把他的五言律读一百首，细心揣摩透熟了，然后再读一二百首老杜的七言律，次再李青莲的七言绝句读一二百首。肚子里先有了这三个人作了底子，然后再把陶渊明、应玚、谢、阮、庾、鲍等人的一看。你又是一个极聪敏伶俐的人，不用一年的工夫，不愁不是诗翁了！"可见黛玉对李白、杜甫、王维、陶渊明等人的诗作是相当谙熟的。除了黛玉以外，《红楼梦》另一位才女就是宝钗。宝钗的才气并不在黛玉之下，她琴棋书画无所不能，不过宝钗对读书的态度却与黛玉不同，最明显的例子是第四十二回，宝钗开导黛玉说："你我只该做些针黹纺织的事才是，偏又认得了字，既认得了字，不过拣那正经的看也罢了，最怕见了些杂书，移了性情，就不可救了。"可见在宝钗看来，只有"针黹纺织的事"才是女子应该做的事，而读书是可能"移了性情"的事，宝钗会写诗而不真正爱诗，黛玉却从灵魂深处爱诗，因此两个人所体现出的气质神韵是不同的。

---

[1] （清）卫泳：《悦容编》，《香艳丛书》第一集卷二，中国人民大学出版社 1998 年版，第 11 页。

[2] （清）李渔：《闲情偶寄》，第 138 页。

[3] 同上。

综上所述，女子美其实是感性形式表现出来的文化价值现象，因此从某种意义上说，宝钗与黛玉都是在某种文化价值之下完美的女子。宝钗是封建正统思想炮制出的女子典范，她是作为与黛玉相对的另一类型女子而存在的。黛玉的人物形象则寄托了曹雪芹的女子审美标准，传达出曹雪芹的审美意义与文化意蕴，在黛玉身上可以看到古代才女蔡文姬、谢道韫、薛涛、李清照的影子，李渔所提出的“天姿”、“风韵”与“内才”在黛玉身上得到了最完美的诠释。可以说曹雪芹笔下的林黛玉，实现了中国古代小说中女子形象的超越，全方位的演绎了中国古代女子的神韵之美。

本文原载于《红楼梦学刊》2011 年第 2 期

《石头记》的主题思想究竟是什么？

郝炳炘

郝炳炘，女，1930 年生，1960 年来北京外国语学院工作，曾任汉语教师，副教授。已退休。

在中国古典小说中聚讼最多，意见分歧最大的大概要算《红楼梦》了。它确像鲁迅先生所指出的："单是命意，就因读者的眼光而有种种：经学家看见《易》，道学家看见淫，才子看见缠绵，革命家看见排满，流言家看见宫闱秘事。"[1] 意见之相背，见解之抵牾，都是空前的。为什么会产生这样大的分歧呢？当然评论家所处的时代不同，立场不同，观点不同，所采取的方法不同，因而会产生种种不同的意见；但是还因为作者确实采用了非常隐晦曲折的手法，将作品的写作意图和主题思想来了一番伪装，弄得扑朔迷离，使人难识"庐山真面目"，这也是事实。不承认作品这一现象，也不是求实的态度；除此之外，再加上高鹗续书改变了作者的原意，因而更增加了作品的复杂性，因此我们要研究《红楼梦》，不能不排除高鹗续书的影响，否则也得不出正确的结论。

---

[1] 《鲁迅全集》卷七《集外集拾遗·绛洞花主小引》。

列宁说：“马克思主义的真髓和活的灵魂：对具体情况的具体分析。”[1]因为具体事物中虽包含着一般的规律，但又有具体事物的特殊性，没有特殊性，也就没有千差万别的事物。故此我们研究《红楼梦》就不能不从具体作品入手，企图用创作的一般规律，即典型化的方法，来否定《红楼梦》创作的特殊性；或者用《红楼梦》的特殊性，否定作品的一般的创作规律，都是错误的。评点派、索隐派、或者胡适之的考证，之所以步入歧途，除了他们的观点之外，还因为他们脱离了文学创作的一般规律，去摘点评论，或比附索隐，或者把文学作品当成“史书”“自叙传”，自然会谬误百出，贻笑方家。我们今天研究《红楼梦》，就不能采用这种方法，而应该在肯定文学作品的一般创作规律的同时，也应肯定《红楼梦》的特殊性。否则，反过来用文学创作的一般规律，来否定《红楼梦》的特殊性，列为禁区，不准涉及，也是错误的，也是不利于《红楼梦》的研究的。本文只是想就八十回本的《石头记》进行分析，揭示一下作品的创作意图和主题思想，因此行文中凡提到作品时，一律统称《石头记》，以别于高鹗续成的《红楼梦》。下面就分析一下《石头记》的创作意图和主题思想。

《石头记》作者的真实意图究竟是什么呢？这就是作者在《石头记》开卷第一回中就表明的：“自云因曾历过一番梦幻之后，故将真事隐去，而撰此《石头记》一书也，故曰甄士隐梦幻识通灵。”又说：“何妨用假语村言，敷演出一段故事。”这些话虽然有些吞吐，但意思还是明白的，那就是：作者曾遭受过难以直言的灾难，这灾难不能明说，只好用小说的形式，隐晦曲折地来影射这场巨大的变故。因而“隐晦曲折”的表现手法，乃是《石头记》表现方法的一大特征。故此我们揭示《石头记》的创作意图和主题思想，就不能仅仅从表面现象看问题，必须去伪存真，将虚伪的假相揭去，剖析出作者的真实意图。

那么曹雪芹的写作意图究竟是什么？他通过《石头记》这部小说要告诉读者一些什么问题呢？有些作品的写作意图是能够明确告诉读者的，例如《青春之歌》，作者就曾明白告诉读者，她所以要创作这部小说是受了大革命英烈事迹的激动，决心将抗日战争时期北京知识分子，在党的领导下，进行英勇斗争的

[1] 《列宁全集》第 31 卷《“共产主义”》。

事迹，告诉后来人，以悼念死者，激励后人，继续奋斗。这就是杨沫同志的创作意图[1]。然而曹雪芹是生活在中国封建专制时期的“雍乾”时代，文网恢恢，加之作者是“罪余”之人，因此更不能自由地表达他的思想，他只能采取隐晦的方法，用“梦幻”，用“幻人幻事”，来表达他的观点和愿望。“女娲炼石已荒唐，又向荒唐演大荒”，作者正是用这种“虚幻”的笔墨来告诉读者他不能直言的真实问题。那么作者要告诉读者的是什么问题呢？要揭示这一点，应该从维系全书的主线——石头上去找，到与贾宝玉生命攸关的“通灵宝玉”上去找。

大家都知道，据作者自己说，他这部《石头记》并不是他曹雪芹创作的，而是空空道人、渺渺真人在大荒山无稽崖的青埂峰下，从一块不得补天，曾幻形入世，历过梦幻的顽石上抄录下来的。曹雪芹只不过是在“悼红轩”中“披阅十载，增删五次而已。这自然是作者的狡猾用笔，万不可被他蒙骗了去。但石头未投胎问世之前，曾被一僧一道“缩成扇坠一般”，并在上面镌刻了文字，然后才携它到那“花柳繁华之地”、“温柔富贵之乡”去安身立命。试想石头未入世之前，还不是《石头记》未创作之前吗？《石头记》未创作之前上面刻制的文字，岂不是作品的前身，写作提纲吗？作者用这种方法，将他的写作意图巧妙地刻写在“通灵宝玉”之上，混过了恢恢文网，请看作者是怎么写的。

“通灵宝玉”的正面是“莫失莫忘，仙寿恒昌”；背面是“一除邪祟，二疗冤疾，三知祸福”[2]。这20个字表面看来跟一般小儿“长命锁”上镂刻的吉祥如意话无甚差别，但仔细一分析，却正是《石头记》的写作意图，也可以说卷帙浩瀚的《石头记》的总纲，就浓缩在这20个字里。故而脂砚斋在此处特别提醒读者道：“前回中总用草蛇灰线，写法至此，方细细写出，正是大关节处。”[3]“前回”就是指第一回僧道将石头缩成扇坠大小，并镌上文字，然而刻的什么字，并未交代，只说“日后自然明白”，撒下“灰线”。直到第八回才“细细写出”，这“细细写出”的文字，正是“大关节处”。什么叫“大关节处”？就是全书关键的地方，换句话说，也就是《石头记》的主旨所在。那么这主旨是什

[1] 杨沫：《谈谈〈青春之歌〉里的人物和创作过程》，《文艺论丛》1978年第2期。

[2] 《脂砚斋重评石头记》（甲戌本）第八回。引文未注明者，均见庚辰本。

[3] 同上。

么呢？那20个字，5句话的意思是什么呢？首先看一、二两句："莫失莫忘，仙寿恒昌"，表面看这话是指"通灵宝玉"与主人公贾宝玉密不可分的关系，实际寓意着《石头记》与作者的关系，尽管贾宝玉并非曹雪芹，但曹雪芹是通过贾宝玉这个形象表达自己的愿望和理想的，所以"石头"与贾宝玉的关系，实际喻示《石头记》与作者的密切关系，如果《石头记》这部小说，不遗亡不散失，能够留传后世的话，那么曹雪芹和那些无辜者就能名正青史，留名后世了，这就是"莫失莫忘，仙寿恒昌"的真正含义。所以脂砚斋在此句下故意设问道："阅者试思此一句是何意思？"[1] 如果是一般对小儿祝福的话，脂砚斋又何必如此珍重注笔呢？脂砚在此注笔的用意，是想提醒读者注意作者的真正用心。作者的真实用心是想通过《石头记》来告诉人们他和他所爱所同情的人物所遭受的冤屈，这样也才能理解"石头"（即"通灵宝玉"）为什么那样维系着贾宝玉的命运，也才能理解作者所说的"字字看来都是血，十年辛苦不寻常"[2] 的用意所在。作者用毕生精力哭成此书的目的，就是想通过它来"解冤去罪"。因此，确切讲小说的书名，应为《石头记》更符合作者的原意。

其次，什么叫"除邪祟"呢？表面看也跟一般的消灾去邪，逢凶化吉的祥瑞话无别。甚至为了说明指的就是这一点，作者还在《石头记》第二十五回，专门写了一大段文字。写赵姨娘为了报复王熙凤对她的迫害，在马道婆的调唆下，同意马道婆用魔法将王熙凤连同她儿子贾环的敌手贾宝玉一并加害，使姊弟二人发疯。并且明确指出是中了"邪祟"，最后由癞头和尚用"通灵宝玉"驱邪，王熙凤与宝玉才得救。这不正好说明"通灵宝玉"上镌刻的"除邪祟"指的就是这个意思吗？实际这是作者制造的烟幕，是伪装，是假相。所以脂砚斋在此回后总批道："通灵玉除邪全部百回，只此一回，何得再言僧道踪迹，虚实幻笔幻想写幻人于幻文也。"[3] 用"幻笔"写"幻事"，作者明知"子虚""乌有"，何以要写？其目的就是以此来掩盖书中的"实笔"——骂"外祟"的那些文字。《石头记》第七十二回写贾家由于"省亲"，财政收入已不敷支出。但

[1] 《脂砚斋重评石头记》（甲戌本）第八回。引文未注明者，均见庚辰本。

[2] 《脂砚斋重评石头记》（甲戌本）凡例。

[3] 《脂砚斋重评石头记》（甲戌本）第二十五回。

这个寄生阶级，日间的挥霍享受又不能少，更重要的是为了能在上层统治集团中立住脚，不被踢出去，愈加要请客送礼，阿谀奉承。虽已捉襟见肘，整冠缨绝，但还要拼命挣扎，维持门面，为了“送南安府里的礼，又要预备娘娘重阳节礼”，贾琏只好央鸳鸯将贾母“查不着约（的）金银两样家伙，偷着运出一箱子来，暂押千数两银子支腾”。安排这一情节是颇有用意的。鸳鸯去后，王熙凤跟旺儿媳妇说梦，就更意味深长了。凤姐道：“昨晚上忽然作了一个梦，说来也可笑。梦见一个人，虽然面善，却又不知名姓，找我，问他作什么？他说，娘娘打发他来，要一百匹锦。我问他是那（哪）一位娘娘，他说的又不是咱们家的娘娘，我就不肯给他，他就上来夺，正夺着，就醒了。”作者在这里又是用“梦幻”的手法点出贾家财尽是皇家夺去了。脂砚斋也吞吞吐吐地在此批注道：“江淹才尽之兆也，可伤！”江淹才尽与贾家财尽，风马牛不相及，何以要扯到一起？原来脂砚是借“才尽”的谐音，暗指“财尽”，江淹是幌子，“财尽”才是“真言”，脂砚斋有时也不得不用隐晦曲折的手法。这“财尽”的原因，尽管有贾府“日用排场”“不能将就省俭”，但主要的是被皇家抢夺去了，因而小说紧接凤姐说梦之后，就安排了夏太监派小太监“借债”的场面，当凤姐把小太监打发走之后，贾琏笑着（实际应是狠狠地）骂道：“这一起‘外祟’何日是了？”“通灵宝玉”上刻着的“除邪祟”，草蛇灰线，源源而来，至此点睛，那“邪祟”不是别的乃是皇帝、皇亲国戚和豪奴般的“黄衫使者”，这些正是使贾家衰败的“邪祟”。这个华丽的皇族，像一条大蛇，缠在贾家的身上，不仅咂干了贾家的油水，而且鲸吞了贾府的财产，曹雪芹所指的“邪祟”或“外祟”，正是这个意思。作者以此来影射曹家之败，是最高统治者蚕食和侵吞的结果。然而“邪祟”的含义还不限于此，还有更深的意义在。作者还认识到“当今的皇家”，还是“大舜正裔”，也就是汉民族的“外祟”。关于这一点《石头记》第六十三回“寿怡红群芳开夜宴”中，作者借芳官女扮男装一事，指桑骂槐。他把清皇帝视为西辽的“耶律”，骂他不过是一个“跳梁猖獗的小丑”，是一匹撞入中原的“野驴”，下面将这段描写抄录在这里，请看作者是怎样借题发挥的：

> （宝玉）因又见芳官梳了头，挽起髻来，带了些花翠，忙命他改妆（改成男装）……又说芳官之名不好，竟改了男名才别致，因又改作“雄奴”。芳官十分称心，又说：“既如此，你出门也带我出去，有人问，只说我和茗烟一样的小厮就是了。”宝玉笑道：“到底人看的出来！”芳官笑道：“我说你是无才的，咱家现有几家土番（吐蕃），你就说我是小土番儿。……你想这话可妙？”宝玉听了喜出望外，忙笑道：“这却很好！我亦常见官员人等有跟从，外国献俘之种，图其不畏风霜，鞭马便捷，既这等再起个番名，叫作‘耶律雄奴’。‘耶律雄奴’二音又与匈奴相通，都是犬戎名姓，况且这两种人自尧舜时便为中华之患，晋唐诸朝深受其害，幸得咱们有福，生在当今之世，大舜之正裔，圣虞之功德，仁孝赫赫格天，同天地日月亿兆不朽，所以凡历朝中跳梁猖獗之小丑，到了如今，竟不用一干一戈，皆天使其拱手俛（俯）头原（源）远来降。我们正该作践他们，为君父生色。”芳官笑道：“既这样着，你该去操习弓马，学些武艺，挺身出去拿几个反叛来，岂不进忠效力了。”

由上面这段话，我们不难看出作者要铲除的“邪祟”还指什么。这“邪祟”还指自尧舜以来为中华之患的“外族入侵”，影射的也就是满清入关。我们“大舜之正裔”只有铲除了这帮“邪祟”，或者叫“外祟”，才能使“君父生色”。作者的矛头所向不是非常明显么？无怪高鹗将此段全部删去，为他人作嫁衣裳者，是犯不上以身试法的。高鹗的删削从一个侧面也说明了这段话是有寓意的，是关系非轻的。曹雪芹虽自感到自己无力铲除这帮“邪祟”，但根据历史的经验，历代外族侵略最终都被粉碎，所以作者寄希望于未来的“伟大英雄（即韦大英）”来铲除他们，为君父报仇。“除邪祟”的真正含义应该在这里。

其三，“疗冤疾”。《石头记》中确实写了些“冤冤相报自非轻，分离聚合皆前定”和为声色所迷、陷入孽海的事情。轮回报应，劝善惩恶，以及色空观念，这些思想作者无疑都是有的，作品中也时有流露，但作者所说的“疗冤疾”，主要并非指的这些问题，他指的乃是使他终生潦倒的“大冤案”，即“行为不端，

‘织造’款项亏空甚多”[1]，招致抄家没籍的塌天大祸，作者想通过小说说明治罪的冤枉。

从曹雪芹的立场看，他对于他出身的这个家族，对于那些坐吃山空，尸位素餐的当权者，尤其是对那些荒淫无耻，行尸走肉般的人物，如贾珍、贾赦者流，是憎恨的，为此作者在小说中对这类人物进行了无情的揭露和鞭挞。在作者看来，对这类人物治罪抄家，是罪有应得，即“漫言不肖皆荣出，造衅开端实在宁”，对他们是活该如此！然而对于作者，对于像作者一样的无辜者，特别是对那些天真无邪的女孩儿，是太冤枉，太残暴，太狠毒了。从清室档案材料看，曹氏家族被抄没的景象，似乎比李煦稍好，但既然是“因罪抄家”，在封建社会里，其景况都是很惨的，“白骨堆山忘姓氏，无非公子与红妆”，正是被抄后的惨相。李煦因为与雍正的政敌之一的胤禩关系密切，所受惩罚很重，家产全部没收，本人几死，后被充军边疆。李煦的眷属虽只有十四五人，而奴仆竟高达200余口，这200余口的奴仆，在主人获罪之后，就被像牛马一样在苏州拍卖，由于是旗人，南省人民不敢买，又押送北京，除由年羹尧挑拣外，余者拟在崇文门变价出售。在押送的路上，一下就死了三口：计“男子一、妇人一、幼女一”[2]，三条人命，就这样白白地被断送了。曹家的奴仆，只知道逮捕了几个“重要家人”，其他人是如何处置的史无明文，但可以肯定比李煦奴仆的命运好不了多少，“好一似食尽鸟投林，落了片白茫茫大地真干净”，当是曹家被抄后的写照。这巨大的变故，对少年的曹雪芹的震动实在是太大了，简直使他目瞪口呆，惊愕不已。眼看着无辜的人被蹂躏，被摧残，他爱莫能助，束手无策，这是他一生最大的痛苦和惭恨，因此在《石头记》中屡次地说到“无可奈何”。例如第五回，写贾宝玉梦游“太虚幻境”，到了众仙女的住处时，房内有这样一副对联：“幽微灵秀地，无可奈何天。”这对联稍加修改，即是“幽闺灵秀地，无可奈何日”，寓指曹氏家败，女孩儿们被抄没的悲惨命运。故此脂砚斋在旁批道：“两句尽矣，撰此通部大书不难，最难是此等处，可知皆从无可奈何而有。”[3]皆从“无

---

[1]《关于江宁织造曹家档案史料》第六八《上谕著江南总督范时绎查封曹頫家产》。

[2]《关于江宁织造曹家档案史料》附录一（一）、（四）。

[3]《脂砚斋重评石头记》（甲戌本）第五回。

可奈何而有”，也就是在痛定思痛，束手无策的情况下，用小说曲折地记下这件人间悲剧。再结合此回提到的语意双关的“千红一窟（哭）”，“万艳同杯（悲）”来考虑，对曹雪芹为什么要为“闺阁昭传”，为什么贾宝玉那样喜欢女孩儿（自然他的喜爱是打上了阶级烙印的），不都十分明白么？原来作者在这里寄托了他的哀思，用小说来悼念那些无权无势、无过无失、纯洁无瑕、可怜的女孩儿，包括那些女奴们。“趁着这奈何天，伤怀日，试遣愚衷，因此上演这怀金悼玉的红楼梦。”“怀金悼玉”，正是作者悼念金质玉叶的女孩儿们，他要为她们鸣冤，为她们昭雪，为她们一洒同情之泪，用血和泪控诉最高统治者对她们的迫害，希望有朝一日沉冤得雪。这就是“疗冤疾”的意义所在。

其次，曹雪芹虽则认为他家族中某些人治罪被抄，是咎由自取，但因为“亏空公款”抄家，又是冤枉的。因为“亏空公款”，虽有这个寄生阶级自己的挥霍浪费，但主要的是由于修造西花园和几次“接驾”所造成的。曹家“奉旨”修造“西花园”，仅此一项已知用银“十九万四千四百八十三两零一钱九厘”[1]，这恐怕是曹家亏空公款的一个重要原因，因此在几十年后，曹雪芹写作“冷子兴演说荣国府”时，仍讳言“西花园”，脂砚斋在旁夹批道：“何不直用西字？恐先生堕泪，故不敢用西字。”足见曹家对此伤痛之深！还有康熙6次南巡，曾5次驻跸曹府，为了“接驾”，银子花的象淌水似的，关于这，作者在《石头记》第十六回通过赵嬷嬷的口说得很清楚。赵嬷嬷道：“如今还有现在江南的甄家——嗳哟哟！好势派！——独他家接驾四次，若不是我（们）亲眼看见，告诉谁也不信的。别讲银子成了土泥，凭是世上所有的，没有不是堆山塞海的。‘罪过可惜’四个字竟雇（顾）不得了。”这样的奢侈靡费，这样浩大的开支，一个“江宁织造”，无论如何是负担不起的，这一点作者通过赵嬷嬷的口也说得很清楚。当凤姐说为什么独他家这么富贵时？赵嬷嬷道：“告诉奶奶一句话，也不过是拿着皇家的银子往皇帝身上使罢了！谁家有那些钱买这个虚热闹去？”“拿着皇家的银子往皇帝身上使”，这就是问题的症结，也就点明了“亏空公款”的原因，是最高统治者挥霍所致，“亏空公款”的不是别人，恰是最高统治者。

[1] 《关于江宁织造曹家档案史料》第九七《内务府奏乌罗图查算西花园工程用银不实应予议处折》。

皇帝“亏空”，伐罪他人，岂非冤枉？所以脂砚斋批道：“近之谚云：又要马儿好，又要马儿不吃草，真骂尽无厌贪痴之辈。”脂砚斋骂的“无厌贪痴”之辈，不是别人，也为当朝至尊。至尊皇帝为了满足自己穷奢极欲的物质享受，让曹家落下了大亏空，然后又因为大亏空，抄家没籍，这不是冤枉吗？就事论事讲曹家确实是冤枉的，虽则这个家族有他本身的罪恶，但仅就亏空公款而论，是罚不当罪的。何况曹家被抄问罪还有深刻的政治背景，就政治原因而论曹家更是皇权争夺的牺牲品，所以曹雪芹在这一点上为其家族鸣冤叫屈，并不降低作品反封建的意义，相反倒使我们看到了封建统治阶级内部，大鱼怎样吃掉了小鱼，怎样地进行着激烈的财产和权力的再分配，怎样地进行着残酷的内部斗争，从而使我们更看清了封建统治阶级腐朽、贪婪、凶残的本质，本阶级内部尚且如此，对于被统治者那就更疯狂了，《石头记》在这方面为我们提供的生动材料是非常丰富的。因而其反封建意义不是小，而是非常强烈，作者这样写也是要有点勇气的。

以上就是所谓的“疗冤疾”。

其四，“知祸福”。作者在这里强调的是“知祸”，通过《石头记》全书的描写，揭示出贾家致祸的原因，也就可以知道曹家获罪的原因了。这原因主要的就是最高统治者加害的结果，指出罪责属谁？那么曹雪芹以及那些“养在深闺人未识”的女孩儿所含不白之冤，也就不诉自明，昭雪有望了。这就是“知祸福”的意义所在。

真真假假，虚虚实实，盘旋曲折，转弯抹角，作者的写作意图，原来就隐藏在这里。我们不能不赞佩作者用心之良苦，构思之巧妙，用笔之狡猾，难为他在那文网密布的高压政策之下，竟然瞒过了最高统治者的眼睛，使这部具有强烈反皇权思想的书，能够流传至今。

今天看来，作者的写作目的是达到了的，试想不是曹雪芹写了这部《石头记》，谁能对雍正在血泊中爬上皇帝的宝座研究得这样鞭辟入里呢？谁又会知道曹氏家族在这场皇权斗争中曾为“亏空公款”的罪名而遭到了厄运呢？谁又能知道曹雪芹和那些可怜的女孩儿们所遭受的沉冤呢？严酷的文网终于没能箝住曹雪芹的口，他用小说的形式，还是曲折地反映了历史上曾经发生过的这一冤案，得能昭雪于后代。

弄清了作者的写作意图，对作品的主题思想也就好了解了。因为作家的写作意图是决定作品主题思想的关键。尽管作品的客观思想有时会超过或削弱作家的主观思想，但归根结蒂作品的主题思想是受作家的写作意图制约的，因此弄清楚《石头记》的写作意图，对了解作品的主题思想也就容易多了。

那么《石头记》的主题思想究竟是什么呢？自然《石头记》所揭示的思想内容是非常丰富的，诸如阶级的压迫、忠贞不渝的爱情等等在作品中都有突出的反映，但其主要思想却是通过对贾氏家族盛衰荣辱的描写，揭示贾府衰败和获罪的原因，指出虽有贾氏自身的罪孽，但主要的是最高统治者奢靡挥霍和加罪的结果，用血和泪控诉最高统治者对无辜者制造的人间悲剧，用以影射曹氏家族的破败，以求沉冤得雪于后世。所以《石头记》是一部具有强烈反皇权思想的书，是一部针对清朝最高统治者而发的具有鲜明政治倾向的书，自然作者所采取的方法是隐晦曲折的，下面结合作品来说明这个问题。

一、明修栈道，暗度陈仓

大家都知道小说的主要情节是体现作品主题思想的重要手段，《石头记》的情节安排就体现了作品的主题思想。从《石头记》的情节安排看有两条线：一条是贾府由荣变枯，由盛到衰的发展；一条是宝玉和黛玉的爱情悲剧。这两条线原是并行不悖，互为因果的。

首先我们看第一条线。我们知道“作者之意原只写末世”[1]，为什么要从鼎盛时写起呢？是不是有“秦淮风月忆繁华”[2]的怀旧之思呢？自然是有的。但作者所以要这样写，其目的不在这里，他的主要用意是要揭示贾家获罪的原因。我们知道贾家最荣耀最神气的时候，也就是“贾元春才选凤藻宫”跟皇帝攀上亲

[1] 《脂砚斋重评石头记》（甲戌本）第二回。

[2] 敦敏：《懋斋诗钞·赠芹圃》。

戚的时候。这表面看来是极富贵、极荣华的事，实际却并非如此，而正是贾家倒霉的开始。“豪华虽足羡，离别却难堪。”[1] 自从攀上了这门高亲，贾家身上像盘上了一个大吸血鬼，不仅耗尽了贾家的财力，且落下了大亏空，这就为贾氏之败埋下了大祸根，以致后来被抄家问罪。所以曹雪芹不能不从贾家兴盛时写起。另一方面，作者写修建“大观园”，是用来影射曹家修造“西花园”的。曹家修造“西花园”是奉旨进行的，关于这，脂砚在第十六回回前批语中也作了说明：“大观园一事，若从如何奉旨起造，又如何分派众人……如何能顺笔一气写清？”再从清室档案康熙对“西花园”用银关心的程度看，也可证明修造“西花园”完全是按照康熙的旨意进行的。曹家亏空，很重要的一个原因是修造“西花园”，所以为了点明这一点，也必须从贾氏最兴盛的时候，修造“大观园”开始。再一方面，作者写“省亲”，是用来影射“接驾”的，甲戌本第十六回批注：“借省亲事写南巡，出脱心中多少忆惜感今！”足可佐证“省亲”是影射“接驾”。因此他愈是将“大观园”的建筑写得豪华富丽，愈是将“省亲”写得隆重热烈，愈能表现皇家的穷奢极欲，愈能揭示贾家衰败的原因，愈能表示“亏空公款”罪名的荒唐，愈能证明“抄家没籍”的不公平。为此他也必须从贾家最隆盛的时候写起。明修栈道，暗度陈仓，明写贾家，暗指皇家，其矛头是非常明显的。

另外从曹雪芹前 80 回的描写看，从贾家“省亲”写起，是为“亏空公款”、“抄家”千里伏线的。《石头记》后 40 回贾氏被抄，其罪名应该主要是“亏空公款”，但高鹗将它改成了“交通外官，依势凌弱”和“违例取利”，这样一改，就将最高统治者的罪责轻轻抹去了。而且高鹗笔下的抄家也温和多了，不是“落了片白茫茫大地真干净”，这些显然都是违反作者原意的。

从第二条线索看，宝黛的爱情悲剧也是跟贾家获罪有着密切关系的。从作者的原意看，黛玉并非死于贾母的嫌弃，王熙凤设的“移花接木”计。因为在小说前 80 回里，作者不止一次地点出，林黛玉是贾家的人，最明显的一次是小说第二十五回凤姐当众跟黛玉开玩笑，说道：“你既吃了我们家的茶，怎么还不给我们家作媳妇？”并指着宝玉对黛玉道：“你瞧！人物儿，门第配不上，还是

[1] 《脂砚斋重评石头记》（庚辰本）第十七、十八回前诗。

根基配不上？模样儿配不上，是家私配不上？那一点还玷辱了谁呢？”说得众人都笑了起来。“黛玉红了脸一声儿不言语便回过头去了。”庚辰本上脂砚斋在旁批道：“二玉之配偶，在贾府上下诸人，即观者、批者、作者皆为无疑，故常常有此等点题，我也要笑。”在甲戌本中脂砚批是：“二玉事在贾府上下诸人，即看书人、批书人，皆信定一段好夫妻，书中常常，每每道及。岂（其）实不然，叹叹。”脂砚在这里指出“贾府上下诸人”“皆信定”二玉将来是“一段好夫妻”。那么“贾府上下诸人”自然也包括贾母、王夫人、王熙凤。从书中王熙凤跟黛玉开玩笑看，凤姐对这段姻缘是支持的，作者、批者都没有任何暗示，说王熙凤后来又变了卦，设计暗害林黛玉。从曹雪芹提供的线索看，后40回中凤姐的下场是“机关算尽太聪明，反算了卿卿性命”，她贪赃枉法，包揽讼词，图财害命，欺压良善，是一个面善心恶的女中奸雄，而且是贾府的实权派人物，如果贾氏之败有“亏空公款”的罪名，势必牵扯到王熙凤。王熙凤那样贪财好利，锱铢必较，肯定不会有好下场，连高鹗续书都注意到了这一点，让锦衣卫在王熙凤的房内查出一箱“债券”，贾琏被监护，他们的财物一律没收。要知高鹗笔下的抄家是温文尔雅的，即使如此，王熙凤在抄家中的罪名也不轻：“违例取利”，“重利盘剥”，“很该全抄”；还有图财承讼，论罪都该坐牢。据此可知曹雪芹笔下的王熙凤，其结局不会比高鹗笔下的更好，只能是更惨。“好一似荡悠悠三更梦，忽喇喇似大厦倾，昏惨惨似灯将尽”，都预示王熙凤在抄家中的下场。所以如果林黛玉的死，也是在抄家之后，那么王熙凤哪里还有可能设“调包计”呢？“泥菩萨过江，自身难保”，还顾得上“移花接木”吗？高鹗续书让贾母、王夫人、王熙凤设“调包计”，置林黛玉于死地，显然是窜改，同样是为了减弱反皇权的锋芒。

根据脂砚斋在《石头记》第二十六、二十七两回中提供的线索看，在“抄家”后，贾宝玉是被囚禁在“狱神庙”里的，还有“茜雪、红玉”探狱一大段文字，可惜迷失原稿。这巨大的变故，才是致林黛玉于死地的真正原因。多愁多病的林黛玉经受不起这重大的打击，日夜啼哭，终于“泪尽夭亡”，以死报答了她平生的唯一知己。贾宝玉“悬崖撒手”，愤然出家，也以实际行动回报了“木石前盟”的林妹妹。续书中写黛玉之死，有醉有痴，有悔有恨，惟独没有眼泪，也是违背原书“还泪”之说的。实际杀死林黛玉的罪魁祸首不是别人，而是当朝至尊。是最高统治者拆散了恩爱情侣，制造了宝黛的爱情悲剧。作者让黛玉泪尽而逝和宝玉的出家都是针对最高统治者的，作者正是通过这一对情侣的血和泪来控诉、来揭露最高统治者的暴虐无道，其锋芒所向是非常鲜明的。而高鹗将这一罪责转嫁到贾母、王熙凤身上显然又是为了减弱反皇权的锋芒。

由上分析可知，曹雪芹在主要情节的安排上，也是为揭露和控诉最高统治者这一主题服务的。表面写贾家坐吃山空，蝇营狗苟，由荣而衰，最后一败涂地；实写皇家贪婪凶残，蚕食、侵吞了贾氏家族。“明修栈道，暗度陈仓”，“空谷传声，一击两鸣”，曹雪芹正是用这种隐晦曲折的手法，表现了他不能明白表示的主题，这也恰是《石头记》不同于一般小说的地方。但不管他的手法如何曲折隐晦，它反对最高统治者的主题思想还是非常清楚的。

二、画家烟云处，楼阁自分明

曹雪芹不仅在主要情节上以一明一暗隐晦的手法表现反对最高统治者的主题，即使在个别情节、细节的描写上，乃至一言一语中，他也采取虚虚实实，真真假假的手法，满天撒星一处楔钉，在纷纭的假言中说出真话，来影射、讽刺、攻击最高统治者。比如小说一开始作者就急忙声明，他这部小说纯属“虚幻”故事，只写“闺友闺情”，“不敢干涉朝廷”，甚至在牵扯到朝廷时，他还真的讲了一些冠冕堂皇、歌功颂德的好话。其实这都是“画家烟云”，用今天的话说就是“烟幕弹”，用以掩盖他对最高统治者的指控。如果我们剔除那些假话，不难看出处处埋有钉子，直刺朝廷。例如小说中凡写到朝廷的地方，或者跟朝廷有关的人和事方面，大都给人以森严可怖，骄奢淫逸，邪祟祸人的印象。就拿元妃省亲一节来说吧，这本是贾家一件“泼天”喜事，可是作者是怎么写的呢？当夏太监来宣旨贾政等入朝觐见时，“贾赦等也不知是何兆头”，只吓得“合家人等心中皆惶恐不定”，直到弄清楚是贾元春被选为贵妃，才算放了心。这里表面上没有片言只语指责皇帝的凶残暴虐，但由贾家一家“谈虎变色”的表现中，人们不难了解“仁孝格天”的至尊是个什么样子，一个炙手可热，手操生杀予夺大权的暴君形象，不是跃然纸上了吗？再如贾妃“省亲”一节，不仅写出了皇家的奢侈靡费，还写了皇家的虚张声势，作威作福，贾母等五鼓已礼服等候，但娘娘“戌初”，也就是晚上八点才动身。贾元妃这次省亲，只闹得贾府上下“人仰马翻”、“人困马乏”，皇家的宠遇，实在是人们的灾难。不仅如此，作者还把贾元妃省亲的天伦乐事，写得悲悲切切，凄凄惨惨戚戚，好像敲响了贾家的丧钟。指出皇帝至尊的龙宫龙院，实则是“不得见人的去处”，作者在这里不是有意的唐突吗？至于贾宝玉转送黛玉北静王赠他鹡鸰香串时，黛玉却说：“什么臭男人拿过的，我不要他！”这就不只是“唐突”，简直是“热骂”了。因为前文当北静王转赠香串时，已明白告诉宝玉这香串是“前日圣上亲赐”，作者骂向何处还不明显么？那些表面文章，怎能掩盖作者对最高统治者的憎恨和嘲讽呢？

至于写到皇帝手下的官奴，如何贪赃枉法、卖官鬻爵、敲诈勒索，更近乎是直白了。例如《石头记》第十三回贾珍为殡葬秦可卿，要为贾蓉捐个前程，大明宫内相戴权卖官的惟妙惟肖的独白，活画出这个阉官的嘴脸，反映出“仁孝”赫赫的大清皇帝的内廷是个什么样子。再联系忠顺王爷与贾宝玉争优伶，以及贾府的贾赦、贾珍之流的淫乱、贾雨村的枉法贪赃，朝廷上下是个什么景况还不清楚么？由此可知作者声明的“不敢干涉朝廷”，完全是假，是“画家烟云”法，反对最高统治者是真，那“楼阁”是非常清楚的。

三、借谐音，伤时骂世

《石头记》跟别的小说不同的地方，不仅在情节安排上，在次要情节、细节，乃至人物语言上采取了隐晦曲折的笔法讽刺最高统治者，还表现在他特别喜欢用人名、地名的谐音，伤时骂世，一直骂到朝廷。这种表现手法是别的小说不曾有，或者不曾这样集中的。《石头记》中的人名地名，有些是信手拈来，涉笔成趣的，例如“葫芦庙”是“胡涂庙”，“霍启”是“祸起”，“严老爷来了”，说明“火神爷降临”，因为“严”“炎”同音。有些名字寄托了作者的同情和哀思，如“英莲”为“应怜”，“冯渊”为“逢冤”，贾府四春“元、迎、探、惜”是“原应叹息”等等。有的名字则表现了作者愤世疾邪的激愤之情，例如那些清客的名字：“沾光”（詹光）、“善骗人”（单聘人）、“不是人”（卜世仁）等等，表现了作者对那些只能共欢乐，不能共患难的朋友的憎恶。这还只是“伤时骂世”，至于卖官鬻爵的太监“戴权”寓掌“大权”，夏守忠为“瞎守忠”，可就有点指奸责佞了。而特别有寓意的是贾政、贾赦的名字。曹雪芹介绍别的名和字时，一般是姓名一起介绍，可是介绍贾政、贾赦的名和字时，却故意略去了姓，自然这样略去并不牵强。请看林如海是怎样向贾雨村介绍他的姻兄的。林如海道：“大内兄现袭一等将军之职，名赦，字恩侯；二内兄名政，字存周，现任工部员外郎。”此处如果加上姓氏，那就成了假赦、假恩侯、假政、假存周了。这样很容易被人识破，因此作者有意省去“贾”姓。即使如此，脂砚斋仍然有点不放心，惟恐为人看穿，急忙跑出来，煞有介事地解释道：“二名二字，皆颂德而来，与子兴口中作证。”[1]“此地无银三百两”，不解释还不明白，越解释影射的用意越清楚。据《清史稿》载：清朝统治者，自康熙起“尊孔读经”，表彰程朱理学。康熙帝不仅亲赴孔庙“诣先师庙”“行九叩礼”“瞻先圣象”，并亲撰“孔子庙碑”。自此以后，特别是乾隆皇帝“朝圣”更殷，他差不多隔两年就要朝拜一次，就在曹雪芹死前的两三年，亦即乾隆二十五年（1760）、二十七年，他两次“至曲阜，谒先师孔子庙”，并“祭孟子庙”，谒“元圣周公庙”。康雍乾三朝所以这样提倡“尊孔读经”，无非标榜他们实行的是“仁政”，以周礼治天下，用以笼络汉族知识分子，欺骗人民，以巩固他们的统治。曹雪芹是历过“梦幻”的人，自然知道雍、乾的“仁政”是什么滋味，在曹雪芹看来清朝统治者是“寡恩背德”“仁义不施”的暴君，谈不到什么“仁政”、“周礼”，实行的不过是“假仁政”，存的是“假周礼”，对治罪的家族是“假赦免”，因而也无“恩”可“候”。对这样的统治者尽忠，是“瞎守忠”。作者借着人名，嬉笑怒骂，指向最高统治者，这种做法有时虽与人物性格无关，但跟作者所要表现的主题是一致的，因此并不违背作者的意图，这可说也是《石头记》的一大特点，不承认这一点也是不现实的。自然研究这些人名、地名时，不能脱离作品

[1]《脂砚斋重评石头记》（甲戌本）第三回。

的主题思想，去胡乱猜测，从而陷入迷途，像“索隐派”那样。但人名、地名中确实存在的寓意，应当允许研究者指出来，这对理解整个作品的主题思想是有好处的，因为它确实在某个方面体现了作者的创作思想。曹雪芹对最高统治者的痛恨，不仅在主要情节安排上体现了出来，即使在人名、地名上，总之只要有可能，不损害他的艺术形象，他就利用一切机会对最高统治者冷嘲热讽，发泄满腔仇恨，那种愤激之情常常溢于言表，这点是我们必须注意的。

由上分析可知，不管作者采用了多么隐晦曲折的手法，只要我们除去假象，排除高鹗续书的影响，《石头记》的写作意图和主题思想还是非常明确的，这就是：以贾家的血泪，控诉最高统治者制造的人间悲剧，谴责贾氏家族中的当权者给无辜者带来的悲惨命运，用以影射曹家之败，为自己，也为那些无辜者，特别是女孩儿鸣冤伸屈，以求有朝一日冤伸耻雪，这就是《石头记》真正的主题思想。所以它不是不干涉朝廷，而是立意干涉朝廷；它不是不指奸责佞，而是决意暴露奸佞的罪恶；它不是不伤时骂世，而是煞费苦心，想方设法，利用一切可能的手段，嬉笑怒骂，皆成文章。所以《石头记》主要的不是一部“言情”小说，而是一部政治小说，是一部用血和泪控诉封建统治者，特别是最高统治者的小说，一部具有强烈反封建意义的小说。它所触及的封建社会其深度和广度，至今对我们还有着很高的认识意义。作者曹雪芹是一位敢于向封建制度，特别是最高统治者挑战的勇士，试想在那“举家食粥酒常赊”[1]的穷愁潦倒之中，在文字狱严酷统治之下，作者竟以他顽强的毅力，大无畏的精神，举笔向最高统治者宣战，这要有多大的勇气呵！我们不能不感佩作者的胆识，他终于达到了他的目的，“冤疾”得疗；“邪祟”么也已被中国人民所推翻，曹雪芹如果死而有知，是应当告慰于九泉之下的。

以上就是笔者对《石头记》创作意图和主题思想的一点看法，限于水平，可能有些是错误的，愿求正于同志们。

本文曾以“郝炘”笔名发表于《红楼学刊》1983年第4期

[1] 敦诚：《四松堂诗钞·赠曹芹圃》。

跨文化视域与通向他者文化、他者美学的可能

——为“跨文化美学研究”一辩

韩振华

韩振华，男，1979年生，文学博士，讲师，复旦大学哲学博士后流动站博士后。研究方向为中国美学与文论。曾参与教育部人文社科重大攻关课题“马克思主义文艺理论中国化研究”、教育部人文社科青年项目“他乡有夫子：欧美的《孟子》译介与诠释研究”、第46批中国博士后科学基金项目“儒学与20世纪中国美学：以现代新儒家为中心”、北京外国语大学“211工程”三期建设重点项目“儒家文学思想的当代转型研究”等课题研究。出版专著《王船山美学基础：以身体观和诠释学为进路的考察》（巴蜀书社2008年版），参编《美学大辞典》（上海辞书出版社2010年版），在《学术月刊》、《人文杂志》、《寻根》、《山东建筑大学学报》、《大学通识报》等学术期刊发表中国美学、儒学、建筑美学、通识教育研究诸领域学术论文近30篇。

在近几年的国际国内学术界，尤其是人文社会科学领域，跨文化问题越来越受到学者们的关注。许多高校和科研院所成立了跨文化研究中心，也有一些选择以跨文化研究为进路的期刊、学术著作、论文陆续创刊或发表，以“跨文化”做主题的国际国内学术研讨会亦十分频繁。近来，又有学者提倡进行跨文化美学研究，但是，似乎反对的声音更加响亮。反对者们提供的理由很在理，

归纳一下，大致有如下几点：

第一，进行跨文化美学研究需要很好的学术储备，而真正具有这些条件的“通人”式学者并不多。比如，研究者是否精通作为研究对象的语言（口头的和书面的），是否熟悉不同文化的历史与风俗、宗教信仰，是否有深入扎实的田野调查？如果这些条件不具备，想走近一个对象已属不易，遑论进行跨文化美学研究？

第二，根据传统的看法，美学与哲学、艺术学的关系十分密切，甚至可以说是须臾不可分的。现在，既然还没有发展出成熟的跨文化哲学研究、跨文化文艺学研究，那么单独提出进行跨文化美学研究意义何在？

第三，反过来说，我们现在进行美学研究，从学术视野、研究对象到研究方法，早就已是跨文化的了。你研究中国古典美学，不是也要跟国外的美学文本、美学现象进行对照比较吗？或者你虽处国内，哪怕没有出过一次国，不是也在进行西方美学研究吗？哪一个人不是从跨文化的学术视野，用跨文化的研究方法，来研究跨文化的美学文本和美学现象呢？事实本来就如此，提倡一种在内涵上了无新意的“跨文化美学研究”又有什么意思？

上面这些诘问已经够雄辩的了，与之相关的还有：跨文化美学研究与比较美学的关系如何？比较美学（以及比较文学、比较诗学、比较文论、比较艺术学等）的学科定位本来就是“跨”的（所谓跨文化、跨语言、跨国家、跨民族、跨学科），如果比较美学已经涵盖了跨文化美学研究的学科领域，把跨文化美学研究作为一门学科独立出来显然是不必要的。[1] 另外，“跨文化美学研究”这个名称容易给人一种印象，就是这种研究似乎有意于建构一种超越于诸种文化对象之上的、无所不包的、至大无外的、要求各方都接受的“超绝美学”（transcendent aesthetics），这在注重异质性（heterogeneity）、强调差异和多样性（difference，diversity）的语境中显然是不合时宜的。

---

[1] 王柯平《走向跨文化美学》一书在注意到跨文化美学研究与比较美学“在总体特征、具体范畴与相互影响等研究方法上存在共性”的同时，只指出前者“在研究领域方面则具有更大的外延性”，至于这“更大的外延性”表现在何处，则很有些语焉不详。见王柯平：《走向跨文化美学》，中华书局 2002 年版，第 81 页。

那么，跨文化美学研究到底意欲何为？

笔者以为，恰恰是我们应该转换提问方式，思考何种意义上的跨文化美学研究是可行的和必要的。要思考的问题很多，比如跨文化美学研究是否只是想当然地把两种以上文化 / 文明中的美学文本、美学现象拿来“拉郎配式”地比附一番，或者只是为了得出这些美学体系 / 现象貌虽合神却离的结论？它有没有更深层次的动因与思考？跨文化美学研究是否只是一种学术视野和方法论？它有没有学科本体意义上的存在？跨文化美学研究与文化上的后殖民主义有什么关系？下面，笔者想就这几个问题谈谈自己的见解，并期待着得到大家的批评与指正。

一

比较文学界有一句著名的话：“比较文学不等于文学比较”[1]，意思是说比较文学并不就是顾名思义的文学比较，它有远远大于此的抱负与理想。在这一点上，跨文化美学研究与之类似，它也有自己的抱负与理想，简单说来就是求得自觉和丰富自身，即在与作为“他者”的文化美学进行对话和相互理解的过程中完成并深化自己的身份认同，进而尝试进行超越性的自身建构。从这一角度看，跨文化美学研究并不同于比较美学，尤其是那种停留在双向阐释，或者得出谁优谁劣，进而欲以自己取代对方的做法。当我们看到学界仍然时有“三十年河东，三十年河西”的阴鬼出祟的思维，以为自己了解人家胜于人家了解自己，断言“将来一旦有事，优劣之势立见”[2]，我们就会想到上述理解 / 对话意义上的跨文化美学研究是多么迫切的事。

关于“对话”原则以及与之相关的交往理性问题，从 20 世纪 90 年代以来学界已经进行了很多富有建设性的讨论，这里再说它已经俨然很有些老生常谈

[1]　伽列：《比较文学·初版序言》，北京师范大学中文系比较文学研究组：《比较文学研究资料》，北京师范大学出版社 1986 年版，第 42—43 页。

[2]　季羡林：《门外中外文论絮语》，《文学评论》1996 年第 6 期。

的味道了。然而在此重提对话对于跨文化美学研究的重要性，并不是为了拿西方的所谓“先进理论武器”来打击别人，而是要确立美学对话中的平等意识和倾听态度。“文化相对论”也是这样一个说着说着慢慢变味的观念，因为现在很有些人把它当作“主义”（-ism）时时挂在嘴边，把它极端化，拿它当武器来把文化差异绝对化，认为沟通和对话不可能，拒绝讨论任何跨文化的（cross-cultural, trans-cultural）价值，可是颇为反讽的是，“否认普遍性又恰好成为当前最具普遍性的看法”[1]。在这种情形下强调“走出文化的封闭圈”，面对“他者”文化既不“望洋兴叹”，又不“洋洋得意”，真正做一些踏踏实实的研究，就显得十分必要了。显然，跨文化美学研究正是有志于此的。

有的人认为文化“他者”和美学“他者”本身就是无法准确 / 正确认识的，我们只活在我们自己中。不可否认，这种说法有正确的一面。从当代西方哲学尤其是法国哲学的发展来看，“他者”（autre/other）问题一直是备受重视的。“他者”原本是一个现象学范畴，后来在精神分析学说以及诸后现代理论中得到很多发挥，例如拉康（Jacques Lacan）就在很多场合表达过对“他者”问题的关切，他认为言说者的自我确认需要存在另外一个认识者，“语言”作为结构就是这个认识者，“当言说在进行的时候，也就产生了意义，同时还给说话者赋予了身份”；他者既在言说者之外，又在言说者之内。[2] 而另一位以讨论“他者”问题闻名的法国哲学家勒维纳斯（Emmanuel Levinas）则致力于建构一种“绝对他者”的伦理学，在他看来，西方传统哲学所讨论的“他者”一般只是相对他者，即都是从自我外化出来的，可以被自我同化和扬弃，而“绝对他者”则是不可被还原到自我和同一性那里的他者；“理解”到达的地方，就是他者消失之处[3]。这些哲学家的论述给我们很多启发，我们可以在跨文化研究中吸收他们的思想成果，但是我们也要指出，他们的言说都是在他们身处的语境中做出的，有其强烈的问题意识，因此我们不能随便拿来往所有论题上面套。回到跨

---

[1] 张隆溪：《走出文化的封闭圈》“导言”，生活·读书·新知三联书店 2004 年版。

[2] 达瑞安·里德著、黄然译：《拉康》，文化艺术出版社 2003 年版，第 56 页。

[3] E. Levinas, *Totality and Infinity*（《总体与无限》），Duquesne University Press，1969；亦见杜小真：《勒维纳斯》，香港三联书店 1996 年版。

文化美学研究的讨论，我们认为文化的他性与自性是相互依存的，它们实际上是“跨文化视域”这一问题的两个方面，自性借他性得以呈现，他性借自性得以突显；同时二者自身又是发展的，并不是一成不变的，对话和理解正是实现创造性、超越性发展的途径。文化他者和美学他者的设立并不是绝对的，从事实层面来看，勒维纳斯的“绝对他者”并不存在；如果有，也仅仅是作为绝对化了的“理想类型”（马克斯·韦伯语）才能存在。上述理解正是我们前文所说在跨文化美学研究中“求得自觉”和“丰富自身”的含义。

二

但是以上所说终究太迂阔，我们又该怎样给“跨文化美学研究”定位？它是否只是一种方法论？它是从跨文化的艺术学研究中生发出来的吗？

笔者以为，跨文化美学研究关注的对象主要是文化美学，即侧重于文化学意义上的美学，而不仅是艺术学意义上的美学；当然艺术学意义上的美学并不能缺失，事实上不管哪种形态的美学都与艺术实践有着或远或近的联系。这种文化美学注重对美学理念和现象作历史的和逻辑的还原，关注文化中的审美因素以及文化人的审美意识与经典美学文本的相互关系。跨文化美学研究就是同时把两种以上这样的文化美学系统纳入考察视野，在时代性、民族性和地域性交织的时空坐标中，宏观与微观相结合，促成各文化美学系统之间多层次、多维度的对话。当然，这要求研究者具有较全面、深入的知识储备，但并不强求回避研究者主体的前见与价值信仰，也就是说，跨文化美学研究并不刻意追求和扮演“价值中立”的角色。与之恰恰相反，在对话中研究者主体的知识体系、价值信仰、文化态度也借对话得以出场，并作为建设性对话的一方得以建立。依据现代解释学观念，我们能做的只是“解释学循环”，并不能完全摒弃前见；前见在理解活动中起着无可替代的作用，大部分时候它对理解是建设性的，虽然我们也不宜据此把前见的正当性绝对化。

与上面提到的研究对象有关，跨文化美学研究并不仅仅停留于一种方法论，即它不仅仅是不同文化美学系统的比较，除了前面提到的研究理想与抱负外，在学科本体上，它也有自己的追求。它的学科本质在本体上就是“跨文化视域”（trans-cultural perspective）。“跨文化视域”不完全等同于“文化间性”（inter-cultural being），并不满足于发现文化“间”（inter-）的关系，它还有追求文化间质素相会通并据此实现文化超越和传承性转化的追求。显然，跨文化视域应该成为一位真正从事跨文化美学研究的学者在学科本体论上所追求的“职业性学术信仰及学科意识”[1]。如果说本文第一部分侧重于说明对话各方的“异”，那么无疑“跨文化视域”的学科本体则强调“异中见同，由比较而见整体”[2]。跨文化美学研究的“最低槛限”在于寻找不同文化美学系统体现在“跨文化视域”中的共通规律，最高理想也是它现实的考虑则是在求得自觉、丰富自身之后为不同文化系统之间的交流、对话、和谐相处略尽绵薄。

三

跨文化美学研究与后殖民意识关系如何？

20 年前内地的“理论年”和“方法论年”中（港台在这方面开始得更早）对西方理论和研究方法的大力介绍与引进引起了一波又一波的“理论热”和“方法热”，研究者们捡拾起一个个来自西方的“法宝”，把中国的材料放进去，以此作为创新，竟也无意中以“阐释研究”为特征结出了比较文学的“中国学派”这一硕果。后来，大家对此却十分嫌不足，在 20 世纪末的回顾、反思风中，80 年代对国外理论和方法的绍介和运用被指为生搬硬套，削中国之足以适西方之履，也是被西方“后殖民”的表现。到了 20 世纪 90 年代出现了中国文化热，我们终于发现自己“失语”了，于是竭力要对西方说“不”，要发出中

[1] “跨文化视域”的提法受到了杨乃乔“比较视域”（comparative perspective）的启发，杨先生的相关论述有《比较文学概论》第二章“本体论”，北京大学出版社 2002 年版；《比较诗学与他者视域》，学苑出版社 2002 年版，第 474 页；《比较视域与比较文学本体论的承诺》，《北京大学学报》2003 年第 5 期。

[2] 金克木：《东方美学研究末议》，《探古新痕》，上海古籍出版社 1998 年版，第 20 页。

国自己的声音，强调中国文化的独特性，最后竟要跟“人家”争夺起新世纪的文化主导权来了。赛义德（Edward W. Said）的东方学理论这时在一些中国学者的话语中大放异彩。可是只需转念一想，你要强调中国 / 东方的“异”和“不可通约”，这不正是西方原殖民宗主国中某些理论家们希望看到的吗？他们正要“消费”洋溢在你身上的“异国情调”呢！这不是更彻底的投“主子”所好吗？这难道不是更深层的被“后殖民”？……明白了这层关系，我们终于变得犹疑起来，竟发现左右不是了。尤其是我们正讨论的跨文化美学研究，不管你要存异，还是想求同，都可以被解释成受到后殖民意识的控制。

于是，这里似乎依然有一个无边的、绝对化的后殖民忧虑盘绕在我们心头，它让我们举步维艰。可是事实真是如此吗？笔者以为，除了不时深陷怀特海（Alfred North Whitehead）所谓“错置具体性的谬误”（fallacy of misplaced concreteness）而滥用西方理论和方法外，我们实际上还经常会漏掉一些更有价值的研究领域。依然从跨文化美学研究讲起，跨文化美学研究并不只是关注诸如东方美学[1]、中国—印度美学、中国—阿拉伯美学、中西美学、儒道释三家美学[2]等领域，还应该开拓每一个文化美学系统内部各亚文化美学（民族的、社群的、性别的、语言的）的跨文化研究，有些子领域要采用文化 / 艺术人类学美学的观念和方法；文化之间各层面（物质器物层、制度文化层、精神价值层）美学形态动态传播的跨文化研究，等等。联系到“后殖民意识”，我们往往将东方学理论应用到东西方（主要是政治学意义上的）的“冲击—反抗”模式中，而忽略了我们自己文化内部各亚文化 / 美学在实际交流、对话中的不平等；

[1] 关于东方美学，其实有一个学术系谱，基本的情形是在文化相对论影响下，1948 年法国学者雷纳·格鲁塞（Rene Grousset）提出了“远东美学”和“东方美学”这些范畴，1965 年美国美学家托马斯·门罗（Thomas Munro）的《东方美学》问世，1980 年日本美学家今道友信（いまみちとものぶ）《东方的美学》发表；20 世纪八九十年代之交，国外的一批东方美学研究著作相继在国内翻译出版，又有金克木等老一代学者的大力提倡，发展到现在比较重要的学术成果是邱紫华于 2003 年发表的两卷本《东方美学史》。限于篇幅，本文无法对此展开。

[2] 现代新儒家的代表人物如梁漱溟、冯友兰、钱穆、方东美、唐君毅、牟宗三、徐复观等都在文化守成的观念下建构了各自的跨文化美学研究体系，笔者以前曾有所涉猎，但此处仍无法展开。相关研究可参考侯敏：《有根的诗学：现代新儒家文化诗学研究》，上海人民出版社 2003 年版；张毅：《儒家文艺美学：从原始儒家到现代新儒家》，南开大学出版社 2004 年版；王柯平：《文化碰撞中生成的美学形态》，《走向跨文化美学》。

只注意为一个庞大到几乎无法把握的“东方”代言，而忽视为文化内部亚文化传播/交际意义上的“被压迫者”说话。这样顾此失彼的做法显然也是值得反思的。理论和方法如同研究对象，本身有常新的一面，也有稳定性的一面；如果像寓言中的猴子只是将理论和方法拿来杂耍一番，旋即抛下马上又去采摘新发现的“果子”，不但不注意让理论/方法真正中国化，反而嫌旧爱新、追“新”逐“后”，这样注定不能取得真正的学术成就，却往往真正失去了自身的文化根基。

结语

一个半世纪前，中国的国门真正向西方开启了。从那时起，在中国的学界人物乃至普通民众的精神意识里面，就鼓噪着古今之争、夷夏之辨的思想意绪，并且这种意绪一直延续到今天。当然这里边有不同时期建立在利益博弈基础上的意识形态话语权的操纵，但更根本的是身处这种文化语境的我们每个人都切切实实体验着这种绵延100多年的思绪。它像呼吸，它似体温，跟我们须臾不离。在离我们最为切近的刚刚过去的30年里，我们经历了西学的猛进，也经历了东学的复兴。在如今“文明冲突论”、“文化相对论”、“全球化—地方化”聚讼纷纭、大行其道的语境中，美学学者们以自身沉稳扎实的跨文化美学研究促成文明/文化间的对话与交流，耦合与互生，就显得尤为迫切。亦因此，今天讨论跨文化美学研究的可能之途，也许恰逢其时。

本文原载于《社会科学辑刊》2006年第5期，略有删节

论《中国佬》对中国古典小说结构的戏仿

杨春

杨春，女，41 岁，文学博士，副教授。研究方向为中西文学比较、华裔美国文学。出版专著及教材多部，发表论文 20 余篇。

在对中国古典小说结构模式的研究中，中外学者都注意到了它与西方传统长篇小说（novel）的巨大差异。这也许是源于中西哲学思想和逻辑思维模式的不同。从《易经》到理学，中国传统的阴阳五行说影响了中国人思考和认识宇宙、天地、万物、人情的基本框架。按照蒲安迪教授的观点，这使得“绵延交替”、“反复循环”的情节成为中国传统小说描摹世间百态、人世沧桑的基本结构模型。（蒲安迪：96）中国传统小说重“循环”的模式和西方小说追求直线发展的结构迥异其趣。从《西游记》、《水浒传》、《三国演义》、《金瓶梅》、《红楼梦》、《儒林外史》等中国古典长篇小说的优秀作品来看，它们都不曾建立像西方传统长篇小说那样的统一连贯的、“首、身、尾”紧密相接的整体结构，而是采用一段情节接一段情节、循环往复的方式来结构全书。这种“联缀式”[1] 的

---

[1] 蒲安迪将中国传统小说的结构称为“缀段式”（episodic）的，罗念生先生和陈中梅先生把《诗学》中的 epeisodiodes 译为“穿插式的”。见蒲安迪:《中国叙事学》，北京大学出版社 1996 年版，第 55 页；亚里士多德著、罗念生译：《诗学》，人民文学出版社 2002 年版，第 26 页；亚里士多德著、陈中梅译注：《诗学》，商务印书馆 2002 年版。

结构模式是中国古典白话小说（尤其是长篇小说）结构的最大特点。

中国古代长篇白话小说有联缀式结构这一突出特征，中国古代短篇白话小说则有另一个结构上的特点，即“头回”故事的运用。“头回”，即冒头的一回，是说话艺人的专门术语，亦称“得胜头回”、“笑耍头回”。它在“入话”[1]之后、正话之前，往往是和正话题旨相似或相反的一个或几个故事。由于其自身就成为一回书，可以单独存在，位置又在正话之前，因此叫做“头回”。（胡士莹：138）头回虽然一般比较简短，但它是独立完整的故事。头回故事和正话的内容之间没有必然的逻辑联系，是一个自成单元的独立的故事，但它却对正话起到引发、映衬、对照等作用，是话本小说一个颇具特色的组成部分。

头回虽然是独立于正话情节以外的一个单独的故事，但它和正话并非毫无关联。鲁迅先生曾说：“此种引首（即头回）……或取相类，或取不同……取不同者由反入正，取相类者较有浅深，忽尔相牵，转入本事，故叙述方始，而主意已明。”（鲁迅：77）概括了头回故事的类别和作用。一种是“取相类”，即头回故事的内容和正话的情节有某种相似性，由浅入深，起到引发正文和前后映衬的作用。另一种是“取不同”，头回故事和正话的内容刚好是相反或相对的，头回和正话一正一反，恰成对比，可取得特殊的艺术效果。（宋常立：85—87）这种正文前面加头回故事的惯例作为话本小说即短篇白话小说的结构模式一直延续到清末。

中国古典长篇小说的联缀式结构和短篇小说“头回”故事的运用被汤亭亭创造性地借用。汤亭亭曾明确表示过对《西游记》等中国古典小说的喜爱以及对中国传统小说结构形式的借鉴。[2] 经过反复尝试和精心挑选，汤亭亭最终借用了传统中国小说的结构形式来抒写华人父辈的英雄业绩，重建华裔历史，追

[1] “入话”是指话本小说开篇时的诗词及议论。在最初它是说话人为了聚集和吸引听众，或在正话开讲之前先以诗词炫耀才学之用。在文人创作的拟话本中，入话成为一个固定环节，起到引出正文、渲染气氛、点明主题的作用。“正话”则指话本小说的主体正文部分。

[2] 汤亭亭曾表示，自己的小说形式受到中国传统小说形式的影响，她喜爱《西游记》和中国传奇小说展开故事的艺术方式，“一段情节接一段情节，好像无休无止”，汤亭亭著，女勇士、李剑波等译：《东西方神话的移植和变形——美国当代著名华裔小说家汤亭亭谈创作》张子清《前言》，漓江出版社 1998 年版，第 196 页。

寻美国华裔的身份和位置。《中国佬》巧妙地戏仿中国小说的特殊结构模式，并置官方历史记录和虚构的华裔历史故事，质疑和颠覆了貌似客观的官方历史的权威，从而实现了对华裔历史的重访（revisiting）和再创造（reworking）。

一、《中国佬》对联缀式结构的戏仿

《中国佬》这部小说的结构是很奇特的。它一共有 18 节，其中有 6 节是篇幅较长的主体故事，描述华裔男性在美国的生活经历。这 6 个主体故事分别是：(1)“中国来的父亲”；(2)“檀香山的曾祖父”；(3)“内华达山脉中的祖父”；(4)“造就更多的美国人”；(5)“美国父亲”；(6)“在越南的弟弟”。在这 6 个主体故事之间，还穿插了 12 个逸闻插曲式的小故事。有的来自中西文学作品、有的是神话传说、有的是新闻报道、有的是史实、也有作者自撰的故事。在英文原著的目录中，12 个小故事的标题以斜体字与主体故事的题目区别开来。由于作者没有在书中以任何形式[1]对这 12 个小故事的内涵及象征喻指意义进行解释，只是将其与主体故事参差排列在一起，使这本书对读者而言成为一个真正的挑战。甚至一些评论家对这些穿插故事的作用和含义也是不甚了了。如有的美国批评家认为，“《中国佬》一书中那些松散的穿插故事之间缺乏明显的主题上的连贯性。神话传说元素好像是后来添加的东西”（Lau，“Kingston as Exorcist”：49）。但根据汤亭亭本人的说法，《中国佬》的所有穿插故事都是她精心挑选的。每个故事放在什么位置能取得最佳的阅读效果，也是她经过反复慎重的考虑才决定的。（Skenazy and Martin：41）

汤亭亭自己曾把《中国佬》一书的结构比作一个 6 层蛋糕。她说，12 段传说逸闻就是蛋糕中间的糖霜，6 个主体故事就是蛋糕本身。她有意将典故、历

[1] 汤亭亭在访谈中提到，曾有朋友说她应当在书中给出一些注释，以帮助读者理解晦涩难懂之处。而她则希望在书中给读者更多的刺激以鼓励他们自己去图书馆查阅有关背景资料。见 Kingston，“Coming Home”，interview by Paul Skenazy，in Paul Skenazy and Tera Martin ed.，*Conversations with Maxine Hong Kingston*，Jackson: UP of Mississippi，1998，p.108。

史、逸事、新闻等传说故事与主体部分的现实故事并置在一起，而不去解释现实故事和传说故事之间是如何相互作用的。她希望读者能够自己去读出其中的关系和深意。(Skenazy and Martin：41）显然，要想真正理解这部作品，必须首先解开其结构之谜，弄清这18节故事的相互关系和隐藏的含义。在细读作品的基础上，笔者以为可以把全书分为8个单元：

一、关于发现（1）
二、关于父亲们（2）
　　中国来的父亲（3）
　　鬼妻（4）
三、檀香山的曾祖父（5）
　　论必死（6）
　　再论必死（7）
四、内华达山脉中的祖父（8）
　　法律（9）
　　阿拉斯加的中国佬（10）
五、造就更多的美国人（11）
　　绿沼泽地的野人（12）
六、老笨孙历险记（13）
　　美国父亲（14）
七、《离骚》：一曲挽歌（15）
　　在越南的弟弟（16）
　　百岁老人（17）
八、关于倾听（18）

其中，前面的序号标明8个单元的顺序，括号中的数字标明18节故事的顺序。穿插故事的标题为正体字，主体故事的标题为黑体字。第1单元“关于发现”是一个改编自中国古典文学作品的寓言故事，起到开篇序曲的作用。第8

单元的小故事“关于倾听”则是全书的尾声。其余6个单元都是以一个主体故事为中心，在主体故事之前或之后联缀穿插故事。

我们先来看看6个主体故事。第1个故事“中国来的父亲”讲述了父亲前半生的经历。第2个主体故事是“檀香山的曾祖父”，叙述者从19世纪中期夏威夷的甘蔗种植园开始追寻华人祖先的足迹。第3个主体故事“内华达山脉中的祖父”讲述了19世纪60年代修筑横贯美洲铁路的祖父的故事。第4个主体故事“造就更多的美国人”讲述了家族里其他亲戚的故事。第5个主体故事“美国父亲”接着讲述父亲的故事。最后一个主体故事是“在越南的弟弟”，叙述者集中描述了历次战争给她的家庭带来的影响。

全书的时间跨度从19世纪中期到20世纪中后期。作品从最早来美的契约华工写起，直写到在美出生的第4、5代华裔参加越战以后的经历。《中国佬》俨然是一部美国华裔的历史。

汤亭亭采取了一种特殊的方式来组织这本特殊的“历史书”[1]。她选择了美国华裔历史上最重要的时期和最具代表性的事件来重点描写，并把它们与叙述者家庭的真实经历结合起来，在想象和现实的交汇中勾勒出了100多年来华裔在美国拼搏创业的历史画卷。而中国古典小说的联缀式结构就是作者别出心裁选取的特殊结构形式。她把情节各不相连、相互之间没有因果关系和时间连续性的故事排列在一起。每一节主体故事都选取一个历史时期，围绕一个或几个主要人物，再现这一时期的代表性事件和核心主题。如第1节和第5节讲述了父亲在美国的经历，他从旧中国地位优越的读书人变成了只能干女人活计的沉默的中国佬。第2节记叙了19世纪50年代早期契约华工在种植园开垦拓荒以及他们反抗沉默法则的斗争，第3节叙述了19世纪中后期修筑铁路的华工的英雄业绩以及他们随后遭受的驱逐和迫害，第4节讲述了从19世纪中后期到20世纪中期，在排华法案的阴影下，华人移民及其后代承受着种种压力和排斥，但仍以顽强的精神在美国扎下根来的经历。第6节讲述了20世纪中期弟弟

---

[1] 汤亭亭曾提到《中国佬》是一本历史书，是神话化了的历史。见Kingston，“Writing the Other: A Conversation with Maxine Hong Kingston”，interview by Marilyn Chin，in *Conversations with Maxine Hong Kingston*，p.100。

在越南战场的经历以及叙述者反战的和平思想等。每一节主体故事都自成单元、相对独立。全书没有一个或几个贯穿始终的主人公，而是把不同历史时期的一代又一代华裔移民的事迹一段又一段地排列出来。但是，和中国古代联缀式结构的优秀作品一样，《中国佬》一书并没有给人散漫零乱之感。原因之一是作者对父亲故事的巧妙处理。

作者并没有完全按照时间顺序来排列这6段主体故事。她把父亲的故事分拆成前后两段，然后把对华裔祖先事迹的追忆放在两段父亲故事中间。这样就形成了一个相对紧密的架构，使多为虚构和想象的早期华人的历史和叙述者家庭的真实的现实生活融合在一起，从而避免了把虚构的历史故事和真实的现实故事截然分开可能带来的弊端，使作品的整体感觉更加浑然一体。此外，几乎在每节以第三人称叙述的主体故事的前面，都有第一人称叙述者"我"以"叙述自我"[1]的口吻讲述的一段开场白。例如第2节故事"檀香山的曾祖父"，第一人称叙述者首先讲述了她对中国大陆的好奇和向往。接下来，作品才开始用第三人称讲述在夏威夷的甘蔗园里做苦力的曾祖父的故事。就这样，每一段历史故事前面都有"叙述自我"站在写作的今天对这段历史的一个思考和梳理。通过这种方式，作者把历史故事和今日的现实成功地连接起来。作者对6个主体故事的处理体现出她对联缀式结构的创造性的运用。

《中国佬》结构的联缀式特点不仅体现在主体故事的设计编排上。如果我们把12个穿插故事再放入整体结构中，则本书的联缀式结构特征就愈加明显。这些穿插故事就像话本小说的"头回"，分布在主体故事前后，起到特殊的作用。与"头回"不同的是，这些穿插故事并不总在主体故事之前，有的位于主体故事之后。但他们在作品中的作用和话本小说的"头回"却有异曲同工之妙。在《中国佬》中，除了第1和第18节故事作为全书的序曲和尾声自成单元以外，其他16个穿插故事分别和有关的主体故事组合在一起，构成相对独立的叙述单元。每一个叙述单元都有一个核心主题，每个单元的主体故事和穿插故事都

[1] 在第一人称叙述者身上有两个自我：一个是"经验自我"，即当时的"我"；一个是"叙述自我"，即此时此刻正对着读者讲故事的"我"。见罗钢：《叙事学导论》，云南人民出版社1999年版，第171页。

是为了表现这一主题服务。由于这些穿插故事都是作者对神话传说、文学作品、新闻报道、甚至法律条文的加工和重述，所以无论内容上、情节上还是时间上都和前后的主体故事完全无关，使得整部作品前后情节没有因果联系、时间发展没有连续性的特点更加突出。再加上这些穿插故事的素材来源非常庞杂，可以说作者在构思它们时运用了古今中外的文化资源。这就使作品情节跳跃、叙述片断化、章节之间缺乏情节或时间上的连贯性的联缀式特征更加突出。

二、《中国佬》对“头回故事”模式的戏仿

如上所述，《中国佬》把12个逸闻插曲小故事穿插在主体故事的前后，从而使整部作品形成了一个个相对独立的叙述单元。这些穿插故事篇幅短小，其内容游离在主体故事的情节之外，甚至被有的人认为是可有可无的部分。[1] 但事实上，它们的重要性不可低估。如果说主体故事因为历史史实的限制，还有着自己的逻辑发展和主题走向的话，那么穿插故事的选择和安排就可以完全根据作者的需要而定了。因此，这些穿插故事的选择和编排体现了作者对每段历史记忆的思考和认识。甚至全书的高潮也正是出现在穿插故事当中。这样的布局设计充分体现了汤亭亭对中国传统小说“头回”手法的再创造。

下面我们就选择几个叙述单元来具体分析穿插故事的含义和功能，看看穿插故事与主体故事之间是如何相互作用的，以及作家是如何运用穿插故事来实现特殊的艺术效果的。

小说第1节“关于发现”可以看作是全书的序曲。这个穿插故事是这样的：很久很久以前，一个叫唐敖的男子为了寻找金山，漂洋过海，到了女儿国。被当地人抓住以后，他被穿耳洞、缠足、拔掉胡须、敷粉描眉。最后被改造成一个合格的女人，并成为服侍女王用餐的宫女。女儿国没有赋税和战争。据有

[1] 在较早出版的《中国佬》的中译本《金山华人》中，译者删除了12个穿插故事中的6个，并指出结构的松散及大量复杂的对历史、宗教和神话传说的引用导致了该作品的复杂。见汤亭亭著、李美华译：《金山华人》，吉林人民出版社1985年版。

的学者说，女儿国的位置就在北美。这个故事来自清朝李汝珍所著《镜花缘》一书中有关“女儿国”的描述。但汤亭亭对原来的故事进行了大胆的改编。其中最为显著的，一个是将主人公从唐敖的妻兄商人林之洋变成了读书人唐敖，另一个是把因仕途失意而游历海外的唐敖说成是为了寻找金山而漂洋过海，最后是在故事末尾说女儿国在北美。显然，作者把这个古代的奇异故事变成了华人先民到金山（即美国）追寻梦想的隐喻。唐敖（华人）为了寻找梦想中的金山，却发现了女儿国。本以为这里会是充满各种诱人机会和奇妙境遇的乐土——唐敖在被女人们俘获时毫无戒备，甚至“当她们要他跟着走时，他就听从了。如果他有同行的男伴的话，他一定会转过头来冲他眨眨眼”[1]。——他还在幻想着一次艳遇。没想到，等待他的却是非人的折磨：他被强迫从男人变成女人，身心两方面都经受了巨大的痛苦。和唐敖一样，华人先民们在到达了想象中遍地黄金的人间天堂——“美丽的国家”以后，备受歧视、侮辱、排斥和迫害。对于华人男性来说，最大的侮辱也许就是被降低到女人的地位。他们被迫干女人的活儿：洗衣、当家佣、做厨师、打扫房间。更由于排华法案限制华人妇女入境，并禁止异族通婚，使华人男性被迫长期过着单身汉的生活。华人男性的被去势和女性化不仅是他们的日常生存的现实，更具有文化、政治和语言层面的象征意义。对华人男性来说，性别的倒转正是他们在新的国家的身份和地位的象征。在这里，他们不得不处于次等的、被动的、沉默的弱者地位，不得不接受那些被所有文化赋予女性的身份特征。而这种女性特征是主流社会强加给他们的。“发现”金山之旅带来的不是梦想中的财富和美好生活，也没有使他们逃离赋税和战争。“发现”金山竟然是女儿国的现实对于华人父辈来说，标志着一段惨痛和屈辱的历史。

这个穿插故事以其对华人先民追寻金山梦的反思成为统摄全书的序篇。它同时预示了以下章节中将要涉及的很多重要问题：沉默和发声（妇人们曾吓唬唐敖要用针线缝上他的嘴巴）、梦想的虚幻和破灭（唐敖对艳遇的幻想）、压迫

---

[1] Maxine Hong Kingston，*China Men*，New York: Alfred A. Knopf Inc，1980，p.3. 以下出自该书的引文只在括号中标明页码。

和战争的无所不在（据说女儿国没有赋税和战争）、华人男性社会角色和地位的倒转（唐敖的被迫变性）等。

小说的第 3 个叙述单元由 3 个故事组成。主体故事“檀香山的曾祖父”后面联缀着两个小故事“论必死”和“再论必死”。这一单元的核心主题是“沉默”与“发声”。主体故事讲述曾祖父伯公作为第一批华工来到夏威夷的甘蔗种植园做工。华工们除了承受艰苦的劳动，还要遵守种植园干活时不准说话的规定。为了和沉默法则斗争，伯公给大家讲了一个“国王的儿子长着猫耳朵”的故事，于是华工们也在地上挖了一个大洞。他们趴在洞口，吼出了埋藏已久的心里话：“你好，母亲！”“我想你们！”“我想回家！……我要我的家，我想家！家！家！家！家！”（116）慑于中国佬突然爆发的力量，洋鬼子监工们再也不敢剥夺华工们说话的权利了。从此以后，伯公干活时总是又说又唱。华工们成了创造新的习俗的人。这个故事中的沉默法则影射了主流社会剥夺华人的话语权和其他人权的现实。作者歌颂了华人移民争取权利的斗争，同时赋予了华人先民习俗创造者和土地开拓者的身份，从而确立了他们作为这块土地的开创者和拥有者的历史地位。

这一单元的两个穿插故事是“论必死”和“再论必死”。从题目上就可以看出它们在主题意义上的关联。“论必死”是作者对宋代李昉编著的《太平广记》中的一则传奇故事《杜子春》的改写。杜子春是中国北周或隋朝时人，他得到一位道士的帮助，成了富人。道士要他帮一个忙。他让杜子春吃下三粒药丸，嘱咐他无论看到什么可怕的景象都不可出声，因为他将看到的一切都是幻觉。杜子春在幻觉中经历了非常可怕的事情，包括看着自己的妻子被剁成碎肉。他自己也在地狱中备受折磨，甚至被砍头。但他一直坚持不出声。接着，他被投生为一个哑女，结婚后生了一个孩子。当丈夫厌烦了他的沉默，威胁要将孩子摔死时，他不置一词。当孩子真的被摔出去时，他终于忍受不了了，叫出了声。突然，他又回到了道士身边。道士告诉他，因为他打破了沉默，道士正在修炼的长生药被毁于一旦，人类再也不会永生了。杜子春战胜了喜、怒、哀、惧、欲，唯一没有战胜的是“爱”。在这个故事中，沉默是人类获得永生的前提。但正如永生是违背自然规律因而不可能达到的妄想一样，沉默也是违背人之常情的要求。尤其是在杜子春的幻觉中，我们看到了沉默的残酷和灭绝人性。当成为母亲的杜子春面对爱子的惨死终于失去自制，哀叫出声时，难道有任何人可以责怪他/她的违反约定吗？我们只能庆幸人性之没有完全泯灭。杜子春没能征服“爱”，因此打破了沉默，也毁掉了人类永生的机会。应当说，这才是正常的人类，正常的人性。汤亭亭借这个古老的故事揭示了沉默、尤其是强加于人的沉默之残酷和违反人性。这个故事是对本单元主题的进一步深化和阐明。

“再论必死”是一个来自波利尼西亚群岛（中太平洋群岛，夏威夷属于该群岛）的古老传说。波利尼西亚有一个半神半人的捣蛋鬼叫毛依。他做的最后一件事就是从夜神那里为人类偷盗永生药。他让天地万物保持肃静，然后潜入海底。趁夜神希娜正在熟睡，他从她的阴道钻进了她的身体，把她的心抱在怀里。当他伸出双脚试图从希娜体内出来时，一只鸟看到了他扭动的双脚，忍不住大笑起来。笑声惊醒了夜神，她收紧了身体。毛依死了。这个有些滑稽的故事给评论者出了一道难题。约瑟夫·劳就曾坦白地说，他看不出这个故事和全书的内容有什么关系，他唯一能够想到的解释就是：“汤亭亭召唤出这个夏威夷半神只是为了好玩。”（Lau：49）但如果把本单元的3个故事联系起来，我们应当可以清楚地看到作者的用意。毛依的故事和杜子春的故事是相似的。毛依偷盗永生药和道士修炼长生药都是为了人类的永生这一不可能实现的梦想。而在两个故事中，沉默都是获得永生药的前提。打破沉默就会毁掉人类永生的梦想。在两个故事的结尾，获取永生药的努力都因为沉默的被打破而失败了。这两个故事的不同点在于，杜子春是被动地忍受着沉默带来的折磨，最后是在极其悲惨的情况下无法忍受痛苦的煎熬而打破沉默的。毛依则是一个喜欢恶作剧的捣蛋鬼的形象。那只鸟是在十分可笑的情况下因为忍俊不禁而大笑出声的。一个是痛苦的哀号、一个是开心的大笑，都是有生命之物的天性和本能。这两个故事告诉我们：沉默是违背人性的；在任何情况下，即使有严格的约定或禁令，也不可能完全禁止人们天性的流露和表达。

这两个穿插故事包含着同样的道理：即使是为了一个貌似伟大和正义的目标而要求人们违背本性或牺牲人的基本权利也是不道德和不人道的，是注定会失败的。这是作者对华人在美国被迫沉默、被剥夺基本人权的揭露和控诉。它们和主体故事一道，共同揭示了本叙述单元反抗沉默、争取权利的主题。两个穿插故事将华人的遭遇与人类的共通经验联系起来，赋予这一主题更加深刻和普遍的意义。

第 4 个叙述单元的结构和第 3 个叙述单元相同，也是在主体故事后面联缀着两个穿插故事。主体故事“内华达山脉中的祖父”主要讲述了祖父阿公在内华达山脉中修筑铁路的故事。这个故事记叙了修筑第 1 条横贯美洲大陆铁路的华人先民的卓越功勋，是作者对美国官方历史的最重要的修正。这一单元的主题可以说是“修正历史、教育后人”。[1] 同时，在阿公的逃亡过程中，作者有意插入了很多对白人暴行的描写，揭露了美国社会几十年间针对华人的种族歧视行径。

紧接着主体故事的，是本书最特别的一节：“法律”。作者在这个穿插故事里列举了从 1868 年到 1978 年所有重要的涉及华人的美国法律条文。和华人在美国历史上所做出的重大贡献一样，华人在美国历史上所遭受的歧视和侮辱同样不为大多数美国人所知。因此，汤亭亭认为自己有责任在作品中把真相报告出来。读者可以看到：在中美两国政府签订《蒲安臣条约》，表示同意人天生具有改变国籍和信仰的权利，并承认两国居民在两国间移入和移出对双方皆有好处的 1868 年，就有 4 万名华人矿工被美国驱逐出境。旧金山还曾别出心裁地制定了名目繁多的针对华人的赋税：辫子税、禁止使用扁担挑篮子的扁担法、鞋履税、洗衣税等。华人不得申请商业执照，也不得在各级政府中担任职务，他们被禁止拥有土地和房产。1882 年，美国国会通过了第 1 个《排华法》，10 年内禁止中国劳工进入美国。1904 年，《排华法》被无限期延长。1924 年，国会通过《移民法》，明确禁止“中国妇女、妻子和妓女”入境。任何与中国人通婚的美国人都将失去美国公民身份……（152—156）

作者用官方法律条文摘录的形式来写这一节。新闻报道和公文式的正式语

[1] 在美国的历史课本中，第一条横贯美洲铁路是被作为 19 世纪最伟大的工程之一来叙述的，因为它使沿着东海岸发展的美国成了一个真正的大陆国家。但这条铁路主要是由华工付出惨重代价而修成的这一事实却历来被忽略了。很多美国人并不知道华工在美国历史上做出的巨大贡献。见杰夫·特威切尔，“序”，汤亭亭著、肖锁章译：《中国佬》，译林出版社 2000 年版。

体突出了这些法律的高高在上的权威。而其骇人听闻的内容和种族歧视的丑恶本质则在与形式的对照中构成最大的反讽。“法律”一节出现在全书的中心位置（它是 18 节中的第 9 节），是作者煞费苦心的有意安排。[1] 这一设计成功地告知读者大众，美国政府几十年来的种族歧视政策是华人及其后裔遭受不公正对待的重要原因，排华法是几代华裔承受痛苦和屈辱的根源。挑战官方历史有意消抹华裔的历史功绩以及华裔所遭受的不公正对待的斗争，在这一节对法律的引用和重写中达到了最高潮。作者对美国历史及华裔历史的修正和改写也在这里被赋予了更加重大的意义。这一节不仅是全书整体结构的枢纽，而且也成为这部作品深化主题的中心环节。这一节对整部作品的结构和主题展示都起到特殊重要的作用。

本叙述单元的第 2 个穿插故事“阿拉斯加的中国佬”是对本单元主题的进一步补充和丰富。这是一个根据海报、报纸上的新闻、私人日记等材料还原的历史事件。1885 年 7 月的一天，在偏远的阿拉斯加，白人矿工把所有中国佬赶上船，让他们去和印第安人矿工打仗。第 2 年夏天，白人矿工又用枪逼迫上百个中国佬挤上没有水和食物的旧船，然后任他们在海上漂流。这个真实的历史事件说明，到处都上演着驱逐华工的暴行。这是“法律”一节的最佳注脚。

从以上分析可以看到，《中国佬》中的穿插故事绝非随意拼凑、可有可无的点缀。它们在作品中起着重要的作用，它们的编排穿插也是作者精心设计的结果。

大体说来，这些穿插故事的作用及功能和话本小说的头回故事基本类似。在主体故事前面的穿插故事一般起到引出正文、预示和点明主题的作用，而在主体故事后面的穿插故事则更多起到深化和强调主题、或丰富和补充本单元内容的作用。主体故事和穿插故事各自组合，形成了全书主体部分 6 个相对独立

[1] 多娜·佩里在采访汤亭亭时说，她喜欢《中国佬》把表现美国种族歧视历史的“法律”一章放在中间的做法，因为当读者已经开始了解书中的那些人物时，就在书的中间，突然看到令人发指的美国移民政策。它使读者愤怒。汤亭亭回答说，那正是她想要的效果。她说，她把“法律”一章放在全书正中位置，是因为她发现读者根本不知道这些事。而如果把它放在附录里，人们会跳过它；把它放在前言中，人们也会跳过前言；作为脚注，好像又太学究气。她也不相信读者会自己到图书馆去查阅相关的资料。因此，她就把这一章直接放到书的中间。见 Kingston，interview by Donna Perry，in *Conversations with Maxine Hong Kingston*，p.179。

的叙述单元。每个单元分别突出一个核心主题。6个叙述单元的前后联缀构成了全书的主体结构。此外，小说首尾各安排一个穿插故事作为序曲和尾声的设计使整部作品形成一个严整的统一体，给人和谐、匀称的美感。

尤其值得一提的是作者把“法律”一节放在全书正中间的设计。这个完全没有情节和人物、只是把歧视华人的法律条文逐年排列出来的章节具有惊人的力量。它在整部作品的中心部位形成了一个奇崛的峰峦。它的内容带给读者巨大的心理震荡，而它在文体和叙述语调上的特殊性使其和作品的其他部分形成巨大反差。统观全局，处于中心位置的“法律”一节的影响辐射整部作品，因为排华法案的阴影笼罩了几代华裔在美国的生活。“法律”一节是华人在美国官方历史中留下的印记，是美国官方历史有关华人的少有记录之一。因此，它成为作品力图颠覆和挑战的官方历史的象征。这些法律条文所记录的正是一段践踏人权、蔑视公理的丑恶历史。可以说，在这一节，作品对官方历史的质疑和嘲弄达到了最高潮。“法律”一节也由此成为全书情节发展的高潮。这个出现在小说中间的高潮打破了西方传统长篇小说的结构模式。按照常规，长篇小说情节的发展一般应遵循“开头—发展—高潮—结局”的模式，高潮一般出现在全书的后半部分，结尾之前。但由于《中国佬》并未采用西方小说头、身、尾一以贯之的结构模式，而是借用和模仿了中国古典小说的联缀式结构。这就使得这个位于中间的高潮不仅不显得突兀，反而给人对称、协调之感。[1]这段象征官方历史的“法律”被前后的华裔历史故事包围，使其高高在上的、权威的、中心的地位受到来自下层的、被歧视的、边缘的力量的嘲弄和挑战，突出强调了作者对华裔历史及美国历史的修正和改写的意图。高潮的巧妙设计使作品的主题得到更加有力的呈现。

著名文学理论家林达·哈琴在《一种后现代主义诗学》一书中把汤亭亭的

[1] 蒲安迪教授在对中国传统长篇小说结构模式的研究中指出，中国传统小说情节的高潮往往远在故事的终点之前就发生了。像《金瓶梅》、《水浒传》、《西游记》等作品，除了把高潮设在全书三分之二或四分之二处以外，还将全书分为对等的两半。这种截全书为两半的叙事模式，在《红楼梦》中也很明显。蒲安迪认为中国古典小说的这种结构模式和十八、十九世纪的欧洲小说完全不同，而是和中国哲学有关天道循环的观念有关。见蒲安迪：《中国叙事学》，第76—81页。

《女勇士》和《中国佬》列为后现代主义元小说的重要作品，绝非偶然。[1]哈琴认为，20世纪六七十年代以来，在欧美文坛上涌现出了一批后现代主义小说佳作。这些被她称为“历史编纂元小说”的作品的基本特征就是运用历史素材，通过重访历史的写作来质疑历史叙事的真实性和权威性，对历史叙事的形式及内容进行重新思考和再加工。的确，汤亭亭的作品正是以华裔美国人的历史经验为素材，通过重访在美华裔历史的写作来质疑历史的真实性和权威性，对有关华裔美国人的历史叙事的内容（如官方记录的华裔历史、家族逸闻、文学作品中的华裔故事等）及形式（华裔自传、传记等）进行重新思考和再加工，从而挑战美国主流社会对在美华裔的刻板印象化，为建构华裔美国人独有的身份和文化传统提供了新的选择。为了实现这一目标，汤亭亭在创作时采用了独特的艺术形式，“戏仿”就是其最重要的创作手法之一。

作为当代文论的重要概念之一，“戏仿”意味着文学作品对其他已经存在的语言与文化材料（前文本、目标文本）的一种有差异的模仿。从其对待目标文本的态度以及希望达到的目的和效果来看，戏仿可以有一系列不同的个性：从恶意地攻击的、轻蔑地嘲笑的、玩笑游戏的、善意地嘲弄的到虔诚地崇敬的等等。（Hutheon，1985：36）有学者认为，由于戏仿特有的双重编码结构，即戏仿文本和被戏仿文本构成了同一部作品，使得戏仿的个性常常呈现出爱恨交织、充满矛盾的状态。（Rose：47）而戏仿对差异的凸现、它的双重话语特征、它对唯一性和权威的挑战，使其在当代理论话语中占据了显著的位置。戏仿是后现代主义小说的重要艺术特征之一。在汤亭亭的创作中，戏仿不仅表现在作品的内容上，也表现在对作品形式的处理上。作为一位在两种文化夹缝中成长起来的华裔美国作家，对来自中美两种文化传统的素材和资源进行仿造、模仿、改编、变形是汤亭亭构建华裔美国人身份和华裔美国文化传统的重要手段。通过戏仿中美两种文化的文化素材和符号，汤亭亭或是质疑和挑战它们所携带的意

[1] 林达·哈琴在此书中把汤亭亭等人的作品命名为“历史编纂元小说”（Historiographic Metafiction），并认为这类小说是唯一一种圆满体现了后现代主义诗学的小说，代表着当代小说的发展方向。见 Linda Hutcheon，*A Poetics of Postmodernism: History*，*Theory*，*Fiction*，New York and London: Routledge，1988，p.4。

识形态偏见，或是从新的角度对其进行重新思考和阐释，将其重新定位，使其成为新的华裔美国文化传统的一部分。汤亭亭作品中的戏仿大至某个文类或文学作品的整体结构，小到一个典故、一则寓言、几行诗歌乃至作为文化符号出现的一个人名（如毛泽东、玛丽莲·梦露）。通过戏仿，汤亭亭清除了被戏仿对象——重建华裔美国人文化传统和独有身份的素材和原料——所携带的负面的东西，无论它是偏见、刻板印象还是陈旧过时的固定模式；另一方面，通过戏仿，强调和突出了被戏仿对象所包含的积极意义和正面价值，使其由中国文化传统或美国文化传统的一部分转化、变形为华裔美国文化传统的有机组成部分。戏仿是汤亭亭把取自别处的素材和原料吸收、转变、化为己有的重要途径和手段。

在《中国佬》中，作家巧妙地戏仿了中国古典小说的结构，对联缀式结构和"头回"故事模式进行了创造性的模仿。这里的戏仿可以说是带着敬意和喜爱之情的。毕竟，汤亭亭对《西游记》等中国传统小说的喜爱，应当是促使她在《中国佬》的写作中借用和改造中国古典小说形式的直接动因。汤亭亭曾说，她从9岁左右就开始写《中国佬》里面的那些华人先民的故事了。直到30多岁时，她才终于找到了最满意的形式，创作出了我们今天看到的《中国佬》。(Skenazy and Martin：34）可见，这部小说的艺术形式是作家精心构思之后的结果。在《中国佬》中，作家把中国古典小说的结构模式改造变形之后，使它成为描绘、记录华裔父辈在美国筚路蓝缕、历经磨难、建立卓越功勋的英雄业绩的载体。在这里，作家对一种旧的结构形式的戏仿成为对这种形式表达敬意的方式，同时也赋予这种传统形式新的内涵和价值。而经由这种戏仿，作家成功地"挪用和占有"（appropriate）了中国古典小说的结构模式，把它化入了华裔美国文化传统之中，使其成为华裔美国文化传统的一部分。

本文原载于《外国文学》2007年第6期

变幻的面目：从 Angelo 到《狄四娘》
——一部雨果剧作在近现代中国的译介与改编

马晓冬

马晓冬，女，39 岁，文学博士，副教授。主要研究方向为比较文学翻译研究。

在中国现代话剧演出史上，有一出由不同剧团上演多次的话剧《狄四娘》。从剧名看，这非常像是一部典型的中国剧，但实际上，此剧的原本是一部法国剧作《项日乐》(*Angelo*，1835，又译《安琪罗》)，其作者就是举世闻名的文豪雨果。

1910 年，包天笑和徐卓呆两人首先从日译本转译了此剧，题名为《牺牲》，由秋星社刊行。四年后，著名小说家曾朴（笔名东亚病夫）又直接从法文翻译了此剧，译名《银瓶怨》，连载于当时的《小说月报》。1930 年，当时在上海创办真美善书店的曾朴重新出版了自己的旧译《银瓶怨》，并直译剧名为《项日乐》。后来，张道藩又以曾译《项日乐》为基础，改编成话剧《狄四娘》，于 1936 年 5 月组织南京国立戏剧学校公演。公演后的此剧修正本发表于同年的《文艺月刊》杂志上，1943 年又由上海正中书局出版了单行本。此剧经张道藩改编和国立戏剧学校公演后，迅速走红，从此以《狄四娘》名世，并由多家剧社上演。如福建的大风剧社，孤岛时期上海青年会的中青剧社，60 年代台湾的“三一戏剧艺术研究社”等等都曾排演过该剧。此外，著名剧作家赵清阁又分别将其改编为电影脚本《狄四娘》和剧作《生死恋》，后者由洪深作序，1942年2月由商务印书馆出版，同年5月就发行了二版，1947年抗日战争后还出版了订正版。

从以上勾勒我们不难看出该剧受欢迎的程度，那么为什么这样一部剧作吸引了如此多的译者和作家的关注，且广泛地获得了观众的认可？在不同的接受者笔下，作品的面目又发生了怎样的变化？本文将通过对史料的考辨和文本的分析来考察这些问题。

一、情节最紧张、情感最剧烈的剧本

雨果在汉语世界主要以小说家和诗人知名。不过，除诗歌和小说外，雨果一生还创作了大量的戏剧作品，他的许多剧作如《欧那尼》（*Hernani*）、《吕伯兰》（*Ruy Blas*）等均是法国浪漫主义戏剧史上的名作。那么，为什么恰恰是这部《项日乐》，而不是其他更具代表性，也更具艺术价值的作品受到了中国译者及观众的青睐呢？要解答这个问题，曾经尝试翻译《嚣俄戏剧全集》（雨果旧译"嚣俄"）的曾朴和他的选择或许应该引起我们的注意。

曾朴与雨果戏剧的接触，始于19世纪末。1898年夏，他结识了自己的法国文学导师陈季同，后者对法国和欧洲文化有相当深入的了解。与这样一位师友交流，增长了曾朴对法国文学的兴趣和知识。

1927年，曾朴将自己的雨果戏剧译作《吕伯兰》题献给陈季同时写道：

> 他（指陈季同。——引者）曾嘱咐我逐译嚣俄戏剧，并嘱我先译《克林威尔》，《欧那尼》，《吕伯兰》。[1]

陈季同的推荐显示了他对雨果戏剧艺术价值的准确把握。不过，着手翻译雨

---

[1] 嚣俄著、东亚病夫译：《吕伯兰》，真美善书店1927年版。

果戏剧的曾朴并没有听从他的建议，却首先选择了《项日乐》，这一点颇值得探究。

总体而言，雨果的剧作着力于构造奇特的情节、剧烈的戏剧冲突，因而特别符合中国小说戏曲传统对情节布局的强调，必然成为吸引观众的一个因素。《项日乐》的情节也和其他雨果剧作一样充满了波澜起伏：女演员狄四娘被巴铎总督项日乐所爱，却钟情于一位叫罗道佛的青年，当得知罗道佛一直热恋着总督夫人白妲丽时，狄四娘想报复自己的情敌，但却突然发现白妲丽竟是当年救过自己和母亲性命的恩人。为了报恩并成全罗道佛的爱情，在项日乐发现夫人背叛自己想处死她时，狄四娘提供了一瓶假毒药，使所有人相信白妲丽已服毒身亡，自己却暗中将昏迷的白妲丽救出，安置在家中。罗道佛听说白妲丽被狄四娘害死，立即赶来向她寻仇并刺杀狄四娘，白妲丽却在此时苏醒过来，两人终于明白了狄四娘的一片赤诚之心，痛苦不已。

1930 年，曾朴在他自己主办的《真美善》杂志上刊出了《项日乐》一剧的出版广告，传递了译者对作品价值的认识："这是嚣俄戏剧中情节最紧张、情感最剧烈的剧本。剧中主角，一大公夫人、一音乐家、一女伶。音乐家爱大公夫人而女伶爱音乐家，最后因爱生妒而又因妒生爱，情节曲折迷离，铸成不可救药的大错，结局类似团圆而实在是最痛心的悲剧，在戏剧的艺术上可以说这是嚣俄伟大的成功。"[1] 由这段广告词不难判断，除紧张的情节外，此剧最能吸引译者和读者的还是其剧烈的情感力量以及令人痛心的悲剧结局。

曾朴当年将剧名意译为"银瓶怨"，已经在某种程度上表达了他对此剧的理解：装着"毒药"的银瓶是此剧情节的关键，它引发了狄四娘既救人又舍身的命运。而"怨"字的总括，则突出了作品令人荡气回肠的悲剧氛围。

《项日乐》的其他译者对此剧的接受与曾朴类似。首译者包天笑和徐卓呆将译作题为"悲剧《牺牲》"，表明译者对女主人公牺牲自己的悲惨命运心有所动。另一位改编者赵清阁在其《生死恋》后记中也特别表达了自己对这个悲情故事的感动："《狄四娘》在战前上演多次，每次观众中都有一个深受感动的我"，这种感动成为她对该剧进行改编的最初动机，她将自己的改编本题为"生死恋"，

[1] 真美善书店广告：《真美善季刊》1931 年 1 卷 2 号。

概括了对原作生死情仇的理解。赵清阁甚至将此剧与“莎士比亚之《罗米欧与朱丽叶》，小仲马之《茶花女》”[1]相并列，许为自己生平最爱读的三大悲剧。

从以上描述不难看出，《项日乐》对人间至情的描绘，对为爱情不惜牺牲自己的浪漫精神的刻画使作品吸引了诸多译者和改编者。正因如此，在不同接受者笔下，虽然作品的环境、细节甚至人物关系都呈现出诸多差异，却无一例外地保留了女主人公为爱牺牲并拯救他人的基本情节。

当然，除了迷离的情节和感人的激情外，要讨论《项日乐》在译者和观众那里获得的广泛认同，我们还要从作品的人物模式入手来寻求解释。《项日乐》中有 4 个主要人物，相对来说，两个男子项日乐和罗道佛承担的戏剧动作较少，最突出的是两个受苦的女人，如果再进一步区分，则作品的重心实际上在狄四娘这个人物之上。所以有的研究者认为这部剧作应该以女主人公的名字 La Tisbe，而不是总督的名字 Angelo 来命名。[2]后来张道藩根据曾朴的人物译名直接将此剧题为《狄四娘》，实际上也基于这种理解。对中国读者来说，狄四娘这一类型的人物并不陌生，这是一个从小跟着母亲沿街卖唱，出身下层的女子，美丽、真诚，讲义气，感情浓烈，行动果决，虽然身为女伶，却重视自己的尊严。此类出身卑微，但善良而讲义气、有行动力的女子形象在中国文学中也不缺乏，而赞扬下层妇女的崇高品格，表现其出众的智慧与才情恰恰也是中国传统戏剧的一个重要主题。曾朴将她的名字 La Tisbe（音译可译为“拉·蒂丝泊”，其中的“la”是用于阴性的冠词，故曾朴译为中文中的“娘”。——笔者注）译为“狄四娘”，更成功地将其整合到本土传统中，与李娃、杜十娘这些女性形象相汇合。另一位女主人公白妲丽，这个在夫权专制和逼迫下生存的柔弱女子同样反映了中国旧社会许多妇女的悲惨命运，很容易获得读者的深刻共鸣。她“临刑”前向自己的丈夫喊出的一席话——“自从我嫁到你家，屈指也五年了，何曾过过一天好日子？不要说温存熨贴，没有我的分儿；要听半句好言语也难。只把我圈在这牢房里，同囚犯一般。只许你在外拈花惹草，由着性儿去干，还

[1] 赵清阁：《生死恋》，商务印书馆 1947 年版。

[2] Jean-Bertrand Barrère，*Victor Hugo:l'hommeetl'oeuvre*，C.D.U.et SEDES réunis，1984，p. 61.

说是男子应享的权利，咳！难道我做了妇人，就是苦命的胎子吗？”[1]——也喊出了千百万旧中国苦难妇女的心声。

用雨果自己的定义，白妲丽代表了“社会之中的女人”，与“社会之外的女人”——狄四娘相补充，她们就表现了所有的女人。雨果写作此剧的目的之一就是帮助前者对抗专制，帮助后者对抗轻视。[2] 而这恰恰顺应了中国近代以来兴女权、求解放的风潮。

这些人物类型与本土文学传统与现实背景的契合，不仅使作品抓住了译者和读者，也给他们所进行的本土化的改译、改编提供了一个适宜的基础。明乎此，我们就可以理解为什么赵清阁由此剧改编的《生死恋》中的人物对中国观众会显得那样自然和熟悉：她从雨果笔下的白妲丽身上演化出一位“良善醇厚，而生性懦弱”、“有思想而缺乏勇气”的女性人物[3]，从狄四娘身上创造出一个“机警、热情、坚强”，在黑暗的环境中挣扎和奋斗的女伶形象。[4]

而曾朴《嚣俄戏剧全集》翻译计划中的其他几部雨果剧作，在人物类型上却与中国观众距离较远。《欧那尼》的主人公是一位温柔多情的“强盗”头领，他身上浓缩了浪漫主义主人公的诸多特质，如果说这些特质使他令 1830 年的法国青年心醉神迷，对中国观众来说却较为陌生；《吕伯兰》的主人公也是如此，身为一个仆人，他却有着治国的天才、浪漫的感情和敏感的心灵，这样的人物形象并不容易感染 20 世纪初市民阶层并不发达的中国社会的读者。而曾朴 1916 年翻译的另一部雨果剧作《吕克莱斯·波基亚》中所表现的炽热母爱或许是超乎国界的，但这母爱的体现者却是一个恶毒血腥，与自己的兄弟相淫乱而生子的女人，在伦理上就构成了对中国读者的巨大挑战。

因此，从《项日乐》的接受来看，我们可以得出这样的结论，虽然剧作的紧张情节和剧烈的情感作为最基本的质素吸引了译者和读者，但当它被移植到另一文化环境中时，却必须通过唤起他们的文学传统或现实生活中的对应物，

[1] 嚣俄著、东亚病夫译：《项日乐》，真美善书店 1930 年版，第 112 页。由于《项日乐》除译名外，译文与《小说月报》所刊《银瓶怨》基本一致，故本文中引曾朴译本均取此书。

[2] Victor Hugo，*Oeuvres complètes thé âtre* I，Edition Robert Laffont，1985，p. 1189.

[3] 赵清阁：《生死恋》，第 1 页。

[4] 同上，第 18 页。

才能使其情节冲突和激情的力量真正得以实现。这就意味着对戏剧这一最大限度地需要公众参与的文学体裁而言，其翻译移植是否能在本土世界激起回声，尤其需要考虑各种文本之外的因素。

二、变幻的文本面目：翻译与改编

如前所述，雨果的剧作《项日乐》先后吸引了四组不同的译者和改编者，在不同时代、不同“写作者”笔下不断变幻着面目。勾勒该剧作在中国的演变轨迹，有助于我们理解一部域外作品植入本土文学的内在机制。

（一）《牺牲》

晚清的戏剧翻译是和“新剧”的输入相伴随的，在这一过程中涌现出一批热衷于“新剧”的文人，《牺牲》的译者徐卓呆即是其中之一，他早年曾赴日本留学，回国后热衷戏剧运动，他对戏剧的兴趣很可能为其翻译《牺牲》等西方剧作提供了动力，并使他在和包天笑合作时成为翻译的主导者。徐卓呆对新剧的爱好和参与无疑使他在翻译中较多考虑上演因素，因而尽可能将雨果剧作本土化。

《牺牲》在人物设置上有明显的中国化倾向。最典型的是对人物姓名的改造：如两个看守分别是赵大和马二，而女主人公两个侍女则名为秋纹和春痕；其次是人物身份的归化：原作中威尼斯政府派驻巴铎的最高行政长官在译文中成了“（派秃）太守”，更奇怪的是女主人公狄四娘（《牺牲》中译为“可眉”）在登场人物表中被标注为“女优（太守妾）”，还被赋予了“妾”这一中国文化色彩极为浓重的身份，而与原作中狄四娘独立的个性有很大偏差。因为从作品一开始，狄四娘就对因爱她而嫉妒的项日乐强调，自己虽然被别人当作项日乐的情妇，但实际上并不真正属于他，项日乐对她没有任何占有的权利。上述对外国作品的归化处理明显包含着使剧本贴近本土现实、从而易于为读者所接受的愿望。

不过，和后来的此剧改编本不同，包天笑和徐卓呆的译本在故事空间的营造上保留了一定的异国因素，比如“派秃”城，“万尼斯”政府，对情节关系重大的十字架[1]，以及某些有关西方生活的信息等等。类似的处理，在清末的翻译文学中相当常见。译本文学中音译的地名明确地标示出了一个异国空间，指向了一个不是“我们”的“他者”，显示出晚清译者和读者对域外世界普遍的好奇心态。但是彻底的异化处理往往会给当时对西方文化极为陌生的中国读者造成接受上的障碍，因此在人伦关系、人物形象上，晚清的译者常常会进行相当的归化处理。如此，就对作品所呈现的地理概念上的异国进行了某种重构，译本所指向的就不再是一个真实的他者，而是一个想象的异国。

(二)《银瓶怨》

与《牺牲》相比，曾朴的《银瓶怨》在人名翻译上颇能显出译者的苦心。他从原文的音译出发，又尽量使译名贴近中国人的姓名模式。比如将 Angelo 译为“项日乐”，将 La Tisbe 译为“狄四娘”，将 Catarina Bragadini 译为白姐丽，将 Rodolfo 译为罗道佛等。这样的译名方式既显示出译者试图贴近原作的努力，也透露出他方便读者的考虑。或许，由于对法国文学文化价值的了解以及直接从原文翻译的经历，相对于清末民初整体的“意译”倾向，曾朴的翻译明显更贴近原作。他的译本不仅基本上保留了人物对话的所有往还层次，且对于剧情中的异国因素，如舞台说明部分的异国布景设置、吉他琴、黑奴等等，都努力予以传递。从这种处理也可以看出，曾朴更多的是从戏剧文学而并非现场演出的角度出发来翻译雨果作品的。

不过，这并不意味着，曾朴翻译的《银瓶怨》是以我们今天翻译界的“忠实”标准传译的。如果说原作物质层面的相异性因素对译者来说并不构成难以克服的困难，那么心理程式和思维方式上的相异性对曾朴而言却是绝大的挑战。因为，对异国文化物质层面的介绍，其意义在于呈现和描述，而那些在言谈中

[1] 狄四娘的母亲被救后送给恩人一个十字架，后来狄四娘恰恰是根据这个十字架认出自己的情敌原来就是她准备报恩的恩人。

体现出的人物情感、意图、冲突却是用“言语”行动，对于从未有过异国生活经历的人来说，透彻理解和接受这些“行动”的含义要比理解对异国文化物质层面的描述更具难度。

与原作相比，曾译本的一个突出改造就是对白的翻译。人物对白常常包含着未直接言明的人物反应与情感，用戏剧术语来说，有着丰富的“潜台词”。当这些“潜台词”跨越了种族与文化的界限后，对那些并不熟悉源语文化的目的语受众而言，可能就彻底失去了意义。这就往往需要作为“中介者”的译者在原作与目的语读者之间进行协调，明言这些“潜台词”。正因如此，曾朴总是尝试理解对话中含蕴的意义和人物情感，将其在译文中明确表达出来，使其更符合汉语的对话习惯。如当罗道佛的朋友“贾鲁”得知他并不爱狄四娘时，二人有这样一段对话：

ANAFESTO

La Tisbe? adorable femme!（狄四娘？多可爱的女人！）

RODOLFO——罗道佛

Adorable en effet. Je ne l' aime pas.（确实可爱！但我不爱她。）

ANAFESTO

Comment!（怎么会！）

RODOLFO

Ne m' interroge point.（什么也别问我。）

ANAFESTO

Moi，ton ami!（我，你的朋友！）[1]

曾译如下：

【贾】狄四娘是可爱的美人，你不要错过了。

【罗】的是可爱，只是我却不爱她。

---

[1] Victor Hugo，*Oeuvres complètes théâtre* I，Edition Robert Laffont，1985. p. 1204，括号中的译文为笔者根据原文按字面义所译。

【贾】为何呢？

【罗】我不能告诉你，请你不必问我。

【贾】我是你的好友，怎么连我也瞒起来！[1]

我们看到，原作中“狄四娘？多可爱的女人！”“我，你的朋友！”这两个简短的句子，实际上包含着说话者丰富的“潜台词”，曾译在这里对原文进行了相当的补充（见画线部分），直言了这些“潜台词”，使译文对白中的逻辑关系和人物态度更明晰了，另一方面，他还根据汉语的言语习惯对原作进行改造，去除了照直翻译在汉语对话中可能造成的语气上的生硬感（如仅仅直译罗道佛简单的一句话“别问我”，在目的语文化会显得无礼）。

曾译对白翻译中的这些改造，集中地体现出了源语和目的语的文学文化差异给翻译带来的挑战。而我们在后文将会看到，恰恰是曾朴所做的这些本土化的改造构成了该剧后来能被顺利搬上舞台，并一再上演的根基。对于这一点，只要将曾译本与张道藩的改译本仔细对照就不难明了。

(三)《狄四娘》

张道藩改译《狄四娘》一剧时，正在南京国立戏剧学校任教，因此他的改编无疑会更多地关注舞台演出的因素。他在“《狄四娘》改译后序”中讲述了自己改译的动机，他认为，由于经济原因，话剧界一般都不能依照著者最初的舞台设计上演剧作，而且剧本由不惯西人（尤其古代人）生活，不懂西人风俗之演员演出，亦不易使人满意，所以不如将外国剧作“改译成一中国故事，不惟便于演出，而且使观众易于了解”[2]。

将张的改编本与曾译两相对照，我们就会发现，张本只是在剧作背景和人物姓名上将此剧彻底中国化了，而人物对话却基本依照了曾译本。张道藩最明

[1] 嚣俄著、东亚病夫译：《项日乐》，第 18 页。

[2] 嚣俄著、张道藩改译：《狄四娘》，《文艺月刊》1936 年第 8 卷第 6 期，改译后序。

显的改动是将原作中威尼斯政府派驻巴铎的总督改造成北京政府监控下的某省督军，狄四娘由原作中的女演员变身为堂会中演出《贵妃醉酒》的女戏子，那些能够体现异国现实的道具也换成了中国文化中的对应物——十字架变成观音像，六弦琴成了三弦琴，“圣劭舒圣堂”则成了千佛寺。而对作为剧本主体的人物对话，张的改译本绝非根据原本对曾本进行的仔细校刊，而只是将曾译对话中某些不太上口和不适应舞台演出的语句进行了调整。

更值得注意的是，对于那些曾朴对原作对白的释义、增补、修辞上的改造，张道藩的译本几乎悉数予以保留。如上引罗道佛和朋友关于狄四娘的对话，张本中的“狄四娘是可爱的美人，你不要错过了”、“我是你的好朋友，怎么连我也瞒起来了”[1] 等这些文句，基本上依曾译的“改写”而来。

可以说，张道藩的所谓改译，是抛开原作，以曾译本为基础进行改编和文字上的调整。这样，张本几乎完全保留了曾朴对原作对白的归化处理。也就是说，当张译本将剧中的人物从16世纪的意大利人变成了20世纪的中国人时，他竟然不需要对曾译的语言方式进行太多的改造。考虑到张道藩作为国立戏剧学校教师的身份及其改译的动机，他对曾译本的吸取向我们显示了曾译在对白处理上的归化程度。如此看来，在相当程度上，后来南京国立戏剧学校以及其他戏剧团体演出的《狄四娘》实际上是出自曾朴的手笔，其中融汇了曾朴对原作的理解、阐释和改造。不过，值得注意的是，当张本把剧中“巴铎人”和“勃雷西人”间的差异转化为南方人和北方人的差异，把意大利的总督转化为中国的军阀时，剧本的戏剧空间和人物就完全本土化了，从而使本土语境中与之相关的各种现实因素均可能随之涌入。

（四）《生死恋》

在张道藩彻底本土化了的改译本基础上，1941年着手改编此剧的赵清阁进一步在作品中容纳现实主题，把抗战的时代因素注入了人物的灵魂；这与此剧

[1] 嚣俄著、张道藩改译：《狄四娘》，《文艺月刊》1936年第8卷第6期，第18页。

改编时的时代氛围有直接的关系。正如洪深在《生死恋》序言中所言："一个人要求他所爱好的作品在今天服务于抗战，正像一个人要求他所恋爱的对象在今天服务于抗战，这才是真诚的爱。"[1] 抗日战争爆发后，赵清阁来到武汉，参加了新成立的中华全国文艺界抗敌协会，主编宣传抗日的《弹花》文艺月刊，全身心投入到抗战宣传工作中。因此，在其剧作《生死恋》中，男主人公张子英（对应于《狄四娘》中的罗道佛）成了一位在北平西山抗日的英雄，女主人公（由狄四娘改编而来的女戏子沈雪研）在意识上也从纯情主义转变为民族主义。赵清阁让男主人公在舞台上点出了本剧的主题："在战斗中才算是真正伟大的生；为战斗而不幸牺牲，但仍活在人们的心里，才算是有价值的死；为战斗而共同前进，才算是神圣的恋爱！所以为了我们友情的成长，为了我们友情的不朽，只有做到这种生—死—恋。"[2] 如此，作家就成功地将这部 19 世纪的悲情故事转换成了充满战斗精神的抗日宣传题材，契合了其改编剧作时的时代大潮，使雨果的剧作在汉语世界汇入了本土需求，呈现出新的面目。

从《牺牲》到《生死恋》，雨果的 *Angelo* 一剧在中国的译者和剧作家笔下不断变幻着面目，每一位接受者都在其中融入了自身的文化经验与其所处时代的独特语境，因而也使这部作品愈加远离其所产生的原作语境，而言说着目的语文化的诸种信息，从而使大部分观众已经不再意识到作品与原作者的血脉联系。可以说，对戏剧这种直接面对观众的文学形式而言，唤起他们的认同显得尤为重要，正如我们在上文看到的，在这部域外作品植入中国社会的过程中，原作人物模式与中国文学传统的契合是使作品植入本土的重要因素，而译者曾朴对剧作的改写——将人物对白改造为更适应于目的语观众的形式，为该剧的中国化进程提供了关键的一环，促成了作品在本土语境内生根、演变，获得新的生命，成为中国舞台上的宝贵资源。

本文原载于《戏剧文学》2009 年第 10 期

---

[1] 赵清阁：《生死恋》，洪深序。

[2] 同上，第 53 页。

民主观念与科学精神的铸造
——胡适考证白话传统小说的动机

冉利华

冉利华，女，1969年出生，讲师。主要研究方向为比较诗学、文学评论及跨文化交际研究。在《学海》、《中国文学研究》、《文艺报》、《文化与诗学》、《中国韵文学刊》、《国际汉学》、《文艺研究》等刊物发表论文及译文15篇，并有两部译著出版。

一

从1920年起，胡适开始对一系列传统小说进行考证。胡适自己说：

从1920年到1933年，在短短的十四年之间，我以“序言”、“导论”等不同的方式，为十二部传统小说大致写了三十万字[的考证文章]。[1]

他认为，这些中国传统小说——

一共有两种体裁：第一种是由历史逐渐演变出来的小说，例如《三国

[1] 唐德刚：《胡适口述自传》，广西师范大学出版社2005年版，第187页。

演义》、《西游记》、《封神榜》、《水浒传》，等等。……对这些小说，我们必须用历史演进法去搜集它们早期的各种版本，来找出它们如何由一些朴素的原始故事逐渐演变成为后来的文学名著。

第二种小说是创造的小说，例如《红楼梦》。对这一种小说我们就必须尽量搜寻原作者的身世和传记数据，以及作品本身版本的演变及其他方面有关的资料。[1]

而在所有有关这两种小说的研究中，他用的是同一种“科学的治学方法”，即“由证据出发的思想方法”。[2]

胡适考证这些传统白话小说动机何在呢？

二

众所周知，胡适最初“暴得大名”，纯粹是因为他提倡文学革命。1917 年 1 月他的《文学改良刍议》一文在《新青年》上发表。文章开宗明义，指出文学改良需从八事入手：

一曰，须言之有物。二曰，不模仿古人。三曰，须讲求文法。四曰，不作无病之呻吟。五曰，务去滥调套语。六曰，不用典。七曰，不讲对仗。八曰，不避俗字俗语。[3]

他的“言之有物”之所谓“物”，不同于古人所谓“文以载道”之“道”，而是指有情感、有思想，有“今日社会”“这一个时代”的情感与思想。而文学要能有效地表达当代的新的情感与思想，则不能不运用当代的“活的工具”——

[1] 唐德刚：《胡适口述自传》，第 188 页。

[2] 同上，第 187 页。

[3] 胡适：《文学改良刍议》，《新青年》1917 年第 2 期。

新鲜的活泼的口语，一种“人民的活生生的语言”，因为“语言是最重要的思想和表达的载体”[1]。因此他极力反对模仿古人，反对作文作诗用“三千年前之死字”，而大力肯定不避俗语俗字的通俗行远的白话小说。他说：“吾每谓今日之文学，其足与世界‘第一流’文学比较而无愧色者，独有白话小说一项。”甚至提出“白话文学为中国文学之正宗”、“为将来文学之利器”[2]的观念。

在当时的中国，经由晚清梁启超等人的“小说界革命”之努力，经由晚清以来“国语”、“白话文”之提倡，社会上已经出现了一些白话报，出现了不少白话小说与文章，甚至连古文大家林纾也不仅大量翻译西方小说，而且称某些西方小说家为可以与太史公比肩。[3]然而提倡白话者往往只是把白话当作开启民智的工具，而并不认同白话文学。相反，他们仍认为文言的古文、骈文和律诗才是高雅的文学，仍然只作古文古诗。提倡小说者，则往往将小说与经史相比附，强调其教化功能和启蒙作用，以之为服务于政治运动的工具，而并未真正以文学目之，而且往往虽认可通俗小说而鄙视白话。因此，胡适此文一出，在当时的中国文坛和思想界引起了巨大的反响，并由此拉开了文学革命的序幕。陈独秀最先起来响应，接着，北京大学的师生钱玄同、刘半农、周作人、傅斯年等也纷纷撰文，展开了热烈的讨论；而鲁迅等作家们，则以其白话文学作品，“显示了文学革命的实绩”。令胡适意外而且高兴的是，他们的斗争非常快地获得了“部分的胜利”，1920 年，北京政府教育部就正式下文，通令全国，从当年秋季开始，所有小学一二年级的教材，必须全部用白话文。1922 年以后，所有小学的教材都要以白话文为准了。[4]而令他感到不满意的是，虽然 1918 年 1 月之后，所有的文学创作都用白话了，但是事实上“文学方面的进展是相当缓慢的”[5]。张恨水等人用古文所写的文言通俗小说在下层民众中大受欢迎，而在相当长的一段时间内，接受白话小说的却只是特定的小部分人。可以说，原有意面向“引车卖浆者流”的白话小说只在上层精英知识分子和追随他们的边

[1] 《胡适作品集》第 37 册，台北远流出版事业股份有限公司 1986 年版，第 246 页。

[2] 胡适：《文学改良刍议》，《新青年》1917 年第 2 期。

[3] 郑振铎：《林琴南先生》，钱钟书等：《林纾的翻译》，商务印书馆 1981 年版，第 17 页。

[4] 唐德刚：《胡适口述自传》，第 165 页。

[5] 同上，第 166 页。

缘知识分子中流传，而古文却在更低（底）层但有阅读能力的大众中风行。[1]究其原因，除了创作者有意识无意识的精英感、与下层广大民众的疏离等各种复杂的因素以外，恐怕很大程度上还是由于当时很多白话小说启蒙味道太浓，生活气息较少，而技巧又不够圆熟，除了语言是白话可能让一般民众阅读无碍外，其他从内容到形式各方面都让一般读者接受起来尚有困难。从这一点着眼，则胡适从1920年开始选择一系列传统白话小说进行考证，一定程度上是出于这样一种考虑，即不满于当时的白话小说创作与接受的情况，故特意整理文学国故，提供一些优秀的古典白话小说作为新文学的榜样。

其实这一层意思胡适早在1918年4月发表的《建设的文学革命论》一文中就已经明确了。他指出："创造新文学的进行次序，约有三步：(一）工具，(二）方法，(三）创造。"至于如何去获取有效的"工具"，他认为大体上有两种办法，其一就是多多阅读《水浒传》、《西游记》、《儒林外史》、《红楼梦》等等"模范的白话文学"。不过他又接着说，单有"工具"，没有方法，即单靠白话，没有高明的文学方法，也创造不出真正的新文学。那么高明的文学方法何由得之呢？他觉得中国的文学方法很不完备，不足以成为新文学的模范，中国仅有的三四部算得上好的小说中也有许多疵病。相比较而言，西洋的文学方法就"完备的多，高明得多"，因此我们要创造新文学不可不向西洋文学学习。尽管如此，在具体论述"文学的方法"之时，他还是时时处处以中国文学中这"三四部"好小说作为新文学取鉴的对象的。例如，在谈到收集材料的方法时他指出，实地的观察和个人的经验固然极其重要，但还需有活泼精细的想象（胡适名之为"理想"）作为补助。在这里他援以为例的是施耐庵及其《水浒传》。他说，施耐庵若单靠观察和经验，绝不能做出一部《水浒传》。接下来，在谈到描写的方法时，他又以《红楼梦》、《水浒传》等为例，说明写人、写境、写事、写情都要有个性的区别。"件件都是林黛玉，绝不是薛宝钗；件件都是武松，绝不是李逵。……《红楼梦》里的家庭，绝不是《金瓶梅》里的家庭。"[2]显而易见，

[1] 罗志田：《再造文明的尝试》，中华书局2006年版，第127页。
[2] 胡适：《建设的文学革命论》，《新青年》1918年第4期。

在他眼里，《水浒传》、《红楼梦》等“绝无仅有”的好小说还是有资格做新文学的“模范”的。

三

当然，胡适以“科学的方法”考证古典白话小说，更重要的目的在于进一步确立与巩固白话小说的“文学正宗”地位。胡适坦言，在中国文艺复兴运动的初期，他便不厌其详地指出这些小说的文学价值。但是后来他发现，一味地称赞这些小说的优点，想要借此而给与它们“应得的光荣”，事实上却收效甚微，可以说是一种“没有效率的方式”。他认识到，要想让这些小说在中国文学史上获得其应有的地位，就应该采取某种更有实效的方式才行。而他所建议的“更有实效的方式”，即是对这些小说进行一种合乎科学方法的批判与研究，从而寓推崇于学术研究之中。具体而言，就是“要对这些名著做严格的版本校勘和批判性的历史探讨——也就是搜寻它们不同的版本，以便于校订出最好的本子来。如果可能的话，我们更要找出这些名著作者的历史背景和传记资料来”[1]。他知道，这种工作能够给予这些历来不登大雅之堂的古典白话小说名著以现代学术荣誉。如果认定了它们也是一项学术研究的主体，与传统的经学、史学平起平坐，则不必称赞，不用鼓吹，其文学地位自然也就提高了。因此，从1920年到1936年的16年之间，他便采取实际的行动，花了大量时间对这些传统名著进行合乎现代科学方法的学术研究。

胡适的努力没有白费。历史事实表明，确实只有当他提倡以白话小说为文学正宗，并且不仅明确宣称而且率先实践，将白话小说作为与经学、史学同等的严肃的学术研究主题之后，白话小说在文学大家庭中的经典地位才正式确立了。

在《中国近代思想史上的胡适》一文中，余英时先生对于胡适思想革命的两个领域有非常精到的论述。他认为，胡适思想影响的全面性主要由于它不但

[1]　唐德刚：《胡适口述自传》，第226页。

冲击了中国的上层文化，而且触动了通俗文化。胡适的“暴得大名”最初完全是由于他提倡文学革命。他提倡白话，尊《水浒传》、《红楼梦》、《儒林外史》为文学正宗，把通俗文化提升到和上层文化同等的地位上来。这一全新的态度受到了广大城市平民——新兴知识分子和工商阶层的广泛支持，同时却因为直接威胁到士大夫的上层文化的存在而激起当时守旧派的强烈反感。如果胡适仅以提倡白话而轰动一时，那么他的影响力最多只能停留在通俗文化的领域之内。上层文化界的人不但不可能承认他的贡献，而且还会讥笑他是“以白话藏拙”。在当时学术界的领导人物的精神凭借和价值系统基本上仍多来自儒家，国故学界各家研究都是建筑在乾、嘉以来考据、辨伪的基础之上的背景下，胡适在国故学界的出色表演——在北京大学中国哲学史课堂上用新观点、新方法成功地把北大国学程度最深而且具有领导力量的几个学生傅斯年、顾颉刚等从旧派教授的阵营中争取过来；在《中国哲学史大纲》中用大量的篇幅讨论有关考证、训诂、校勘的种种问题；以当时西方哲学史、历史学和校勘学的方法论为基本构架，对清代考证学的各种实际方法作了一次系统的整理——才使他得以跻身于考证学的“正统”之内，并从而也在中国取得了思想的领导权。[1]

其实，胡适对古典白话小说的考证工作，是他为了白话文学的正宗地位在上层文化界得到认可而在国故学界做出的又一次出色的表演。在当时的中国，虽然白话文的倡导得到了极其热烈的响应——在1919年至1920年两年之间，全国大大小小的学生刊物总共有400多种。它们全部都是用白话文写作的[2]，而且民国九年、十年（1920—1921），白话公然叫做国语了[3]，虽然白话文学的鼓吹与尝试也获得了巨大的成效——1916年以后“活的文字”就被尝试着用来作为一切文学的媒介；从1918年起，《新青年》杂志开始全部用白话文编写，虽然偶尔还夹杂几篇简洁的古文，但是基本上所有的文章都是以白话为主了；1918年1月之后，所有的文学作品都开始用白话文进行创作[4]——但是白话文

---

[1] 余英时：《重寻胡适历程——胡适生平与思想再认识》，广西师范大学出版社2004年版，第178—191页。

[2] 唐德刚：《胡适口述自传》，第164—165页。

[3] 欧阳哲生：《胡适文集》第3册，北京大学出版社1998年版，第261页。

[4] 唐德刚：《胡适口述自传》，第165—166页。

主要还是流行在“一般群众和青年”之中，而并未得到多少“传统士大夫”式知识分子的认同。相反，来自上层文化界的阻力还是非常大的。不仅北大之内的守旧派刘师培、黄侃、陈汉章、梁漱溟等发起成立了《国故》月刊社，以图拯救新文化运动导致的“国学沦丧”[1]；而且校外的林纾公开致信时任北大校长的蔡元培，指责胡适等“尽反常轨，侈为不经之谈”，忧心忡忡于“若尽废古书，行用土语为文字，则都下引车卖浆之徒，所操之语，按之皆有文法，不类闽、广人为无文法之啁啾。据此，则凡京、津之稗贩，均可用为教授矣”[2]；严复则更是干脆嗤之以鼻，鄙薄不已，认为文学革命正如“春鸟秋虫”，必将“自鸣自止”[3]，根本不值得忧虑、较论。

这些守旧派人士自然是或担忧或耻笑以白话文学为代表的通俗文化对传统高雅文化的侵袭与破坏，因此极力抗拒通俗文化，维护自己的为少数人所独有的文化资本。而胡适呢，则正是要努力把通俗文化提升到至少与传统高雅文化并驾齐驱的地位。他曾明确指出，他们所倡导的这一文学革命运动，事实上就是负责把这一大众所酷好的小说，升高到它们在中国活文学上应有的地位。[4]罗志田先生说得很透辟：“小说的地位升高，看小说的‘大众’地位当然也跟着升高。”[5]因此，提升白话文学的地位也就是提高大众在社会生活中的地位，是为大众提供与上层高雅文化斗争的文化资本。

胡适此举的目的可以说是成功地达到了，而其手段则颇可谓耐人寻味——用上层文化界推崇的乾、嘉考据学的方法研究上层文化界所鄙斥的白话文学，也就是说，以上层文化的合法性手段争取通俗文化资本的合法性，借上层文化之力而巩固通俗文化的地位。胡适运用此法，自然首先是跟他自己的学术研究的兴趣与偏好有关。他曾说过：

我最恨中国史家说的什么“作史笔法”，但我却有点“历史癖”；我又

[1] 《发起始末》，《国故》1919年第1期。

[2] 林纾：《畏庐三集》，商务印书馆1924年版，第27—28页。

[3] 王栻：《严复集》第3册，中华书局1986年版，第699页。

[4] 唐德刚：《胡适口述自传》，第225页。

[5] 罗志田：《再造文明的尝试》，中华书局2006年版，第123页。

最恨人家咬文嚼字的评文，但我却又有点“考据癖”！因为我不幸有点历史癖，故我无论研究什么东西，总喜欢研究他的历史。因为我又不幸有点考据癖，故我常常爱做一点半新不旧的考据。[1]

但是如果先不考虑这种“历史癖”与“考据癖”，那么胡适选用此法是否还有一些更深的用意？以胡适遇到压力就反弹的性格来看，这自然是一种更大胆的宣战——不仅要为这些白话文学作品争取文学史上的正宗地位，而且要更进一步，给予它们“现代学术荣誉”，认定它们也是一项学术研究的主体，“与传统的经学、史学平起平坐”。然而胡适又毕竟不是陈独秀，没有陈那种“必不容反对者有讨论之余地”[2] 的激进的死硬的革命性。他“头脑细密，顾前顾后”[3]，而且虽然提倡怀疑，喜欢立异，被“逼上梁山”，“首举义旗”号召文学革命，但内心里对于上层文化界的“学究”们还是很重视的。胡适自己的一段话明显地透露了他内心的消息。胡适晚年回忆他的《文学改良刍议》发表时的情况时说，这篇文章于 1917 年 1 月在《新青年》刊出之后，在中国文化界引起了一场极大的反应。北京大学一校之内便有两位教授对之极为重视。其一为陈独秀本人。另一位则是古典音韵学教授钱玄同。即使已经事隔多年，胡适仍然不无激动地说：“钱氏原为国学大师章太炎的门人。他对这篇由一位留学生执笔讨论中国文学改良问题的文章，大为赏识，倒使我受宠若惊。”[4]

国学大师门人的赏识既然能让他受宠若惊，则上层文化界的国学通儒们的强烈反对应该不会只是单纯地加强他迎战的斗志。那么在一定程度上他选用考据学方法研究白话小说，也未尝不是对学究们的一种妥协甚至是迎合。可以说他是在用这种独特的方式巧妙地告诉他们这些白话小说的一些值得研究之处。而一旦“学究”们对白话小说产生研究的兴趣，则离他们接受甚至喜欢上白话小说的时候也就不远了！

---

[1] 欧阳哲生：《胡适文集》第 2 册，北京大学出版社 1998 年版，第 378 页。

[2] 《通信》，《新青年》1917 年第 3 期。

[3] 转引自罗志田：《再造文明的尝试》，第 123—124 页。

[4] 唐德刚：《胡适口述自传》，第 152 页。

四

然而通过考证而提升与巩固白话文学的地位并不是胡适的最终目的。对于他而言，此举另有深意存焉。

胡适曾经分析过那些先自己而提倡白话文的维新人士的心理。他说，那些人可以说是“有意的主张白话”，但不可以说是“有意的主张白话文学”。实际上，他们是被困在重重矛盾之中的。一方面，他们很清楚白话文可以用来作为“开通民智”的工具，可另一方面，他们自己从心底里却是瞧不起白话文的，他们总觉得白话文只能用于无知百姓，而不可用于上流社会。[1]

作为那次白话文运动的积极提倡与身体力行者，蔡元培后来也说：“民元前十年左右，白话文也颇流行……但那时候作白话文的缘故，是专为通俗易解，可以普及常识，并非取文言而代之。”[2]

那么胡适“高揭文学革命的旗帜”，极力主张以白话文取代文言文，又是出于何种心理与目的呢？

在《尝试集》自序里，胡适曾提到，他的朋友钱玄同曾经替《尝试集》做过一篇长序，在该序中钱玄同把应该用白话做文章的道理说得很痛快透彻。[3]我们且看看钱玄同是如何说的：

> 文章开篇不久，钱氏即指出，中华的字形，无论虚字实字，都跟着字音转变。既然如此，那么在中国就应该一直是“言文一致”的。可是事实上，二千年来，语言和文字却相去甚远。这其中的原因是什么呢？

对于自己提出的这个问题，钱氏随即进行了分析解答。他认为，中国言文长期不一致的原因有二。其一是自秦始皇开始，历代封建统治者（钱氏谓之“独夫民贼”）喜欢摆架子，无论什么事情都要与平民不一样，以此而使自己那

---

[1] 欧阳哲生：《胡适文集》第 3 册，第 252 页。

[2] 蔡元培：《总序》，赵家璧：《中国新文学大系建设理论集》，上海文艺出版社 1981 年影印本。

[3] 欧阳哲生：《胡适文集》第 9 册，北京大学出版社 1998 年版，第 70 页。

野蛮的体制尊崇起来。他们这种做法，不仅表现在日常生活之中，举凡吃、穿、住、行等，全要“不近人情”，不许别人效尤，而且贯彻到文字的运用方面。如秦始皇看见辠犯的“辠”字和皇帝的“皇”字（“皇”字的古写。）上半部都从“自”字，便老大不快，硬令“辠犯”改用“罪”字；又把本无分别的“朕”“我”二字强行划分，前者归皇帝专用，后者为臣民大众共用，等等。始皇既开此先例，后来的“独夫民贼”们便纷纷从而效尤，“定出许多野蛮的款式来；凡是做到文章，尊贵对于卑贱，必须要装出许多妄自尊大看不起人的口吻；卑贱对于尊贵，又必须要装出许多弯腰屈膝胁肩谄笑的口吻”[1]。因为，如果没有那种“骄”“谄”的文章，这些独夫民贼的架子便摆不起来了。钱氏认为这便是中国言文分离的第一个缘故。

至于言文分离的第二个原因，钱氏认为是“文妖”之过。这些“文妖”又可具体分为两种。一种喜欢模拟古人、雕词琢句，另一种则热衷于讲究文章的“格律”与“义法”等。他指出，这两种文妖，是最反对那老实的白话文文章的。为什么？因为，如果用白话文做文章，那么“第一种文妖，便不能搬运他那些垃圾的典故，肉麻的词藻；第二种文妖，便不能卖弄他那些可笑的义法，无谓的格律。并且若用白话做文章，那么会做文章的人必定渐多，这些文妖，就失去了他那会做文章的名贵身份，这是他最不愿意的”[2]。

就其实质而言，无论是“独夫民贼”还是两种“文妖”，他们故意造成言文分离的状况，目的都在于要在社会上划分出不同的等级，使自己高高凌驾于大众之上，彰显其不凡。而现在文学革命的先锋们认定白话是文学的正宗，却“正是要用质朴的文章，去铲除阶级制度里的野蛮款式；正是要用老实的文章，去表明文章是人人会做的，做文章是直写自己脑筋里的思想，或直叙外面的事物，并没有什么一定的格式”[3]。

显而易见，以胡适为首的“文学革命”的提倡者们此时标举白话文早已不

---

[1] 钱玄同：《尝试集序》，赵家璧：《中国新文学大系建设理论集》（影印本），第 107 页。
[2] 同上，第 109 页。
[3] 同上，

仅仅是因为文言文“晦涩难懂，作为工具已不实用”[1]，不是出于“哀怜老百姓无知无识，资质太笨”而给他们的“一种求点知识的简易法门”[2]，而是想拆散那些“独夫民贼”的“架子”，消除文学中的“骄”“谄”之气，使人与人之间的“尊贵”与“卑贱”之分不再通过文学而泛滥；是要撕烂那些“文妖”靠“垃圾的典故”“肉麻的词藻”“可笑的义法”与“无谓的格律”等所织就的“名贵”外衣，在社会上培养文章并无定法、人人能做的意识。说得直接明了一点，就是通过文字的改革，在社会上培养一种新的自由、平等的观念。

倡扬白话小说有助于培养国民自由、平等的新观念；而同时，通过考证白话小说而“阐明和传播由证据出发的思想方法”，则有助于培养国民的科学精神，有助于大众逐渐学会用评判的态度看待事物，用科学的方法研究问题，“使我们不让人家牵着鼻子走”[3]。培养民主观念与科学精神，是在中国社会进行思想革命的两个方面。而对于社会责任感特别强烈、却早已认识到追求政治途径以改造社会无裨于事[4]的胡适而言，思想革命正是实现他的宏伟目标——“再造文明”的最好的途径。因为“新思想”“新精神”一旦在社会上广为传播、深入大众的头脑，“德先生”和“赛先生”一旦在社会上受到广泛的拥戴，一种“由人民发动”的新政治一旦形成，一种“新的文明”也便“再造”成功，自由与民主的社会也就达成了！胡适晚年就是这样给当年那场由他所“策动”的“中国文艺复兴”也即“新思潮”“下定义”的：“通过严肃分析我们所面临的活生生问题，通过由输入的新学理、新观念、新思想来帮助我们了解和解决这些问题，同时通过以相同的批判的态度对我们固有文明的了解和重建，我们这一运动的结果，就会产生一个新的文明来。”[5]

胡适深信，文明不是笼统造成的，是一点一滴的造成的；进化不是一晚上

---

[1] 曹而云：《白话文体与现代性》，上海三联书店 2006 年版，第 141 页。

[2] 胡适：《导言》，赵家璧：《中国新文学大系建设理论集》，第 11 页。

[3] 同上，第 188 页。

[4] 参见周策纵：《五四运动史》，岳麓书社 1999 年版，第 326 页；周明之：《胡适与中国现代知识分子的选择》，广西师范大学出版社 2005 年版，第 175 页。

[5] 唐德刚：《胡适口述自传》，第 176 页。

笼统进化的，是一点一滴的进化的。[1] 而提倡白话文、推崇白话文学、考证古典白话小说、整理国故等等工作，正是他为了实现“再造文明”这个“唯一的目的”所做出的一点一滴的努力。从这个意义上来说，胡适考证传统白话小说，已经不只是想把它们作为语言教具，借它们而从语言上把平民武装起来，不只是想把它们作为新文学的样本，不只是想通过此举而提升白话文学的地位，而更多是为了在整个社会上推行一种自由平等的新思想、新道德、新风尚，为了从思想观念上把全体大众改造过来、武装起来，是为了创造一种自由、平等与科学的新政治新社会。也就是说，胡适借此而进行的不仅是语言与文学启蒙，而且是思想启蒙；尤为重要的是，他所启蒙的对象不仅仅是引车卖浆者流，而是包括以往的启蒙者在内，包括所有的“会说什么‘圣贤’话，‘大人’话，‘小人’话，‘求容’话，‘骄人’话，‘妖精’话，‘浑沌’话，‘仙佛侠鬼’话，最不会的是说‘人’话”[2] 的“文妖”在内，包括所有把中国搞得民不聊生、“山穷水尽”的“独夫民贼”与军阀在内。在他这里，那些传统白话小说成了与那些“孔教、礼法、贞节、旧伦理、旧政治”、“旧艺术、旧宗教”、“国粹和旧文学”[3] 等等斗争的工具。

本文原载于《中国文学研究》2009 年第 4 期

[1] 胡适：《新思潮的意义》，《新青年》1919 年第 1 期。

[2] 傅斯年：《白话文学与心理的改革》，赵家璧：《中国新文学大系建设理论集》（影印本），第 204 页。

[3] 胡适：《新思潮的意义》，《新青年》1919 年第 1 期。

二三十年代女性文学与革命意识形态

唐利群

唐利群，女，1971年出生。湖南湘西人，土家族，文学博士。2000年7月至北京外国语大学，2004年被聘为副教授。专业方向为中国现当代文学。主要研究兴趣为现当代女性文学。曾在《妇女研究论丛》、《中国现代文学研究丛刊》、《鲁迅研究月刊》、《文艺报》等学术刊物发表论文10余篇。参与编写《中国文学通典》《当代中国人文社会科学学科发展丛书》多种。

女性在20世纪二三十年代的文学中不期然间成为一个可见的“不可见者”。战争与革命的现实将这一边缘族群推至前所未有的时代大舞台上，出演一个全新的同时也因之炫目的角色。谢冰莹曾经由衷地欢呼：“这是一个伟大的时代。”是的，这的确是改变女性命运的伟大时代，它使得一个弱势群体与“战士”、与“革命”这样的语词联结在一起；然而，这个伟大的时代真正书写的却是关于民族、关于国家的“宏大叙事”，在关注更广阔的社会现实的名义下，个人，以及女性的问题，被视为必须突破的狭小空间，成为无暇顾及的盲点。只有在大时代中浮沉的孤独个人还不忘一份清明的创痛，正如白薇所说的：“前几年闹革命文学，作者大家的心血，都在为劳动者从九层地狱里呼冤；而那时对于埋在十八层地狱的妇女，似乎绝少人去注意她们加倍的悲惨。现在是时代轰轰然开着倒车，五四以后抬起头来的妇女，时代的黑手又把她们拖回家庭，拖回坟墓去。”[1]

这是二三十年代女作家所面临的一种悖论式的情境。那些对社会以及民族、国家还不忘投入一抹关注的目光的女作家更是如此，她们比固守自我的女作家更能体验到社会职责与个人生活之间、女性身份与时代要求之间不无痛楚的撕扯。本文所试图考察的，正是二三十年代女性文学的文本中，关于革命、民族、国家的话语如何跟关于性别、个人的话语复杂地纠结在一起。

一、重叠：革命与性别再造

对于谢冰莹们来说，革命与其说是一种选择，毋宁说是一种契机，一种使她们摆脱固有命运的契机。在现代中国，历史从来没有促成过自发、自主的女性主义运动，但是几乎每一次重大的社会、或是政治革新都会牵动性别的边界，从而造成对女性生存状况的改变甚至重塑。“五四”时代的思想启蒙运动由对“人”的关注而促成了对女性问题的发现，借助“五四”的力量，女性才得以“浮出历史地表”，并获得一份表达自己的权力。可是，经历了意识觉醒的妇女却无法解决思想与现实相冲突的二难命题，因此到了二三十年代，更直接作用于现实的政治革命就在某种程度上呈现为另一次历史契机，它将那些不安于传统性别设定的女性再次裹挟而出，使之在具体的革命实践中改变自己的角色地位。从这个意义上可以说，“革命”与“性别再造”之间形成了一种共谋关系；也只有从这一前提出发，我们才能理解当时产生的诸多“女战士日记”中所洋溢着的巨大欢乐和激情。

无论是谢冰莹寄自北伐前线的《从军日记》以及她后来回忆录性质的《一个女兵的自传》，还是左联女作家冯铿对苏区女战士的想象——《红的日记》，

---

[1] 白薇：《悲剧生涯·我写它的动机》，转引自白舒荣、何由：《白薇评传》，湖南人民出版社 1983 年版，第 153 页。

(甚至包括男作家洪灵菲以女兵日记的形式写成的《路上》)，尽管彼此之间存在着不少微妙的差别，然而其共同之处却在于每一部日记都把置身于革命战争中的女战士的经历，表述为一个充满欣悦的过程。这种欣悦最初源于真实而直接的现实感受：相对于沉滞的家庭和学校生活，战地无形中成为一个虽然陌生却富于挑战、生机勃勃的场所，它极大地激发了蕴藏在女性体内、从未苏醒也从未被发掘的勇毅与活力。因此，在谢冰莹纯真的眼中，北伐战场留下的最深印象，是女兵作为破天荒之物路过时引起民众注意的那份骄傲，是深夜急行军中尽全力一搏、丝毫不亚于男性的那份坚韧，甚至是标语、口号的海洋里一个个花絮式的趣闻和趣事[1]……一项所谓男人的事业奇迹般地转化为女性生命力释放的方式；而在冯铿的叙述里，虽然她对苏区革命斗争的描摹具有远为浓厚的意识形态对抗的意味，她的“女兵日记”也并非亲历的产物，可是其中依然不乏一种挣脱滞重的性别束缚之后自由的感觉。女作家笔下“欣悦的文本”所表露出的重生感受并非完全出于外在理念的灌输，它同样来自那个时代特定的性别现实：当个人已经无法撼动僵硬的性别规定之时，革命战争巨大的改造作用就被呈现为女性的解放力量。

然而，革命战争与性别之间的这种共谋关系到底在何种程度上是有效的？这一点却成为二三十年代女性文学表达和思考的盲区。谢冰莹作品中的看法可以代表那一时代的共识：“她们把自己的前途和幸福，都寄托在革命的事业上面。谁也知道整个的旧社会不根本推翻，女子永远也没有得到解放做人的一天。”[2] 这种确定无疑的普遍性认识，决定了彼时女性文学在碰触革命主题时所能达到的深度和力度。由于把女性解放的可能性完全放在了社会政治革命之上，将女性的要求与一个关乎民族、国家的宏伟目标全部重叠在一起，女作家们的感受变得极为单一：她们为旧有的性别规范在革命中被抛弃而感到欣悦，却忽略了新的规范同时降临，而且带有强烈的男权特征；她们为能够参与历史的伟大进程而激动，却忽略了自己只有通过男性化的身份才能同与民族、国家建立

[1] 谢冰莹：《从军日记》，上海光明书局 1932 年版，第 10—11 页。
[2] 谢冰莹：《一个女兵的自传》，上海良友图书印刷公司 1936 年版，第 166 页。

联系；她们为把自我消融于群体之中而感到快慰，却忽略了取消个人也会有放弃自我独特性的危险；她们为火热的军旅生活而欢呼，却忽略了任何一种战争都可能造成血腥和残忍（即使偶然写到，那也不是无法忍受的惨景，而是不得不付出的牺牲[1]）……与“宏大叙事”的合流使当时的女性文学以喜悦抹平了一切的可疑和裂痕。然而，这一批女作家文本中出现的一些“症候”，却无意中暗示这可疑和裂痕确实存在。

谢冰莹的《从军日记》和《一个女兵的自传》构成了两个互为参照的文本，如果说前者是女战士南征北战的光荣履历，那么后者则是女生队解散，主人公重新挣扎沉浮于沉寂人生的辛酸史。两相对照之下不难读出一个现代“花木兰”的故事：女性所面临的不仅是现实的困境，诸如时世艰难、社会险恶、生活窘迫……并且也是性别的困境，因为她必须化装成男人，才能在时代的大舞台上“激情出演”，而回复“女儿身”之时，也便是退出行动的舞台之日。虽然女性与革命之间这种联系的偶然性并非作者有意加以揭示的，可是它却在两个文本的参差之间体现了出来。

冯铿的《红的日记》在对完满、欢乐的革命进程进行叙述时，也透露出了某种不谐之音。那是正当苏区女战士马英（“我”）以大家都是“红军同志兄弟”的心态对待自己与男性士兵的关系时，一个晚上却发觉有人压在自己身上。这一细节实际上裂解了革命同志间“兄弟”式的关系，而将一个根本的性别差异——无论是生理差别还是文化差别——显现了出来；即使在革命队伍中，性别分立的现实依旧存在，它并不能随着革命的发生而化为无形。但是这却并没有引发主人公的丝毫疑虑和思考，她的做法是进一步抹平、取消这种实存的对立：“把自己是女人这回事忘掉干净罢！也不要以为别的同志是什么鸟男人！”“什么男人、女人这些鸟分别谁耐烦理它！”[2]从表面上看，这似乎是对具有压迫性的性别秩序的超越，但实际上它却是通过遗忘的方式，弥合并掩盖了两性间远未结束的对抗关系。

---

[1]　谢冰莹：《一个女兵的自传》，第166页。

[2]　冯铿：《重新起来！》，花城出版社1986年版，第144页。

二三十年代女性文学中这类反映女性在革命战争中命运变化的作品，很大程度上受到了局限，可是这局限的形成却并非如近年来一些批评所总结的那样，是因为女作家们介入了政治、革命、战争（有时候这些因素可以起到某种促进作用），问题的关键在于她们仅仅看到“性别的革命”与社会政治革命之间的重合、一致，而无视二者的分歧与冲突。这样，女性作为“男权社会异己者”的身份和感觉就完全被遗落，她在社会革命中复杂的意识变迁，以及在这一过程中可能承受的痛苦、牺牲和代价，都无法浮现在此期的文本中。

二、整合：在阶级的序列中

革命文学在二三十年代所具有的意义是多重的。20 年代末期通过血腥政变建立起来的专制统治，实际上使处于与之对抗位置上的革命实践和革命文学获得了内在的合理性与正义性；在革命文学以及稍后的左翼文学创作和批评中，逐渐发展起一整套以马克思主义“阶级论”为基石的话语系统，这一被后来的批评者称为“关于资产阶级的压迫与无产阶级的反抗，关于贫苦大众的力量与觉醒，关于大众奋起革命推翻政府……的意识形态”[1]，在某种程度上成为彼时文化专制主义最为激进也最为有力的解构力量。然而与此同时，这一将阶级革命看作是一种救赎之道、一种终极解决的宏伟叙事，却因为过于整一、完满，反倒显露出它的想象性和强制性特征。在主要由两相对峙的阶级力量所构成的文化图景中，“性别”的意义不是受到淡化和放逐，就是被整合到阶级的序列中来；它不再具有自身的目的，而常常被用作意识形态的一种策略。即便是女作家的作品，也很少逾越这一思维的界限。

表现在具体的创作中，就是此期的文学往往用无产阶级意识和资产阶级意识的命名方式，来分割出女性中好与坏、进步与落后……的不同群落。上文中提到的洪灵菲以女兵口吻写下的日记体小说《路上》，其实就较早地体现了这一

---

[1]　孟悦、戴锦华：《浮出历史地表》，河南人民出版社 1989 年版，第 103 页。

点。作者除了将“我”描述成勇担男人重任的女子以外，还设计了一个与“我”形成对照的形象——那不断炫耀自己的“女人味”，在男性军官面前不自重的女兵。小说还明确点出：“我”的勇敢、坚强以及正派，是因为获得了“普罗列塔利亚”意识所致，而那个女子的浅薄、庸俗则是由于还停留在“小布尔乔亚”意识阶段的缘故。两类女性形象的分立在革命的女性文学中得到了合乎逻辑的延伸，只不过形象的载体稍有不同：一种更具典型意味的形象出现了——那些生活在社会最底层的贫苦妇女，被认为是更可能拥有无产阶级意识的群落。草明作品里劳累的缫丝厂女工，葛琴笔下辗转于乡村与城市场景中的困顿者，冯铿《贩卖婴儿的妇人》中被迫将亲骨肉以一块钱价格出售的妇人，萧红《王阿嫂的死》中身怀六甲仍被地主踢打的农妇……这些苦难的承担者绝非仅仅被定义在受侮辱、受损害的位置上，她们被剥夺得一无所有恰恰表明她们具有反抗的潜能，只要经历一个意识觉醒的过程，她们就能与整个阶级的反抗融合在一起；而性别身份在这里不过起到了强化主题的作用：作为更弱小者的悲惨遭遇，可以更充分、更有力地印证现存统治的不合理。因此，尽管革命女作家的创作并不缺乏对女性的表现，可是此时的女性形象已大多成为意识形态叙述中的一个特定编码。

与之对应出现的，是另一大形象类型——小资产阶级知识女性的群落。如果说底层妇女走上革命之途所需要的是“觉醒”，那么知识女性必须完成的则是“转变”。后者通常被描述成狭隘的个人主义者，幻想、虚荣、耽溺于个人生活的目标……只有不断去掉自己身上的这些弱点，并不断向下层民众靠拢，她们才能获得无产阶级意识，完成对自我的改造。这不仅仅是当时的文学塑造形象的一种模式，在一定程度上也是作为知识女性的作家本身的自喻和自指。以最复杂、最矛盾的形态体现了这一点的，是丁玲的创作以及她创作中的转向。

知识女性在丁玲二三十年代的系列作品中，经历了一个清晰可见的形象变迁过程。《梦珂》、《莎菲女士的日记》等早期作品里出现的，是一个个具有强韧而痛苦的灵魂的知识女性。孤傲不群、藐视规范、外表冷峻而内心热烈、追求意志与人格的自由独立……相对于此前文学中的女性形象，莎菲式的人物无疑拥有更为自觉也更为强大的女性自我意识。然而正是这种意识的尖锐性，使之无法在传统的乡村生活中找到宜于生长的空间（因此丁玲早期小说中的女主人公总是由乡村而入都市、寻找别一种生活样式）；但即使是在现代化的都市中，她们也难以发现精神的栖息之所（无论是梦珂从淫逸的空气中逃离，还是莎菲对于庸俗的拒绝，都预示了她们必将陷入精神上走投无路的困境）。这是社会现存的生活方式已经无法容纳女性意识的发展而产生的一种困境，洞谙于此的丁玲必须找到另一条道路，才能避免莎菲式的孤绝甚至死灭的命运。从这个意义上说，丁玲在30年代所经历的人生道路和创作道路的向“左”转向，并非偶然的或者不合理的突变，而是有着自身的内在逻辑。

但我们也不得不看到这转向所包含的代价：丁玲必须通过不断修正、削删、更改原本属于莎菲式的女性意识，才能使她的人物进入到革命的阵营。在《一九三〇年春上海（之一）》中，女主人公美琳的个人主义生活不再呈现为深刻的痛苦，而是被描述成令人窒息的无聊，因此她最终在另一个男性革命者的引导下走出了家庭的小天地。革命为女性承诺了得救的结局，但美琳的精神导师的男性身份却让这一点大可存疑。到了《一九三〇年春上海（之二）》中，那个不受约束、高傲任性、征服欲极强的女主人公玛丽，无疑带有许多“莎菲”的精神特点，然而由于丁玲的思考方式已经发生了很大的变化，所以早期作品中处处可见的作者对人物的认同感，在此已经消失殆尽，玛丽的个性特征也由此丧失了正面的价值和意义。在她的恋人——革命者望微的男性视点中，玛丽所有的特性都变成了会阻碍革命进程的资产阶级女性的弱点：看不起大众、过分注重私人情感、爱好虚荣……当这一形象最终被定义为“没有一丝一毫是对于生命的进取，而全是充满着淫荡、逸乐、一种肉欲的追求和享受”[1]时，也就表明在新的意识形态表述中，莎菲式的女性形象已经发生了多么大的变形。

作为玛丽的对立面，《一九三〇年春上海（之二）》将劳动妇女的形象引入了作品，这个由望微发现的电车售票员成为知识者想象中的理想女性：“她是那么朴素，那么不带一点脂粉气，而又能干，脸色非常红润，一种从劳动和兴奋

[1] 丁玲：《丁玲文集》第二卷，湖南人民出版社1983年版，第218页。

之中滋养出来的健康的颜色。”[1] 如果说在这部小说中，健康、向上、富有活力的理想女性形象还只是一闪而过，那么到了后来的《田家冲》里，丁玲则着重塑造了一个兼具知识者和劳动者之长的全新的革命女性形象——她虽然是地主家的小姐，却背叛了自己的家庭，在城市里接受了革命真理，所以她不仅“不骄矜、不华贵”，不像一个小姐，与佃户一家“玩得像兄弟姐妹一般”[2]，而且她还启发他们逐渐懂得了阶级压迫和阶级反抗的道理。这个无论是外在气质还是内在意识都跟无产大众无限接近的知识女性，无疑是一种“新人”，但这“新”的内涵，已经与五四时期的子君、露沙……以及大革命后小说中的慧、孙舞阳、章秋柳、萝、王曼英等“新女性”[3] 有了根本的区分。她已经融入一个伟大的革命群体，并且成为阶级革命链条上有效的一环，因此，她再也无须经受莎菲式的孤独和绝望，再也不必面对以前的“新女性”所具有的性格矛盾和精神困境，但这同时也意味着：她熄灭了精神上的那份躁动不安，她失去了对男权专制的那份敏锐洞察，她被剥夺了对任何理想状态进行置疑的那份权利。这一点也为丁玲自己后来的生命历程所证实。

应该说，丁玲以及她笔下的知识女性，是有着更鲜明的、不与现实妥协的女性意识的，然而从莎菲式的人物到理想化的女性形象，丁玲二三十年代的创作划出了一道女性自我意识逐渐消沉于阶级序列中的轨迹，从中可以见出的，是阶级革命、群众运动强大的整合作用。

三、裂隙：身体的暴力

当二三十年代革命意识形态逐渐建立起完备、成熟的叙事模式时，女性的自我表达和自我感受却越来越被推至边缘。然而也就是这些身在其间的女作家的某些作品，依然保留了某种“越轨”的可能性；它们也许只是一些破碎、零

[1] 丁玲：《丁玲文集》第二卷，第 196 页。

[2] 同上，第 265 页。

[3] 赵园：《艰难的抉择》，上海文艺出版社 1986 年版，第 260—261 页。

散甚至含混的表述，但却使那整一的文化板块绽露出了裂隙。

丁玲曾希望以自己的创作，写出那一时代进步的知识分子在人生观转变过程中所经历的精神激战，《一九三〇年春上海》、《田家冲》并没有达到这一目的，而早于此的《韦护》，反倒揭开了投身革命的知识者复杂内心世界的一角。小说展示了一位上下求索的革命者的另外一面：韦护对优雅生活方式的保留，对艺术与审美的爱好，对爱情的追求与沉醉……作者并未将革命者“个人主义”的一面当作批判对象，而是努力去发掘选择了革命的知识者所可能遭遇的矛盾、痛苦和挣扎；那个没有参加革命，并对革命颇有微词的女主人公丽嘉，在小说中也呈现为一个有情感、有头脑的正面形象。正是由于对被排拒在主流话语之外的“个人”、“女性”还持有一份体察和认同，《韦护》并不像丁玲自己后来批判的那样，仅仅是一部“革命＋恋爱”之作，与诸多类似题材的同期创作相比，它更为丰富地展现了革命时代知识者的心态。

另一个以自己特异的方式传达知识女性命运的作家，是白薇。中国现代女作家当中，还没有人像白薇这样在“性别”与“革命”关系的描写上，显露出如此不可分的纠结和如此不可解的矛盾。她的作品是“不规范”的，《打出幽灵塔》、《炸弹与征鸟》以及《悲剧生涯》，到处是自我经验不无狂暴地扫掠后留下的粗糙，而缺乏经由意识形态打磨后那镜面般的平滑。与谢冰莹、冯铿、丁玲相比，白薇笔下的女主人公同样将“革命”看作是拯救自己、拯救社会的激情出演，然而不同的是，她们即使在进入革命阵营以后，女性的诸多性别特征也并没有为阶级意识所同化。白薇的人物因此常常存在着严重的性格不协调，各种各样意识混杂在一起，无法建立起统一或者对立的有机联系，这从反面表明了拒绝进入经典叙事所可能带来的创作失措；可是正是由于顽强保留了一份女性意识，白薇才会在革命的大时代里，不合时宜地重申人们对女性问题的遗忘和漠视，她的戏剧和小说也才会反复讲述阶级奴役之外的性别压抑，哪怕这压抑出现于革命阵营内部。[1]

这种溢出意识形态的规定之外的表达同样体现在对下层妇女的描写中。左

---

[1] 白薇：《炸弹与征鸟》，转引自白舒荣、何由：《白薇评传》，第 99 页。

翼女作家罗淑的作品，一定程度上改写了对劳动妇女观念化的界定。在她为数不多的创作中，最出色的两篇小说都是关于下层女性的。《生人妻》中那个被丈夫卖掉的农妇之所以具有震撼人心的力量，不仅因为她遭受的苦难之深，也在于她承担生活和命运时表现出的性格之韧；《刘嫂》里的女仆之所以别具一格，是因为她有独特的“人生哲学”：既然人生的唯一乐趣在于喝酒，那么宁可被主人解雇，也要保持自己的这个嗜好。[1] 罗淑笔下的劳动妇女形象不再仅仅是苦难或反抗的符号，而是带上了更为厚重的人生内涵。

即使在一些相当吻合主流的作品中，也会不时出现某种裂隙，如女作家草明早期的小说《绝地》，主要写一个卖粥妇人真嫂被剥夺了一切生活资源之后，只能离开居住地，去别处寻找希望。小说倚靠的是民众受压迫并寻求反抗的经典叙述话语，可是在具体的文本中，作者除了描写真嫂受到工厂资本家的压迫外，还写了她因为跟男人们的关系，而遭受与之同一阶级的别的妇人的歧视和唾弃。[2] 这就触及到下层阶级也依旧存在着封建观念的问题，从而将一个阶级中不那么“纯然”的成分揭示了出来。不过草明很快摆脱了自己的“不成熟”和“不规范”，因此她后来的作品也就消失了类似的揭示。

上述女作家的作品或多或少都包含了一些异于主流的因素，它们使个人、女性以及阶级、革命之间的关系得到了相对复杂化的呈现；而以最强烈的方式触动着意识形态边界的，是萧红和她的创作。

不管是萧红的人生经历还是她的创作实践，都显示了女性与国家、民族之间深刻的连接和分离。作为一位有着家国沦丧之痛的作家，萧红在她的作品里曾以罕见的凝重笔墨，书写了乡土大众从沉滞中觉醒、反抗外敌的历史；作为与鲁迅“改造国民灵魂”的文学传统有着割舍不断的精神联系的作家，萧红的创作又常常超越通用的“革命文学”模式，《生死场》、《呼兰河传》最有力的部分，已经切入到乡村混沌、盲目的生存方式，以及人在生死轮回中对自己、对世界的麻木无知，萧红笔下沉重的历史惰性即使到了人们起来反抗以后也没有

[1] 罗淑：《罗淑文集》，四川人民出版 1981 年版，第 11 页。
[2] 草明：《绝地》，花城出版社 1983 年版，第 181—184 页。

褪尽；同时，作为一个早早就被家庭放逐、而又不断受到男性伤害的女性，萧红从一开始就对女人特有的灾难和屈辱表现出极端的敏感，在相当程度上她是通过女性的体验来触及并穿透历史的，这种体验是如此尖锐、疼痛而且具有冒犯性，它们在作品中往往外化为大量的女性身体意象。

已有研究者注意到：萧红的《生死场》"表现的也许还是女性的身体体验，特别是与农村妇女生活密切相关的两种体验——生育以及由疾病、虐待和自残导致的死亡"[1]。确实，当萧红写乡土大众如动物般无目的、无意义地忙着生、忙着死的时候，生死场同时也就成了各种权力密集、交织的场所，这里有自然的肆虐、阶级的倾轧、外族侵略者的洗劫，而男权的暴力则占据了中心的位置。小说频频写到女人痛苦到可怖的生育场景，金枝对腹中不合法的隆起的极度惊恐，月英渐渐生蛆、腐烂的身体，小金枝被摔碎的小小躯干……与之形成鲜明对应的，是男人们（丈夫与父亲）的粗暴、冷漠、隔膜甚至残忍。这些流血的、变形的、腐烂的、千疮百孔的身体意象具有象征意味，它们跟那个由生产方式决定的男权社会、性别制度紧紧连接在一起。这种状况即使在日本入侵，共同抗敌卫国的过程中也没有被改变。对此，女性主义批评者刘禾在她的《重返〈生死场〉：妇女与民族国家》中曾有出色的分析：在《生死场》的后半部，萧红设计了这样一个情节：金枝长期忍受丈夫的折磨，丈夫死后去城里做缝穷妇又被中国男人强暴，因此当她听到日本人残杀妇女和儿童的消息时，她的反应变成了："从前恨男人，现在恨小日本子。"最后她转到伤心路上去："我恨中国人呢，除外我什么也不恨。"[2] 妇女被强奸在小说中常常被处理成日本人的暴行，通过这种叙事策略可以有效地激发民族感情，但萧红却不止于写日本人的罪恶，她以金枝被中国男人强暴这一细节，裂解了女性的家国认同与民族认同，从而将掩盖在宏伟叙事之下的女性独特体验揭示了出来，将即便是民族战争也无法动摇的性别对立公之于众。在谢冰莹、冯铿们止步的地方，萧红开始重诉女性与民族国家重任的叠合与分离，开始重申那些被遮蔽的性别表达、被忽略的性

[1] 刘禾：《重返〈生死场〉：妇女与民族国家》，见李小江：《性别与中国》，三联书店 1994 年版，第 64 页。
[2] 萧红：《萧红全集》，哈尔滨出版社 1991 年版，第 136 页。

别牺牲。

萧红的揭示即使在现在也不无意义。90年代末她的《生死场》被改编成话剧，导演在抓住小说的本质的同时又删改了它的精神，话剧中的金枝被日本人杀害，她的死最终成为众人（她的丈夫、父母和乡亲们）走向抗日的动力。原作中加诸女性身体之上的各种暴力的复杂纠结被简化了，性别的意义在强化了的民族主义叙事中再次受到忽略。由此可见，女性的自我表述要真正浮出海面，还需一个不断诉说、不断揭示的漫长过程。

本文原载于《妇女研究论丛》2001年第3期

两条胡同的是是非非
——关于50年代初文学与政治的多重博弈

张　霖

张霖，女，34岁。文学博士，副教授。主要从事中国现当代文学史、中国电影史和中国当代文化研究。

1949年7月，“第一次文代会”在北平召开，这次大会，曾被周恩来誉为被分隔多年的文艺界的“大会师”[1]。然而，在这表面的团结与欢欣下，座次初定的新中国文坛却暗潮汹涌，甚至来自解放区的作家们也因过往的宗派矛盾、素来的文学分歧而争拗不断。其中比较引人兴趣的，当属解放区文艺的两颗明星——丁玲和赵树理在1950年前后展开的文学竞争。以丁玲等“洋学生”为代表的“作协”和以赵树理为代表的“土包子”所组成的工人出版社，分别搬入具有百年历史的东、西总布胡同[2]，两个单位隔街相望，相映成趣。一时间文人雅集，好不热闹。然而在热闹之外，两条胡同间也就生出不少的摩擦与是非。

---

[1] 周恩来：《在中华全国文学艺术工作者代表大会上的政治报告》，中华全国文学艺术工作者代表大会宣传处编：《中华全国文学艺术工作者代表大会纪念文集》，新华书店1950年版，第19页。

[2] 总布胡同，始建于明代，位于今北京市东城区东单北大街一带，其规模比一般的胡同要大得多，宽8米有余，分东西两段。西总布胡同长约723米，东总布胡同长约631米，全长1354米。

一、东、西总布胡同的明争暗斗

东总布胡同22号是“作协”所在地。“作协”主要是“洋学生”出身的左翼作家的天下，其领导人是丁玲。而坐落于西总布胡同30号的工人出版社则是来自太行山老解放区“土包子”的地盘。1949年3月15日，赵树理所在的《新大众报》迁入北平，改版为《大众日报》。7月15日，《大众日报》转归全国总工会领导，作为中华全国总工会的机关报，更名为《工人日报》。工人出版社是《工人日报》的派生机构。赵树理进城后，即担任该报社的记者，进驻西总布胡同30号。7月15日，工人出版社成立，由赵树理担任社长，王春任副社长（赵树理一生的好友，一直共同推动新文学通俗化实践），苗培时任编辑部主任（解放区的通俗文艺名家）。[1]这班昔日在太行山区推动新文学通俗化实践的老朋友，如今在北平的大胡同里再次聚首。他们一心一意要把新文学的通俗化实践坚持下去，把城市的通俗文学市场夺取过来，将革命的大众文艺“打入天桥去”。[2]

为了让新文学能真正被大众接受，西总布胡同的工人出版社做了不少努力。1949年10月15日，他们首先请赵树理和老舍牵头，成立了“大众文艺创作研究会”，以改造艺人和培养通俗文艺作者；1950年1月，编辑出版了面向全国发行的《说说唱唱》杂志，作为发表曲艺作品的园地，满足城市读者的要求；1950年，为了方便农村读者，还改造了出版通俗文艺作品的“宝文堂”书店，通过货郎担子给农村的艺人和文艺爱好者提供演唱材料。[3]

然而，东总布胡同的知识分子作家们对于西总布胡同进行的通俗化工作却不以为然。两条胡同之间颇有些格格不入。“西总布胡同认为东总布胡同是‘小众化’；东总布胡同认为西总布胡同只会写‘一脚落在流平地，一脚落在地流平’，登不了大雅之堂。”[4]为了比个高低，“土包子”与“洋学生”打起了擂台，在明里暗里展开较量。

---

[1] 董大中：《赵树理年谱》（修订本），北岳文艺出版社1994年版，第332页。

[2] 赵树理：《在大众文艺创作研究会上的讲话》，《大众文艺通讯》1950年第1期。

[3] 有关赵树理在北京所从事的通俗文艺改造工作，参见拙文：《新文艺进城》，《文学评论》2006年第6期。

[4] 邢小群：《刘志丹事件的前前后后——何家栋访谈》，《中外论谈》2003年第2期。

第一回合：鼓词与新诗之争

第一回合是西总布胡同挑起的，他们采用曲艺形式改编了东总布胡同作家们的新诗和小说。赵树理和外号“苗大鼓”的鼓词能手苗培时一起参与了这个工作。赵树理把田间的叙事长诗《赶车传》改写为鼓词《石不烂赶车》，苗培时则用评书的形式改写了孔厥、袁静的长篇小说《新儿女英雄传》。这么做的原因有二：一是要实现新文学通俗化的目标，使为群众写的作品真正对群众产生影响，为群众所喜闻乐见。但是，这种普及性的工作在现实中却很难开展。用赵树理的话来说：“这件事遇到的困难是作家不干，旧艺人干不来。”[1] 二是对东总布胡同的大作家们的“小众化”创作方式看不惯，“有出他们的洋相的意思”。[2] 这两个作品中，赵树理的改编产生了较大的影响。

《赶车传》是田间在延安文艺座谈会之后写的一部民歌形式的长篇叙事诗作。它与《王贵与李香香》、《漳河水》等叙事诗齐名，被誉为知识分子自我改造、向民间学习的经典之作。《赶车传》分 7 部，第一部作于 1946 年，被收入《人民文艺丛书》。新中国成立后田间又相继完成了余下的 6 部。

赵树理把田间《赶车传》的第一部改编为鼓词，更名为《石不烂赶车》，发表在《说说唱唱》创刊号（1950 年 1 月 15 日）上。改编鼓词的主要内容和主题均忠于原作，讲述了车把式石不烂老汉翻身得解放的故事：石不烂由于欠地主租子，被地主抢走女儿蓝妮抵债，他报仇无路，只好逃离家乡。后来，他找到了共产党，在党的领导下，老汉斗倒了地主，救出了女儿，翻身得解放。与田间民歌体的叙事长诗相比，赵树理的鼓词的故事性和趣味性更强，语言更生动，人物性格更加鲜明。因为篇幅限制，这里仅比较两个作品的开头部分。田间的《赶车传》的开头是这样的：

贫农石不烂，

[1] 赵树理：《回忆历史，认识自己》，《赵树理全集》第 5 卷，北岳文艺出版社 2004 年版，第 377 页。
[2] 邢小群：《刘志丹事件的前前后后——何家栋访谈》，《中外论谈》2003 年第 2 期。

故事一大串，
有人告田间，
编了“赶车传”。
“赶车传”上说，
翻身有两宝；
两宝叫什么？
名叫智和勇。
智勇两分开，
翻身翻进沟；
智勇两相合，
好比树上鸟，
两翅一拍开，
山水都能过。

田间新诗的开篇是一个引子，运用了比兴修辞，其主要作用有二。一是交代作品缘起，二是点出全诗的“农民翻身”这一阶级解放主题。紧接引子，随即映入读者眼帘的是第一回的题目——“逼婚”。这个惊心动魄的题目立刻吊起了读者的胃口，然而，作品的叙述节奏却突然放慢了，作者仿佛忘记了发展情节，笔锋一转，又用对比修辞，再次循循善诱地讲起阶级斗争的革命道理来：

天下的受苦人
命相同路相同
要赶一挂车
走翻身的大路！
不听古人说过——
老财在车上
长的又胖又白

……

老财和老财
搭的一座桥；
穷人在车上
……
长的又黑又瘦
老财和穷人
隔的一座桥。
穷一样富一样
走的是两条路。

要问这两条路
请问石不烂。

经过二十几行冗长的议论，叙事诗的主人公石不烂终于出场了：

民国二十五年
歪年景不是货
老天爷帮地主
拖人上死路。
谁知种下地
反插上穷根？
谁知人要吃谷
也吃不上口？
这一年秋收
石不烂地里坐
地里坐
两手空

身边一挂空车
空车拴的老牛
身上是破衣裳
衣裳也遮不住羞
他拾起小石头
打着镶刀喊：
“石不烂给谁受？
给谁受？
给谁受？
忙打忙收拾
全缴了租子
还是不够数
租种地租不起
猪老财，狗老财
活剥佃户肉
租子沉得象把锁
咱在地里受
他在家里算
地里受的苦
赶不上他家里算
算的算的呵
发财又发福
受的受的呵
还要卖人头！”[1]

新诗中的主人公石不烂，一出场就在激烈地谴责地主对他的剥削压迫。田

[1] 田间：《赶车传》，人民文学出版社 1958 年版，第 1—4 页。

间的意图很明显，他要塑造一个苦大仇深、走投无路、具有反抗性的农民形象；但是，这个毕业于上海光华大学的留日学生虽然在努力尝试运用浅白的民歌语言、比兴和反复的民歌修辞，却忽略了民间文学有头有尾的叙事规则。对大多数习惯于“某生体”的传统叙事成规的读者而言，一首诗已经读了四五页，却仍然对主人公的情况一无所知。他们所得到的信息，只是一个穷老头子在指天骂地。作者这样写的目的，一方面突出作品的阶级意识，一方面则运用横截面的现代叙事手法，直接引起戏剧冲突，试图引起读者的阅读兴味。然而，由于缺乏人物形象和情节发展的支撑，作品读来不免有抽象乏味之感，既难以唤起读者的阶级认同，也不能让情节引人入胜。

赵树理《石不烂赶车》的开篇风貌则完全不同：

> 说的是：七月初四月弯弯，
> 挂在山头小店边，
> 山腰里有个赶车汉，
> 说此人姓石外号石不烂，
> 腿又拐来腰又弯。
> 在这条路上常来往，
> 住店房不用问价钱。
> 这一天坡又陡来天又晚，
> 石不烂手中响着一条鞭。
> 不多时赶到山顶进了店，
> 店掌柜和他闹着玩：
> 掌柜说：“石不烂你还没有烂？”
> 这老石说：“烂了我你赚谁的钱？”
> 店掌柜拿来灯一盏，
> 石不烂卸下车子把骡拴。
> 石不烂喂好牲口洗了个脸，

坐在铺上抽旱烟。[1]

相比之下，赵树理鼓词的引子比田间的新诗要轻快风趣得多。引人注意的是，熟悉传统叙事规则的赵树理并没有恪守“某生体”的成规，而是借鉴新诗横截面的叙事方式，从一次赶车投宿写起。这段鼓词虽然看似闲笔，却铺垫严密。作者只用了短短18行，就交代清楚了读者所需要了解的人物的基本情况，包括石不烂的职业、外号、体貌特征、性格特点等。同时，也为情节的进一步展开做好了准备，不仅交代了时间、地点、环境，还安排了帮助故事叙述所需要的闲杂人等。在这一切都准备停当之后，主人公石不烂开始抽烟休息。这个动作使引子中的轻快密集的叙事开始减速。接下来，赵树理就以客人谈论石不烂的腰腿为由头，在不经意间将故事带入另一个连环——石不烂不幸的人生遭遇。而且，这连环套故事的起头，一点也不让人觉得突兀，因为引子里交代了石不烂“腿又拐来腰又弯”的身体特征，这就为另一个故事的叙述做了铺垫，同时，作者还特意让石不烂卖一个关子，在引起读者兴趣的同时，轻巧地改变了故事的叙述方向和叙述基调，重新回归读者所熟悉的有头有尾的民间文艺的叙述方式，将石老汉的不幸遭遇从头道来。

通过比较这两个开头，可以清楚地看到，赵树理在不登大雅之堂的鼓词中所使用的叙事技巧，比田间的民歌体的新诗要复杂得多。如果单纯从这两个作品上讲，赵树理的鼓词是比田间的新诗更为成熟、更有艺术性的文学作品。不仅如此，在思想上，赵树理对旧社会的批判也比田间深刻得多。当他写到地主抢走了蓝妮，石不烂告状无门的时候，赵树理借石老汉之口，说出了一个受压迫的中国农民对黑暗的社会制度的真知灼见：

那人骂我是傻瓜，
我在背地里谢了谢他。
听了他的一番话，

[1] 赵树理：《石不烂赶车》，《赵树理全集》第3卷，北岳文艺出版社2004年版，第496—497页。

懂得了他们的好国法：
懂得了衙门口没有穷人的路，
抬手动脚要把钱花。
懂得了不打粮食也交租米，
该叫我闺女往斗里爬。
懂得了霸占人家的大闺女，
不算欺负算提拔。
懂得了衙门人不论上和下，
都与那地主是一家；
算了吧来算了吧，
惹不起这伙狗忘八。[1]

与赵树理对中国农村社会荒诞现实的揭露相比，田间的“猪老财 / 狗老财 / 活剥佃户肉”之类充满暴力色彩、追求粗鄙风格的语言控诉却显得非常空洞无力。

正如诗人萧三所说：“《石不烂赶车》对新诗可以说是一个很大的讽刺，也可以说是一个启发。”[2] 语言学家罗常培认为《石不烂赶车》比原作要“顺口”、“好听”。[3]1950 年 8 月 4 日至 10 日，著名艺人关学曾在北京人民广播电台演播了琴书《石不烂赶车》，受到群众的热烈欢迎，此后该鼓书成为艺人的传统保留节目。在这次文学较量中，西总布胡同的“土包子”们有力地证明了东总布胡同的“洋学生”们对通俗文艺形式的轻视完全是出于偏见。但是，西总布胡同取得这次小小的胜利并没有改变“洋学生”们的看法，两条胡同间的文学分歧反而日渐加深了。

[1] 赵树理：《石不烂赶车》，《赵树理全集》第 3 卷，第 503 页。
[2] 萧三：《谈谈新诗》，《〈新诗歌的一些问题〉笔谈》，《文艺报》1950 年第 3 期。
[3] 罗常培：《在北京诗歌朗诵会上的发言》，转引自罗扬：《怀念赵树理同志》，《曲艺》1984 年第 9 期。

第二回合：面包与窝头之争

东、西总布胡同的矛盾在“北京大众文艺创作研究会”成立一周年的庆祝会上公开化了。1950年9月24日，赵树理出席“北京大众文艺创作研究会”执委会议，决定庆祝该会成立一周年。他被推选为主任委员，组成纪念筹委会。10月13日，赵树理为《新民报》作《纪念话——纪念大众文艺创研会一周年》，充分肯定了该会一年来所取得的成绩。文中说：“我们成立这个会的目的，是想给大众作出点作品来。从这一年的成绩上看，还没有违背了我们的目的：我们的书籍刊物，卖到大众手里了，我们的剧本，搬上舞台可以营业了；我们的鼓词评话，在游艺社唱了，在电台广播了。不论在北京，不论在外埠，到处都可以见到或听到本会同人的作品了：这些都证明我们的工作没有白做，而且真正是为‘大众’做了点事。”赵树理还进一步鼓励本会同人，要将大众文艺作品的质和量继续提升，做到“所有大众能够接触文艺的场合，完全成了新作品或经过改造的旧作品的市场”[1]。

同月15日，北京大众文艺创作研究会和大众游艺社在北京长安大戏院联合召开成立周年纪念大会，中宣部文艺处处长（1951年始任此职务）和全国文联副主席丁玲、文化部戏曲改进局副局长马彦祥、北京市文联副主席李伯钊出席了会议。赵树理任主席并致开幕词，苗培时任司仪。丁玲作为领导发表讲话，在肯定了该会的成绩之后，话锋一转，批评他们“给人民群众带了一些不好的东西，我们不能以量胜质，我们不能再给人民吃窝窝头了，要给他们面包吃”。丁玲“面包与窝头”的比喻明显地流露出新文学作家对通俗文艺的轻视，也反映出丁玲不赞同赵树理等人利用通俗文艺改造来建构新中国文学的创作思路。加之她在言语间还有涉及苗培时作品之嫌，身为司仪的苗培时被丁玲的发言所激怒，“即拍桌子讲话，称丁玲同志的讲话是荒谬的”[2]。赵树理立即出面调解。

---

[1] 赵树理：《纪念话——纪念大众文艺创研会一周年》，《赵树理全集》第4卷，北岳文艺出版社2004年版，第228页。

[2] 苏春生：《从通俗化研究会到大众文艺创作研究会——兼及东西总布胡同之争》，《现代文学研究丛刊》2003年第2期。

然而事已至此，东、西总布胡同间的矛盾因为丁玲和苗培时的争执而激化，以至于完全公开了。

当时，北京的文化圈里正流传着“东总布胡同是高雅人士生产面包，西总布胡同是生产窝窝头的工厂”的说法。这次“窝头与面包”之争的公开冲突后，大众文艺创作研究会和《说说唱唱》的发展开始逐渐受到牵制。1951 年 2 月到 8 月，赵树理奉命下乡，自然无法兼顾北京的通俗文艺改造工作。1951 年 11 月 20 日，全国文联以加强《说说唱唱》，使之成为指导全国通俗文艺工作的刊物为名，决议其与《北京文艺》合并。12 月 20 日，《说说唱唱》在北京大众文艺创作研究会之外，多挂靠了一个主办单位，与北京市文联联合主办，老舍任主编，赵树理被免去主编职务，与李伯钊、王亚平一起，共同担任副主编。赵树理的编辑权力被严重削弱了。1951 年 12 月，《说说唱唱》发表王亚平的检讨文章，承认杂志有“门户之见”，“瞧不起某些专业文艺工作者，有对立情绪。认为只有我们这些人才是搞通俗文艺的，专业文艺工作者是专门搞不通俗文艺的……在这样的思想支配下，就不能切实的和专家紧密合作，不能吸收专家的意见和帮助提高通俗文艺作品，更好地开展通俗文艺工作……”[1]1952 年 1 月 19 日，《光明日报》刊登了赵树理的检讨文章《我与〈说说唱唱〉》，他在文章中用一半的篇幅承认自己过于强调“形式通俗化”，忽略了稿件的内容，犯了“形式主义”的错误。[2] 在东总布胡同凌厉的攻势之下，形势明显不利于西总布胡同。

第三回合：斯大林文艺奖之争

没过多久，东总布胡同和西总布胡同的矛盾进一步升级，以至于“在推荐‘斯大林文艺奖’作品提名时达到顶点”[3]。

众所周知，1951 年斯大林文学艺术奖金的中国获奖作品分别是长篇小说：

---

[1] 王亚平：《为彻底改正通俗文艺工作中的错误而奋斗》，《说说唱唱》1951 年第 12 期。

[2] 赵树理：《我与说说唱唱》，《赵树理全集》第 4 卷，第 254 页。

[3] 邢小群：《刘志丹事件的前前后后——何家栋访谈》，《中外论谈》2003 年第 2 期。

丁玲的《太阳照在桑干河上》、周立波的《暴风骤雨》和贺敬之、丁毅的歌剧《白毛女》。然而，根据丁玲的秘书张凤珠透露，中国方面最初在选送这一国际奖项的作品名单中，没有上报丁玲的《太阳照在桑干河上》，而上报的是赵树理的《李有才板话》。不过最终苏联的斯大林奖选中了《太阳照在桑干河上》和《暴风骤雨》。[1]

为什么没有报丁玲，却选上了丁玲；报了赵树理，却没有选赵树理？这件事的过程是怎样的呢？

陈明的回忆或者能给出一种解释，陈明说："据朱子奇回忆文章说，当时国内的权威意见是不选送《太阳照在桑干河上》的，那么权威能有谁呢？就是周扬嘛。朱子奇当时给在苏联养病的任弼时同志当秘书，苏联的同志问朱子奇，中国为什么没有推荐《桑干河上》？朱子奇问任弼时同志，弼时同志说，那书写得不错嘛，不能十全十美，可以送去参加评选。后来就评上了。"[2] 陈明的话旨在强调丁玲无意和别人争名，是苏联方面看重《桑干河上》的，但他的话也透露出丁玲的参选，与党的高层领导人介入文学评选有关。

工人出版社办公室主任何家栋的回忆也为赵树理参评的过程提供了一些情况，他说："东总布胡同提丁玲，西总布胡同提赵树理，相持不下，周扬建议双方在作协开会解决分歧，最后将赵树理调到作协，才把问题解决了。"[3] 有研究者对何家栋所说的这一过程有更为详细的记述："申请斯大林文学奖名单时，双方意见相左，王春等提议报赵树理，最后申报的却是丁玲的《太阳照在桑干河上》和另外两部作品，双方对立情绪剧烈，弄到各自组织人写文章，要在报上公开批评。"[4] 在此情况下，周扬召开了东、西总布胡同会议，双方各有 5 人参加。作协参加的有丁玲、陈企霞、严文井、王淑明（另一人失记），大众文艺创作研究会参加会议的除赵树理之外，还有王春、章容、苗培时、颜天明。周扬

---

[1] 邢小群：《张凤珠访谈——关于丁玲》，《丁玲与文学研究所的兴衰》，山东画报出版社 2003 年版，第 150 页。

[2] 邢小群：《陈明访谈——关于丁玲》，《丁玲与文学研究所的兴衰》，第 191 页。

[3] 邢小群：《刘志丹事件的前前后后——何家栋访谈》。

[4] 苏春生：《从通俗化研究会到大众文艺创作研究会——兼及东西总布胡同之争》，《现代文学研究丛刊》2003 年第 2 期。

在会上说："今天参加会议的都是共产党员吧，不能再这样搞门户之见了，以后你们东总布胡同不要再批判赵树理了，西总布胡同不要批判丁玲，谁要批判这两位同志，都得经过我批准。"[1]

东、西总布胡同的这一系列矛盾的发生，使中宣部意识到赵树理"不是一个领导人才"，1951 年初，赵树理被调离工人出版社，到中宣部任文艺干事，奉胡乔木之命"入部读书"。[2] 同年 12 月 30 日，赵树理的挚友兼启蒙者，工人出版社社长兼总编辑王春因病逝世，老友苗培时亦调离工人出版社。工人出版社也由西总布胡同迁往北新桥骆驼胡同。一时间，风流云散，知交零落。1953 年 1 月，赵树理从中宣部调入作协，独自住在东总布胡同的作协宿舍。

东、西总布胡同的是是非非终于以西总布胡同"土包子"们的自然与非自然的解体而告结束。

二、是是非非的背后

东、西总布胡同的是是非非究竟因何而起呢？周扬的说法有一定根据，"门户之见"的确是两条胡同闹矛盾的历史根源。早在 20 世纪 30 年代，赵树理就致力于利用通俗文学来改造新文学，寻找知识分子通往下层社会的道路。到 40 年代，经过长期的文学实践，赵树理的文学思想和创作风格已基本成熟。在 1941 年 8 月，他和老友王春等人发起成立"通俗化研究会"，并在太行山的一份综合性刊物《抗战生活》上公开提出新文学的"通俗化"的主张。

通俗化研究会的成立，可以被看作赵树理与轻视通俗文学的"文联"干部们的公开对抗。40 年代初，正是大后方文艺界根据向林冰的"民间形式是民族形式的中心源泉"的论点展开大讨论的时候，太行山根据地的文化界也参与其中，并分裂为"新"、"旧"两派。据华山回忆，"当时活跃一时的文坛佼佼者

[1] 董大中：《赵树理年谱》，北岳文艺出版社 1994 年版，第 387 页。
[2] 赵树理：《回忆历史，认识自己》，《赵树理全集》第 5 卷，北岳文艺出版社 2004 年版，第 377 页。

们，对老赵并不都是那么尊重的。口头也讲大众化，讲中国气派和中国作风，可眼睛总盯住大后方几个大型刊物，要写‘全国性’的作品。至于敌后方的群众，无非是看看《小放牛》，听听‘莲花落’，有赵树理说说唱唱就行”。在他们眼中，赵树理是个“庙会作家”、“快板诗人”。[1] 比如，在华北解放区的文化名人，曾担任左联秘书长的徐懋庸就是如此，一方面赞同新文学应该力求通俗，[2] 但另一方面又批评赵树理的做法是“庸俗化”，称赵为“旧派”。[3] 赵树理也同样看不惯“新派”。赵树理把解放区的知识分子作家模仿苏联诗人马雅可夫斯基的诗作叫做“有点（省略号）、带杠（破折号）、长短不齐的楼梯式，吗呀体。”[4] 另外，又用“天地乃宇宙之乾坤，吾心实中怀之在抱”的句子来讽刺爱在文章中用文言的作家。[5] 新、旧两派的芥蒂，让徐懋庸在几十年后仍然耿耿于怀。[6]

除了这些口舌之争外，新、旧两派作家之间的冲突还表现为互相阻止对方的作品发表。1942 年 2 月，徐懋庸担任了太行区文联的第一把手。同年 5 月，毛泽东在延安发表《在延安文艺座谈会上的讲话》（以下简称《讲话》），提出了“文艺为工农兵服务”的文艺思想。不过，由于太行山区消息闭塞，直到一年后华北《新华日报》才发表了《讲话》的全文。[7] 就在华北发表《讲话》的同时，赵树理的成名作《小二黑结婚》也刚好完成，正在四处寻找出版机会。然而，就在此时，徐懋庸写了一篇响应《讲话》的文章，行文中仍不忘暗讽赵树理是文艺“歪风”，文章说：“有人是去做普及工作了，却完全钻到旧形式里面去，譬如戏剧运动中的发掘旧艺人，演旧戏，结果有的变成‘玩票’，有的是为演旧戏而演旧戏，没有改造，没有提高。”[8] 这就无怪乎《小二黑结婚》被压在太行

---

[1] 华山：《赵树理在华北新华日报》，高捷等：《回忆赵树理》，山西人民出版社 1985 年版，第 220 页。

[2] 徐懋庸：《通俗化问题．通俗文的写法》，《徐懋庸选集》第一卷，四川人民出版社 1983 年版，第 355—362 页。

[3] 杨献珍：《太行文化人座谈会到赵树理的〈小二黑结婚〉出版》，高捷等：《回忆赵树理》，第 200 页。

[4] 华山：《赵树理在华北新华日报》，高捷等：《回忆赵树理》，第 220 页。

[5] 董大中：《赵树理年谱》，北岳文艺出版社 1994 年版，第 196 页。

[6] 徐懋庸：《徐懋庸回忆录》，人民文学出版社 1982 年版，第 145 页。

[7] 同上，第 151 页。

[8] 徐懋庸：《太行山文艺界歪风一斑》，中国作家协会山西协会编：《山西革命根据地文艺资料》上册，第 203 页。

新华书店几个月无人问津。直到彭德怀为这本小说题词："像这样从群众调查研究中写出来的通俗作品还不多见"，并由彭德怀请北方局宣传部长李大章拿着这个题词去书店亲自办"交涉"，才确定出版事宜。[1] 直到 1943 年 9 月，赵树理和其他几位通俗化研究会的成员完全掌管了华北新华书店，《小二黑结婚》才终于得以面世。

1944 年 3 月，徐懋庸去北方局党校协助整风，调离太行文联。赵树理也因周扬的赏识一跃成为解放区文学的明星。1944 年，在创作上翻身的通俗化研究会对"新"派采取以其人之道还治其人之身的办法。据赵树理本人回忆，当时在太行山区只有华北新华书店一家出版社……书店只出版"语言和我们相近的作品"，"其余欧化一点的文和诗一律不予出版"。"太行文联对我们无可如何，才另在长治地区办了个小书店来印行他们的刊物《太行文艺》和单行本作品。这种主义（意）虽是王春同志出的，但我是积极的拥护和参加者。"[2]

从上述史料可证实，诚如周扬所言，两条胡同之间的"门户之见"的确由来已久。然而，"门户之见"的背后透露出重要的信息，"第一次文代会"上被树立为文艺方向的解放区文艺界，并非铁板一块、千人一面的文学整体，在其内部，自始至终都存在着相当激烈的文学冲突。而且，不同派别间在文学观念上的分歧，并没有因为作家们共有的政治理想而被轻易地弥合。在新中国成立之后，也就是当他们共同的政治理想实现之后，解放区作家之间的文学分歧反而愈发严重了。

那么，究竟两条胡同的作家们在文学上有何根本的分歧呢？根据前文所记，东、西总布胡同的三次矛盾，和太行山时期新、旧两派的"门户之见"相似，其冲突的起因皆由文学观念不同所引起，是作家之间自发的文学竞争。从徐懋庸和丁玲的立场看，他们所捍卫的是"五四"左翼知识分子的文学传统；而从赵树理的立场看，他则一直在为农民的通俗文艺正名，并试图利用通俗文艺的人情味来丰富、修正概念化的左翼文学。

---

[1] 书真：《杨献珍与彭德怀的交往》（三），《纵横》1998 年第 4 期。

[2] 董大中：《赵树理年谱》，第 245 页。

赵树理对通俗文艺价值的强调，最初是从其社会功能性开始的。早在1936年，他就曾写信给《太行》杂志，批评其文风脱离农村实际，建议以“通俗化”的方式推进文艺工作。到1941年，他写出《通俗化引论》，强调民间文艺在抗战宣传中的作用，并进一步指出这种文学形式与后“五四”时代的新启蒙运动密切相关。然而，赵树理之所以特别倚重通俗文艺的功利作用，并非是认为通俗文艺的价值仅此而已，而是为了说服知识分子作家支持和参与“通俗化”实践。赵树理与大多数左翼文学作家的根本分歧在于，在他看来，通俗文艺和左翼文学之间并无等级优劣之分。相反的，通俗文艺并不必然陈腐落后，左翼文学也并不必然先进精妙。通俗文学不仅不该被消灭，还应当与古典文学和左翼文学一起，共同构成中国文学的传统，甚至，应当成为新中国文学的“正统”。因为只有通俗文艺登上了大雅之堂，才能使工农读者和知识分子享有平等的文学权力，才能真正实现在“普及的基础上提高”的工农兵文艺思想。[1] 然而，无论在“五四”前还是“五四”之后，无论是士大夫还是左翼知识分子，都不认为通俗文艺是重要的文学传统；除了强调其可资利用的宣传功能外，很少有人真正关心通俗文艺“其艺术本身”的“延续的价值”。[2] 在知识分子所主导的文学格局下，工农读者的文学权力始终处于被压抑的状态。面对这种文化上的新的不平等，赵树理深感不平。他申辩道：“一个文盲，在理解高深的事物方面固然有很大的限制，但文盲不一定是‘理’盲、‘事’盲，因而也不一定是‘艺’盲。”在他看来，“普及”与“提高”并无矛盾，“普及”不是某一种特定的风格，而是各种各样的风格；“普及”不是模仿，也应该是创造。[3] 正因为如此，赵树理在自己的《石不烂赶车》的序言中解释他改编田间《赶车传》的原因：作者各有路数，读者各有所好，为了能够满足喜欢听鼓词的读者，才改编了田间的新诗。[4] 而当他事后谈起此事时，他坦率地承认：“我倒无意与哪位同志比个高低，也没想讽刺谁，我考虑的是好的鼓词也是好诗，人们不应当不问

[1] 赵树理：《回忆历史，认识自己》，《赵树理全集》第6卷，第479页。

[2] 赵树理：《“普及”工作旧话重提》，《赵树理全集》第5卷，大众文艺出版社2006年版，第33页。

[3] 赵树理：《供应群众更多、更好的文艺作品——在中国共产党第八次全国代表大会的发言》，《赵树理全集》第4卷，北岳文艺出版社2004年版，第483—485页。

[4] 赵树理：《石不烂赶车》，《赵树理全集》第3卷，第496页。

好歹，就认为诗是高级的艺术，鼓词是低级的艺术。那样不是实事求是，也不公道。”[1]

然而，赵树理这套近乎民粹主义的文学观并不能得到大部分知识分子作家的认同。当两条胡同的冲突发展到第二回合——“窝头与面包之争”时，问题就开始复杂化。二者之间的争论，已不局限于“普及”与“提高”的理论范畴，两派真正在乎的，是对《讲话》的解释权的争夺，是对新中国文学领导权的争夺。

当丁玲以一个文艺领导人的身份出现在“大众文艺创作研究会”的庆祝会场，并以训导者的口吻发言时，通俗文艺和左翼文学之间的文学等级关系被显现出来。西总布胡同的通俗文学家们明显感到来自东总布胡同的“作协”干部们的排斥和轻视。尽管在表面上，赵树理的通俗文艺上有《讲话》撑腰，下有读者和市场的欢迎，但是在新中国的文学秩序的重组过程中，他依然处于文坛的边缘，他的文学努力并没有得到同行们的承认。和10年前一样，占据着文坛的主导地位的，仍然是那些“洋学生”出身的作家，如今，他们又都成了“干部”。在这样的压力下，以赵树理为首的通俗文艺家自然感到非常的苦恼。赵树理的同事兼邻居——作家严文井曾这样形容新中国成立初年北京文坛中的赵树理的处境：

> 五十年代初的老赵，在北京以至全国，早已是大名鼎鼎的人物了，想不到他在“大酱缸”里却算不上老几。他在“作协”没有官职，级别不高；他又不会利用他的艺术成就为自己制造声势，更不会昂着脑袋对别人摆架子。他是个地地道道的“土特产”。不讲究包装的“土特产”可以令人受用，却不受人尊重。这是当年大酱缸里的一贯行情。
>
> “官儿们”一般都是三十年代在上海或北京熏陶过的可以称之为“洋”的有来历的人物，土头土脑的老赵只不过是一个“乡巴佬”，从没有见过大世面；任他作品在读者中如何吃香，本人在“大酱缸”还只能算一个“二

[1] 罗扬：《怀念赵树理同志》，《曲艺》1984年第9期。

等公民”，没有什么发言权。[1]

面对这种状况，王春经常鼓励赵树理说：“好猫坏猫全看捉老鼠捉得怎么样，你最好抓紧时间多捉老鼠，少和人家那些高级人物去攀谈什么，以免清谈误国。”并且他还批评说：“东总布胡同那些人只是些说空话的。文联的作用不过是开会出席，通电列名，此外不能希望有什么成绩。”[2] 王春是赵树理的启蒙者，他的话对赵树理始终存在决定性的影响。在王春的启发下，赵树理发现了东总布胡同日渐官僚化的作风，对丁玲、沙可夫、艾青等“天然领导者”颇有看法。在一份自述材料中，他记录了王春上述这些谈话，并赞同王的意见：“我对文联的观感也正是如此，只是还不像他说得那样明显，因而就主动地躲着文联走……”[3] 由于文学观念上的分歧，赵树理与北京文艺界的主流阵营渐渐疏离，他只希望能够专心做好“打入天桥去”的通俗化工作，也正是“因为坚持自己的主张，所以与一般文艺界的朋友，与知识分子出身的文艺界人士来往不多，关系也不很融洽”[4]。

然而，赵树理独善其身的想法并不能实现。在单纯的文学竞争背后，又夹杂进政治力量的干预。东、西总布胡同的第三次冲突——“斯大林文艺奖之争”是使两派作家的文学竞争发生变质的关键，代表西总布胡同的赵树理和代表东总布胡同的丁玲，或无意、或有意地卷入了一场文艺官场的权力斗争。

从表面上看，这次权力斗争的主角是丁玲和赵树理，那么丁、赵二人之间是否存在什么矛盾呢？丁、赵的初次见面是在 1948 年。丁玲在这年 6 月 25 日的日记中写下了她对赵树理的印象：

“一清早同着家人去见赵树理。我们谈了一阵内容凌乱得很。这个人刚看见时也许以为他是个不爱说话的人，但他是一个爱说话的，爱说他的小说，爱发表自己意见，爱说自己主张，同所有作家一样。但他这人是一个容易褊狭的

[1] 严文井：《赵树理在北京胡同里》，《中国作家》1993 年第 6 期。所谓“大酱缸”指的是中国作家协会。因为作协设在东总布胡同，这里以前曾经开过制酱作坊，故有此称。亦有讽刺作协人事纠纷复杂之意。

[2] 董大中：《赵树理评传》，百花文艺出版社 1990 年版，第 223—224 页。

[3] 董大中：《赵树理年谱》，北岳文艺出版社 1994 年版，第 387 页。

[4] 陈荒煤：《一个很有胆识的作家——陈荒煤同志忆赵树理》，李士德：《赵树理忆念录》，长春出版社 1990 年版，第 121 页。

人，当他看见我打开我的点心包吃了半片饼干之后又看见有面包，他惊奇地叫了一声：'面包！'伯夏就赶忙分了一点给他，他却推开说：'我没有吃面包的习惯！'我几乎笑了。"[1]

从丁玲的日记中看得出，丁玲因为赵树理民粹主义的生活方式而对他怀有偏见。这种偏见给他们的交往设置了很大的障碍，当有研究者问及丁玲对赵树理的态度时，丁的秘书张凤珠回忆："也许因为赵树理的年龄段，也许因为他不是她这个层次的人，所以她并不多提。"[2] 可见丁、赵二人的交往总体来讲是比较冷淡和有限的。不过除了意气之争，他们之间一直也没产生什么根本的矛盾。1950 年 10 月，也就是"窝头与面包之争"发生前后，赵树理曾向文学研究所推荐工农作者陈登科来学习，任所长的丁玲欣然接纳，陈于 1950 年底进入文研所。[3] 虽然许广平曾经揭发丁玲"对赵树理同志很看不起"，甚至"想尽方法来打击赵树理同志"。[4] 但是，1956 年为了能够使"丁、陈反党小集团"平反，丁玲还特意邀请赵树理吃饭，赵树理也慷慨出席。[5] 甚至是"斯大林文艺奖"之争，对丁、赵二人的关系影响也不大。这主要是因为赵树理没有丁玲那么看重这个奖项。他从苏联访问回来后，除了对苏联的农村现代化程度感到羡慕外，对其文学成就没有什么特别的兴趣和崇敬。[6] 因此，丁、赵二人虽分别为东、西总布胡同的领军人物，但他们之间并没有什么严重的个人恩怨。

那么，除了正常的文学竞争外，还有什么原因导致丁玲和赵树理陷入了

[1] 丁玲：《四十年前的生活片断》，董大中：《赵树理年谱》，第 314 页。

[2] 邢小群：《张凤珠访谈——关于丁玲》，《丁玲与文学研究所的兴衰》，山东画报出版社 2003 年版，第 148 页。

[3] 陈登科：《忆念赵树理同志》，高捷等：《回忆赵树理》，山西人民出版社 1985 年版，第 29 页。

[4] 许广平揭发丁玲曾经一再对人说："为什么老把赵树理压在我的头上。"而且在 1954 年，有人匿名写文章攻击赵树理、周立波、刘白羽等，把这一匿名稿同时投给《人民文学》和《文艺报》，丁玲知道这个情况后，非常高兴地说："如果他们（指《人民文学》）不发表，我们就把它当法宝抛出去。"（许广平：《关于丁玲、陈企霞反党集团的活动》，《人民日报》1957 年 9 月 14 日，第 3 版）

[5] 此事是 2004 年 7 月 15 日作者在北京新街口航天胡同寓所采访邢小群女士时的谈话中提到的。

[6] 丁玲和赵树理对苏联的不同态度，可以从以下文章中有所了解。丁玲对苏联文艺界和苏联生活的崇敬向往之情可以从她的《西蒙诺夫给我的印象》（《文艺报》第 1 卷第 2 期，1949 年 10 月 10 日）和《苏联人》（《文艺报》，第 1 卷第 8 期，1950 年 1 月 10 日）中看出。而赵树理虽然也访问了苏联，但与其他知识分子作家不同，他只对苏联的农村建设和农民的富裕生活表示了赞赏。赵树理：《参观之外》，《赵树理全集》第 5 卷，第 206—208 页。

“斯大林文艺奖金”的利益纠纷呢？究其根本，与丁玲和赵树理各自的背景密切相关。丁玲之所以成为新中国文坛天然的领导者，这与她和“左联”之间的深厚关系、她的延安经历以及是毛泽东的故交身份所共同决定的。而且，在她背后还有文化高官胡乔木的支持。虽然赵树理本人并没有什么强大的背景，也无意于拉帮结派，但由于他的作品一直受到周扬的赏识，因此不可避免地被归入了周扬一派。周扬和胡乔木之间的竞争，周扬和丁玲间的个人恩怨，迫使赵树理和丁玲在客观上产生了人事的隔阂。比如，陈明认为丁玲的《太阳照在桑干河上》没有被列入申报名单与周扬的阻拦有关，他向彭真反映该书宣扬了地富思想，所以导致出版的延迟。而胡乔木则建议丁玲去东北出书，《太阳照在桑干河上》才得以面世。该书出版后，又没有入选周扬主编的“人民文艺丛书”。丁玲只好到丛书的另一主编柯仲平处寻求帮助，问题才得以解决。[1]

同样的，“斯大林文艺奖”的提名风波也受到了周、胡两位党的文化高官的干预。时任文化部副部长的周扬首先推荐赵树理参加评奖，但是丁玲则设法绕过了他的障碍，争得了参评的机会。周扬虽然在第一次文代会上对赵树理做出的“最杰出”的评价，[2] 但为平衡各方利益，只好放弃提名《李有才板话》，并对东、西总布胡同的文学竞争做出各打五十大板的结论。与此同时，任中宣部副部长的胡乔木解除了赵树理的工人出版社社长职务。赵树理在回忆中写道：“胡乔木同志批评写的东西不大（没有接触重大题材）、不深，写不出振奋人心的作品来，要我读一些借鉴性作品，并亲自为我选定了苏联及其他国家的作品五六本，要我解除一切工作尽心来读。我把他选给我的书读完，他便要我下乡，说我自从入京以后，事也没有做好，把体验生活也误了，如不下去体会群众的新的生活脉搏，凭以前对农村的老印象，是仍不能写出好东西来的。”[3] 赵树理读书完毕之后即奉命下乡，在山西盘桓了两个月。而丁玲则顺利荣膺 1951 年的“斯大林文艺奖金”。

---

[1] 邢小群：《陈明访谈——关于丁玲》，《丁玲与文学研究所的兴衰》，第 191 页。

[2] 周扬：《新的人民的文艺》，中华全国文学艺术工作者代表大会宣传处编：《中华全国文学艺术工作者代表大会纪念文集》，新华书店 1950 年版，第 73 页。

[3] 赵树理：《回忆历史，认识自己》，《赵树理全集》第 5 卷，第 378 页。

然而，吊诡的是，政治力量的介入并不像人们想象的那样，可以立竿见影统一文艺界的思想分歧。据新近的研究成果表明，1951年和1953年间，也就是两条胡同在闹矛盾的同时，《文艺报》与各地文联曾展开过两次“普及”与“提高”的讨论。1951年，在中宣部部长陆定一的大力推动下，《文艺报》号召全国文艺界掀起通俗文艺创作的高潮。赵树理等人的“通俗化”文学理想正好与中央的文艺政策相符，因此，通俗文学的改造运动一度对丁玲所代表的知识分子的精英主义文学观形成了挤压。也正是在这样的背景下，东、西总布胡同的矛盾渐次升级。到1953年，也就是“两条胡同的是非”的落幕阶段，丁玲重新在《文艺报》发起讨论，有组织、有计划地全面抵制通俗化的政策和实践。[1]这条材料再次证明，尽管50年代的文学与政治之间的关系异常错综复杂，但是，在政治的强大压力下，各派文学家仍在辗转腾挪，竭力维护其自主空间。正如胡乔木无法扼杀赵树理的通俗化实践一样，陆定一和周扬也不能消灭丁玲的知识分子立场。

三、结论

综上所述，“两条胡同的是是非非”为今天重新认识新中国成立初期的中国文艺界思想状况的丰富性和复杂性提供了极好的例证。在表面的“普及”与“提高”的雅俗之争的背后，知识分子（以丁玲为代表）、工农大众（以赵树理为代言人）和党的文化领导人（周扬、胡乔木）分别站在不同的文化立场上展开了文学与政治的多重博弈。正如丁玲为精英知识分子重新确立自“五四”以来的文学主导权而努力一样，赵树理也在为工农大众巩固、维护自《讲话》以后才刚刚享有的平等的文学权力而奋斗。在谁来领导新中国文学的问题上，两派作家都有很大的雄心。而且他们都清楚地意识到，在新中国的文化语境下，只有在政治标准的竞争中拔得头筹，才能证明其艺术标准的崇高。因此，两条

---

[1] 张均：《“普及”与“提高”之辩》，《文学评论》2008年第5期。

胡同都使出了浑身解数，积极自觉地配合政治的宣传、甚至是权力斗争的需要，以争取党的文化领导人的垂青。只不过赵树理是以接近普通工农读者为第一要义，而丁玲则以苏联的社会主义现实主义的文学观念为标杆。尽管两条胡同原本正常的文学竞争最终被卷入了政治斗争的旋涡；尽管周扬用“门户之见”的宗派矛盾回避新中国文学界的思想冲突；尽管胡乔木以苏联文学的模型来规范本土文学多元发展的可能性，但是，这一切干扰都没有改变赵树理和丁玲的文学理想，他们总在寻找一切机会为自己的文学观正名。

正是因为知识分子、民众和党的文化官员之间复杂的相互作用，当代中国的文学生产才出现了一种吊诡的关系：在政治试图利用文学的同时，文学也在利用政治来维护或开拓其相对独立的空间。文学与政治的相互制衡和相互利用，构成了中国当代文学发生的复杂语境。而“两条胡同的是非”正是这一复杂语境的一个具体而微的模型，对这一模型的缜密观察或者可以为研究界重新审视“十七年文学”、“文革文学”，乃至“新时期文学”提供一种新的可能性。

本文原载于《文学评论》2009 年第 2 期

痛苦的谌容

刘蓓蓓

刘蓓蓓，女，文学硕士，中文学院副教授，已退休。

“世界无产阶级文学的第一个伟大代表”是马克西姆·高尔基，即“痛苦的马克西姆”。中国新时期文坛上重要的女作家谌容，看来也该姓高尔卡雅。即使不读她的作品，不了解她的简历，只要看看她那被中医称作“肾虚”或“气滞血淤”的黑眼圈，和她两指夹着的香烟，你就会隐约感到她身心可能遭受过的痛苦。在她这种年龄的知识女性中抽烟的不多，凡抽烟的大多有些坎坷的经历，从事着沉重的精神劳动，也都颇有些女丈夫气。

一、大器晚成

谌容于 1936 年 10 月 3 日在湖北省汉口出生后刚满九个月，就被中国历史上的“七七”事变卷进了动荡的生活。在从武汉到成都，到重庆乡下，到北平，又返回重庆的颠沛流离中，她度过了自己的童年和少年时代。她成名后多次对采访者说过“我没有牧歌式的童年”，她给自己小说中的女主人公陆文婷们或惠莲们安排了孤苦寂寞的童年，大概就是在表达她自己对“童年”二字的理解和感受吧？当然，她的“根”是在四川，祖籍是她从未去过的巫山。所以她让《永远是春天》里的男主人公李梦雨用川菜为女儿山妮饯行。但她的很多作品里回旋着的是纯正的京腔京韵，她甚至以北方人的耳朵和心理，感觉出拖长的川腔里风趣幽默的成分，她把这声口给了研究外国文学的沈志业，使他得以借此在小说《真真假假》中的政治学习会上严肃地扮演一个令人捧腹的角色，达到她对“文革遗风”调侃的目的。看来，浪迹天涯的人生旅程把这个川妹子改变得颇有些忘本了。

她生命的航程中重大的转折点是重庆解放后的1951年。当时这个梳着两条小辫子的大眼睛初中学生“立志脱离家庭，参加工作”。她要摆脱的那个家庭，曾给她起过很典雅、很封建的名字：德容；那个家庭还有一个毕业于中国大学法律系、当过国民党法官的父亲。中断学业、自食其力，不知她当时是否感到过痛苦，但这样的政治抉择对一个15岁的小姑娘来说是够严峻、够沉重的。她先后考取了部队文工团和西南工人出版社，家庭的熏陶令她在歌舞和书籍之间更钟情于后者，于是这个出版社门市部的小小营业员，便常常背着书沿着嘉陵江走向工厂矿山去卖书，从此同书结下了不解之缘。以至过了30年她成名后，人们得以借“从卖书到写书”之题大做文章。也许1952年在西南工人日报社读者来信组工作，白天分发来稿来信、夜里记录广播新闻之余拼命读书的谌容，并不曾有过当作家的自我设计，但她自修了俄语和全部高中课程，广泛涉猎了解放区文学和苏俄文学，于1954年考上了当时的北京俄文专修学校（即后来的北京俄语学院、北京外国语学院，今日的北京外国语大学），成为新中国第一批调干大学生，实际是为日后登上文学殿堂奠定了基础。起初她似乎很顺利地走上了另一条道路：读书，入团，结婚（丈夫是《人民日报》的范荣康），1957年毕业分配到中央人民广播电台，先当音乐编辑后任俄文翻译，家庭、事业美满，真像“幸福的生活万年长”的样子。

然而，命运之神或说是文艺女神却不能容忍在20世纪的女作家中没有谌容。他们让神经官能症之类的多种疾病把她击倒在打字机旁，在1962年逐（精简）出中央机关，而北京市的中学也不敢接纳一次次晕倒在讲台上的病号，她只好回到北京市教育局，吃“劳保”，待分配。疾病的折磨，生活的孤独，“闲”

的惨痛，成为她人生舞台上最不堪回首的黑暗一幕。为了寻找精神寄托，她读书，集邮，习画，听戏，操持家务，这一切都丰富了日后她写作的小说的细节，却没能使她的灵魂得到解脱。虽然拿着“劳保”在家中做贤妻良母的，无论是60年代还是90年代都大有人在；虽然在《真真假假》里谌容写过“烹调是通向家庭幸福的桥梁”；虽然她多次让自己笔下的陆文婷们、阿璋们抒发对丈夫、儿女和家庭的歉疚、负债的感情，但作为一个有知识、有理想的新中国女性看来，“烹调蒸煮、缝纫洗涤”“只是家庭的需要，并不是社会所需要的。我毕竟还是一个对社会没有用处的人！”在谌容式的词典里，安于对社会没用即是“沉沦”。看来“自扰”的未必都是庸人。中国知识分子传统价值观念中社会责任感或使命感或义务感这些“自寻烦恼”、“自讨苦吃”的信念和感情，在谌容这一代人身上更被革命激情强化得执拗而狂热，她心无宁日，苦苦求索，终于在各种尝试中豁然开朗：“病体不能坚持八小时上班，有一小时的健康还不能写点什么？”于是她走上了文学之路。古今中外的作家们进行文学创作的动因是多种多样的。愤怒出诗人，病痛也可以出诗人。谌容视文学为生命，倒不是以文学谋稻粱，而是谋生存的高质量，高品位，寻求自身生命存在的最佳形态。她称文学是自己在“痛苦中的抉择”，殊不知，这一抉择给她带来的是更多更深的痛苦，这大概就是“人生识字痛苦始”吧。

当然，这痛苦主要不是指所有作家都体味到的文学创作自身的艰辛。作为新中国培养的大学生，无疑会本能地认定文学要为工农兵服务。60年代的谌容不可能描写舞会剧院中的生活，更“不屑为自己的病痛呻吟”，她要到火热的斗争中去，为自己在小学生时代有所接触的农民服务。于是她自讨苦吃地拆散了自己的家庭：把两个儿子送到上海，把丈夫丢在城里，1963年7月她孤身一人自掏路费来到吕梁山下汾阳县内一个叫万年青生产队的小村。大自然的清新有力和农民的纯朴真诚，使她的身心如鱼得水般地得到调治抚慰和愉悦。可惜好景不长，“四清运动”的声浪打破了乡间小路的宁静，作为国家干部，谌容被动员参加四清工作队的工作。出于对农民的深切同情，她不愿干伤害他们的事情。左右为难的结果，是一走了之。然而躲得过初一躲不过十五，就在她回到北京两年后，在她创作的三个多幕话剧中《万年青》和《今儿选队长》被宣告失败，

《焦裕禄在兰考》被北京人民艺术剧院选中，她已经同剧组一起去兰考体验过生活时，一场空前猛烈的“文化大革命”的政治风暴席卷了中国大地上的每一个角落。排练停止，百业俱废，人人争当那“95%”又人人被打成过“5%”，改造别人又被别人改造，被别人伤害又伤害别人，谁也没能躲过那长达10年的混战。幸而谌容是“编外人员”，得以保持住“逍遥派”的身份，但最终还是同“旧市委”的干部一起下放到北京通县马驹桥公社接受贫下中农再教育。

这种“下放”似乎含有“变相劳改”的意味，但对谌容来说无异于放虎归山。她插秧耪地挖河喂猪地劳动了一年，又作为毛泽东思想宣传队成员在群众和干部中工作；她既可以参加县、社、队各级干部会议，又能和大妈二婶子们盘腿坐在炕上纳鞋底拉家常。到了1972年冬天，她开始动用自己近10年间的全部生活积累写作第一部长篇小说《万年青》，描写1962年万年青大队在支书江春旺的带领下，同县委副书记黄光推行“包产到户”试点工作进行斗争的故事。虽然业余创作被视为“不守本分”、“想入非非”的“个人主义”而不得不进入“地下”状态，但写书过程还是顺手的，1973年回北京做了五中的俄语教员后，书稿也完成了。第一个读者是李希凡，后来便是人民文学出版社的严文井、韦君宜诸前辈。真要出书的时候，躲不过的“批林批孔”运动却给了她致命的打击：给谌容出书竟成为造反派们揭发严文井“举逸民”“兴灭国”的“钢鞭材料”。原来，她15岁便立志脱离的那个家庭20多年后还把她罩在自己的阴影里：那个早已被结论为“一般历史问题”的父亲此时却背上了“七条人命”的黑锅！书稿退回来了，在“没法活下去了的”心情中，她给把持着文艺界最高领导权的江青通过邮局写了信，保卫自己出书的资格和生存的权利。50天后，上面有了批示，1975年9月，《万年青》出版。

于是这位“持重武器（指长篇小说）崭露头角”的女作家得到了学校和教育局给予的创作假，在1976年2月回到吕梁山下，住在乡宁小县城的县委机关里，雄心勃勃地开始写作长达9卷的鸿篇巨制《光明与黑暗》（这本书只在1978年出版了第一部）。然而，10月里的一声春雷让中国人在这个月的下旬欢度了不是国庆日的国庆，本该和全国人民一道获得解放的谌容却因为那封信又和出版社一起受到了清查，追查送信的“线”。书中的人起名“江春旺”和“邓万举”便是吹捧江青攻击邓小平。取消创作假，限期上班，最终在1977年4月停发工资。陆文婷啃凉烧饼喝白开水的细节，便是她生活拮据借贷度日的体验。上书中宣部后得到的两次批示，茅盾在第四次文代会上对她于1979年5月发表在《收获》上的中篇《永远是春天》的赞扬，都未能帮她脱离困境。直到《人到中年》一举成名，谌容离开教育口成为北京作家协会驻会作家的1980年9月，她才得到了补发的工资。风息浪止。

祸兮福所倚。福兮祸所伏。回顾坎坷的文学生涯，谌容的感觉是“累，真累”。她甚至难以相信自己当年竟然有那样的勇气和精力去应付无休无止的纷争。她表示再遇到类似前述的“大战”，“情愿不战而降”，因为“人生毕竟是短促的。我剩下的时间不多了”，只要“还能写下去，我实在舍不得时间去打那些无头的笔墨官司了”（见《并非有趣的自述》）。然而，这一代人在政治的风口浪尖上颠簸了几十年，他们的命运，他们的灵魂，都是被政治彻头彻尾、彻里彻外地“化”过了的，在一些难逃的“劫数”面前，她能退避三舍吗？围绕着《万年青》的出版展开的两次“大战”结束了，但对《万年青》、对《光明与黑暗》的评价虽大有文章可做却没有真正开始。一向不爱谈自己的经历和创作的谌容竟也按捺不住某种情绪地写道：《万年青》、《光明与黑暗》不会再出版了，因为它们“不符合现行政策”，但“我不能说我的处女作是《永远是春天》而不是《万年青》”。她不同意说自己是“脱离生活”写出了这样的作品，因为“生活同政治分不开”，“多年来我们的生活被‘左’的政治扭曲了，反映生活的文学作品只能反映那个被扭曲了的生活”，对这“特有的文学现象”“主要不能从作者个人身上去找原因”。我不打算针对这些看法占用本文有限的篇幅，因为《万年青》和《光明与黑暗》不是谌容的代表作或成名作，它们在谌容的创作中不能占据多么重要的地位，谌容不属于当代文学的“十七年”或“十年”，她是被称作“新时期”的那个时代的代表作家；而在中国当代文学两大传统题材之一的农村题材作品中，《万年青》们的艺术成就也未能使它们出类拔萃占住显赫地位。若想理论作家反映生活与评价生活的问题，现实主义的“真伪”问题，人们多半会以《艳阳天》之类为例证，而不借《万年青》之题去发挥。

谌容成为名人是在1980年，那时她已44岁。《人到中年》的小说和电影都受到过“有严重缺陷”、“给生活蒙上阴影”等等指责，但此时自有广大读者和评论家们去应付这些笔墨官司，无须她自己上阵，然而她的痛苦未能就此结束。蜚声文坛后她要应邀到全国各地和世界各地参观访问，她要担任很多机构的理事或委员，要更富创造性地写作。她曾构思了一组关于童年生活的散文，其中《童年的记忆》已经写完，此外还要写《卖豆腐的女人》、《背柴的小女孩》、《我的家在东北松花江上》和《美人儿》等多篇。谁知1983年初她去上海参加全国电影故事片创作座谈会，看了影片《城南旧事》，感到自己那几篇作品的手法同林海音的有几分相同，都是用一个小女孩的眼睛看人生，既然林海音的作品先于自己为观众和读者所知，自己就要退让，因为自己的作品不能雷同于自己，更不能雷同于别人。在“上天”“赐”她以新的写法之前，我们是无缘同那“小女孩”、“美人儿”们谋面了。这就叫“不以创作丰富自娱”，这就是自讨苦吃。对自己的作品如此苛刻，她就别想“著作等身”了。

二、巧者劳而智者忧

早在1949年8月，上海《文汇报》上就讨论过小资产阶级（即知识分子）是否可以作文艺作品的主角而且结论是否定的，所以在1949年至1976年的中国文学史上，以知识分子为主角的小说屈指可数，长篇里大概也就《青春之歌》、《小城春秋》那么两三部吧？而新时期描写知识分子的小说数不胜数，但艺术成就较高的知识分子形象也屈指可数。公认成功的陆文婷形象，就是谌容创造的。读了她的第二部写知识分子的中篇小说《真真假假》（发表于1982年《收获》第一期），拍案叫绝的同时我心中便下了个结论：谌容是写知识分子的不可多得的高手！以后又读了1985年的《散淡的人》和90年代的《人到老年》，我对自己的看法更是坚定不移了。虽然她的西坡奶奶（《白雪》）和《关于仔猪过冬问题》受到好评，虽然她的《太子村的秘密》在《人到中年》后又第二次获全国优秀中篇小说奖，虽然她忘不了在农村的岁月，自己觉得和农民结下了不解之缘，但同她自己比，同别人比，这些作品给人的感觉是：写农民，不是谌容的强项。

《太子村的秘密》简直是发表在1982年下半年的又一部《真真假假》，它尖锐而又及时地揭示了在政治运动反反复复、颠颠倒倒，上边儿脱离实际、唱高调、瞎指挥的年代里，农村基层干部只好通过弄虚作假、“糊弄”一切来坚持实事求是、“三不糊弄”的既不正常又被习以为常的社会现象。小说留给我们的，是大队支书李万举信奉的“不糊弄肚子”、“不糊弄庄稼”和“不糊弄社员”的质朴而又深刻的原则，而李万举的性格，却被匿名信造成的悬念及其引发的曲折故事淹没了，以至令读者找错了感觉，以为是在读一部侦破小说。小说的构思也十分巧妙：匿名信，座谈会记录，日记，为烘托李万举而迂回包抄；结尾处真相大白，写匿名信者也是假揭发，真褒扬，假批判，真学习，更加重了那“真真假假”的氛围，但始终未能逼近深入到李万举的内心世界。同晚一年发表的张贤亮的《河的子孙》比，《太子村的秘密》就显得单薄了。两部小说在题材、主题和人物性格方面都有某些相似之处，但张贤亮不但让我们看到了魏天贵为保护农民的根本利益而要弄的阳奉阴违的手段，更让我们看到了这“半个鬼”作为农村干部特有的忠厚与权力欲、善良与自私、智慧与狡黠的丰富而复杂的性格，看到了广阔的社会历史背景和复杂的现实矛盾汇成的“景深”；《河的子孙》的立意，已经从对农村基层干部忠心耿耿实事求是精神的赞美，扩展升华为对支撑我们灾难深重的中华民族得以生存发展下去的那种“健康的本能”的讴歌。用恩格斯的话来说，这部小说具有“较大的思想深度和意识到的历史内容”；用今天时髦的字眼评价，它比《太子村的秘密》有着更为深厚的“文化内涵”。

然而，与其说我是要厚彼张而薄此谌，不如说我是想对谌容欲扬先抑。因为能像谌容那样对知识分子理解得透彻、把握得准确、表达得传神的作家确实不多。虽然很多作家不大不小也算个知识分子，但他们或者不写知识分子，或者写得概念化一般化。也许是知识分子特殊的生活方式、行为方式——精神劳动及与此有关的气质，很难借助钢花飞舞麦浪滚滚硝烟迷漫予以言传吧。当然，谌容的几部以知识分子为主角的小说发表时引起轰动，主要还是因为它们强烈鲜明的社会性和现实性，谌容以女作家中不多见的胆识触及了当时十分敏感的对知识分子的政策问题，诸如知识分子的地位、待遇问题，共产党与知识分子的关系问题，社会科学研究中政治与学术的关系问题，以至一些作家和评论家开玩笑地说谌容最会打擦边球，政治上再尖锐也不越轨。大概这种分寸感体现了谌溶“不惑”且“知天命”的成熟吧？如今，《人到中年》发表了10多年以后，虽然仍有人或陆文婷般地大难不死，或蒋筑英式地英年早逝；虽然人们口头上还有“你穷得像个教授，傻得像个博士”的调侃，还有关于手术刀和剃头刀、造导弹和卖鸡蛋之类的不平之鸣，但这类热门话题已经逐渐相对冷却。可是《人到中年》依然催人鼻酸落泪，《真真假假》还是令人忍俊不禁，《散淡的人》照样耐人咀嚼玩味。“时光如涛荡泥土”，却冲不掉艺术品的光彩。

“鼻酸落泪”，这是当年人们阅读《人到中年》时很多男性评论家都不掩饰的真情实感。大概是陆文婷生命垂危时让丈夫给女儿扎小辫儿、给儿子买白球鞋的叮嘱，她在死亡之水中沉没时，请求孩子们“原谅妈妈不得不一次次缩回向你们伸出的双臂，推开你们扑向我的笑脸”的眷恋，以及她恨不得跪倒在地，向丈夫表示“没有你，我活在这世界上索然无味”却又没能“报答你”的忏悔，最能使人为之动容吧？《人到中年》主要是通过身心交瘁的陆文婷昏迷中的幻觉，回顾她那艰辛的生活道路，特别尽情地渲染了她内心深处的感情。凡能真切地表达人之常情的作品，都能触动读者的心弦，从而取得良好的效果，这在今天看来是不足挂齿的常识问题。但在当代文学史上，敢于在文学作品中毫无顾忌地宣泄人之常情只是在70年代末才出现的现象。在新中国成立后的数十年间，巴人因呼唤“魂兮归来，文学作品中的人情”而遭到无情的打击；《达吉和她的父亲》因抒写了父女之情引起不小的争论；旧版《青春之歌》里的林道静同余永泽决裂后，偶然路过旧居向门缝里张望时刹那间藕断丝连的感伤被指责为“小资产阶级情调”；而原版《红旗谱》中农民严志和在两个儿子全部被捕入狱后的痛不欲生，则被改写成预感到要当亡国奴的命运后投河自杀的屈原式的忧国忧民；至于“文革”期间的作品中女英雄阿庆嫂或江水英们一律作“活寡”、“绝户”状的矫情当然就不值一哂了。所以谌容成功地运用这种艺术手段描绘陆文婷的形象，在1980年时就是一种突破。

人们更不会忘记小说中佳佳生病的那一节。它显示了作者在表现主人公丰富而多层次的感情方面所达到的力度和深度。陆文婷接到女儿病重的电话后的不安，最终由“一双双病人的眼睛取代了佳佳的位置”的心理发展过程，写得平易、自然。因为对陆大夫来说，这种日常工作和生活中不被觉察的“先人后己”、“人而忘己”的牺牲行为已成为习惯和本能，无须在雷鸣闪电中耳畔响起些豪言壮语或伟人名言后再决定取舍，可谓“从善如流”了；而她下班后抱着佳佳在医院中的举棋不定，为女儿的护理和儿子的午饭而焦虑、烦躁、内疚，以及那“啃着干硬的冷烧饼，呆呆地望着这间12平方米的小屋”说不出的凄楚，极富生活气息、极具人情味地表现了在如此窘迫的处境中慈爱的母亲和正直的医生两种角色难以统一的痛苦，这种痛苦是深广的。佳佳生病这简单而又耐人寻味的一节，是陆文婷几十年的生活状况和心态的缩影，也是多数中国知识分子和职业妇女境遇的典型场景。想当年，谌容自己就忙得没时间给小女儿梳小辫儿，7岁的小姑娘看着小女伴头上扎着蝴蝶结的辫子曾怀着怎样复杂的感情冲着她喊：瞧瞧人家的妈妈！这句话显然深深地刺痛了谌容。大概正是这种无法偿还的感情债务的压力和痛苦，转化成了小说中精彩段落的艺术魅力吧。

当然，我们透过泪水看到的，是集中、鲜明地体现在陆文婷身上的中国当今大多数中年和老年知识分子的特征：她的正直善良，她的责任感，她在强暴和权势面前的不卑不亢、文静端庄，她虽然无职无权无名无位温柔随和，但凭手术漂亮要求严格令护士们产生的敬畏，都充分显示了一种人格的力量，知识的力量。这正是“物美价廉”的中国牌知识分子仅有的宝贵财富和安身立命的基础。邻居陈大妈对陆文婷夫妇的一间小屋、两身布衣、三餐粗饭、被褥单薄而书籍丰厚的生活感到不可思议，谌容却捕捉到了这对书呆子于繁星满天的夏夜在闷热的陋室里安宁而又充实的夜读图，准确形象地展示了知识分子特有的生活方式和价值观念；谌容在十分细致地描述陆文婷在进修大夫们的围观中做角膜移植手术的过程时，情不自禁地欣赏着“她那一双看来十分平常的眼睛放出了异样的智慧的光芒，显得很美！”谌容由衷赞叹的这种智慧美，大概就是她1979年秋天在北京同仁医院体验生活时独特的感受和发现。

当然，陆文婷形象不会赢得所有读者的理解和认同，那些认为她给我们“艳阳高照，莲荷盈盈”的生活投下阴影的说法姑且不论，我亲耳听到一些激进的青年责问："若是大家都如陆文婷这般'哀而不伤'、'怨而不怒'地逆来顺受，中国还会有改革么？"这话并非毫无道理，陆文婷身上确实有历史和时代赋予他们这一代人的长处和局限。但她的性格中外柔内刚的一面也是不应忽略的，这不仅表现在她对闯进手术室的"造反派"们的横眉冷对和对焦部长及其夫人的不卑不亢，尤其在各级大夫簇拥着眼科权威孙主任查病房的庄严仪式中，她竟然毫不顾及名分、辈数、地位、场合，以一个刚出校门不久的住院医身份对门诊主治医的诊断质疑的勇气和自信，表现了知识分子特有的、往往不被世俗所容而被斥之为"不识时务"的"书生气"，即对科学和真理执拗的忠诚。她只是过于克己罢了。如果联系谌容笔下的韩腊梅（《永远是春天》）、西坡奶奶和杨月月（《杨月月与萨特之研究》）这些农村的妇女或女干部性格的塑造，那么我也认为某些论者是有理由怀疑作者对中国人信奉"忍为高"的传统文化性格，特别是对至今仍被一些人推崇备至的"东方女性"的"美德"，诸如过度的忍从、不分善恶是非的宽容、毫无价值的自我牺牲等等消极、软弱的一面是否缺乏足够的警惕和批判（作者的道德观念和审美理想上的欠缺，在她以后的作品，如《懒得离婚》，或《献上一束夜来香》中的现代青年女性方芳和齐文文身上似有弥补）？话又说回来，无论如何，谁都无法否认，陆文婷们同广大工农群众一样，是维系急风暴雨中的共和国大厦的支柱和基石，是人类历史上那种层出不穷的、默默无闻地为人类做出贡献和牺牲却不图回报、也无人认可的无名英雄。谌容这一批作家率先一反当代文学史上知识分子形象的被改造利用者、甚至被专政镇压者的模式，把他们作为民族的脊梁来表现，无疑是文学发展思想解放社会变革的标志。

这里似乎还应顺便提及《人到中年》的结构问题。这是因为谌容写小说时太爱在结构上"大做文章"，而《人到中年》的结构又备受称赞：新颖，精巧，严密，和谐，几近于完美。可能就在王蒙抛出他的"集束手榴弹"的同时，谌容也开始吸收西方现代派文学技巧中的精华来营造自己的《人到中年》，她摆脱了传统的讲故事思路的束缚，打乱时间顺序，以病危的陆文婷那时而清醒、时而朦胧的意识流动过程为主要线索，舒卷自如，跳跃性强，在两天之间、病房之内的现实生活中凝练地展示她 18 年间的人生旅程，表露那颗为他人操劳半生、积劳成疾，停跳前的一刹那还要把牵挂和深情献给自己的病人与亲人的苦难的心，令人信服地强化了陆文婷性格的崇高感和悲剧色彩。这以后谌容的很多中篇小说或长篇小说都要在叙事方法上花样翻新，往往贯之以两条甚至三条平行的线索，以便在有限的篇幅内加大容量，增强密度，衬托对比，深化内涵。《散淡的人》和《人到老年》是把描述现实的章节和追述历史的章节交叉着写，《散淡的人》尤其有规律，单数章节写现实（田家宴会），双数章节按时间顺序写杨子丰历史中几个重要片段。《杨月月与萨特之研究》由阿璋、阿维夫妇的通信组成，阿璋讲杨月月的故事，阿维写他读萨特的心得（很多论者都试图弄明白这种设置的内在统一性又都感到难圆其说）；而《懒得离婚》里贯穿着三条线：一条是青年记者方芳对刘述怀家庭婚姻状况的采访，再一条是方芳与同宿舍神秘兮兮的李索玲的对话，第三条则是没名没姓的夫妻间的怄气、拌嘴及离婚的艰难。孤立地看，每一篇的写法都有些"意思"；整体上看，便因手法的重复而冲淡了新鲜感，倒是《人到中年》先入为主地让人牢记着作者运用新手法的老到娴熟而"永葆其美妙之青春"，不管从哪方面看都能当之无愧地成为谌容的代表作。难怪巴金说"我多么希望我能够写一部像《人到中年》那样的小说"！

也许陆文婷是个技术型的知识分子，或许因为她是个女性抽象思辨能力较弱，要么就是作者的疏漏，她的理念世界（即卢卡契所说"人物的智慧风貌"）逊于她的感情世界，以至影响了陆文婷形象的丰满厚实。而在《真真假假》里，我们看到了各具情态的学者型知识分子群像。这部小说不过写了某省社会科学院外国文学研究室的"大研究员们"奉命举行了三天的政治学习会的里里外外，却十分敏锐辛辣地描绘了极"左"路线的回光返照对一群惊弓之鸟的骚扰，既使人忍俊不禁，又使人慨叹不已；但历史留给新生活的阴影，毕竟遮不住新时代的曙光。开会，曾是中国人生活中的重要内容和极富特色的场景，而停工停产连续几日开会务虚，更是文化界知识分子的家常便饭。但在谌容之前，很少有哪位作家把开会写得如此引人入胜。走过极"左"政治冲击一切的年代、身经百会、出口成章又素谙各种政策条文套话术语的知识分子们虽总结出一整套"人生在世，开会发言，真假并举，以真为主，以假为辅"的经验，但当省委赵部长点名批评他们的同仁那篇对西方现代派文学寓评于介的文章是拜倒在西方资产阶级脚下的立场态度问题，院党办吉主任敦促“学习讨论”赵部长讲话时，他们又一次面临在讲真话与讲假话之间抉择的痛苦。这种痛苦，看来也是中国传统文化中的一个历史悠久的课题。一边是“左”的压力，一边是科学的真理，不讲话不行，讲真话不敢，说违心的话不情愿，于是除了决心“唤回党的思想政治工作的霞光”的支部书记杨昌明，和当年为右派鸣不平而“自投罗网”的室主任吴天湘光明磊落、仗义执言外，大多数与会者都采取了“前王朔”式的态度，或“批评青年奇装异服、痛斥电影胡编乱造”；或大谈访日见闻以证明资本主义的腐朽；或批判重庆灯会的崇洋媚外，避实就虚，避近就远地抵制、应付三天的会议，来保护自己，保护同志，保护学术研究的科学性。谌容用了“字斟句酌的表态”，“离题万里的表白”，“不着边际的联系实际”，“故作小心的检讨”，“貌似真诚的坦率”，“眉飞色舞的谎言”和“热烈的废话”这些相反相成的词构成的词组，高度概括、惟妙惟肖地表达了知识分子式的狡黠，准确地刻画出中国知识分子“外圆内方”的传统特征。“方”固然是可敬的，这使吉子宽未能真正达到预期目的；但谌容也通过吴天湘的言行对世俗所认可的“适度的变通”、“无伤大雅的圆滑”的消极面进行了批判，这对知识分子乃至全体国民的文化性格的改造，至今仍有着强烈的警醒作用。

如今这部“问题小说”中的主要“问题”对处在“以经济建设为中心”而不是“以阶级斗争为纲”的氛围中的读者可能已失去了政治的震撼力，但它的可读性并没有减弱，我看到一些 1982 年时还是幼儿园小儿的青年仍能把它当作一出喜剧玩味欣赏。书中的人物没有完整的性格和命运，但他们的举手投足，一颦一笑，都强烈鲜明，潜台词丰富，令人过目难忘。因被打成“特嫌”而变得唯唯诺诺的张维，每次会上都要第一个结结巴巴艰苦地发言，两膝紧并，身子前倾，瘦骨嶙峋，粤味普通话，即使他说出要“自己整自己的风”，“自己搞自己的运动”这样的话来，全室同仁念他的“老实巴交”，又提到“党员标准”等等“严肃”的事情，也暗自感激他的长篇发言“救了”大家的“驾”，所以全部都有教养地“正襟危坐”，“有礼貌地聆听”。而张维再紧张也不失学者的严谨，十分注意“英明领袖华主席”和“党中央、华主席”云云提法的区分。而会议冷场时吴天湘埋下眼吞云吐雾，叶菲研究秦童童毛衣的编结技法，西服革履、风度翩翩的“江南才子”朱盛以少有的殷勤给大家提壶续水，都受到各自性格的支配以不同的方式表现了回避和掩饰的心理。当事人许明辉被迫说出自己的文章“有错误”时的脸上一红，“不觉朝”刚正不阿的吴天湘投去的“一瞥”没能逃过谌容的眼睛；而结在脑后的长发一甩一甩的秦童童，嬉笑怒骂，童言无忌，被作者赋予“高干”出身、“知青”资历的背景和依据。我由衷钦佩作者对生活观察、感受和表达的非凡能力，特别是她驾驭语言的功力。书中人物的语言（和行为）是充分个性化的，而作者自己的叙述语言，也都在词汇、句型、语气、风格上同她所描绘对象的情味完全吻合。

谌容发表于1985年第3期《收获》上的《散淡的人》中的杨子丰，同吴天湘有很多相似之处。但他的刚正不阿，他的光明磊落，他的襟怀坦荡，以及被社会溢之为“恃才傲物”、“孤芳自赏”的那些知识分子的特征，比吴天湘表现得更充分、强烈、鲜明；而且也许是因为他没有被打成右派妻离子散的遭遇，或者更因为他是除了真理别无他求的散淡的人，他比吴天湘少了些深思熟虑而锋芒毕露、落拓不羁。

1985年是中国当代文学史上十分重要的一年。从这一年起，开始了文坛上多元化的“战国时代”。在这一年里，人们几乎是言必称《小鲍庄》、《你别无选择》和《透明的红萝卜》；发表了“寻根”宣言的青年作家们在老井里、棋盘上和刑天氏的后裔当中挖掘着我们民族传统的优根或劣根。创作面貌千姿百态，若说有什么共同之处的话，那就是不同于此前引起社会轰动的“伤痕文学”、“反思文学”和“改革文学”，不再所谓“粘滞”于现实，政治色彩也大大减弱。但谌容笔下的那群20世纪的中国知识分子和她一样是政治化了的，他们的一生都在政治的风浪中颠簸沉浮。然而谁能说中国的政治不体现传统文化的特色，作品中的文化意蕴只是“寻根派”小说的专利呢！谌容十分巧妙地安排了一场年近古稀的老友们的聚会，大家在一起谈天说地，论古道今，这既描绘了知识分子生活中的典型情景，又用简练的笔墨汇集了高密度的审美信息量，还利用读者信奉的“酒后吐真言”的规律真实地揭示了主人公的内心世界。这群人三句话不离政治：谈到宴会男主人的戒酒，便劝女主人“放宽政策”；说太太制止不了杨子丰的滔滔不绝是“专不了他的政”；谈论殡葬改革时“酒仙”杨子丰担心自己脱光衣服泡在酒缸里有“精神污染”之嫌；联想到每个人在“文革”中充当牛鬼蛇神的遭遇便把此次聚会定为“群魔会”；杨子丰说自己和杨白劳“寻根”可寻到杨贵妃一家那里，并表白已在“文革”中“交代”了杨国忠这个“社会关系”；饭桌上谈论最多的，是杨子丰在小说第一节便吟出的“一愁”：“人过花甲未入党，事非经过不知难”——党员发展工作中的弊端。小说对主人公杨子丰着力表现的，不是他如何成为莎士比亚专家、诗人、作家、翻译家、历史学家及学贯中西的学界泰斗和国际上有影响的人物，而是他从“东洋小孩”到“西方少年”到“救亡青年”到“‘牛津’贵族”到“似党非党”的政治生活。而影响杨子丰入党的，恰恰是常常扣在知识分子头上的“爱提反对意见，爱放炮”、“骄傲自满”、“不靠拢组织”一类的帽子，说到底，是杨子丰身上最具魅力的“那股说不出、学不到的傲气”。

杨子丰骨子里的那股“傲气”，让谌容表达得细微传神，光彩夺目。细细品味，那“傲气”正是他的不从众，不随俗，有个性，有创见的学者气质。这正是我们传统文化中备受排斥压抑、不够健壮发达的“优根”。你看杨子丰这个“话霸”，在整个宴会上喧宾夺主，滔滔不绝，咄咄逼人，显得思维敏捷，才华横溢，感情激越，精力过人。他和所有的人对话时，没有一句“顺茬”，总是一个又臭又硬的“不”：他一出场就不“随和”，对别人赞赏的田惠中的室内装修、家具款式看也没看一眼，只是在田某大谈“知识更新！设备更新！家具更新！”时板着脸回敬了一句“就是老婆不能更新！”田惠中告诉他席上备有“鲁迅先生赞不绝口”的“加饭”名酒，他晃着手中的特曲说“鲁老夫子说好，未必我就要说好”；妻子说他“死活也要入党”，他马上咬文嚼字地“抬扛”：“我不是死活要入。我是活着要入党，死后我不入——死后追认，那有什么意思。”这种不重物质、爱喝特曲、活得执著认真的“傲气”有什么可指责的呢？特别是他对“第五梯队”的赵逊关于“莎士比亚可研究可不研究”（因为大家公认“正确”和“荒唐”的东西都不必研究）的高论，还有他那“科学来源于幻想，真理产生于胡说”的妙语不正是学术研究中一种反对人云亦云、打破平庸、锐意创新的思维方式么！他的勤于独立思考、勇于坚持真理的自信和自尊，不但被鲁迅所痛斥的“两眼下视黄泉，看天就是傲慢”的传统行为规范所不容，更在极左空气笼罩下的政治生活中招致灾难。小说中第12节《否定之否定》实在是精彩别致，全节由1969年专案组炮制的《杨子丰反革命言论汇编》构成，这简直是一份珍贵的历史文物，它摘录了杨子丰自1951年到1969年发表的对思想改造、反右斗争、“大炼钢铁”、“突出政治”，以及对胡适、梁漱溟、费孝通、彭德怀、吴晗和刘少奇及其《修养》等一系列问题和人物的看法，光明磊落，直言不讳，见解独到，既刻画了杨子丰式的“傲气”和他的“智慧风貌”，又以那类对杨子丰的“老虎屁股”“摸定了，而且要经常摸，反复摸”，“要使广大革命群众都来摸”的“按语”所体现的“文革”时代独具的荒唐令人捧腹。

杨子丰的“傲气”体现在他的入党问题上，就更令人慨叹。早在40年代的雾重庆，他就想向地下工作者“老黄”申请入党，但“老黄”未亮明过身份，他担心“老黄”不是党员，自己的申请会使他难堪；加之“老黄”每次都来去匆匆交代很多工作，他怕个人入党的私事耽误党的工作大事便一直“憋”着不提。按照某种偏见和模式，这就会被误解为知识分子的“优柔寡断”，“语言的巨人行动的矮子”，甚至是同党“若即若离”。阴错阳差，只知道利用杨子丰的“非党”身份完成党的工作的“大老粗”偏偏碰上有周密严谨的思维方式和“克己”品德的“大老细”，使30年代就被父亲斥为“喝了共产党的迷魂汤”的杨子丰80年代还没入党，但还要入党。在他看来，入党绝不是贪图“先锋队”的美名或“执政党”的权力，而按照共产党员的标准，实现共产党的纲领，是他自己选择的人生理想、信仰、价值、追求和操守。可叹即使同他谈话的党员都不理解、不相信他要求入党而不带某种个人目的。他接受陈中雅的“揉面”说，但认为自己这团“面”应由“高明的面包师来揉”；他容不得丝毫的奴颜和媚骨，因此为某些人驯服地低眉顺眼、虚伪地唯唯诺诺地入了党，从而造成党风不纯、也影响了我们民族性格的健全发展而耿耿于怀。难怪在他的“滔滔不绝”中总有一股压抑不住的愤懑。这就是他要用酒“解”的“愁”。但他决心同组织发展中“左”的倾向“较劲儿”，明白宣布：“入党是神圣的事情，让我把什么莫须有的罪名都兜下来，淋着一身水污入党，我不干。这不是给党增光，这是给党抹黑”，“我要堂堂正正地跨入党的大门！”

杨子丰超凡脱俗的性格，不但不被世俗认可，也不被一些因袭了中国某些文化传统的党员认可。他的“牛津”学友、国民党中的“太子派”于少雄当然不理解他，他的老朋友甚至妻子又何尝真正地理解了他？田惠中就劝他既然“散淡”就不要把入党问题“看得那么重”，“何必苦苦追求？”这可真是“知我者谓我心忧，不知我者谓我何求”！

谌容深深地理解这种追求和痛苦，为当代文学画廊塑造了一个独特的、“浑身是戏”、一言难尽的杨子丰形象。

三、80年代的“伤逝”

在1984年第2期《收获》上，发表了谌容的《错，错，错！》这是一部在当时并不多见的探索纯属个人内心感情奥秘的中篇小说。她是怎么找到这个新路数的？记得1983年底我们曾一起在丰台开会，会上大家使劲猜测她的杨月月和法国萨特有什么关系，一位博士先生还认为谌容对杨月月丈夫的喜新厌旧谴责不够，对杨月月和韩腊梅（《永远是春天》）内心深处从一而终的陈旧观念毫无察觉，说明了作者审美理想的局限。当时我也暗暗觉得作者只是无意中暴露了但未指责李梦雨的薄情：虽然他也是“文革”中受迫害的老干部，虽然他的再婚很合理，但韩腊梅始终珍藏着他们两人军毯的一半，而属于他的那一半早就不翼而飞了！在这个会上，谌容根本没有透露她要写一部不同于韩杨的被政治和社会所左右的婚姻悲剧的“错错错”。她从来都是这样：事先不预告，事后不张扬，抛给你一个惊喜，自己品尝去吧。

当我读着以第一人称和诗一般的语言抒发的汝青对亡妻惠莲的悲悼和愧疚之情，读到呜咽的“猫咪”，忽然像看到了满身灰土的阿随，看到了写“手记”的涓生，看到在威严和冷眼中死去的子君。两部小说都是丈夫对亡妻忏悔，像是两首悼亡诗；而且都是站在丈夫的立场上，用第一人称叙述他们婚姻的失败，只让读者听到一面之词（人家子君和惠莲活着不痛快，死了也不能畅所欲言，该是多么委屈！最好采取西方现代小说技巧中的多重叙述角度，让每个主人公都用第一人称讲话，让活人跟死人对话，让读者能够从各个不同的视角来观察人类生活中最复杂的感情世界）。不同的是子君和涓生的婚姻失败是受到封建势力的挤压并失去了最起码的经济保障，虽然涓生软弱不负责任，子君短视不争气，但主要还是社会悲剧；而惠莲和汝青恋爱时很自由，家庭生活也未受到任何政治的或其他社会因素的干扰，两人演出的是性格悲剧。

汝青和惠莲的恋爱生活是很热烈、很浪漫的。和几位同龄的女作家相似，即使文坛上把写爱情由禁区变成“闹区”又变成了“灾区”，谌容的小说中也较少有谈情说爱的镜头；即使有，也写得优雅端庄。谌容笔下的爱情常和白雪联系在一起。待我真正掌握了弗洛伊德主义之后再来分析这种创作心理吧，但我记得，1980 年时我简直要把陆文婷和傅家杰在银装素裹的五龙亭畔的约会当作当代文学史上经典的画面来读；1984 年惠莲和汝青在漫天大雪的西郊紫竹院中编织的名为“雪葬”的美丽童话又给人有力的震撼。新婚后的星期天，惠莲在戏剧学院门口、在团中央的舞会里、在东交民巷幽静的小街上，一一补偿了初恋时汝青在这三个地方感到的遗憾，这情节多么新鲜，这幸福多么耀眼！然而如此金光灿灿的爱情之花竟然也会凋谢么？

根据“汝青手记”我们被告之，“错”在惠莲。她对事业，对爱情，对人生，都怀有不切实际的幻想，有如不食人间烟火的仙女。作为演员，她缺乏天赋和才气，更无自知之明，拒绝演配角。作为妻子和母亲，她没有丝毫责任感，任性，自私，拒绝做一名家庭中的主妇；而对丈夫为家庭做出的种种努力和牺牲，则认为不屑一顾，多此一举。她没勇气直面生孩子、洗尿布、做饭洗衣等等繁杂琐碎毫无诗意可言的日常家庭生活，又没有能力创造灿烂辉煌的艺术家生涯。性格的多疑、孤僻和内向，心灵的脆弱和狭隘，使她深陷进自己营造的痛苦中无处排遣，无力自拔，终于抑郁而死。然而在小说的结尾，也许是“心祭”亡妻时的感情冲动（也许是作者记起了当年读者批评她对杨月月们的丈夫的姑息宽容？），汝青忽然大包大揽自己“扑灭了”惠莲“爱的火焰”，“制造了家庭的冷漠”的罪责，讴歌惠莲的“慷慨无私纯真”，既无根据也不合逻辑。如果汝青有错误，那就是他对惠莲太放纵，太娇宠，太迁就，太委曲求全，还有一次出于自尊而错过了弥补二人感情裂痕的机会。也许这些“错”的根子就是他那另一种形式的“大男子主义”：自信能用自己的生命之船，承载“柔弱”的惠莲的不幸和孤独，代替她脚踏实地的拼搏，载她到那“幸福的彼岸”。他和很多世俗的男性一样喜欢女性小鸟依人般的柔弱并培植发展这种柔弱，终于使她们柔弱得禁不住人间风雨。

无论如何，这篇“汝青手记”毕竟以凄婉的心声和沉郁的意境激起了读者的共鸣，虽然留给读者思索的余地不很大。看来小说中的这对知识分子对感情生活的质量要求太高了，所以才无休无止地追悔和痛苦。他们甚至不敢离婚：一怕影响孩子的心灵；二怕家丑外扬，那样的“调查”、“调解”会把纯属个人的隐私“赤裸裸地公之于众”，闹得你身败名裂；三怕未来的新家庭重演今日的悲剧。于是决定“算了，爱情算得了什么”，因为“天底下，多的是失去了爱情的家庭，它们照样在地球上运转”。到了1988年，谌容把这样的心态表述得更为充分，提炼成中篇小说《懒得离婚》发表在当年的《解放军文艺》第8期上。一些论者一眼就看中了小说标题并在“懒”字上大做文章（这种艺术感受是准确的），认为它表现了人们在无奈的现实面前的那种将就、凑合、麻木的生命的倦怠，并冠之以“后现代”以示自己论文的新潮和理论高度。我倒没觉得谌容如此超前，她还是实实在在地描绘了在我们今天这个“前现代”社会物质、文化的基础上人们较为普遍的生存状态和心理状态。遗憾的是，谌容对作为小说主线的刘述怀及其家庭的表现缺乏力度和光彩，记者采访的形式于小说内容未必相宜，技术员刘述怀的书面语言、论文风格的有关“理想家庭”的大段说教分明是在替作者立言，“问题小说”的痕迹较重。穿在“副线”上的一幅幅社会生活画面，诸如饭店婚宴、夫妻拌嘴、众人调解，乃至记者部的“神仙会”，虽然生动有趣，却对主线内涵的深化无补，只起着拓宽补充的作用，让人们更感性地体会到，在我们这个高度重视家庭稳固的国度里，那种“宁拆十家庙，不毁一门亲”的传统观念如何顽固地束缚着人们的婚姻（离婚）自由；芸芸众生们如何像刘述怀夫妇那样，连相识相恋都不能留下美好记忆，仅凭非“高档次”、纯“大路货”的“感情”维系着连架都懒得吵的“五好家庭”，在大杂院的小平房里，在柴米油盐、上儿童医院、存大白菜中操劳一生。最落落寡合、莫测高深的李索玲，也只是为了“人总要有个家”而不是为了爱情而结婚。

《懒得离婚》未能出类拔萃，也许真应了刘述怀那句话，“写家庭问题难度是很大的，往往吃力不讨好”？

谌容对爱情婚姻的探讨并非始自《错、错、错！》，早在1981年，她就有点儿“反潮流”地写了短篇《褪色的信》，还引起了争议。在描写知青运动大退潮的作品中，出现了很多返回城市的男女“陈世美”们给留在农村的男女“秦香莲”们造成的悲剧。直至今天，那首流行歌曲《小芳》还遭到包括鄙人在内的听众的非议：那厮对小芳“始乱终弃”，还腆着脸唱呢！但我能认同回城读大学的小娟与农村青年思哲断绝爱情关系。尽管这会令双方痛苦，但长痛不如短痛。

就像是张洁的《爱，是不能忘记的》姐妹篇，张洁宣告没有爱情的婚姻是不道德的，《褪色的信》则是在探讨何谓“爱情”，爱情的基础是什么。这个课题，比前者更为艰深，也更难给予艺术的阐释。谌容不用炽烈的道德情感支配或取代冷静的理性分析，“无情”地指出仅以虚妄的信念和狂热的政治理想为基础的爱情必然随“信念”和“理想”的破灭而破灭；当小娟和思哲的人生道路不能交汇、他们在生活的很多层面上都找不到共同点时，两人分手就是必然的，更何况小娟根本不曾懂得过农民。谌容讲述的这个爱情故事在当时确实不同凡响，只是这篇小说在艺术上没能取得相应的成就。这不仅仅是小说叙述方法陈旧，节奏拖沓，主要是小说前半部分，用细腻形象的笔触和并不那么恰当的悬念对思哲失恋的痛苦宣泄太多，这很容易同本小说主旨相悖地煽起读者对小娟的道德上的谴责；而到了小说的关键处、“重头戏”，即表现小娟的激情产生特别是熄灭的过程时，作者的笔力明显不足，缺乏充分的艺术说服力，有点“思维大于形象”了。

谌容还有一部略带荒诞色彩、颇有新意的中篇小说《献上一束夜来香》，发表在1987年第1期的《花城》上。其实这里没有任何男女恋情，只有小人之心、小人之口渲染成的一段“桃色新闻”导致的一出80年代的“小公务员之死”。几十年来听命于处长和老婆的单调乏味的小职员李寿川，在“历经沧桑”后的“迟暮之年”终于“找到了自我”，忽然萌发了享受美的愿望。于是“超越了自我”，跨进几十年间每天从其门前匆匆走过不曾驻足的花店，买来一束被他认作夜来香的晚香玉。因为夜来香使他想起了美好的童年，想起了母亲温暖的怀抱。

鬼使神差，新来的大学生齐文文把这束花安放在她和老李的办公桌之间，竟给老李招来灭顶之灾。半老徐娘朱喜芬出于对年轻貌美的齐文文的嫉妒，自诩20年前就性解放了的沈处长出于对她的垂涎，共同炮制了“夜来香奇案”，把自罪自责“思想改造不彻底”的老李送进了医院（顺便说一句，在他的病房里又出现了谌容的另一部小说《花开花落》中的场面：工人病床前男女“哥儿们”陪吃陪喝陪打扑克，机关干部床前则寂寞冷落）。除了老李奄奄一息时现代女性齐文文给他送来一大把“夜来香”，机关里只有“新词大全”郭飞对四面楚歌的老李表示理解和同情。在这里，谌容又一次表现了她的敏感和机智。早在1983年她就对萨特的存在主义表示关注，如今又借郭飞之口再现了新潮术语对文坛的狂轰滥炸，增添了小说的喜剧色彩。但谌容对新名词没有全盘否定，新语言里必定有新意识，新观念。聪明的谌容让郭飞代她对李寿川的悲剧进行了理性分析，借助于他那云遮雾罩的“语言构架”，使她的议论不致显得直露反而妙趣横生。

普通人买花在80年代被视为奢侈。被极左思潮强化过的人性中的粗粝、龌龊、冷酷，扼杀了人之常情。到了90年代，面对或求温饱或求小康的12亿人，面对“全民皆商”的大潮，背井离乡的打工仔打工妹，“大款”和“小蜜”，商人和弃妇，研究生兼“三陪”女郎，再谈婚姻的基础，爱情的培育，大概也有点奢侈。有人根据马斯洛心理学把文学分为“求生存的文学”和“求丰富的文学”，谌容的作品，当然是在人的精神世界里求丰富，求高尚，求生存的质量。目前这类小说很难出现力作，还显得曲高和寡。人家读小说是为了轻松消闲，不是为了让你谌容出难题考问他的灵魂使他不得安宁。

不惜歌者苦，但伤知音稀。

四、“幽默家到处都找到笑和悲”

1986年一开始，谌容就抛出了两篇小说：第1期《天津文学》上的《走投无路》，第2期《人民文学》上的《减去十岁》。有些读者大惑不解，甚至不无惋惜：怎么塑造了“东方女性”陆文婷的谌容，也变成怪腔怪调、油腔滑调的西方荒诞派了？

其实，谌容既能写悲剧，又能写喜剧和闹剧，嬉笑怒骂皆成文章。《人到中年》一下子为当代文学画廊贡献了两个典型——陆文婷和秦波，后者身上就闪烁着谌容的幽默天性和讽刺才能。谌容用嘲弄的目光打量着秦波的发式、服装、眼神，用讽刺的语调描摹她那一声“我的同志哟”的口头禅，她从党史上轻敌的教训谈到为焦部长成立手术小组研究手术方案的必要，特别是她踏进陆文婷的病房，面对刚被抢救过来的危重病人的一系列夸张的动作，开口焦部长闭口时髦套话的滔滔不绝，活画出一个趾高气扬、目中无人、自我感觉良好，对人似是而非的“马列主义”、对己地地道道的“封建特权主义”的高干夫人的派头儿。没有读过《人到中年》的人听到“马列主义老太太”的雅号也能心领神会地朗声大笑，赞叹作者艺术目光的穿透力和艺术思维的高度概括力，佩服作者笔致的辛辣。

在谌容的大部分小说中都融进了善意的戏谑或冷峭的嘲弄。她发表在1981年第4期《当代》上的《关于仔猪过冬问题》就是大家公认的短篇力作，绝好的讽刺小说。关于仔猪过冬问题，从市委书记到大队支书，层层布置，层层瞎指挥，但通知一旦传达到精细的郭大妈承包的猪场里便成了多余的废话。只要看看书中每一小节的标题，就不难感到小说的韵致，明白它不仅仅是在讽刺官僚主义：“追悼会上词儿多着呢！”“没儿子不成！”“不就那五块钱补贴吗？”“上边定什么调，咱就编什么词儿”！至于《真真假假》，那更像是一出闹剧；《献上一束夜来香》里则是俏皮话连篇；《懒得离婚》里的“神仙会”上的“名人逸闻，歌星走穴，球场风波，香菜三块钱一斤”足以让读者领教到记者们“嘴头上的才华显露于”记者部的“例会”上。

而《走投无路》和《减去十岁》，是谌容幽默风格的集中展示，也是她的小说中讽刺艺术水平的主要代表。在这两部小说里，谌容不再拘泥于传统的现实主义对现实生活图景进行如实描绘的约束，采用了新的着数，主要是运用了怪诞的手法。毫无疑问，这是受到了西方现代派文学的影响和启发。但谌容不是脱离中国现实地作“形而上”状，用西方的文学观念和表现手法图解西方的哲学观点，表现“高于现象世界”的“抽象本质”，让人感到既“隔”又“玄”看不懂。谌容的全部创作不曾片刻离开中国现实生活的土壤，她变换手法只是为了更自由地运用十八般武艺把她从现实捕捉到的矛盾表现得更突出，更强烈，用更简洁的笔墨包容更多的、或被传统写法不易容纳的东西，使小说内涵丰富，主题多义，一箭多雕，锋芒四射，又亲切晓畅。

谌容写工厂改革的作品不多，但她的《走投无路》对“南钢”无缝厂厂长王光泰命运的概括，触及了当时政治体制、经济体制和干部体制改革中重大而又棘手的课题，打动了广大企业家读者的心弦。书记钟汉生选拔王光泰做厂长的标准是他有无后台，有无上层关系，能否给自已安全感。王光泰什么都不干受到赏识，刚干出一点成绩就被撤了职，这就是我们现实生活中原本存在的怪诞因素；心胸狭窄、嫉贤妒能的王伦遗风，唯我独尊、夜郎自大的传统心理，“有权能使鬼推磨”的权力拜物教，都是东方现代怪诞小说产生的基础。谌容对这些怪现状的讥刺，既显示了《走投无路》的现实意义，也证明这样的小说是我们地道的“国货”。谌容还借“叽里咕噜市”的“第一号种子作家”“柯尔柯尔卡”(我怀疑这个名字是这位精疲力尽、病病歪歪的“智慧的化身”、“力量的象征”之咳嗽声的谐音）同他创造的“改革者家族”成员之间封建行帮式的关系，以及那“人才考察的业务始终上不来，而侦破阴私的买卖却越来越红”的公司对王光泰的电脑测试和口头考核过程，还有王光泰的颓然倒地，不但嘲笑了当时文艺创作中改革者形象塑造的模式化，也揭示了我们民族心理中足以影响改革者成熟的陈规陋习和陈腐的价值观念；小说还顺带嘲弄了无端地夸大文学的社会功能，把改革的成败、国家的兴亡、人世间的甘苦全部算在作家及其作品头上虽荒唐却颇流行的见解。可见这部小说初读时可能感到懵里懵懂，细品起来还是有滋有味的。

一般读者习惯于把“怪腔怪调”的小说笼而统之称为“荒诞小说”，但多数论者都认为谌容式的怪诞同荒诞派在世界观等方面是有严格区别的。简而言之，怪诞文学并不认为人类的一切行为都是荒诞无稽的，局部和暂时的怪异并不等于世界的危机和末日。所以有人说怪诞是“引人发笑的夸张”，是对荒谬充满自信的否定；而荒诞则是“引起恐惧的夸张”，是借笑声减轻痛苦和恐怖以保持在悲观绝望中的镇定。“油腔滑调”倒是值得警惕的，我也觉得《走投无路》中某些幽默之处还缺乏更为深厚的思想内涵，难免会使比较严肃深刻的读者产生“油滑”的感觉。而《减去十岁》对“怪诞”这一手法驾驭得比较纯熟，形式上更为和谐完美。谌容的自选集中也选了这一篇，大概是对它比较满意吧。

小说首先虚拟了一个上边要发文件给每人减去10岁的小道消息，然后就在这虚幻的基础上如实地披露了社会上不同性别、不同年龄、不同地位的人们各自的心理、情绪和愿望。想当年，小道消息的传播，是我们的社会生活中经常出现的不正常现象，大至“总理遗言”，小至卫生纸涨价，真真假假，信不信由你。老百姓对小道消息总的估价是“无风不起浪”，于是经常在对小道消息的半信半疑中一惊一乍地过日子；另一方面，有些人对年龄问题的关注，已经到了异乎寻常的、病态的地步，因为年龄是同权力、地位、待遇，同官职、学衔、工资、房子、户口、调动、上学、招聘、出国等等一系列重大问题紧紧联系在一起的。谌容就是这样机敏而准确地抓住那司空见惯的反常的社会现象和十分普遍的偏离正常的社会心理写出了怪诞不经却又真实可信的小说。她在小说结尾处表现的智慧和幽默，尤为令人叫绝：那支在办公楼外集合起来准备“欢庆青春归来”的游行队伍，傻乎乎、眼巴巴地等着楼内机要室寻找“减去十岁”的文件作为自己行为依据的场面，辛辣地讥讽了某些干部“唯书”、“唯上”不“唯实”的传统作风，和某种幻想一纸文件、一个决定就能彻底改变自己命运的懒汉懦夫式的荒唐而又可悲的奴性心理。

以后谌容还写了多篇类似风格的小说。如《生死前后》，如《大公鸡悲喜剧》，又如《007337》，还有《啼笑皆非》（见《十月》1989年第3期）、《第七种颜色》（《花城》1991年第6期）等。对生活中令人不愉快（悲哀）的现象，是怒发冲冠地鞭挞，是声泪俱下地控诉，还是居高临下地哈哈一笑？幽默是成熟、进步，还是圆滑、倒退？我们暂且不去理论这些深奥的问题吧，幽默毕竟有它不可替代的审美价值。我曾把《减去十岁》介绍给外国留学生读，无论是亚洲学生还是西方国家的学生都很喜欢这篇小说。看来《减去十岁》的艺术魅力不仅仅能作用于在我们这个国家特殊的历史时期内白白耗费了10年青春的中老年人。不同国家、不同人生阅历、不同意识形态的读者，大概都能从对深陷进不可能实现的虚幻欲望和消极的人生态度却仍然痴迷不悟、麻木不仁的精神状态所进行的嘲讽和否定中，得到极大的愉悦和满足。

1980年，谌容在《收获》第1期上发表了《人到中年》。1991年，谌容在《收获》第4期上发表了长篇小说《人到老年》，写了三个老太太，50年代俄语系的同窗好友，退休后筹办“三女经济信息咨询公司”的过程。结局是：大学时代的第一美人沈兰妮心脏病突发倒在床上；第一才女曾惠心被“文革”的“政治”拆散了家庭后感到“失败得太多”而麻木；第一风云人物谢愫莹虽“壮怀激烈”，却商海中游泳乏术，“绿林”中不愿“同流合污”（此前在1989年第1期《收获》上的中篇《得乎？失乎？》里，谌容也写了苏冠仑副教授类似的困惑），从国贸大厦谈判失败出来，看到的是总也不显老的丈夫搂着他的女研究生远去的背影。

不知谌容写病榻上的兰妮时能否预感到，如今自己的丈夫也会因心脏病已卧床半年？近日给她打电话，问她人们传说她“下海”的事情，问她们全家办的“快乐影视公司”，问她为自己喜剧明星的儿子写的剧本，问她近年发表的长篇“环保”小说《死河》（1993年，海峡文艺出版社）。她的答复是：这一切都顾不上了，只在家里救死扶伤。说得很快很轻，生怕打扰了病人。我也就挂上了电话。这电话号码是保密的。她新居的地址也保密。

在《人到老年》的单行本里，谌容在自己的照片下面写着：“在她们年轻的人生辞典上没有‘老’这个字！”这句话摘自本书的最后一节。三个穿连衣裙的女大学生站在隔开北海和中南海的古老的九孔桥上，像三个精灵，唱着《红梅花儿》，沐浴着20世纪50年代夏夜的月光。她们认为“老”是不可望不可即的远方，是她们根本无法达到的境地。

但在《散淡的人》的结尾，杨子丰高声说道：“我不要童年，不要青春，我愿意一生下来就是老年。”

这两句话，哪一句属于谌容？

1995年1月25日

注：

本文所谈作品未注明出处者均见以下作品集：《谌容小说选》，北京出版社1981年版；《谌容集》（中篇），海峡文艺出版社1986年版；《懒得离婚》（中短篇小说集），华艺出版社1991年版；《谌容》（中短篇小说·散文杂文集），人民文学出版社1993年版。

说明：

本文被主编收进中国文联出版公司1995年版《20世纪华夏女性文学经典文库·20世纪中国著名女作家传（下卷）》时改名为《谌容》，现恢复原名。

回答“钱学森之问”是包括钱先生自己在内的所有知识分子、特别是教育工作者不能回避的责任。同谌容笔下的杨子丰、陆文婷们相比，今天的知识分子多的是票子、房子、车子，少的是对知识和真理的忠诚。所以，我选此文进我院的纪念文集，不仅仅因为谌容是北外的校友，更因为她塑造的知识分子形象所具有的经久不衰的生命力，今天更凸显出强劲的现实意义和长远意义。

编后记

为庆祝北京外国语大学建校70周年，回顾中文学科60年的发展历史，中文学院决定将本院教师的代表性学术论文编辑成册，以反映学院在中国语言文学各个领域的学术研究成果。收入本论文集中的论文原则上要求已经在核心期刊刊载过，如不是核心期刊，至少也应该是本人已发表过的代表作。但为了能更全面反映各学科研究的最新动态，本论文集中也收入了两位退休教师尚未发表过的论文。

本论文集最初由吴丽君教授、罗小东教授分别负责语言和文学、文化部分的组稿工作，后因为工作变动，论文集最终的编辑、整理工作由高育花教授负责，审订工作由魏崇新教授负责。

为保持体例的一致和受篇幅限制，我们在最终的编辑中去掉了所有的“内容摘要”、“关键词”和“参考文献”，这也是我们引以为憾的。

本论文集的编辑和出版得到商务印书馆的大力支持，谨致谢忱。

《学术的年轮》编委会

2011年7月